五四知识分子的淑世意识

陈占彪 著

商务印书馆
2010年·北京

图书在版编目(CIP)数据

五四知识分子的淑世意识/陈占彪著.—北京:商务印书馆,2010
ISBN 978-7-100-07272-4

Ⅰ.①五… Ⅱ.①陈… Ⅲ.①鲁迅(1881～1936)-人物研究②胡适(1891～1962)-人物研究③郭沫若(1892～1978)-人物研究 Ⅳ.①K825.6

中国版本图书馆 CIP 数据核字(2010)第 117725 号

所有权利保留。
未经许可,不得以任何方式使用。

五四知识分子的淑世意识
陈占彪 著

商务印书馆出版
(北京王府井大街36号 邮政编码100710)
商务印书馆发行
北京外文印刷厂印刷
ISBN 978-7-100-07272-4

2010年12月第1版 开本880×1230 1/32
2010年12月北京第1次印刷 印张 21 3/8
定价:44.00元

知识分子是时代的眼睛。这双眼睛已经快要失明了。我们要使这双眼睛光亮起来,照着大家走路。①

——殷海光

---

① 殷海光:《中国文化的展望》,上海三联书店2003年版,第715页。

目　　录

绪论　知识分子观的视角 ………………………………………… 1
　　缘起与视角 …………………………………………………… 1
　　梳理与分析 …………………………………………………… 6
　　结构与意愿 …………………………………………………… 19

第一章　知识探求与公共关怀 …………………………………… 24
　第一节　何谓知识分子 ………………………………………… 24
　　　1898年，两件不平凡的事 ………………………………… 24
　　　怎样才算是知识分子 ……………………………………… 34
　　　知识分子、学者及社会活动家 …………………………… 45
　　　两不妨害的专业性和公共性 ……………………………… 58
　第二节　传统知识分子观 ……………………………………… 68
　　　文字、神秘性及知识阶层 ………………………………… 68
　　　从"巫"到"士" ……………………………………………… 73
　　　"以身殉道"的价值维护者 ………………………………… 80
　　　"抱道忤时"的社会批判者 ………………………………… 86
　　　"行己有耻"的道德示范者 ………………………………… 93
　第三节　现代知识分子观 ……………………………………… 101
　　　从"士"到知识分子(上)：科举制度的废止 ……………… 103

2　五四知识分子的淑世意识

　　从"士"到知识分子(下):西方文化的冲击 ················ 115
　　"殄除外虏"的民族主义者 ························· 123
　　"跑来跑去"的淑世主义者 ························· 128
　　"发扬踔厉"的个人主义者 ························· 134
　小结 ······································ 143

第二章　出与入 ······························· 146

　第一节　鲁迅:雅士·隐士·斗士 ····················· 146
　　雅士:啊!皎洁的明月,暗绿的森林 ··················· 146
　　隐士:超然的心,是得像贝类一样 ···················· 166
　　斗士:我爱对头,我反抗他们 ······················ 185
　第二节　胡适:有为知识分子 ······················· 210
　　孔子是旧儒教的革命家 ························· 211
　　排道非释 ································ 220
　　"不忍"与"做一个轰轰烈烈的梦" ···················· 229
　第三节　郭沫若:豪杰之士,莫不仗剑从戎 ················ 239
　　揽辔忧天下 ······························· 239
　　姐姐,你只怪得我们所处的这个混浊的世界 ··············· 249
　　士大夫以为然,中国革命成矣 ······················ 257
　小结 ······································ 266

第三章　人与政 ································ 269

　第一节　鲁迅:永远的抗议者 ······················· 269
　　知识和强有力是冲突的 ························· 269
　　理想和现实不一致,这是注定的运命 ··················· 273
　　我从来不肯和政治家去说 ························ 276
　　骂你爹,骂我娘 ····························· 278
　　一定会有明明白白的是非之别 ····················· 286

武力与文力 ································ 293

　　我们现在有言论的自由么 ··················· 310

　第二节　胡适：王的诤臣 ······················ 313

　　局外人的身份 ······························ 315

　　"修正主义" ································ 326

　　平实、敬慎、婉转 ·························· 346

　第三节　郭沫若：党派知识分子 ················ 365

　　"党喇叭" ·································· 365

　小结 ·· 377

第四章　学与政 ································ 382

　第一节　鲁迅：有学问的革命家 ················ 382

　　豫才现在如何 ······························ 382

　　一个人走不了方向不同的两条路 ·············· 392

　　读书，还是不读书 ·························· 401

　　学术活动为哪般 ···························· 414

　第二节　胡适：变态社会中的镇静主义 ·········· 433

　　"历史上的一个公式" ························ 433

　　歌德的故事 ································ 440

　　军事没戏、文化有望、救出自己 ·············· 449

　　我梦想受十年或十五年的监禁 ················ 465

　第三节　郭沫若：以治学来干世 ················ 472

　　不甘心做一个旧本子里面的蠹鱼 ·············· 473

　　烦琐无罪，考证有理 ························ 478

　　鱼雷 ······································ 481

　　张大伯被地主剥削了多少元利息 ·············· 494

　　如果爱因斯坦接受了马克思主义 ·············· 502

小结 …………………………………………………………… 512

第五章 文与政 …………………………………………………… 515

第一节 鲁迅:文学＝批评 ……………………………………… 515

他的创作时代,似乎走到了末路 ……………………………… 515

反游戏派、反艺术派、反现代派 ……………………………… 530

我是不相信文艺的旋乾转坤的力量的 ………………………… 550

第二节 胡适:谈思想,还是谈政治 …………………………… 562

七年之病,求三年之艾 ………………………………………… 562

少数人的责任 …………………………………………………… 569

请兄不必仍做处女 ……………………………………………… 574

干!干!干! …………………………………………………… 582

失败的政治 ……………………………………………………… 586

"朝着一个新的方向去努力" …………………………………… 592

第三节 郭沫若:歌唱着阳春的凯旋 …………………………… 596

我高兴做个"标语人"、"口号人" ……………………………… 597

文艺上的"三反"运动 …………………………………………… 610

政治第一,政治正确 …………………………………………… 619

欢乐颂 …………………………………………………………… 631

我一生最厌恶最憎恨的就是虚伪造作 ………………………… 638

小结 ……………………………………………………………… 650

尾声 淑世意识的当代回响 ……………………………………… 654

知识分子的影响力仅为1% …………………………………… 654

批判精神再度高涨 ……………………………………………… 658

参考书目 …………………………………………………………… 662

后记 ………………………………………………………………… 671

绪论　知识分子观的视角

缘起与视角

知识分子从来就是一个不可忽视的特殊群体,他们在一个社会里不可或缺,举足轻重。"从古希腊时代以来,知识分子的社会地位就是决定性的,甚至是普罗米修斯式的。"① 这种情形在中国,尤其如此。德国学者韦伯在《儒教与道教》中说,"2000多年来,士人无疑是中国的统治阶层,至今仍然如此"。② 后来,他在《学术与政治》中亦说:"这个阶层,挟其取法中国古代而发展出来的规矩,决定了中国的整个命运。"③ 知识与权力集于一身的"士",可以说支配了整个中国的文化、政治、教育、伦理、道德和社会生活的方方面面,"就其社会地位和政治功能而言,我们有理由认为他们构成了中华帝国的统治阶级"。④ 因此,可以毫不夸张地说,中国社会和历史是"由士之一阶层为之主持与领导"的。⑤

---

① 〔美〕卡尔·博格斯著,李俊、蔡海榕译:《知识分子与现代性的危机》,江苏人民出版社2002年版,第1页。
② 〔德〕马克斯·韦伯著,洪天富译:《儒教与道教》,江苏人民出版社2005年版,第91页。
③ 〔德〕马克斯·韦伯著,钱永祥等译:《学术与政治》,广西师范大学出版社2004年版,第219页。
④ 阎步克:《士大夫政治演生史稿》,北京大学出版社1996年版,第1页。
⑤ 钱穆:《国史大纲》(下),商务印书馆1994年版,第561页。

2　五四知识分子的淑世意识

正如胡适所说,"一个时代要有一个时代的'士大夫'",①随着满清帝制的崩溃,传统知识分子逐渐向现代知识分子过渡,中国"读书人"那种"学而优则仕"的坦途大道渐渐地杂草蔓生,但士人那种忧患意识和干世情怀却是一脉相承的,尤其在内政不清明、外交无力量的近现代中国,知识分子的那种参与社会、干预政治的热情愈发高涨。萨义德云:"近代史中的主要革命,知识分子无役不与;主要的反革命运动,知识分子也是无役不与。知识分子一直是运动的父母,当然也是子女,甚至是侄甥辈。"②五四运动正是知识分子所催生的,同时,五四运动也是这一代知识分子的"知识英雄纪念碑"。

恩格斯在谈到 16 世纪欧洲文艺复兴时曾经这样说:"这是一次人类从来没有经历过的最伟大、进步的变革,是一个需要巨人而且产生了巨人——在思维能力、热情和性格方面,在多才多艺和学识渊博方面的巨人的时代。……那时,差不多没有一个著名人物不曾作过长途的旅行,不会说四五种语言,不在几个专业上放射出光芒。"③"五四"也是中国的"文艺复兴",④当时《新潮》杂志的英文刊名即为 *Renaissance*(文

---

①　欧阳哲生主编:《胡适文集》(第 5 卷),北京大学出版社 1998 年版,第 416 页。

②　〔美〕爱德华·W·萨义德著,单德兴译:《知识分子论》,生活·读书·新知三联书店 2002 年版,第 16 页。

③　中共中央马恩列斯著作编译局译:《马克思恩格斯全集》(第 20 卷),人民出版社 1971 年版,第 361 页。

④　这样说并不妥当,应当说"五四"新文化运动与欧洲的文艺复兴颇为相似,而不能说是中国的文艺复兴,因为新文化运动非但不是以复兴中国传统文化为目的,反而是以"革"中国传统文化的"命"为目的。唐德刚说:"西方的现代化运动,始自'复古';东方的现代化运动,则始自'疑古'、'破古'、'毁古'。换言之,西方现代化运动是'自发'的、'自尊'的和'自信'的。而东方的现代化运动,则是'他发'的、'自卑'的和'自责'的……虽然他们两者之间对'现状'的不满,倒是一致的。"(唐德刚:《胡适杂忆》(增订本),华东师范大学出版社 1999 年版,第 288 页。)

艺复兴)。胡适更是这样以为,他说中国新文化运动无论是从语言革命上来看,还是从个人解放上来看,"与当年欧洲的文艺复兴有极多的相同之处",这两者"实在没有什么不同之处"。① 1935年1月4日,他在接受香港大学名誉博士学位时,发表的《中国文艺复兴》演讲中便称此次运动不只限于一个文学运动,它有着"更广阔的涵义","它包含着给与人们一个活文学,同时创造了新的人生观。它是对我国的传统的成见给与重新估价,也包含一种能够增进和发展各种科学的研究的学术"。②

而当年的学生领袖之一罗家伦在"五四"一年后便这样评价道,"无论是赞成的反对的,总不能不认五四运动是中华民国开国以来第一件大事。这件事为中国的政治史上添一个新改革,为中国的社会史上开一个新纪元,为中国的思想史上起一个新变化!"③五四运动发生四十周年纪念时,他将"五四"与欧洲启蒙运动相类比,并再次强调了"五四"的泛文化意义,他说:"'五四'代表了新文化意识的觉醒……和十八世纪的欧洲启蒙极为相似……卢梭、狄德罗等启蒙思想家用严厉的批判突破旧思想的樊篱。而且,他们用科学态度和自由精神不仅重新考虑了主要的文学倾向……而且还彻底调查了政治和社会制度。"④

"五四"不只为中国的政治史、社会史、思想史、文化史上树立了一

---

① 欧阳哲生主编:《胡适文集》(第1卷),北京大学出版社1998年版,第340页。
② 欧阳哲生主编:《胡适文集》(第12卷),北京大学出版社1998年版,第41页。
③ 罗家伦:《一年来我们学生运动成功失败和将来应取的方针》,张允侯等编:《五四时期的社团》(二),生活·读书·新知三联书店1979年版,第101页。
④ 转自〔美〕舒衡哲著,刘京建译:《中国启蒙运动——知识分子与"五四"遗产》,新星出版社2007年版,第304页。

个坐标,更成为现代知识分子一个辉煌的起点。可以说,在中国的历史和社会文化里,"根本就没有培养西方意义的'为知识而知识'的纯知识分子。小而言之,个人的名位利禄,大而言之,对国家、社会、伦理的责任感,在在都难使中国知识分子与现实政治绝缘。于这一关联上,中国知识分子享有比较特殊的社会地位,也往往遭受比较特殊的挫败"。① 这个判断颇为准确。中国的知识分子,尤其是经历了"五四"这一历史转折时段的知识分子,几乎都会在"知识探求"与"公共关怀"两者之间权衡较量、徘徊踌躇。他们不光在文化史、学术史、思想史上写下了浓墨重彩的一笔,同时也在中国现代化的历史舞台上扮演了光彩照人的要角。

他们的呐喊和抗争在此,他们的彷徨和颓败亦在此;他们的伟大和优长在此,他们的渺小和缺陷亦在此。我们神往,我们也遗憾;我们赞叹,我们也惋惜。

"五四一代"知识分子身上这种强烈的淑世意识取决于他们这批人对"知识分子"这一阶层的看法(即他们所持的一种"知识分子观")。我们向来不乏对知识分子,尤其是"五四一代"知识分子的研究,如果将"知识分子"的生平行略、学术思想、文学艺术的考察都视为知识分子研究的话,"五四一代"知识分子研究成果用汗牛充栋来形容亦不为过,因为他们曾经在历史的舞台上叱咤风云过,他们成为被研究的主角亦属当然。

本研究所切入的视角正是从他们的知识分子观——即作为知识分子的他们这批人对"知识分子"这一身份的诸种看法——来看他们的淑世意识。大致看来,"研究他们"(知识分子研究)的成果的确多见,而

---

① 殷海光:《中国文化的展望》,上海三联书店 2003 年版,第 548 页。

"研究他们的知识分子观"(知识分子观研究)的成果似乎少有。

本书的研究对象是以鲁迅、胡适、郭沫若为代表的"五四一代"知识精英的知识分子观。

首先,我们先看"知识分子研究"和"知识分子观研究"的区别与联系。知识分子观是指人们对知识分子这一身份、这一群体的总的看法,比如儒家对"士"的看法、毛泽东对知识分子的看法、萨义德对知识分子的看法等。不同身份的,不同国家、不同时代的人对知识分子的看法(怎样才算是知识分子,知识分子在社会中应当承担怎样的角色,知识分子与政治的关系应当如何,知识分子的道德修养等等)是千差万别的。那么,本书要考察的正是"五四"时期活跃的一代知识分子的典型代表鲁迅、胡适、郭沫若对知识分子的看法,同时这也是他们这一代人的自我观照、自我想象、自我期许和自我实践。

而知识分子研究则是研究者对知识分子的考察,知识分子评传、思想、学术、创作等皆归此类。举个例子,比如,我们研究鲁迅如何看知识分子便属于知识分子观研究,我们研究鲁迅则属知识分子研究。

要指出的是,本书是探讨知识分子眼中的知识分子,那么,知识分子观研究与知识分子研究便不可能是泾渭分明的,因为这里的知识分子不光是理论者,他本身更是他们的理论的实践者。知识分子的自我想象一方面是体现在他们的自我言说上("言"),另一方面体现在他们的自我践行中("行"),因为一个人的主张和一个人的践行往往一致的多,"今吾于人也,听其言而观其行"①。于是,鲁迅、胡适、郭沫若等人对知识分子的种种论述("言"的材料)和能够体现他们的知识分子观的种种行略("行"的材料)便构成了本书关于知识分子观研究的材料支

---

① 《论语·公冶长》。

持。这时,知识分子研究与知识分子观研究在这一点上又有着千丝万缕的关联。

至于为什么选择鲁迅、胡适、郭沫若作为"五四一代"知识分子的典型代表?因为他们彼此不同的家庭出身、教育背景、个人禀赋、政治倾向使得他们在知识探求与公共关怀的两相选择中倚重不同、倾向不同,而这些丰富的差异将有助于展现出"五四一代"知识分子观的种种典型景象。

总的来说,本书的中心任务是通过"言"和"行"两方面的材料梳理出以鲁迅、胡适、郭沫若三人为代表的"五四一代"知识分子对知识分子这一特殊身份的认识的理论贡献,以期在展示出他们相同的强烈的淑世意识的同时,还要展示这种相同之下的丰富差异。

梳理与分析

知识分子研究与知识分子观研究有区别,也有联系。对于知识分子研究,文学、历史学、哲学、法学、社会学、政治学等诸学科领域的学者、思想家都给我们留下了较为丰富、较为深入的思考。那么,在展开我们的知识分子观研究前,有必要对国内外关于知识分子(观)的研究状况做一个宏观的鸟瞰,以作为本研究的背景。

概而言之,从成果来看,国外研究历史悠久,著作宏富,国内研究时间较短,成果相对有限。从特点来看,国外研究抽象层面较多,国内研究具象层面较多。我们扫描一下国内外知识分子(观)研究大致情况:

(1)对知识分子与政治的关系的考察是知识分子研究的一大重镇。

"政治不是道德清谈。政治是正义和伦理原则碰到现实问题的灰色地带。知识分子介入政治,他们的责任就是在道德完美主义和功利政治之外,帮助并不完美的公共生活寻找自由和理性的支点。"徐贲的《知识分子:我们的思想和我们的行为》(华东师范大学出版社 2005 年版)其实是一本"关于现代性"的书,他分别讨论了"现代的恐怖(极权主义),现代的挑战(首先是相对主义),现代的成就(自由主义)和现代的梦想(尤其是民主)"以及与之相关的主题。讨论了政治和伦理现代性、知识分子与公民政治、价值认同与群体意识、文化批评和大众文化等内容。民主政治与知识分子的关系在杰弗里的《"民主"社会中的知识分子》中也得到集中的探讨,在他看来"知识分子是实践'民主'的主要群体,如果他们离开政治舞台,'民主'实践就会以失败而告终"。① 知识分子之于民主政治至关重要。

正是知识分子的参与意识与批判意识促使着政治的清明,萨义德在《知识分子论》中把知识分子刻画成"流亡者和边缘人(exile and marginal),业余者,对权势说真话的人"。他说:"我尝试主张:不管个别知识分子的政党隶属、国家背景、主要效忠对象为何,都要固守有关人类苦难和迫害的真理标准。扭曲知识分子的公开表现莫过于见风使舵,噤若寒蝉,爱国大话以及反省的、自吹自擂的变节。"② 萨义德是反抗的知识分子中扛大旗的人。林贤治的《午夜的幽光》是关于知识分子的一系列读书札记,林贤治似乎摆脱不了他心底的鲁迅情结,他敬佩并向往那些有社会担当、有反抗精神、有斗争勇气的知识分子,他们不同于经院知识分子,"耻于做知识学的炼金术士,而争当大众社会的燃灯者和拓荒人",如左拉、薇依、萨特、福柯、萨义德、鲁迅、李慎之等人,他

---

① 〔美〕杰弗里·C·戈德法布著,杨信彰、周恒译:《"民主"社会中的知识分子》,辽宁教育出版社 2002 年版,第 1 页。

② 〔美〕爱德华·W·萨义德著,单德兴译:《知识分子论·序言》,第 4-6 页。

们共同的特点在于"反强权、反体制、反潮流,以及平民主义的立场"。①他的写作延续了他一贯优美而热情的笔调,是书可视为批判的知识分子谱系的一个亮相。

知识分子虽是民主政治的"守护神",但要明白,他也可能是独裁政治"助虐者"。马克·里拉在《当知识分子遇到政治》中以海德格尔、阿伦特、雅斯贝尔斯、施米特、科耶夫、本雅明、福柯、德里达等人为例反思了"哲学与政治权力——尤其是为暴政所滥用的政治权力——的行使之间的关系",②那些本应对暴政警觉并加以批判的知识分子,为何在民主社会、计划体制、法西斯社会中却反过来支持一种极权政治和恐怖政治是一个很有意思的现象。马克·里拉反思的不只是知识分子与政治的关系,而是知识分子实际参与政治后的可能后果,他认为哲学家与政治家这两者的身份应当是冲突的,否则会造成一定的危险。"人们常常从《理想国》中引申出的一个实际的教训是:如果哲学家试图当国王,那么其结果是,要么哲学被败坏,要么政治被败坏,还有一种可能是,两者都被败坏。因此,唯一明智的选择是分离两者",所以,"如果哲学意欲烛照黑暗,而不是加深黑暗,它就必须从驯服自己的激情开始"。③这为知识分子与政治的关系提供了一个警示。

众所周知,萨特是提倡知识分子介入政治的,而他的同班同学雷蒙·阿隆则持相反的意见,他的《知识分子的鸦片》"从法兰西的特定国情出发,特别援引了盎格鲁-撒克逊传统,对偏爱走极端的法国知识分

---

① 林贤治:《午夜的幽光·题记》,广西师范大学出版社 2005 年版,第 1 页。
② 〔美〕马克·里拉著,邓晓菁、王笑红译:《当知识分子遇到政治·致中国读者的短札》,新星出版社 2005 年版,第 2 页。
③ 〔美〕马克·里拉著,邓晓菁、王笑红译:《当知识分子遇到政治》,第 40-41 页。

子本身进行了剖析和批判"。① 他试图解答以下这些问题:"为什么马克思主义在法国这样一个其经济演进已不符合其预言的国家会重新流行? 为什么无产阶级的意识形态和共产党的意识形态会在工人阶级人数较少的地方反而取得更大的成功? 在不同的国家里,究竟是什么样的环境在支配着知识分子的言论、思想与行动的方式?"②他冷静地反省和思考了左翼知识分子的政治激情。

保罗·博维的《权力中的知识分子:批判性人文主义的谱系》往往会被人误为"拥有"权力的知识分子,它实指位于"权力"之中的知识分子,该书指出"在埃里希·奥尔巴赫、马歇尔·霍奇森和爱德华·萨义德这些伟大的人文主义者手中,批判性人文主义实现了两个影响深远的目标:一、它揭示了权力分配的不平等,而且,用萨义德的话来说,它让知识分子向权力说出真相;二、更重要的是,它揭示出批判性人文主义思想如何最终走到极限,从而揭示出它自身的反民主基础源于国家,而知识分子则以特殊的方式扎根于权力之中"。③ 他在这里发现了批判性人文主义与反民主势力的关系,而我们往往在肯定他们激情的时候,没有充分注意到知识分子反民主的倾向。

(2)知识分子在当代社会的地位、角色、作用也是知识分子(观)研究的一个重要内容。

在后现代社会中,知识分子已经由过去的"立法者"转变为现在的

---

① 〔法〕雷蒙·阿隆著,吕一民、顾杭译:《知识分子的鸦片·出版说明》,译林出版社 2005 年版,第 2-3 页。
② 〔法〕雷蒙·阿隆著,吕一民、顾杭译:《知识分子的鸦片·序言》,第 1-2 页。
③ 〔美〕保罗·博维著,萧莎译:《权力中的知识分子:批判性人文主义的谱系·中文版前言》,江苏人民出版社 2005 年版,第 16 页。

"阐释者"。这是齐格蒙·鲍曼在其著作《立法者与阐释者:论现代性、后现代性与知识分子》中阐述的一个重要结论。正如他所分析的那样,"典型的现代型世界观认为,世界在本质上是一有序的总体,表现为一种可能性的非均衡性分布的模式,这就导致了对事件的解释,解释如果正确,便会成为预见(若能提供必需的资源)和控制事件的手段。"在这样的世界中,知识分子被赋予一种仲裁权。在现代型社会中,知识分子被赋予一种仲裁权。而"典型的后现代型世界观认为,世界在本质上是由无限种类的秩序模式构成,每种模式均产生于一套相对自主的实践"。① 知识分子的阐释者的身份和功能在于使得后现代社会各个离散的共同体通过知识分子的阐释活动得以沟通,而不是做出先知的预言或睿者的裁决。

"年轻的知识分子在哪里?"这是拉塞尔·雅各比的《最后的知识分子》讨论的全部问题的出发点,雅各比说:"年轻的知识分子再也不像以往的知识分子那样需要一个广大的公众了:他们几乎无一例外地都是教授,校园就是他们的家;同事就是他们的听众;专题讨论和专业性期刊就是他们的媒体。不像过去的知识分子面对公众,现在,他们置身于某些学科领域中——有很好的理由。他们的工作、晋级以及薪水都依赖于专家们的评估,这种依赖对他们谈论的课题和使用的语言毫无疑问要产生相当的影响。"②在学院的象牙塔之中,知识分子的公共性逐渐被专业性代替,民生关怀为学术研究所代替,激情被冷静代替,学院化生存对知识分子吸引力和制约性越来越大。于是,雅各比叹曰:"消

---

① 〔英〕齐格蒙·鲍曼著,洪涛译:《立法者与阐释者:论现代性、后现代性与知识分子》,上海人民出版社 2000 年版,第 4-5 页。
② 〔美〕拉塞尔·雅各比著,洪洁译:《最后的知识分子》,江苏人民出版社 2002 年版,第 4 页。

逝的知识分子就消逝在大学里。"

以经济基础作为界定阶级属性的标尺时,知识分子当然不是一个阶级,因为他基本不直接产生什么经济效用,所以只能屈居于一个附属性的地位,但艾尔文·古德纳在《知识分子的未来和新阶级的兴起》中说,从"文化资本"来看,知识分子自成一个"新阶级",他认为:"20世纪,在所有成为正在形成的世界社会经济秩序组成部分的国家中,一个由人文知识分子和技术知识分子(这两者并不相同)组成的新阶级,开始了与原先控制着社会经济领域的集团的竞争,这些集团由商人或政党领袖组成。"①光这一点,就足以叫知识分子振奋人心了,古德纳围绕着知识分子"新阶级"这个话题分了十六组论题进行了广泛的讨论。

卡尔·博格斯的《知识分子与现代性的危机》关注的是"知识分子在为意识形态的霸权而不断斗争的知识活动中所展现出来的政治层面",围绕着这个话题,集中讨论了"知识分子活动的主要类型有哪些?它们又是怎样随着时间的推移而变化的?知识分子的政治作用是什么,是霸权的还是反霸权的,是起支配作用还是颠覆作用,这些作用又是怎样随着现代性危机的不断加深而变化的?知识分子和社会力量或大众选民(包括群众运动)之间的关系是什么?知识分子是否已成为一个利益和价值观与众不同的社会团体?仅是一个阶层?一个阶级?哪些条件会促使一个有助于创造历史的批判性或对抗的知识阶层的形成?或者这个问题在现代语境下,已不再会引起共鸣了?"②他讨论的

---

① 〔美〕艾尔文·古德纳著,顾晓辉、蔡嵘译:《知识分子的未来和新阶级的兴起·引言》,江苏人民出版社2002年版,第1页。

② 〔美〕卡尔·博格斯著,李俊、蔡海榕译:《知识分子与现代性的危机·前言》,第1-2页。

问题亦颇为广泛。

这些技术革命与信息社会下的当代社会中知识分子身份的变化带给了他们讨论的众多新话题。

(3)对中国传统知识分子("士")的讨论为知识界,尤其是海外学人所重视。

这其中,影响较大,为学界看重的是余英时的《士与中国文化》,该书与他的《中国知识人之史的考察》大同小异。作者凭借着中西两种文化资源的优势,扎实地梳理了传统中国知识分子("士")这一阶层的兴起和发展,使得古代知识人来龙去脉、生存形态得到了较为清晰的呈现。他还考察了东汉的士与政权的关系,汉晋之际士的新自觉与新思潮,宋代士大夫的政治文化,明清时的"士商互动"等,基本上将各朝代的"士"进行了专题研究,"大体反映了'士'在不同的历史阶段的特殊面貌"。[①]

余英时在新亚学院时的业师钱穆在传统文化中浸淫甚深,他对传统知识分子亦多有散论,在他的《国史大纲》中对士的社会、政治作用以极高评价。在《国史新论》的《中国知识分子》、《中国文化传统中之士》、《再论中国文化传统中之士》几个篇章中纵论传统知识分子——"士"。在他看来,士是以"人文精神为指导之核心",其知识对象则"集中在现实人生政治、社会、教育、文艺诸方面",[②]他站在传统文化的立场对"士"作了史的梳理,并就中西知识分子观作了比较。尤其是在其"天鹅绝唱"《晚学盲言》中就道与器、道德与权力、帝王与士人、政与学、知识与德性、为政与修己、入世与出世、己与道、学问与知识、进与退、德性等

---

① 余英时:《士与中国文化·引言》,上海人民出版社2003年版,第7页。
② 钱穆:《国史新论》,广西师范大学2005年版,第118页。

条目进行论述,广泛涉及知识分子与政治、知识分子道德修养、学术与政治等层面。钱穆在新亚的"同壕战友"唐君毅更是看重儒家文化的人文主义及道德自我之建立,他的《中国人文精神之发展》(广西师范大学出版社 2005 年版)一书站在传统中国文化的一面论及现代中国知识分子的精神病痛,来源及后果,并探讨了知识分子精神危机及自赎之路。

同样,第三代新儒家的领军人物杜维明的《道、学、政:论儒家知识分子》从道统、学统、政统三个维度综合考查了儒家知识分子,在他看来,"儒家知识分子在特定意义上通常被视作看家狗,不仅要看住王室,也要看住平民百姓"。① 儒家知识分子的使命担当、政治功能、学术志业三者之间联系和纠缠都得到较为深入的查考。

国内对于士的研究有阎步克、赵园、杨国强等人。阎步克的《士大夫政治演生史稿》选择了"古代士大夫政治问题"为研究对象,作者将自己的研究限制在"士大夫阶层和士大夫政治的演生过程"之中,其最终目的是要"通过士大夫政治的演生,揭示一种独特政治文化模式的演生过程和结构设计"。② 赵园的《明清之际士大夫研究》(北京大学出版社 1999 年版)选择了明清易代之际,这一历史大考验、历史大关节时期的士人作为考察对象,讨论了这一时段士人的言论空间、气质禀赋、生存方式、伦理困境、精神痛苦等话题。有意思的是,杨国强的《晚清的士人与世相》(生活·读书·新知三联书店 2007 年版)将目光后移"清季"这另一易代之际,这时期的"士"正站在几千年中国历史的舞台上做着最后的谢幕,同时他们又或自觉或不自觉地站在近现代中国的历史舞台

---

① 〔美〕杜维明著,钱文忠、盛勤译:《道、学、政:论儒家知识分子》,上海人民出版社 2000 年版,第 28 页。

② 阎步克:《士大夫政治演生史稿》,第 1-2 页。

上。面对西潮的冲击和阽危的国势，士人或积极或消极地回应着时代提出的课题，杨国强所考察的正是在这三千年巨变之中士人的自我调整，以及这一调整过程中的种种冲突和选择。

(4)"后文革"时期中国知识分子面临着自我调整，对 20 世纪 80 年代以来知识分子的考察也便成为一个研究热点。

计划经济、威权社会的松动，以及市场经济、民主社会的逐步确立为知识分子研究提供了新的课题。许纪霖的知识分子研究起步较早，成绩颇丰，除闻一多、傅斯年、林同济、朱自清、蒋廷黻等具体知识分子的个案研究之外，他对 20 世纪 80 年代后的当代知识分子的心路历程、重建公共性的努力和公共性建立的可能性及方式等都提出自己的思考和论述，他认为"在知识专业和后现代时代，知识分子通过从特殊走向普遍，重新建构起自己的公共性"。① 这些思考体现在他的《知识分子死亡了吗?》、《公共知识分子如何可能》等论文中。② 另外，跳出传统与现代、学术与政治的研究思路，他在论文《都市空间视野中的知识分子研究》中提出从"都市空间"这一"新的视野"来"研究知识分子在特定的社会语境和关系网络中如何产生知识分子共同体，如何相互交往，并影响和建构社会公共空间和关系网络"。③

(5)以知识分子为主角来书写历史较多地体现在历史学的研究成果中。

在法国，推动法国知识分子研究成为一门显学最有力的两个人是巴黎政治学院的米歇尔·维诺克和让-弗朗索瓦·西里奈利。米歇

---

① 许纪霖:《中国知识分子十论》，复旦大学出版社 2003 年版，第 78 页。
② 见《中国知识分子十论》。
③ 许纪霖:《都市空间视野中的知识分子研究》，载许纪霖编:《20 世纪中国知识分子史论》，新星出版社 2005 年版。

尔·维诺克在《自由之声:19世纪法国公共知识界大观》(中国人民大学出版社2006年版)中将那狂热而充满激情的19世纪法国历史分三个阶段,从"百日"到七月王朝的倾覆,从1848年革命到第二帝国的终结,从普法战争到雨果逝世,他将19世纪法国知识分子捍卫自由的壮观图景一一展现到我们眼前。他在另一部大作《法国知识分子的世纪》(江苏教育出版社2006年版)中以巴雷斯、纪德、萨特三人为个案写了一部法国知识分子的历史,突出地表现了知识分子干预社会的激情和冲动。让-弗朗索瓦·西里奈利的《知识分子与法兰西激情》是在政治史中呈现知识分子的历史,因为"政治史是行为与感觉、文化与思想的历史,不能把政治仅仅表现为选举,相反,应当将它扩展到各种各样的社会活动中去",① 只不过他视角奇特,剑走偏锋,从法国德雷福斯事件开始的法国20世纪知识分子的种种宣言与请愿书这类集体行为来探讨知识分子。

(6)从社会学的角度来看,知识分子的定义、角色、数量、分布、收入等问题也得到了考察。

郑也夫曾策划,并译校过一些海外关于知识分子的学术著述,如刘易斯·科塞的《理念人:一项社会学的考察》,科塞对知识分子的看法与班达的看法有些相似,那就是,他注重知识分子对抽象知识,诸如意义、价值层面,而不是对实际事务的追求,科塞说,"知识分子是为理念而生的人,不是靠理念吃饭的人"。"大多数人在从事专业时,就像在其他地方一样,一般只为具体的问题寻求具体的答案,知识分子则感到有必要超越眼前的具体工作,深入到意义和价值这类更具普遍性

---

① 〔法〕让-弗朗索瓦·西里奈利著,刘云虹译:《知识分子与法兰西激情·前言》,江苏人民出版社2001年版,第5页。

的领域之中。"①而弗洛里安·兹纳涅茨基的《知识人的社会角色》对知识人可能扮演的各种不同的社会角色作了细致的分类,如、技术顾问、圣哲、神圣学者与世俗学者、知识创造者等,并研究了支配知识人之行为的规范模式,他认为,"社会圈子对知识人的要求,随着期望于他所扮演之角色的不同而变化","知识人所扮演的每一种特殊社会角色都带有某种期望;每一个社会圈子奖惩特定类型的知识绩效"。②

郑也夫本人是20世纪80年代较早集中地研究知识分子的一位,他的《知识分子研究》(中国青年出版社2004年版)对知识分子的定义、知识分子与大众、知识分子与政治、知识分子与市场、知识分子与大学、知识分子的批判精神、我国知识分子数量、构成和分布、书籍出版的历史与现状等问题作过系统的研究。另一社会学家费孝通的《论"知识阶级"》则从"知识"着手考察知识分子,他将知识区分为"自然知识"和"规范知识",并认为"知识分子的地位有一部分是从规范知识的性质里发生出来的"。③饶定轲、夏兆敢、骆郁廷等人的《当代中国知识分子研究》(华中师范大学出版社2000年版)亦属于当代知识分子的社会学研究。自小就和郭沫若通信,后来与郭沫若成为至交的陈明远的《文化人的经济生活》是"研讨中国现代文化人经济生活状况的第一部专著",他从"文化人"的经济收入和保障这一独特的角度来看"文化人"的言说姿态、思考、人格等等,因为在一定程度上,"自由独立的经济生活构成

---

① 〔美〕刘易斯·科塞著,郭方等译:《理念人:一项社会学的考察·前言》,中央编译出版社2004年版,第2-3页。

② 〔波兰〕弗洛里安·兹纳涅茨基著,郑斌祥译,郑也夫译校:《知识人的社会角色·导言》,译林出版社2002年版,第14-16页。

③ 费孝通:《论"知识阶级"》,载许纪霖编:《20世纪中国知识分子史论》,新星出版社2005年版。

了自由思想与独立人格之坚强后盾和实际保障"。① 此亦可归为知识分子的社会学研究范围。

(7)其他。

知识分子与大众文化、知识分子的人格等领域亦得到研究和考查。我们向来自豪于知识分子的精英姿态,但是还没有人如弗兰克·富里迪那样在《知识分子都到哪里去了》里"如此系统和深刻地将文化精英的溃退与当代学术和文化的弱智化直接联系在一起"。② 在通俗文化、大众文化的挤逼下,精英文化遭到了前所未有的挑战和尴尬。"学术走下神坛,向民众露出了可亲的笑容,而另一方面,则不可避免地带来了弱智化、娱乐化的结果。"③他的著作"旨在对我们当前着手发展思想、教育民众和塑造新型公众的方式展开研究","对当代教育和文化政治的反民主根基和保护主义根基同时提出质疑"。④ 富里迪声称,"一场对抗庸人的文化战争早就该开始了"。保罗·约翰逊的《知识分子》(杨正润等译,江苏人民出版社2003年版)可谓是在众目睽睽之下,揭去了知识分子那光彩照人的外衣,榨出他们"皮袍下的小来",卢梭、萨特、托尔斯泰、易卜生、海明威、罗素、赫尔曼等人在他的笔下都一一显露出了他们性格中"卑微"的一面。

就国内外知识分子(观)研究的具体内容来看,研究主要集中在三个方面。一、对当代社会知识分子研究较多;二、对传统知识分子

---

① 陈明远:《文化人的经济生活》,文汇出版社2005年版,第7-9页。
② 〔英〕弗兰克·富里迪著,戴从容译:《知识分子都到哪里去了·译者序》,江苏人民出版社2005年版,第3页。
③ 曹静:《富里迪的焦虑》,《解放日报》,2006年9月8日。
④ 〔英〕弗兰克·富里迪著,戴从容译:《知识分子都到哪里去了·绪论》,第21-22页。

("士")的研究成果较多;三、从历史学、政治学、社会学等具体学科领域来研究知识分子较多。

当然,对于鲁迅、胡适、郭沫若的个案研究可谓汗牛充栋,对他们三人的生平事略、作品内涵、文学批评、思想文化等方面研究的较多,但对作为"知识分子"身份的他们(体现他们知识分子观的"行"的一部分内容),尤其是他们对知识分子的看法(体现他们知识分子观的"言"的一部分内容)少有系统而深入的挖掘和分析。这很大程度上是材料,尤其对"言"的材料的匮乏所致。

如果不是以知识分子的视角去阅读筛选鲁迅、胡适、郭沫若等的文本的话,似乎这方面的材料就显得十分薄弱。比如,一提起鲁迅对知识分子的论述,我们就会想到《关于知识阶级》、《文艺与政治的歧途》、《"文人相轻"》等篇目,但其实,鲁迅杂文中与陈源、梁实秋、林语堂、胡适、徐志摩等人交锋时的姿态、立场、观点,他的小说中《起死》中的庄子、《出关》中的老子,甚至《在酒楼上》的"酒楼"窗外"废园"里傲雪的腊梅,都是能体现其知识分子观的丰富材料。

与鲁迅相比,胡适和郭沫若直接论述知识分子的文章几乎没有。然而,对胡适来说,他对知识分子的观点可以从他与那些以他为中心"知识分子群"(如丁文江、翁文灏、吴景超等)的书信往来,甚至他的学术性论文(如《说儒》、《中国哲学史》等)中获得。对郭沫若来说,他对文化名人(如葛录亚、夏完淳、屈原、柳亚子、李公朴、闻一多、雨果、达·芬奇、果戈理、阿维森纳、萧伯纳、约里奥·居里、罗曼·罗兰等)的纪念文章,他的读书札记、学术著作(如《十批判书》等)、文学创作(如《漂流三部曲》、诗集等),甚至他当年所写的极为平庸的应景诗《百花齐放》,都可视为他对知识分子的观点表述的丰富材料。

由此看来,材料问题,尤其是"言"的材料,可能是制约人们对他们的知识分子观进行研究的一个因素。

结构与意愿

我们常常讲知识分子,那么,何谓知识分子? 又是聚讼不已,众说纷纭。本书认为知识分子既是一个知识人,又是一个社会人,他既要埋首书斋进行他的知识探求,同时又要面向社会履行他的公共关怀,这两者缺一不可,如果只顾前者,那是学者,如果只顾后者,那是社会活动家。不能以知识者的专业"局限"妨害实行者在公共领域里的发言,亦不能以实行者的利益倾向妨害知识者在专业领域里的探索。此系本书的理论支持。

循此而来,本书分别梳理了中国的传统知识分子观和现代知识分子观。传统知识分子观很大程度上体现在对"士"的认识上,春秋时期,是巫转变为士的一个关键时期,对士来说,他们是"以身殉道"的价值维护者、"抱道忤时"的社会批判者和"行己有耻"的道德示范者。随着清朝的覆亡带来封建制度的崩溃,列强的侵略带来民族生存的压力,以及中西文化的冲撞与交流带来思想的开放和活跃等诸多因素辐辏际会,促成了"士"到"知识分子"的历史转变。正是在这种特殊历史阶段的剧变和混乱之中,对"五四一代"知识分子来说,他们是"殄除外侮"的民族主义者、"跑来跑去"的淑世主义者和"发扬踔厉"的个人主义者。

在知识分子观传统的史的梳理和现代的面的扫描之后,本书选取了"五四一代"最具有代表性的知识分子鲁迅、胡适、郭沫若这三人进行了"点"的研究,以期进一步阐发他们各具特点的知识分子观。由于他们是本书理论预设下的知识分子,因此他们的知识分子观呈现的绚烂景象莫不是由知识探求与公共关怀两者冲突激荡而成。于是,通过不同层面考察他们三人眼中的知识分子在这两者之间的不同取舍,以及这种种取舍背后的踌躇和犹豫,便使得"五四一代"知识精英的知识分子观显得颇为生动和丰富。

围绕着知识探求与公共关怀这个中心议题,本书分别通过四个层面进行论述,以期望能将他们三人各异的知识分子观尽可能立体地呈现出来,这四个层面分别是:出与入、人与政、学与政、文与政。

从出与入的关系来看,"埋首书斋"往往被视为知识分子的本业和正道,"介入社会"往往被视为知识分子的副业和歧途。鲁迅、胡适、郭沫若他们既看重知识分子研习学术,又强调知识分子干预社会,尤其是后者,又常常为人们诟病和回避,然而他们在挺身而出、拍案而起、干预政治、参与社会这一点上,意见却高度一致。隐士与斗士、雅士与俗人、无为与有为、少事与多事、消极与积极、退避与进取之间,他们都无一例外地拥抱后者,鄙弃前者。入世,而不是出世,是他们的共同主张。

有了这么一个共通的看法为基础,考察他们对知识分子与政治的关系的思考便构成了人与政这一层面的内容。由于知识分子在知识层面的工作主要集中在学术与写作两个领域,考察学术、写作与介入社会、批判政治的矛盾与选择便构成了学与政、文与政这两个层面的内容。

从人与政的关系来看,鲁迅认为知识分子与政治永远是对立的和疏离的、否定的和拒绝的,所以,知识分子当是一个"特立独行"的"斗士"。胡适认为知识分子应当与政治保持一定的距离,但又要设身处地地为政治出谋划策,并履行知识分子的批评使命,只不过其批评的性质是建设的,非破坏的;批评的目的是补偏救弊,非剑拔弩张的;批评的态度是委婉的,而非鲁直的,所以,知识分子当是一个"哀矜敬慎"的"净士"。郭沫若认为知识分子应当投入政治的怀抱,为政治奔走,为政治效力,唯党命是从,以党是为是,所以,知识分子当是一个"衔命持笔"的"战士"。

从学与政的关系来看,安心学术与介入社会仍是一团化不开的矛盾,扑腾在这矛盾的"泥塘"里的知识分子将何去何从?鲁迅主张知识分子做一种"革命第一,学术第二"的"心系革命的学问家",胡适主张知识分子做一种"学术第一,革命第二"的"疏离革命的学问家",而郭沫若与他们不同,他主张知识分子做一种"服从革命的学问家",那就是将学术与革命合为一体,并将学术改造成革命的利器,直接参与到现实斗争之中。

从文与政的关系来看,鲁迅与郭沫若的"文章"面临着"创作"与"批评"的矛盾,这个矛盾仍是出与入的矛盾,他们都主张一种能够直接参与社会,干预政治的批评文字,即都注重文章的功利性和工具性。他们的不同之处在于鲁迅重视文章的抗争性,郭沫若重视文章的宣传性。而对胡适来说,他面临的是"思想文章"(谈思想)与"政论文章"(谈政治甚至干政治)的矛盾,只不过这一矛盾体现在文章所发挥效用在方式上的间接与直接、速度上的迂缓与迅速、效果上的根本与枝叶之上,胡适徘徊往复于这两者之间,最后走到一条"既谈思想也不放弃政治"两者兼顾的路上。

本书对鲁迅、胡适、郭沫若三人的知识分子观从四个层面,出与入、人与政、学与政、文与政加以论述,通过比较和分析,从而较为清晰地呈现出他们各自的特征,希望能为林林总总的知识分子理论建设新添一种资源。最后,可以看到,以鲁迅、胡适、郭沫若为典型代表的"五四一代"知识分子的知识分子观在当代中国也产生了一声遥远的回响。

从主观上说,本研究想通过研究达到以下三个意愿:

一、文章试图经过较为认真的挖掘,使得"五四一代"知识分子的知识分子观得以"构建",以期能为知识分子理论建设新添一种资源。

不同年代的知识分子,从不同的角度来看,都会梳理出不同的知识分子理论成果,我们是盛产知识分子的国度,这是我们的幸运,也是我们的不幸。从中国历史来看,"五四"时期是知识分子淑世意识高涨的一个重要时段,理当拥有更多的知识分子理论资源,但这方面的研究和梳理工作较为薄弱,本书从知识探求和公共关怀这对关系来切入探讨"五四一代"知识分子的知识分子理论,希图从出与人、人与政、学与政、文与政等多个层面,选取了不同的知识分子典型,来展示他们共同的淑世情怀,以及这一淑世情怀下丰富差异。

二、与以单一的视角来研究鲁迅、胡适和郭沫若相比,通过知识分子这一综合的视角,可以收获一个更为丰富立体的"五四一代"知识分子形象。

知识分子观研究不只是一个研究对象,更是一个研究视角,通过考查"五四一代"知识分子鲁迅、胡适、郭沫若的知识分子观,往往能够呈现出一些较为新鲜的研究结果,比如,在一定的程度上,从知识分子的角度和身份去接近、打量和解释鲁迅、胡适、郭沫若可能会比只从文学的角度,或其他角度去看鲁迅、胡适、郭沫若更为妥当、更易解释。因为,从知识分子的角度来看,他们不光是文学家,还是学术家、思想家、批评家,甚至是社会活动家,而通过知识分子观研究,"五四一代"就可能呈现出一种较为丰富而立体的形象,并得到较为新鲜的理解。

三、通过对"五四一代"知识分子观的梳理一方面给当代知识分子以示范和激励,另一方面给当代知识分子以警示和反思,具有一定的现实意义。

一个时代有一个时代的知识分子,每个时代的知识分子的身份体认、责任担当都离不开此前若干时代的知识分子观的滋润和借鉴。无论是前现代社会,还是现代社会、后现代社会,知识分子那种激浊扬清的书生意气和拍案而起的无畏勇气始终是后世知识分子的一份珍贵的理论资源和人格示范,历千年万载而不改。同时,他们在具体历史情境中的种种主张和实践,如独立精神之自我放弃、党派利益的高度维护等又都为后世知识分子留下一份难得的教训,将之整理出来,可以使我们时时反思、时时警醒。

此系本书的三个意愿所在。

第一章 知识探求与公共关怀

第一节 何谓知识分子

1898年,两件不平凡的事

1898年,是平凡的一年,但对知识分子来说,却发生了两件不平凡的事。

左拉:"伦理道德的捍卫者"

是年1月10日至11日,德雷福斯案①中真正的叛国者埃斯特哈齐于军事法庭受审,结果被判无罪!"军事法庭居然奉命判埃斯特哈齐

---

① 德雷福斯事件的原委约略如下:1894年,法国情报人员在德驻法使馆得到一份涉嫌出卖法国情报的"备忘录",在反犹主义气氛浓厚的彼时,一个名叫德雷福斯(Alfred Dreyfus)的犹太炮兵上尉被怀疑为出卖文件的间谍,因为他的笔迹与文件的笔迹有些相像,12月22日,他被军事法庭一致判定叛逆大罪,公开拔阶,并拘禁魔鬼岛。1896年,任统计处处长的皮卡尔(Georges Picquart)上校发现了新的涉嫌叛国的"蓝色便条",并推知真正的叛国者是法国军官埃斯特哈齐(Esterhazy)。面对要求重审该案的呼声,军方不但不敢直面并纠正这一错误,而是将错就错,甚至以大错掩小错,他们将皮卡尔远调北非,甚至伪造了德雷福斯是间谍的假证。在1898年1月10日至11日的审判中,军事法庭竟然公开宣判真正的卖国贼埃斯特哈齐无罪。真理蒙尘,正义隐翳,1月13日,小说家左拉奋笔写下了致法国总统的抗议书《我控诉》,"指责埋没事实,埋没真理,让有罪的人逍遥法外,使无辜的人受冤沉海底"的这次不公审判,此举被认为是欧洲知识分子的诞生。随后,左拉被判诽谤,并出逃英伦。(接下页)

这种人无罪,真理与公义被打了一记大耳光。"是可忍,孰不可忍!

1月13日,法国作家爱弥尔·左拉(Emile Zola)拍案而起,在《曙光报》上发表《我控诉》的檄文,他控诉法国当局在该案中的无耻、卑鄙、欺骗和懦弱,他为那个"窦娥"式的犹太人德雷福斯大鸣不平,是日该报刊印了30万份专刊,"我控诉"成为那个"美丽年代中最有名的战斗口号"。

左拉这样写道:

> 我只有一个目的:以人类的名义让阳光普照在饱受折磨的人身上,人们有权享有幸福。我的激烈抗议只是从我灵魂中发出的呐喊。若胆敢传唤我上法庭,让他们这样做吧,让审讯在光天化日下举行![1]

"知识分子通过自身的影响力,常常会介入他人的命运。"《我控诉》看来并不只是"知识界内部的重大辩论",它"在国家的其他领域也引起了共鸣、把握了社会的脉搏及症结所在并为其指明可能的出路"。[2] 宣

(接上页)随着德雷福斯阵营的势力壮大和不懈努力,伪证的败露,以及随即而来的1900年法国世界博览会的政治压力,1899年6月3日,法庭裁判1894年的判决无效,然而,随后在雷恩组成的新的军事法庭重审该案时,德雷福斯再次被判有罪,只不过,判词附有"犯罪环境特殊,情有可原"的话,随后,法国总统对之特赦。直到1906年,最高法院再审该案,宣判雷恩判决无效,并下令恢复德雷福斯的军阶与职衔。至此,德雷福斯事件才得以完全平反。(按:对此事件的来龙去脉在迈克尔·伯恩斯所著的《法国与德雷福斯事件》(郑约宜译,江苏教育出版社2006年版)一书中有详细交代。胡适曾于1959年12月8日在世界新闻学校做的一次关于《新闻记者的修养》的演讲中也讲述了这个事件。见《胡适文集》(第12卷)(欧阳哲生主编,北京大学出版社1998年版,第630—631页),或见《胡适日记全编》(第8卷)(曹伯言整理,安徽教育出版社2001年版,第640—643页)。)

① 〔美〕迈克尔·伯恩斯著,郑约宜译:《法国与德雷福斯事件》,江苏教育出版社2006年版,第100—101页。

② 〔法〕让-弗朗索瓦·西里奈利著,刘云虹译:《知识分子与法兰西激情》,第405页。

言甫出,效果立现,左拉的"控诉""促使德雷福斯案成为全面的政治与社会事件",而不仅仅是一件不公的司法案件。

百年之后,1998年,法国总统希拉克在纪念《我控诉》发表百年的演讲中称,该文"行文有若雷霆,在数小时内扭转了事件的命运。真理正向前迈进"。希拉克高度评价左拉的勇气和良知:

> 让我们永不忘记一位伟大作家的勇气,他冒尽风险,不顾自身的安危、名誉,甚至生命,运用自己的天分,执笔为真理服务。左拉,一位杰出的文坛健将,伦理道德的捍卫者,明白自己有责任明辨事理;当别人保持缄默时,他表达己见。一如伏尔泰,他是最佳知识分子传统的化身。①

德雷福斯案撕裂了法国社会的同时也撕裂了法国的知识界。"知识分子"一词本系另一个作家、反犹主义者、狭隘的民族主义者、盲目的爱国主义者巴雷斯(Mauric Barres)指责"半吊子知识分子"左拉等人的贬词,即"不爱国的左派",有讽刺鄙夷之意。左拉则"化腐朽为神奇",索性便称"我就是知识分子"。从此,他便成为"知识分子"中最杰出的代表之一。

左拉先生一声"控诉",给法国带来了知识分子观。"为德雷福斯上尉的辩护就某种方式而言就是20世纪知识分子一切行动的起点",②在西方,一般认为,左拉的拍案而起宣告了现代知识分子的"破石而出"。基本上,"所有的人都认为该事件使得法国知识分子走出了'为艺术而艺术'(l'art pour l'art)的林中空地,并警示他们担负起'现代国

---

① 〔美〕迈克尔·伯恩斯著,郑约宜译:《法国与德雷福斯事件》,第185页。
② 〔法〕让-弗朗索瓦·西里奈利著,刘云虹译:《知识分子与法兰西激情》,第1页。

家的道德守护者'的崇高天职。"①于是,人们将那些作家、学者、专家、记者、艺术家之类一批有"知识"的人的"心有旁骛"或者说对真理遭受践踏而决不"坐视不理"的行为,先贬称为"知识分子",后尊称为"知识分子"。

当然,法国知识分子勇敢而无畏地为捍卫正义、真理免遭亵渎而愤然抗议,并非始于左拉,就在左拉向法国总统控诉的 11 年前,1887 年 2 月 14 日的《时代报》上发表了一份题为《反对艾菲尔铁塔的艺术家们》的宣言,这是由一批"作家、画家、雕刻家、建筑家以及对巴黎到目前仍然完好的美丽充满热爱的人们"联名发表的反对建造艾菲尔铁塔的宣言。同年岁末,12 月 24 日的《费加罗报》上有篇题为《一次抗议》的请愿书,此系一批包括左拉在内的艺术家们为抗议司法机关干涉吕西安·德卡夫的艺术创作而发表的宣言。②

再往前推,1885 年 5 月 22 日 13 时 27 分,"60 年来让全世界敬佩,理应值得法国骄傲的人"雨果去世。"维克多·雨果并非只是在文学方面不朽;同样不朽的是他赋予作品的政治意义和为争取自由的不懈斗争。自从他在 1848 年二月革命后的日子中转为赞成共和制之后,他就为他的信条——自由、平等、博爱——而不断斗争。他自愿被放逐达 19 年之久,且直到生命的最后一刻仍拒绝接受专制主义。"③他一生除过笔耕文学园地之外,还致力于巴黎公社成员的大赦,维护妇女的权利,为受土耳其压迫的塞尔维亚人辩护等社会事业,他亦因之赢得了世人给予的至高荣誉。1952 年 5 月 4 日,郭沫若在纪念包括雨果在内的

---

① 〔美〕马克·里拉著,邓晓菁、王笑红译:《当知识分子遇到政治》,第 195 页。
② 参见〔法〕让-弗朗索瓦·西里奈利著,刘云虹译:《知识分子与法兰西激情》,第 1-5 页。
③ 〔法〕米歇尔·维诺克著,吕一民、沈衡、顾杭译:《自由之声:19 世纪法国公共知识界大观》,中国人民大学出版社 2006 年版,第 626 页。

世界四大文化名人时说,"在每一个民族的历史中,都曾出现过这样的人,他们把自己的一生奉献给科学真理的追求或艺术作品的创造,奉献给为广大人民争取自由和幸福的崇高理想而反抗各种暴力行为和专制主义"。① 再往前推,在 18 世纪末发生的"卡拉斯"事件②中,伏尔泰挺身而出,奔走呼告,最终使得这一错误的司法案件得以纠正,"卡拉斯"事件"可以说是知识分子第一次发挥他的作用和功能"。③ 在法国,知识分子干预社会的事件也许还有,就不再往前推了。

虽然左拉并不是第一个因反抗不义而慨然奋起的知识分子,但他在 1898 年德雷福斯案中的表现使得知识分子的形象和特质典型而凸兀地呈现在世人的面前。该事件在法国整个社会、政坛、司法界、思想界所引发的震动和影响,以及他的公开信所引发的法国全社会知识分子集体抗争、辩论,都是前无古人,后无来者的。鲁迅称"法国的文艺家,这样的仗义执言的举动是常有的","较远,则如左拉为德来孚斯打不平,法朗士当左拉改葬时候的讲演;较近,则有罗曼·罗兰的反对战争",纪德的反法西斯演讲。④ 而鲁迅本人又"正是法国左拉,苏联高尔

---

① 郭沫若:《郭沫若全集》(文学编第 17 卷),人民文学出版社 1989 年版,第 78 页。

② 当时法国基督教与天主教冲突甚烈,一个叫卡拉斯(Jean Calas)的人信奉基督教,他的儿子欲加入天主教,就在这时,突然暴毙,警方认为是卡拉斯反对儿子加入天主教而谋杀了他,于是便将卡拉斯逮捕处死。哲学家伏尔泰从卡拉斯妻子身上了解此事后,给当时王公名流写信,发表文章,制造舆论压力,在他的努力下,终于使得一个司法冤案成为一个公共事件,最终促成了"卡拉斯"案件的平反。

③ 〔法〕白夏:《公共知识分子的社会角色——法国的历史与现实》,载许纪霖、刘擎编:《丽娃河畔论思想》。

④ 鲁迅:《南腔北调集·又论"第三种人"》,《鲁迅全集》(第 4 卷),人民文学出版社 2005 年版,第 546 页。

基的工作开始",①从这个意义上看,一般认为,左拉一声悲愤而无畏的控诉宣告了现代知识分子的诞生。从此,在法国思想文化的星空上,陆续升起了萨特,福柯、德里达等璀璨明星。

谁识书生能报国,晚清人物数康梁

就在法国的左拉发表《我控诉》十天前后的时间,1898年1月24日,阴历正月初三,还是大过年的日子,一个叫康有为的中国的知识分子,受到清帝光绪特命的总理衙门权臣们的传询。本来"病笃乱投医"的光绪爷是要亲自召见这位因反对和日本签订马关和约而上"万言书"、曾名噪一时的"学生领袖",无奈康有为级别太低,有违祖制,于是只得变通行事。特命五名朝廷重臣去征询这个还只是屡试不中的"老学生"康有为,那天的"辩论会"是"一个和五个",即康有为要应对翁同龢、李鸿章、荣禄、廖寿恒和张荫桓五位朝廷重臣的挑战和质询。

最先发难的是满族重臣荣禄,他开门见山,断然说:"祖宗之法不能变。"康应对曰:"今祖宗之地不能守,何有于祖宗之法乎?"

李鸿章问他是否意味着要取消朝廷六部及废除一切规章制度,康有为答曰:"诚宜尽撤。"②

这次会见后,康有为受命写成著名的"乞统筹全局以救危立国"的"上清帝第六书",并进呈他的《日本变政考》和《俄大彼得变政考》"专

---

① 孙伏园、孙伏熙:《孙氏兄弟谈鲁迅》,新星出版社2006年版,第118页。鲁迅逝世后人们也常将他比做中国的高尔基,吴清友送的挽联这样说,"火线下英勇不亚巴比塞,在人间伟大比上高尔基"。上海妇女界救国联合会送的挽联这样说,"方悼国际大文豪陨落,光明大地,正哀痛思慕。不意中国高尔基盍逝,血腥奴场,更悲愤欲绝!"(鲁迅纪念会编:《鲁迅纪念集》,载《民国丛书》第四编,第82册,上海书店复印版)。

② 汪荣祖:《康有为论》,中华书局2006年版,第11页。

著"以供御览,在此折中,康有为将变法之迫切性、变法之步骤、具体方案一一陈奏。① 一介书生正式登上了历史的舞台,1898年,康有为便是关系到我们国家命运的"改革设计师"。

他的政治热情早在三年前的"公车上书"学生请愿运动中便显露无遗。对这个历史事件的真伪人们是有争议的,一般我们是这样讲述的,1895年,康有为曾联合京城各省举子一千二百余人搞了个和平请愿的学生运动,史称"公车上书"。这一说法来自于当事人康有为自撰的《康南海自编年谱》中,②然而,他这个"老学生"被人怀疑是个"捏造事实"、"制造历史"的高手,这段历史未免有夸张、捏造、幻想之嫌。至少另一个当事人,梁启超先生对他孩子的家庭教师谢国桢所讲的便是另一种情形,梁说:"公车上书之事,初建议于宣外松筠庵,杨椒山先生祠也。上书结党游行者约数百人,由国子监至都察院及礼部,凡三处,实为近代学生干政治之始。"③从这来看,其规模就大为缩水,甚至有研究者认为,"作为他后来自编年谱中所描绘的'公车上书'历史事件并不存在,顶多只能称作'公车集会'或'公车拟上书'而已"。④

---

① 具体内容参见姜义华,张荣华选注:《大同梦幻:康有为文选》,百花文艺出版社2002年版,第54—60页。

② 康有为在自撰的《康南海自编年谱》中云:"三月二十一日(即4月15日)电到北京,吾先知消息,即令卓如鼓动各省,并先鼓动粤中公车,上折拒和议,湖南人和之,……时以士气可用,乃合十八省举人于松筠庵会议,与各省千二百余人,以一昼二夜草万言书,请拒和、迁都、变法三者,士气愤涌,联轨察院前里许,至四月八日,(按,即5月2日)投递,则察院以既已用宝,无法挽回,却不收。"(转自姜鸣:《天公不语对枯棋:晚清的政局和人物》,生活·读书·新知三联书店2006年版,第145页。)

③ 谢国桢:《明末清初的学风》,上海书店出版社2006年版,第279页。

④ 姜鸣:《天公不语对枯棋:晚清的政局和人物》,第147页。

撇开"到底上书了没有""上书的规模如何"等实然层面上的历史细节，甚至事实本身的真伪都可以暂且置之不论，康有为等人"公车上书"在应然层面上是存在的，这是不可否认的，那就是，1895年以康有为为代表的中国的士人们已不能安心读书，安心考试，安心做官了，他们对阽危国事的焦灼和忧虑毕集于"公车上书"这一事实或想象中。正如梁启超所云，此实为"近代学生干政治之始"。

其实，"公车上书"只能说是近代学生"干涉"政治的开始，他们真正"干"政治要等到三年后的戊戌变法了。自1898年正月初三那天五大臣征询了康有为后，康有为几乎干等了长达半年时间之久，"事情正在起变化"，幸运的是，6月16日，清晨五点到七点，光绪爷在颐和园的仁寿殿里召见了老知识分子康有为。他们谈了长达两小时。① 此后康被任命为"总理衙门章京上行走"，光绪帝也痛下挽救大清命运的最大决心，明定国事，变法图强，于是，轰轰烈烈的，而又短命的"百日维新"在康有为的指导下、辅佐下开始了，旋即又结束了。

如果说，左拉、雨果、伏尔泰等人的挺身而出，辩冤白谤对西方国家来说算是一个新鲜事儿的话，我们也许会为他们对之感到新鲜而感到新鲜，因为"西方学人所刻画的'知识分子'的基本性格竟和中国的'士'

---

① 史景迁说是两个小时（〔美〕史景迁著，尹庆军等译：《天安门：知识分子与中国革命》，中央编译出版社1998年版，第17页），汪荣祖说是召见"长达两个半小时"（汪荣祖：《康有为论》，第77页），费正清说是五个小时（见〔美〕费正清著，刘尊棋译：《伟大的中国革命(1800—1985)》，世界知识出版社2003年版，第163页），而据康有为事后跟记者说的来看应当是早晨五时到七时，共两个钟头。（中国史学会编：《戊戌变法》（第3册），神州国光社1953年版，第506页），郭湛波也记有他们俩人"屏人密语二时余"（郭湛波：《近五十年中国思想史》，上海古籍出版社2005年版，第1页），看来，德宗皇帝与康有为谈话两个小时较合情理。

极为相似"。① 而偏"多管闲事",不"安分守己"向来是中国读书人的使命和特征。

再往前推,明季时期顾宪成、高攀龙、顾允成等人领导的东林书院便是一先例,东林书院"是个论学与政治活动的地方,参加的分子在三百人以上,赞同东林书院立场的则有数千人之多,所以,东林书院既可称为学术上的派别,也可称为政党"。② 且看他们的自我表白和自我期许,"官輦毂,念头不在君父上。官封疆,念头不在百姓上,至于水间林下,三三两两,相与讲求性命,切磨德义,念头不在世道上。即有他美,君子不齿也"。③ 他们一面聚徒讲学,一面抨击时事。再往前看,在东汉时期,"桓(帝)灵(帝)之间,主荒政谬,国命委于阉寺,士子羞与为伍,故匹夫抗愤,处士横议。遂乃激扬名声,互相题拂,裁量执政。"④以郭泰、贾彪为首的太学生运动,正是士人论政的又一先例。太学不光是讲学问道之所,更是社会清议重心,他们与正直官员李膺、陈蕃等人相互标榜、联合出手、批评公卿、月旦人物,与宦官阉党进行了你死我活的斗争。这些人都是知识分子议论时政,激浊扬清的典范,从这个意义上看,我们似乎并不缺乏左拉式的知识分子,这是我们的幸运,也是我们的不幸,是我们的光荣,也是我们的耻辱。

然而,1898年,康有为的被召可谓是近现代中国知识分子的一个辉煌的起点,一个耀眼的标志。一个普通的知识分子还从没有像他那

---

① 余英时:《士与中国文化·引言》,第2页。
② 张君劢:《新儒家思想史》,中国人民大学出版社2006年版,第342页。
③ 黄宗羲:《明儒学案·东林学案》,转自余英时:《现代儒学的回顾与展望》,生活·读书·新知三联书店2004年版,第144页。
④ 《后汉书·党锢传》,转自包遵彭:《中国青年运动史》,正中书局1954年版,第11-12页。

样传奇般地遭到如此器重。当左拉向他的总统提出严正而愤怒的抗议时,康有为正为他受到皇帝的礼遇而受宠若惊,这可是"自1850年以来所不曾有的事"。① 的确如是。康有为在知识界的影响是巨大的,"谁识书生能报国,晚清人物数康梁",这是张元济对康梁的赞评。1937年,毛泽东就曾对斯诺说他在青年时期曾对康梁颇为"崇拜",甚至"鼓吹""必须把孙中山从日本召回,担任新政府的总统,由康有为任国务总理,梁启超任外交部长!"②客观地说,如果不论康有为的人格缺陷的话,康有为完全称得上是中国知识分子的一个典型代表,"康有为以一介书生,鼓动风潮,激扬一世,声名匹敌帝王将相,可称异数,洵不多见",③不幸的是,他的人格缺陷往往使得人们有意无意地遮蔽了作为知识分子的康有为的作用和意义。

  1898年的左拉和康有为,一个是为了维护一个先进国家的真理正义而拍案而起,一个是为了挽救一个后进国家的免遭覆亡而肝脑涂地,一个小说家不得不暂停对艺术的探索,一个科举生员不得不旁置进阶的正途,他们都不能安心于书斋之一隅,不约而同地将自己的眼光投向世事的扰攘之中。他们不只沉醉于观念世界的"海市蜃楼"里,还要搏杀于现实生活的"飞沙走砾"中,于是,前者被认为宣告了西方知识分子的诞生,后者则是中国知识分子本性的又一次空前张扬。

  从这个意义上看,他们的身份体认,使命承担,介入社会的冲动,干涉政治的热忱使得他们足以成为后世知识分子的典范。可以说,1898年,这两起"知识分子事件"足以成为20世纪知识分子的一个辉煌的起点。

---

① 〔美〕史景迁著,尹庆军等译:《天安门:知识分子与中国革命》,第529页。
② 蔡元培:《我在北京大学的经历》,湖北人民出版社2004年版,第16页。
③ 汪荣祖:《康有为论》,第1页。

怎样才算是知识分子

2006年11月16日,体育节目解说员黄健翔辞职央视,进军娱乐圈,一时成为新闻人物。此后,他在回答记者"你是知识分子吗"的提问时说:"我本科毕业,勉强算吧(笑)。我们家世代是读书人。你还问我是不是知识分子!"①似乎在黄看来,受过高等教育,加上有时读点杂书,听听音乐,这还不能算是知识分子吗?

黄健翔不经意的回答中隐含着对知识分子的一种定义或者说衡量标准,那就是按接受教育情况,按学历来判断一个人是否算知识分子,这当然是最为简便的方法。1955年12月1日,中共中央办公厅发出《关于收集高级知识分子统计数字办法的规定》的文件,为1956年1月份的知识分子问题会议作前期调研工作,其中是这样界定高级知识分子的:"一般是指具有大学毕业程度,具有几年工作经验,能够独立工作的知识分子",如"高等学校中讲师以上教师,研究机构中助理研究员以上研究人员"。② 这种划分虽然客观,操作性较强,但没有对知识分子的实质做出内在的概括和阐述,显然不能令人满意。

怎样才算是知识分子,尽管人言言殊,难以定义,但又不得不定义它的是词典,我们且看词典如何说:知识分子是指"有一定文化科学知识的脑力劳动者。如科技工作者、文艺工作者、教师、医生等"③。这是

---

① 吴虹飞:《娱乐至死》,江苏文艺出版社2008年版,第52-53页。亦可参见《"一个人抵抗体制当然遭人讨厌"》,《南方周末》2006年11月23日。

② 罗平汉:《当代历史问题札记二集》,广西师范大学出版社2006年版,第87页。

③ 辞海编辑委员会编:《辞海》(1979年版缩印本),上海辞书出版社1985年版,第1734页。

以脑力劳动与体力劳动来区分知识分子与非知识分子的,这一区分又与"亚圣"孟子的"劳心者"和"劳力者"①的思路一样,然而,谁又说体力劳动中没有脑力劳动呢?"在葛兰西看来,体力劳动与脑力劳动的分离不是绝对的。除了分工的界限外,实际上每个人都在发展某种智力活动,都具有一定的世界观和鉴赏力。任何人类劳动都不可能排除'智力干预'。"②而且,现代社会中,科技的发展使得相当一部分传统意义上的体力劳动已转化为技术性轻体力,甚至无体力劳动,那么,他们系知识分子乎,拟或非知识分子乎?

和"文化"、"人文"、"文明"、"意识形态"等概念一样,看来,要给"知识分子"下一准确的定义注定是徒劳无益。用萨义德的话来说,关于知识分子的讨论,"不但范围惊人,而且研究深入。现成可用的有数以千计有关知识分子的不同历史和社会学,以及有关知识分子与民族主义、权力、传统、革命等无穷尽的研究。世界各地都有其知识分子,而那些形成中的每一个都被热烈地辩论、争议"。讨论之多正显其丰富性和挑战性。

为了便于对知识分子观进行考察、以期进行更为深入、更为丰富的揭示和讨论,这里依据知识分子的种种特征,综合国内外关于知识分子的一些重要论述,对知识分子试图作出这样一种限定,即:从知识探求与公共关怀这两个方面来界定我们要讨论的知识分子,或者说,只有具

---

① 《孟子·滕文公上》。劳心者与劳力者之区分同时还意味着高下尊卑之区分,孟子由此推演出一种统治的合理化理论,那就是"劳心者治人,劳力者治于人;治于人者食人,治人者食于人,天下之通义也"。《国语》亦有云:"君子劳心,小人劳力,先王之训也。"(《国语·鲁语下》)

② 田时纲:《狱中书简·译序》,〔意〕葛兰西著,田时纲译:《狱中书简》,人民出版社2007年版,第8页。

备了知识探求与公共关怀这两个要素的人方算知识分子,只具备前者,即为学者,只具备后者,即为社会活动家,这也是三者的区分之所在。

那么,怎样才算得上是知识分子呢?

专业领域的学术性要求

首先,成为一个"知识分子"的最基本的条件莫过于"知识"。然而,"世界上岂能有毫无知识的人呢?如果没有人能毫无知识而继续生活,知识也决不能成为一部分人所特具的了。"[①]"就自然知识而论,每个劳动者都有一些生产知识,没有一定的知识做基础,是无法从事任何一项简单的生产活动的。"[②]上了几年学,读过几本书,拿到一张文凭,就算有知识吗?卖茶叶蛋的、进城务工的、终身务农的,就算没知识了吗?

今天,我们常常认为读书的人是有知识的,不读书的人是没知识的,天经地义啊,这里要强调的是,不读书的人仍是有知识的。而在毛泽东时代,毛泽东本人甚至都认为读书的人是最没有知识的,而不读书的人反而是最有知识的。他说,"我历来讲,知识分子是最无知识的。"[③]其实,早在1942年2月1日,毛泽东在中共中央党校开学典礼上的演说中也说到同一话题,他说:

> 他们应该知道一个真理,就是许多所谓知识分子,其实是比较地最无知识的,工农分子的知识有时倒比他们多一点。于是有人说:"哈!你弄颠倒了,乱说一顿。"(笑声)但是,同志,你别着急,我

---

① 费孝通:《论"知识阶级"》,载许纪霖编:《20世纪中国知识分子史论》。
② 郑也夫:《知识分子研究》,中国青年出版社2004年版,第1-2页。
③ 毛泽东:《打退资产阶级右派的进攻》,《毛泽东选集》(第5卷),人民出版社1977年版,第452页。

讲的多少有点道理。①

不读书的人仍是有知识的,这却常为我们所忽视。可见读书上学受教育仅只能作为知识获得的一种渠道,却不能成为判断一个人是否拥有知识的凭据。这并不是说"知识"就不重要,"知识"仍是判断一个人能否成为"知识分子"的必要条件,也就是说,拥有知识的人并非一定是知识分子,但成为一个知识分子其必定拥有知识。

我们还得在"知识"上下工夫,因为一个读书人与一个农夫或一个工人的区别必定还是泾渭分明的。谁也没法否认他们同样拥有某一方面的知识,但就他们拥有的知识来看,其性质又是不同的,是为关键所在。"在人类所知的范围里本来可以根据所知的性质分类,一是知道事物是怎样的,一是知道怎样去处理事物。前者是自然知识,后者是规范知识。"费孝通认为,"知识分子的地位有一部分是从规范知识的性质里发生出来的"。② 利奥塔也认为知识分子的意义更多的是体现为思想家的身份,而并非一个专家的身份,"'知识分子'更像是把自己放在人、人类、民族、人民、无产阶级、生物或其他类似存在的位置上的思想家。也就是说,这些思想家认同于被赋予了普遍价值的一个主体,以便从这一观点来描述和分析一种情形或状况,并指出应该做什么,使这一主体能够实现自我,或至少使它在自我实现上有所进展"。③ 这是问题的症结,自然知识往往是一个"是什么"(What)、"怎么做"(How)的问题,而规范知识往往是一个"为什么"(Why)的问题。自然知识往往是经验的

---

① 毛泽东:《整顿党的作风》,《毛泽东选集》(第3卷),人民出版社1967年版,第773页。

② 费孝通:《论"知识阶级"》,载许纪霖编:《20世纪中国知识分子史论》。

③ 包亚明主编,谈瀛洲译:《后现代性与公正游戏——利奥塔访谈、书信录》,上海人民出版社1997年版,第116页。

描述,而规范知识往往是理性的提升。毛泽东说读书的人没知识,不读书的人反倒有知识,便是将自然知识与规范知识混为一团所致。

一个文盲固然明白种种规范和礼义,但这种种规范和礼义却是由知识分子所创造、教化和传承的,他们的身份往往是社会科学者(思想家、艺术家、哲学家等);一个工人固然能熟练地操作某一机具,但这一机具运作的科学原理却是由知识分子所探索、试验和设计的,他们的身份往往是自然科学者(数学家、物理学家、生物学家等),这是一个知识分子的"知识"与一个非知识分子的"知识"的性质分别之所在。

正因为此,这种知识在很大程度是观念层面上的知识,而不是实践层面上的知识,"一个知识分子不止是一个读书多的人。一个知识分子的心灵必须有独立精神和原创能力。他必须为追求观念而追求观念"。① 费孝通所说的"规范知识"与"一个知识分子是为追求观念而生活"其实是相通的,这也是知识分子"不事稼穑","不辨麦菽"的根本原因之所在,其实这倒并不特是他们的短处,因为他们本身正是在那些超越层面的、观念层面的、务虚的、抽象的知识体系中生活。所以当波兰《选举报》总编亚当·米奇尼克在回答记者关于"一名知识分子意味什么"的提问时,他说,这"意味着他要密切接触价值世界、思想世界,以讲义、随笔、书、诗歌、电影、戏剧等形式向他人展现这一接触的结果"。②

看来,要成为一个知识分子首先应是一个有"知识"的人,并且,他们所掌握的知识与非知识分子所掌握的知识的性质差别在于:一是深刻的,一是浅表的;一为理论的,一为应用的;一是观念的,一为实践的;一为知其所以然的,一为知其然的。

---

① 殷海光:《中国文化的展望》,第543页。
② 《亚当·米奇尼克:我是一名知识分子》,《南方周末》2006年7月6日。

可以说,成为一个知识分子的一个条件即在于:他必须是以承继和创造某种规范性、学术性、观念性的知识体系为志业的知识者。

公共领域的社会性要求

从事某一观念性知识的读书人,就算是知识分子了吗?未必。"萨特认为,知识分子这一概念既与人们的职业有关系,但又不能简单地归结为某种职业。萨特说,知识分子确实来自那些从事专业技术工作的人当中;但并非所有从事这种工作的人都是知识分子。"①如果从"职业"来判断知识分子的话,是一个叫人为难的事情,但似乎职业博杂的读书人背后又隐约地有着一个同质的东西,考茨基注意到了这一点,他曾用不无讥讽的口气说,"他们中间的利害虽有如何的种种不同,也有如何的种种对立,但它也有它一个唯一的一致的地方,那就是它的贵族的特质"。② 这个马克思主义者是从阶级视角看到不同职业的知识分子的共性(物质基础、格调等),即"贵族的特质",姑且不论此种看法是否准确,这也许并不是知识分子成为知识分子的核心共性。

正是社会责任感使得那些不同职业、不同身份、不同地位的读书人的"脑袋"可以戴上同一顶知识分子的"帽子"。鲍曼说:"在这个新术语中,隐含着这样的意思:在所有的这些职业当中,知识起着核心作用,这是一个使这些职业统一起来的要素。……更重要的是,这种密切关系赋予知识分子角色一种权利(和责任):他们超越了各种不同的帮派利

---

① 黄忠晶:《百年萨特:一个自由精灵的历程》,中央编译出版社2005年版,第314页。

② 邓初民:《关于知识分子》,《生活日报周刊》第1卷第11号(1936年8月16日)。

益和世俗的宗派主义,以理性代言人的名义,向全体国民说话。"①秉公心,据理性,关怀公共事务,维护公共利益,成为知识分子一项义不容辞的责任。

在对于知识分子的种种不同表述中,人们都不约而同地表达了社会责任的担当这同一意思,我们不妨将之罗列出来。

>我认同的,所谓知识分子,首先得有相当的专业知识,他立足于自己的专业,关心专业以外的广大社会,并且以自己的理想价值,设法加以干预、批判、改造。②

>"知识分子"一词是用来指称一个由不同的职业人士所构建的集合体,其中包括小说家、诗人、艺术家、新闻记者、科学家和其他一些公众人物,这些公众人物通过影响国民思想、塑造政治领袖的行为来直接干预政治过程,并将此看作他们的道德责任和共同权利。③

>我不愿把我与这个充满行动的世界隔开,不愿把一棵橡树栽在花盆里,让它在那儿挨饿、憔悴。知识分子不是独立于世的,他是现今这个灵魂萎靡的队伍里,一个执旗的人。④

---

① 〔英〕齐格蒙·鲍曼著,洪涛译:《立法者与阐释者:论现代性、后现代性与知识分子》,第27页。

② 林贤治:《也谈五四、鲁迅与胡适——给李慎之先生的信》,载谢泳编:《胡适还是鲁迅》。

③ 〔英〕齐格蒙·鲍曼著,洪涛译:《立法者与阐释者:论现代性、后现代性与知识分子》,第1页。

④ 转自徐鲁:《熊召政:写作是为了让母亲看的》,《读者》2006年第7期。

"成为一个知识分子"的意向性意义在于,超越对自身所属专业或所属艺术门类的局部性关怀,参与到对真理(truth)、判断(judgement)和时代趣味(taste)等这样一些全球性问题的探讨中来。是否决定参与到这种特定的实践模式中,永远是判断"知识分子"与"非知识分子"的尺度。①

我们称为"批判型知识分子"的基本特征是:(1)不把眼光局限在某一专业学科上,对现实社会的重大问题、价值观念以及关于自然、人生的一些终极问题,深切关注。(2)对现状持批判态度。(3)这种关注的热忱和批判态度是建立在强烈的道德责任感之上的。②

无论是东方,还是西方,知识分子不是泛指一切有知识的人,而是有"特殊涵义"的。"这种特殊涵义的'知识分子'首先也必须是以某种知识技能为专业的人;他可以是教师、新闻工作者、律师、艺术家、文学家、工程师、科学家或任何其他行业的脑力劳动者。但是如果他的全部兴趣始终限于职业范围之内,那么,他仍然没有具备'知识分子'的充足条件。根据西方学术界的一般理解,所谓'知识分子',除了献身于专业工作以外,同时还必须深切地关怀着国家、社会以致世界上一切有关公共利益之事,而且这种关怀又必须是超越于个人(包括个人所属的小团体)的私利之上的。所以有人指出,'知识分子'事实上具有一种宗教承当的精神。"③以色列的康菲诺(Mchael Confino)归纳出知识分子的几

---

① 〔英〕齐格蒙·鲍曼著,洪涛译:《立法者与阐释者:论现代性、后现代性与知识分子》,第2页。
② 郑也夫:《知识分子研究》,第14页。
③ 余英时:《士与中国文化·引言》,第2页。

个特征,其第一条即为,"对于公共利益的一切问题——包括社会、经济、文化、政治各方面的问题——都抱有深切的关怀"。① 这里,他将对一个知识分子最关键的要求或者说知识分子的判断标准提了出来。因为他们"不仅是文人,也不完全是思想的生产者和传输者。知识分子同时也是仲裁者、立法者、思想生产者和社会实践者,他们天生就起着非常重要的政治作用"。②

他们也是这样做的。1964 年,萨特以不愿因荣誉给读者造成"压力"等理由拒绝了来自官方的荣誉——诺贝尔文学奖,但他却说,"如果是在阿尔及利亚战争期间,在他和其他人签署'121 人宣言'时给他这项奖,他将会十分感激地接受,因为这就不仅是给他个人,而且还是给他们为之奋斗的自由带来荣誉"。③ 由此可知,主张介入主义的萨特看重的并不是诺贝尔文学奖的专业方面的成功,而是他本人所从事的社会活动的价值。被称为"韩国鲁迅"、韩国社会运动元老李泳禧说,"在阅读鲁迅众多的著作时,我为将思想付之于实践的知识分子的生活所感动。我否定了那些安居于'买卖知识商品'的教授、技术人员、文艺作家的生活,着眼于与受苦民众同甘苦共患难的'知识分子的社会义务',这些苦难,当然是由于不正常的社会条件所造成的,这样的义务感则出自'对人类之爱'"。④ 他本人也正是这样的知识分子的实践者。

诺贝尔文学奖得主大江健三郎在一次访华的演讲中提到"小说家

---

① 余英时:《中国知识人之史的考察》,广西师范大学出版社 2004 年版,第 150 页。
② 罗钢、刘象愚主编:《文化研究读本》,中国社会科学出版社 2000 年版,第 85 页。
③ 黄忠晶:《百年萨特:一个自由精灵的历程》,中央编译出版社 2005 年版,第 261 页。
④ 《韩国鲁迅的鲁迅》,《南方周末》2006 年 12 月 14 日。

是知识分子",并应当对他所处的社会的非正常状态发出自己的意见,他自己也正是保持着一种对日本军国主义死灰复燃的"忧虑"、警惕和批判,他说:

> 我是一个无力而又年迈的小说家,只是我认为,小说家是知识分子。这是三年前因白血病而去世的、我多年来的朋友、美国的文学研究家爱德华·萨义德的观点。被称之为学者、新闻工作者、小说家、诗人、音乐家和画家的那些人,在各自的专业领域内,用自己一点点积累起来的知识和技能从事着工作。但是,当他们认为自己所在社会的进程停滞时,就必须离开其专业领域,作为一个对社会、对国家、对世界感到担忧的非专业人士聚集起来并发出自己的声音。因为,这是知识分子的本职。作为一个知识分子,围绕日本社会的进程,我也一直与那些值得信赖的朋友一同发出自己的声音。①

谨遵"两耳不闻窗外事,一心只读圣贤书"的古训的读书人算不上一个真正的知识分子,而主张"风声,雨声,读书声,声声入耳;家事,国事,天下事,事事关心"的读书人才够得上一个知识分子的资格。知识分子不光蜗居于一己之专业私域,更要有关注社会、批判社会的使命和责任,知识分子的辉煌和光荣系于此,缺陷与弱点亦系于此。

可以说,成为一个知识分子的另一条件即在于:他必须是关怀世事,介入社会,秉公判断,仗义执言的公共事务的参与者。

看来,一个知识分子既要在专业领域里是一个知识者,又要在公共

---

① 〔日〕大江健三郎著,许金龙译:《走的人多了,也便成了路——北京大学附属中学讲演》,http://theory.people.com.cn/GB/41038/4845047.html(人民网)2007年4月15日。

领域里成为一个参与者。知识分子的定义千变万化,似乎在这个层面上能达成一定的共识。

布尔迪厄曾这样描述过知识分子,他说知识分子具有双重性格,他必须满足两个条件:

(1)他们必须从属于一个在知识上自主的领域,这个领域独立于宗教的、政治的、经济的以及其他的权力,他们必须尊重知识领域的特定规则;

(2)他们必须把他们自己的特定知识领域中的专业活动与权威用于专业知识领域之外的政治活动。①

叶启政先生从知识分子这个词的"指谓"(denotation)和"意含"(connotation)两个样态对知识分子的概念做了详细的考察。最后他得出的结论是:

基本上,"知识分子"是处理与使用象征的人,其最原始的内涵是"文化"的,我们不妨以"观念人"或"知识人"称之。在此前提下,要进一步来界定"知识分子",那就必须关照历史与文化条件,以"类型"的方式来进行。大致上,有下列四组意含是可能指涉到的。

(1)强调品质性和范围性观念,(2)关心社会政治事务与否,(3)是否具有批判精神与不满心理,(4)依附政治或经济组织建制的程度。②

无论是布尔迪厄的"双重性格"论,还是叶启政的"指谓"和"意含",

---

① 〔美〕戴维·斯沃茨著,陶东风译:《文化与权力:布尔迪厄的社会学》,上海译文出版社2006年版,第281页。

② 叶启政:《谁才是"知识分子"》,载中国论坛编委会编:《知识分子与台湾发展》,联经出版事业公司1989年版。

都与我们对知识分子定义的讨论殊途同归。

知识分子、学者及社会活动家

规范知识的研究者与公共事务的参与者是成为知识分子的两个基本条件。前者是对一个知识分子在专业领域的学术性要求,后者是对一个知识分子在公共领域的社会性要求,两者互相关联,缺一不可。

知识分子与学者之区别

只有专业知识,没有公共参与,不构成一个完整的知识分子的含义。

在雷海宗眼里,"专家"是那些固守自己专业之一隅,埋头耕耘,心无旁骛的学问家,他鄙称这样的"专家"无异于精神上的残废者。

> 假定某人为考据专家,对某科的某一部分都能详述原委,作一篇考证文字,足注能超出正文两三倍;但对今日政治经济生活的局面完全隔阂,或只有幼稚的观感,对今日科学界的大概情形一概不知,对于历史文化的整个发展丝毫不感兴趣。这样一个人,只能称为考据匠,若恭维一句,也不过是"专家"而已。又如一个科学家,终日在实验室与仪器及实验品为伍,此外不知尚有世界。这样一个人,可被社会崇拜为大科学家,但实际并非一个全人,他的精神上之残废就与身体上之足跛耳聋没有多少分别。①

真正的知识分子不光走出专业的门户,广泛地了解社会,知道世界,而且要参与社会,改造世界。

---

① 雷海宗:《专家与通人》,张新颖主编:《大学语文实验教程》,复旦大学出版社 2007 年版,第 234 页。

什么是知识分子？我们常常有一种误解，以为有一定的文化知识就算是知识分子。其实不然。知识分子当然要有知识，这是毋庸置疑的，但有知识不一定就是知识分子。知识分子还要有强烈的社会责任感和独立精神，这样他们才能成为一个积极的社会群体。①

可见，仅有知识，并不一定就是知识分子，萨特说得更是明白，他说："一位原子能科学家在研究原子物理时不是个知识分子，但是，当他在反对核武器的抗议信上签名时就是个知识分子。他说出了我们不甚了解的事情，即如果要成为一位知识分子，那就是要成为除了技术人员、专家，甚至科学家、学者或者艺术家以外的别的什么人。知识分子就是那些运用专业知识，运用接触专门知识的优势以及使用符号的能力来为更为广泛的公众谋利益的人。"②类似的说法亦有云："一个文化研究者在作非政治性的纯学术文化研究时不是一个知识分子，但是当他把文化研究与在具体公共问题上的社会批判联系起来的时候，他就是一个知识分子。"③知识分子与学者的分别正在于兹，意义昭然。

"万木草堂万玉鸣，集鳞片羽万人惊。更将散布人间事，化身万亿发光明。"（《万木草堂歌》）此系康有为于1891年在广州手创"万木草堂"开馆授徒时的"馆歌"，知识分子强烈的世事关怀和"我曹不出，如苍

---

① 吴中杰：《序论：鲁迅精神的当代意义》，《吴中杰评点鲁迅小说》（第二版），复旦大学出版社2006年版，第2页。

② 徐贲：《知识分子：我的思想和我们的行动·序》，华东师范大学出版社2005年版，第4-5页。

③ 〔美〕杰弗里·C·戈德法布著，杨信彰、周恒译：《"民主"社会中的知识分子》，第35页。

生何"的责任期许跃然纸上。鲁迅曾说,"广东举人多得很,为什么康有为独独那么有名呢,因为他是公车上书的头儿,戊戌政变的主角,趋时;留英学生也不希罕,严复的姓名还没有消失,就在他先前认真的译过好几部鬼子书,趋时;清末,治朴学的不止太炎先生一个人,而他的声名,远在孙诒让之上者,其实是为了他提倡种族革命,趋时,而且还'造反'"。这里的"趋时",即"前驱"的意思,而"前驱"的意义往往在于"不务正业"。

鲁迅早年尊敬、向往并师从太炎先生很大程度上也不在于他钦佩先生淹博的学识,而是仰慕他那凌厉的战斗姿态。"我爱看这《民报》,但并非为了先生的文笔古奥,索解为难,或说佛法,谈'俱分进化',是为了他和主张保皇的梁启超斗争,和'××'的×××斗争,和'以《红楼梦》为成佛之要道'的×××斗争,真是所向披靡,令人神旺。前去听讲也在这时候,但又并非因为他是学者,却为了他是有学问的革命家,所以直到现在,先生的音容笑貌,还在目前,而所讲的《说文解字》,却一句也不记得了。"①他的好友刘半农之所以在当时能"刮起一阵风,带来一片云"的原因亦如是。"古之青年,心目中有了刘半农三个字,原因并不在他擅长音韵学,或是常做打油诗,是在他跳出鸳蝴派,骂倒王敬轩,为一个'文学革命'阵中的战斗者。"②钱穆也看到这一点,他说:"中国在晚清之末,民国之初,有康有为、章太炎。论其学问知识,决不能定其为一文学家,或史学家,或哲学家、政治学家等。然论其在社会上所具有之力量与影响,亦断非西方任何一大学教授所能比。故中国一知识分

---

① 鲁迅:《且介亭杂文末编·关于太炎先生二三事》,《鲁迅全集》(第6卷),人民文学出版社2005年版,第566页。

② 鲁迅:《花边文学·趋时和复古》,《鲁迅全集》(第5卷),人民文学出版社2005年版,第564页。

子,其在社会上之地位与责任,实远较一西方知识分子为重大。"①他们的影响和成绩恰恰不在于其专业上的努力,而在于他们的"社会参与"。

无论是康有为、严复,还是章太炎、刘半农,他们之所以称得上是一个知识分子的原因不在于他们是举人、留学生、朴学大师、音韵学家,而在于他们要么是"公车上书的头儿",要么"译过好几部鬼子书",要么"提倡种族革命",要么"骂倒王敬轩"。正是这些专业以外的社会活动,使得他们最终完成了知识分子的使命。

不管自己的专业知识与所参与的社会活动有关也好,还是自己的专业知识与所参与的社会活动无关也好,总而言之,是否参与到公共事务中,是知识分子与非知识分子的重大区别之一。

然而法国哲学家班达(Julien Benda)却不这样认为,他在其大著《知识分子的背叛》中认为,知识分子的"现实主义激情"是"知识分子的背叛行径",他否定知识分子的政治热情和现实冲动,主张应当像知识分子的"模范"苏格拉底和耶稣那样用抽象的真理和理性来批判现实,这固然有其合理的一面,但如果知识分子所有的思考和智慧都寄存在抽象名词堆砌的"象牙塔"里,并以之来对社会进行"批判"则无异于痴人说梦。雷蒙·阿隆便这样说:"班达先生认为,知识分子的思考主要应该是苦思冥想……因此,他(最后)表达了自己对某些知识分子的蔑视,他们自称在思考我们的世界,并在其中加入了一些明晰的关系,换言之,他们使天空降到了地面。人们难道不能既不背叛自己的职责,又孕育出一种爱好真实、倾向宽容并且付诸行动的思想吗?"②看来,班达对知识分子的要求过高,施之过严,而这一高严则足以使知识分子悬空

---

① 钱穆:《晚学盲言》(下),广西师范大学出版社2004年版,第512页。
② 〔法〕让-弗朗索瓦·西里奈利著,陈伟译:《20世纪的两位知识分子:萨特与阿隆》,江苏人民出版社2001年版,第65页。

蹈虚,阿隆则略有变通,他试图在抽象与现实两者之间兼得鱼与熊掌。何况就班达自身来说,他自己也未必做得到,"虽然我们同意这种观点,即班达介入德雷福斯事件是出于对数学和严谨的方法的热爱,但我们不禁要问,这位自称是知识分子的人,自称自由的人,自称是圣埃留提利乌斯的人,在大战期间是否毫无'背叛'之嫌呢?他严厉地抨击贝玑,可是,他自己也是一个明目张胆的民族主义者,一个远离批判理性主义的民族主义者"。① 看来,一个知识分子要超凡脱俗、成仙升天、与世无涉,实非易事。

还有人文学者说,"我们既然已经失去传统的庇护,唯一能守住的,只能是我们的岗位"。所谓知识分子的"岗位"意识就是知识者要明白"现代知识分子拥有一份知识技能,如同工匠拥有一份手艺一样,是一种谋生的工具"。② 而另一人文学者则说:"我是大学教师,像从事其他职业的人一样,我有我的职业道德,也有我的利益追求;与此同时,我作为公民,仍然强烈地关心国家命运。可我并不觉得,作为大学教师,我就天生比其他阶层的人必须而且能够承担更大的责任。"将知识分子还原为与其他职业的人们并无两样,并与他们承担着同等的社会责任,这虽不意味着对知识分子社会责任的取消,却是出于对知识分子不安心向学的不满,目的是将知识分子的干预社会的"义务"变成"任务"。然而要完全排除一个知识分子的社会责任却几乎是不可能的,"我不代表'人民',只是一个个体,一个公民,我照样可以发言。但这不是外在的'社会责任',而是受良心与道德的支配。因此,我借用了佛家的'有情'

---

① 〔法〕米歇尔·维诺克著,孙桂荣、逸风译:《法国知识分子的世纪·纪德时代》,江苏教育出版社 2006 年版,第 58-59 页。

② 陈思和:《论知识分子转型期的三种价值取向》,《陈思和自选集》,广西师范大学出版社 1997 年版,第 177-178 页。

与'不忍',强调我之关注家国兴亡,主要是一种人间情怀,而不是'社会责任'"。① 这一凭"良心与道德"而生发的"人间情怀"与知识分子的"社会责任"性质似乎并无二致,其实在否定知识分子对学术之外心有旁骛的同时,自己正是对学术的"背叛"或者说"心有旁骛"。

将知识分子从政治的"歧途"上拉回书房,否定知识分子介入社会的责任担当,使得他们或安身于抽象的理念世界蹈空而谈,或憩身于学术的"象牙塔"里皓首穷经,这充其量只是"学者",而并非"知识分子",陈寅恪应当是一个典型的例子。"陈寅恪的立场是,知识分子首先是学者,学者的工作不能混杂如政治见解这样别的事情,而应该纯粹地按照学问的逻辑与步骤行事。学者的责任是进行尽可能准确无误的研究,这是他的信念。"②陈当然无意于政治,其实他的古体诗也不无讽世之意,但十分吊诡的是,论理陈应当是学者,而不是知识分子的代表,但恰恰是他那种"拒绝政治"的立场和姿态,使得他反倒成为20世纪80年代人们心目中的"知识英雄",这使那些鼓吹陈寅恪忠诚学术和远离政治的人未免感到尴尬。

不过,我们还是可以得出这样的判断,那就是,知识分子与学者之区别正在于前者既是知识者又是实行者,而后者仅是知识者而非实行者。

智识就是权力

同样,只有公共参与,没有专业知识,也不构成一个完整的知识分子的含义。

---

① 陈平原:《当代中国人文观察》,人民文学出版社 2004 年版,第 50-51 页。
② 〔日〕佐藤慎一著,刘岳兵译:《近代中国的知识分子与文明》,江苏人民出版社 2006 年版,第 33 页。

知识分子,指在思想界或艺术创作领域取得一定声誉,并利用这种声誉,从某种世界观或某些道德伦理的角度出发,参与社会事务的人士。①

知识者的身份获得是成为一个实行者的资格和前提,也就是说,如果你不是一个知识者,你在参与公共事务中所发出的声音和效果将大打折扣。美国著名的公共知识分子语言学大师诺姆·乔姆斯基这样说到知识分子相对于非知识分子的"特权"及"责任":

> 从基本面上,公共知识分子的责任与其他人并无二致。之所以称其为知识分子,不是因为他们特别聪明,而是他们享有一定的特权:他们享有更多的资源,他们更有影响力,他们比大众幸运。特权赋予责任。如果你是个生活在底层的劳动者,一生都在为温饱挣扎,你能做的肯定有限。但如果你享有特权,拥有丰富的资源,并受过训练,等等,你能做的就更多,你的责任也就更大。②

中外同理,在中国,与普通民众相比,知识者拥有更大的权威。吕绅在《居官必要》中曾这样说道:

> 吾少时居乡,见闾阎父老、小民同席聚饮,姿其笑谈,见一秀才至,则敛容息口,惟秀才之容是观,惟秀才之言语是听,即有狂态邪言,亦相与窃笑而不敢言短长。秀才摇摆行于市,两巷人无不注目视之曰:此某斋长也。人情之重士一如此,岂畏其威力哉!以为彼

---

① 〔法〕米歇尔·维诺克著,孙桂荣、逸风译:《法国知识分子的世纪:巴雷斯时代·作者序》,江苏教育出版社 2006 年版,第 1 页。

② 蒯乐昊、李江:《美国无法威胁中国——独家专访乔姆斯基》,《南方人物周刊》2007 年 1 月 11 日。

读书知礼之人,我辈村鄙为其所笑耳。①

秀才之于普通乡民,自有其"威力"在。左拉在德雷福斯一案中能起到振聋发聩的作用亦与他作为一个"著名小说家"的身份有关,他自己是这样说的,"我用我40年的写作生涯,用那种繁重艰苦的创作劳动所能给我带来的权威,我起誓:德雷福斯是无辜的!我用我赢得的一切,用我的名声,用我写的对传播法国文学起过促进作用的全部著作,我起誓:德雷福斯是无辜的!"②他的抗议之所以能产生如巨石之投镜湖,而不是如一箭之入大海的效果,其原因正在于他专业上的成就和权威。

鲁迅亦意识到这一点,他在给许广平的信中说,"但现在之所以还只(!)说了有限的消息者:一,为己,是总还想到生计问题;二,为人,是可以暂借我已成之地位,而作改革运动"。③虽然他本人当然否认什么"权威"、"导师"之类的名号,但以他的学术、创作和批评所带来的地位来推动改革,显然是有着异样的效力的。而被视为典型的学者的顾颉刚亦不轻视学术带给他的声誉和地位之于参与社会的重要性。1943年4月30日,顾颉刚在日记中说:

> 予入世二十余年,虽因名招致,事业着着失败,而声誉日起,朋侣日多,已立于领导地位。思致此地位不易,有此地位而不为国家

---

① 转自孙燕京:《晚清社会风尚研究》,中国人民大学出版社2002年版,第230页。

② 〔法〕贝特朗·德·儒弗内尔著,裘荣庆译:《左拉传》,天津人民出版社1988年版,第329页。

③ 鲁迅:《两地书·一一二》,《鲁迅全集》(第11卷),人民文学出版社2005年版,第279页。

作事,未免可惜。①

知识给知识分子带来了他人所未有的"特权",也就意味着要对国家民族担负更重的责任,罗家伦说:

> 知识分子是民族最优秀的分子,同时也是国家最幸运的宠儿。如果不比常人负更重大的责任,如何对得起自己天然的秉赋?如何对得起国家民族的赐予?又如何对得起历代先哲的伟大遗留?……身为知识分子,就应该抱一种舍我其谁至死无悔的态度,去担当领导群众继往开来的责任。②

这是从正面意见一方所看如此,从反面意见一方来看亦如此,我们知道,曾因撕开那些被认为是伟大的知识分子的"皮",露出了他们人格上的某些"小"来的保罗·约翰逊就反对知识分子利用自己的学术权威来加强他们对公共事务表达的效力。他说,乔姆斯基出色的语言学研究"在知识分子中,不仅是在学术界,引起了巨大的轰动,也使乔姆斯基在某种程度上成了名人,就如罗素发表了关于数学原理的作品以后,以及萨特把存在主义通俗化以后所得到的那样。成为这种名人的诱惑使他们把从自己得到的名声作为资本,获得一个就公众问题宣传自己观点的舞台。正如我们已经看到的,罗素和萨特都不能抵抗这种诱惑,乔姆斯基也是如此"。他主张知识分子,尤其是取得了骄人的学术成绩的知识分子,当与其他人拥有同等的,而不是特殊的权利,"可以说他们听取意见时比其他任何人都没有更大的权利,他们认为自己的转向(按:

---

① 转自余英时:《顾颉刚:未尽的才情——从〈日记〉看顾颉刚的内心世界》,《文汇报》2007年1月29日。

② 罗家伦:《写给青年:我的新人生观演讲》,中国人民大学出版社2004年版,第23页。

指对公共事务的关心)没有什么不适合的。他们总是宣称他们的特殊知识使他们的观察更富价值"。① 我们当然反对一种无学无识,哗众取宠的"作秀知识分子",但我们却没有理由反对学有专长,但同时又热心于公共事务的知识分子,至少,从保罗·约翰逊对他所提到的知识分子的不满和抱怨中可以看出,他的不满和抱怨的对象实在是挑错了,但正从他对这些学术知识分子发言效力的不满和抱怨可知,知识之于行动的重要性不可忽视。

这"权力"的获得正在于布尔迪厄所说的"文化资本",在他看来,"文化可以变成一种权力资源",这种文化资本包括种种资源,如"语词能力、一般的文化意识、审美偏好、关于教学体系的信息以及教育文凭等"。② 知识、教育正是知识分子的文化资本,进而能带给他天生的发言权。

往往专业知识赋予了知识分子一种"名人、权威"的身份,何为"名人"? 据昆德拉云:"一个人成为名人,是当认识他的人数明显超过他本人认识的人数时。一个伟大的外科医生得到的承认并非荣耀:他并非被公众钦佩,而是被他的病人,被他的同行。他活得很平衡。荣耀是一种不平衡。有的职业不可避免地、无法回避地将它带在了身后:政治家、模特儿、体育明星、艺术家。"③而知识分子便是那种拥有"不平衡"的"荣耀"的"名人",也就是说,专业知识带给他的荣耀远远超过他应当得到的荣耀,进而,它们并会由此附带上一种特别的符号价值。"根据

---

① 〔英〕保罗·约翰逊著,杨正润等译:《知识分子》,江苏人民出版社2003年版,第430—431页。

② 〔美〕戴维·斯沃茨著,陶东风译:《文化与权力:布尔迪厄的社会学》,第88页。

③ 米兰·昆德拉著,董强译:《帷幕》,上海译文出版社2006年版,第119页。

经济学原理,当无法预先监督产品时,人们往往会通过监督产品投入的原料来替代监督产品本身。因此,名人、权威、身份在这种产品的生产和销售中非常重要。"这和影视明星在电视上卖膏药、做广告是一个道理。

而且在专业领域越是成功的知识分子,就越能获得这么一个权威的身份,并且越是专业,才越易于成功,"成功者往往都是某一方面有天赋和专长的人,不能是'万金油'或'通才'"。① 仔细想来,还真是这么一个道理。

一般说来,某个知识分子集团的名誉和声望越高,它影响政治辩论和政治决定的能力就越大。例如,作家的政治潜力一般比芭蕾舞演员或图书馆工作人员的政治潜力大,核物理学家的政治潜力比外国语教员的政治潜力大,数理经济学家的政治潜力比历史教员的政治潜力大。②

看来,立志要做知识分子,想在发言时拥有更大的权威的人,应当在数理化,而不是在文史哲上下工夫。

可见,知识之于一个知识分子是何其重要,这便是知识分子何以要首先成为知识者,才有可能成为行动者的道理之所在。

试想,如果爱因斯坦没有这么一个家喻户晓的天才物理学家的显赫身份在,他终生频繁地发表反战宣言,提倡和平主义,又能引起多大反响呢?试想,被梁启超誉为千古"烈宦",并为之立传的太监寇连材,

---

① 朱苏力:《当,还是不当,这是一个问题》,〔美〕理查德·A·波斯纳著,徐昕译:《公共知识分子:衰落之研究》,第5页。

② 〔澳〕L.G.丘奇沃德著,石宜译:《苏联的知识分子》,商务印书馆1978年版,第132-133页。

曾冒着"妄议"朝政的禁忌冒死上书慈禧而遭惨杀的英烈事迹,与血溅菜市口的戊戌六君子相比,前者又有几人知道呢?爱因斯坦的流传千古正在于其有一个知识者的身份,而寇连材的泯然不彰正在于其没有一个知识者的身份。

胡适便懂得"先作学问,再做知识分子"这一层道理。1921年10月11日,在北大开学典礼上,胡适道:"我想要做学阀,必须造成像军阀、财阀一样的可怕的有用的势力,能在人民的思想上发生重大的影响;……所以我们一方面要做蔡校长所说的为知识而求知识的精神,另一方面要造成有实力的为中国造历史,为文化开新纪元的学阀,这才是我们理想的目的。"① 他谈到读书的功用时说,"读书是求智识,智识就是权力"。② 因为他知道,只有获得了学术上的权威,才会自然而然形成一种在社会上、政治上发言的权威。他的好友丁文江更是直言不讳,当仁不让地表达了这样的意思,"留学生是中国知识最完全的人,也是享社会最大权力的人"。③ 有论者这样说胡适,"胡适提倡学院派的学术,其意并不在纯粹的学术,而是要通过学术造成一种'像军阀、财阀一样的可怕的有用的势力',借学术'实力'来影响社会,'在人民思想上发生重大的影响',即所谓'为(天下)师',进一步利用学术权力来取得政治权力","因此,他对北大学生的期待,不是一般的专家,而是有'势力'的'学阀',而且有可能还要当'领袖'"。④

---

① 欧阳哲生主编:《胡适文集》(第12卷),第438-439页。
② 欧阳哲生主编:《胡适文集》(第4卷),北京大学出版社1998年版,第123页。
③ 丁文江:《一个外国朋友对于一个中国留学生的忠告》,《努力周报》1923年3月4日。
④ 钱理群:《北京大学教授的不同选择——以鲁迅与胡适为中心》,载许纪霖编:《20世纪中国知识分子史论》。

鲁迅也提到"教授"的身份在发言中的权威性。1926年,曾有一读者来信给鲁迅说他所在学校的"教授会"上教授们说鲁迅主持的《莽原》是"谈社会主义"的,所以图书馆不能订阅,并问鲁迅《莽原》到底是不是谈社会主义"。《莽原》谈社会主义当然是歪曲,而这一歪曲经由"教授"之口更显得严重。于是鲁迅说,"这也不独武昌的教授为然,全国的教授都大同小异。一个已经足够了,何况是聚起来成了'会'。他们的根据,就在'教授',这是明明白白的。我想他们的话在'会'里也一定不会错。为什么呢?就因为他们是教授。我们的乡下评定是非,常是这样:'赵太爷说对的,还会错么?他田地就有二百亩!'"[1]知识之于教授相当于"二百亩田"之于赵太爷,而教授说的会错吗?这就是知识之于言说的力量。

我们再追问下去,为什么有知识的人能够获得这种权威。体育明星、CEO、私企老板、劳动模范、人大代表等其他身份的"成功人士"按理说更易为大众熟识甚至羡慕,但为何他们却不具有知识分子言说的那种权威呢?这还是"知识"在做怪。因为人们对未知世界的信心很大程度上是建立在知识的基础之上,那么拥有知识的人便自然成为众人仰望的"权威",这在原初社会中很是明显,"由于普通人的生存要求,由于在他们的生存活动中不确定性的增长,随之而来的是,对知识的需求(从而对知识的依赖程度)也在增长,巫师、魔法师们也就愈是能够独霸其权力"。可以说,正是知识为人们提供了一份心理依赖和安全感,以巫为代表的"原始知识分子"便获得一种神秘的权威,"对原始住民来说,知识就成了能够满足他们对于确定性的渴望的唯一合适的力量。

---

[1] 鲁迅:《集外集·通信(复未名)》,《鲁迅全集》(第7卷),人民文学出版社2005年版,第111页。

作为知识的代言人,这就是知识拥有者的权力"。① 尽管他们的知识体系现在看来可能就是"瞎掰",但正是这"知识"的力量又使得人们对巫充满敬佩和尊崇,这一对知识的崇拜和依赖在原初社会中就已形成,又绵延至今,所以,正是"知识"带给知识分子发言的权威和分量。"上古者有四民:有士民、有商民、有农民、有工民。"我们常将士视为"四民之首",也许与这也有关系,这种对知识、对知识分子的依赖和崇拜自原初社会就一直延续下来。

如果说专业上的成就不一定有助于知识分子对公共事务进行最合适的观察和评判,但至少可以使得知识分子获得一个公共言说的资格,从而增强了知识分子在参与公共事务方面的权威和效力。

我们可以说,埋首书斋的人(如王国维、陈寅恪)不算是知识分子,他只是一名学者,因为他没能参与社会,同理,投身社会的人(如孙中山、毛泽东)亦不能算是知识分子,他只是一名活动家,因为他没能从事知识生产。知识分子正是介于活动家与学者之间的一种人(如康有为、章太炎、梁启超、鲁迅、胡适、郭沫若等),你可以因之而遗憾,也可以因之而自豪,他们有自身的缺陷,也有自身的优点。

可见,只有专业知识,没有公共参与,不能成其为知识分子,同样,只有公共参与,没有专业知识,亦不能成其为知识分子,一个完整的知识分子应当是知识者与实行者的完美结合,两者不可或缺。

两不妨害的专业性和公共性

对知识分子来说,知识与行动两者缺一不可,而且专业性与公共性

---

① 〔英〕齐格蒙·鲍曼著,洪涛译:《立法者与阐释者:论现代性、后现代性与知识分子》,第13-14页。

可以两相无涉,也就是说,不能以知识者的专业"局限"妨害实行者在公共领域里的发言,同样,不能以实行者的利益倾向妨害知识者在专业领域的探索。

可能的"万能知识分子"

现代社会知识的精细分工使得知识分子越来越局限成为某一专业领域的专家,而我们仍生活在一个知识大综合,各个学科都在齐头并进的生生不息的社会中,那么,当知识分子本人对于自己知识领域以外的现实要发言的话,他们难免会有些心理障碍。

比如,我们常常就某一公共事件征询某一专家的看法时,他往往会自觉不自觉地意识到这并非自己的研究领域,并自我质疑回答问题的能力。与此同时,知识分子又有冒着被指责为越俎代庖的危险。有人曾以此来批评那些涉足公众事务的知识分子,"他们主张知识分子完全脱离自己的专业和所长,就广泛的'公共事务'发表'振聋发聩的意见',成为公众的'意见领袖'。于是'公共知识分子'变为'万能知识分子',一些专家学者包打天下,在自己完全不熟悉不知道的领域中横冲直撞"。① 这样看来,知识分子的公共言说的合法性就成问题。

如何解决好专业性与公共性这一冲突,一种较为折中的思路便出现了,那就是将公共性问题专业化,即将专业知识分子的言说局限于自己专业领域之里,这样既成就了专业学术,又成就了公共言说。"立足于中国现实的社会发展,专业化不是太多了,反而可能是还很不够。因此对于中国而言,决不能把公共化与专业化相对立,而是应当在大力推

---

① 吉方平:《透过表象看实质——析"公共知识分子"论》,《人民日报》2004年11月25日。

进专业化的前提下倡导文科知识分子以其专业背景的公共化。"①专业化趋势下和后现代时代中的专业知识分子走向公共性的方式在于他们在各自专业领域里发出批判性的话语,共同交相汇合成一种知识分子对当代社会的反应。"从特殊走向普遍的视野来看,世界既不是由上世纪的意识形态所构成,也不是被后现代和技术专家分割得支离破碎;它从各个不同的特殊性批判立场出发,汇合成一个共同的又是无中心的话语网络,正是这样的整体网络,建构起当下世界的完整意义和在权力与资本之外的第三种力量:自主的和扩展的文化场域。"②"从特殊走向普遍"被认为是现代社会中重建专业知识分子公共性的有效途径,这其实隐含了对专业知识分子之于非本专业领域发言的能力及有效性的一种质疑,但这很难解释专业知识分子对非本专业领域发言这一广泛事实的存在。

那么,专业知识分子有没有能力就自己专业范围之外的公共事务发表言论呢?局限于专业之一隅的现代知识分子的确未必熟知本专业以外的知识体系,未必对公共事务做过深入研究,但其基本的学术素质,观察问题的敏锐感,立论及判断的科学性都足以能使他担当得起对公共事务的分析和判断。萨义德并不认为非专业知识分子就不可以对超越自己专业之外的领域发表言论,他说:"但我也坚持主张知识分子是社会中具有特定公共角色的个人,不能只化约为面孔模糊的专业人士,只从事她/他那一行的能干成员。我以为,对我来说主要的事实是,知识分子是具有能力'向(to)'公众以及'为(for)'公众来代表、具现、

---

① 陈来:《儒家思想传统与公共知识分子——兼论现代中国知识分子的公共性与专业性》,载许纪霖、刘擎主编:《丽娃河畔论思想》,第245页。
② 许纪霖:《中国知识分子十论》,第78页。

表明讯息、观点、态度、哲学或意见的个人。"① 从这个意义上来看,专业知识分子就其能力和本质来说并不妨碍其对公共事务的言说。

胡适即是其中一例,如果让身为学者的胡适办外交,他固然有些"书呆子"气,但也不一定就是纸上谈兵,就是闭门造车,因为他的理性的头脑、谨慎的分析、开阔的眼光和那有时不失准确的判断,使得他足以胜任此职。1933 年,汪精卫力劝他出任驻德公使时也有所明言,汪这样说,"先生虽然不是外交界的人才,但先生对于政治外交,运用丰富的学识与锐利的眼光,极真极远,无所不烛。试问今日,政治界、外交界的老手,有几个及得先生呢?所以先生不必以外交仪节未熟等等为词,那是无关弘旨的,先生必然能成为一个好外交家,我无所疑"。② 只不过胡适本人心仪学术,他说,"只有夜深人静伏案治学之时,始感觉人生最愉快的境界"。③ 所以无心仕途。虽暂时绝缘外交,但凭胡适的学识和能力,似乎不存在担当不起谋划外交的重责,他当年临危受命,"持节宣威"④、出使美国即为一例。

当然,这并不是说知识分子就是无所不能,包打天下,你有精通的能力并不能说明你现在就能精通。鲁迅就曾批判了两种倾向,即:"博

---

① 〔美〕爱德华·W·萨义德著,单德兴译:《知识分子论》,第 16-17 页。
② 中国社会科学院近代史研究所中华民国史组编:《胡适来往书信选》(中),中华书局 1979 年版,第 211-212 页。
③ 同上书,第 208 页。
④ "持节宣威"系胡适安徽故居的匾额,"持节"系实事,"宣威"则未必,当时他负有争取美援的使命,故"持钵化缘"比"持节宣威"意思更加贴切。后来蒋介石在 1942 年 10 月 13 日的日记对胡适使美作出"毫无贡献"的评价,"胡适乃今日文士名流之典型,而其患得患失之结果,不惜借外国之势力,以自固其地位,甚至损害国家威信而亦在所不惜。彼使美四年,除为其个人谋得名誉博士十余位以外,对于国家与战事毫无贡献"。

识家的话多浅,专门家的话多悖。"①博识家样样都通,但样样不精,这是常有的事,胡适也正是这样的一个例子,唐德刚说,"在胡氏无所不通的学问里,有许多方面在专业人士看来,只不过是各该专业范围内相当高度的常识罢了"。②此系"泛说"。而"专门家的话多悖""未必悖在讲述他们的专门,是悖在倚专家之名,来论他所专门以外的事。社会上崇敬名人,于是以为名人的话就是名言,却忘记了他之所以得名是那一种学问或事业。名人被崇奉所诱惑,也忘记了自己之所以得名是那一种学问或事业,渐以为一切无不胜人,无所不谈,于是乎就悖起来了。"鲁迅说他的老师太炎先生便是一例,他如果"倘谈文献,讲《说文》,当然娓娓可听,但一到攻击现在的白话,便牛头不对马嘴"。③ 此系"乱说"。所以,知识分子在发表公共言论时,一要忌"泛说",二要忌"乱说"。

专业知识有时看起来构建的华丽而深邃,但那些朴素而直白的常识往往更能击中要害。"至于议论和批评社会的现实,就更不能被那种'外行不得出声'的喝斥噱住了。每一个公民都有权对他关心的社会问题发表看法,即便他并非这一方面的专家。更何况,在公共生活中,越是被人用深奥的、烦琐的'专业'辞令层层覆盖住的事情,往往越有蹊跷之处,在这时候,需要的反倒只是普通人的理性,是简单的常识和直截了当的判断了。"④其实,知识分子的公共言说在绝大多数情况下面对的并非能力问题,亦非专业问题,他们行动的动力更多的是基于一个普通人的良知和勇气、他们所要努力维护的仅是一些最普通的常识而已。

---

① 鲁迅:《且介亭杂文二集·名人和名言》,《鲁迅全集》(第 6 卷),第 374 页。
② 唐德刚:《胡适杂忆》,第 21 页。
③ 鲁迅:《且介亭杂文二集·名人和名言》,《鲁迅全集》(第 6 卷),第 374 页。
④ 王晓明:《半张脸的神话·初版自序》,广西师范大学出版社 2003 年版,第 2 页。

从伏尔泰之于卡拉斯事件,到左拉之于德雷福斯事件,萨特之于阿尔及利亚民族解放运动,劳鹤之于希特勒排犹,①这时知识分子的专业局限与他所捍卫的真理和正义来说已无所联系。这是因为知识分子不光是在专业领域从事知识研究的一分子,更因为他是生活在公共生活中的一分子,还因为他承担着人类的良知和道义,而"捍卫真理和坚守正义应该是公共知识分子的职业道德"。② 在一定程度上,知识分子正是真理和正义的守护神,任何专业的知识分子都有义务去维护这一法器免受亵渎。

一种变节罪

专业局限并不构成知识分子对本专业之外公共事务进行评论的妨碍,但学者亦不能运用非学术性因素(无论是正义的,还是邪恶的)来妨害对知识真理的探求。

韦伯说提到了两个"根本上互导"的伦理意义上的准则:即"心志伦理(Gesinnungsethik)"和"责任伦理(Verantwortungsethik)"。所谓心志伦理就是"基督徒的行为是正当的,后果则委诸上帝",而责任伦理则是"当事人对自己行动(可预见)的后果负有责任。""在韦伯眼里,行动的悲怆性在于两种伦理的对立:责任伦理及心志伦理(moral de la conviction)。我或者顺从我的信念——和平主义也好、革命主义也好,

---

① 1914年诺贝尔奖获得者,德国普鲁士科学院院士,物理学家马克斯·封·劳鹤(1879—1960)曾公开反对德国普鲁士科学院开除犹太科学家爱因斯坦的海曼声明,并为爱因斯坦辩护。(参见冯八飞:《请问候劳鹤》,《南方周末》2008年7月24日。)

② 〔法〕白夏:《公共知识分子的社会角色——法国的历史与现实》,载许纪霖、刘擎主编:《丽娃河畔论思想》,第261页。

无关痛痒——而毫不顾虑我的行动后果。又或者我以为该为自己的行动负责,就算我并非蓄意这样行动。因此所有良好的动机及单纯的心意,皆不足以为行动者辩护。"①两难之间,何去何从?韦伯认为对责任的担当不能对知识探求造成妨碍。"若一个纯洁的意念(Gesinnung)所引发的行动,竟会有罪恶的后果,那么,对他(按:指遵循心志伦理的人)来说,责任不在行动者,而在整个世界、在于其他人的愚昧,甚至在于创造出了这班愚人的上帝的意志。与此相对,按照责任伦理行动的人,会列入考虑的,正是平常人身上这些平常的缺陷。"②而毛泽东与韦伯持论相反,拿文艺创作来说,他要求一个作家对其作品的实际效果负责,即便他的动机是善良的。1942年,他说:"一个人做事只凭动机,不问效果,等于一个医生只顾开药方,病人吃死了多少他是不管的。……我们判断一个党、一个医生,要看实践,要看效果;判断一个作家,也是这样。"③1957年,他也说了同样的意思,"文章的好坏,要看效果,自古以来都是看效果作结论的"。④ 毛泽东是一个目的主义者,他只看结果,不看过程,这与斯大林所说的"胜利者是不受谴责的"思路相近。韦伯要知识分子不为他的后果负责任,毛泽东要知识分子为他的后果负责任。

　　知识的客观性和真理性往往与意识形态的争斗、民族利益的得失、正义邪恶的对抗无关系,一个知识分子在学术上的探求应当是无国界

---

① 〔德〕马克斯·韦伯著,钱永祥等译:《学术与政治》,第301页。
② 同上书,第261页。
③ 毛泽东:《在延安文艺座谈会上的讲话》,《毛泽东选集》(第3卷),第830页。
④ 毛泽东:《同新闻出版界代表的谈话》,《毛泽东文集》(第7卷),人民出版社1999年版,第263页。

的、无利害的、无敌我的,因为一个知识分子最基本的志业在于探索与创造观念性的知识,而不是单纯地描述与总结某一现象。你不能因为你倾向于某种政治追求,而对你知识追求的过程和结果造成影响;你也不能因为你的学术成果将有可能为邪恶势力所运用,你就从此罢手,停止你的学术追求。

在物理学家爱因斯坦去世后,人文学者唐君毅发出了这样的思考和感想:

> 他亦许悔恨他发表原子能的公式。但是作为一个科学家,他又有隐蔽他所发现的客观真理,不加以发表的权利吗?他既然只是一个适逢其会的发现者,他不把他所发现说出,他人就不可能再发现吗?他已发现了他自以为真的真理,他又能忍心独享此真理,而不与人共享吗?这样,他将不能真正悔恨他之发表原子能的公式。①

因为政治、伦理、道德、正邪是非虽事关重大,但不能因此而给事实、真理的揭示和追求造成影响。韦伯认为,"无论何时,一旦学者引进个人的价值判断,对于事实的完整了解,即不复存在"。"如果有教授利用这种局面,用自己个人的政治见解来影响学生,而不是利用这种环境,本着自己的职责,让听课的人从自己的知识和学术经验中得益,我认为是不负责任的。"②法国数学家及哲学家卡瓦耶斯亦是如此,他虽是德法战争中的反德战士,但这并不妨害对仍是日耳曼人学术的仰慕,"虽然他甚至愿意为群体(德法)的纷争牺牲自己的性命,但是这些纷争

---

① 唐君毅:《中国人文精神之发展》,广西师范大学出版社 2005 年版,第 73 页。

② 〔德〕马克斯·韦伯著,钱永祥等译:《学术与政治》,第 177 页。

却绝不会走进他忠于其志业——即忠于他对纯粹真理的探索——的思想的深处"。① 你不能因为原子弹可能对人类造成巨大灾难,而停止原子弹的研制,你不能因为克隆技术可能造成伦理的崩溃,而停止对克隆技术的探索,一个知识分子在学术尊严和公共利害间两相权衡时,卡瓦耶斯的选择显得难能可贵。

在自然科学上,往往学术受非学术的因素影响表现很是明显,在社会科学上,这一表现则较为隐晦。我们往往将学术研究和知识探求置于伦理、道德、意识形态等非学术性因素之中。比如哲学,罗素认为哲学本来就是"由两个不可调和"的部分混杂在一起的,一是"关于世界本性的理论",一是"关于最佳生活方式的伦理学或政治学说",罗素认为这两部分要划分清楚,而后者往往会影响前者,"从柏拉图到威廉·詹姆士,哲学家们都让自己的关于宇宙构成的见解受到了希求道德教化的心思的影响;他们自以为知道哪些信念会使人有道德,于是编造了一些往往非常诡辩性的理由,证明这些信念是真的"。罗素从道德上和理智上分别反驳了这种偏见,他说,"从道德上讲,一个哲学家除了大公无私地探求真理而外若利用他的专业能力做其他任何事情,便算是犯了一种变节罪"。"从理智上讲,错误的道德考虑对哲学的影响自来就是大大地妨碍了进步。"②然而,他毕竟又是一个知识分子,而不是一个不食人间烟火的纯粹学者,这就避免不了痛苦和折磨。

2007 年,英美学术界发生了一次针锋相对的交锋。5 月 30 日,英国高校联合会(Britain's new University and College Union,简称 UCU)以压倒性多数(仅 1 票反对)通过了号召其成员禁止与以色列研

---

① 〔德〕马克斯·韦伯著,钱永祥等译:《学术与政治》,第 294 页。
② 〔英〕罗素著,何兆武、李约瑟译:《西方哲学史》(下卷),商务印书馆 2004 年版,第 396 页。

究人员进行学术交流的一项决定,因为他们认为以色列长期占领巴勒斯坦,如果他们与侵略者合作,则无异是合谋者,而这对处于受害地位的巴勒斯坦人来说是不公的,所以,出于知识分子的正义和良知,他们有必要站出来以学术的名义向以色列施压。8月8日,哥伦比亚大学校长李·博林格(Lee Bollinger)在《纽约时报》发表了题为《制裁以色列大学?那也制裁我们吧!》的抗议信,有约300所美国大学校长在这封抗议信上签了字,他们声势浩大,言辞激烈地抗议UCU以政治的名义干涉学术探求和交流,在抗议信中,李·博林格说:"作为一名大学的教授和校长,我认为,对以色列学者进行学术制裁的行为与学术的基本价值是完全相背的,我们不能把学术交流作为政治异议的抵代,为了孤立以色列的大学与学者,这一决议对大学促使学术与文化的交流构成了威胁,而这一交流有助于启蒙、同情以及亟须的在思想上的国际性碰撞。"①在他看来,你"不能使用学术制裁的方式来限制学者思想和学术交流的自由,无论你有多么高尚的动机和感人的理念都不行"。② 李·博林格也的确做到了这一点,2007年9月24日,尽管招致多方反对,他所主持的哥伦比亚大学仍决定邀请美国的"老冤家"、"死对头"伊朗总统艾哈迈迪·内贾德在学校发表演讲,姑且不论内贾德的演讲内容,光就这一"演讲事件"就足以体现了李·博林格不以政治立场来取舍的基本态度,尽管他在"欢迎辞"中毫不客气地称内贾德"展现了一个狭隘、残酷的独裁者所拥有的一切特征",这是他老兄的伟大之处。看来,英国学术界之失在于将政治因素、外在的价值判断引入到学术之中,从

---

① *Boycott Israeli Universities? Boycott Ours, Too! The Newyork Times*, 2007-8-8.

② 郭英剑:《学术与政治:英美学术界的一次正面交锋》,《社会科学报》2007年9月6日。

而干涉了学术的独立性和客观性。

可见,作为一个知识分子,他的两个身份——知识者与实行者——之间又是两相无涉的,不能以知识者的专业"局限"妨害实行者在公共领域里的发言,同样,不能以实行者的利益倾向妨害知识者在专业领域的探索。

总之,知识探求和公共关怀是成为一个知识分子的两个关键要素,这两者很大程度上是矛盾的,但却是不可或缺的,更是不能互相妨害的。

第二节 传统知识分子观

文字、神秘性及知识阶层

知识分子的角色和地位与文字的出现、性质密切相关,这在原初社会中更为明显,而从文字的特性来考查传统知识分子却往往为人所忽视。

在文字出现以前,原始先民当是以"姿态声音"达其"情意",此后"声音繁变,浸成言辞,言辞谐美,乃兆歌咏",这些"吟叹"便靠口耳相传延递下去。"然而言者,犹风波也,激荡既已,余踪杳然,独恃口耳之传,殊不足以行远或垂后。诗人感物,发为歌吟,吟已感漓,其事随讫。倘将记言行,存事功,则专凭言语,大惧遗忘,故古者尝结绳而治,而后之圣人易之以书契。"①鲁迅认为,这些书契"颇似为文字所由始",至此,有声无形的问题得到解决,文字也得以形成。许慎有云,"仓颉之初作

---

① 鲁迅:《汉文学史纲要》,《鲁迅全集》(第9卷),人民文学出版社2005年版,第353页。

书,盖依类象形,故谓之文。其后形声相益,即谓之字"。① "字"系有形、有声、有义的一种书面表达工具,此三要素备,则"文字"意义全。"诵习一字,当识形音义三:口诵耳闻其音,目察其形,心通其义,三识并用,一字之功乃全。""故其所函,遂具三美:意美以感心,一也;音美以感耳,二也;形美以感目,三也。"②这大约是由前文字到文字的一个可能的过程描述。

今天看来,文字可谓举目即是,无所不在,既是交流的工具,又是学习的载体,由于时时接触,所以熟视无睹。其实,文字之于先民的意义和文字之于我们的意义已大不相同,他们往往视文字为一种有神性、有魔力的符号,既敬畏,又崇拜。韦伯有云,"在中国,举凡礼仪之书,历表、史书的撰写,都可以追溯到史前时代。甚至在最古老的传说里,古老的文字也被看作有魔力的东西,而精通它们的人被视为具有魔力的神性的代表者"。③ 所以,孙大圣被如来佛一封就是五百余年,王熙凤被马道婆一咒就要寻死觅活,这都是对文字魔力的一种信仰。

胡适也注意到这个现象。他认为中国有一个"我们信仰了几千年,却不自觉我们有这样一个伟大宗教"——"名教",何谓"名教"? "'名教'便是崇拜写的文字的宗教;便是信仰写的字有神力,有魔力的宗教。"④所以,对中国人来讲,"任何成文材料,特别是从古代流传下来的文字,几被视为神圣之物"。⑤ 1926 年,冯友兰在《名教的分析》中指出,

---

① 许慎:《说文解字·序》。
② 鲁迅:《汉文学史纲要》,《鲁迅全集》(第 9 卷),第 353 页。
③ 〔德〕马克斯·韦伯,洪天富译:《儒教与道教》,第 92 页。
④ 欧阳哲生主编:《胡适文集》(第 4 卷),第 52 页。
⑤ 〔美〕费正清著,张沛译:《中国:传统与变迁》,世界知识出版社 2002 年版,第 29 页。

"'名教'便是崇拜名词的宗教,是崇拜名词所代表的概念的宗教"。然而"冯先生所分析的还只是上流社会和智识阶级所奉的'名教',它的势力虽然也很伟大,还算不得'名教'的最重要部分"。① 在中国文化和中国人的日常生活中,名教无所不在,起名、画符、贴标语、念经、写对联、避讳、叫魂等都是它的表现。

胡适给我们解释了"名教"之力量的原因,他说这是因为:一、"我们古代老祖宗深信'名'就是魂,我们至今不知不觉地还逃不了这种古老迷信的影响"。二、"我们古代老祖宗深信'名'(文字)有不可思议的神力,我们也免不了这种迷信的影响"。三、"我们的古代圣贤也曾提倡一种'理智化'了的'名'的迷信,几千年来深入人心,也是造成'名教'的一种大势力"。② 其实,这也正是人们相信文字的魔力。

胡适说的原因未免简单,其实文字的魔力在于它能为民众提供一种心理支持,从而促成了知识分子特别地位的形成。文字的出现、知识的总结,本归功于先民们漫长的生活和劳动的经验与实践,但一经知识阶层采集、整理、发展,便为知识阶层所独有,进而又促成了知识阶层这一独特阶层的形成。因为民众需要知识以取得心理的依持,而知识阶层正是知识的掌控者,所以知识阶层就成为一个独特的社会阶层。"对原始住民来说,知识就成了能够满足他们对于确定性的渴望的唯一合适的力量。作为知识的代言人,这就是知识拥有者的权力。"③胡适谈到读书的功用时说,"读书是求智识,智识就是权力"。④ 智识确能带给

---

① 欧阳哲生主编:《胡适文集》(第 4 卷),第 52 页。
② 同上书,第 57-58 页。
③ 〔英〕齐格蒙·鲍曼著,洪涛译:《立法者与阐释者:论现代性、后现代性与知识分子》,第 13 页。
④ 欧阳哲生主编:《胡适文集》(第 4 卷),第 123 页。

知识分子一种特别的权力。在中国古代,"知识就是力量"往往体现在一旦披上知识的华衮,就能优越并超脱于广大民众,实现孟子所谓的"劳心者治人,劳力者治于人"的梦想。所以,文字便成为"治人者"自我神圣化的"魔杖",同时也成为"治于人者"摆脱"被治"的境地的一根"稻草"。

文字的神秘性给知识分子蒙上了一层神秘的面纱,而正是神秘性促成了这一特殊阶层的"神圣性",这一传统之"魅"历几千年都没有消失,唯逐渐淡化而已。且看鲁迅如何说,"因为文字是特权者的东西,所以它就有了尊严性,并且有了神秘性。中国的字,到现在还很尊严,我们在墙壁上,就常常看见挂着写上'敬惜字纸'的篓子;至于符的驱邪治病,那就靠了它的神秘性的。文字既然含着尊严性,那么,知道文字,这人也就连带的尊严起来了"。①

从此,知识阶层不仅不愿"走下神坛",反而要牢牢地把持住知识的大门,将他们与芸芸众生隔绝开来。齐格蒙·鲍曼说得恰当,他说:"必须经过超常努力,方能达到对神秘的和真正有价值之物的理解,永远是知识分子自我合法化之神话中的绝对必要的一部分。"②"文字"正是显著的一例,知识分子正是如此。郭沫若也这样说:"人类自有文字以来很快的便为贵族所垄断而成为神秘的工具。因此一切古代的文体者和民众有很大的距离,和民众的言语有很大的距离。文体异常的简单,异常的奥妙,异常的定型化,而类似于化石。这里是有政治上的必要的,因为愈要和人民脱离,才愈显得神秘;愈显得神秘,才愈使人民难于接近而易于垄断。"③知识分子正是凭借着文字"故弄玄乎"、"装神弄鬼"。

---

① 鲁迅:《且介亭杂文·门外文谈》,《鲁迅全集》(第6卷),第94页。
② 〔英〕齐格蒙·鲍曼著,洪涛译:《立法者与阐释者:论现代性、后现代性与知识分子》,第216页。
③ 郭沫若:《郭沫若全集》(历史编第4卷),人民出版社1982年版,第90页。

于是乎,"汉朝的扬雄的喜欢奇字,就有这毛病的,刘歆想借他的《方言》稿子,他几乎要跳河。唐朝呢,樊宗师的文章做到别人点不断,李贺的诗做到别人看不懂,也都为了这原故。还有一种方法是将字写得别人不认识,下焉者,是从《康熙字典》上查出几个古字来,夹进文章里面去;上焉者,是钱坫的用篆文来写刘熙的释名,最近还有钱玄同先生的照说文字样给太炎先生抄《小学答问》。"①知识分子那种将自己高雅化、精致化的心态和努力由此可见一斑。

知识精英正是骑着文字这柄"扫帚"超拔出来,形成了与"人民愚众"相对立的一个"特权"阶层。"士"亦居于"四民"之首,成为其他社会阶层的"领头羊",这在中国是个特有的现象,所以严复云:"中国以文字一门专属之士,而西国与东洋则所谓四民之众,降而至于妇女、走卒之伦,原无不识字知书之人类。且四民并重,从未尝以士为独尊,独我华人,始翘然以知书自异耳。"②中国传统知识分子的独特地位也正是由此而来。

而士庶对立正是中国社会几千年来一个重要的阶层对立。"这种诗文写作能力的有无是区分士大夫与庶民的壁垒。在没有贵族制度那样的固定身份制的中国社会,这种士大夫与庶民的壁垒正是最大的社会壁垒。"③瞿秋白对这种两相对垒的情形说得极为痛切,他说:

> 仓颉大圣制作了特别优美的艰深的方块子的汉字,因此,中国文字是世界第一。一个方块的汉字,仿佛一个精致的金丝笼,四五万个字,就是四五万个金丝笼,这可以范围住维持住学阀。学阀因

---

① 曹聚仁:《鲁迅评传》,复旦大学出版社 2006 年版,第 180-181 页。
② 严复:《救亡决论》,牛仰山选注:《天演之声:严复文选》,百花文艺出版社 2002 年版,第 67 页。
③ 〔日〕佐藤慎一著,刘岳兵译:《近代中国的知识分子与文明》,第 28 页。

此可以垄断住独占住文字的智识。①

郭沫若亦云：

> 我们知道古代的智识是贵族或奴隶主的专有品，除王室、公室乃至王室公室中少数史巫之外，一般的人民都是无智识的文盲。故尔古代说，'民者盲也'，或者说，'民者冥也'。智识为贵族的专有品，一切的文字、艺术、文物、礼节，都是贵族的专有品，所谓'礼不下庶人'，便是文化化不到奴隶身上去。②

这时，"文字"已不是一种简单的书面符号，而是一种权力的象征，因为，它促成了特权阶层（权力者和知识者，而这两者很大程度上同属一个阶层）和平民阶层（广大处于社会底层的民众）的分化和对立，在一定程度上，可以说，文字促成了社会阶层的分化。

可见，在传统中国，文字及其神秘性使得知识分子得以神圣化，促成了一种区别于广大民众的传统知识分子这一特殊阶层的形成。

从"巫"到"士"

在四川广汉的三星堆遗址，曾出土了大约在公元前 3250 年左右的一种青铜面具，这些面具造型简洁、形象夸张，尤其引人注意的是他们有眼睛却没有瞳孔，人称"鼓蒙阶层"，或云其是记忆先王世系，讲述我皇英烈，沟通人神两界，往来凡圣之间的一群人，如果的确存在这样的一群人的话，他们可谓是最早的知识分子了。

无论是东方，还是西方，知识分子的前身可能都可追溯到"巫"这一

---

① 魏绍昌编：《鸳鸯蝴蝶派研究资料》(上)，上海文艺出版社 1984 年版，第 25 页。

② 郭沫若：《郭沫若全集》(历史编第 4 卷)，第 89 页。

源头，神界是初民的精神家园，而巫正是人间派往神界的"代表"，他能在初民面对无法名状、不可思议的种种天然现象时提供一种可以接受的解释，从而使得人们精神上有所凭依，而巫也便赢得了初民的尊崇。

礼记有"殷人尚神"①的记载，可见在殷代，我们仍还没有脱离原初社会那种巫风神气，孔子云，"殷礼，吾能言之"②，他自己还向老子学习过丧礼，做过人家丧礼的"司仪"，可见，到了孔子的时代，巫风尚存，知识人还要从事着那种"巫"的传统工作。

然而，孔子这个人的出现，在使知识人从"巫"的身份转化到"士"的身份中起了绝大的作用。

一方面，孔子不再对彼岸世界、鬼神世界感兴趣，他关注的是此岸世界、人间现世。"原始社会里，大约先前只有巫，待到渐次进化，事情繁复了，有些事情，如祭祀、狩猎、战争……之类，渐有记住的必要，巫就只好在他那本职的'降神'之外，一面也想法子来记事，这就是'史'的开头。"③"史"的出现，使得知识者一步步从天上走到地上。对于孔子来说，"尽管他也承认鬼神和天（有时认为他的使命是上天赋予的），但他显然对人类以外的领域兴趣不大"。④ "子不语怪、力、乱、神"⑤，孔子是现世主义者，他从来就把眼光瞄向当下和地上的实际，所以，当子路向他问鬼神时，孔子曾说，"未能事人，焉能事鬼"，子路向他"问死"时，他说，"未知生，焉知死"。⑥ 后来的儒学大师荀子亦有云，"道者，非天之

---

① 《礼记·表记》。
② 《论语·八佾》。
③ 鲁迅：《且介亭杂文·门外文谈》，《鲁迅全集》（第6卷），第88页。
④ 〔美〕费正清著，张沛译：《中国：传统与变迁》，世界知识出版社2002年版，第50页。
⑤ 《论述·述而》。
⑥ 《论语·先进》。

道,非地之道,人之所以道也"。① "唯圣人为不求知天。"②中国儒家文化是只问人间,不管天界和冥界,只问当下,不管过去和未来。

"中国的'道'源于古代的礼乐传统;这基本上是一个安排人间秩序的文化传统。其中虽然也含有宗教的意义,但它与其他古代民族的宗教性的'道统'截然不同。因此中国古代知识分子一开始就管的是恺撒的事"。③ 就是在这样的文化氛围中,知识人的关注由"鬼事"走向"人事",徐复观说:"僧侣阶级从某一角度讲,可以说是最早出现的知识分子的集团。中国古代没有独立性的僧侣阶级,以及此一阶级迅速没落,这在文化发展上,虽然可使理性的光辉容易得到发挥;但另一面,却更把知识分子与政治的关系,紧紧地束缚在一起。"④孔子便是士的一个典型代表,他身体力行,带着自己的一班门徒,奔走诸侯帐前,兜售仁义学说,还拍着胸膛,信誓旦旦地说什么"苟有用我者,期月而已可也,三年有成"⑤之类的豪言。巫在西方走向宗教,巫在东方走向政治,宗教是彼岸世界,政治是此岸世界,这是他们的分野所在。

另一方面,孔子将传统的从事司礼性质的柔顺的"儒"的形象、职业和使命加以改造,形成了后世"士"的规范。《说文解字》云,儒者,"柔也",胡适认为,"儒是殷民族的教士;他们的衣服是殷服,他们的宗教是殷礼,他们的人生观是亡国遗民的柔逊的人生观"。而孔子的两大贡献

---

① 《荀子·儒效》。
② 《荀子·天论》。
③ 余英时:《士与中国文化》,第96页。
④ 徐复观著,陈克艰编:《中国知识分子精神》,华东师范大学出版社2004年版,第4页。
⑤ 《论语·子路》。

在于:"(1)把殷商民族的部落性的儒扩大到'仁以为己任'的儒;(2)把柔懦的儒改变到刚毅进取的儒。"①这时儒从一个祭祀和礼仪的技术性知识者转化成为一个"铁肩担道义"的价值性知识者。

传统知识分子的最终形成也是一个过程,起初"士"并非"读书人"与"官僚阶层"结盟的"士大夫"阶层的专称。从卜辞、金文等原初文献来看,"士"、"王"、"皇"等字意义相同,其形皆为斧钺之象,斧既是成年男子劳作的工具,又是王权的象征,故"士"之初义当为指"成年男子"。比如,《易·归妹》有云:"女承筐,无实;士刲羊,无血",②《诗经·郑风》亦有云,"女曰鸡鸣,士曰昧旦",③士、女往往对举。④

顾炎武《日知录》卷七《士何事》中云:

> 士农工商谓之四民,其说始于《管子》。三代之时,民之秀者乃收之乡序,升之司徒而谓之士。固千百之中不得一焉。……谓之士者大抵皆有职之人矣,恶有所谓群萃而州处,四民各自为乡之法哉!春秋以后,游士日多,《齐语》言桓公为游士八十人,奉以车马衣裘,多其资币,使周游四方,以号召天下贤士,而战国之君遂以士为轻重,文者为儒,武者为侠。呜呼!游士兴而先王之法坏矣!⑤

---

① 欧阳哲生主编:《胡适文集》(第5卷),第3页。
② 《易·归妹》。
③ 《诗经·郑风》。
④ 阎步克在对"士"初义及演化的辨析和综论中认为,"士"有以下诸义:为一切成年男子之称;为氏族正式男性成员之称;为统治部族成员之称;为封建贵族阶级之称;为受命居官的贵族官员之称;为贵族官员的最低等级之称。可参见阎步克:《士大夫政治演生史稿》,第30-46页。
⑤ 顾炎武著,黄汝成集释:《日知录集释(外七种)》(上),上海古籍出版社1985年版,第578-579页。

这里,"士"本意系指"任事"的"优秀"之才,不完全是指读书人,《晏子春秋》便记有晏子"二桃杀三士"的机智或者说狠毒的故事,这里的"士"就完全与读书人无关,他们皆是"以勇力闻"的勇士而已,后来,章士钊以今则古,望文生义,把勇士当成书生,把"二桃杀三士"当成"两个桃子杀了三个读书人",并说前者表达是如何好,后者表达是如何不好,以此来反对新文化,倍遭鲁迅的奚落。章士钊之失在于他将"士"误以为成"读书人"的缘故。唐雎不辱使命时,曾对秦王说,专诸之刺王僚,聂政之刺韩傀,要离之刺庆忌等皆是士之怒,①这里的"士"看来多是指幕僚、勇士、武士。

但后来"士"便逐渐成为传统知识分子的专称。关于"士",《说文解字》云:

> 士,事也。数始于一,终于十,从十一。孔子曰:推十合一为士。段玉裁注曰:引申之,凡能事其事者称士。《白虎通》曰:士者事也,任事之称也。故《传》曰:通古今,辨然否,谓之士。

"推十合一"固然是许慎的"望形生义",引孔子所云可能也只是来自纬书,然而,从"通古今,辨然否"来看,士所从事的不再是一些具体的、技术的实际事务,而是创造和司撑着整个社会的知识体系和价值体系。

这从《论语》中关于"士"的不同释义中也可以看出这一转变的趋向,《论语》中"士"出现有十五次,其义大致有二:一曰"泛指一般人士"(3次),如"富而可求也,虽执鞭之士,吾亦为之";②二曰"特指有一定社会地位或者有修养的人"(12次),如"士不可以不弘毅,任重而道远"。③

---

① 《战国策·魏策》。
② 《论语·述而》。
③ 《论语·泰伯》。

这后一层意思接近传统知识分子之意。从《论语》中"士"出现的不同意义的比例来看,"士"虽非专指传统知识分子,但已多指传统知识分子了。

一般认为,"士"之形成期当在春秋战国之时。余英时说:"中国知识分子之形成—自觉的社会集团是在春秋战国之际才正式开始的。"①这个判断应当是恰当的。徐复观亦说,"到了春秋时代,古代遗留下来的僧侣(在中国古代,则称之为巫祝),已逐渐向社会知识分子演变"。②"天上掉下个士大夫",巫从天上降到地下,最终形成了传统知识分子——士。

士的出现并非小事一桩,从此他成为中国历史的主角、社会的栋梁。"2000多年来,士人无疑是中国的统治阶层,至今仍然如此。"③他可以说支配了整个中国的文化教育、政治经济、伦理道德、社会生活的诸多方面。韦伯云:"中国的官大人(Mandarin)在出身上,和我们文艺复兴时期的人文主义学者大致相似:一种以人文主义方式、用古代经典加以训练并且通过测验的文人。试读李鸿章的日记,你会发现,他最引以为傲的,就是能赋诗和善于书法。这个阶层,挟其取法中国古代而发展出来的规矩,决定了中国的整个命运。"④

钱穆则说:"中国传统政治,其中央、地方之政府,尽由士人组成,当名为士人政府。士人则代表民众,帝王世袭,则利便于广土众民一大国之一统。而为帝王者,亦必深受士人之教育。"⑤他将士在中国历史上

---

① 余英时:《士与中国文化》,第80页。
② 徐复观著,陈克艰编:《中国知识分子精神》,第4页。
③ 〔德〕马克斯·韦伯著,洪天富译:《儒教与道教》,第91页。
④ 〔德〕马克斯·韦伯著,钱永祥等译:《学术与政治》,第219页。
⑤ 钱穆:《晚学盲言》(上),广西师范大学出版社2004年版,第317页。

的活动分为四期,春秋时的孔子讲学,战国时的百家争鸣,从而奠定了四民社会中士之"领导之基础",此为第一期;两汉时独尊儒学,创立了"文治政治的传统",此为第二期;魏晋南北朝到隋唐八百年间,"士族门第禅续不辍,而成为士的新贵族",此为第三期;"此下之士,皆由科举发迹,进而出仕,退而为师",历元明清千年不改,此为第四期。钱穆称:"此四期,士之本身地位及其活动内容与其对外态势各不同,而中国历史演进,亦随之而种种之不同。亦可谓中国史之演进,乃由士之一阶层为之主持与领导。此为治中国史所必当注意之一要项。"①由这些叙述可以看出士在中国社会历史中的地位和作用非同一般、不可小觑。

士在中国历史上不可或缺的地位体现在中国各方利益都不能得到表达和平衡时,而恰恰只有"士"才能担当得起主持正义的重责。"在西方社会中,无论一个人是农人、工人、工业家、银行家、生产者或消费者,每人都有自己的主张,每人都能像他人一样的独立做事。每人都和政治事务有利害关系,因此,每人都能照顾自己的利益。相反地,中国的情形不一样,知识分子是唯一能表示自己意见而影响大众的一类人。中国人生活在一个不同阶层间没有平衡力量的社会里,知识分子是领导者,他们在自由企业和公有产权、君主制度和民主共和、家庭制度或婚姻习俗等方面提出改革意见。"②中国是一个金字塔形的社会,每个人都是压迫者和被压迫者,而西方社会是一个网状的社会,每一个人都是其他人的一个结点,在这么一种社会结构下,中国各阶层的利益诉求时时都面临着被湮灭的危险,这时,知识分子不光是代表了自己,而且

---

① 钱穆:《国史大纲》(下),第561页。
② 张君劢:《新儒家思想史》,第540页。

还要代表其他各阶层,这便赋予了他那份绝大的责任,"士"之于中国历史、社会中至关重要的原因正在于兹。

　　士成为中国历史的主角,传统知识分子又应当具备怎样的素质呢?概括来说,大约有三:一、他应当是"以身殉道"的价值维护者;二、他应当是"抱道忤时"的社会批判者;三、他应当是"行己有耻"的道德示范者。以下分述之。

"以身殉道"的价值维护者

　　"士,朝受业,昼而讲贯,夕而习复,夜而计过无憾,而后即安。自遮人以下,明而动,晦而休,无日以怠。"①聚徒授学,讲经论道是士人的一大业务。孔子曾大开"私立学校",收弟子3000,有高徒72。这种教育盛况到了东汉规模更甚,"洛阳的太学,有240房,1850室。至桓帝时太学生称30000人。而私人传授学业的,动辄聚集门徒数百或逾千。"②可见士人讲学的声势之盛、规模之大,他们不只是一群读书人,更是一股重要的政治力量。

　　所讲者何?传统知识分子自命"平生所学关天命",所谓"关天命",便是事关国家治理、政治建构的大事。不同于西方的政学分离,恺撒事由恺撒管,上帝事由上帝管,中国是政学合一的,他们既要做恺撒也要做上帝,钱穆云:

> 中国政学合。秦汉以下,政治以学术为向导。全体政治人员,自宰相以下,皆出于学。先有察举制,后有考试制,为之作规定。

---

① 《国语·鲁语下》。
② 〔美〕黄仁宇著:《赫逊河畔谈中国历史》,生活·读书·新知三联书店2004年版,第58页。

王室在政府之上，乃亦同受学。政治在中国，可称为一种学治，而西方则否。①

政学不光合一，而且学高于政，学为政提供统治的理论依据和意识形态，"故中国人传统观念，学尤在政之上。政当尊学，而学必通政。可则进，不可则退。合则留，不合则去。学者可不仕，但不当学不通政"。②

柏拉图的"哲学王"的梦想似乎在传统中国得到实现，在这里，学统、政统、道统有着千丝万缕的联系，士是官员、是实践者、是恺撒。"学而优则仕"，汪洙所撰儿童启蒙读物《神童诗》中便说到了"天子重英豪，文章教尔曹"的"光荣"和"满朝朱紫贵，尽是读书人"的"自豪"。士更是学者、是理论家、是上帝。"他们对礼仪、行为规范、保存常识信条、为人类价值提供超越基础的关怀，引导他们在社会中发生可与教士相比拟的作用。他们对知识、智慧、做人的尊严、社会准则、理想生活的追求，又促使他们扮演哲学家的角色。"③士为统治者提供一整套的"意识形态"的理论支持，所以，在中国，皇帝为人王，但不是教主，真正的知识分子是教主，他的最高教义便是"道"。

道又是什么呢？孔子云："君子不器"，④我们一般将之解为："君子不像器皿一般，〔只有一定的用途。〕"⑤也许此句似可解为，君子应从事一种超越性的，非实用性的，非工具性的精神活动，《易经》有云："形而

---

① 钱穆：《晚学盲言》（上），第 161 页。
② 同上书，第 156 页。
③ 〔美〕杜维明著，钱文忠、盛勤译：《道、学、政：论儒家知识分子》，第 11 页。
④ 《论语·为政》。
⑤ 杨伯峻译注：《论语译注》，中华书局 2005 年版，第 17 页。

上者谓之道,形而下者谓之器",①可以参照理解,果真如此,这与克尔凯戈尔所云就颇为类似。克氏云:"我的奢望是,但愿有可能阻止一个知识分子蜕变成世俗的工具。"②"士志于道"的"道"正是"士"呵护和坚守的一种"价值"所在。

因为君子玩的是"形而上"的东西,其他"形而下"的物质上、现实中的诱惑、追求和满足,都为"士"的内心所鄙夷、排斥和拒绝。"士志于道,而耻恶衣恶食者,未足与议也。"③"士而怀居,不足以为士矣",④因为他们所坚守和追求的是超越性的、精神性的、形而上的一种价值。因此,也就有"君子谋道不谋食,……君子忧道不忧贫"⑤的说法。

"道"为"士"行动的凭据、努力的根本和生命的寄托。正如《七略》所云:"儒家者流,盖出于司徒之官,助人君顺阴阳明教化者也。游文于六经之中,留意于仁义之际,祖述尧舜,宪章文武,宗师仲尼,以重其言,于道为最高。"而曾子将那种士的对于"道"的虔诚和忠贞表达得力透纸背,法则千古,他说:"士不可以不弘毅,任重而道远。仁以为己任,不亦重乎?死而后已,不亦远乎?"⑥待到孟子,"士"之于"道"的坚守的忠诚

---

① 《周易·系辞传上》。后来在报上也看到有人亦提出将"器"与"道"相对举,作者还举出《礼记·学记》的例子,《礼记》有云:"大德不官,大道不器,大信不约,大时不齐。"作者说:"'君子不器'的实质是在强调与器相对的道,其内涵就是孔子正面说的'士志于道'(里仁篇)、'君子谋道不谋食'(卫灵公篇)、'朝闻道,夕死可矣'(里仁篇)。'不器'和'谋道'是一个意思,两种说法。"(白子超:《"君子不器"》,《新民晚报》,2008年10月29日。)

② 〔丹麦〕索伦·克尔凯戈尔著,晏可德、姚蓓琴译:《克尔凯戈尔日记选》,上海社会科学院出版社1992年版,第73页。

③ 《论语·里仁》。

④ 《论语·宪问》。

⑤ 《论语·卫灵公》。

⑥ 《论语·泰伯》。

和刚烈便以绝大的牺牲精神所烛照、光大,并传布天下。他说:

> 天下有道,以道殉身;天下无道,以身殉道。未闻以道殉乎人者也。①

其意是政治清明时,终生致力于道义的养护;政治黑暗时,以生命捍卫道义。没有听说过牺牲道义而屈顺于他人的。在孟子看来,天下清明也好,世界黑暗也罢,"道"则是一个知识分子一切行为的准绳,也是一个知识分子随时殉身的底线,而苟且之徒,背"道"而驰者,则无异于"妾妇之道也",要知道女人在儒家的世界里是与小人同列的。

政治清明与否改变不了士对道的体认的执着,个人遭遇的穷通与否亦改变不了士对道的体认的执着。孟子又云:"故士穷不失义,达不离道。穷不失义,故士得己焉;达不离道,故民不失望焉。古之人,得志,泽加于民;不得志,修身见于世。穷则独善其身,达则兼善天下。"②无论穷,还是达,无论出,还是入,士要么退缩到书斋中修道,要么投身于社会中惠民。这种对道的执着和维护,尤其是当"士"遇到"生"(身)与"义"(道)的冲突和取舍时,就格外壮烈地表现了出来,这体现在孟子所提出的"舍生取义"的伟大号召中。

> 鱼,我所欲也,熊掌,亦我所欲也,二者不可得兼,舍鱼而取熊掌者也。生,亦我所欲也,义,亦我所欲也,二者不可得兼,舍生而取义者也。生亦我所欲,所欲有甚于生者,故不为苟得也。死亦我所恶,所恶有甚于死者,故患有所不辟也。③

"生命诚可贵,爱情价更高,若为道义故,两者皆可抛",儒家要求知

---

① 《孟子·尽心上》。
② 同上。
③ 《孟子·告子上》。

识分子能够舍弃性命以成全仁义。孔子云,"士见危致命,见得思义",①他也说过"志士仁人,无求生以害仁,有杀身以成仁"②之类的豪言壮语。正是在他的这一提倡下,历史上不乏那些"舍生取义"、"杀身成仁"的知识分子。郭沫若谈到屈原时说:"龙船竞渡相传是为拯救沉溺了的屈原,但实质上便是拯救被沉溺了的正义!正义被邪辟陷没了,我们要同一切的邪辟斗争,即使是在狂涛恶浪当中,我们就牺牲了自己的生命都在所不惜,一定要把那正义救起。"③胡适谈到方孝孺时说:"我们的圣人孔夫子在二千五百年前,就提倡'有杀身以成仁,毋求生以害仁',这是我们的传统。在中国历史上有独立的思想,独立的人格,而殉道的人不少。方孝孺(方正学)就是为主张、为信仰、为他的思想而杀身成仁的一个人。"④那么,当一个知识分子毫不犹豫地为成全一个信仰、一个价值、一个理想而甘愿弃置自己的性命时,还有什么有比这更能说明"道"之于知识分子的重要性呢?这是对知识分子的一种要求,也是知识分子的一种精神。

明白了道的性质,以及士志于道的刚烈,那么,传统知识分子所坚持的"道"又是什么呢?传统知识分子所指的"道",更多的是指千百年来的知识分子的"老祖宗"孔孟的遗教。"天不生仲尼,万古如长夜"(杜甫语),孔孟的"教义",以"仁"安顿心灵,以"礼"安排社会,几千年来,上下各得其所,社会安然进行,而"士"之于此道,更是不愈规,不怀疑,虔诚而恭敬地艰苦修习,待到得道成"士"后,一方面要劝导帝王施行仁

---

① 《论语·子张》。
② 《论语·卫灵公》。
③ 郭沫若:《郭沫若全集》(文学编第 19 卷),人民文学出版社 1992 年版,第 85 页。
④ 耿云志:《胡适年谱》,四川人民出版社 1989 年版,第 434 页。

政,一方面也要训导百姓认天命,于是,社会正是在这种不断的磨合和不断的平衡中踟蹰向前。

待到五四运动"打倒孔家店"的喇叭一吹,在国外开了眼界的胡适便拿了杜威的"实验主义"和赫胥黎的"怀疑主义"的"洋枪洋炮"来攻打孔孟之道盘踞了几千年的文化堡垒。1919年,胡适发表了《新思潮的意义》,他认为新思潮的根本意义是一种"评判的态度",这种评判的态度对传统知识分子的"道"来说可谓致命的一击。胡适发问:"(1)对于习俗相传下来的制度风俗,要问:'这种制度现在还有存在的价值吗?'(2)对于古代遗传下来的圣贤教训,要问:'这句话在今日还是不错吗?'(3)对于社会上糊涂公认的行为与信仰,都要问:'大家公认的,就不会错了吗?人家这样做,我也该这样做吗?难道没有别样做法比这样更好,更有理,更有益吗?'"[①]传统的"道"在"五四"时期实在是经不起这么不愠不火的一问,恪守了几千年,也从没受到怀疑的通行中国几千年的"道"在"重估一切价值"的枪林弹雨中,被攻打的无从招架。于是,"谈笑凯歌还",此道代彼道。

彼道中的专制政体、等级制度、保守思想、愚风陋俗等与现代文明格格不入的成分受到打击和抛弃,而其中的精神上、伦理上、道德上优异的成分得到留存和发扬,而"此道"更多地体现了人类经历几千年进化、探索、抗争,而得到的现代文明成果,它包含着人类互存过程中通约的,不证自明的一些诸如真理、正义、公平等成分,也包含了人类在经过血与火的抗争后取得的一些诸如平等、民主、自由等共识。此道与彼道虽然意指不尽相同,但对于知识分子来说,他们对于"道"的执着和坚守却是一以贯之的,忠贞不贰的。

---

① 欧阳哲生主编:《胡适文集》(第2卷),第552页。

可以看出,道是随着历史和时代之变化而变化的,但士志于道的精神却是一以贯之的,古今中外,概莫如是。对知识分子来说,他们往往是一个国家、社会甚至人类的真理、正义、良知的担当者和守护者。"一个社会的正义和良知的标准应该由知识分子提出,知识分子也应该是社会正义和良知的践行者、捍卫者。知识分子在大是大非的时候要体现正义的立场,知识分子要敢于担当大义。"①"捍卫真理和坚守正义应该是公共知识分子的职业道德。"②其他人群可以不要格外地承担这一职责,但知识分子却不能坐视谬误、不义和丑恶的横行而不理,因为他往往维系了人类生存的一种底线性的价值观念不受破坏,确保真理得以发明,正义得以伸张,良知得以挽救,只有这样,人类才能健康地、和睦地、社会性地生存下去。所以,"真正的知识分子在受到形而上的热情以及正义、真理的超然无私的原则感召时,叱责腐败、保卫弱者、反抗不完美的或压迫的权威,这才是他们的本色"。③

可见,知识分子从事的是一种精神性的价值领域的事业,他时时刻刻以他所坚守的价值为行动指南,并时时刻刻维护这一价值不受亵渎,因为他正是价值的守护者。

"抱道忤时"的社会批判者

所谓"道"也者,天地自然和社会人类所当循的"天"意也,而"天意"又只为知识分子这一阶层所能理解。儒典有云,"君子有三畏:畏天命,

---

① 《搅局者李敖》,《南方周末》2006 年 2 月 9 日。
② 〔法〕白夏:《公共知识分子的社会角色——法国的历史与现实》,载许纪霖、刘擎主编:《丽娃河畔论思想》,第 261 页。
③ 〔美〕爱德华·W·萨义德著,单德兴译:《知识分子论》,第 13 页。

畏大人,畏圣人之言"。① 而墨书中亦有,"顺天意者兼相爱,交相利,必得赏。反天意者别相恶,交相贼,必得罚"。② 俗云,"顺之者昌,逆之者亡","天意"决定了一个王朝的合法性,孔子曰:"政,正也",③而政治的合法性基础正是建立在道德的合法性之上,君王的道德宣告破产,政权的更迭亦属必然,"儒家理想'内圣外王'意味着圣先于王,而且只有圣才有王的资格"。④ "政治上的领袖资格在本质上表现为道德上的说服力,王朝的改革力量主要建立在帝王官吏的伦理品质之上。"⑤孔子认为:"好的统治首先是道德的问题。孔子不反对君主世袭制,但他强调君主首先的任务就是以身作则按照道德准则办事。有一次他谈到政治成功与否的真正标准不是'力',而是君主的'德'与老百姓的满意程度。"⑥你是否配当这一国之君,你是否代表了"最广大人民的根本利益",而知识分子正是统治者道德的裁判者,他可以在"道德法庭"上宣判君王的统治地位的合法与否,孟子曾在给齐宣王"上大课"时说,"君有大过则谏,反复之而不听,则易位",⑦正是在这种"道"的无上力量的感召和佑护下,知识分子获得了前所未有的责任和信心。

"儒家知识分子是行动主义者,讲求实效的考虑使其正视现实政治(realpolitik)的世界,并且从内部着手改变它。他相信,通过自我努力人性可得以完善,固有的美德存在于人类社会之中,天人有可能合一,

---

① 《论语·季氏》。
② 《墨子·天志》。
③ 《论语·颜渊》。
④ 〔美〕杜维明著,钱文忠、盛勤译:《道、学、政:论儒家知识分子》,第20页。
⑤ 同上书,第6页。
⑥ 〔美〕费正清著,张沛译:《中国:传统与变迁》,第52页。
⑦ 《孟子·万章下》。

使他能够对握有权力、拥有影响的人保持批评态度。"①他们相信天下绝对少不了他们,"我曹不出,如苍生何"。到宋朝,张载就说出了"为天地立心,为生民立命,为往圣继绝学,为万世开太平"如此大气磅礴的话来,好家伙!叫人绝倒!一个知识分子既要思考天地宇宙,又要教导皇帝百姓;既要接力历史,又要面向未来;既要营心于价值层面的理论,又要热心于操作层面的实践,使命何等艰巨!责任何等重大!一面是无比的自负,一面又是无比的自豪。

即使相对于权势,甚至是至上的皇权来说,拥有了"道"这一资本的"士"比君临天下的"帝"更具有心理优势。鲁迅曾在《流氓的变迁》中说,"孔墨都不满于现状,要加以改革,但那第一步,是在说动人主,而那用以压服人主的家伙,则都是'天'"。② 他在另一篇文章《谈皇帝》中则说,"据说天子的行事,是都应该体贴天意,不能胡闹的;而这'天意'也者,又偏只有儒者们知道着"。这样,"要做皇帝就非请教他们不可"。③于是,他们便"不是君主的臣下而是'师'或'友'",④知识分子对他们与权势者的看法正是如此。

> 士者,知识分子之志道、明道、行道、传道者之称。孔子后,战国时代即成为士、农、工、商之四民社会,而士居其首。故有士贵王不贵之论。其时则王者卿大夫莫不贵士。下至汉代,遂成为士人政府。从政者必以士,故中国知识分子,其权则犹高出政治人物之

---

① 〔美〕杜维明著,钱文忠、盛勤译:《道、学、政:论儒家知识分子》,第 11 页。
② 鲁迅:《三闲集·流氓的变迁》,《鲁迅全集》(第 4 卷),第 159 页。
③ 鲁迅:《华盖集续编·谈皇帝》,《鲁迅全集》(第 3 卷),人民文学出版社 2005 年版,第 269 页。
④ 余英时:《士与中国文化》,第 94 页。

上。道统之尊于治统亦在此。①

政统之上尚有一道统。帝王虽尊,不能无道无师,无圣无天,亦不能自外于士,以成其为一君。②

他们坚信"道"尊于"势",他们不只是皇权的臣民,更是皇权的导师,所谓"帝师"是也。我们孔子不也有什么"至圣文宣王"、"素王"、"浑王"等"王"的封号吗,而"王"的称号可是除过天子外谁也不配也不敢称的。孟子云:"居天下之广居,立天下之正位,行天下之大道。得志,与民由之;不得志,独行其道。富贵不能淫,贫贱不能移,威武不能屈,此之谓大丈夫。"③正是有了"道"的那份自信,知识分子那种倔强、孤傲、耿介的脾性和"抱道忤时"之冲动便呼之欲出。"知识分子不但代表'道',而且相信'道'比'势'更尊,所以根据'道'的标准来批评政治、社会从此便成为中国知识分子的分内之事。"④

齐宣王曾召见颜斶时,王说,斶前,而斶竟也说,王前。试想从古到今历史上可有一士人像颜斶那样在人君如此"嚣张"乎?这样搞得王很不开心("忿然作色"),他说,你颜斶说说看,到底是我王尊贵还是你士尊贵?颜斶慨然说:

士贵耳,王者不贵。

他给齐宣王举例论证,"昔者秦攻齐,令曰,有敢去柳下季垄五十步而樵采者,死不赦。令曰,有能得齐王头者,封万户侯,赐金千镒。由是

---

① 钱穆:《晚学盲言》(下),第511页。
② 钱穆:《晚学盲言》(上),第320页。
③ 《孟子·滕文公章句下》。
④ 余英时:《中国知识人之史的考察》,第142页。

观之,生王之头,曾不若死士之垄也"。① 齐宣王听罢便连连叫"老师,您好"("请受为弟子")。

到万历年间的理学名臣吕坤将这种道理说得格外大胆,格外自负,也格外分明:

> 故天地间惟理与势为最尊。虽然,理又尊之尊也。庙堂之上言理,则天子不得以势相夺。即夺焉,而理则常伸于天下万世。故势者,帝王之权也;理者,圣人之权也。帝王无圣人之理则权有时而屈。然则理也者,又势之所恃以为存亡者也。以莫大之权,无僭窃之禁,此儒者之所不辞,而敢于任斯道之南面也。②

北宋名臣欧阳修则说敢与天子争是非的谏官与那些位高权重的宰相同样尊贵。他说:

> 士学古怀道者仕于时,不得为宰相,必为谏官。谏官虽卑,与宰相等。天子曰不可,宰相曰可;天子曰然,宰相曰不然,坐乎庙堂之上,与天子相可否者,宰相也。天子曰是,谏官曰非;天子曰必行,谏官曰必不可行,立殿陛之前,与天子争是非者,谏官也。宰相尊,行其道;谏官卑,行其言。言行,道亦行也。③

黄梨洲在《学校》篇中亦有此意,他说:

> ……必使治天下之具皆出于学校,而后设学堂之意始备。……天子之所是未必是,天子之所非未必非。天子亦遂不敢

---

① 吴楚材、吴调侯选:《古文观止》(上),中华书局1981年版,第140页。
② 吕坤:《呻吟语》(卷一)。
③ 欧阳修:《欧阳修全集》(上),中国书店1986年版,第479页。

自为非是,而公其非是于学校。……①

知识分子这种道尊于势的心理便使得知识分子无形中拥有了一种格外的威严和权力,试想,就连统治者都不放在眼中,能不厉害乎?"'士'有议论的传统自周代已然,所以《左传》有'士传言'(襄公十四年)之语。但是把知识分子和批评完全等同起来,并由官方正式加以承认,则始自稷下。更重要的,这些知识分子都是以自己所持之'道'来批评时政的,因此《淮南子》才说儒、墨'裂道而议'。"②于是,他们"处士横议",③指点江山,激扬文字,于是,他们"不治而议论",④他们自视甚高,议论威力甚大,君王不能不有所顾忌,人们曾传公孙衍和张仪等辈可是"一怒而诸侯惧,安居而天下熄",苏轼曾称韩愈是"匹夫而为百世师,一言而为天下法",⑤宋太学生亦自诩为他们是"带发头陀寺,无官御史台"。由此可见一斑。

看上去很是风光,因为知识分子一夜之间成为帝师,成为帝友。其实,道尊于势正是现实中知识分子之处于劣势地位的自救之路,他们在受摧残、受压迫、受凌辱的处境中终于找到了一个可以凌驾君王之上的资源。胡适帮我们指明了这一潜在的心理动机。他讲到道学的起源时就注意到无论是程颐、朱熹,还是王守仁、高攀龙,他们无不是或受摧残,或遭廷杖,或被贬谪。"他们在压迫之下,一切不能自由,只有此心

---

① 梁启超:《中国近三百年学术史》,东方出版社1996年版,第53页。
② 余英时:《士与中国文化》,第94页。
③ 《孟子·滕文公下》。
④ 史记有云:宣王喜文学游说之士,自如驺衍、淳于髡、田骈、接予、慎到、环渊之徒七十六人,皆赐列第为上大夫,不治而议论。是以齐稷下学士复盛,且数百千人。(《史记·田敬仲完世家》)
⑤ 苏轼:《潮州韩文公庙碑》。

是绝对自由的,绝对不受压迫与束缚的。吕坤所谓天下惟理与势最尊,而理为尊中之尊,正是这被压迫者的心理。"①

不过也难怪,权势者固然显得威武,固然可以骄横,但为了政权的长治久安,他又不能不依持士之帮扶来巩固自己政权的稳固和地位的长久,知识分子固然敢于冒颜犯上,但他在一定程度上也是为权势者的江山永固费尽心思,中国传统知识分子正是这种权势者与老百姓之间的润滑剂。正是这样一个中间地位,方能发挥自己的作用使得任何一方都能保持节制,有所顾忌,能在一定的程度上和范围里暂时相安无事。"儒家知识分子在特定意义上通常被视作看家狗,不仅要看住王室,也要看住平民百姓。他们能够帮助少数统治者在社会中维持法律与秩序,拥有某种矫枉为正的强制力量。一般情况下,他们会以教师身份通过道德说教施展影响。同时,他们也会代表人民,向上级官员申冤。当他们认为王朝的过失尚可弥补时,就充当批评者和监察者;假如他们觉得当今朝代的腐败过程不可扭转,也会预言新王朝的诞生。"②"看家狗"成为传统知识分子的一个特别角色,杜维明的判断颇为到位。

基于此,权势者对于知识分子基本上是既爱又恨,有时也不得不承认道尊于势的。也基于此,知识分子对于社会永远会依据"道"而做出批判,因为他是为了捍卫自己的"道",这就形成了知识分子的批判精神。

他们供奉着"道",以此来规制君王,提警君王。虽然有时是无力的,有时还不免要发生悲剧,但这些悲剧往往正宣告了君王的骄横跋扈,王朝的不可避免的灭亡。可以说,在缺乏现代政治制度的完善和有

---

① 曹伯言整理:《胡适日记全编》(第5卷),安徽教育出版社2001年版,第16页。

② 〔美〕杜维明著,钱文忠、盛勤译:《道、学、政:论儒家知识分子》,第28页。

效性的情况下,正是这些以"道"为志业的儒士润滑着统治者与被统治者之间的摩擦,保持了中国封建制度历数千年而不毁的稳定格局。

"行己有耻"的道德示范者

道德修养向来是居于中国传统文化的核心地位,也是中国文化建构的基础和起点。在儒家所讲的"格物、致知、诚意、正心、修身、齐家、治国、平天下""八条目"中,"修身"是居核心地位,最为根本,前四目为修身之方法,后三目为修身的目的。这在"四经"的《大学》中有所明示:

> 物格而后知至,知至而后意诚,意诚而后心正,心正而后身修,身修而后家齐,家齐而后国治,国治而后天下平。自天子以至于庶人,壹是皆以修身为本。其本乱而末治者,否矣。其所厚者薄而其所薄者厚,未之有也。①

"八目"虽然是一目套一目,递次下去,但"修身为本"。古人相信教化的功能,他们认为教化是人消退其生物性而成为社会人的唯一途径,"饱食暖衣,逸居而无教,则近于禽兽,圣人有忧之,使契为司徒,教以人伦"。②

而这教化的目的是要做人,做一个德性健全的人,做一个堂堂正正的人,"古典儒学意义上的教育就是学做人。它有一个整体上的次序,先是'小学',后是'大学'。'小学'基本上指日常礼仪,'大学'则指旨在体现人类感受的一切层面的修身。两种'学'都致力于发展日益净化的自我意识"。③ 儒家文化对个人道德修养的重视和强调可见一斑。

---

① 《大学》。
② 《孟子·滕文公上》。
③ 〔美〕杜维明著,钱文忠、盛勤译:《道、学、政:论儒家知识分子》,第33页。

传统知识分子为什么要讲道德呢？士在修身养德的同时，还担负着教化天下众生的使命，身为"人师"，当然得注意自己的道德修养了。

士既是"教主"，也是"传教士"，他们虽自命帝师，但亦是人师，他的一项重要使命便是教化天下众生。董仲舒曾给人主上折云："养士之大者，莫大乎太学。太学者，贤士之所关也，教化之本原也。今以一郡一国之众，对无应书者，是王道往往而绝也。臣愿陛下兴太学，置明师，以养天下之士，数考问以尽其材，则英俊宜可得矣。"①《史记·儒生列传》中亦云："闻三代之道，乡里有教，夏曰校，殷曰序，周曰庠。其劝善也。显之朝廷；其惩恶也，加之刑罚。故教化之行也。建首善自京师始，由内及外。今陛下昭至德，开大明，配天地，本人伦，劝学修礼，崇化厉贤，以风四方，太平之原也。"②

士既要给皇帝开课，也要给庶民开课，在一定程度上来说，传统中国的统治就意味着教化，统治得安妥与否往往归功于教育的成功与否。"统治的本质，是一种由有德者进行民众教化的观念。辅佐皇帝进行民众教化的官僚，必须具备与之相应的文化能力与道德能力。"③要做人师，首先得为人师表，教育别人，得先教育自己。上梁不正下梁歪，你叫别人"五讲四美"，你自己却吃喝嫖赌，你叫别人廉洁奉公，你自己却贪污亿万，这样的老师能教好学生吗？所以到明朝那个叫李贽的小伙子便骂知识分子为"被服儒雅，行若狗彘"。④ 那就是说，你们这些知识分

---

① 欧阳哲生主编：《胡适文集》（第 6 卷），北京大学出版社 1998 年版，第 609 页。
② 《史记·儒林列传第六十一》。
③ 〔日〕佐藤慎一著，刘岳兵译：《近代中国的知识分子与文明》，第 8 页。
④ 《李贽·焚书》。

子啊,看起来人模人样的,实则却连猪狗不如!因此伟大的导师孔夫子教导我们要"修己以敬"、"修己以安人"、"修己以安百姓",①即要教化别人先得教化自己,由于士人被目为国民的道德表率,所以一旦士人失德,所遗之臭则数倍于其他任何人群。

这种"教师"的身份使得士人并非一个纯粹专业领域上的纯粹学者,更是一个具有公共影响力的社会人,他的私德水准在一定程度上具有一定的示范性和引导性。

曾国藩有云:

> 风俗之厚薄奚自乎?自乎一二人之心所向而已。民之生,庸弱者,戢戢皆是也。有一二贤且智者,则众人君之而受命焉;尤智者,所君尤众焉。此一二人者之心向义,则众人与之赴义;一二人者之心向利,则众人与之赴利。众人所趋,势之所归,虽有大力,莫之敢逆。②

知识分子正与这"一二贤智者"同属一类,众人的思想行为都深受这"一二人"的思想行为的影响。爱因斯坦在悼念居里夫人时说:"第一流人物对于时代和历史进程的意义,在其道德方面,也许比单纯的才智成就方面还要大,即使是后者,它们取决于品格的程度,也远超过通常所认为的那样。"③他甚至认为居里的道德影响力比她那卓越的学术成就还要大。故而,胡适对陈独秀嫖妓便持保留态度,他说,"我并不主张大学教授不妨嫖妓,我也不主张政治领袖不妨嫖妓,——我觉得一切在

---

① 《论语·宪问》。
② 曾国藩:《原才》。
③ 转自高建国:《拆下肋骨当火把:顾准全传》,上海文艺出版社2000年版,第740页。

社会上有领袖地位的人都是西洋人所谓'公人'(public men),都应该注意他们自己的行为,因为他们的行为也许可以发生公众的影响"。①虽然胡适早年,尤其是在上海时期,思想颓废,生活随便,酗酒、唱戏、逛窑子、打警察,但那时他只是一个无足轻重,默默无闻的小青年,不够做道德示范的标本,待到后来年少得志,名重一时之时,便不能不有所顾忌,所以他觉得陈独秀先生应当注意自己的行为。当年蒋廷黻公然宣传专制独裁说,深契当局心怀,大失士人风范,傅斯年便说:"此间一切读书朋友对廷黻文章极不满。故此公虽邀西府之垂青,实已自弃其moral(道德)力量。中国虽至今犹有三分说廉耻,此则系于二三人之努力,曾涤生所谓'风俗之厚薄奚自乎,自乎一二人之心所向而已'是也。此间读书朋友,虽为卿士,未尝丧天良也。"②知识分子因为本身参与到社会之中,便具有了社会公共人物的身份,他的道德品行,行为作风,都无不起着一定的道德影响。

所以,士人的道德失范,并不只是一个简单的私人事件,而是一个公共事件,因为,在人们的眼中,他们是天天站在讲台上传道授业的"老师"。

于是,我们便形成了"万事德为先"的传统,"士之志远,先器识,后文艺"。③"有德者必有言,有言者不必有德。"④立品修德成为知识分子舞文弄墨的前提。于是,我们便形成了这样一些现在看来可能有待商

---

① 中国社会科学院近代史研究所中华民国史编写组编:《胡适来往书信选》(中),第294页。

② 石兴泽:《学林风景——傅斯年与他同时代的人》,河南人民出版社2005年版,第121页。

③ 《新唐书·裴行俭传》。

④ 《论语·宪问》。

权的命题:即先做人后做文,做好文必是好人,做好人必有好文。"雕而不器,贞幹谁则",①刘勰在论文人学士的道德时说,你光把文章写得花里胡哨的,却没有道德修养,还能给谁做榜样啊。郭沫若云:"古今中外的诗人多得很,究竟有好几位是特出的呢?凡是特出的,我们可以肯定地说,不仅是他的诗好,而且是他的人好,或者人比诗更好。"②人品决定文品。

古儒评价知识分子的标准也是道德第一,能力第二。孟尝君便是唯能力论者,世称孟尝君能得士,广纳鸡鸣狗盗之徒,到了北宋,王安石便不以为然,他说看看你孟尝君纳得的都是些什么人啊?"孟尝君特鸡鸣狗盗之雄耳,岂足以言得士?"正因为你纳了这些人,"此士之所以不至也"。③ 汉末的曹阿瞒也是个唯能力论者,说什么"举贤勿拘品行"之类令士人大皱眉头的话,所以,许攸一反正,他不顾"国家总理"、"军委主席"之尊,竟光着脚片子亲自去欢迎"投诚"的许攸。所以,世人称曹阿瞒为有才无德的乱世奸雄,千百年来没法翻身。

怎样才算是有道德的知识分子呢?我们再看孔子的要求。

> 子贡问曰:"何如斯可谓之士矣?"子曰:"行己有耻,使于四方,不辱君命,可谓士矣。"④

当子贡问他的老师怎样才算是一个"士"时,孔子想到的第一条标准便是"有耻","有耻"是我们的老祖先给"士"提出的一个要求,"有耻"后才能"孝弟",有耻后才有"信果"。孟子亦云:"人不可以无耻,无耻之

---

① 周振甫:《文心雕龙今译》,中华书局 2006 年版,第 448 页。
② 郭沫若:《郭沫若全集》(文学编第 17 卷),第 11 页。
③ 王安石:《读孟尝君传》。
④ 《论语·子路》。

耻,无耻矣。"①胡适这样说耻:

> 耻与自新,无论在个人方面,或在集团生活方面,都是联贯的。耻是悔的起点,自新是耻的结局。耻是知,悔与自新是行。②

那么,何谓"耻"呢?朱熹有云:"耻者,吾所固有羞恶之心也,存之则进于圣贤,失之则入于禽兽,故所系为甚大。"③在朱熹看来,"有耻"与"无耻"是人与禽兽之区别之所在,而"耻"的标准则是整个社会共约的,不证自明的,天生存在的。北宋"以文章风节负天下重望"的欧阳修在议论政治上的"不倒翁"、"长乐老"冯道时说:"'礼义廉耻,国之四维;四维不张,国乃灭亡。'善乎管生之能言也。礼仪治人之大法,廉耻立人之大节。盖不廉则无所不取,不耻则无所不为,人而如此,则祸乱败亡亦无所不至。况为大臣,而无所不取,无所不为,则天下其有不乱,国家其有不亡者乎?"④欧阳修以这么一个无耻"士"人为例,将士之"无耻"与国之兴亡联系在一起。和欧阳修一般,顾炎武在论及"长乐老"冯道时也发出这样的感慨:"礼义廉耻,国之四维,四维不张,国乃灭亡。……然而四者之中,耻尤为要。故夫子之论士,曰:'行己有耻。'孟子曰:'人不可以无耻。无耻之耻,无耻矣。'又曰:'耻之于人大矣,为机变之巧者,无所用耻焉。'所以然者,人之不廉,而至于悖礼犯义,其原皆生于无耻也。故士大夫之无耻,是谓国耻。"⑤"士"不但要"有耻",而且还要"先言耻",这是知识分子这一类群不同于普通老百姓之处,知识分

---

① 《孟子·尽心上》。
② 欧阳哲生主编:《胡适文集》(第8卷),北京大学出版社1998年版,第410页。
③ 《四书集注》孟子卷之十三。
④ 《新五代史·冯道传》。
⑤ 《日知录》卷十三。

子应当具有更积极、更高的道德要求。故顾炎武又有云,"士大夫之无耻,是谓国耻"。

他在《与友人论学书》中谈到"圣人之道":

> 愚所谓圣人之道者如之何？曰"博学于文",曰"行己有耻"。自一身以至于天下国家,皆学之事也;自子臣弟友以至于出入往来辞受取与之间,皆有耻之事也。……呜呼! 士而不先言耻,则为无本之人;非好古而多闻,则为空虚之学。以无本之人而讲空虚之学,吾见其日从事于圣人而去之弥远也。①

一要博学于文,一要行己有耻,这是顾炎武对士人的学术要求与道德要求。《易·乾·文言》云,"君子进德修业,忠信所以进德也,修辞立其诚,所以居业也"。② 我们常以"道德文章"之标准来评价一个士人的道德水准和学术能力,"进德"和"修业"是一个士人应当同时具备的,士人应当时时强化自己的道德自律,甚至,在一定程度上,他首先要做出一定的道德表率。因为,儒家之学本来就是"为己之学"的,"儒家知识从德性起",其所有的学说建构都是基于个人的道德修养,"德性知识,本末始终,一贯相承。德性为本为始,知识为末为终"。③ 否则,就会落入表面上满口的仁义道德,背后里男盗女娼的"伪君子"之流,兹事体大,焉能含糊!

那么,我们怎样去讲道德呢? 唐君毅说他有这么一个感觉,"我常觉愈是在边远的地方的读书人,愈是比通都大邑的名流学者之人品

---

① 转自梁启超:《中国近三百年学术史》,第 63-64 页。
② 《易·乾·文言》。
③ 钱穆:《晚学盲言》(下),第 511 页。

高",①他的朋友曾给他来信也说,"他所见的中国之学者名流,亦大都在人格上不及中国之乡下人"。②"知识越多人格越糟",他的经验似乎与现实也大致契合。知识分子本应首先为众人做出道德的表率,其结果非但没有,甚至其道德反落后于庶众。他认识到这主要是知识分子将学术追求与道德追求分裂的原因所致,可以说,知识分子人文知识的浅薄、内心修养的放弃正是导致道德塌方的原因。

> 此最后者,则源自中国人之反求诸己之首先性亦兼宗教性之精神丧失,而只崇尚向外的一般学问知识上的聪明,只向外用理性批评力,这些病痛,一个接一下,而相沿日下。③

士人养成道德的方法在于"反求诸己"。只求学问上的努力,而放弃中国传统"反求诸己"的道德内省工夫是现代知识分子的通病,中国缺乏西方宗教文化中与人性可以时时比较衡量的那套超验系统,但中国文化中有"反求诸己"、"慎独"、"毋自欺"、"致良知"等类似的自省传统,只有在这"一日三省吾身"中时时能发现自身的局限,处处警惕自身的过失,保持一份哀矜的心思,完善自身的道德,方能达到内心的圣洁。

> 至于在从前的中国,则不是以上帝或客观真理之世界的理念,来限制自己。而是用反求诸己,每人对其过失之内省与个人之谦德,即对他人之礼,来限制自己。人一反求诸己,则人之漫天盖地的聪明,便不只是一往向外铺,向外流,而向自己内心与生活中,浸润进去,凹入进去。此聪明即同时落实,而回到他所自发的根,再由其根以滋养他自己,孳生他自己。人之聪明,遂不是用一分少一

---

① 唐君毅:《中国人文精神之发展》,第190页。
② 同上书,第194页。
③ 同上书,第207-208页。

分,而可泉源混混,不舍昼夜而出。①

士在注重知识探求的同时,要时常反求诸己,完成自己的道德修养,做一个道德上光辉的示范者,这种反求诸己精神对于今天我们也有一定的现实意义。

可知,正是士的"传教士"身份使得他具有了公共影响力,所以就对士提出了一定的道德要求,"行己有耻"是对士的道德要求,"反求诸己"是士进德之具体方法。

总之,我们从文字之于初民的意义入手,分析了文字的神秘特性,以及文字之于知识阶层的形成和文字对士庶对立格局的形成所起的作用。春秋时期,知识阶层发生了革命性转变,从巫到士,是知识阶层登上中国历史舞台的一个转折点,士的身份、地位、使命等等都在知识阶层的这次转变中得到完成,绵延后世近两千载而不改,直到"五四"前后,这种情形才发生了新的革命性转变。关于士的特征,概括来说,大致有三:一、他应当是"以身殉道"的价值维护者;二、他应当是"抱道忤时"的社会批判者;三、他应当是"行己有耻"的道德示范者。

第三节 现代知识分子观

1932年,胡适在《领袖人才的来源》一文中写道:"一个时代要有一个时代的'士大夫'。"②据唐德刚的"三大阶段,两次转型"史观,近现代中国正处于由"帝制"国家向"民治"国家转型的阶段,③足以算得上"一

---

① 唐君毅:《中国人文精神之发展》,第198页。
② 欧阳哲生主编:《胡适文集》(第5卷),第416页。
③ 唐德刚:《晚清六十年·自序》,远流出版事业股份有限公司1998年版,第8页。

个时代"了。且看政治家如何看这"一个时代",李鸿章敏锐地认识到近代中国处于"数千年来未有之变局"中,①孙中山观察的现代中国是个"四方风动"的时代,无疑,近现代中国是一个历史注定不会轻视的"时代",那么,这样的时代的"士大夫"呢?他们已不再是两千多年来的"士",而一步步地走向"知识分子"。

中国的知识分子由士演化而来,他们受孕于危机四伏的近代中国(1840年前后)。鸦片战争的坚船利炮轰击在国人的肉体上的同时也轰击在国人的精神上,知识分子对于西方世界充满新奇的同时也心怀震撼。他们诞生于天翻地覆的现代中国(1915年前后)。日本学者有论,"使士大夫与'知识阶层'之间界线分明的新文化运动,也是'知识阶层'向社会宣言自身作为新知识分子立场的舞台"。② 从受孕到生产,现代知识分子的诞生前后将近五十余年。

现代知识分子的知识结构、教育背景、安身立命、道德伦理等方方面面都与传统知识分子发生了很大的变化。但毫无疑问,他们的使命担当、悲悯情怀、自我期许都与古代的士是一脉相承的。正如余英时所说的,"但是'士'的传统虽然在现代结构中消失了,'士'的幽灵却仍然以种种方式,或深或浅地缠绕在现代中国知识人的身上。'五四'时代知识人追求'民主'与'科学',若从行为模式上作深入的观察,仍不脱'士以天下为己任'的流风余韵"。③ 那种世事关怀是一以贯之的,这主要是着眼于他们的相同点的,看不到他们之间的承递就看不到他们的渊源,看不到他们之间的变化就看不了他们的区别。

---

① 李鸿章:《筹议海防折》,顾廷龙、戴逸主编:《李鸿章全集》(6),安徽教育出版社2008年版,第159页。
② 〔日〕佐藤慎一著,刘岳兵译:《近代中国的知识分子与文明》,第28页。
③ 余英时:《士与中国文化·新版序》,第6页。

第一章 知识探求与公共关怀

由士到知识分子有两个重要的因素不可忽略,一是科举制度的废止;二是西方文化的冲击。

从"士"到知识分子(上):科举制度的废止

"带来知识分子世界地壳变动的最大契机是科举的废止。"①诚如斯言,1905年,科举的废止是传统知识分子与现代知识分子的一个分水岭。考察现代知识分子的形成,我们得从科举的废除说起。

朝为田舍郎,暮登天子堂

我们知道,从"士"的老祖宗孔子始,中国的读书人便孜孜矻矻于构建一种"全心全意为皇上服务"的学说,不但学与政合,而且学高于政,到了汉朝董仲舒先生独尊儒术以来,儒家经典便成为统治者的立国之本和治国之道。于是自隋朝始便有了以儒家经典为主要"考试大纲"和参考资料的"科举考试",到了明清时期,科举考试发展成一套严密的标准化、客观化和程式化的考试制度。

然而,科举不能等同于一般的考试。蔡元培说:"在那一时代的社会,科举不仅仅是一个虚荣,实已支配了全社会一般人的实际生活。"②"学而优则仕",对读书人来说,读书为了考试,考试为了做官,"士之仕也,犹农夫之耕也",③做官是读书人的职业、是读书人的专利。中国的学校和教育也是围绕着"做官"的指挥棒而转的。

郭沫若说:

---

① 〔日〕佐藤慎一著,刘岳兵译:《近代中国的知识分子与文明》,第22页。
② 蔡元培:《我在北京大学的经历》,第174页。
③ 《孟子·滕文公下》。

中国僵定了几千年的封建社会在支配阶级中发生了一个固定的公式,便是求学是为作官。①

胡适说:

就教育而言,士惟以科第为荣,姓名一登榜上,即有入官之望。②

欧洲大学不是政治制度的一部分,中国太学却是文官考试制度的一部分,太学博士是官,司业是官,祭酒也是官,出去作官,回来可以又当太学博士,也可以当司业,可是不久也会又出去作官。③

一个人是否算"成功人士"就在于他是否能进入官场,在官场混得如何,韦伯说:"12世纪以来,社会地位在中国主要是由任官的资格,而不是由财富所决定的,此项资格本身又为教育,特别是考试所决定的。中国历来最为突出的是将人文教育作为社会评价的标准,其程度远超过人文主义时代的欧洲或德国的情形。"④这样一来,科举考试就与入仕做官紧密地联系了上千年。

对人主来说,科举是国家的抡才大典,是笼络人才、驱策士人的"好制度"。冯桂芬的《变科举议》中记有林则徐席前的一次谈话:

昔年侍饮先师林文忠公署,客或曰:"时文取士,所取非所用。"坐有龙岩饶孝廉廷裏,夙有狂名,公故人也,已被酒,谩曰:"君为明

---

① 郭沫若:《郭沫若选集》(第1卷),四川人民出版社1982年版,第176页。
② 孙中山:《我的回忆》,湖北人民出版社2003年版,第25页。
③ 欧阳哲生主编:《胡适文集》(第12卷),第511页。
④ 〔德〕马克斯·韦伯著,洪天富译:《儒教与道教》,第91页。

祖所给矣。明祖以枭雄阴鸷猜忌驭天下,惧天下瑰伟绝时之士起而与为难,以为经文诗赋,皆将借径于读书稽古,不啻傅虎以翼,终且不可制。求一途可以禁锢生人之心思材力,不能复为读书稽古有用之学者,莫善于时文,故毅然用之。其事为孔孟明理载道之事,其术为唐宗英雄入彀之术,其心为始皇焚书坑儒之心。抑之以点名搜索防弊之法,以折其廉耻;扬之以鹿鸣琼林优异之典,以生其歆美。三年一科,今科失而来科可得,一科复一科,转瞬而其人已老,不能为我患,而明祖之愿毕矣。"

林文忠曰:"奇论。"①其实,这也并不是什么"奇论",只是一个明摆着的事实而已,千百年来没人肯点破,这天给狂人饶廷襄点破了。"统治者实行科举并不是真的想选拔什么人才,他的真正目的是要使知识分子终日梦想着'十年寒窗,一举成名',把精力耗费到几本经书中去,再也无暇想到别的事情了。除此以外,又可使经书里讲的奴才要服从主子的大道理渐渐地要深入人心,这样一来,统治者的江山便坐得安稳了。"②其实统治者也承认"非知八股为无用,然驱策志士,牢笼英才,舍此莫属。"③"天下英雄入吾彀中矣",是为真意所在,士人皆醉心于科举,天下从此太平也。

对士人来说,科举是一个较为公正的、可行的改换门庭、出人头地的出路。"过去的考试,没有任何地位的人,只要书读得好,考中进士状元,就可以作官,作宰相。于是参加考试,就成为人民作官的一条合法

---

① 冯桂芬著,戴杨本评注:《校邠庐抗议》,中州古籍出版社1998年版,第177页。

② 许立群:《中国史话》,中华书局2005年版,第116-117页。

③ 《清史稿·选举志》,转自吴廷嘉:《近代中国的知识分子》,人民出版社1987年版,第21页。

道路,平等的一条道路。这是我们在世界上很可以夸耀于人的一点。"它是一个人摆脱"农村户口",吃"商品粮"的终南捷径,我们常这样自勉,"朝为田舍郎,暮登天子堂;将相本无种,男儿当自强"。然而,科举是与官场相通的,未免带来诸多负面结果。"但科举遗毒,深中于中国知识分子的心髓;其最显著的形态是:(一)不择手段以争取个人升官发财的私利,而毫不顾惜公是公非。口头上可以讲各种学说,但在私人利害上决不相信任何学说。(二)除个人、家庭享受外,对文化、政治、经济等等,只有破坏,而无半丝半毫的建设性。"科举成为进入官场的敲门砖,知识分子人格受到严重扭曲,"知识分子集团的由现实中下坠,直下堕到只知有个人的功名利禄,不复知有人格,不复知有学问,不复知有社会国家的'人欲的深渊'里去了"。唐薛光谦认为科举的结果,"夫徇己之心切,则至公之理乖;贪任之性彰,则廉洁之风薄"。①

然而,科举就要变得不合时宜了,对人主来说,外来打击使得他们认识到科举知识之无用,不但无用,而且科举成为阻碍变革自救的一大阻力,对士人来说,日益庞大的读书人群和相对缩小的"中的"比率,使得他们的仕途之路越走越坎坷。这样到了 1905 年,传承千载的科举制度被终止了。

汉祖唐宗,是哪一朝皇帝

科举的命运与近现代中国危急的情势相关。我大中华本是世外桃源,可恨那高鼻子蓝眼珠的洋毛子心太贪,竟不惜用坚船利炮把我轰,说到底就为那黄澄澄的金条和白花花的银元。洋人的枪炮打破了我们几千年天朝上国的清梦,可惜,清朝并不是这些夷人们的对手,他们逼

---

① 徐复观著,陈克艰编:《中国知识分子精神》,第 7-8 页。

人太紧,欺人太甚,两次鸦片战争,一次甲午海战,中国是屡战屡败,屡败屡战,到后来免不了痛哭流涕,割地赔银。当然,我们也卧薪尝胆了,发愤图强过,李鸿章搞了个"洋务运动",光绪帝搞了个"戊戌变法",一个是"发展经济",一个是"改良政治",然都不幸以失败告终。

什么原因呢?后来发现,原来科举是罪魁祸首之一。蒋廷黻有云:

> 到了十九世纪,我民族何以遇着空前的难关呢?第一是因为我们的科学不及人。人与人的竞争,民族与民族的竞争,最足以决胜负的,莫过于知识的高低。科学的知识与非科学的知识比赛,好像汽车与洋车的比赛。在嘉庆道光年间,西洋的科学基础已经打好了,而我们的祖先还在那里做八股文,讲阴阳五行。①

人比人,气死人,"彼乘骐骥,我独骑驴;彼驾飞舟,我偏结筏"。②中国何以落后至此呢,科技不如人啊,"科技是第一生产力",然而我们都将无穷的智力消磨到无用之科举上。八股成为无用的代指,胡适云:"科举制度的弊病在两点:(1)是考试内容的无用,(2)是有了捐官的捷径,科举出身的人才不能不受其影响。"③还好,有识之士发现我们现在可是所用非所学啊,我们学四书五经,读子曰诗云,马马虎虎对付自己是足够了,几千年来还不是下来了吗,还不安然无恙吗,但要跟洋人们狠,光凭那股"气"是不够的,他们的物理化学、商业制造、地质冶炼、军政警务这些"玩意"我们可是连听都没听说过啊。

冯桂芬说,"顾今之天下,非三代之天下比矣"。"据西人舆图所列,

---

① 蒋廷黻:《中国近代史》,上海古籍出版社2005年版,第3页。
② 严复:《救亡决论》,牛仰山选注:《天演之声:严复文选》,第76页。
③ 欧阳哲生主编:《胡适文集》(第11卷),北京大学出版社1998年版,第160页。

不下百国。此百国中经译之书,惟明末意大利亚及今英吉利两国书数十种。其述耶稣教者,率猥鄙无足道,此外如算学、重学(按:力学)、视学(按:建筑图中的透视学)、光学、化学等,皆得格物致理,舆地书备列各国山川厄塞风土物产,多中人所不及。"① 我大中华虽精神文明第一,但洋人的那些技术性的知识我们又岂听过,又岂见过。当年胡林翼老爷在安庆时看到长江上洋鬼子飞驰的轮船后,更是震惊的都吐血了,不是开玩笑的,是真的吐血了。"驰至江滨,忽见二洋船,鼓轮西上,迅如奔马,疾如飘风,文忠变色不语,勒马回营,中途呕血,几至堕马。"② 我们几千年见到的都是扁舟,顶多是帆船,哪见过那种"嗒嗒嗒"的机轮呢?还有照相,有谁能想到过将人能"咔嚓"一下就复制出来的玩意啊,我们还以为照相是洋鬼子干"挖眼睛"的坏事呢,因为有人亲见过"一坛盐渍的眼睛",这是在冲洗照片啊。③ 盲目自大了几千年,我们原来是"老土"啊!这是怎样的心理震撼啊!我们和影片《上帝也疯狂》中那些对一个从飞机上掉下来的玻璃饮料瓶大惊小怪的非洲土人有什么差别呢?

然而,我们的八股文又算什么呢?乾隆时,有名医徐灵胎便写了一首《道情》的打油诗嘲弄"八股",诗曰:

读书人,最不齐。烂时文,烂如泥。国家本为求才计,谁知道变成了欺人技。三句承题,两句破题,摆尾摇头,便道是圣门高第。可知道《三通》、《四史》,是何等文章;汉祖唐宗,是哪一朝皇帝。案头放高头讲章,店里卖新科利器。读得来肩臂高低,口角唏嘘。甘

---

① 冯桂芬著,戴杨本评注:《校邠庐抗议》,第209页。
② 转自蒋廷黻:《中国近代史》,第83页。
③ 鲁迅:《坟·论照相之类》,《鲁迅全集》(第1卷),人民文学出版社2005年版,第190页。

蔗碴儿嚼了又嚼,有何滋味。辜负光阴,白白昏迷一世。就教他骗得高官,也算是百姓朝廷的晦气。①

龚自珍诗人在《拟厘正五事书》中说到那种刻板无聊的八股文。

> 今世科场之文,万喙相因,词可猎而取,貌可拟而消,坊间刻在,如山如海。四书文禄士,五百年矣;士禄与四书文,数万辈矣;既穷既不极。②

鲁迅亦称八股文之用处只是做官的敲门砖而已。

> 前清的八股文,原是"进学"做官的工具,只要能做"起承转合",借以进了"秀才举人",便可丢掉八股文,一生中再也用不到它了。③

> 清朝人称八股文为"敲门砖",因为得到功名,就如打开了门,砖即无用。④

八股文已僵化成为入仕的一个工具而已,所以,废除八股,成为当务之急,故而严复说:"如今日中国,不变法则必亡是矣!然则变将何先?曰:莫亟于废八股。"⑤因为我们搞的那些东西中看不中用,只是在酒饱饭足时消磨时光而已,"然吾得一言以蔽之,曰:无用。非真无用也,凡此皆富强而后物阜民康,以为怡情遣日之用,而非今日救弱救贫

---

① 转自吴廷嘉:《近代中国的知识分子》,第21页。
② 龚自珍:《拟厘正五事书》。
③ 鲁迅:《二心集·对于左翼作家联盟的意见》,《鲁迅全集》(第4卷),第242页。
④ 鲁迅:《准风月谈·吃教》,《鲁迅全集》(第5卷),第328页。
⑤ 严复:《救亡决论》,牛仰山选注:《天演之声:严复文选》,第65页。

之切用也"。① 所以,他大声疾呼,"痛除八股而大讲西学,则庶乎其有瘳耳。东海可以回流,吾言必不可易也!"②

科举的内容是学用不沾边的,科举的前途是当官不干实事的。早在同治三年(1864年5月),李鸿章在江南与太平军激战的时候,他看到中西文化学术之间的这一差别,于是给当时恭亲王奕䜣和文祥写了封自认为比城池得失更为重要的信,信中云:

> 鸿章窃以为天下事穷则变,变则通。中国士大夫沉浸于章句小楷之积习,武夫悍卒又多粗蠢不加细心,以至用非所学,学非所用。无事则斥外国之利器为奇技淫巧,以为不必学,有事则惊外国之利器为变怪神奇,以为不能学。不知洋人视火器为身心性命之学者已数百年,一旦豁然贯通,参阴阳而配造化,实有指挥如意,从心所欲之快。③

此信写于日本明治维新前四年(1864年),他较早地认识到中学无用,学习西学的主张。蒋廷黻说:"李鸿章认定改革要从培养人才下手,所以他要改革前清的科举制度。不但如此,他简直要改革士大夫的人生观。他要士大夫放弃章句小楷之积习,而把科学工程悬为终身富贵的鹄的。"④而在明治维新的前一年(1867年),丁日昌针对士人"所用非所习,所习非所用"的现实,亦建议将科举考试更改为八科,分别为:"一曰忠信笃敬以觇其品;二曰直言时事以觇其识;三曰考证经史百家以觇其学;四试帖括诗赋以觇其才;五询刑名钱谷以觇其长于吏治;六询山

---

① 严复:《救亡决论》,牛仰山选注:《天演之声:严复文选》,第69页。
② 同上书,第68页。
③ 转自蒋廷黻:《中国近代史》,第85-86页。
④ 蒋廷黻:《中国近代史》,第85-86页。

川形势、军法进退以觇其能兵;七考算学格致以觇其通,问机器制造以尽其能;八试外国情事利弊、语言文学,以视其能否不致辱命。"①惜哉此奏折没能引起慈禧的重视。

科举不停,学堂不兴

对付洋鬼子就要向洋鬼子学习,就得兴办各类学堂。1896年,在一批要求建立新学堂的奏折中,朝廷命官李端棻的"通过修改课程来改造传统的书院是开办新学堂的最切实可行的方法"的建议为朝廷所接受,并作为政府的政策加以颁行。于是,从1896年到1898年两年中,"教育改革之风席卷全国,最后体现在百日维新期间修改考试制度和建立全国的学校体系的全面努力中"。这个教育改革的核心在于修改课程。它的主要目标当然是接纳西学,而这种接纳西方知识又得是在传统的"实学"名目下进行。②

然而学那些有用的东西既不能得名又不能做官,读书人谁人情愿呢?梁启超称:"学术界最大的障碍物,自然是八股。八股和一切学问都不相容,而科学为尤甚。清初袭用明朝的八股取士,不管他是否有意借此愚民,抑或误以为一种良制度,总之当时功名富贵皆出于此途,有谁肯抛弃这种捷径而去学艰辛迂远的科学呢?"③康有为在百日维新时倡实学,裁衙门,遭到了强烈反对,"人人都知道废八股,提倡实学,但数百翰林,数千进士,数万举人,数十万秀才,数百万童生,全国的读书人

---

① 《筹办夷务始末》(同治朝)卷五十五,转自袁伟时:《帝国落日:晚清大变局》,江西人民出版社2003年版,第397页。

② 〔美〕费正清、刘广京编,中国社会科学院历史研究所编译室译:《剑桥中国晚清史(1800—1911年)》(下卷),中国社会科学出版社1996年版,第383页。

③ 梁启超:《中国近三百年学术史》,第121页。

都觉得前功尽弃。他们费了多少的心血,想从之乎者也里面,升官发财。一旦废八股,他们绝望了,难怪他们要骂康有为洋奴汉奸"。① 鸦片战争败后,中国仍没有反省和维新,亦有这方面的因素。"我国文化是士大夫阶级的生命线。文化的摇动,就是士大夫饭碗的摇动。我们一实行新政,科举出身的先生们,就有失业的危险,难怪他们要反对。"②士人的前途在于科举之上,你要废科举,读书人首先不答应,他当然要和你拼命了。新政的不能实行和失败皆在于此。

科举不废,看来就没法将洋务运动搞好,科举不废,看来就没法将政治改革搞好,中国人就永远没法推翻压在中国人身上那座"洋大山",更不用做什么"赶英超美"的美梦了。

科举之弊不光对国家有害,对读书人来说,通过科举晋升也变得越来越难了。要知道天下读书人"屁股"多,而做官的"椅子"少,加之我们的官吏又多是"干部终身制"的,七老八十的还拼着老命要发挥余热,美其名曰忠公体国。而那么多的老的少的读书人的前途、未来和梦想都寄托在这一制度之上,他们被吆喝着到这条既狭又长的道上,"千军万马过独木桥",能不拥堵以至踩踏?"大到说国家的命运,国破

---

① 蒋廷黻:《中国近代史》,第 141 页。废除科举,亦不能逼得他们走投无路,当年晚清采取了一些缓冲措施,方使科举制度得以"安乐死"。"废除一个沿用了一千多年关乎整个知识阶层的制度,一旦作出决定,倒出乎意料地顺利。除新教育已逐步生长外,还有三个重要措施:1906 年颁布《举贡生员出路章程》六条,广开门路,原有举贡生员尽量安排,稳定了数以万计的很难再进学堂的那部分士人。1905 年开始,每年一次举行游学毕业生考试,合格者分别'赏给'进士、举人。新学堂毕业生也得到相应的荣衔。这些措施解决了新旧教育的衔接问题。改革过程非常平稳,没有什么震动。"(袁伟时:《帝国落日:晚清大变局》,第 435 页。)

② 蒋廷黻:《中国近代史》,第 35-36 页。

家亡是八股文所断送的,小到个人的遭遇,考不中功名做不了官也是八股文害的。"①于是,读书人没有其他道可走,于是造成了洪天王、康圣人这类性格偏执的读书人,一个清朝又经得起几个洪天王这样闹腾啊?

后来国家给他建了"好好学习,天天向上"的学堂之道,他又嫌这道太偏,通不到官场,没前途的,早年留美那批幼童的爹娘送孩子放洋时可是一把鼻涕一把泪雨、一万分不愿意的,哪像现在为了到欧美镀金贴银,挤破头皮、削尖脑袋也在所不惜。我们的鲁迅先生当年到南京江南水师学堂想学西文时,他就说,"那时读书应试是正路,所谓学洋务,社会上便以为是一种走投无路的人,只得将灵魂卖给鬼子,要加倍的奚落而且排斥的",②有出息的娃娃是要参加科举的。

科举不停,学堂不兴,朝野一看,科举是非废不可的了。1904年,刘春霖被慈禧点中为中国历史上最后一名状元,1905年,光绪三十一年,各省督抚在《立停科举以广学校》中说,"科举一日不停,士人皆有侥幸得底之心,一分其砥砺实修之法。民间更率观望,私立学堂者绝少,又断公家财力所能普及,学堂决无大兴之道。"③ 原来世间是没有两全其美的事,鱼与熊掌只能取一,张之洞等人也奏称:"奉旨兴办学堂两年有余,至今各省未能多设,以经费难筹。经费所以不能捐集,以科举未停,天下士林,谓朝廷之意并未专重学堂。科举不变通裁减。人情不免观望,绅富孰肯筹捐?"④1905年,当年全国科考第三名的湖广总督张之洞和不读书不看报的一介武夫直隶总督袁世凯等地方大员联名奏折请废科考,于是大清国这艘破船的掌舵人慈禧太后就"拍板"把这实行了

---

① 邓云乡:《清代八股文》,河北教育出版社2004年版,第21页。
② 鲁迅:《坟·〈呐喊〉自序》,《鲁迅全集》(第1卷),第437—438页。
③ 《论废科举后补救之法》,《东方杂志》,1905年第11期。
④ 钱穆:《国史大纲》(下),第898页。

上千年的科举考试制度给废了。梁启超虽不满于当时晚清的种种举措,但唯对废除科举一事却倍加赞赏,"一切掩耳盗铃的举动且不必说他,惟内中有一件事不能不记载:八股科举到底在这时候废了。一千年来思想界之最大障碍物,总算打破"。①

其实,就科举的目的来看,本来不过就是国家"公务员"考试而已,它范围规范,命题客观,阅卷公正,年龄没限制,然而,它的坏处在于使得中国所有读书人觉得非此便无出路,要知道,读书人要做的事很多,能做的事很多。科举废除,读书人的仕途之路被斩断,但国家选用人才一个公正的路子也随之斩断,胡适说:"从前袁世凯废止科举,把我国千余年来仅有的一种用人标准根本推翻了。他不想到改良考试的标准,而贸然把考试制度的本身推翻,弄得现在没有一种用人的标准,都是不深思之过。"②这样助长了买官卖官,行贿受贿,任人唯亲等腐败的官场用人制度。胡适说:"他们以为有了学堂,便可以不用科举了。殊不知学堂是造人才的地方,科举是国家选用人才来办公家职事的方法。新式的学校可以替代老式的学堂,而不能替代国家考试用人的方法。""于是这样大的一个国家,二十五年来全没有一个公道的、公开的,用客观标准的文官考试制度。二十五年来,政府机关用人还是靠八行书,靠荐信,靠贿赂,靠亲戚朋友,遂造成廿五年的政治腐化的现象!"③这是后话。

不管怎么说,1905年科举的废止是由士到知识分子的一个最直接、最重要的因素。

---

① 梁启超:《中国近三百年学术史》,第31页。
② 欧阳哲生主编:《胡适文集》(第11卷),第200页。
③ 欧阳哲生主编:《胡适文集》(第2卷),北京大学出版社1998年版,第160页。

从"士"到知识分子(下):西方文化的冲击

西方文化的冲击是现代知识分子形成的另一重要因素。在维新时代里,西学的输入就曾造成了中国知识分子的精神震荡,"维新的时代出现了由于西方思想大规模涌进中国士大夫世界造成的思想激荡。这便引起了原有的世界观和制度化了的价值观两者的崩溃,从而揭开了二十世纪文化危机的帷幕"。① 到了"五四"时期,西学的塑造性作用更大,"五四运动中的最重要成分——新知识分子阶层是在19世纪后半叶西方文明对中国的冲击下成长起来的"。② 可以说,没有西方种种思想冲击和科学精神的刺激和熏陶,同样没有具有现代意识的中国知识分子的形成。

中国内政外交之失败关键在于一个"弱"字上。我们知道,琉球自明洪武年间就为中国属国,但在19世纪晚期,倭人先是阻贡,继而废琉球为冲绳县,亡国之痛的琉球人向清政府求救,清国却是泥菩萨过河,自身难保,无能为力,李鸿章便请美国前总统格兰特调停,公说公有理,婆说婆有理,格兰特左右为难,无所适从,但他在复李鸿章信函中说了一句大实话,他说:

> 亚细亚洲人数,居地球三分之二,惟中日两国最大,诸事可得自主,所有人民皆灵敏有胆,又能勤苦省俭,倘再参用西法,国势必日强盛,各国自不敢侵侮。即以前所订条约,吃亏之处,尚可徐议更改,各国通商获利之处,中国亦不至落后。盖所用西法,广行通

---

① 〔美〕费正清、刘广京编:《剑桥中国晚清史(1800—1911年)》(下卷),第382页。
② 〔美〕周策纵著,周子平等译:《五四运动:现代中国的思想革命》,江苏人民出版社2005年版,第382页。

商,则民人生理,国家财源,必臻富庶。不但外国有益,本国利益更多矣。日本数年来采用西法,始能自立,无论何国再想强勉胁制立约,彼不甘受。日本既能如此,中国亦有此权力。我甚盼望中国亟求自强。①

"实力决定命运"、"落后就要挨打"的教训意味着"优胜劣汰,弱肉强食"的"现实"。"发展是硬道理"啊,而要发展便唯有向西方学习,我们由此得出的结论是:"今日即孔孟复生,舍富强外亦无治国之道,而舍仿行西法一途,更无致富强之术。"②严复亦说到学习西学之迫切:"驱夷之论,既为天之所废而不可行,则不容不通知外国事;欲通知外国事,自不容不以西学为要图。此理不明,丧心而已。救亡之道在此,自强之谋亦在此。"③我们只能背水一战了。

传统儒家经典成为思想品德课了

兴学堂、倡新学成为当务之急。"从宋朝到清朝的末年,许多年间,专以代圣贤立言的'制艺'这一种烦难的文章取士,到得和法国打了败仗,这才省悟了这方法的错误。于是派留学生到西洋,开设兵器制造局,作为那改正的手段。省悟到这还不够,是在和日本打了败仗之后,这回是竭力开起学校来。"④中国的第一所新式学堂倒是于 1862 年就

---

① 王芸生:《六十年来中国与日本》(第 1 卷),北京:生活·读书·新知三联书店 2005 年版,第 177 页。

② 胡燏棻:《条陈变法自强事宜》,转自袁伟时:《帝国落日:晚清大变局》,第 426 页。

③ 严复:《救亡决论》,牛仰山选注:《天演之声:严复文选》,第 67 页。

④ 鲁迅:《且介亭杂文·关于中国的两三件事》,《鲁迅全集》(第 6 卷),第 11 页。

建立起来了,1898年,戊戌变法仅存的硕果便是京师大学堂(北京大学的前身),1901年,《江楚会奏三折》倡议兴学:"事急需才,恐难久待。查日本文武各学校皆有速成教法,于各项功课择要加工,于稍缓者量加省减,刻期毕业。应旨饬出使大臣李盛铎切托日本文部省、参谋部、陆军省代我筹计,代拟大中小学各种速成教说以应急需。"①1902年,清政府制定《钦定学堂章程》,全国仅留3所大学堂,各省设立学堂一律称省立高等学堂,但科举的"拦路虎"使得学堂发展颇为艰难。到1905年,随着科举这片阴云的飘去,学堂的太阳顿时光彩夺目地照耀在中国大地上了。

科举废止后,情况顿时两样,"据统计,1895年以前,全国仅有新式学堂20所,1895年至1898年又增加19所,到1903年就有了769所。科举制废除后,新式学堂的增长更是如雨后春笋般地发展起来。到1909年,增加到59117所,学生达1639641人"。② 另一个数据显示了1909年的学堂状况,"1909年国内计有大学3所,高等学堂24所,高等实业学堂127所,共计学生28611人。这个统计似乎没有包括师范学堂和外国教会学校,例如北京优级师范学堂、两湖总师范学堂、圣约翰大学、浸会大学、东吴大学、金陵大学等等"。③ 1916年,"国内有专科以上学校84所,中等学校932所,1921年它们分别增加到161所和1744所(中等学校包括师范学校、中学和甲种实业学校)"。④ 这个增长的速

---

① 朱寿朋编,张静庐等校点:《光绪朝东华录》(第四册),中华书局1958年版,第4733页。
② 李晓英、牛海桢:《科举制废除及绅士阶层在新式教育领域中的贡献》,《甘肃社会科学》2006年第6期。
③ 李良玉:《动荡时代的知识分子》,浙江人民出版社1990年版,第55页。
④ 同上书,第131页。

度是十分明显而迅速的。学堂的兴起,带来了西学的普及。六神无主的读书人接触的知识除过四书五经和中国文化之外,还有以下几大部分,一是人文技术类知识(政经法等知识体系);二是西方思想文化(文史哲等知识体系);三是自然科学(数理化等知识体系),而这后者又都是我们向来缺乏的。

新式学堂与老式学堂的教学内容、办学性质和承担使命大不一样,同治初年我们就设立了学堂,中国学堂最早是培养翻译人才与军事人才的,渐次扩大到法政、经济等科,"然要之仍不脱于为一时之实用",后来,学校仍是学而优则仕的科举思维,"其目的亦只为在政界乃至于社会上谋一职业、得一地位",而不为探求什么学术、真理之类的。① 当时北大虽为学堂,但"初办时所收学生,都是京官,所以学生都被称为老爷,而监督及教员都被称为中堂或大人"。② 1916 年 12 月 26 日,蔡元培被黎元洪任命为北大校长,当这位前清的二甲进士、翰林院庶吉士在开学的演讲中,对那些脑子里仍是学而优则仕,读书做官的思路的"大人"(教师)和"老爷"(学生)们"上课"说,大学是研究学问的,切磋学问,不是培养官吏的地方,蔡将这样的一所著名的衙门学校改造成一个著名的学术碰撞和研习之地。这是蔡对学校的定位和使命。

科举废除后,传统儒家经典在学堂里由"主科"地位,降到"政治课"、"思想品德课"之类的"副课"地位,西方的思想和科学成为学堂的一项重要的教学内容。即使是官气十足的京师大学堂所教所学也不再全是什么子曰诗云,很大一部分是西学。据京师大学堂最早期的学生之一邹树文回忆说,"有一天有人问我那时候读的是什么课程,即有人

---

① 钱穆:《国史大纲》(下),第 897-898 页。
② 蔡元培:《我在北京大学的经历》,第 153 页。

插嘴说,大概多部分是经典。我们所读的书,并不如此,现代科学是占最大成份的"。① 1898年,就在左拉为德雷福斯一案抗议的那一年,也是康有为受到光绪帝召见的那一年,也是严复翻译的赫胥黎的《天演论》出版的那一年。在南京水师学堂这所新式学校的鲁迅才知道"世上还有所谓格致,算学,地理,历史,绘图和体操"等四书五经以外的新鲜知识。这一年,鲁迅不光是从封闭的小绍兴走到开放的大南京,而且他接受的知识体系也从传统走向现代。到了更晚一些的毛泽东时,他们所接触的已是遍地开花的西学了。他说:"那时,求进步的中国人,只要是西方的新道理,什么书都看。……我自己在青年时期,学的也是这些东西。这些是西方资产阶级民主主义的文化,即所谓新学,包括那时的社会学说和自然科学,和中国封建主义的文化即所谓旧学是对立的。"②

那时,中国知识分子艰难而认真地更新着自己的知识体系,民初时那些"老新党"们,他们以前就是最先觉悟的一代,但随着思想的国门进一步打开,西方思想知识排挞而来,他们更是"与时俱进",频频"充电","便是三四十岁的中年人,也看《学算笔谈》,看《化学鉴原》;还要学英文,学日文,硬着舌头,怪声怪气的朗诵着,对人毫无愧色,那目的是要看'洋书',看洋书的缘故是要给中国图'富强'"。③ 梁启超更是急不可耐地推介、弘扬西方思想学说,甚至他自己都是囫囵吞枣、一知半解,他在《清代学术概论》中反省道:"启超之在思想界,其破坏力确不小,而建

---

① 邹树文:《北京大学最早期的回忆》,陈平原、夏晓虹编:《北大旧事》,生知·读书·新知三联书店2003年版,第5页。

② 毛泽东:《论人民民主专政》,《毛泽东选集》(第4卷),人民出版社1966年版,第1406-1407页。

③ 鲁迅:《准风月谈·重三感旧》,《鲁迅全集》(第5卷),第342页。

设则未有闻。晚清思想界之精率浅薄,启超与有罪焉。……彼尝言:我读到'性本善',则教人以'人之初'而已。殊不思'性相近'以下尚未读通,恐并'人之初'一句亦不能解,以此教人,安见其不为误人。启超平素主张,谓须将世界学说为无制限的尽量输入,斯固然矣。然必所输入者确为该思想之本来面目,又必具其条理本末,始能供国人切实研究之资。此其事非多数人专门分担不能。启超务广而荒,每一学稍涉其樊,便加论列;故其所述者,多模糊影响笼统之谈,甚者纯然错误;及其自发现而自谋矫正,则已前后矛盾矣。"①梁启超可谓是"病笃乱开药",不过可见其宣扬西学之心切。1898年,严复译《天演论》出版,该书甫出,"立即得到智识阶级的接受。有钱的人拿钱出来翻印新版以广流传(当时并没有版权),因为有人以达尔文的言论,尤其是它在社会上与政治上的运用,对于一个感受惰性与濡滞日久的民族,乃是一个合宜的刺激"。② 一天早晨,在上海澄衷上学的胡洪骍要他的二哥为他取一个表字,他的二哥一边洗脸,一面为他取了"适者生存"的"适"字,从此,1910年后,胡适这个名字随着1898年的震动知识界的"进化论"在中国的介绍而横空出世了。可见,当时自然科学与社会科学的种种知识对现代知识分子的形成作用之巨。

亲沐欧风美雨,感受摩登时髦

除了在中国的学堂接受西学,知识分子自学并提倡西方思想文化思潮外,他们更是走出国门,留学海外,亲沐欧风美雨,感受摩登时髦。甲午海战之败的惨痛和耻辱令朝野悲愤而无奈,自此以后中国已再无

---

① 梁启超:《饮冰室合集・专集》之三十四,中华书局1989年版,第65页。
② 欧阳哲生主编:《胡适文集》(第1卷),第12页。

同任何一个国家打一次像样的战争的"血本"了,中国终于不得不放下自己的"天朝上国"的假面子、虚架子。虚心向他国学习成为当务之急,弱国知识青年便一拨一拨地到海外留学。日本又因地理便利、文化相同、费用廉省成为中国青年的首选之地。"六君子"杨深秀在1898年6月1日的《游学日本章程》奏折,"中华欲留学易成,必自日本始。政俗、文字同,则学之易;舟车、饮食贱,则费无多"。① 兵败国衰加上科举的废止促使了留学的热潮,据郭沫若的印象说,"自甲午以来中国送到日本去的留学生,没有详细的统计,我想至少总在三四十万以上,就是我们自己便是由这种国是中所产生出的一个世代。"② 这个数字其实是过于夸张的,但至少说明在他的印象中,中国学生在日本的人数之众。

实际是怎么一种情况呢,研究留东学生的日本学者实藤惠秀统计了这一段时间的留日中国学生数目。

在日本的中国留学生③

1901年	280人	1908年	4000人
1903年	1000人	1909年	4000人
1904年	1300人	1912年	1400人
1905年	8000人	1913年	2000人
1906年	8000人	1914年	5000人
1907年	7000人		

---

① 〔美〕任达著,李仲贤译:《新政革命与日本:中国,1898—1912》,江苏人民出版社2006年版,第48页。

② 《郭沫若选集》(第1卷),第343页。

③ 转自〔美〕费正清、刘广京编:《剑桥中国晚清史(1800—1911年)》(下卷),第407页。

另一组数据虽有小的出入,但相差不是太远。"1897 年留日学生不过数十人,而到变法流产的 1898 年,就增加到大约 100 人,到了 1902 年至 1903 年的冬天,义和拳运动后清政府的政策已见成效,1903 年初官方统计的留学生已达 763 名,这还只是开始,到 1904 年至 1906 年,留学潮达到顶点——增长的原因主要是日本战胜了俄国和废除了科举考试。据估计,这几年每年的留学人数达到约 8000 人,1906 年后这个数字开始逐渐地减少,到 1908 年和 1909 年大约为 4000 人,而 1912 年只有 1500 人。但到那时,在日本的中国留学生已超过了 35000 人。"①

足见 20 世纪初中国学生留学之盛。还有那个吴稚晖成天到晚鼓吹大家去留学,胡适曾将他列为 1922 年"中国今日的十二个大人物"。"1904 年前后,吴稚晖的名气在东京留学生中很大。那时留日的东京学生常接到他从英国的来信,说苏格兰生活费便宜,一年只要五六百元的学费就够敷衍日常生活。偶然的机会丁文江听到这个讯息,便却了到英国去学习的念头。"②胡适的好友丁文江便正是受他影响中的一位。

留学的高潮意味着西学由间接接受转向直接接受,这些拖着长长的辫子的知识青年在海外对西方文化耳濡目染,感同身受,面对现代文明世界,睁着惊恐、好奇而羡慕的眼睛,内心又未免怀着那一丝无名的凄楚和悲哀。他们"凡留学生一到日本,急于寻求的大抵是新知识。除学习日文,准备进专门的学校之外,就赴会馆,跑书店,往集会,听讲演"。③ 他们才是那扑到洋鬼子的面包上的饥饿者呢。

---

① 〔美〕杰罗姆·B.格里德尔著,单正平译:《知识分子与现代中国》,第 162-163 页。
② 丁琴海:《丁文江》,河北教育出版社 2001 年版,第 26 页。
③ 鲁迅:《且介亭杂文末编·因太炎先生而想起的二三事》,《鲁迅全集》(第 6 卷),第 578 页。

正是在国内的新式学堂,或在海外的留学生涯,使得接受了西学的知识青年逐渐地转化成"五四一代"知识分子。

看来,科举的废除与西学的输入是中国读书人由"士"向"知识分子"转变的两个重要因素,而这一切又都归结到挽救那危如累卵的国家命运上。

恰如萨义德所云:"近代史中的主要革命,知识分子无役不与;主要的反革命运动,知识分子也是无役不与。知识分子一直是运动的父母,当然也是子女,甚至是侄甥辈。"①这在中国,尤其如是,"五四一代"知识分子是生活在这样一个国家里,这个国家内政不修,或想修但不能修,或没法修;外患频仍,列强环伺,虎视眈眈,对着中国这块"肥肉"个个垂涎三尺,在这样一个风雨飘摇的国家里,知识分子危机感和责任感都是空前的沉重,他们成为"殄除外虏"的民族主义者、"跑来跑去"的淑世主义者和"发扬踔厉"的个人主义者。

"殄除外虏"的民族主义者

先看我们的国家当时是一种什么样的情形。"我民族的历史走进那清末戊戌年代,已积重难返。我们的国家机器已全部锈烂,无法修复。我们的社会亦已至癌症末期;病入膏肓,医药罔效。"②病人将死,无可救药,知识分子急得团团转。在这种情形下,各派知识分子在国家危亡这个话题上取得了高度统一。

无论是君主立宪派还是共和主义者,这些人共用一种词汇,而且在某些方面,对当代危机有相近的感受,对未来怀有相似的幻

---

① 〔美〕爱德华·W·萨义德著,单德兴译:《知识分子论》,第16页。
② 唐德刚:《晚清七十年》,岳麓出版社2006年版,第286页。

想。他们在关心国家的存亡这一点上是一致的。①

所以,当年胡适就说救国是我们的首要问题,"请大家认清我们当前的紧急问题。我们的问题是救国,救这衰病的民族,救这半死的文化"。② 就在这时,民族主义思想成为知识分子的有力武器。1951年9月29日,周恩来在《关于知识分子的改造问题》中说,"一般的人开始最容易有一个民族观念、民族立场。因为中国是一个百年来受帝国主义侵略的半殖民地国家,所以容易使我们产生爱国的民族观念。"③他称民族主义是现代知识分子一个"好的起点"。

民族主义往往有两个方面的表现,一是衰弱待毙者的自强自救,譬如20世纪前后的中国,一为猖狂自大者的弱肉强食,譬如二战前后的德国。这两者看似截然不同,其实彼此互有沟通,前者深受后者之害,就慕想成为后者以自救,这在"五四"知识精英对"铁血"的渴望和呼唤中可以看出。后者往往又是从过去的衰败中走出来,以骄横霸道来补偿自己过去的创痛。我们对民族主义自然的接受就在于"弱者"对"强者"的一种渴望和想象,于是,"珍除外虏"成为题中应有之义,这里有两重含义,对内,是驱除鞑虏;对外,是赶走洋鬼。

班达说:"知识分子背叛自身使命的目的主要是为了民族国家。"④

---

① 〔美〕杰罗姆·B.格里德尔著,单正平译:《知识分子与现代中国》,第154页。
② 欧阳哲生主编:《胡适文集》(第5卷),第515页。
③ 周恩来:《关于知识分子的改造问题》,《周恩来选集》(下卷),人民出版社1984年版,第62页。
④ 〔法〕朱利安·班达著,佘碧平译:《知识分子的背叛》,上海人民出版社2005年版,第5页。

这话用在中国极为适合,以前我们说反帝、反封建两大历史任务,其实都可归结到"民族主义"上。史景迁在分析20世纪初中国历史时就说:"在仇视和忧虑的气氛中,一股强大的力量开始在中国滋生。其表现形式众多,综而言之可以概括为民族主义,对于汉人而言,其中寓含着急迫地重新认识与外国势力和满人关系的情绪。它也包含着中国人民团结一体,谋求生存的相应思想。我们可以从三个事例看到这一现象的日增月长:1900年的义和拳暴动、1903年邹容《革命军》的出版、1905年抵制美货运动。"①这种民族主义意识成为中国人的一种强大的思想动力,也酝酿出了主宰中国政治近一个世纪的两大政党国民党和共产党。"在某种程度上,共产党和国民党都是20年代弥漫于中国大地的这种炽热的民族主义创造出来的。"②

"反帝与反满是中国二十世纪初中国资产阶级革命派的主要起因,被孙中山概括为民族主义"。③ 中国的民族主义一个现实指向是反满。这种民族主义思想以孙中山、章太炎为显著代表,正如《兴中会宣言》和《同盟会宣言》中所声称的那样,"倡率义师,殄除外虏,此为上继先人遗志,大义所在,凡我汉人,当无不晓","驱除鞑虏,恢复中华……我汉人为亡国之民者二百六十年于斯。满洲政府穷凶极恶,今已贯盈,义师所指,复彼政府,还我主权"。另一个鼓吹民族主义的章太炎,1900年写的《訄书》中有篇《原人》,其以希腊、意大利等种族创建不同独立国家为

---

① 〔美〕史景迁著,黄纯艳译:《追求现代中国——1600—1912年的中国历史》,远东出版社2005年版,第270页。

② 〔美〕格里德著,鲁奇译:《胡适与中国的文艺复兴》,江苏人民出版社2005年版,第174页。

③ 李泽厚:《中国近代思想史论》,天津社会科学院出版社2004年版,第288页。

例,论证驱逐胡虏的合理性。所不同的是,孙是基于民族共处的思想,而章仍停留在夷夏之辩的层次。

章太炎的学生鲁迅这样描述知识界的民族主义潮流。他说:

> 留学日本的学生们中的有些人,也在图书馆里搜寻可以鼓吹革命的明末清初的文献。那时印成一大本的有《汉声》,是《湖北学生界》的增刊,面子上题着四句集《文选》句:"抒怀旧之积念,发思古之幽情",第三句想不起来了,第四句是"振大汉之天声"。无古无今,这种文献,倒是总要在外国的图书馆里抄得的。①

而更年轻一辈苏雪林的政治合法性则更是建立在种族观念,而不是政绩之上,她说:

> 我后来稍能读史,知道满清君临中国,传了九代,其中除咸丰晚年颓废,同治童昏,光绪无权,慈禧贪虐而外,其他还都朝乾夕惕,励精图治,算是好皇帝,远胜明朝诸帝之昏庸残暴,不过我总是不喜欢他们,理由他们是异族。我觉得我们大好中华民族是不该让异族统治的。②

但要注意的是这种反满不是排满,他们反对的是满人将汉人不当人看的等级制度和特权制度,并不是要"驱除"、"殄灭"他们,孙曾纠正过那种"排满"的看法,他说:"惟是兄弟曾听见人说,民族革命是要尽灭满洲民族,这话大错。民族革命的原故,是不甘心满洲人灭我们的国,主我们的政,定要扑灭他的政府,光复我们民族的国家。这样看来,我

---

① 鲁迅:《且介亭杂文·病后杂谈之余》,《鲁迅全集》(第6卷),第192页。
② 苏雪林:《〈老冬烘〉与〈新青年〉》,封德平主编:《我们的八十年》,时报文化出版社企业有限公司1991年版,第17页。

们并不是恨满洲人,是恨害汉人的满洲人。"①后来清帝逊位,民国肇建之后,民国政府积极实施民族平等("五族共和")的政策。比如,1912年4月13日,颁布的《泯除五族畛域令》,破除清政府所立汉满、汉蒙通婚的旧禁,鼓励五族"互通婚姻","使我五大民族相亲相爱于无极"。②5月24日,政府又颁布《禁止排满书籍令》,通令各省行政长官饬属出示晓谕,"嗣后不得再售排满及诋毁前清各项书籍,已出版者一律取缔销除,以联汉、满之感情而昭大同之盛治"。③汉族对满族的政策与满族对汉族的政策可谓迥异。

中国的民族主义另一个现实指向是反帝。满人是"旧鞑虏",列强是"新鞑虏",我们原是满人的奴隶,现在将要变成夷人和满人的双重奴隶,这就是我们当年面临的威胁,虽然满人虽为外族,但先入为主,我们彼此已看似相安了二百六十多年,如今,满、汉两族在抗击洋人这一点上还是处在同一战壕中。这时,救国就是为了排夷,排夷就是为了救国。甚至反满在一定程度上正是建立在对清朝对列强的退让、无能和不争气带来的失望之上。

在反满革命完成之后,反帝的任务便递次展开,成为顺理成章的事了。胡汉民说:"……当时有个弱点,只提出反满的口号,未曾提出打倒帝国主义的口号,以致革命党人一经推翻清政府,便多数认为民族主义革命已告成功。在革命军起义和临时政府成立的时候,对外宣言首先

---

① 孙中山著,孟庆鹏编:《孙中山文集》(上),团结出版社1997年版,第23页。
② 《泯除五族畛域令》,民初时期文献编辑小组编:《中华民国建国文献:民初时期文献》(第一辑史料一),国史馆1997年版,第11页。
③ 《禁止排满书籍令》,民初时期文献编辑小组编:《中华民国建国文献:民初时期文献》(第一辑史料一),第17页。

就承认了满族政府和帝国主义国家订的条约、赔的外债,甚至海关收入的支配权、上海混合裁判的法权,更是无条件地送给列强,而成为恶例……"①此后,在孙中山重新阐释的"新三民主义"中,他的反帝思想也告以成熟。

要注意的是,同是针对西方列强,知识分子的民族主义与义和团的民族主义思维是绝然不同的,这主要取决于彼此素质的不同,一则为知识精英,一则为潦倒农民。知识精英在一定程度提倡、欢迎西方思想,但他们反对西方将我们殖民化、附属化,主张博得国际上的平等地位和一个国家的尊严。而农民们反洋人不反天子,只是将自己悲惨的命运全部归罪于西方列强的存在,于是盲目地排外,仇外。

总之,反封建是反鞑子,反帝是反夷人,都是"非我族类",前者是现在的主子,只不过时间过了两百六十多年,我们已经毫不觉察,后者是将来的主子,只不过旧疤刚愈,又添新创,所谓国家的危亡只不过是前者的主子的身份要为后者所代替而已,不值得可惜,值得可惜的是,我们这些炎黄子孙终是奴才,或是双重奴才。

以汉人为主体中国各民族和平共存的这么一个"共同体"的"想象"使得中国知识分子民族意识复萌,成为一个民族主义者,所以我们考察知识分子的身份认同时要注意到,他首先是一个民族主义者,其次才是一个爱国者,他维护的是"五族共和"的中华民国,而不是满人或汉人独享的封建帝国。

"跑来跑去"的淑世主义者

科举废除,使得知识分子不能只在儒家经典里"扎堆",他们被"驱

---

① 胡汉民:《胡汉民先生在俄演讲录》,转自李泽厚:《中国近代思想史论》,第290页。

散"到种种西学(自然科学与社会科学)之中,传统的学政合一变成了现在学政分离,恺撒的事恺撒管,上帝的事上帝管,严复就曾主张"治学治事宜分二途",他的理由很浅显,那就是"天下之人,强弱、刚柔千殊万异,治学之材与治事之材恒不能相瘳"。① 科举废除后,治学与治事多少有些分途,传统的"读书"是为了"出仕"变成了"读书"是为了学术,这样,他们的学习的内容、目的及前途都发生了巨变。

问题在于,处于那种危急的情势下,近现代中国知识分子又都无法静下心来在书斋里搞自己的学术,他们本应专心做"学者",但时代的逼迫和他们自己的使命感使得他们只能做一名"知识分子"。"研究是要用理智,要冷静的,而创作须情感,至少总得发点热",②然而,他们本身就是"冬天里的一把火",他们是一群"热血动物",章炳麟就自称"太炎",梁启超也自号"饮冰",都足见其内心温度之高,可以说,近现代中国几乎没有一个纯粹的学者,而有成批的知识分子。所谓知识分子就是徘徊于知识探求与公共关怀两者之间的一种人。"知识分子既是'出世'的,又是'入世'的,既'游方之外'又'游方之内'。他在历史的舞台上发挥着学术与政治的双重社会功能。只有对自身这种双重社会角色实现了整合认同,才称得上是完整意义上的近代知识分子。"③所以,他们也注定是没法在书斋里研习学问的,"就连本性上特别关注政治与人生的梁启超、陈独秀等,也都提倡过'为学问而学问'。但这种提倡,基本上无法真正落实。一碰到国家危机,需要挺身而出,或可能影响政府

---

① 严复:《论治学治事宜分二途》,牛仰山选注:《天演之声:严复文选》,百花文艺出版社 2002 年版,第 137 页。
② 鲁迅:《而已集·读书杂谈》,《鲁迅全集》(第 3 卷),第 460 页。
③ 许纪霖:《在学术与政治间徘徊的近代中国知识分子》,甘阳主编:《八十年代文化意识》,上海人民出版社 2006 年版,第 221 页。

决策的时候,很多人都毫不犹豫地抛弃学术,而选择了政治。不只是口头上谈论,而且参加直接的政治斗争,甚至成为某一党派的领袖。可以这么说,对于这个世界的中国人来说,'为学问而学问'的传统并没有真正确立,也不被普遍认可"。①

钱穆就曾说:"试问四十年来的知识分子,哪一个能忘情政治?那一个肯毕生埋头在学术界?偶一有之,那是凤毛麟角。"②数学家熊迪之或算是这"凤毛麟角"的一个。1944年"七七"纪念座谈时,昆明各大学师生出席达三千余人,盛况空前,当时云南大学校长,数学家熊迪之先生说了三点意见:

> 第一点,他认为这次座谈会是学术性的,是寓纪念于学术的讨论的,所以他才参加。第二点,他认为中国的积弱是由于学术不昌明。第三点,要救中国的积弱,要昌明学术,我辈做师生的人就应当每人守住他的讲求学术的岗位,孜孜矻矻以赴之,而不应当驰心于学术以外的事物,例如政治、商业之类。③

熊迪之先生将学术与政治划分得一清二楚,这当然有益于学术发展,很是难能可贵。然而,又有多少人能像他那样将学术与政治分得一清二楚的呢?

王国维、陈寅恪等人常被视为"两耳不闻窗外事,一心只读圣贤书"类学者的典型,他们自己似乎沉浸于书斋生活中,不关心政治。但是,要知道,看似埋首书斋的学者陈寅恪其实并不是不关心世事,不关心政

---

① 陈平原:《当代中国人文观察》,第46-47页。
② 钱穆:《国史新论》,第148页。
③ 潘光旦:《说学人论政》,《潘光旦文集》(第5卷),北京大学出版社2000年版,第499页。

治的,20世纪80年代以来将陈视为反政治的偶像和英雄则是不准确的,其实其反政治的同时亦正是政治作为,这个悖论应是将陈视为独立精神楷模的学人们所没加深思的。更何况,他本人时时都在关切政治。汪荣祖甚至称陈之关心政治的程度并不亚于胡适,这确是石破天惊之语,他说:

> 陈寅恪似与政治绝缘,至少在政海里不曾兴过一点涟漪。但陈寅恪之关心政治并不亚于胡适,此乃普遍存在于中国读书人之中的忧国怀民情怀。他自称:"生为帝国之民,死作共产之鬼",充分表露了他的朝代兴亡之感。1928年国民党北伐后成立南京政府,他乘舟回北方,感叹"影底河山频换世,愁中节物易惊秋"。新中国成立后,陈寅恪在广州,又有"影底河山初换世,天涯节物又惊秋"之句。①

还有常被认为专心向学,在学术上成绩卓著的顾颉刚亦如是,1942年5月31日,他在日记中说:

> 许多人都称我为纯粹学者,而不知我事业心之强烈更在求知欲之上。我一切所作所为,他人所毁所誉,必用事业心说明之,乃可以见其真相。②

在一般人看来"象牙塔"里的学者,然而,"他的'事业心'竟在'求知欲'之上,而且从1930年代开始,他的生命形态也愈来愈接近一位事业取向的社会活动家,流转于学、政、商三界"。③ 看来,读书人要做一个

---

① 汪荣祖:《史家陈寅恪传》,北京大学出版社2005年版,第244-245页。
② 转自余英时:《未尽的才情——从〈顾颉刚日记〉看顾颉刚的内心世界》,联经出版事业股份有限公司2007年版,第4页。
③ 同上书,第2-3页。

纯粹的学者何其难也。那么,知识分子为什么要参与社会,参与政治呢?

社会学家潘光旦给了我们答案:

> 其实这问题是简单的。任何人的身份与权责,以至于任何动物个体的身份与权责,原不止一个,连蜜蜂蚂蚁中的工蜂工蚁也不能除外。一个人有做人的身份,就是他有做一个比较完整的人的权责。一个人也有国民的身份,就是他对他的政治团体也有一些不可分离的权责。一个人有他专业的身份,就是他有学术家、教育家、店员、匠人……一类的权责。任何人有做人、做国民、做一种专业的身份与权责,而做人与做国民的比起做专业的来更要先决,更要基本。没有做一个完整的人的意识的专家,无论他的专业如何精深,他终究是一个匠人,学术家也罢,泥水匠也罢。没有政治意识的专门人才,可以加入伪北京大学,可以到沦陷区做顺民,而无害其为专门人才,学术家也罢,泥水匠也罢。①

我们的周作人先生正是以学术的名义在沦陷区坦然地做"顺民"去了,在潘先生看来,"学者"是一个读书人的身份,但是"国民"却也是读书人的身份,而且后者是前者的前提,所谓专事学术的读书人只尽到了一个学者的职责,却没有尽到一个国民的职责。抗战之中,教育家马相伯曾写"读书不忘救国,救国不忘读书",已出家的李叔同也写"念佛不忘救国,救国不忘念佛"。他们不光将自己看为一教育家,一佛子,更是把自己看作为"天下兴亡,匹夫有责"的国民一分子。

当然,热心政治的知识分子对学术事业会有所损害的,但谁又叫你生活在战乱频仍,国将不国的中国呢?在国家处在一个动荡的年代,现

---

① 潘光旦:《说学人论政》,《潘光旦文集》(第 5 卷),第 501 页。

代知识分子可以说是徘徊在学术与政治之间,他们向往学术,但又不能忘情世事,当投身社会后,却又心系学术。梁启超说到明末清初的阳明学派由明心见性向经世致用的转变时说:"他们对于明朝之亡,认为是学者社会的大耻辱大罪责,于是抛弃明心见性的空谈,专讲经世致用的实务。他们不是为学问而做学问,是为政治而做学问。他们许多人都是把半生涯送在悲惨困苦的政治活动中,所做学问,原想用来做新政治建设的准备,到政治完全绝望,不得已才做学者生活。"①这可视为梁的自况,他早年跟随康老师搞变法,变法遭到老佛爷的镇压失败后,又和孙中山为首的革命派论争,后来又受袁世凯之邀去做"帝师"去了,没料到袁世凯忽而又称帝了,他一生扑腾在这政治之中,到头来却仍还是"竹篮子打水一场空"。他本人在《清代学术概论》似乎对其学术事业为政治所干扰颇感惋惜,他说:"中间又屡为无聊的政治活动所牵率,耗其精而荒其业。识者谓启超若能永远绝意政治,且裁敛其学问欲,专精于一二点,则于将来之思想界,当更有所贡献,否则亦适成为清代思想史的结束人物而已。"②"到政治完全绝望,不得已才做学者生活",1913年4月18日,他在写给女儿的信中说,"吾今拟与政治绝缘,欲专从事于社会教育,除用心办报外,更在天津设立私立大学"。③ 然而,当他不得已收心的时候,为时已晚了。

1942年,在病床上当年的"五四"学生运动总指挥傅斯年写信给胡适说他自己"在太平之世,必可以学问见长","但自己不自觉之间,常在多管闲事",他不无懊悔地说:"我本心不满于政治社会,又看不出好路

---

① 梁启超:《中国近三百年学术史》,第15页。
② 梁启超:《清代学术概论》,中国书籍出版社2006年版,第90页。
③ 傅国涌:《主角与配角——近代中国大转型的台前幕后》,长江文艺出版社2005年版,第260页。

线之故,而思进入学问,偏又不能忘此生民,在此门里门外跑来跑去,至于咆哮,出也出不远,进也住不久,此其所以一事无成也。"①他们本都能在学术上有所建树,但年轻的时候又热衷于政治,到头来,结果发现他们是在瞎忙活,到晚年总结自己时,又都遗憾于自己的两头不沾边。"五四一代"新知识分子,鲁迅、胡适、郭沫若谁又能逃脱这种矛盾之心理呢?

对于现代知识分子而言,政学已经分途,但是国事阽危,他们又不得不走出书斋,指点江山,激扬文字,成为一个在学术与政治之间徘徊的淑世主义者。

"发扬踔厉"的个人主义者

当人们正为文明兴衰的根源苦思冥想的时候,历史的每一页都在告诉我们,人类的进步只有一个源泉:独立行动的个人。集体主义是野蛮人的原则。野蛮人的生存是公有的,受到其部落法规的约束。文明是把人从其他人那里解放出来的过程。②

在安·兰德看来,从集体主义到个人主义是由野蛮走向文明的一个标志。最值得幸运的是,"五四一代"知识分子自觉到个体意识的觉醒,并坚持一种独立不傍的个体主义观念。

然而,个人主义思想在中国向来不甚发达,我们常以"国民"、"世界人"等概念来"借众以陵寡",③压制个人,"前者慑以不如是则亡中国,

---

① 中国社会科学院近代史研究所中华民国史组编:《胡适来往书信选》(中),第544-545页。
② 〔美〕安·兰德著,章艳译:《通往明天的唯一的道路:安·兰德专栏集粹》,广西师范大学出版社2004年版,第168页。
③ 鲁迅:《坟·文化偏至论》,《鲁迅全集》(第1卷),第46页。

后者慑以不如是则畔文明",所有这些,都足以"灭人之自我,使之混然不敢自别异,泯于大群"。① 我们的文化和教育正是处处以"群"(家庭、国家、民族、社会)来压制"个",个人的权利往往泯灭于这"顾全大局"、"无私奉献"之中,这样便窒息了中国知识分子个体意识,个人的权利、利益遭到理所当然的践踏。

这也是专制社会、集权社会所不可避免的事,"没有一个独裁者可以单凭武力长治久安,人们主要是被精神武器所奴役的。精神武器中最有力的是'公共利益高于个人利益'的集体主义信条。如果人们坚信自己拥有任何人以任何理由都无法剥夺的权利,如果他们坚信自己的权利是至高无上的,那么任何独裁者都无法维持自己的统治"。② 可以说,凡是个体意识较为发达的社会,这个社会的民主气息就会浓一些,凡是集体意识较为发达的社会,这个社会的专制气息就会浓一些。我们那种专制社会下的集体意识传统悠久,在这样一个环境下,"中国士大夫阶级(知识阶级和官僚阶级)最缺乏独立的,大无畏的精神"。③

然而,现代知识分子意识到要救这个社会、国家,就首先得救个人、救自己。"我"是以"我"来定义的,而不是以"他"来定义,"人既发扬踔厉矣,则邦国亦以兴起",④每个人都刚劲挺拔,每个人都坚决不屈,每个人都"自以为是",每个人都"我行我素",这个国家也就有希望得救了,这个民族也就有希望得救了。梁启超便说:"今世之言独立者或曰

---

① 鲁迅:《集外集拾遗补编·破恶声论》,《鲁迅全集》(第 8 卷),人民文学出版社 2005 年版,第 28 页。
② 〔美〕安·兰德著,章艳译:《通往明天的唯一的道路:安·兰德专栏集粹》,第 165 页。
③ 蒋廷黻:《中国近代史》,第 36 页。
④ 鲁迅:《坟·文化偏至论》,《鲁迅全集》(第 1 卷),第 47 页。

拒列强之干涉而独立,或曰脱满洲之羁轭而独立。吾以为不患中国不为独立之国,特患中国今无独立之民。故今日欲言独立,当先言个人之独立,乃能言全体之独立。"①鲁迅与梁的观点不无二致,他在1907年写《破恶声论》中便呼吁这种具有独立精神的知识精英("硕士"、"一二士"、"大士天才")的出现,他说:"故今之所贵所望,在有不和众嚣,独具我见之士,洞瞩幽隐,评骘文明,弗与妄惑者同其是非,惟向所信是诣,举世誉之而不加劝,举世毁之而不加沮,有从者则任其来,假其投以笑伪,使之孤立于世,亦无慑也。则庶几烛幽暗以天光,发国人之内曜,人各有己,不随风波,而中国亦以立。"②只有"人各有己",群之大觉则近矣。

随着西方文化的输入,封建体制的打破,"五四一代"知识分子形成了一种"理直气壮"的个人主义思想,他们独来独往,我行我素,庄子有一句话最能说明这种个体精神,颇为"五四一代"知识分子所推崇,即"举世誉之而不加劝,举世非之而不加沮",胡适认为这是"最健全的个人主义"。③据胡适考查,此句出自《庄子》内篇《逍遥游》,其辞云:"且举世而誉之而不加劝,举世而非之而不加沮。"而在《俶真训》中也有"举世而誉之而不加劝,举世而非之而不加沮。定于死生之境,而通于荣辱之理"之类的话,在《庄子》外篇《天地》中"子贡遇汉阴丈人"中亦有此类话语,其辞云:"若夫人者,非其志不之,非其心不为。虽以天下誉之,得其所谓,謷然不顾。以天下非之,失其所谓,傥然不受。"④

---

① 梁启超:《十种德性相反相成义》,转自萧公权:《中国政治思想史》(第3卷),辽宁教育出版社2001年版,第703-704页。
② 鲁迅:《集外集拾遗补编·破恶声论》,《鲁迅全集》(第8卷),第27页。
③ 欧阳哲生主编:《胡适文集》(第12卷),第187页。
④ 曹伯言整理:《胡适日记全编》(第8卷),安徽教育出版社2001年版,第311页。

第一章 知识探求与公共关怀

那时,极具个体意识的"易卜生"成为这一代知识分子的"偶像",易卜生及其小说中那种力抗社会、桀骜不驯的精神引起了"五四一代"知识分子的共鸣。1918年6月,《新青年》第四卷六号隆重推出"易卜生专号",他们看重易卜生体现的一种以寡敌众、力抗社会、刚健不屈的个体精神,希图给中国知识界一种导向和刺激。鲁迅后来说:"易卜生敢于攻击社会,敢于独战多数,那时的绍介者,恐怕是颇有以孤军而被包围于旧垒之感的罢,现在细看墓碣,还可以觉到悲凉,然而意气是壮盛的。"①胡适亦说:"易卜生的戏剧中,有一条极显而易见的学说,是说社会与个人互相损害;社会最爱专制,往往用强力摧折个人的个性,压制个人自由独立的精神;等到个人的个性都消灭了,等到自由独立的精神都完了,社会自身也没有生气了,也不会进步了。"②他认同个人主义、自由、社会进步的关系,胡适说:"欧洲有了十八九世纪的个人主义,造成了无数爱自由过于面包,爱真理过于生命的特立独行之士,方才有今日的文明世界。"③

"个人应尊重自己良心上的判断,不可苟且附和社会。"④易卜生戏剧中的"斯铎曼医生"便是这样具有独立意志的人,而唯有人格的独立,才能成为改革社会的中间力量,"把自己铸造成器,方才可以希望有益于社会。真实的为我,便是最有益的为人。把自己铸造成了自由独立的人格,你自然会不知足,不满意于现状,敢说老实话,敢攻击社会

---

① 鲁迅:《集外集·〈奔流〉编校后记(三)》,《鲁迅全集》(第7卷),第171页。
② 欧阳哲生主编:《胡适文集》(第2卷),第481页。
③ 欧阳哲生主编:《胡适文集》(第5卷),第511页。
④ 欧阳哲生主编:《胡适文集》(第3卷),北京大学出版社1998年版,第232页。

上的腐败情形,做一个'贫贱不能移,富贵不能淫,威武不能屈'的斯铎曼医生"。① 1935年,在《个人自由与社会进步》一文中胡适说,他们当年介绍易卜生是因为易卜生正是代表了一种"健全的个人主义",他的思想有两点见解值得推介,"第一是充分发展个人的才能,就是易卜生说的:'你要想有益于社会,最好的法子莫如把自己这块材料铸造成器。'第二是要造成自由独立的人格,像易卜生的《国民公敌》戏剧里的斯铎曼医生那样'贫贱不能移,富贵不能淫,威武不能屈'"。②

胡适好友郑莱曾给胡适谈及屠格涅夫的《处女地》,胡适日记中记道:"其中主人乃一远识志士,不为意气所移,不为利害所夺,不以小利而忘远谋。滔滔者天下皆是也,此君独超然尘表,不欲以一石当狂澜,则择安流而游焉。非趋易而避难也,明知只手挽狂澜之无益也。……此君志在淑世,又能不尚奇好异,独经营于贫民工人之间,为他人所不能为,所不屑为,甘心作一无名之英雄,死而不悔,独行其是者也。"③正是这些艺术形象的个体意识和特立独行的精神与当时这批挺身而出、与社会只身抗争的知识精英产生了共鸣。

其实,早在《新青年》推出易卜生专号的十余年前,1907年,在日本的鲁迅便注意到易卜生这一思想资源,他在《摩罗诗力说》中称:

> 伊氏生于近世,愤世俗之昏迷,悲真理之匿耀,假《社会之敌》以立言,使医士斯托克曼为全书主者,死守真理,以拒庸愚,终获群敌之谥。自既见放于地主,其子复受斥于学校,而终奋斗,不为之摇。末乃曰,吾又见真理矣。地球上至强之人,至独立者也!其处

---

① 欧阳哲生主编:《胡适文集》(第5卷),第511页。
② 胡适:《个人自由与社会进步》,欧阳哲生编:《再读胡适》,大众文艺出版社2001年版,第193页。
③ 胡适:《胡适留学日记》(上),安徽教育出版社1999年版,第486页。

世之道如是。①

这与后来胡适所说的"不可苟且附和社会"的意思不无二致。鲁迅在他早年的另一篇论文《文化偏至论》中亦论及易卜生那种独立不傍的个体精神。他说：

> 其所著书，往往反社会民主之倾向，精力旁注，则无间习惯信仰道德，苟有拘于虚而偏至者，无不加之抵排。更睹近世人生，每托平等之名，实乃愈趋于恶浊，庸凡凉薄，日益以深，顽愚之道行，伪诈之势逞，而气宇品性，卓尔不群之士，乃反穷于草莽，辱于泥涂，个性之尊严，人类之价值，将咸归于无有，则常为慷慨激昂而不能自已也。如其《民敌》一书，谓有人宝守真理，不阿世媚俗，而不见容于人群，狡狯之徒，乃巍然独为众愚领袖，借多陵寡，植党自私，于是战斗以兴，而其书亦止：社会之象，宛然具于是焉。②

除过，易卜生，摩罗诗人拜伦笔下的"曼弗列特"（Manfred）亦系一性情倔犟、意力卓绝之士，曼弗列特欲以坚毅的意志忘其失爱之巨苦，他厉声地向诱其灭亡之鬼魅说："我，自坏者也。行矣，魅众！死之手诚加我矣，然非汝手也。意盖谓己有善恶，则褒贬赏罚，亦悉在己，神天魔龙，无以相凌，况其他乎？曼弗列特意志之强如是，裴伦亦如是。"③这与托尔斯泰在《安娜·卡列尼拉》的卷首所引《圣经》"伸冤在我，我必报应"颇为相似，我是我的主人，功罪得失，"自己裁判，自己执行"，④用不着旁人的指手画脚，说三道四。鲁迅笔下的子君和涓生便常常"谈伊孛

---

① 鲁迅：《坟·摩罗诗力说》，《鲁迅全集》（第1卷），第81页。
② 鲁迅：《坟·文化偏至论》，《鲁迅全集》（第1卷），第52-53页。
③ 鲁迅：《坟·摩罗诗力说》，《鲁迅全集》（第1卷），第79页。
④ 鲁迅：《坟·杂忆》，《鲁迅全集》（第1卷），第236页。

生,谈泰戈尔,谈雪莱",他们的墙壁上"就钉着一张铜板的雪莱半身像",正是在这些特立独行的榜样的示范下,子君理直气壮地喊出了"我是我自己的,他们谁也没有干涉我的权利!"①这是新一代知识分子的呐喊,坚决而凄厉,高亢而嘹亮。

然而,个人主义的最大阻力是它被认为可能会带来道德的失范。人们常常质疑个人主义的一个理由是,他们认为个人主义是一切唯以自己的利益为行动的准则,并会将"损人利己"合理化,"个人一语,入中国未三四年,号称识时之士,多引以为大诟,苟被其谥,与民贼同。意者未遑深知明察,而迷误为害人利己之义也欤?"②这是我们对个人主义的严重误解,客观主义哲学代表安·兰德是这样解释个人主义的,"人——每一个人——本身就是目的,而不是别人达到目的的手段。他应该为自己而活,既不为了别人而牺牲自己,也不为了自己而牺牲别人。追求自己合理的个人利益和幸福,是每个人最高的道德目标"。③这里个人主义虽是为自己而活,但同时不能为了自己而牺牲别人,这与损人利己的极端个人主义无关,所以以此来反对个人主义实系"牛头不对马嘴"。

这种误解到现在一直存在,2006 年 12 月 7 日,刘军宁在《南方周末》呼唤中国需要进行一场"以对个人的发现和确立个体价值为使命的文艺复兴",④就有人对此表示担心,因为如果"每个人自己为自己立

---

① 鲁迅:《彷徨·伤逝》,《鲁迅全集》(第 2 卷),人民文学出版社 2005 年版,第 115 页。

② 鲁迅:《坟·文化偏至论》,《鲁迅全集》(第 1 卷),第 51 页。

③ 〔美〕安·兰德著,章艳译:《通往明天的唯一的道路:安·兰德专栏集粹》,第 2-3 页。

④ 刘军宁:《中国,你需要一场文艺复兴!》,《南方周末》2006 年 12 月 7 日。

法,结果必然是个体的动物欲望更猛烈地释放",因此我们"就需要存在一套让个体有尊严地合作的规则,也即让个体保持尊严的道德规范、法律规则、商业惯例、文化习俗等等"。① 文章也提到胡适等"五四一代"知识分子的解放个人的"激进的启蒙传统",这些主张当然有其合理性,但这仍是对个人主义的一种误解,对胡适的一种误解,胡适主张个体自由的同时,也强调不能抛弃伦理、道德、习俗、规范等价值系统。

当年中国公学总教马君武事母至孝,胡适称之,"卢骚之言曰:'一国非自由不能成立,自由无道德不能成立。'今之崇拜卢骚者,乃必欲见绝于父子兄弟朋友社会,必欲荡决道德之藩篱以为快,抑亦南辕北辙之甚者矣"。② 可见他看重这种人伦传统、道德传统,他对那种打破一切的"极端个体主义"或"极端自由主义"是不赞同的,因为个人主义不是将"人"还原为"兽",而是将"兽"("非人"、"奴隶")还原为"人"。胡适举了个轮船失事的例子,他说,每当轮船失事时,如果是外国人,总是女士优先,儿童优先,如果是我们,往往可以为了活命不惜践踏弱者。胡适看到了中国人那种"只晓得顾自己,全不顾别人"的毛病,他又一次引用卢骚的这句话说,"吾国非自由,不能存立!自由非道德,不能存立"。③ 他曾说,"发展个人的个性,须要有两个条件。第一,须使个人有自由意志。第二,须使个人担干系,负责任"。④ 可见,"五四一代"知识分子是将自由与道德并重的。

胡适承杜威老师的思想,将个人主义分作两种,一是"假的个人主

---

① 秋风:《道德重建、社会建设与个体尊严》,《南方周末》2007年1月18日。
② 欧阳哲生主编:《胡适文集》(第9卷),北京大学出版社1998年版,第568页。
③ 同上书,第461页。
④ 欧阳哲生主编:《胡适文集》(第2卷),第487页。

义",一是"真的个人主义",前者是"为我主义",后者是"个性主义",假的个人主义的性质是"只顾自己的利益,不管群众的利益",真的个人主义特性有两种,"一、是独立思想,不肯把别人的耳朵当耳朵,不肯把别人的眼睛当眼睛,不肯把别人的脑力当自己的脑力。二、是个人对于自己思想信仰的结果要负完全责任,不怕权威,不怕监禁杀身,只认得真理,不认得个人的利害。"① 他反对前者,主张后者。

同样,针对将个人主义"迷误为害人利己之义"的诟病,鲁迅答曰:"夷考其实,至不然矣。而十九世纪末之重个人,则吊诡殊恒,尤不能与往者比论。试案尔时人性,莫不绝异其前,人于自识,趣于我执,刚愎主己,于庸俗无所顾忌。"② 只不过,鲁迅看重的是其时中国个体精神的萎缩,所以当他在日本了解到西方世界那一批"独立卓行"的知识分子,他为之眼睛一亮,这正是医治中国的一剂良药。于是,鲁迅给我们一一介绍了"极端之个人主义"的施蒂纳、"以兀傲刚愎有名,言行奇觚"的叔本华、"反社会民主之倾向"的易卜生、"个人主义之至雄桀者"尼采等一批个人主义"好榜样",要我们的知识分子向他们学习,向他们致敬。

在从"士"到"知识分子"的转变过程中,现代知识分子也完成了"群体性"人格到"个体性"人格的转变,他们不再是随他人俯仰的"老好人",而是发扬踔厉的"孤独者"。

总之,绵延千年的科举制度的废止和不可避免的西方文化的冲击,促成了传统知识分子"士"向现代知识分子的转变,这对知识分子来说是一个巨大的变化,也进而形成了现代知识分子的三种身份体认,他们

---

① 胡适:《个人自由与社会进步》,欧阳哲生编:《再读胡适》,第192-193页。
② 鲁迅:《坟·文化偏至论》,《鲁迅全集》(第1卷),第51页。

自视或被视为"疹除外虏"的民族主义者、"跑来跑去"的淑世主义者和"发扬踔厉"的个人主义者。

小　　结

怎样才算是知识分子,为了便于对知识分子观进行考察、以期进行更为深入、更为丰富的揭示和讨论,本书结合知识分子的种种特征、综合并吸收了国内外关于知识分子的一些研究成果,对知识分子试图作了这样一种限定,即:从知识探求与公众关怀这两个方面来界定的我们要讨论的知识分子,或者说,只有具备了知识探求与公众关怀这两个要素的人方算知识分子,只具备前者,即为学者,只具备后者,即为社会活动家,这也是三者的区分之所在。

那么,一个知识分子就有两种要求,一、他必须是以承继和创造某种规范性、学术性、观念性的知识体系为志业的知识者;二、他必须是关怀世事,介入社会,秉公判断,仗义执言的公共事务的参与者。只有专业知识,没有公共参与,不能成其为知识分子,同样,只有公共参与,没有专业知识,亦不能成其为知识分子,一个完整的知识分子应当是知识者与实行者的完美结合,两者不可或缺。作为一个知识分子,他的两个身份——知识者与实行者——又是两相无涉的,不能以知识者的专业"局限"妨害实行者在公共领域里的发言,同样,不能以实行者的利益倾向妨害知识者在专业领域的探索。

循此而来,分别梳理了传统知识分子观和现代知识分子观。我们从文字之于初民的意义入手,分析了文字的神秘特性,以及文字之于知识阶层的形成和文字对士庶对立格局的形成所起的作用。在春秋时期,知识阶层发生了革命性转变,从巫到士,是知识阶层登上中国历史舞台的一个转折点,士的身份、地位、使命等等都在知识阶层的这次转变中得到完成,绵延后世近两千载而不改,传统中国知识分子观很大程度上体现在对"士"的认识上,对"士"来说,他们自命或被视为"以身殉道"的价值维护者、"抱道忤时"的社会批判者和"行己有耻"的道德示范者。

自"士"从沟通人神两界的"巫"的"装神弄鬼"的职能中解脱出来后,他便被赋予一种建构和维护整个社会的规范、价值、精神的特殊使命,体现他们种种思考和理想的"道"便成为他们生命的寄托,由于有了这种对"道"的自信和坚守,物质的诱惑、权势的威逼都不能使他们更改其志。他们天生自命不凡,因为在他们看来,在至高无上的"道"面前人人平等,特别是在等级制度严苛的传统中国社会,即便是一国之君,也不能超越"道"之上,而"道"又是士人所单独把握的,所以,在他们眼里,他们可以依"道"而裁判一切,批判一切,这就形成了他们的批判精神。由于传统文化的建构无不是以"道德"为中心衍生而来,道德要求也便被置于传统文化的核心位置,而士被视为"四民之首",自视为民众的导师,反求诸己、立品修德便成为士人的一个重要要求,因为他们要为大众作出道德表率和道德榜样。

随着清朝的覆亡带来的封建制度的崩溃,西方列强的野心带来中华民族生存的压力,以及中西文化的冲撞与交流带来思想的开放,这诸多因素辐轴际会,促成了"士"到"知识分子"的历史转变。现代知识分子的知识结构、教育背景、安身立命、道德伦理等方方面面与传统知识分子相比发生了很大的变化。但毫无疑问,他们的使命担当、悲悯情怀、自我期许都与古代的士是一脉相承的。正是在这种特殊历史阶段的剧变和混乱之中,"五四一代"知识分子自命或被视为"殄除外虏"的民族主义者、"跑来跑去"的淑世主义者和"发扬踔厉"的个人主义者。

两千年来的天朝上国的清梦被鸦片战争的枪炮一下轰破,从此,近现代中国命运多舛、风雨飘摇,先觉的知识分子面临两项历史任务,他们一要扫除统治我汉族二百六十余年的满清统治者,即"驱除鞑虏",二要反抗企图复陷我中华于奴隶之境的西方列强,即"反洋鬼子",这两者都是民族主义的集中表现,而民族主义正是近现代中国知识分子在思考拯救中国时一个不约而同的思想选择。科举的废除,使过去的政学合一走向现在的政学分离,这时,知识分子无不面临着学术与政治这对矛盾的纠葛,他们在投身政治的同时,梦想能够安心向学,在努力向学的同时,又按捺不住内心的政治冲动,于是只得在这两者之间徘徊踌躇。随着西学的引入,个人主义思想资源遂进入这一代知识分子的法眼,西方社会、文化之花很大程度上是开在个人主义的大树上的,而脱身于集权国家和集体社会中的知识分子视之为挽救中国的一剂强心剂,他们自己也正是那刚健不屈,桀骜不驯的个人主义者。

第二章 出 与 入

第一节 鲁迅:雅士·隐士·斗士

就知识分子的出与入而言,鲁迅反对两种"出"的倾向,一是"吟风弄月"的雅士,二是"息影林泉"的隐士,因为他们要么陶醉于艺术之宫里自得其乐,要么逃避到太虚幻境中自我安慰,总之他们对于自己身外的世界或漠不关心,或熟视无睹,鲁迅期望一种能自觉到生活在现时现地,并能直面社会人生,具有刚健不挠的抗争精神的斗士的出现。

雅士:啊!皎洁的明月,暗绿的森林

只有梅花是知己

鲁迅打小就属于他所说的那种"不肯涂脂抹粉的青年",①他小时候有一方印,上面刻有"只有梅花是知己",乍一看,花花草草的,似乎很清雅,很"十三",其实不然,"墙角数枝梅,凌寒独自开",梅花常常与严寒是分不开的,这样,梅花便有了一种坚韧、挺拔、不屈、抗争的意味,所以,梅花傲雪便成了一种发扬踔厉的象征,鲁迅笔下常常出现"梅花傲雪"的鲜明意象。

一个冬天,他"在酒楼上",朝窗外的"废园"望去。

> 几株老梅竟斗雪开着满树的繁花,仿佛毫不以深冬为意;倒塌

---

① 鲁迅:《野草·一觉》,《鲁迅全集》(第 2 卷),第 228 页。

的亭子边还有一株山茶树,从晴绿的密叶里显出十几朵红花来,赫赫的在雪中明得如火,愤怒而且傲慢,如蔑视游人的甘心于远行。①

"白雪红梅",鲁迅的雪地里似乎没有红梅,"红梅"被红色的"山茶花"所代替,但却总还有傲雪的梅花。

> 雪野中有血红的宝珠山茶,白中隐青的单瓣梅花,深黄的磬口的蜡梅花;雪下面还有冷绿的杂草。蝴蝶确乎没有;蜜蜂是否来采山茶花和梅花的蜜,我可记不真切了。②

你看他身上何尝有那"琉璃世界白雪红梅,脂粉香娃割腥啖膻"的清雅呢?回头再看"只有梅花是知己"这方印,便可知他从小便是那种"不肯涂脂抹粉的青年"。这在他的一首诗中也有所明示,1900年,少年鲁迅做诗《莲蓬人》一首,诗云:"扫除腻粉呈风骨,褪却红衣学淡妆",③看来,鲁迅这个人的成熟和朴实是向来如是的。你看他还是一个不足二十来岁的大小伙子,却没有青春期男孩常常会有的那种偏好粉香脂浓,幻想雍容华贵的审美取向,他要的是一种"清水出芙蓉,天然去雕饰"的自然和真实。

然而,知识分子的"坏毛病"却在于常常要精致、好修饰。就拿艺术来说吧,他们会将来自民间的艺术加以采撷、改造,去其粗鄙,去其毛糙,使之精致化,使之高雅化,然后,"罩上玻璃罩,做起紫檀架子来",将之供奉起来。梅兰芳先生的京戏便是如此,鲁迅说:"他未经士大夫帮忙时候所做的戏,自然是俗的,甚至于猥下,肮脏,但是泼剌,有生气。

---

① 鲁迅:《彷徨·在酒楼上》,《鲁迅全集》(第2卷),第25页。
② 鲁迅:《野草·雪》,《鲁迅全集》(第2卷),第185页。
③ 鲁迅:《集外集拾遗补编·莲蓬人》,《鲁迅全集》(第8卷),第532页。

待到化为'天女',高贵了,然而从此死板板,矜持得可怜。看一位不死不活的天女或林妹妹,我想,大多数人是倒不如看一个漂亮活动的村女的,她和我们相近。"①鲁迅宁要看满脸雀斑,但泼辣生气的村姑,也不要观身材婀娜,但扭捏作态的天女。

同样,他对知识分子及其艺术上那种见花落泪,对月发愁的颓唐也倍感腻心。他提到文坛上的一些"破落户",这些人有祖上的积累,可惜光景不再,然而又"文雅胜于算盘",于是"惟我的颓唐相,是'十年一觉扬州梦',惟我的破衣上,是'襟上杭州旧酒痕',连懒态和污渍,也都有历史的甚深意义的"。② 装什么腔? 作什么势? 顾影自怜,矫揉造作,鲁迅实在看不惯他们的那副死样子。

他说起他看文章的一个经验,就是先看署名,如果是"自称'鲽栖''鸳精''芳侬''花怜''秋瘦''春愁'之类的"便不看。③ 不看也算罢了,鲁迅还要骂他们,骂得他们狗血喷头,说他们连妓女都不如,他说泼剌的妓女泰绮思"比起我们的有些所谓'文人',刚到中年,就自叹道'我是心灰意懒了'的死样活气来,实在更其像人样"。他说,"我宁可向泼剌的妓女立正,却不愿意和死样活气的文人打棚"。④

显然,鲁迅是不属于这类"雅士"的,他看重的是知识分子的执着现实、抗争现实的精神,而不要那种自我陶醉、自我欣赏的做作,他说到曹靖华和他分别翻译的《铁流》和《毁灭》这两部小说,虽然算不得怎么精

---

① 鲁迅:《花边文学·略论梅兰芳及其他(上)》,《鲁迅全集》(第 5 卷),第 609 页。
② 鲁迅:《且介亭杂文二集·文坛三户》,《鲁迅全集》(第 6 卷),第 353 页。
③ 鲁迅:《集外集拾遗补编·名字》,《鲁迅全集》(第 8 卷),第 123 页。
④ 鲁迅:《且介亭杂文二集·"京派"和"海派"》,《鲁迅全集》(第 6 卷),第 315 页。

致,但却是描写了生龙活虎般的现实的战斗,"铁的人物和血的战斗,实在够使描写多愁善病的才子和千娇百媚的佳人的所谓'美文',在这面前淡到毫无踪影"。① 他曾自称道,"我是一个俗人,向来不大注意什么天上和阴间的",② 与胡适那种着眼于将来,因此形成一种"不可救药"的乐观主义相比,鲁迅着眼于现在的人世间,因此形成一种"不可救药"的悲观主义。从他老是盯着当下不放,超脱不了现实层面来看,他的确是"俗人"一个,他也乐于列入俗人之中。

还是因为上面的原因,就决定了他其实在艺术上也是个"俗人",这是他承认的,但又没明说。虽然他宁可将自己归纳到俗人的行列,但我们却往往不这样认为,因为他的作品就是明证,你看他写的散文诗,感情之浓烈,感觉之纤细,感受之敏感,现代文学史上鲜有人能出其右者,他在给朋友的信中也说,"多伤感情调,乃知识分子之常,我亦大有此病,或此生终不能改"。③ 正是夫子自道,而这又是他后来哂笑对手的理由。

星月皎洁的时候,我正在和蚊子战斗

他嘲弄追求雅致的人的一个利器是"扫别人雅兴"。艺术上的感觉往往是"超现实"的,不可能证实的,因为它有时未免要有联想,所以会显得散漫、夸张,甚至矫情、造作,鲁迅大扫人兴的绝招即在于"装糊涂",并将之认真化,一装糊涂,再一较真,就使得对手显得滑稽、可笑,并出乖、露丑。

文人、文学、文艺的创作和欣赏恐怕总是脱离不了一种略带神秘的

---

① 鲁迅:《二心集·关于翻译的通信》,《鲁迅全集》(第4卷),第394页。
② 鲁迅:《准风月谈·新秋杂识(二)》,《鲁迅全集》(第5卷),第297页。
③ 鲁迅:《致曹靖华(340430)》,《鲁迅全集》(第4卷),第87页。

直觉和神经质,也许有的仅是无病呻吟,也许有的仅是故弄玄虚,也许有的仅是"屎里觅道",也许有的仅是装腔作势(这就是鲁迅所说的"假装锐敏的"一群),这些当然不妥,但感官的细腻和敏感,心理的脆弱和痛苦恐怕是必不可少的。尼采发狂,普鲁斯特神经衰弱,舒曼跳河,凡·高割耳朵,这些都是文艺上的明证,而他们的艺术成就又是首屈一指的。

基于此类常识判断,梁实秋就发出"好的作品永远是少数人的专利品,大多数永远是蠢的,永远是和文字无缘的","鉴赏文学也是天生的一种福气"①之类的高论,徐志摩也说你如果听不到"无音的乐"——这也的确有些玄乎——"就该怨你自己的耳轮太笨或是皮粗"!② 他们固然说的不无道理,但话又说得太霸道,他们"以为这种细腻锐敏的感觉,当然不属于粗人,这是上等人的牌号"③,这些"小资产阶级知识分子"的霸道又是以民众为本位的鲁迅所不能容忍的。禀赋之外,很大程度上在于他们终日地为生计所累,终日地疲于奔命,哪会在饥不择食,食不果腹的情况下去感觉那"无音之乐",鉴赏那"好的作品"呢。

鲁迅的"可恶"之处就是专扫这些骄傲而脆弱的文人的雅兴。一天晚上,在盘算着明天吃辣子鸡的时候,他说他"不幸"看到了徐志摩谈音乐的文章,徐说他不仅会听有音的乐,还会听无音的乐,"我深信宇宙的底质,人生的底质,一切有形的事物与无形的思想的底质——只是音乐,绝妙的音乐。天上的星,水里泅的乳白鸭,树林里冒的烟,朋友的

---

① 梁实秋:《文学有阶级性的吗?》,李富根、刘洪主编:《恩怨录·鲁迅和他的论敌文选》(下),今日中国出版社1996年版,第592页。
② 鲁迅:《集外集·"音乐"?》,李富根、刘洪主编:《恩怨录·鲁迅和他的论敌文选》(下),第55页。
③ 鲁迅:《准风月谈·喝茶》,《鲁迅全集》(第5卷),第331-332页。

信,战场上的炮……无一不是音乐。你就把我送进疯人院去,我还是咬定牙龈认账的。是的,都是音乐——庄周说的天籁地籁人籁;全是的。你听不着就该怨你自己的耳轮太笨,或是皮粗,别怨我"。① 一面看着徐诗人关于无音的乐的美文,一面盘算着明天吃辣子鸡,实在大扫人兴。

他看到文人的一段写景"名文"后感慨道,"偶然看看文学家的名文,说是秋花为之惨容,大海为之沉默云云,只是愈加感到自己的麻木。我就从来没有见过秋花为了我在悲哀,忽然变了颜色;只要有风,大海是总在呼啸的,不管我爱闹还是爱静。"②在另一处,鲁迅写了这么一段写景"美文":

  阿!皎洁的明月,暗绿的森林,星星闪着他们晶莹的眼睛,夜色中显出几轮较白的圆纹是月见草(按:夜来香的日本名称)的花朵……自然之美多少丰富呵!③

鲁迅夫子竟有此等雅兴乎?原来这是他恶作剧地,不无嘲弄地造出的一段"高雅的人们"的雅兴,"我窗外没有花草,星月皎洁的时候,我正在和蚊子战斗,后来又睡着了"。④ 鲁迅的"可恶"之处便在于此,你不喜欢人家"十三"便罢了,你却不该起哄、嘲笑别人啊。真是大扫雅兴!

中国文化和文学一个最丰厚的意境便是"品秋",而秋之萧飒和悲凉似乎更能迎合文人顾影自怜的心理。一个菊花,宝姐姐就曾为大观

---

① 转见鲁迅:《鲁迅全集》(第7卷),第57页。
② 鲁迅:《准风月谈·新秋杂识(三)》,《鲁迅全集》(第5卷),第319页。
③ 鲁迅:《集外集拾遗补编·无题》,《鲁迅全集》(第8卷),第126页。
④ 同上。

园里的"文学社""海棠社"拟了忆菊、访菊、种菊、对菊、供菊、咏菊、画菊、问菊、簪菊、菊影、菊梦和残菊共十二个题目,我的乖乖,这些小姑娘们的感觉细密和敏感又岂是焦大这般俗人、粗人所能感知和理解的。鲁迅也是雅士群中的"焦大",他也没有这种品秋的雅致和心思。他说:

秋真是来了,晴的白天还好,夜里穿着洋布衫就觉得凉飕飕。报章上满是关于"秋"的大小文章:迎秋,悲秋,哀秋,责秋……等等。为了趋时,也想这么的做一点,然而总是做不出。我想,就是想要"悲秋"之类,恐怕也要福气的,实在令人羡慕得很。①

又是福气,比起梁实秋来,他没有福气,比起徐志摩来,他也没有福气。他说,"所谓'秋思',其实也是这样的,骚人墨客,会觉得什么'悲哉秋之为气也',风雨阴晴,都给他一种刺戟,一方面也就是一种'清福',但在老农,却只知道每年的此际,就要割稻而已"。② 文人悲秋,老农割稻,阿弥陀佛,这都是哪跟哪啊!

"一年三百六十日",对"有福气"的人不是春愁就是秋悲,不是夏怨就是冬叹,然而,在鲁迅的眼里,一年到头都是"风刀霜剑严相逼"!春天,龙华桃花始盛开时,他却看到他的那些年轻作家们被政府秘密屠杀后留下的猩红的血泊;他在给颜黎民写的信中这样说:"我的门外却有四尺见方的一块泥土,去年种了一株桃花,不料今年竟也开了起来,虽然少得很,但总算已经看过了罢。至于看桃花的名所,是龙华,也有屠场,我有好几个青年朋友就死在那里面,所以我是不去的。"③夏天,"几

---

① 鲁迅:《准风月谈·新秋杂识(三)》,《鲁迅全集》(第5卷),第316页。
② 鲁迅:《准风月谈·喝茶》,《鲁迅全集》(第5卷),第331页。
③ 鲁迅:《致颜黎民(360415)》,《鲁迅全集》(第14卷),人民文学出版社2005年版,第77页。

个大花脚蚊子"哼着飞舞的土场上却滚过"皇帝坐了龙庭了"的爆炸新闻;秋天,一个后半夜的"古□亭口",人们却正在鉴赏清廷射杀夏瑜的盛举;冬天,鲁镇雪花漫天飞舞,鞭炮哔哔剥剥,他却遇见了"仿佛是木刻似的"祥林嫂。面对血的现实,他哪有这份雅致的心情呢?

总之,在鲁迅这个"俗人"的世界中,丝毫没有雅人的情趣。

然而,鲁迅也尝试着雅致起来。这次是从"喝茶"入手来实验的,和悲秋一样,喝茶对中国人来说仍不失为一种精致的艺术,鲁迅早年还亲自抄录了《唐代丛书》中的《茶经》①,那些吃茶的繁琐的讲究都在其中,这是中国人生活的艺术。鲁迅实验的结果是:如果在"静坐无为"的时候,泡茶盖过碗的,"色清而味甘,微香而小苦",如果在写作中途,"拉来一喝",则和喝粗茶几乎无甚差别。所以,喝茶的讲究与否,雅致与否,精致与否,其实与喝茶的人是否有这份喝茶的余闲和心思是有关的。"有好茶喝,会喝好茶,是一种'清福'。不过要享这'清福',首先就须有工夫,其次是练习出来的特别的感觉。由这一极琐屑的经验,我想,假使是一个使用筋力的工人,在喉干欲裂的时候,那么,即使给他龙井芽茶,珠兰窨片,恐怕他喝起来也未必觉得和热水有什么大区别罢。"②在这一点上,他与他的弟弟、"苦茶庵"主人周作人那种悠闲、知足、自在和与世无涉的心理状态相距甚远,周作人擅长"屎里觅道",捉虱子、观金鱼、听鸟鸣、吃野菜,芝麻绿豆大的屁事,他都能娓娓叙来,而且说得津津有味,他更是吃茶的好手,光一个喝茶,他就写有《喝茶》、《吃茶》、《再论吃茶》、《关于苦茶》、《北京的茶食》等数篇文章,谈来谈去,谈个没完。

如在江村小屋里,靠玻璃窗,烘着白炭火钵,喝清茶,同友人谈

---

① 周作人著,止庵编:《关于鲁迅》,新疆人民出版社1998年版,第514页。
② 鲁迅:《准风月谈·喝茶》,《鲁迅全集》(第5卷),第331页。

闲话,那是颇愉快的事。①

喝茶当于瓦屋纸窗之下,清泉绿茶,用素雅的陶瓷茶具,同二三人共饮,得半日之闲,可抵十年的尘梦。②

"忙里偷闲,苦中作乐",他通过品茶,为的是能"在不完全的现世享乐一点美与和谐,在刹那间体会永久"。③ 然而,过分的雅致便是病态,在鲁迅看来,无涉世事,追求并摩挲风雅即是病态,"感觉的细腻和锐敏,较之麻木,那当然算是进步的,然而以有助于生命的进化为限。如果不相干,甚而至于有碍,那就是进化中的病态,不久就要收梢"。④

喝茶不成便赏菊,然而,他却算计着陶渊明式的赏菊的成本和可能性。因为"'雅'要地位,也要钱,古今并不两样的,但古代的买雅,自然比现在便宜;办法也并不两样,书要摆在书架上,或者抛几本在地板上,酒杯要摆在桌子上,但算盘却要收在抽屉里,或者最好是在肚子里"。⑤ 至于要享受到陶渊明那种"采菊东篱下,悠然见南山"的千古雅兴,鲁迅认为代价还是颇为高昂的,他说:"但我们在上海学起来可就难了。没有南山,我们还可以改作'悠然见洋房'或'悠然见烟囱'的,然而要租一所院子里有点竹篱,可以种菊的房子,租钱就每月总得一百两,水电在外;巡捕捐按房租百分之十四,每月十四两。单是这两项,每月就是一百十四两,每两作一元四角算,等于一百五十九元六。近来的文稿又不

---

① 周作人:《雨天的书·序一》,周作人:《自己的园地 雨天的书》,人民文学出版社 1988 年版,第 223 页。
② 周作人:《雨天的书·喝茶》,周作人:《自己的园地 雨天的书》,第 255 页。
③ 同上书,第 254 页。
④ 鲁迅:《准风月谈·喝茶》,《鲁迅全集》(第 5 卷),第 332 页。
⑤ 鲁迅:《且介亭杂文二集·病后杂谈》,《鲁迅全集》(第 6 卷),第 169 页。

值钱,每千字最低的只有四五角,因为是学陶渊明的雅人的稿子,现在算他每千字三大元罢,但标点,洋文,空白除外。那么,单单为了采菊,他就得每月译作净五万三千二百字。吃饭呢?要另外想法子生发,否则,他只好'饥来驱我去,不知竟何之'了。"①他把吃喝拉撒,锅碗瓢盆杂拉过来将陶潜的恬淡自然冲刷的一塌糊涂,实在大俗之至,大扫人兴。

雅士的另一面

他打击追求雅致的人的另一利器是"全面"。鲁迅的长处往往在于"片面",他善用"针扎",不善于"锤击","抓其一点,不计其余"的论战策略使得他的论述显得犀利而深刻,他自己也曾多次为他的这一论战策略辩护,他说写作中的"温暾之谈,两可之论,也即所谓执中之说,公允之言,其实等于不写而已"。② 如果说话要面面俱到,那结果是叫人无法说话,他说"假使做事要面面顾到,那就什么事都不能做了"。③ 然而,这次他反对雅致的出发点正是在于批评雅致倡导者的"片面"性。为了反对雅致,他也顾不得这个矛盾了。

---

① 鲁迅:《且介亭杂文二集·病后杂谈》,《鲁迅全集》(第 6 卷),第 169 页。邵洵美在《关于旅行》一文中曾说,"谁都想往外面跑;只有一位要'雅'的作家计算着在家里种菊花,每月需要一百五十九元六角。"这个要"雅"的作家便指的是鲁迅,文章最后这样攻击鲁迅的杂文主张,"关于旅行的文章,在最近的各种杂志里,也发表得很多;虽然对于山水的赞美,多半是假话;可喜不像小品杂文之类,沾染了绍兴师爷文笔的习气,读来尚有趣。"(沈建中编:《时代漫画》(上),上海社会科学院出版社 2007 年版,第 178-179 页。)

② 鲁迅:《华盖集·并非闲话(三)》,《鲁迅全集》(第 3 卷),第 161 页。

③ 鲁迅:《集外集拾遗补编·关于知识阶级》,《鲁迅全集》(第 8 卷),第 225 页。

于是,他要证明,"老学究"蔡邕其实也有"有血性"的时候,"飘飘然"的陶潜其实也有"摩登"和"金刚怒目"的时候,"静穆"的钱起其实也有"愤愤"的时候,"性灵"的袁宏道其实也有"不平"的时候。"幽默"的林语堂也有不幽默的时候,"活神仙"似的泰戈尔也有不"胡涂"的时候。

他为人称道的"知人论世说"正是出于他反对"选本",而反对"选本"则本于反对"雅致",人家说某某飘逸,某某性灵,他却说,不对,其实某某也有热烈时,某某也有冲动时。

> 例如蔡邕,选家大抵只取他的碑文,使读者仅觉得他是典重文章的作手,必须看见《蔡中郎集》里的《述行赋》(也见于《续古文苑》),那些"穷工巧于台榭兮,民露处而寝湿,委嘉谷于禽兽兮,下糠秕而无粒"(手头无书,也许记错,容后订正)的句子,才明白他并非单单的老学究,也是一个有血性的人,明白那时的情形,明白他确有取死之道。又如被选家录取了《归去来辞》和《桃花源记》,被论客赞赏着"采菊东篱下,悠然见南山"的陶潜先生,在后人的心目中,实在飘逸得太久了,但在全集里,他却有时很摩登,"愿在丝而为履,附素足以周旋,悲行止之有节,空委弃于床前",竟想摇身一变,化为"阿呀呀,我的爱人呀"的鞋子,虽然后来自说因为"止于礼义",未能进攻到底,但那些胡思乱想的自白,究竟是大胆的。就是诗,除论客所佩服的"悠然见南山"之外,也还有"精卫衔微木,将以填沧海,形天舞干戚,猛志固常在"之类的"金刚怒目"式,在证明着他并非整天整夜的飘飘然。这"猛志固常在"和"悠然见南山"的是一个人,倘有取舍,即非全人,再加抑扬,更离真实。①

---

① 鲁迅:《且介亭杂文二集·"题未定"草(六至九)》,《鲁迅全集》(第6卷),第436页。

鲁迅当然对知人论文要全面,不能如瞎子摸象一样,触其一部分,便以为全貌,当然荒唐,然而鲁迅也只强调了他们不雅致,有血性,肯发扬的一面,而没有说明他们雅致的一面的意义和价值,他其实和他的对手是一样的,都取了自己偏好的一面,如此看来,鲁迅立论貌似"全面",其实"片面"。

在他看来,与选本具有同一毛病的是如同从"衣裳上撕下来的一块绣花"的"摘句"。朱光潜曾在《中学生》上发表《说"曲终人不见,江上数峰青"》一文,推钱起的诗《省试湘灵鼓瑟》中"曲终人不见,江上数峰青"两句为"诗美的极致",他说:"艺术的最高境界都不在热烈。就诗人之所以为人而论,他所感到的欢喜和愁苦也许比常人所感到的更加热烈。就诗人之所以为诗人而论,热烈的欢喜或热烈的愁苦经过诗表现出来以后,都好比黄酒经过长久年代的储藏,失去它的辣性,只剩一味醇朴。我在别的文章里曾经说过这一段话:'懂得这个道理,我们可以明白古希腊人何以把和平静穆看作诗的极境,把诗神亚波罗摆在蔚蓝的山巅,俯瞰众生扰攘,而眉宇间却常如作甜蜜梦,不露一丝被扰动的神色?'这里所谓'静穆'(Serenity)自然只是一种最高理想,不是在一般诗里所能找得到的。""这种境界在中国诗里不多见。屈原阮籍李白杜甫都不免有些像金刚怒目,愤愤不平的样子。陶潜浑身是'静穆',所以他伟大。"①

关于诗,鲁迅在 1925 年 6 月 28 日致许广平的信中这样说,"沪案以后,周刊上极锋利肃杀的诗,其实是没有意思的,情随事迁,即味如嚼蜡。我以为感情正烈的时候,不宜做诗,否则锋铓太露,能将'诗美'杀

---

① 鲁迅:《且介亭杂文二集·"题未定"草(六至九)》,《鲁迅全集》(第 6 卷),第 444 页。

掉"。① 避其锋芒,意味深长是鲁迅诗论的主张,这些审美旨趣和朱光潜的淳朴静穆主张有什么两样呢？然而,鲁迅不能容忍朱在兜售"静穆"时对"热烈发愤"的贬抑,他正是那种"金刚怒目,愤愤不平"的人啊,况且朱光潜的还有硬伤,鲁迅抓住了他这根"小辫子"。

那就是：一、钱起的诗实系一首处处得顾及押题的"省试诗","现在一看题目,便明白'曲终'者结'鼓瑟','人不见'者点'灵'字,'江上数峰青'者做'湘'字,全篇虽不失为唐人的好试帖,但末两句也并不怎么神奇了。况且题上明说是'省试',当然不会有'愤愤不平的样子'"。所以这两句"妙句""实在是因为题目,又因为省试,所以只好如此圆转活脱"。其二,鲁迅举了钱起在落第后在客舍所作的《下第题长安客舍》一诗证明他其实也还是愤愤不平的。"一落第,在客栈的墙壁上题起诗来,他就不免有些愤愤了"。② 至于山巅上的诗神亚波罗"常如作甜蜜梦",乃是因为"古"掩盖了他的热烈。因为岁月往往会给文物带来一种艺术价值的,比如,原始人在山石上乱凿乱刻的那些飞禽走兽,那算什么啊,叫什么艺术啊,但正因为是几千几万年前的东西,便成了一块宝。

批评完选本和摘句,鲁迅将批评的矛头指向了断句和标点,项庄舞剑,意在沛公,鲁迅要批评的不是乱标点,印古书,他是借乱标点,印古书来反对当时文坛上和社会上对贵超然、尚玄谈的明人小品的推崇。标点的硬伤成为他"奚落"对手的第一步,这也往往使得对手因出乖露丑而就此闭嘴。"人古而事近的,就是袁中郎。这一班明末的作家,在文学史上,是自有他们的价值和地位的。而不幸被一群学者们捧了出

---

① 鲁迅:《两地书·三十二》,《鲁迅全集》(第5卷),第331页。
② 鲁迅:《且介亭杂文二集·"题未定"草(六至九)》,《鲁迅全集》(第6卷),第443页。

来,颂扬,标点,印刷,'色借,日月借,烛借,青黄借,眼色无常。声借,钟鼓借,枯竹窍借……'借得他一塌胡涂,正如在中郎脸上,画上花脸,却指给大家看,啧啧赞叹道:'看哪,这多么"性灵"呀!'对于中郎的本质,自然是并无关系的,但在未经别人将花脸洗清之前,这'中郎'总不免招人好笑,大触其霉头。"①他在另一处奚落道:"不过倘使是调子有定的词曲,句子相对的骈文,或并不艰深的明人小品,标点者又是名人学士,还要闹出一些破句,可未免令人不遭蚊子叮,也要起疙瘩了。嘴里是白话怎么坏,古文怎么好,一动手,对古文就点了破句,而这古文又是他正在竭力表扬的古文。破句,不就是看不懂的分明的标记么?说好说坏,又从那里来的?"所以,他说"看了《袁中郎全集校勘记》,想到了几句不关重要的话,是:断句的难"。② 古文不过关,文章乱标点,倘对胡适来说,这是个学风问题,但对鲁迅来说,却是你究竟想要将青年引向何方的问题,这是个大问题。你们不要只看到袁中郎性灵的一面嘛,鲁迅对郑振铎也曾说过这一意思,他说"他并不反对袁中郎;中郎是十分方巾气的,这在他文集里便可见。他所厌弃,所斥责的乃是只见中郎的一面,而恣意鼓吹着的人物"。③ 而这"恣意鼓吹着的人物"主要是指林语堂,鲁迅对中郎"附身"的林语堂感到不满,林语堂 of course 对鲁迅对他的不满而不满,同样,林语堂也说到有着"十分方巾气"的鲁迅,林语堂说:"鲁迅这个人,文章实在犀利,可谓尽怒骂讥弹之能事,愈骂得好,

---

① 鲁迅:《花边文学·骂杀与捧杀》,《鲁迅全集》(第 5 卷),第 615 页。
② 鲁迅:《花边文学·点句的难》,《鲁迅全集》(第 5 卷),第 603 页。
③ 鲁迅博物馆等编:《鲁迅回忆录》(散篇中册),北京出版社 1999 年版,第 561 页。

他愈高兴。我看见他嘲笑虐谑之时,张起一口黄牙呵呵大笑的情状。"①

明末的小品文果真是风月谈吗?鲁迅答曰,NO!只是清朝的文字狱把那些明末的投枪和匕首都销铸成金人了,以期永葆大清江山万年。"明末的小品虽然比较的颓放,却并非全是吟风弄月,其中有不平,有讽刺,有攻击,有破坏。这种作风,也触着了满洲君臣的心病,费去许多助虐的武将的刀锋,帮闲的文臣的笔锋,直到乾隆年间,这才压制下去了。以后呢,就来了'小摆设'。"②"所以小品文中,有时也夹着感愤,但在文字狱时,都被销毁,劈板了,于是我们所见,就只剩了'天马行空'似的超然的性灵。"③除袁中郎外,鲁迅指出,"屹然中立"的张岱也有其"偏倚的"一面。张岱论东林时云:"东林之中,其庸庸碌碌者不必置论,如贪婪强横之王图,奸险凶暴之李三才,闯贼首辅之项煜,上笺劝进之周钟,以致窜入东林,乃欲俱奉之以君子,则吾臂可断,决不敢徇情也。东林之尤可丑者,时敏之降闯贼曰,'吾东林时敏也',以冀大用。鲁王监国,蕞尔小朝廷,科道任孔当辈犹曰,'非东林不可进用'。则是东林二字,直与蕞尔鲁国及汝偕亡者。手刃此辈,置之汤镬,出薪真不可不猛也。"④张氏之"词严义正",切齿之声,犹在耳畔,张岱还性灵乎?张岱还梦忆否?

---

① 鲁迅博物馆等编:《鲁迅回忆录》(散篇中册),北京出版社1999年版,第563页。

② 鲁迅:《南腔北调集·小品文的危机》,《鲁迅全集》(第4卷),第591-592页。

③ 鲁迅:《且介亭杂文二集·杂谈小品文》,《鲁迅全集》(第6卷),第431-432页。

④ 鲁迅:《且介亭杂文二集·"题未定"草(六至九)》,《鲁迅全集》(第6卷),第448页。

提倡幽默的林语堂其实也不全能做到幽默,鲁迅一下子抓住林语堂"不幽默"的把柄了,"更可叹的是被谥为'幽默大师'的林先生,竟也在《自由谈》上引了古人之言,曰:'夫饮酒猖狂,或沉寂无闻,亦不过洁身自好耳。今世癞鳖,欲使洁身自好者负亡国之罪,若然则"今日乌合,明日鸟散,今日倒戈,明日凭轼,今日为君子,明日为小人,今日为小人,明日复为君子"之辈可无罪。'虽引据仍不离乎小品,但去'幽默'或'闲适'之道远矣。这又是一个注脚。"①看来,林语堂自己也有免不了不幽默的时候。

那个当年在中国大赞东方文化而引起争议的印度诗人、1913 年的诺贝尔文学奖获得者泰戈尔来华时,徐志摩可是"一天到夜跟着老头子转",②也许是他们旨趣相投之故,徐志摩把持了阐释泰戈尔的话语权。

然而,鲁迅就迅速地挑出了泰戈尔的另一面,给徐志摩以尴尬,因为白胡子老泰也不只是大讲什么"新月"啊,"飞鸟"啦之类的。鲁迅说:"人近而事古的,我记起了泰戈尔。他到中国来了,开坛讲演,人给他摆出一张琴,烧上一炉香,左有林长民,右有徐志摩,各各头戴印度帽。徐诗人开始绍介了:'唵!叽哩咕噜,白云清风,银磐……当!'说得他好像活神仙一样,于是我们的地上的青年们失望,离开了。神仙和凡人,怎能不离开呢?但我今年看见他论苏联的文章,自己声明道:'我是一个英国治下的印度人。'他自己知道得明明白白。大约他到中国来的时候,决不至于还胡涂,如果我们的诗人诸公不将他制成一个活神仙,青年们对于他是不至于如此隔膜的。现在可是老大的晦气。"③

---

① 鲁迅:《花边文学·小品文的生机》,《鲁迅全集》(第 5 卷),第 488 页。
② 陆小曼:《泰戈尔在我家》(节选),《文汇报》2006 年 5 月 24 日。
③ 鲁迅:《花边文学·骂杀与捧杀》,《鲁迅全集》(第 5 卷),第 615-616 页。

鲁迅正是以全面来反对他人的片面,而自己又正是以片面之深刻见长,这在逻辑上是矛盾的,所以,鲁迅说的是有道理的,但也可以说没道理,这只是一种反驳和论战的策略,其总的目的是为了反对雅士,提倡一种切入现世的知识分子精神。

哇的一声,夜游的恶鸟飞过了

当徐志摩在欣赏无声之音乐的时候,鲁迅说:"只要一叫而人们大抵震悚的怪鸱的真的恶声在那里!?"①他不要"发"和"听"那恰恰唧唧的莺声,也不要"发"和"听"那叽叽喳喳的雀声,而呼唤一种"一叫而人们大抵震悚的怪鸱的真的恶声"。鲁迅常对人们排斥的、厌恶的"鸟们"抱以好感并加以赞叹,他认为"猫头鹰的不祥之言""虽然是悲凉漂渺的青春罢,然而究竟是青春"。② 他也自喻自己的言论是"枭鸣",他说:"我有时决不想在言论界求得胜利,因为我的言论有时是枭鸣,报告着大不吉利事;我的言中,是大家会有不幸的。"③因为这些"恶声"往往能撄拨人心,攻击时弊,打破和气,刺激进步,亦常使人觳悚、警觉,进而振奋、抗争。

鲁迅说他没有品秋的福分,在他的笔下,却是另一番秋天。

秋天的后半夜,月亮下去了,太阳还没有出,只剩下一片乌蓝的天;除了夜游的东西,什么都睡着。④

鲁迅笔下的秋夜,高远藏着萧飒,寂静掩着骚动,这"夜游的东西"

---

① 鲁迅:《集外集·"音乐"?》,《鲁迅全集》(第 7 卷),第 56 页。
② 鲁迅:《野草·希望》,《鲁迅全集》(第 2 卷),第 181 页。
③ 鲁迅:《且介亭杂文二集·序言》,《鲁迅全集》(第 6 卷),第 225 页。
④ 鲁迅:《呐喊·药》,《鲁迅全集》(第 1 卷),第 463 页。

正是打破了这难得的宁静。在另一个秋夜中,他也谈到了这夜游的东西。

哇的一声,夜游的恶鸟飞过了。①

恶鸟的恶声刺破了千古文人笔下宁静的秋夜。除过恶鸟恶声,鲁迅家的后院里的两株枣树也显得狰狞而突兀,它的树干直刺向秋夜的高空,"而最直最长的几枝,却已默默地铁似的直刺着奇怪而高的天空,使天空闪闪地鬼䁪眼;直刺着天空中圆满的月亮,使月亮窘得发白",②这病弱而宁静的传统意象中的突兀造成的不和谐令人紧张,叫人不安。在《药》的末尾我们也能听到一声乌鸦"哑"的一声大叫,"他们走不上二三十步远,忽听得背后'哑——'的一声在叫;两个人都竦然的回过头,只见那乌鸦张开两翅,一挫身,直向着远处的天空,箭也似的飞去了"。③ 恶鸟的"哇"的一声和乌鸦"哑"的一声有如一针强心剂,使人顿觉生命勃动,精神振作。

在上海,秋天的夜晚炎热无比,鲁迅听到了叭儿狗叫得很脆的声音,他们躲闪,他们捣鬼,他"不爱听这一种叫",他说:"我生长家村中,爱听狗子叫,深夜远吠,闻之神怡,古人之所谓'犬声如豹'者就是。倘或偶经生疏的村外,一声狂嗥,巨獒跃出,也给人一种紧张,如临战斗,非常有趣的。"他渴望紧张,渴望战斗,因为挑战能展现自己的生命力,所以他没有雅趣的心思。"危险?危险令人紧张,紧张令人觉到自己生命的力。在危险中漫游,是很好的。"④到现在,可以明

---

① 鲁迅:《野草·秋夜》,《鲁迅全集》(第2卷),第167页。
② 同上。
③ 鲁迅:《呐喊·药》,《鲁迅全集》(第1卷),第472页。
④ 鲁迅:《准风月谈·秋夜纪游》,《鲁迅全集》(第2卷),第267页。

白,他处处都是将自己置于一个挑战和危险的境地,并时时做好搏击和应对的准备。

鲁迅的秋天也萧然,但不是为了萧然而萧然,他的秋夜充满了鸡叫声,但他却不是"闻鸡生气,见月伤心"①的那种文人,"中夜鸡鸣风雨集"那是因为"柏栗丛边作道场",②"竦听荒鸡偏阒寂"那是因为"金风萧瑟走千官",③他悲察世间,以一人肩来担众生苦,他的好友许寿裳氏评《亥年残秋偶作》道,"此诗哀民生之憔悴,状心事之浩茫,感慨百端,俯视一切,栖身无地,苦斗益坚,于悲凉孤寂中,寓熹微之希望焉"。④ 他的抑郁和无奈正是基于种种不满,而不是为了装雅。

再看鲁迅的赏花。他坦承他热爱北国的黄埃,烦腻南国的桃花。特别是他逃到厦门大学教书的日子,他感到异常的无聊。到厦门大学教书,其实是逃离了战场,鲁迅绝对和美国的巴顿将军一样,一上战场,就生龙活虎,一下战场,就浑身难受。"我本来不大喜欢下地狱,因为不但是满眼只有刀山剑树,看得太单调,苦痛也怕很难当。现在可又有些怕上天堂了。四时皆春,一年到头请你看桃花,你想够多么乏味?即使那桃花有车轮般大,也只能在初上去的时候,暂时吃惊,决不会每天做一首'桃之夭夭'的。"⑤而且"不过太静了,倒是什么也不想写"。⑥ 这里没有牢骚可发,因为"萎黄的"荷花和小草都是"寿终正寝"的,"怪不得

---

① 鲁迅:《二心集·上海文艺之一瞥》,《鲁迅全集》(第4卷),第298页。
② 鲁迅:《集外集拾遗·秋夜偶成》,《鲁迅全集》(第7卷),第473页。
③ 鲁迅:《集外集拾遗·亥年残秋偶作》,《鲁迅全集》(第7卷),第475页。
④ 鲁迅博物馆等编:《鲁迅回忆录》(专著上册),北京出版社2000年版,第486页。
⑤ 鲁迅:《华盖集续编·厦门通信(二)》,《鲁迅全集》(第3卷),第392页。
⑥ 鲁迅:《华盖集续编·厦门通信》,《鲁迅全集》(第3卷),第389页。

别个",所以,他的牢骚就在于牢骚太少,此地放眼桃花,一片烂漫,这不是鲁迅所要的。

"我先前寓居日本时,春天看看上野的樱花,冬天曾往松岛去看过松树和雪,……可惜回国以来,将这超然的心境完全失掉了。"①他在司徒乔的画中看到了争斗,虽然只是人与自然的争斗,但毕竟是争斗,所以他还是喜爱。"因为这回我发见了作者对于北方的景物——人们和天然苦斗而成的景物——又加以争斗,他有时将他自己所固有的明丽,照破黄埃。""但我却爱看黄埃,因为由此可见这抱着明丽之心的作者,怎样为人和天然的苦斗的古战场所惊,而自己也参加了战斗。"②对鲁迅来说,"桃花"意味着一种幽然的赏玩,而"黄埃"则意味着一种慷慨的抗争,"与天斗,其乐无穷;与地斗,其乐无穷;与人斗,其乐无穷",鲁迅正是这样的一日不可无抗争的斗士。

> 魂灵被风沙打击得粗暴,因为这是人的魂灵,我爱这样的魂灵;我愿意在无形无色的鲜血淋漓的粗暴上接吻。漂渺的名园中,奇花盛开着,红颜的静女正在超然无事地逍遥,鹤唳一声,白云郁然而起……。这自然使人神往的罢,然而我总记得我活在人间。③

如果他还有"名园"的话,那里面的蔷薇只有刺,没有花。④ 他生活在现世人间,在这斗争的现世人间,他热爱粗暴,拒绝精致。当倡导幽默的林语堂向鲁迅约写幽默之文时,鲁迅回信对他这样说:"前函

---

① 鲁迅:《〈出了象牙之塔〉·后记》,《鲁迅全集》(第 10 卷),人民文学出版社 2005 年版,第 271 页。
② 鲁迅:《三闲集·看司徒乔君的画》,《鲁迅全集》(第 4 卷),第 74 页。
③ 鲁迅:《野草·一觉》,《鲁迅全集》(第 2 卷),第 228 页。
④ 鲁迅:《华盖集续编·无花的蔷薇》,《鲁迅全集》(第 3 卷),第 271 页。

令打油,至今未有,盖打油亦须能有打油之心情,而今何如者。重重迫压,令人已不能喘气,除呻吟叫号而外,能有他乎?"[1]林语堂也幽默的可以,你跟谁约都可以,就是不能跟鲁迅约,道不同,不相与谋,鲁迅不拆你的台已算不错了,哪有心情来凑你这个热闹,哪有心思捧你这个场?

我们常常将文人与雅士联系在一起,鲁迅却厌恶这种知识分子的雅士情结,他坦陈自己是一个"俗人",他以一股泼辣的"俗气"大扫知识分子的雅兴,使得他们的敏感矫情顿时显得滑稽可笑,同时他又以全面来反对他人的片面,那就是你们所说的雅士其实都有不雅的一面的,论理他是以片面之深刻见长的,但这时为了反对雅士,他也顾不得这一逻辑上的矛盾了,总之他反对雅士的目的是要求知识分子能够面对现实,不要以雅的名义将自己封闭起来,因为,在他看来,我们所处的环境实在是叫人雅致不起来的。

隐士:超然的心,是得像贝类一样

世上无闲事

1935年,鲁迅写了一篇一百来字的短文,全文如下:

孔子曰:"不得中行而与之,必也狂狷乎,狂者进取,狷者有所不为也。"于是很有一些人便争以"有不为"名斋,以孔子之徒自居,以"狷者"自命。

但敢问——

"有所不为"的,是卑鄙龌龊的事乎,抑非卑鄙龌龊的事乎?

---

[1] 鲁迅:《致林语堂(330620)》,《鲁迅全集》(第12卷),人民文学出版社2005年版,第407页。

"狂者"的界说没有"狷者"的含糊,所以以"进取"名斋者,至今还没有。①

不过,"戊戌政变的主角",康有为倒是取名为"有为"的,然被时人视为"狂生",看来这倒是合孔子的原意的,然而,一旦有为,而且张狂,世人便不悦之,目之为逆贼,鲁迅族中的长辈这样教诲鲁迅道:"康有为是想篡位,所以他的名字叫有为;有者,'富有天下',为者,'贵为天子'也。非图谋不轨而何?"②对于康有为,鲁迅先目其为"可恶",后誉其为"趋时",③趋时者,"先行者"、"前驱"之意也,世人皆贵无为而贱有为,而鲁迅贵有为而贱无为。

1926年10月14日,鲁迅到厦大学生周会作演说,鼓吹大家作"好事之徒",惜原讲词已失,在他给许广平的信中提到了这次演讲,他说:"我仍说我的'少读中国书'主义,并且说学生应该做'好事之徒'。"④而据当时《厦大周刊》上载有讲词大要,云:"略谓世人对于好事之徒,每致不满,以为好事二字,一若有遇事生风之意,其实不然。我以为今之中国,却欲好事之徒之多,盖凡社会一切事物,惟其有好事之人,而后可以推陈出新,日渐发达。试观科仑布之探新大陆,南生之探北极,及各种科学家之种种新发明,其成绩何一非由好事而得来。……惟各人之思想境遇不同,我不敢劝人人皆为甚大之好事者,但小小之好事,则不妨一尝试之。"⑤凡事皆由好事而来,此言不谬。

进取的、有为的知识分子大约总是好事之徒,梁启超曾云:"惟厌事

---

① 鲁迅:《集外集拾遗补编·"有不为斋"》,《鲁迅全集》(第8卷),第436页。
② 鲁迅:《华盖集·忽然想到五》,《鲁迅全集》(第3卷),第44页。
③ 鲁迅:《花边文学·趋时和复古》,《鲁迅全集》(第5卷),第564页。
④ 鲁迅:《两地书·五十六》,《鲁迅全集》(第11卷),第160-161页。
⑤ 见鲁迅:《两地书·五十六》注5,《鲁迅全集》(第11卷),第161页。

也,故常觉一切事无可为者;惟好事也,故常觉一切事无不可为者。"①胡适在面对周作人劝他"泛可小休"时回答说,"我是一个'好事者';我相信'多事总比少事好,有为总比无为好'"。② 1922年5月7日,胡适主持的《努力周刊》发刊词系胡适写的一首诗,他在诗中有云:"天下无不可为的事。"③在他们看来,知识分子们应当奋发有为,勇于任事,而不应是野鹤闲云,消极退缩,两耳不闻窗外事。

或云,你"好事",但事有"闲事"和"正事"之分,你好正事倒也罢了,好闲事就无异于"狗逮耗子"了。然而,在鲁迅看来,原来天下是无闲事的!这对他来说是个重大发现。

但是,还有些事我终于想不明白:即如天下有闲事,有人管闲事之类,我现在觉得世上是仿佛没有所谓闲事的,有人来管,便都和自己有点关系;即便是爱人类,也因为自己是人。假使我们知道了火星里张龙和赵虎打架,便即大有作为,请酒开会,维持张龙,或否认赵虎,那自然是颇近于管闲事了。然而火星上的事,既然能够"知道",则至少必须已经可以通信,关系也密切起来。算不得闲事了。④

既然火星上张龙与赵虎打架的事都不算闲事,"至于咱们地球之上,即无论那一处,事事都和我们相关",只不过我们没有精力去管罢了,并不是事闲而不值得一管。

---

① 梁启超:《少年中国说》,《饮冰室合集》(第1卷(五)),中华书局1989年版,第7页。
② 曹伯言整理:《胡适日记全编》(第6卷),安徽教育出版社2001年版,第585页。
③ 欧阳哲生主编:《胡适文集》(第9卷),第292页。
④ 鲁迅:《华盖集续编·杂论管闲事·做学问·灰色等》,《鲁迅全集》(第3卷),第197-198页。

老子连恋爱都没谈过

不要说闲事,就是正事,对老庄来说,都不主张去管,因为他尚柔,主无为,还说什么无为而无不为。以无为的姿态,消极的心态讲求退缩归隐的老庄哲学是鲁迅所不能接受和认可的。

孔子与他的"高材生"们曾遇到接舆、长沮、桀溺、荷杖丈人这一干隐士,且看他老人家和他的学生是如何评价这批隐士的。子路曾问津于桀溺,桀溺一听说他们系孔丘的学生,便说:"滔滔者天下皆是也,而谁以易之?且而与其从辟人之士也,岂若从辟世之士哉?"那意思是说,像洪水一样的坏东西处处皆是,你与其跟着孔子那种逃避坏人的人,为什么不跟着我们这些逃避社会的人呢?子路回去告诉孔子,夫子怃然曰:"鸟兽不可与同群,吾非斯人之徒与而谁与?天下有道,丘不与易也。"① 那意思是说,我不和人打交道难道和那些不同类的鸟兽打交道吗,若天下太平,当然用不着我孔子出来了,正是因为天下不太平,我才不得不出来布道的啊,后来程子由衷赞曰:"圣人不敢有忘天下之心,故其言如此也。"与隐士桀溺有道现,无道隐的心态和行为不同的是,孔子抱一种无道现,有道隐的心态和行为。他们面对一发不可收拾的残局,一塌糊涂的烂摊子,做也是白做,怎么办呢?这时就现出了孔子与隐士的分别,"桀溺曰,滔滔者天下皆是也,而谁以易之,最能说出自家的态度。晨门曰,是知其不可而为之者,最能说出孔子的态度。说到底,二者还是一个源流,因为都知道不可,不过一个还要为,一个不想再为罢了"。② 一个知其不可而为之,一个知其不可而不为,是为他们的区别。

---

① 《论语·微子》。
② 周作人:《〈论语〉小记》,周作人:《苦茶随笔·苦竹杂记·风雨谈》,岳麓书社 1987 年版,第 18 页。

还有一次,子路掉队了,找不到孔老师,便向一荷蓧丈人问询,没料到,此老骂孔子"四体不勤,五谷不分",子路又遵师命求拜老者,却没得见,于是一个人便嘀咕道:"不仕无义。长幼之节,不可废也;君臣之义,如之何其废之?欲洁其身,而乱大伦。君子之仕也,行其义也。道之不行,已知之矣。"①总之是说了些行道之重要性,入世之必要性,退隐之严重性的大话来着。

"欲洁其身,而乱大伦",性灵文学集大成者袁中郎数千年后也发了孔门弟子发过的恼气,鲁迅这样记道:"中郎还有更重要的一方面么?有的。万历三十七年,顾宪成辞官,时中郎主陕西乡试,发策,有'过劣巢由'之语。监临者问'意云何?'袁曰:'今吴中大贤亦不出,将令世道何所倚赖,故发此感尔。'"②中郎也正是一个关心世道的人。③

鲁迅时时不忘顺便对老子的"无为"给以揶揄和奚落,"太上老君的《道理》五千言,开头就说'道可道非常道',其实也就是一个'说不出',所以这三个字,也就替得五千言"。④他在《出关》中叫关尹喜开老子没谈过恋爱的玩笑,那依据就是无为而无不为的理论。关尹喜对书记说:

> 这也只能怪您自己打了瞌睡,没有听到他说"无为而无不为"。这家伙真是"心高于天,命薄如纸",想"无不为",就只好"无为"。一有所爱,就不能无不爱,那里还能恋爱,敢恋爱?⑤

---

① 《论语·微子》。
② 《顾端文公年谱》。
③ 鲁迅:《且介亭杂文二集·"招贴即扯"》,《鲁迅全集》(第2卷),第236页。
④ 鲁迅:《集外集·"说不出"》,《鲁迅全集》(第7卷),第41页。
⑤ 鲁迅:《故事新编·出关》,《鲁迅全集》(第2卷),第462-463页。

大约总是误读罢,邱韵铎读了鲁迅《出关》,以为鲁迅即是老子,"至于读了之后留在脑海里的影子,就只是一个全身心都浸淫着孤独感的老人的身影。我真切地感觉着读者是会堕入孤独和悲哀去,跟着我们的作者"。① 徐懋庸也说:"《出关》中的老子之为鲁迅先生的自况,也是很明显的。"② 我们横刀立马的鲁迅竟成了暮气沉沉的老子,鲁迅马上做出解释,他在对徐懋庸的信中说:"那《出关》,其实是我对老子思想的批评,结末的关尹喜的几句话,是作者的本意,这种'大而无当'的思想家,是不中用的,我对于他并无同情,描写上也加以漫画化,将他送出去。"③ 在他看来,老子的"无为而无不为"简直就是瞎扯,你无为本身就是有为嘛!"至于孔老相争,孔胜老败,却是我的意见:老,是尚柔的;'儒者,柔也',孔也是尚柔,但孔以柔进取,而老却以柔退走。这关键,即在孔子为'知其不可而为之'的事无大小,均不放松的实行者,老则是'无为而无不为'的一事不做,徒作大言的空谈家。要无所不为,就只好一无所为,因为一有所为,就有了界限,不能算是'无不为'了。"④ 他后来对主张"文学不是宣传"的周作人的学生废名也同理批驳且加奚落道,"谁用文字说'文学不是宣传'的,也就是宣传""写文章自以为对于社会毫无影响,正如称'废名'而自以为真的废了名字一样。'废名'就是名。要于社会毫无影响,必须连任何文字也不立,要真的废名,必须

---

① 邱韵铎:《〈海燕〉读后记》,李富根、刘洪主编:《恩怨录·鲁迅和他的论敌文选》(下),第 1023 页。

② 徐懋庸:《〈故事新编〉读后感》,李富根、刘洪主编:《恩怨录·鲁迅和他的论敌文选》(下),第 1026 页。

③ 鲁迅:《致徐懋庸(360221)》,《鲁迅全集》(第 14 卷),第 36-37 页。

④ 鲁迅:《且介亭杂文末编·〈出关〉的"关"》,《鲁迅全集》(第 6 卷),第 539-540 页。

连'废名'这笔名也不署"。① 道本不同,又狭路相逢,你一脸不死不活相,高唱文学无用论,鲁迅岂看得过去,你"废名"难道不是名吗?

苟如你老子言,假如无为在逻辑上是成立的,但在其动机上却是不成立的,其背后也还是为了有为啊,这一点被鲁迅看出来了,"老子之言亦不纯一,戒多言而时有愤词,尚无为而仍欲治天下,其无为者,以欲'无不为也'"。② 那么,无为看来还是不成立的,你老子还是一付有为的心理,你本人就做不到嘛。

1918 年,他给老友许寿裳的信中曾说:"前曾言中国根柢全在道教,此说近颇广行。以此读史,有多种问题可以迎刃而解。"③近十年后,他又几乎重复了同样的意思,"人往往憎和尚,憎尼姑,憎回教徒,憎耶教徒,而不憎道士。""懂得此理者,懂得中国大半。"④与各家各派的学说相比,老庄的退隐作风和相对主义思想对中国知识分子心理影响实在太大,它往往春风化雨般地使你不知不觉地深受其弊,鲁迅这种异质于老庄的人所想不通的历史文化问题的症结盖出于此。他的感觉应当是准确的,自称钻进中文就是为了革中文的命的闻一多对庄子颇有研究,他对道家之"温柔一刀"的"杀伤力"有着深切的体会,"他斥墨家是土匪,儒家是偷儿,道家是骗子。他说'讲起穷凶极恶的程度来,土匪不如偷儿,偷儿不如骗子,那便是墨不如儒,儒不如道'。这是把道家思想清算得很痛快的"。⑤

---

① 鲁迅:《集外集拾遗补编·势所必至,理有固然》,《鲁迅全集》(第 8 卷),第 425 页。
② 鲁迅:《汉文学史纲·第三篇 老庄》,《鲁迅全集》(第 9 卷),第 374 页。
③ 鲁迅:《致许寿裳(180820)》,《鲁迅全集》(第 11 卷),第 365 页。
④ 鲁迅:《而已集·小杂感》,《鲁迅全集》(第 3 卷),第 556 页。
⑤ 《郭沫若全集》(文学编第 20 卷),人民文学出版社 1992 年版,第 336 页。

就连鲁迅自己也不可避免地深受其"害","苦痛是总与人生联带的",然而,敏感的他,要免除这苦痛,"中国的老法子是'骄傲'与'玩世不恭',我觉得我自己就有这毛病,不大好"。①鲁迅自称他读了许多中国古书,就受了老庄的"毒","时而很随便",②这里的"玩世不恭"与"随便"都是老庄对付人生"苦痛"时的方法,只不过,鲁迅能时刻解剖自己,时刻发现、反省,并驱除他们。

他早在1908年就提倡拜伦、雪莱、普希金、莱蒙托夫、密茨凯维支、裴多菲等一派"立意在反抗,指归在动作"的浪漫诗人时,就对老子退缩无为的主张以不满和反驳。

> 老子书五千语,要在不撄人心,以不撄人心故,则必先自致槁木之心,立无为之治;以无为之为化社会,而世即于太平。其术善也。然奈何星气既凝,人类既出而后,无时无物,不禀杀机,进化或可停,而生物不能返本。使拂逆其前征,势即入于苓落。③

老子好远古,贵无为,主平和,尚虚静,以为世事万物以死水一潭为最高境界,鲁迅则认为,你所说的平和宁静,是一个理想状态,然而,"无时无物,不禀杀机",世上都从不存在这个理想状态啊。他认为,世事万物,动是绝对的,静是相对的。故平和是偶然的,争斗是必然的;平和是暂时的,争斗是永久的;平和是表面的,争斗是根本的,"平和为物,不见于人间。其强谓之平和者,不过战事方已或未始之时,外状若宁,暗流仍伏,时劫一会,动作始矣"。"故杀机之昉,与有生偕;平和之名,等于

---

① 鲁迅:《两地书·二》,《鲁迅全集》(第11卷),第15页。
② 鲁迅:《坟·写在〈坟〉后面》,《鲁迅全集》(第1卷),第301页。
③ 鲁迅:《坟·摩罗诗力说》,《鲁迅全集》(第1卷),第69页。

无有。"①

当庄子要齐万物时,鲁迅说万物是不齐的,有差异的,和风细雨背后是火山地震,抱柔守雌的前面是抗拒劬劳,当康有为在幻想世界大同时,鲁迅说世界是不同的,有差异的。"夫人类之不齐,亦当悟斯言之非至。夫人历进化之道途,其度则大有差等,或留蛆虫性,或猿狙性,纵越万祀,不能大同。"②"不齐"是一个客观存在。那么,不能,或不敢直面、正视"不齐"而带来争搏、交锋这一事实,一味地漠视、逃避、并靠"欺"和"瞒"来塑造一个理想状态,则是一种无责任的懦夫行为。

> 如今人所张皇;惟自知良懦无可为,乃独图脱屣尘埃,惝恍古国,任人群堕于虫兽,而已身以隐逸终。思士如是,社会善之,咸谓之高蹈之人,而自云我虫兽我虫兽也。其不然者,乃立言辞,欲致人同归于朴古,老子之辈,盖其枭雄。③

然而,逃避责任的知识分子反获高蹈之美名,那是因为,他们这些人,"有国时是高人,没国时还不失为逸士。逸士也得有资格,首先即在'超然','士'所以超庸奴,'逸'所以超责任"。④ 知识的资本使得他们与一般民众区分开来,隐士(逃避的知识分子)又使得他们与进取的知识分子区分开来,所谓隐士正是这么一些超庸奴,同时又超责任的知识分子,然而,一旦与公共事务无涉,知识分子的意义便不复存在。

"宁蜷伏堕落而恶进取"的隐士们是"意在安生"而已,要安生,则未免要苟活,苟活只是犬儒般的生活,而不是人样的生活。

---

① 鲁迅:《坟·摩罗诗力说》,《鲁迅全集》(第1卷),第68页。
② 鲁迅:《集外集拾遗补编·破恶声论》,《鲁迅全集》(第8卷),第34页。
③ 鲁迅:《坟·摩罗诗力说》,《鲁迅全集》(第1卷),第69页。
④ 鲁迅:《且介亭杂文二集·杂谈小品文》,《鲁迅全集》(第6卷),第432页。

> 北京暖和起来了;我的院子里种了几株丁香,活了;还有两株榆叶梅,至今还未发芽,不知道他是否活着。①

活着,意味着有生命的孕动,意志的发扬,精神的搏斗,然而,我们的古训则是"教人不要动",他小时候就这是这样被引导过、教育过的,那时读书人家的家教是,"屏息低头,毫不敢轻举妄动。两眼下视黄泉,看天就是傲慢,满脸装出死相,说笑就是放肆"。② 他抱怨现在青年学生"一代不如一代",弯腰驼背、低眉顺眼,没有幼狮般的矫健,只有绵羊般的温顺,"记得革命以前,社会上自然还不如现在似的憎恶学生,学生也没有目下一般驯顺,单是态度,就显得桀傲,在人丛中一望可知。现在却差远了,大抵长袍大袖,温文尔雅,正如一个古之读书人"。③ 他们太驯良了,驯良得与他们的年龄不相称。

佛学也讲求死木槁灰,无所事事,因为据他们的世界观来看一切皆空,动辄得咎,鲁迅说:"话要回到释迦先生的教训去了,据说:活在人间,还不如下地狱的稳妥。做人有'作'就是动作(=造孽),下地狱却只有'报'(=报应)了;所以生活是下地狱的原因,而下地狱倒是出地狱的起点。这样说来,实在令人有些想做和尚,但这自然也只限于'有根'(据说,这是'一句天津话')的大人物,我却不大相信这一类鬼画符。"④ 他时时批判和抵制隐士思想的弥漫,在给友人的信中说,"来信所举的日本木刻家,我未闻有专集出版。他们的风气,都是拼命离社会,作隐士气息,作品上,内容是无可学的,只可以采取一点技法"。⑤ 他反其道

---

① 鲁迅:《华盖集·北京通信》,《鲁迅全集》(第3卷),第56页。
② 鲁迅:《华盖集·忽然想到五》,《鲁迅全集》(第3卷),第44页。
③ 鲁迅:《华盖集·后记》,《鲁迅全集》(第3卷),第190页。
④ 鲁迅:《华盖集续编·有趣的消息》,《鲁迅全集》(第3卷),第211页。
⑤ 鲁迅:《致刘岘》,《鲁迅全集》(第14卷),第406-407页。

而行之,说:"我以为人类为向上,即发展起见,应该活动,活动而有若干失错,也不要紧。"如果要不动的话,鲁迅说他替中国人发现了一处好地方,那就是天天待在"北京的第一监狱"得了,"这监狱在宣武门外的空地里,不怕邻家的火灾;每日两餐,不虑冻馁;起居有定,不会伤生;构造坚固,不会倒塌;禁卒管着,不会再犯罪;强盗是决不会来抢的。住在里面,何等安全,真真是'千金之子坐不垂堂'了"。① 但唯独缺少的是裴多菲不惜抛却生命与爱情的自由。所以他说:"世上如果还有真要活下去的人们,就先该敢说,敢笑,敢哭,敢怒,敢骂,敢打,在这可诅咒的地方击退了可诅咒的时代!"②

隐士有三:"失意的隐士"、"全节的隐士"和"阔气的隐士"

1932年11月22日,鲁迅在北京大学作了"帮忙文学与帮闲文学"的演讲,在演讲中他说:"中国文学从我看起来,可以分为两大类:(一)廊庙文学,这就是已经走进主人家中,非帮主人的忙,就得帮主人的闲;与这相对的是(二)山林文学。唐诗即有此二种。如果用现代话讲起来,是'在朝'和'下野'。后面这一种虽然暂时无忙可帮,无闲可帮,但身在山林,而'心存魏阙'。如果既不能帮忙,又不能帮闲,那么,心里就甚是悲哀了。"③

郭沫若说:"我国的传统思想,依我所见,于儒道两家并无根本上的

---

① 鲁迅:《华盖集·北京通信》,《鲁迅全集》(第3卷),第55页。
② 鲁迅:《华盖集·忽然想到五》,《鲁迅全集》(第3卷),第45页。
③ 鲁迅:《集外集拾遗·帮忙文学与帮闲文学》,《鲁迅全集》(第7卷),第405页。

差异。"①我们且看这两家怎么个没差异法,"翩然一只云中鹤,飞去飞来宰相衙",中国的隐士往往是"身在山林,而'心存魏阙'"的,"外国的隐逸多是宗教的,在大漠或深山里积极的修他的胜业,中国的隐逸却是政治的,他们在山林或在城市一样的消极的度世"。② 正因为中国的隐士往往是政治性层面上的,所以,所谓隐士往往是政治上一种不如意,一种小脾气,一种赌气,一种撒娇,其方式是以退为进,其目的是为了征辟,为了吃饭。鲁迅一语道破,他说:"中国是隐士和官僚最接近的。那时很有被聘的希望,一被聘,即谓之征君;开当铺,卖糖葫芦是不会被征的。""登仕,是噉饭之道,归隐,也是噉饭之道。假使无法噉饭,那就连'隐'也隐不成了。'飞去飞来',正是因为要'隐',也就是因为要噉饭,肩出'隐士'的招牌来,挂在'城市山林'里,这就正是所谓'隐',也就是噉饭之道。"他说,唐末一位诗人左偃的一句诗,"谋隐谋官两无成"可是一不小心道破了其中的秘密。③

这类隐士可以名之为"失意的隐士",他们之归隐往往在于求利。

然而,还有不为谋饭碗的隐士,这种人少,但不是没有,每逢朝代更迭,都是知识分子受到空前考验的关键时候,刚烈者奋起反抗,堕落者腼颜事仇,还有一批既不殉身亦不失节的知识分子,于是采取了不合作的退隐对策。

明亡后,大儒孙夏峰一面修饰武备,以御清敌,待大势已去,退而躬耕百泉山,从容讲学,屡蒙朝廷特征,终于不出,被梁启超誉为"在中国

---

① 黄淳浩编:《郭沫若书信集》(上),中国社会科学出版社1992年版,第136页。

② 周作人:《重刊〈袁中郎集〉序》,《苦茶随笔·苦竹杂记·风雨谈》,第61页。

③ 鲁迅:《且介亭杂文二集·隐士》,《鲁迅全集》(第6卷),第232页。

历史上,三国时代田子春以后,夏峰算是第二个人了"。① 比夏峰先生拒召还要坚决,面临的情况还要严峻的是陕西名士李二曲,"康熙初年,陕抚荐他'山林隐逸',特照征他,力辞才免。其后又征'博学鸿儒',地方官司强迫起征。他绝粒六日,最后拔刀自刎,才肯饶他。他觉得为虚名所累,从此把门反锁,除顾亭林来访偶一开门外,连弟子也不见面。康熙帝西巡,传旨地方官必要召见他。他叹道:这回真要逼死我了!以废疾坚辞,幸而免。他并不是矫情鸣高,但不肯在清朝做官,是他生平的志气"。② 无论人主如何恩威并施,他们却誓死不仕,此二公可谓意志绝决,亦随之名声鹊起。

　　如果说谋饭碗的隐士是求利,而不谋饭碗的隐士是为得名,在传统社会中,知识分子的名节与女人的贞节同等重要,世人异常看重,他们倍加珍视,一旦他们的名节与贞节为仇敌或为暴徒所毁坏,他们便觍颜于世,生不如死,故对知识分子而来,也可以说是"饿死事小,失节事大",故他们宁可不要饭碗,也要全节。把文人与女人相提并论,这一点郁达夫烈士有所提及,他听到周汉奸作人先生,张汉奸资平先生等人附逆的消息后说:"'文人无行',是中国惯说的一句口头语;但我们应当晓得,无行的就不是文人,能说'失节事大,饿死事小'这话而实际做到的人,才是真正的文人。近则如洪承畴,远则如长乐老,他们何尝是文人,他们都不过是学过写字,读过书的政客罢了。"③郁达夫将失节文人从文人行列中开除了出去,在他看来,只有在"饿死"和"失节"两者中做出正确选择的人才称得上真正的文人。

---

　　① 梁启超:《中国近三百年学术史》,第 46 页。
　　② 同上书,第 48 页。
　　③ 郁达夫:《"文人"》,郁达夫:《回忆鲁迅·郁达夫谈鲁迅全编》,上海文化出版社 2006 年版,第 140 页。

然而,这类隐士,在鲁迅这个"非隐士"的眼里看来,他们也算不上是隐士,因为,在他看来,隐士当是"声闻不彰,息影山林"的人物,否则,即使不求利,"也一定难免有些表白,张扬",我们击节于顾炎武、李二曲们的名节正气,盖出于此。

这类隐士可以名之为"全节的隐士",他们之归隐往往在于保名。

还有第三种隐士,他们既不求利,亦不为名,庄子在见楚王的路上听到为他解围的巡士这样说:

> 咱们的局长这几天就常常提起您老,说您老要上楚国发财去了,也许从这里经过的。敝局长也是一位隐士,带便兼办一点差使,很爱读您老的文章,读《齐物论》,什么"方生方死,方死方生,方可方不可,方不可方可",真写得有劲,真是上流的文章,真好!您老还是到敝局里去歇歇罢。①

"局长"不会缺钱花,但又是知识分子,又偏是庄子的"粉丝",和身在江湖,心在庙堂的"失意的隐士"恰恰相反的是,他们身在庙堂,却又心系江湖,他们不求利,往往都是比较阔气的,有做隐者的积累,闻一多看到了这一点,他说,"一个儒家做了几任'官',捞得肥肥的,然后撒开腿就跑,跑到一所别墅或山庄里,变成一个什么居士,便是道家了"。② 函谷关的账房先生所说的老子的"粉丝团"中那"交卸了的关官"③正指的是那些隐士的儒官背景。

针对当那些既想无饭碗之忧,又梦想摇变为隐士的当时部分知

---

① 鲁迅:《故事新编·起死》,《鲁迅全集》(第 2 卷),第 492-493 页。

② 闻一多:《关于儒·道·土匪》,转自《郭沫若全集》(文学编第 20 卷),第 335 页。

③ 鲁迅:《故事新编·出关》,《鲁迅全集》(第 2 卷),第 463 页。

识分子的心态,鲁迅说:"至于另有些梦为隐士,梦为渔樵,和本相全不相同的名人,其实也只是豫感饭碗之脆,而却想将吃饭范围扩大起来,从朝廷而至园林,由洋场及于山泽。"①这样的隐士都在经济上有着殷实的保障,才能有做"隐士"的清福,然而,他们何尝真的亲自躬耕、捕鱼、砍柴。"凡是有名的隐士,他总是已经有了'悠哉游哉,聊以卒岁'的幸福的。倘不然,朝砍柴,昼耕田,晚浇菜,夜织屦,又那有吸烟品茗,吟诗作文的闲暇?"他说中国"大隐"者陶渊明"也还略略有些生财之道在","要不然,他老人家不但没有酒喝,而且没有饭吃,早已在东篱旁边饿死了"。② 和"局长"相差无几的是,陶潜可谓是退职的官吏,只不过是归隐的程度不同罢了,但首先经济是要有保障的。

这类隐士可以名之为"阔气的隐士",他们之归隐往往在于造作。

无论是"失意的隐士"为求利,还是"全节的隐士"为保名,还是"阔气的隐士"为逍遥,鲁迅都一一揭去这三类隐士的"皮"。这叫文人还如何敢称隐士?

然而,他对隐士还是有"同情的了解"的,那就是他们之所以做隐士也有对世事无声地抗争的因素。他对他那个在家如出家的"隐士"弟弟便这样看的,1934年,周作人的五十自寿诗被林语堂在《人间世》创刊号上隆重推出后,蔡元培、胡适、沈兼士、刘半农、沈尹默、林语堂、钱玄同等人纷纷唱和,一时惹火了青年廖沫沙、胡风等人,他们撰文讽刺周作人退缩的姿态和悠游的腔调,然而,与其弟绝交十多年的鲁迅却看出周作人退避的姿态后其实是含有对现世的隐在的不平和抗争,他在对

---

① 鲁迅:《南腔北调集·听说梦》,《鲁迅全集》(第4卷),第484页。
② 鲁迅:《且介亭杂文二集·隐士》,《鲁迅全集》(第6卷),第231页。

曹聚仁的信中说,"周作人自寿诗,诚有讽世之意,然此种微词,已为今之青年所不憭,群公相和,则多近于肉麻,于是火上添油,遂成众矢之的"。① 此后又在给杨霁云的信中说了同样的意思,"周作人之诗,其实还是藏些对于现世的不平的,但太隐晦,已为一般读者所不憭,加以吹捧太过,附和不完,致使大家觉是讨厌了"。② 类似的意思,他在全面批判隐士的《隐士》一文中亦有所表露,"但赞颂悠闲,鼓吹烟茗,却又是挣扎之一种,不过挣扎得隐藏一些"。③ 他对魏晋时期那些貌视旷达的文人也这样看的,"刘伶喝得酒气熏天,使人荷锸跟在后面,道:死便埋我。虽然自以为放达,其实是只能骗骗极端老实人的"。④ 他们的旷达,不作为,其实是一种抗争的表现。

这是一个"非隐士"对隐士的看法,周作人这个"隐士"对"隐士"也是抱有"同情的理解"的。他这样说,"中国的隐逸都是社会或政治的,他有一肚子理想,却看得社会浑浊无可实施,便只安分去做个农工,不再来多管"。⑤ 周作人在《重刊〈袁中郎集〉序》中也写道"有些闲适的表示实际上也是一种愤懑,即尚寐无吪的意思"。⑥ 很大程度上,所谓隐士正是这样产生的。

---

① 鲁迅:《致曹聚仁(340430)》,《鲁迅全集》(第 13 卷),人民文学出版社 2005 年版,第 87 页。
② 鲁迅:《致杨霁云(340506)》,《鲁迅全集》(第 13 卷),第 93 页。
③ 鲁迅:《且介亭杂文二集·隐士》,《鲁迅全集》(第 6 卷),第 232 页。
④ 鲁迅:《坟·写在〈坟〉后面》,《鲁迅全集》(第 1 卷),第 299 页。
⑤ 周作人:《〈论语〉小记》,《苦茶随笔·苦竹杂记·风雨谈》,第 18 页。
⑥ 周作人:《重刊〈袁中郎集〉序》,《苦茶随笔·苦竹杂记·风雨谈》,第 60-61 页。

象牙之塔好比一所孤悬海中的灯塔

"儒士和方士,是中国特产的名物。方士的最高理想是仙道,儒士的便是王道。但可惜的是这两件在中国终于都没有。"[①]且不论儒士,以鲁迅的分析,所谓方士在中国是从来没有的,如果存在的话,又适证其不隐,这又是一个悖论。他在《魏晋风度及文章与药及酒之关系》中说:"据我的意思,即使是从前的人,那诗文完全超于政治的所谓'田园诗人','山林诗人',是没有的。完全超出于人间世的,也是没有的。既然是超出于世,则当然连诗文也没有。诗文也是人事,既有诗,就可以知道于世事未能忘情。"[②]

鲁迅死抠字眼,掘其根本,从而揭示出隐士在本质上的悖谬,达到反对隐士的目的,此外,当时的现实生活中,也不容许隐士的存在,因为这个混乱而动荡的世界已安放不下他们能够安居的象牙塔了。

在上海,他对于象牙塔里的知识分子作了几次比较密集的演讲和思考。1930年3月13日下午,鲁迅在大夏大学作了一次《象牙塔和蜗牛庐》的演讲,他在《二心集·序言》中提到了这次演讲的内容,"这里是连摆这'象牙之塔'的处所也已经没有了;不久可以出现的,恐怕至多只有几个'蜗牛庐'。蜗牛庐者,是三国时所谓'隐逸'的焦先曾经居住的那样的草窠,大约和现在江北穷人手搭的草棚相仿,不过还要小,光光的伏在那里面,少出,少动,无衣,无食,无言。因为那时是军阀混战,任

---

① 鲁迅:《且介亭杂文·关于中国的两三件事》,《鲁迅全集》(第6卷),第11页。

② 鲁迅:《魏晋风度及文章与药及酒之关系》,《鲁迅全集》(第3卷),第538页。

意杀掠的时候,心里不以为然的人,只有这样才可以苟延他的残喘"。①象牙塔里的知识分子在很大程度上是逃避自身的责任,听闻哭号,掩耳以自欺,看见惨况,闭目以自慰。

可惜的是,外面一片喧闹,连象牙塔也似乎难再清静,"现在和晋宋之交有些不同,连'象牙之塔'也已经搬到街头来",②那些依然想安居象牙塔,品玩清雅的好梦便不复存在了,窗外是刀光剑影,焉能安心于琴棋书画,厨川白村在他的《走向十字街头》的序文中说:"作为人类的生活与艺术,这是迄今的两条路。我站在两路相会而成为一个广场的点上,试来一思索,在我所亲近的英文学中,无论是雪莱,裴伦,是斯温班,或是梅垒迪斯,哈兑,都是带着社会改造的理想的文明批评家;不单是住在象牙之塔里的。这一点,和法国文学之类不相同。如摩理思,则就照字面地走到街头发议论。有人说,现代的思想界是碰壁了。然而,毫没有碰壁,不过立在十字街头罢了,道路是多着。"③看来,知识分子得从象牙塔走到十字街头,而待在象牙塔里生产出的文艺只能是为艺术而艺术的文艺,鲁迅对之当然不满,当然抨击。

"现在比较安全一点的,还有一条路,是不做时评而做艺术家。要为艺术而艺术。住在'象牙之塔'里,目下自然要比别处平安。"然而,"艺术家住在象牙塔中,固然比较地安全,但可惜还是安全不到底"。④1927年12月21日,鲁迅在上海暨南大学做《文艺与政治的歧途》的著

---

① 鲁迅:《二心集·序言》,《鲁迅全集》(第4卷),第193页。

② 鲁迅:《且介亭杂文二集·七论"文人相轻"——两伤》,《鲁迅全集》(第6卷),第417页。

③ 鲁迅:《〈出了象牙之塔〉·后记》,《鲁迅全集》(第10卷),第267页。

④ 鲁迅:《集外集拾遗补编·关于知识阶级》,《鲁迅全集》(第8卷),第229页。

名演讲中称,那些主张文艺应离开人生的人都躲在象牙之塔里面,"但是'象牙之塔'毕竟不能住得很长久的呀!象牙之塔总是要安放在人间,就免不掉还要受政治的压迫。打起仗来,就不能不逃开去。北京有一班文人,顶看不起描写社会的文学家,他们想,小说里面连车夫的生活都可以写进去,岂不把小说应该写才子佳人一首诗生爱情的定律都打破了吗?现在呢,他们也不能做高尚的文学家了,还是要逃到南边来;'象牙之塔'的窗子里,到底没有一块一块面包递进来的呀!"①

大约一个多月前,他也还提到这一问题,1927年11月16日下午两点半,鲁迅应邀在上海光华大学作《文学与社会》的讲演。在谈到文学界里"为人生"("就是向人生拉拢")和"为艺术"("就是向人生逃开")的二种争论时,他说:"为艺术的艺术,换言之就是造象牙塔,于社会上的一切都毫无关系,我做我的塔,一点也不危险的,而且很有趣,所以中国要有这一派。然而有一层,叫为艺术的艺术的人们撞了一个钉子,就是:象牙之塔并不是建筑在很稳固的大陆之上,牠好比一所孤悬海中的灯塔,同社会离开很远,同社会毫无关系,有趣当然是有趣的,可是有一天小船不把食物装来,就糟牠糕了;象牙之塔亦然,无人送食物来,歌就唱不出来,因为面包没有了!从前北京有许多造象牙之塔的诗人,现在大都已不复存在,就因为面包没有了!然而他们还想逃避社会,想离开社会不讲,讲有趣,讲有趣还不够,于是讲技巧韵律讲格式,结果艺术没有内容,内容空虚之后,艺术就只有躯壳了,这是今日文艺界倾向的第一个危机。"②鲁迅多次谈到在中国象牙塔的脆弱性并否定其存在,并进而否定象牙塔里文艺内容的空乏和形式的膨胀,在一定程度上,文艺

---

① 鲁迅:《集外集·文艺与政治的歧途》,《鲁迅全集》(第7卷),第116-117页。

② 马蹄疾:《鲁迅讲演考》,黑龙江人民出版社1981年版,第280页。

的形式和内容是此消彼长的,内容丰富,形式倒显朴实,内容单薄,形式往往花哨,而象牙塔里的知识分子正因为与社会不接,所以生产的文艺显得苍白、干瘪而毫无生气,所以只得在形式上殚精竭虑、费尽心神。

"疲劳到没有法子的时候,也偶然佩服了超出现世的作家,要模仿一下来试试。然而不成功。超然的心,是得像贝类一样,外面非有壳不可的。而且还得有清水。浅间山边,倘是客店,那一定是有的罢,但我想,却未必有去造'象牙之塔'的人的。"①像鲁迅这般敏感的知识分子,他们的心是柔软的,他们没有用隐士这一"贝壳"将他包裹和保护起来,而逃避和放弃自身的责任。

可以说,对鲁迅来说,他主张知识分子应当是积极进取,好事、发愤有为,从而反对以老庄为首的道家文化带给知识分子消极退缩、"随便"、"玩世不恭"的种种品性,无论是"失意的隐士"为求利,还是"全节的隐士"为保名,还是"阔气的隐士"为逍遥,鲁迅都一一揭去这三类隐士的"皮",不仅如此,鲁迅还从当下风云激荡的外部环境,否认了隐士们象牙塔存在的可能性和必要性。

斗士:我爱对头,我反抗他们

不想充"文学家"

2006年,鲁迅的儿子周海婴先生,鲁迅的长孙周令飞先生建议将该年视为"普及鲁迅元年",因为作为鲁迅的后人、直系家属,对鲁迅在世人心目中的斗士的形象,心情越来越感到"沉重",因为他们发现"鲁迅被过于'意识形态化'了,鲁迅作为一个战士的身份被刻意地放大,甚至遮盖了作为文学家、思想家的特征。鲁迅成为了一种符号,成为了革

---

① 鲁迅:《且介亭杂文末编·我要骗人》,《鲁迅全集》(第6卷),第503页。

命家、战士、匕首、投枪、硬骨头、痛打落水狗的人等等的代名词,而他的思想、个性、生活被搁置不顾,尤其在'四人帮''文革'期间,这个问题更为凸显"。① 于是,他们要发出自己的声音,要还一个并不"严肃刻板",并不"横眉冷对"的血肉鲁迅形象。

周海婴先生在上海的一次演讲中表达了他对鲁迅长期以来被意识形态化的抱怨。他说:

> 在新中国成立以后的时间里,鲁迅受到了来自政治意识形态的特别重视,鲁迅的革命性开始逾越他的文学家和思想家的身份而得到了特别的强调。以往很多描述鲁迅的文字也把他刻画成了一个喋喋不休、拿着匕首和投枪的战士形象,形象是双眉紧蹙严峻凝重的,思想是革命化战斗化的,没有个性和生活,其他方面似乎都淡化掉了,只剩这么一个壳,甚至在对这个壳的描述中,也忽略了他作为思想家、文学家的存在,离开了他作为一个最根本的文学家这样一个位置。我总觉得这样的鲁迅很空洞,我不认识这样一个鲁迅。②

新中国成立后,尤其是"文革"中,毛泽东被神化,鲁迅被圣化,是事

---

① 周令飞:《鲁迅是谁?》,《城市文艺》(香港)2006年第9期。
② 《周海婴:鲁迅是谁》,《文汇报》2006年8月24日。鲁迅的长孙周令飞也说过几乎类似的话,他在接受记者采访时说,"在新中国成立以后的时间里,鲁迅受到了特别的重视。以往很多描述鲁迅的文字把他刻画成一个拿着匕首和投枪的战士,形象是双眉紧蹙严峻凝重的,思想是革命化战斗化的,没有个性和生活,其他方面似乎都淡化掉了,甚至在一些描述中,也忽略了他作为思想家、文学家的存在,离开了他作为一个最根本的文学家这样一个位置,我们总觉得这样的鲁迅很空洞,我们不认识这样一个鲁迅。"(《鲁迅长孙周令飞:为鲁迅之名奔忙》,《南方周末》2005年8月24日。)

实,这对鲁迅本身也是一种损害,是他的不幸,圣化的鲁迅当然非凡人可比,他无所不通,无所不晓,成为亿万知识分子顶礼膜拜的又一个"大成至圣先师"了,于是乎鲁迅鲁迅天天读,鲁迅鲁迅满天飞,有人回忆说,"我那时候很小,但我记得那时候除毛主席语录之外就是鲁迅语录,一说什么就是鲁迅,连计划生育鲁迅当年都怎么说了。什么都把鲁迅拿出来,鲁迅成了一个高不可攀的圣人"。① 他被讲求斗争哲学的政治氛围塑造成一个手持匕首和投枪随时出击的、横眉冷对的战士形象,对鲁迅后人来说,他们认为鲁迅的"战士"形象遮蔽了他的文学家(思想经常是附丽于文学的)的本来面目,而文学家的身份对鲁迅来说却是根本的。

将鲁迅意识形态化并利用鲁迅是事实,但问题在于,今天在"拨乱反正"的同时,要谨防走向另一种"极端",新中国成立后固然强调了鲁迅的"战士"形象(这里"革命家"、"斗士"、"知识分子"大致指一个意思),但要知道没有鲁迅的战斗性和抗争性,作为文学家的鲁迅其实是"很空洞的"。那么,今天我们在强调其文学家的本质时,不要忘了,他自己更看重的是"斗士"的身份,他才不要做什么狗屁文学家,或者说,他才不要牺牲他的战斗性而成全所谓的文学性。

如果有人说鲁迅不是文学家,肯定是天大的笑话,但鲁迅自己却明确地表明了他"并非艺术家"②。他说他的写作只是出于抒发自己内心的"不平"而已,既没被人招安,亦不为赚稿费,更"不想充'文学家'"。③他的表白其实说的很是明白了。他本质上想做一名偏与黑暗捣乱,想要改良社会的"斗士",他掷地有声地说:

---

① 李辉:《中国文人的命运》,郑州大学出版社2006年版,第14页。
② 鲁迅:《三闲集·文艺与革命》,《鲁迅全集》(第4卷),第83页。
③ 鲁迅:《三闲集·通信》,《鲁迅全集》(第4卷),第98页。

> 我爱对头,我反抗他们。①

鲁迅与他的好友郁达夫的志趣恰恰相反,郁达夫曾多次称"我只是一个作家,而不是战士",也正因为此,他为激进的青年开除出"左联"。②而鲁迅却声称,"我只是一个战士,而不是作家"。他早年就推崇摩罗诗人那种"贵力而尚强,尊己而好战"的斗争精神,他喜欢战斗,并以之为乐,"因为只是在这样的论战中,他才觉得活在人间",③他一下战场便无聊,一披挂上阵,便雄姿英发。在私下的信中,他说:

> 这两年来,水战火战,日战夜战,敌手都消灭了,实在无聊,所以想再来闹他一下,顺便打几下无端咬我的家伙,倘若闹不死,明年再来用功罢。④

和鲁迅很相似,德国的海涅正是那种不当诗人,要当战士的知识分子,他在《慕尼黑到热那亚旅行记》里写道:"我确实不知道,我是否值得人们用月桂花环来装饰我的灵柩。……我对诗人的荣誉从来不加重视,不论人们对我的诗歌是赞赏还是责备,我都漠然置之。但是请你们在我的灵柩上放一把宝剑;因为我曾经是人类解放战争中一名勇敢的战士。"⑤在鲁迅逝世一年后,亦敌亦友的林语堂著文悼念鲁迅,林语堂说:

---

① 鲁迅:《两地书·一一二》,《鲁迅全集》(第11卷),第280页。
② 参见刘小清:《郁达夫缘何被左联开除》,《世纪》2004年9月。
③ 汪晖:《恩怨录·鲁迅和他的论敌文选·序》,李富根、刘洪主编:《恩怨录·鲁迅和他的论敌文选》(上),第12页。
④ 鲁迅:《致章廷谦(300222)》,《鲁迅全集》(第12卷),第223页。
⑤ 张玉书主编:《海涅文集·游记卷》,人民文学出版社2002年版,第269页。

鲁迅与其称为文人,不如号为战士。战士者何?顶盔披甲,持矛把盾交锋以为乐。不交锋则不乐,不披甲则不乐,即使无锋可交,无矛可持,拾一石子投狗,偶中,亦快然于胸中,此鲁迅之一副活形也。德国诗人海涅语人曰,我死时,棺中放一剑,勿放笔。是足以语鲁迅。①

颇有意思的是,鲁迅早年在日本留学时,满腔热情地为绍介、翻译外国文艺作准备时,他就对海涅情有独钟,周作人这样回忆说:"说也奇怪,他学了德文,却并不买歌德的著作,只有四本海涅的集子。"②对于德国文学家,郭沫若更易与浪漫主义诗人歌德发生共鸣,而鲁迅更易与乐于做战士的海涅发生共鸣。

被他骂为富家"赘婿"的邵洵美这样形容鲁迅:

我们可以想象一位脸更青,须更长的老学者,会在一只靠背椅里,桌子上是一大叠的账簿,里面一项项记着某年某月某日某人在某报上的言论,他一壁便拨动算盘,清算总结。③

后来年轻而孤绝的思想家张中晓也说出这样的话:

无论从思想、文学的眼光来观察鲁迅,都不足以证明他的伟大。鲁迅的伟大,是因为他是一个战斗者,是道德的存在,是激动人心的力量。④

---

① 林语堂:《悼鲁迅》,张玉书主编:《海涅文集·游记卷》,人民文学出版社2002年版,第663页。

② 周作人著、止庵编:《关于鲁迅·鲁迅的青年时代》,第422页。

③ 邵洵美:《编辑随笔:鲁迅的造谣》,李富根、刘洪主编:《恩怨录·鲁迅和他的论敌文选》(下),第868页。

④ 张中晓:《无梦楼随笔》,远东出版社1996年版,第76页。

与其说鲁迅是一个文学家,毋宁说他是一个知识分子,亦即一个"斗士",应当说林语堂的观察和判断是准确的,斗士是鲁迅的形象,也是鲁迅所乐意的,一旦世界宁静,没有战斗,他就浑身不爽,倍感无聊,厦门大学图书馆上的蚊子叮,中山大学大钟楼里的老鼠跑,都醒目地提示了在一个相对禁闭的环境中他内心的空洞和无聊。他这样描述在厦大的情形,"秋天住在海边,目前只见云水,听到的多是风涛声,几乎和社会隔绝"①。这种与世隔绝的日子使他感到无聊,入世心甚强的他显然不适应这样的生活,在另一处他说,"只是目前的生活的枯燥是最可怕的,于是便不免于有时得罪人,有时则寻些小玩意儿来开开笑口,但这也就是得罪人"②。为了打破这寂寞和无聊,他甚至都有点"故意撩逗"别人的意思了。

　　因此,不管新中国成立后我们将鲁迅政治化成什么程度,也改变不了他本身的"斗士"的面目,"鲁迅后期接受阶级论,对'知识分子鲁迅'可能有收获,但对于'作家鲁迅',则是一种损害,一种不幸,甚至可以说,也是中国现代文学的一种不幸"。③ 可以说,"后期鲁迅的'知识分子角色'常常压倒'文学家角色'"。④ 海外学人林毓生先生这样评说,"他是站在每一运动尖端的果决的斗士"。⑤

　　人们尊崇他也是基于这一点,"你在文坛的崇高地位,不仅仅取决

---

① 鲁迅:《华盖集续编·小引》,《鲁迅全集》(第 3 卷),第 195 页。
② 鲁迅:《华盖集续编·有趣的消息》,《鲁迅全集》(第 3 卷),第 211 页。
③ 刘再复:《论鲁迅状态——答香港〈城市文艺〉编者问》,《城市文艺》2006年第 9 期。
④ 同上。
⑤ 林毓生:《政治秩序与多元社会》,联经出版社事业公司 1989 年版,第 237 页。

于你是一位作家,而首先取决于你是一位战士"。① 可以说,身为"文学家"的鲁迅往往让位于身为"知识分子"("斗士"、"革命家")的鲁迅,那么,从"文学"的角度理解鲁迅,就不如从"知识分子"的角度理解鲁迅更为准确,当时和此后的许多误解和攻击也都是出于将这两种身份混淆之缘故,当然,这两者的联系还是很显然的。不过可以看出,鲁迅正是一名长于抗争的"斗士",而文学正是他参与斗争的"投枪"。梁实秋就曾为鲁迅特制了一顶"短评小说家"②的帽子戴,这多少反映了鲁迅的文学家身份(写小说)和知识分子身份(写杂文)的双重身份。

一方面是庄严的工作,另一方面却是荒淫与无耻

他之所以选择斗士的身份,是由"兽道社会"中严重的社会不公,强烈的阶级对立所逼迫的,也是由知识分子的人道主义立场所决定的。

鲁迅在给萧军的《八月的乡村》的序言开首中便说:"爱伦堡(Iliaehrenburg)论法国的上流社会文学家之后,他说,此外也还有一些不同的人们:'教授们无声无息地在他们的书房里工作着,实验 X 光线疗法的医生死在他们的职务上,奋身去救自己的伙伴的渔夫悄然沉没在大洋里面。……一方面是庄严的工作,另一方面却是荒淫与无耻。'"鲁迅说:"这末两句,真也好像说着现在的中国。然而中国是还有更其甚的呢。"③这是中国的现实,也是他对中国的判断。他愤愤地说,"我

---

① 陈漱渝:《从新版〈鲁迅全集〉谈到鲁迅研究的现状》,《鲁迅世界》2006 年第 3 期。

② 梁实秋:《鲁迅的新著》,李富根、刘洪主编:《恩怨录·鲁迅和他的论敌文选》(下),第 638 页。

③ 鲁迅:《且介亭杂文二集·田军作〈八月的乡村〉序》,《鲁迅全集》(第 6 卷),第 295 页。

们活在这样的地方,我们活在这样的时代"。①

"古往今来伟大的文化战士,一定也是伟大的 Humanist;换言之,即是'最理想的人性'的追求者,陶冶者,颂扬者。……正因为他们所追求而阐扬的,是'最理想的人性',所以他们不得不抨击一切摧残,毒害,蔽塞'最理想的人性'之发展的人为的枷锁,——一切不合理的传统的典章文物。这是各时代各民族的 Humanist 所相同的。"②鲁迅的战斗性正是源于他那伟大的、深沉的人道主义,刘半农曾赠他"魏晋文章,托尼学说"几个字,他很是认可,他既有托尔斯泰温厚的人道主义,也有尼采那强悍的个人主义。

那么,何谓人道主义?鲁迅打了一个比方,他说:"从生活窘迫过来的人,一到了有钱,容易变成两种情形:一种是理想世界,替处同一境遇的人着想,便成为人道主义。"③在富贵发达之际是否仍有悲悯同情之心是检验是否是人道主义的一个有效标准,托尔斯泰正是一个最为典型的个案,鲁迅亦如是。然而,要权势者、富贵者和权势富贵者良心发现,人性复苏,自甘放弃不劳而获的特权和奴役他人的专利,又谈何容易,世上此等人道主义者凤毛麟角。一个社会在事实上是不会平均的、平等的。如果事事处处以最广大的弱势群体利益为本位,那将是一个人道的社会,如果事事处处以极少数强势群体利益为本位,那将是一个兽道的社会,而其时中国正是一个强势阶级将自身的荒淫和奢靡建立在对弱势阶级压榨和剥夺之上的兽道社会。

他的不满和不平正是出于这一良心上的不安和不忍。

---

① 鲁迅:《且介亭杂文·附记》,《鲁迅全集》(第6卷),第221页。
② 鲁迅博物馆等编:《鲁迅回忆录》(专著上册),第226页。
③ 鲁迅:《集外集·文艺与政治的歧途》,《鲁迅全集》(第7卷),第117页。

万家墨面没蒿莱,敢有歌吟动地哀。

心事浩茫连广宇,于无声处听惊雷。①

　　鲁迅正是生活在这么一个庄严与荒淫共存,婴儿与魔鬼同舞的社会中,加之知识分子的内心如同眼睛般的纯净,神经又如花瓶般的脆弱,那经得如此玷污和打击,"心事浩茫连广宇"正是鲁迅与社会对接的心理基础。每当寂静无杂的时候,他就不免悲天悯人起来,1926年,他逃向厦门大学,一个人住在图书馆楼上的一间屋子里,"夜九时后,一切星散,一所很大的洋楼里,除我以外,没有别人。我沉静下去了。寂静浓到如酒,令人微醺。望后窗外骨立的乱山中许多白点,是丛冢;一粒深黄色火,是南普陀寺的琉璃灯。前面则海天微茫,黑絮一般的夜色简直似乎要扑到心坎里。我靠了石栏远眺,听得自己的心音,四远还仿佛有无量悲哀,苦恼,零落,死灭,都杂入这寂静中,使它变成药酒,加色,加味,加香"②。当鲁迅一个人置身于这静寂、寥廓的空间中,他心潮澎湃,想到的只是众生,在大病之中仍不能忘情于自己身外的一切,"街灯的光穿窗而入,屋子里显出微明,我大略一看,熟识的墙壁,壁端的棱线,熟识的书堆,堆边的未订的画集,外面的进行着的夜,无穷的远方,无数的人们,都和我有关。我存在着,我在生活,我将生活下去,我开始觉得自己更切实了,我有动作的欲望——但不久我又坠入了睡眠"③。他自觉到一切都与他有关,所以一切都不能置之身外,于是他以笔为剑,搏击于这风沙扑面,虎狼当道的现实之中。

---

①　鲁迅:《集外集拾遗·戌年初夏偶作》,《鲁迅全集》(第7卷),第472页。
②　鲁迅:《三闲集·怎么写》,《鲁迅全集》(第4卷),第18页。
③　鲁迅:《且介亭杂文末编·"这也是生活"……》,《鲁迅全集》(第6卷),第624页。

我们的痛疽,是它们的宝贝

正是这么一种外界的不义和内在的不安内外夹逼之下,鲁迅诅咒强权的灭亡,并呼唤人道的到来,他的愤激使他得到一种极端的认识,他将这个世界简单而明白地划分为统治者与被统治者、压迫者与被压迫者、富人与穷人、官与民、两个彼此对立,而互不妥协的世界。他说,"地球上不只一个世界,实际上的不同,比人们空想中的阴阳两界还利害。这一世界中人,会轻蔑,憎恶,压迫,恐怖,杀戮别一世界中人",①他这种两分法,甚至比毛泽东对中国的阶级划分还要来的简单干脆,在毛泽东的分析中,资产阶级与无产阶级中间还有诸如小资产阶级等阶级存在,而鲁迅只有黑白正反两个截然相对的阶级的存在。鲁迅在分析"第三种人"时说:"所谓'第三种人',原意只是说:站在甲乙对立或相斗之外的人。但在实际上,是不能有的。人体有胖和瘦,在理论上,是该能有不胖不瘦的第三种人的,然而事实上却并没有,一加比较,非近于胖,就近于瘦。"②在他看来,一种不胖不瘦的人是不存在的,这也正是他的两分法的逻辑使之然。这个逻辑被他的论敌梁实秋看出来了,他说:"非赤即白,非友即敌,非左即右,非普罗阶级即资产阶级,非革命即反革命——这一套的逻辑,我们是已经听过不少了。鲁迅先生之根本否认'第三种人'亦不过是此种逻辑运用到文学上的一例而已。"③

鲁迅还通过俄国文学发现了被压迫者与压迫者的区别与对立。他

---

① 鲁迅:《且介亭杂文二集·叶紫作〈丰收〉序》,《鲁迅全集》(第6卷),第227页。
② 鲁迅:《南腔北调集·又论"第三种人"》,《鲁迅全集》(第4卷),第549页。
③ 梁实秋:《论"第三种人"》,李富根、刘洪主编:《恩怨录·鲁迅和他的论敌文选》(下),第751页。

称这个"大发见"正"不亚于古人的发见了火的可以照暗夜,煮东西"。"然而从文学里明白了一件大事,是世界上有两种人:压迫者和被压迫者!"①所以,在林语堂博士向洋鬼子大吹中国的吃穿用度等"生活的艺术"时,鲁迅则说你林语堂是一个温饱者在赞美中国的生活的艺术啊,而广大没有解决温饱问题的中国人呢,你跟他奢谈什么物质文明啊,"'物质文明'也至少有两种:一种是吃肥甘,穿轻暖,住洋房的;一种却是吃树皮,穿破布,住草棚,——吃其所不当吃,穿其所不当穿,而且住其所不当住"②。跟林语堂一样,老外们也常夸"中国人礼仪好,中国人肴馔好",鲁迅说,你们所享受的这些文化与民众有什么关系呢?"车夫先就没有钱来做礼服,南北的大多数的农民最好的食物是杂粮。有什么关系?"③如果说生活相对滋润宽裕的林语堂品味日常生活,赞美中国文化时是无意识地站在强者的立场,忽视了自己身外其他阶级的话,那么,复旦大学教授梁实秋则赤裸裸地悍然宣扬人之优劣等级之别,他说,"我觉得'人'字根本的该从字典里永远注销,或由政府下令永禁行使。因为'人'字的意义太糊涂了。聪明绝顶的人,我们叫他做人,蠢笨如牛的人,也一样的叫做人,弱不禁风的女子,叫做人,粗横强大的男人,也叫做人,人里面的三流九等,无一非人"④。这话说得多蛮横、说得多霸道、说得多愚蠢,也真亏得他在哈佛放过洋,固然人与人在现实意义上存在着差别,但在抽象意义上每个人都是平等的,梁实秋的错处在于其将现实意义上的差别来置换为抽象意义上的不平等。苟如斯

---

① 鲁迅:《南腔北调集·祝中俄文字之交》,《鲁迅全集》(第4卷),第473页。
② 鲁迅:《集外集拾遗补编·两种"黄帝子孙"》,《鲁迅全集》(第8卷),第437页。
③ 鲁迅:《集外集拾遗·老调子已经唱完》,《鲁迅全集》(第7卷),第326页。
④ 鲁迅:《二心集·卢梭与胃口》,《鲁迅全集》(第3卷),第576-577页。

言,我们将由人道社会退入兽道社会,鲁迅多次给予讥刺。和林语堂、梁实秋等其他知识分子不同的是,鲁迅总是自觉地站在弱者的一方,设身处地地为他们生命的保障、生活的改善而呼告。

在鲁迅看来,压迫者与被压迫者双方是敌我对立的,不可调和的,难以化解的,这本来是阶级斗争的观点,武力反抗的理论,但这一思路也同样存在于鲁迅世界中。"被压迫者对于压迫者,不是奴隶,就是敌人,决不能成为朋友,所以彼此的道德,并不相同。"①所以当"正人君子"们当然鼓吹理性、调和,反对愤激、斗争时,伟大文豪鲁迅却教导我们:"他们饱人大约是爱饿人的,但饿人却不爱饱人"②,"你走你的阳关道,我走我的独木桥",他代替广大饿人们断然地拒绝了那种假惺惺的"爱",号召我们"放弃幻想,拿起武器",勇于斗争,争取更大的胜利。"我们的痈疽,是它们的宝贝,那么,它们的敌人,当然是我们的朋友了。"③这叫人想起了毛泽东的一句名言:"凡是敌人反对的,我们就要拥护。凡是敌人拥护的,我们就要反对。"非此即彼,非友即敌,两者逻辑几乎如出一辙,革命和斗争必须有鲜明的立场,没有丝毫犹豫、游移和模糊。今天我们看来,这话是很成问题的。但是这却反映出了鲁迅身处的社会中"我们"与"他们"的针锋相对,不可调和的紧张关系。我们与他们之间几乎没有促膝长谈、握手言和的可能性。

在这样一种剑拔弩张的情势下,鲁迅觉得目前中国正处在一个火山口上,马克思不是说过,无产阶级不正是资产阶级的"掘墓人"吗？看来,中国是要不可避免地有一次毁灭和重生的,而鲁迅毫不犹豫地站在弱者之一方,并毫不同情地诅咒强者的灭亡。甚至包括他在内的知识

---

① 鲁迅:《且介亭杂文二集·后记》,《鲁迅全集》(第6卷),第466页。
② 鲁迅:《三闲集·文艺与革命》,《鲁迅全集》(第4卷),第84页。
③ 鲁迅:《南腔北调集·我们不再受骗了》,《鲁迅全集》(第4卷),第440页。

阶级的灭亡,"只是原先是憎恶这熟识的本阶级,毫不可惜它的溃灭,后来又由于事实的教训,以为惟新兴的无产者才有将来,却是的确"①。他未免有些愤激,不过这是特定情况下的愤激。

他说:"在我自己,觉得中国现在是一个进向大时代的时代。但这所谓大,并不一定指可以由此得生,而也可以由此得死。"②他之所谓"大时代"正将是这么一个双方摊牌,凤凰涅槃的时候,"现在则已是大时代,动摇的时代,转换的时代,中国以外,阶级的对立大抵已经十分锐利化,农工大众日日显得着重",他相信我们的无产阶级必将取得最后的胜利,他自信这一大时代必将到来,"不远总有一个大时代要到来"③。以事后的事实证明,他的预言还是对的,也许这也正是他所说的知识分子往往是一个预言者的原因吧。

鲁迅后人对鲁迅文学家身份的重视,"斗士"("革命家")身份的轻视,也许主要出于对新中国成立以后将鲁迅意识形态化的不满。我们要明白的是,我们说鲁迅是一个革命家,并不是说他就是"无产阶级革命家",在他眼中,人类社会中"革命"是常态,"不革命"是变态,"其实'革命'是并不稀奇的,惟其有了它,社会才会改革,人类才会进步,能从原虫到人类,从野蛮到文明,就因为没有一刻不在革命"④。他在中山大学开学典礼上的演讲中也谈到类似的意思,"本来青年原应该都是革命的,因为在科学上已经证明:人类是进步的。以前有猿人,或者在50万年前吧……后来才有了原人。虽然慢得很,但可见人本来是进化的前进的,前进即革命,故青年人原来尤应该是革命的。但后来变做不革

---

① 鲁迅:《二心集·序言》,《鲁迅全集》(第4卷),第195页。
② 鲁迅:《而已集·〈尘影〉题辞》,《鲁迅全集》(第3卷),第571页。
③ 鲁迅:《三闲集·"醉眼"中的朦胧》,《鲁迅全集》(第4卷),第66页。
④ 鲁迅:《而已集·革命时代的文学》,《鲁迅全集》(第3卷),第437页。

命了,就是反乎本性的堕落"①。鲁迅的世界里,一切进化的、动作的都可称之为革命,体现到个体上,知识分子应该是如"战士"般地掊击丑恶,反抗压迫,但这种掊击和反抗是为弱者、为大众、为中国公益,而不是为了少数特权者、一集团、一党派之私利。从这个意义上说,我们说鲁迅是"革命家"是名至实归的,只不过,长期以来,我们将他的身份只局限到意识形态层面上,而没能理解在他的世界中革命的真正意义。

鲁迅后来当然站在了共产党领导的无产阶级革命运动的一面,这不必避讳,正是反抗强权,弱者本位的共通性使得他们"走到一起来",在他看来,"几万万的群众自己做了支配自己命运的人","一个簇新的、真正空前的社会制度就从地狱里涌现而出",②于是发自内心地相信"惟有新兴的无产者才有将来"!虽然以后他与革命文学家有所摩擦和冲突,但为了将来革命的成功,他甚至都能容忍革命过程中的"血污"。

"我又无拳无勇,真没有法,在手头的只有笔墨,能写这封信一类的不得要领的东西而已。但我总还想对于根深蒂固的所谓旧文明,施行袭击,令其动摇有万一之希望。"③在他的眼里,知识分子应当是一个"斗士",一个以笔为剑的"斗士",用他的笔向这个社会的种种罪恶和不义发起总攻。

在现在的地上执着现在

"斗士"的身份又决定了知识分子时时得处于一个当下环境的现在

---

① 鲁迅:《读书与革命——3月1日在中山大学开学典礼会讲》,马蹄疾编:《鲁迅讲演考》,第172页。

② 鲁迅:《南腔北调集·林克多〈苏联闻见录〉序》,《鲁迅全集》(第4卷),第436页。

③ 鲁迅:《两地书·八》,《鲁迅全集》(第11卷),第32页。

时态之中,即在现在的地上执着现在。

1918年7月15日鲁迅在《新青年》上写了一首《人与时》的现代小诗:

> 一人说,将来胜过现在。
>
> 一人说,现在远不及从前。
>
> 一人说,什么?
>
> 时道,你们都侮辱我的现在。
>
> 从前好的,自己回去。
>
> 将来好的,跟我前去。
>
> 还说什么的,
>
> 我不和你说什么。①

过去、现在、将来的时间坐标上,鲁迅执着的是现在。针对王蒙的"有一个鲁迅就够了"论,有论者说,"想一想他们为何害怕鲁迅——'不能再有鲁迅',也许能恍然大悟。那个绍兴倔老头,被这块土地咬过一口,所以就反咬住这块土地不放。他的现在时态语态成了当今文学大师的心病,惊心裂胆,缄口不言"②。对鲁迅的恐惧恰恰说明了鲁迅对现在的执着。然而,很多的知识分子又不敢、不愿直面现在,要么在遥远的辉煌中陶醉,要么是在渺茫的好梦中自慰,这是他们内心的怯懦和脆弱。

"崇拜古代的思想是根深蒂固的,中国有,外国也有。"③鲁迅举了一个英国人在印度铺设水道的例子。"昔英人设水道于天竺,其国人恶

---

① 鲁迅:《集外集·人与时》,《鲁迅全集》(第7卷),第35页。
② 朱学勤:《书斋里的革命》,云南人民出版社2006年版,第126页。
③ 郭沫若:《郭沫若全集》(文学编第17卷),第268页。

而拒之,有谓水道本创自天竺古贤,久而术失,白人不过窃取而更新之者,水道始大行。旧国笃古之余,每至不惜于自欺如是。"我们又何尝不是呢？中国历史悠久,天朝文物盛多,世界万物莫不是古已有之,我已有之,"震旦死抱国粹之士,作此说者最多,一若今之学术艺文,皆我数千载前所已具。不知意之所在,将如天竺造说之人,聊弄术以入新学,抑诚尸祝往时,视为全能而不可越也？"①这些"国粹之士"永远徘徊在远古的回忆中,生活在变态的自欺中。

19世纪末的近代上海可谓是得风气之先,各国租界在兹,又得地理优势,中西交流多,论理眼界阔、见识广,但我们在当时的《点石斋画报》中,可以看出国人在面对"西洋景"时那种古已有之,我已有之的心态。闻说外国的机器人("铁人"),便联想到孔子见的金人,秦始皇的金人,越王的金人,石人,土偶,木偶等(《铁人善走》);闻说飞机("飞舟"),便联想到奇肱国的飞车(《飞舟穷北》);闻说气球,便联想到列子御风而行(《新样气球》),传统与现在,东方与西方,虚构与真实,想象与科学光怪陆离地交织在这种叙述之中。有日本学者在说到中国知识分子面对外来事物时往往会有一种"附会"的逻辑,"所谓'附会'的逻辑是指将外来的事物与中国固有的事物联结起来,以此使输入外来事物正当化的逻辑"②。我们见今思古,以古例今的思维习惯即是这种"附会"逻辑的表现,而一旦有了"附会"的逻辑,则外国一切都显得不足道哉,因为我们老祖先早已想到了,我们也早已有了,所以也不必向洋人学习。

"加以旧染既深,辄以习惯之目光,观察一切,凡所然否,谬解为多,此所为呼维新既二十年,而新声迄不起于中国也。"③嗜古往往意味着

---

① 鲁迅：《坟·科学史教篇》,《鲁迅全集》(第1卷),第26页。
② 〔日〕佐藤慎一著,刘岳兵译：《近代中国的知识分子与文明》,第15页。
③ 鲁迅：《坟·摩罗诗力说》,《鲁迅全集》(第1卷),第101页。

拒绝现今世界的新思想和新事物,结果国粹、遗产,变成包袱、负担,于是一切都仍照旧,于是仍是无改革、无变化、无发展,死水一潭、危如累卵。"嗟夫,古民之心声手泽,非不庄严,非不崇大,然呼吸不通于今,则取以供览古之人,使摩挲咏叹而外,更何物及其子孙?否亦仅自语其前此光荣,即以形迹来之寂寞,反不如新起之邦,纵文化未昌,而大有望于方来之足致敬也。故所谓古文明国者,悲凉之语耳,嘲讽之辞耳!中落之胄,故家荒矣,则喋喋语人,谓厥祖在时,其为智慧武怒者何似,尝有闳宇崇楼,珠玉犬马,尊显胜于凡人。有闻其言,孰不腾笑?"①东西交通意味着新旧交通,此乃世界大势,国家之间如同生物界一样,优胜劣汰,实力决定生存,如果一味嗜古,拒绝当下,不觉悟、不奋起,国家将会危在旦夕,鲁迅考察了数个古文明国家埃及、犹太、印度的消失的历史和被奴役的现状,忽然发现,中国的好古其实和他们的好古不无二致,那么,他们的过去和现在的遭遇将是中国将来的遭遇,这一发现使得鲁迅很是恐惧,很是着急。他说他所怕的,"是中国人要从'世界人'中挤出",因为"想在现今的世界上,协同生长,挣一地位,即须有相当的进步的智识,道德,品格,思想,才能够站得住脚:这事极须劳力费心。而'国粹'多的国民,尤为劳力费心,因为他的'粹'太多。粹太多,便太特别。太特别,便难与种种人协同生长,挣得地位"②。古文明一方面是我们的遗产,一方面又是我们的负担,而像日本这类新振之国,负担相对较轻,所以幡变较易。

然而,其实过去何尝是我们所想象的那么辉煌,那么美好呢,鲁迅这么说:

---

① 鲁迅:《坟·摩罗诗力说》,《鲁迅全集》(第1卷),第67页。
② 鲁迅:《热风·随感录 三十六》,《鲁迅全集》(第1卷),第323页。

吾中国爱智之士,独不与西方同,心神所注,辽远在于唐虞,或径入古初,游于人兽杂居之世;谓其时万祸不作,人安其天,不如斯世之恶浊阽危,无以生活。其说照之人类进化史实,事正背驰。盖古民曼衍播迁,其为争抗劬劳,纵不厉于今,而视今必无所减;特历时既永,史乘无存,汗迹血腥,泯灭都尽,则追而思之,似其时为至足乐耳。倘使置身当时,与古民同其忧患,则颜唐镑倸,复远念盘古未生,斧凿未经之世,又事之所必有者已。①

他说我们那些知识分子("爱智之士")把过去理想化了,事实上,哪有那么春光明媚,风和日丽的历史,只不过,其中的争斗的血腥和生存的艰险都已泯灭殆尽罢了。如果说"现在糟到如此情形""是不学成汤文武周公的缘故;何以真正成汤文武周公时代,也先有桀纣暴虐,后有殷顽作乱;后来仍旧弄出春秋战国五胡十六国闹个不休"②。既然过去仍然如此凶险,如此混乱,那所谓好古之士仍作此念,其原因即在于他们"为无希望,为无上征,为无努力",懒于奋斗,怯于改革,安于现状之故。"从前好的,自己回去",人各有志,不可强求,只是如果要生活在现在,就应当执着现在。

如果说过去是我们的麻醉剂的话,将来则是我们的安慰剂。"苦痛是总与人生联带的",那么,如何缓解这痛苦,如何忘却这痛苦,最简便的方法是寄希望于将来,"人若一经走出麻木境界,便即增加苦痛,而且无法可想,所谓'希望将来',不过是自慰——或者简直是自欺——之法,即所谓'随顺现在'者也一样。必须麻木到不想'将来'也不知'现

---

① 鲁迅:《坟·摩罗诗力说》,《鲁迅全集》(第1卷),第69页。
② 鲁迅:《热风·随感录 三十五》,《鲁迅全集》(第1卷),第322页。

在'，这才和中国的时代环境相合"①。

鲁迅给许广平的第一封信中说到这么一个故事，"记得有一种小说里攻击牧师，说有一个乡下女人，向牧师泣诉困苦的半生，请他帮助，牧师听毕答道：'忍着罢，上帝使你在生前受苦，死后定当赐福的。'其实古今的圣贤以及哲人学者之所说，何尝能比这高明些。他们之所谓'将来'，不就是牧师之所谓'死后'么"②。宗教的来世，天国都是为纾解和安慰现世人生的痛苦的。鲁迅在给许广平的第二封信中便说，"我看一切理想家，不是怀念'过去'，就是希望'将来'，而对于'现在'这一个题目，都缴了白卷，因为谁也开不出药方。所有最好的药方，即所谓'希望将来'的就是"③。"第三种人"不满于文学的现实作用，并以此攻击左翼文学，鲁迅则说："左翼也要托尔斯泰，弗罗培尔。但不要'努力去创造一些属于将来（因为他们现在是不要的）的东西'的托尔斯泰和弗罗培尔。他们两个，都是为现在而写的，将来是现在的将来，于现在有意义，才于将来会有意义。"④逃避现在，向往将来，往往是理想家的药方。

国事阽危，知识分子又被封口，搞得很是郁闷，于是大家只好做做白日梦。1933年，《东方杂志》出的"新年特大号"辟有"新年的梦想"专栏，编者邀请了140多位各路知识精英（"来答复的几乎全部是智识分子"）梦想"未来中国"和"个人生活"。鲁迅看了后说："虽然梦'大家有饭吃'者有人，梦'无阶级社会'者有人，梦'大同世界'者有人，而很少有人梦见建设这样社会以前的阶级斗争，白色恐怖，轰炸，虐杀，鼻子里灌辣椒水，电刑……倘不梦见这些，好社会是不会来的，无论怎么写得光

---

① 鲁迅：《两地书·六》，《鲁迅全集》（第11卷），第26页。
② 鲁迅：《两地书·二》，《鲁迅全集》（第11卷），第15页。
③ 鲁迅：《两地书·四》，《鲁迅全集》（第11卷），第20页。
④ 鲁迅：《南腔北调集：论"第三种人"》，《鲁迅全集》（第4卷），第453页。

明,终究是一个梦,空头的梦,说了出来,也无非教人都进这空头的梦境里面去。"①鲁迅要的是现在的做,而不是将来的梦,要的是切切实实的行,而不是夸夸其谈的说,因为只有现在的做,才会有将来的好梦的。他始终是"执着现在"的,明其道不计其功,这是实干家与空谈家的区别,他曾对冯雪峰说:"黄金世界,该有的罢,也不能以我不乐意去,别人就不去了。……我自然想念有将来,不过将来如何美丽,光明,却还没有怎么去想过。倘说是怎么样才能到达那将来,我以为还是要看重现在。"②"'但是,千万不可做将来的梦。'阿尔志跋绥夫小说中的人物的口告诫人们不能相信那些只'梦想将来的黄金世界的理想家',而主张'只要目前的梦'。"③

其实早在10年前,1923年他在北京女子高等师范学校文艺会演讲《娜拉走后怎样》时也说到了做梦,但要做现在的梦,他说:"惟有说谎和做梦,这些时候便见得伟大。所以我想,假使寻不出路,我们所要的就是梦;但不要将来的梦,只要目前的梦。"④他要的是现在,而且是做,因为"在我们不从容的人们的世界中,实在没有那许多工夫来摆臭绅士的臭架子了,要做就做,与其说明年喝酒,不如立刻喝水;待二十一世纪的剖拨戮尸,倒不如马上就给他一个嘴巴"⑤。"与其说明年喝酒,不如立刻喝水",鲁迅总是那么实际而干脆。那是因为失掉现在,便没有将来,他一次说,"潜心于他的鸿篇巨制,为未来的文化设想,固然是很好的,但为现在抗争,却也正是为现在和未来的战斗的作者,因为失掉了

---

① 鲁迅:《南腔北调集·听说梦》,《鲁迅全集》(第4卷),第482页。
② 冯雪峰:《回忆鲁迅》,人民文学出版社1952年版,第19页。
③ 李天明:《难以直说的苦衷》,人民文学出版社2000年版,第60页。
④ 鲁迅:《坟·娜拉走后怎样》,《鲁迅全集》(第1卷),第167页。
⑤ 鲁迅:《华盖集续编·有趣的消息》,《鲁迅全集》(第3卷),第214页。

现在,也就没有了未来"①。

1921年1月,鲁迅作小说《故乡》,在小说中,他说他震惊和痛苦于他与幼年伙伴闰土的隔膜,并寄希望于他们晚辈宏儿与水生将来的心灵相通,鲁迅在想到他这个希望时,用了一个"路"的比喻,他说:"希望本是无所谓有,无所谓无的。这正如地上的路;其实地上本没有路,走的人多了,也便成了路。"②他在一篇随感中亦说到路的形成,他说:"什么是路?就是从没路的地方践踏出来的,从只有荆棘的地方开辟出来的。"③关于披荆斩棘,他虽不主张青年们作冒失的、无谓的牺牲,但"倘荆棘非践不可,固然不得不践",④这就是说,希望对他来说并不重要,他看重的是当下的努力("走"和"践踏"),如果我们彼此坚苦努力,打破隔膜的日子终将会到来。

我们还得注意的是,在鲁迅的笔下,提到"路"时,他总是下意识地与"踩踏"的动作联系到一起的,因为他所看重的不是结果,而是一个做的过程。

> 没有树木。遍地都是杂乱的蓬草;草间有一条人马踏成的路径。⑤

> 西关外靠着城根的地面,本是一块官地;中间歪歪斜斜一条细路,是贪走便道的人,用鞋底造成的,但却成了自然的界限。⑥

---

① 鲁迅:《且介亭杂文·序言》,《鲁迅全集》(第6卷),第3页。
② 鲁迅:《呐喊·故乡》,《鲁迅全集》(第1卷),第510页。
③ 鲁迅:《热风·六十六 生命的路》,《鲁迅全集》(第1卷),第386页。
④ 鲁迅:《两地书·四》,《鲁迅全集》(第11卷),第21页。
⑤ 鲁迅:《故事新编·起死》,《鲁迅全集》(第2卷),第485页。
⑥ 鲁迅:《呐喊·药》,《鲁迅全集》(第1卷),第470页。

迹是鞋子踏成的。①

"以后也该永远有路"!②虽然鲁迅内心异常"黑暗",但他还是有着希望的明光的,也就是说,他又没有完全拒绝将来,对相信"生命的路是进步的",而且"什么都阻止他不得"的鲁迅来说,他总还是寄希望于将来的,因为他"一向是相信进化论的,总以为将来必胜于过去,青年必胜于老人",③所以他是立足现在,着眼将来。他在自己翻译的厨川白村的《出了象牙之塔》的后记中甚至对将来抱以坚定的信念,这对一个怀疑一切,否定一切,对希望更是将信将疑的人来说实在难得,"历史是过去的陈迹,国民性可改造于将来,在改革者的眼里,已往和目前的东西是全等于无物的"④。值得注意的是,这里的目前是指眼下需要破坏的"现状",而不是他在反对执着现在。

鲁迅在给木刻青年曹白的信函中说:"我们总要战取光明,即使自己遇不到,也可以留给后来的。"⑤鲁迅一生切实而现在的奋斗莫不是为了将来"幸福的度日"。他自称,"使我自己说,我大约也还是一个破落户,不过思想较新,也时常想到别人和将来,因此也比较的不十分(按:原文加着重点)自私自利而已"⑥。"即使未能径上战线,一切稍为大家着想,为将来着想,这大约总是不会错了路的。"⑦郭沫若在谈到"厚今薄古"时说道,"对现在,对将来,要比较的重视,对过去要比较的

---

① 鲁迅:《故事新编·出关》,《鲁迅全集》(第2卷),第454页。
② 鲁迅:《热风·六十六 生命的路》,《鲁迅全集》(第1卷),第386页。
③ 鲁迅:《三闲集·序言》,《鲁迅全集》(第4卷),第5页。
④ 鲁迅:《〈出了象牙之塔〉·后记》,《鲁迅全集》(第10卷),第270页。
⑤ 鲁迅:《致曹白(360326)》,《鲁迅全集》(第14卷),第57页。
⑥ 鲁迅:《致萧军(350824)》,《鲁迅全集》(第13卷),第528页。
⑦ 鲁迅:《致杨霁云(340424)》,《鲁迅全集》(第13卷),第84页。

看轻些",①立足现在,着眼将来是鲁迅战斗的出发点。

总之,鲁迅要知识分子打破那种对过去的留恋和对将来的希冀,号召他们执着于现在的进行。

身在现世,怎么离去

1932年,那是一个春天,有一位老人在中国的北平城发了一点感想,他对青年学生说,"我们的眼光不可不放大,但不可放的太大",他说他住上海时,曾发生了"天狗吃月"的事情,这下可急坏了上海人,他们便照旧噼噼剥剥地放鞭炮来驱天狗、救月亮,不料搞得日本人一阵紧张,因为"在日本人意中以为在这样的时光,中国人一定全忙于救中国抑救上海,万想不到中国人却救的那样远,去救月亮去了"。于是他想到了知识分子对当下回避的现象。

> 倘写所谓身边小说,说苦痛呵,穷呵,我爱女人而女人不爱我呵,那是很妥当的,不会出什么乱子。如要一谈及中国社会,谈及压迫与被压迫,那就不成。不过你如果再远一点,说什么巴黎伦敦,再远些,月界,天边,可又没有危险了。但有一层要注意,俄国谈不得。②

"现在"不光具有时间的意思,而且还具有空间的意思。那就是,要关注身边的事,关注"地上"的事。鲁迅将那些不愿谈,不敢谈"现在"的人称为"现在的屠杀者",他说,"做了人类想成仙;生在地上要上天;明明是现代人,吸着现在的空气,却偏要勒派朽腐的名教,僵死的语言,侮蔑尽现在,这都是'现在的屠杀者'"。你杀了"现在",也便杀了"将来"啊。③

---

① 郭沫若:《郭沫若全集》(文学编第17卷),第269页。
② 鲁迅:《集外集拾遗·今春的两种感想》,《鲁迅全集》(第7卷),第409页。
③ 鲁迅:《热风·随感录五十七 现在的屠杀者》,《鲁迅全集》(第1卷),第366页。

他曾说过这样一段话,说得很是痛快,"仰慕往古的,回往古去罢!想出世的,快出世罢!想上天的,快上天罢!灵魂要离开肉体的,赶快离开罢!现在的地上,应该是执着现在,执着地上的人们居住的"①。清者自清,浊者自浊,贞妇婊子,志士小偷,自由分化吧,谁愿意干什么就干什么吧,而前进的知识分子,生活在当下、在地上,就得关注当下、地上、身边发生的事。

当然,这也不能全怪知识分子的。在当时中国,虽纸面上有出版结社言论自由的保障,但是一会砸书店,一会检信件,一会秘密枪毙,一会公开查禁,文网甚密,捣鬼颇多,文人谈风云结果闹得自己变色,只好装聋作哑,王顾左右而言他,说说花前月下,你你我我的事来骗稿费花,"时势实在艰难,我似乎只有专讲上帝,才可以免于危险,而这事又非我所长"②。这是知识分子回避现在的地上,将眼光投到月球上的原因,那就是不能和不敢。

当然,这也不能全怪知识分子的。有些主张文艺离开人生的人,"讲些月呀花呀鸟呀的话(在中国又不同,有国粹的道德,连花呀月呀都不许讲,当作别论),或者专讲'梦',专讲些将来的社会,不要讲得太近"③。有的虽然主张与人生接近,但一见压力就心虚,一见敌人就举手,不讲奋起抗争的勇气和策略啊,"我从来不叫人去牺牲,但也不要再爬进象牙之塔和知识阶级里去了",④拿鸡蛋去砸石头这样的事鲁迅当然是不赞成的,但他也不赞成无所作为,更反对束手就擒,因为文网并

---

① 鲁迅:《华盖集·杂感》,《鲁迅全集》(第3卷),第52页。
② 鲁迅:《华盖集续编·不是信》,《鲁迅全集》(第3卷),第239页。
③ 鲁迅:《集外集·文艺与政治的歧途》,《鲁迅全集》(第7卷),第116页。
④ 鲁迅:《集外集拾遗补编·关于知识阶级》,《鲁迅全集》(第8卷),第229页。

不恢恢,疏漏还是有的,知识分子其实还是有空间可以去利用的,鲁迅就是这种"钻网"的好手。他说:"站出来讲话尤需要明喻暗譬,大家领会而又无懈可击;绝不可以对当地当政强梁权贵指名道姓地明白指斥,借以避免授人以柄,徒招祸害到自己身上。对敌人必须讲求应付的妥善而巧妙的策略。"①于是,他批评了那些整天口口声声"闹革命",却是光打空雷不下雨的"革命文学家"只会在畅想25世纪的未来上下工夫。

> 别的此刻不谈。现在所号称革命文学家者,是斗争和所谓超时代。超时代其实就是逃避,倘自己没有正视现实的勇气,又要挂革命的招牌,便自觉地或不自觉地必然地要走入那一条路的。身在现世,怎么离去?这是和说自己用手提着耳朵,就可以离开地球者一样地欺人。②

知识分子回避当下的事,身边的事,世上的事的原因在于自己的不想和不愿。

"救人也一样,兵灾,旱灾,蝗灾,水灾……灾民们不计其数,幸而暂免于灾殃的小民,又怎么能有一个救法?那自然远不如救魂灵,事省功多,和大人先生的打醮造塔同其功德。这就是所谓'人无远虑,必有近忧';而'君子务其大者远者',亦此之谓也。"③与君子们务其远大者不同的是,鲁迅的视野是宁小勿大,小虽琐屑,但却能触摸切实,大虽恢弘,但却常流于空虚,他说:"我希望一般人不要只注意在近身的问题,或地球以外的问题,社会上实际问题是也要注意些才好。"④他以自己

---

① 张孟闻:《鲁迅先生的告诫》,鲁迅博物馆鲁迅研究室编:《鲁迅诞辰百年纪念集》,湖南人民出版社1981年版,第249页。
② 鲁迅:《三闲集·文艺与革命》,《鲁迅全集》(第4卷),第84页。
③ 鲁迅:《准风月谈·新秋杂识(二)》,《鲁迅全集》(第5卷),第298页。
④ 鲁迅:《集外集拾遗·今春的两种感想》,《鲁迅全集》(第7卷),第410页。

在厦门的切身经验来说务空务大的无用和无聊,"我先前独自住在厦门大学的一所静寂的大洋房里;到了晚上,我总是孤思默想,想到一切,想到世界怎样,人类怎样,我静静地思想时,自己以为很了不得的样子;但是给蚊子一咬,跳了一跳,把世界人类的大问题全然忘了,离不开的还是我本身"①。

如果从鲁迅的初衷来看,他并非愿意成为一个文学家,亦非着意在"文苑"上留下不朽的"诗篇",他更倾向做一个与社会斗,与权势斗的"斗士",以谋得国人的普遍幸福,而文学只是进行斗争的一个工具。这一"斗士"的身份体认和坚决的斗争精神正是出于他对当下社会不公不义的一种批判,在鲁迅看来,我们正处于一种压迫者与被压迫者尖锐对立,生死抉择的关键时刻,他坚信并期待着那一毁灭和重生的"大时代"的到来。作为社会的"斗士",鲁迅劝告知识分子不要在过去的假象里沉醉,也不要在将来的幻象里梦想,应当执着现在,执着当下,切切实实地直面现实人生。

总之,在鲁迅的眼里,他反对那些"吟风弄月"的雅士,也反对那些"息影林泉"的隐士,因为这两种人都是将自己局限在一己私域,与现实脱离,与社会绝缘,鲁迅主张一种"在现在的地上执着现在"的文化斗士的出现,而他本人正是这一类知识分子的典型代表。

第二节 胡适:有为知识分子

胡适在日记中总结1934年的成绩时说,"在学问方面,今年的最大成绩要算《说儒》一篇。这篇文字长约五万字,费了我两个多月的工夫

---

① 鲁迅:《集外集拾遗补编·关于知识阶级》,《鲁迅全集》(第8卷),第228页。

才得完成"。他说这两个月他写得很快活,"有时从晚上九点直写到次日的早上三四点,有时候深夜得一新意,快活到一面写,一面独笑。"他自己很是满意这篇学术论文。并自信"这些理论的成立可以使中国古史研究起一个革命。"①

唐德刚对此文评价甚高,他说:"适之先生这篇《说儒》,从任何角度来读,都是我国国学现代化过程中,一篇继往开来的划时代著作。""胡氏此篇不特是胡适治学的巅峰之作,也是中国近代文化史上最光辉的一段时期,所谓'三十年代'的巅峰之作。"②当然,反对意见也有,郭沫若在1937年便驳斥过胡适的这一"划时代著作",并称他那种"公式主义"的研究态度,"是很成问题的"。③

在这篇论文中,具有中西文化背景的胡适杂糅中西,以世界性的眼光对儒士进行了全面的考察,并得出一些新鲜的结论,令人耳目一新,儒士的来源、身份、宗教、人生观、生活、孔子之于儒的绝大贡献,孔子和老子之关系等等问题都得到了考察。

孔子是旧儒教的革命家

这虽只是篇学术论文,但却是关于儒士——中国最典型的传统知识分子——的论文,胡适对知识分子的身份、责任等看法均与此相关。

---

① 曹伯言整理:《胡适日记全编》(第6卷),第424-425页。
② 胡适著,唐德刚注译:《胡适口述自传》,安徽教育出版社1999年版,第314页。
③ 中国社会科学院科研局编选:《郭沫若集》,中国社会科学出版社2005年版,第115、98页。注重有一分证据,说一分话的胡适也反对郭沫若在材料运用上的大胆,1934年8月7日,胡适在对丁声树信中说:"今天偶检郭沫若《谥法之起源》读一遍,深觉今日学者之过于大胆,敢用未认得的金文来做证据,我愧未能也。"(耿云志,欧阳哲生编:《胡适书信集》(中),北京大学出版社1996年版,第624页。)

认得这个真孔丘,一部论语都可废

对于"儒",从字义上来看,《说文解字》中这样解释:"儒,柔也,术士之称。从人,需声。"这里胡适一针见血地首先点出了儒之柔弱性的一面,而不是相反,这给我们对传统知识分子的来源和本质有所提示。而在《易》中,"'需'卦所说似是指一个受压迫的智识阶级,处在忧患险难的环境,待时而动,谋一个饮食之道。这就是'儒'"。① 这样看来,儒无论是在政治地位上,还是在生存条件上,天生劣势,处境窘迫,当然,这种情形来源有自。

胡适说,这些"儒是殷民族的教士;他们的衣服是殷服,他们的宗教是殷礼,他们的人生观是亡国遗民的柔逊的人生观"。② 他将这种情形和不同文化背景下犹太民族的类似遭遇参照比较,"柔逊为殷人在亡国状态下养成一种遗风,与基督教不抵抗的训条出于亡国的犹太民族的哲人耶稣,似有同样的历史原因"。③ 这样一批身着殷服,谨奉殷礼,外貌文弱,行动迟缓的亡国殷人正是后世儒的前身。而亡国的沉痛,相礼的卑微使得古代儒士内心的压抑和柔顺,导致了他们现实生活的逼仄和困顿。

殷商亡后,"五百年必有王者兴",这是一个类似《烧饼歌》的预言,这个预言被人们"摊派"到一个名叫孔丘的人身上。孔子成为旧儒教的革命家和新儒教的祖师爷,他为那些畏首缩脚、低眉顺眼、生活潦倒、神情栖皇的白面书生的骨子里注入了"天下宗予"之使命,舍我其谁之自信,刚健发愤之朝气和倔强不屈之骨气。

---

① 欧阳哲生主编:《胡适文集》(第 5 卷),第 21 页。
② 同上书,第 3 页。
③ 同上书,第 15 页。

"周监于二代,郁郁乎文哉!吾从周。""在这句'吾从周'的口号之下,孔子扩大了旧'儒'的范围,把那个做殷民族的祝人的'儒'变做全国人的师儒了。'儒'的中兴,其实是'儒'的放大。"①在这个勇敢而大胆的文化革新之中,孔子有两大贡献:

(1)把殷商民族的部落性的儒扩大到"仁以为己任"的儒;
(2)把柔懦的儒改变到刚毅进取的儒。②

孔子在此基础上确立了自己的新儒教,他的新儒教是指:"从一个亡国民族的教士阶级,变到调和三代文化的师儒;用'吾从周'的博大精深,担起了'仁以为己任'的绝大使命,——这是孔子的新儒教。"③

这时,儒一扫过去那种灰头灰脸、委靡不振的形象,顿时被孔子"装扮"得"香气扑鼻"、"光彩照人",从此并影响和支配了此后数千年中国知识分子的心理和行为模式。

入则为儒,出则为道,"达则兼济天下,穷则独善其身",儒道两家理论成为中国知识分子进取与退避,得意与失意的两大心理支持和文化资源。可以说,"有为"与"无为"是儒道两家最基本的分野和区分两者的最重要的一项标准。

---

① 欧阳哲生主编:《胡适文集》(第 5 卷),第 44 页。
② 同上书,第 3 页。
③ 同上书,第 47 页。郭沫若并不认同胡适所说的孔子一改儒士的精神风貌的观点,他从彝器和铭文的铭辞中就看到孔子式的刚劲气度。"做这些彝器和铭文的都是周室的宗亲,但他们所怀抱着的修己的德目,仍然是谦冲、虚静、和穆、虔敬,足见得尚柔并不是殷人的传统,也并不是狃于奴隶的积习使然。故尔这些铭辞,同时也就是胡适的那种观念说的最倔强的反正。而且胡适所说的由孔子所'建立'的'那刚毅弘大的新儒行',其实也已经被包含在这里面了。"(见中国社会科学院科研局编选:《郭沫若集》,第 120 页。)

在胡适看来,老子其实是正统的儒,也即没有经过孔子改造过的儒。"孔子和老子本是一家,本无可疑。后来孔老的分家,也丝毫不足奇怪。老子代表儒的正统,而孔子早已超过了那正统的儒。老子仍旧代表那随顺取容的亡国遗民的心理,孔子早已怀抱着'天下宗予'的东周建国的大雄心了。"①

儒道两家呈现出中国文化的两大理论源头,然其出身相同,因为孔老同是尚柔的,然又同中有异,一以柔为进取有为,一以柔为退避无为。鲁迅道明了他们的异中之同,同中之异,"老,是尚柔的;'儒者,柔也',孔也尚柔,但孔以柔进取,而老却以柔退走。这关键,即在孔子为'知其不可而为之'的事无大小,均不放松的实行者,老则是'无为而无不为'的一事不做,徒作大言的空谈家"②。虽然鲁迅也称自己"孔孟的书我读得最早,最熟,然而倒似乎和我不相干。"③但这其实只是"五四"反传统的背景下所言,并非实情,其实那种"有为"思想已经不自觉地渗透到"五四一代"知识分子的骨子里去,甚至使他们毫不觉察到。

和鲁迅不同的是,胡适是戴上"有为"的眼镜来看老子的,老子虽是尚柔的,但老子在胡适眼里则是以柔进取的,就在中国被迫接受日本人提出的"二十一条"时,远在大洋彼岸的胡适辗转反侧,夜不能寐,1915年5月6日的清晨,胡适一个人在独自徘徊,他说:

> 我走到工学院后面狭谷上的吊桥,俯视这一水冲刷而成、景色非凡的千年幽谷,我不禁想起老子的名言:"天下莫弱于水,而攻坚

---

① 欧阳哲生主编:《胡适文集》(第5卷),第60页。

② 鲁迅:《且介亭杂文末编·〈出关〉的"关"》,《鲁迅全集》(第6卷),第539-540页。

③ 鲁迅:《坟·写在〈坟〉后面》,《鲁迅全集》(第1卷),第301页。

强者,莫之能先!"这些最坚强的岩石,还是被柔弱的水所征服了!①

这时,老子的退不是为了退,而是为了进,老子的柔不是为了柔,而是为了刚,这时站在吊桥上的胡适就是那亡国的犹太人、就是那亡国的殷人。他身处劣势,又不甘劣势,然而又不能"雄起",所以老子的以退为进,以柔克刚的"滴水穿石"精神给他以安慰。

"有为",而且是"知其不可而为之",无所希望而又不绝望,看似绝望而又抱有希望,这多少与西绪福斯推石,吴刚伐桂的那种执着而无望,勤勉而无功的悲壮精神气脉相通。"知其不可而为之",是孔儒刚健有为精神的集中体现,胡适对之颇为推崇。

> 子路宿于石门。晨门曰,"奚自?"曰,"自孔氏。"曰,"是知其不可而为之者欤?"②

"这是当时人对于孔子的观察。'知其不可而为之',是孔子的新精神。这是古来柔道的儒所不曾梦见的新境界。"③胡适称,"'知其不可而为之'七个字写出一个孳孳恳恳终身不倦的志士。"④孔子对儒家的改造,一举使儒家改变了自己的职业和行事风格,"儒家的特别色彩就是想得君行道,想治理国家。孔子的栖栖皇皇,'知其不可而为之',便是这种积极精神"⑤。

> 叶公问孔子于子路,子路不对。子曰:"女奚不曰,其为人也,

---

① 胡适著,唐德刚注译:《胡适口述自传》,第72页。
② 《论语·宪问》。
③ 欧阳哲生主编:《胡适文集》(第5卷),第49页。
④ 同上书,第209页。
⑤ 同上书,第583页。

发愤忘食,乐以忘忧,不知老之将至云尔?"①

胡适认为这种"知其不可而为之"和"不知老之将至"之精神最可概括孔子的精神和为人。他在《尝试集》中写了白话诗一首赞曰:

"知其不可而为之",
亦"不知老之将至"。
认得这个真孔丘,
一部论语都可废。②

名师出高徒,孔门弟子曾参亦说:

士不可以不弘毅:任重而道远。仁以为己任,不亦重乎? 死而后已,不亦远乎?③

1915年2月18日,胡适在留美日记中赞曰:"此何等气象,何等魄力!"④他把曾参与耶稣相比拟,1957年时,他说:"我二十岁时初次读《新约》,到耶稣在山上,看见大众前来,他大感动,说'收成是丰盛的,可惜做工的人太少了。'——我不觉掉下泪来。那时我想起《论语》里,'士不可以不弘毅,任重而道远。'那一段话,和'马太福音'此段的精神相似。"⑤后世知识分子的价值选择、政治热忱都从此奠基。

道者,非天之道,非地之道,人之所以道也。⑥

---

① 《论语·述而》。
② 欧阳哲生主编:《胡适文集》(第9卷),第96页。
③ 《论语·泰伯》。
④ 胡适:《胡适留学日记》(下),安徽教育出版社1999年版,第3页。
⑤ 耿云志、欧阳哲生编:《胡适书信集》(下),北京大学出版社1996年版,第1324页。
⑥ 《荀子·儒效》。

唯圣人为不求知天。①

儒家看重的是切实可感的人事，对不能把握的天道不太感兴趣，所以，他们就格外看重"事在人为"，并提倡一种"人事有为主义"的积极态度。胡适称，"这种态度的要义只是认清天下的治乱与生民的安危都不是'天之所为'，乃是'人之所设'。既是人之所设，便不许靠天吃饭，必须时时努力尽人事，因为这种事业是'不为则不立，不植则僵，不修则坏'。"②

强勉

孔子不光提倡"修己以敬"式的自修，而且还要在此基础上"修己以安人"，进而"修己以安百姓"。胡适称，"'修己'是做教育自己的工作；但是还有一个社会目标，就是'安人'。'安人'是给人类以和平、快乐。这一个教育观念是新的。教育并不是为自己，不是为使自己成为菩萨、罗汉、神仙。修己是为了教育自己，为的社会目标。"孔子的教育目标"不是为自己自私自利，不是为升官发财，而是为'安人''安百姓'，为齐家、治国、平天下"③。正是这种不只为己，而且为人的使命，给知识分子产生了一种格外的"尊严"，进而产生了一种格外的"责任"。

> 事在强勉而已矣。强勉学问，则闻见博而知益明。强勉行道，则德日起而大有功，此皆可使旋至而立效者也。

董仲舒的"强勉"与孔子的"知其不可而为之"的精神是一脉相承

---

① 《荀子·天论》。
② 欧阳哲生主编：《胡适文集》（第6卷），第586页。
③ 欧阳哲生主编：《胡适文集》（第12卷），第186页。

的。"强勉即是努力有为",①此意正与"勉强"相反,勉强则是敷衍塞责。而我们常常只知道勉强,而不知强勉。

1933年3月2日,胡适在课堂上讲西汉的儒教时,认为西汉的儒教"代表一个有为主义的思想,从贾生的攻击'无动''无为',到董生的主张'强勉',主张'变政',以致王莽的'不能无为',都是孔子、荀子、李斯的有为精神"②。这种思想,绵绵不绝,成为后世知识分子的优秀品质之一。

胡适曾宣称他受两个"老外"的思想影响最大,一个是赫胥黎,一个是杜威,"赫胥黎教我怎样怀疑","杜威先生教我怎样思想",③人们常会忽略孔孟对他的根本性的影响。"胡氏除杜威之外还有两个老师,这两个老师就是孔丘和孟轲!"④他本人也正是那种"有为"思想的身体力行者,他虽没有一副卫道士的死样子,"但是他的为人处世,真是内圣外王地承继了孔孟价值的最高标准。丢开'开来'不谈,专就'继往'来说,胡先生倒真是个归真返璞,复兴文艺'为往圣继绝学'的'孔孟之徒'!"⑤

1922年5月7日,胡适主持的《努力周刊》煞费周折后终于创刊了,该刊发刊词系胡适的一首诗,诗有云:

"这种事要有人做"。

朋友,你又错了。

你应该说,

---

① 欧阳哲生主编:《胡适文集》(第6卷),第586页。
② 同上书,第338页。
③ 欧阳哲生主编:《胡适文集》(第5卷),第508页。
④ 唐德刚:《胡适杂忆》,第54页。
⑤ 同上书,第14页。

"我不做,等谁去做?"
天下无不可为的事。
直到你和我——自命为好人的——
也都说"不可为",
那才真是不可为了。①

"天下无不可为的事",这首诗表明了他及他周围的一批志同道合的知识分子积极任事,勇于任事的志向和人生观。

1936年1月7日,国事危机,倭人嚣张,学生罢课,教师心慌,自视修行颇深的周作人致书胡适,劝他汔可小休、专心向学、莫管闲事。"鄙意对于国事、社会、学生诸方面我们现在可以不谈或少管,此即弟两三年前劝兄勿办《独立评论》的意思,现在却又提起来了而已,朋旧凋丧,青年无理解,尽足为'汔可小休'的理由,还不如专门讲学论学。"②

两天后,1月9日,胡适对周作人的"规箴良言"回复说,"我是一个'好事者';我相信'多事总比少事好,有为总比无为好';我相信种瓜总可以得瓜,种豆总可以得豆,但不下种必不会有收获。收获不必在我,而耕种应该是我们的责任。这种信仰已成为一种宗教,——个人的宗教,——虽然有时也信道不坚,守道不笃,也想嘲笑自己,'何苦乃尔!'但不久又终舍弃此种休假态度,回到我所谓'努力'的路上"③。他明确地提到孔子是他的神龛中的一位大神,"知其不可而为之"其实是他的教条。"生平自称为'多神信徒',我的神龛里,有三位大神,一位是孔仲

---

① 欧阳哲生主编:《胡适文集》(第9卷),第292页。
② 曹伯言整理:《胡适日记全编》(第6卷),第580页。
③ 同上书,第585页。

尼,取其'知其不可而为之'"。①

这种"好任事",而不是"少惹事"的态度,曾是他所主持的平社成员之一丁西林曾说过,胡适深以为是。他说,"我总觉得丁西林说的话不错:'向来人说多一事不如少一事。今日我们应该相信少一事不如多一事'。"②1937年,胡适看到71岁老翁张元济先生投书《大公报》,热心于国事很受赞赏,他也投书《大公报》号召大家都做"好事之徒",他说:"我们若要国家的政治清明,贪污绝迹,只有一条路,那就是我们个个公民,都得挺身出来管管闲事。如果人人都能像张菊生先生那样爱打不平,爱说正话,国家的政事就有望了。"③我们惯常的那种"事不关己,高高挂起"、"狗拿耗子,多管闲事"的明哲保身的宿智在这里被他们那"愣头青"式的天真和憨直所代替。

虽然"五四"时期知识分子要噼里啪啦地"打倒孔家店",但儒家知识分子的有为精神浃骨沦髓地渗入到这一代知识分子心底。

排道非释

胡适认为知识分子应当做儒家的"有为"知识分子,他内心排拒道家的"清静无为",和释家的"万物皆空"。儒家是肯定主义,肯定主义坚信事在人为,无所不为,皆可作为。肯定主义者一旦遇到挫折,往往流转入道家与释家之门。《红楼梦》中的贾宝玉历命运挫折后,正是被"一僧一道"所引领超度。道家是相对主义,相对主义强调一切顺其自然,

---

① 曹伯言整理:《胡适日记全编》(第6卷),第586页。或见中国社会科学院近代史研究所中华民国史组编:《胡适来往书信选》(中),中华书局1979年版,第297页。
② 曹伯言整理:《胡适日记全编》(第5卷),第404页。
③ 耿云志、欧阳哲生编:《胡适书信集》(中),第728页。

无所作为,追求和光同尘。释家是否定主义,否定主义觉得万事虚枉,万物皆空,所以不必作为。在儒家眼光中,道家显得随便,释家显得可笑。主张积极"有为"的儒家与主张消极"无为"的道释两家在这一点①上是对立的。

如今客自桐江来,不拜西台拜钓台

早在少年时,胡适便有一种"反对逃世退隐的主义"的倾向。1907年5月,16岁的胡适因脚气病自沪返乡,当时返家时要经过七里泷的钓台。钓台是富春江畔的一处石笋高台,前临富春江,竹篁幽深,台高约八十余米,自台上远眺,富春江从山间滚滚泻出,蜿蜒脚下,眼前漫山苍翠,风清云高,东汉光武帝刘秀之同窗,严子陵曾拒征不仕,啸隐江湖,优游于此。

---

① 这里的"有为"与"无为"是指知识分子就"出与入"这一层面上而言的,从这来看,胡适当然是反对道释两家的,但这并不意味着胡适就彻底否定道释两家,比如同样是道家的"无为",在政治层面看,胡适是极赞成的,他赞赏汉窦后的黄老治理方式,赞赏"国府主席林森"的无为政治,甚至在台湾时还期望蒋介石行"无为"之政。他对政治无为主义思想可谓一向推崇。对于释家,他也佩服释家的能舍得一切,牺牲一切的精神。他说,"生平自称为'多神信徒',我的神龛里,有三位大神,一位是孔仲尼,取其'知其不可而为之';一位是王介甫,取其'但能一切舍,管取佛欢喜';一位是张江陵,取其'愿以其身为蓐荐,使人寝处其上,溲溺垢秽之,吾无间焉。有欲割取吾耳鼻者,吾亦欢喜施与'。嗜好已深,明知老庄之旨亦自有道理,终不愿以彼易此。"(曹伯言整理:《胡适日记全编》(第 6 卷),第 586 页。)而他本人也正是如此,1930 年 4 月 30 日,胡适在写给杨杏佛的信中说:"我受了十余年的骂,从来不怨恨骂我的人。有时他们骂的不中肯,我反替他们着急。有时他们骂的太过火了,反损骂者自己的人格,我更替他们不安。如果骂我而能使骂者有益,便是我间接于他有恩了,我自然很情愿挨骂。如果有人说,吃胡适一块肉,可以延寿一年半年,我也情愿自己割下来送给他,并且祝福他。"(曹伯言整理:《胡适日记全编》(第 5 卷),第 698 页。)

"非隐士的心目中的隐士,是声闻不彰,息影山林的人物。但这种人物,世间是不会知道的。一到挂上隐士的招牌,则即使他并不'飞来飞去',也一定难免有些表白,张扬"。① 严光正是这么一个"有名"的"隐士","翩然一只云中鹤,飞去飞来宰相衙",中国文人的归隐往往和登仕的目的一样,但严光却似乎并没有借归隐以求征辟的意思,这一"不仕"的姿态遂成就其千古之名声,故为后世历代文人墨客慕名来此凭吊,遂成风景人文名胜。

钓台之西不远有一西台,西台则是此后南宋谢皋羽恸哭文天祥之所。钓台成为隐逸的象征,而西台则是发愤的象征,一条江水,两处高台,将这两个不同时代的一退一进的知识分子聚会到这富春江边。

1961 年 11 月 1 日,郭沫若曾造访于此并赋《访严子陵钓台》一首,诗曰:

> 百寻磴道辟蒿莱,
> 一对奇峰屹水涯。
> 西传皋羽伤心处,
> 东是严光垂钓台。
> 岭上投竿殊费解,
> 中天随泪可安排。
> 由来胜迹流传久,
> 半是存真半是猜。②

---

① 鲁迅:《且介亭杂文二集·隐士》,《鲁迅全集》(第 6 卷),第 231 页。
② 曹伯言整理:《胡适日记全编》(第 4 卷),安徽教育出版社 2001 年版,第 331-332 页。

郭沫若的诗似没有什么实质内容,"严光钓台之西,为谢皋羽西台,而过者但知有钓台,不知有西台也",①世人膜拜钓台,而冷落西台。少年胡适途经于此,也赋诗一首,表达了他对谢翱的膜拜,诗云:

富春江上烟树里,石磴嵯峨相对峙。
西为西台东钓台,东属严家西谢氏。
子陵垂钓自优游,旷视天下如敝屣。
皋羽登临曾恸哭,伤哉爱国情靡已。
如今客自桐江来,不拜西台拜钓台。
人心趋向乃如此,天下事尚可为哉!②

李敖评说,"这首咏史诗里的意思,很可以代表当时胡适的思想——一种'不退隐的入世思想',一种'非严光的思想'。一种'谢翱(皋羽)思想'。"③易竹贤亦认为,"褒谢而抑严,言前人所未曾言,也可见出胡适青少年时代反对退隐,主张积极用世的爱国思想。"④

胡适在其著名的《文学改良刍议》中曾反对国中少年的一种沉沉暮气,呼唤一种比谢翱更为奋发的有为精神。他说,"今之少年往往作悲观,其取别号则曰'寒灰'、'无生'、'死灰';其作为诗文,则对落日而思暮年,对秋风而思零落,春来则唯恐其速去,花发有唯惧其早谢;此亡国之哀音也。老年人为之犹不可,况少年乎?其流弊所至,遂养成一种暮气,不思奋发有为,服劳报国,但知发牢骚之音,感喟之文;作者将以促其寿年,读者将亦短其志气:此吾所谓无病呻吟也。……吾唯愿今之文

---

① 欧阳哲生主编:《胡适文集》(第9卷),第12页。
② 同上。
③ 李敖:《胡适评传》,中国友谊出版公司2001年版,第108页。
④ 易竹贤:《胡适传》,湖北人民出版社1987年版,第57-58页。

学家作费舒特(Fichte)、作玛志尼(Mazzini),而不愿其为贾生、王粲、屈原、谢皋羽也。其不能为贾生、王粲、屈原、谢皋羽,而徒为女人醇酒丧气失意之诗文者,尤卑卑不足道矣!"①无独有偶,鲁迅也同样批评了那些知识分子的颓唐之气,他说如果有作者署名"自称'鲽栖''鸳精''芳侬''花怜''秋瘦''春愁'之类的"的文章,他便不看。②

但也有人误以为胡适本人更像严光,有生名包赉在给胡适的信中这样说:"胡先生不做大总统,我倒喜欢,一可让胡先生专心研究学术,一可提醒中国以做官为无上光荣的串习。中国史上有没有许由、严光,我们无法证明,东汉的严光一定是有的,由严光的不做官,养成东汉士大夫的气节,且做了后来的好榜样。吴、胡二先生做了今日的严光,至少胜过说人人应该做大事不要做大官的空话。"③胡适和严光的不贪羡官位是的确的,但胡适不应征入仕的原因并不是他和严光那样要隐逸山林,或要研究学术,而是因为他要得到一个身在局外的身份,以便能有一个相对独立的地位,发出更为有效的批评,此生给胡适戴的这顶"帽子"可能不十分合适。

胡适那种"反对逃世退隐的主义"贯彻一生,而庄子是出世主义的典型代表,胡适说:"庄子的哲学,总而言之,只是一个出世主义。因为他虽然与世人往来,却不问世上的是非、善恶、得失、祸福、生死、喜怒、贫富,……一切只是达观,一切只要'正而待之',只要'依乎天理,因其固然'。他虽在人世,却和不在人世一样,眼光见地处处都要超出世俗

---

① 欧阳哲生主编:《胡适文集》(第2卷),第8-9页。
② 鲁迅:《集外集拾遗补编·名字》,《鲁迅全集》(第8卷),第123页。
③ 中国社会科学院近代史研究所中华民国史组编:《胡适来往书信选》(下),中华书局1979年版,第399页。

之上,都要超出'形骸之外',这便是出世主义。"①胡适对庄子的徒子徒孙们大皱眉头。

1920年1月,胡适在天津、唐山等地发表了《非个人主义的新生活》学术讲演,关于个人主义,他发现除过他的洋导师杜威的"真的个人主义"(独立负责的个性主义)和"假的个人主义"(自私自利的为我主义)外,还有一种"独善的个人主义",即"不满意于现社会,却又无可如何,只想跳出这个社会去寻一种超出现社会的理想生活"。这种独善个人主义表现有宗教家的极乐园、神仙生活、山林隐逸的生活及新村运动等形式,"山林隐逸的生活,他们不满意于当时的社会政治,却又无能为力,只得隐姓埋名,逃出这个恶浊社会去做他们自己理想中的生活。他们不能'得君行道',故对于功名利禄,表示藐视的态度;他们痛恨富贵的人骄奢淫逸,故说富贵如同天上的浮云,如同脚下的破草鞋。他们痛恨社会上有许多不耕而食,不劳而得的'吃白阶级',故自己耕田锄地,自食其力。他们厌恶这污浊的社会,故实行他们理想中的梅妻鹤子,渔蓑钓艇的洁净生活"。②这还是我们常说的"穷则独善其身"的一个老套路,论语上的"晨门""荷蒉""丈人""长沮""桀溺"便是胡适所说的"极端的厌世派",这些人"看见时势那样腐败,便灰心绝望,隐世埋名,宁愿做极下等的生活,不肯干预世事"③。

他演讲的点穴之处却是针对当时周作人在中国提倡的"新村"运动。当时,"五四"风波甫息,1919年7月7日到11日,周作人访问了日本的"新村"石河内村,日本的新村运动是由日本作家、思想家武者小路实笃倡导的一个乌托邦式的空想社会主义"实验田",在那里,国籍种

---

① 欧阳哲生主编:《胡适文集》(第6卷),第341页。
② 欧阳哲生主编:《胡适文集》(第2卷),第565-566页。
③ 欧阳哲生主编:《胡适文集》(第6卷),第212页。

族之区别都被人类之爱所代替,这简直就是中国知识分子一直梦想的"世外桃源"的实现,周作人对这一新鲜事物兴奋不已,他回国后,便在中国不遗余力地宣传推广,引起知识界的强烈反响,因为当时知识分子正是绝望于中国的现实,四处唐突,苦于无路,病笃乱投医,见到一根希望的稻草便拼命地抓住,方瞥一抹亮光便以为满天彩霞,所以蔡元培、陈独秀诸公遂多有附和,就连当时的毛泽东亦慕名拜访过中国新村运动的鼓吹者周作人。

然而胡适却看出这只是知识分子自我退缩的"逋逃薮",他们不敢示以积极的抗争,不敢面对残酷的现实,于是只好遁入理想的桃花源中去,并希图在人世间实现这一理想的世界。他说,新村运动虽然出于对社会的不满,但是"这种生活是避世的,是避开现社会的。这就是让步。这便不是奋斗"①。因为"旧村"有诸多丑恶尚需攻击,这才是当务之急。他号召青年男女不要为周作人的新村运动所迷惑,"有志求新生活的男女少年!我们有什么权利,丢开这许多的事业去做那避世的新村生活!我们放着这个恶浊的旧村,有什么面孔,有什么良心,去寻那'和平幸福'的新村生活!"②

李叔同是"懦夫",是"懒人"

向往消极避世的生活的还有释家,胡适亦反对释家退隐的思想。1923年9月22日,胡适来到虎跑秋游,虎跑系一代才子加名僧弘一法师的出家之所,胡适实在不解这些世外超人的另一种人生选择。他在日记中记云:"叔同为音乐家,工书画,刻印甚好,出家已久。我在邬君

---

① 欧阳哲生主编:《胡适文集》(第2卷),第567页。
② 同上书,第572页。

处见他写的字五幅,每幅皆是'南无阿弥陀佛'六字,旁注净土名僧法语一则。我初想,名士出家,何必投入净土的捷径,舍此更又何求?在我们眼里,此等人皆是懦夫,皆是懒人,自然走上这捷径去了。"①他认为,皈依到某一即成的信仰中去很大程度上是他们懒于独立思想的缘故,他在信中这样说,"我宁可保持我无力的思想,决不肯换取任何有力而不思想的宗教"②。主张有为,而且确系少年得志,年轻有为的胡适显然不理解李叔同之出家,甚至斥之为"懦"且"懒"。

季志仁曾对胡适提起其父季融五"近来信佛,习净土,崇拜白喇嘛,并已从印光法师受戒"的事,胡适说他听了觉得"很奇怪"。③ 他理解不了的是为何有人要信佛受戒,还有一个朋友也信佛,他觉得甚为"可笑","芾皇迷信佛教,谈的很可笑,我与叔永都无法劝醒他"④。他为信佛者感到"奇怪"和"可笑"。在胡适看来,"谋个人灵魂的超度,希冀天堂的快乐,那都是自私自利的宗教。尽力于社会,谋人群的幸福,那才是真宗教。"⑤而那些宗教的信徒在胡适眼里只是谋求个人灵魂超度的自私自利者,因为他们只为了追求自我精神的圆满,而未能担当任何社会责任。

周作人即是自命为在家的"出家人",他和胡适的区别明显地体现在他们的答和诗中。1934年1月15日,周作人50生辰,其先后写"牛山体"打油诗两首:

---

① 曹伯言整理:《胡适日记全编》(第4卷),第55页。
② 中国社会科学院近代史研究所中华民国史组编:《胡适来往书信选》(下),第351页。
③ 曹伯言整理:《胡适日记全编》(第4卷),第263页。
④ 曹伯言整理:《胡适日记全编》(第3卷),安徽教育出版社2001年版,第213页。
⑤ 欧阳哲生主编:《胡适文集》(第4卷),第642页。

前世出家今在家，不将袍子换袈裟。
街头终日听谈鬼，窗下通年学画蛇。
老去无端玩骨董，闲来随分种胡麻。
旁人若问其中意，且到寒斋吃苦茶。①

半是儒家半释家，光头更不著袈裟。
中年意趣窗前草，外道生涯洞里蛇。
徒羡低头咬大蒜，未妨拍桌拾芝麻。
谈狐说鬼寻常事，只欠工夫吃讲茶。

此诗一出，一时京城诸公蔡元培、林语堂、钱玄同、胡适等名流与之唱和。据鲁迅的敏锐感觉来看，周作人自寿诗是"有讽世之意"的，②"其实是还藏些对于现状的不平的"，③但其对现实反应的消极、乏力和无能，尤其是他那种能在骚动中一会喝茶，一会种麻，刻意追求的那种平和散淡之气，确非常人所能比拟，无怪乎当时的左翼作家胡风、廖沫沙对之大加挞伐。

胡适和诗则是：

先生在家像出家，虽然弗著倍袈裟。
能从骨董寻人味，不惯拳头打死蛇。
吃肉应防嚼朋友，打油莫待种芝麻。
想来爱惜绍兴酒，邀客高斋吃苦茶。④

---

① 曹伯言整理：《胡适日记全编》（第6卷），第294页。
② 鲁迅：《致曹聚仁(340430)》，《鲁迅全集》（第13卷），第87页。
③ 鲁迅：《致杨霁云(340506)》，《鲁迅全集》（第13卷），第93页。
④ 曹伯言整理：《胡适日记全编》（第6卷），第295页。

老夫不出家,也不着袈裟。

人间专打鬼,臂上爱蟠蛇。

不敢充油默,都缘怕肉麻。

能干大碗酒,不品小钟茶。①

此两首和诗,一写周作人的"高雅",一写"一个流氓的俗气",一雅,一俗,一个能"干大碗酒",一个愿"品小钟茶",这两种不同路人物。其区分在于——"有为"—"无为","积极"—"消极","多事"—"少事"。

其实,有一个人和胡适排道非释的价值取向颇为相似,这人便是崔浩,崔浩承继汉儒思想,胡适与之交感共鸣,堪称胡适心目中排道非释的代表人物。崔浩不能理解老庄,说他读老庄之书,"每读不过数十行,辄弃之,曰,此矫诬之说,不近人情,必非老子所作。老聃习礼,仲尼所师,岂设败法之言以乱先王之教?"他也不能容忍佛法,"浩非毁佛法,而妻郭氏敬好释典,时时诵读。浩怒,取而焚之捐灰厕中。"②胡适说"很感觉其人之伟大",那是他认同知识分子的有为精神,反对道释的无为精神之故。

"不忍"与"做一个轰轰烈烈的梦"

细思胡适那"有为"的知识分子观,其原因大约有二:客观环境上看,即使作为一个普通人,生活在那个社会之中的知识分子往往不能回避良心上的"不忍";主观意愿上看,即使人生被视为一场梦的话,作为一个曾经生活过的"生人",又希望"做一个轰轰烈烈的梦"。

---

① 曹伯言整理:《胡适日记全编》(第6卷),第295页。
② 欧阳哲生主编:《胡适文集》(第4卷),第496页。

你可曾看见我星期一晚上睡不着的吗

先看良心上的不忍。

有为的知识分子的视域和心胸是开放的,他总是会将自己与周围的人们、社会和国家等联系在一起,世间的苦痛和不公、弱者的哀号、强者的骄横都与他相关。而无为的知识分子的视域和心胸则是封闭的,他固然不是这世间不公的造孽者或助虐者,但同时,他也没有直面内心痛苦的勇气,更不可能有仗义执言,挺身而出的举措,他们要么闭着眼睛佯装不见,要么扎入书堆转移视线,其目的只是在寻求自我逃避和自我麻醉。

不只是知识分子,只要是人,都有"不忍"之心。梁启超曾说康有为的"博爱"哲学的根本在于"不忍人之心","故先生之论政论学,皆发于不忍人之心。人人有不忍人之心,则其救国救天下也,故已而不能自已……"①即使在主张现代知识分子不必再承担那种现在看来不应当由知识分子所应承担的责任的学者看来,就是作为普通一公民,他也得直面自己良心的不忍。"现代中国的读书人,已不是古代的国师或王佐,社会不再提供他们立法或执政的机会。没有这种权力与机遇,而又仍然保存这种幻想,还在大谈'不出如苍生何',还在期待'登高一呼,应者影从',有这种必要吗?换一个角度,我不代表'人民',只是一个个体,一个公民,我照样可以发言。但这不是外在的'社会责任',而是受良心与道德的支配。因此,我借用了佛家的'有情'与'不忍',强调我之关注家国兴亡,主要是一种人间情怀,而不是'社会责任'。"②普通人尚

---

① 梁启超:《康南海传》,转自任继愈主编:《中国哲学史》(第 4 卷),人民出版社 2000 年版,第 232-233 页。

② 陈平原:《当代中国人文观察》,第 51 页。

且如是,更不用说"五四"时期那些曾叱咤风云,以天下为己任的有为知识分子。他们内心备受良心的煎熬,而正是这种良心的煎熬,成为他行动的助力。

1908年12月23日,胡适在《竞业旬报》上发表《本报周年之大纪念》一文中称:"同胞,我们为什么要办这个报呢?难道我们想赚钱吗?难道想得名誉吗?你想我们离了父母兄弟,来到这里,辛辛苦苦,口敝舌焦,弄一个报馆,出了几十期的报,也不知折了多多少少的资本(看官这是良心话),赔钱的赔钱,劳力的劳力,劳心的劳心,利在那里呢?你再想我们弄这个报,话说激烈了,要砍头,要平墓,要坐监牢;说腐败了,又要受天下人的骂,名在何处呢?总而言之,我们的心,都只为,眼见那时势的危险,国民的愚暗,心中又怕,又急,又可恨,又可怜,万不得已,才来办这个报,宁可赔钱,宁可劳心劳力,所为何来?唉!"①我们说胡适从最早编《竞业旬报》始,编《新青年》、编《每周评论》、编《努力》、编《独立评论》、晚年指导《自由中国》,可谓编了一辈子的刊物,这些都源于他在《竞业旬报》中所说的"不忍"之心。

早在留美时他就要求"执事者各司其事",人人尽力,为国效力,方能有成。他说,"今日祖国百事待举,须人人尽力,始克有济,位不在卑,禄不在薄,须对得住良心,对得住祖国而已矣。"②后来,他曾举了周栎园《书影》里这样一则故事:

昔有鹦武飞集陀山。山中大火,鹦武遥见,入水濡羽,飞而洒之。天神言:"尔虽有志意,何足云也?"对曰:"尝侨居是山,不忍见耳。"

---

① 欧阳哲生主编:《胡适文集》(第9卷),第574页。
② 同上书,第700页。

胡适自比这濡羽救火的鹦鹉,他说:"今天正是大火的时候,我们骨头烧成灰终究是中国人,实在不忍袖手旁观。我们明知小小的翅膀上滴下的水点未必能救火,我们不过尽我们的一点微弱的力量,减少良心上的一点谴责而已。"①1929 年,他拟重新组织一个议政的团体"平社"和刊物《平社周刊》,在"疑似"发刊辞的开始,他仍讲了这个精卫填海式的、可爱的、可怜的鹦鹉的故事,他说,"我们现在创办这个刊物,也只因为我们骨头烧成灰毕竟都是中国人,在这个国家吃紧的关头,心里有点不忍,所以想尽一点力。我们的能力是很微弱的,我们要说的话也许是有错误的,但我们这一点不忍的心也许可以得着国人的同情和谅解"②。

就在该年,周作人致信胡适,劝其莫管闲事,脱离是非。胡适复信说,"至于爱说闲话,爱管闲事,你批评的十分对,受病之源在于一个'热'字。任公早年有'饮冰'之号,也正是一个热病者。我对于名利,自信毫无沾恋。但有时总有点看不过,忍不住。王仲任所谓'心愤涌,笔手忧',最足写此心境。自恨'养气不到家',但实在也没有法子制止自己。"③与周作人那种在家如出家的"死相"相比,胡适则显得定力不够。

"减少良心上的一点谴责","有点不忍",这其实是任何一个普通人的最普通的感受而已,如同孟子所说人人皆有恻隐之心一样,不特是对知识分子的特殊要求,可惜的是,对有些知识分子来说,似乎没有什么不能"容忍"的。

胡适正是基于这种良心上的"不忍",高度自觉地工作,以带来自己内心的宁静、满足和安慰。曾经有一段时间,胡适一个人负责《独立评

---

① 欧阳哲生主编:《胡适文集》(第 5 卷),第 523 页。
② 欧阳哲生主编:《胡适文集》(第 11 卷),第 143 页。
③ 转自孙郁:《胡适影集》,山东画报出版社 2000 年版,第 200 页。

论》,他一般抽出每周一时间做杂志的工作,常常晚上熬夜到三四点,他的妻子江冬秀顾念他的身体,劝他将杂志停办,他对妻子说:"我们到这个时候,每星期牺牲一天作国家的事,算得什么?不过尽一分心力,使良心上好过一点而已。"①就在《独立评论》发行第一百期时,胡适说:"当我们最初发行这个刊物时,我们的目的不过是想借此逼我们自己多留意一点中国的重要问题,多发表一点负责任的言论,多减除一点我们自己良心上的谴责。"②

1934年5月28日,他为《独立评论》的工作熬夜到次日凌晨四点半,天已发亮,妻子江冬秀怪他不该如此糟蹋身体,胡适对妻子说了类似的话,他说:"我七天之中,把一天送给《独立评论》,不能说是做了什么有益的事,但心里总觉得这一天是我尽了一点公民义务的一天。所以我每到两三点钟上床时,心里总觉得很好过;若是那一天做了篇比较满意的文章,心里更快活了。"③他对"苦茶先生"周作人表达了同样的意思,"三年多以来,每星期一晚编撰《独立评论》,往往到早晨三四点钟,妻子每每见怪,我总对她说:'一星期之中,只有这一天是我为公家做工,不为吃饭,不为名誉。只是完全做公家的事,所以我心里最舒服,做完之后,一上床就熟睡,你可曾看见我星期一晚上睡不着的吗?'"④

"七七"事变后,倭焰正炽,山河破碎,国事凶险,胡适应蒋介石之召,衔命赴美作为民间说客进行舆论鼓吹,身居"永远中立"的异邦,却心系"汉室",宵衣旰食,夜不能寐,他在给妻子信中云:"我在外国,虽然没有危险,虽然没有奔波逃难的苦痛,但心里时时想着国家的危急,人

---

① 曹伯言整理:《胡适日记全编》(第6卷),第361页。
② 欧阳哲生主编:《胡适文集》(第11卷),第545页。
③ 曹伯言整理:《胡适日记全编》(第6卷),第387页。
④ 同上书,第586页。

民的遭劫,不知何日得了。我有时真着急,往往每天看十种报纸,晚上总是睡的很晚,白天又是要奔走。"①他也格外勤苦,与国人共渡时艰,做事不遗余力,1938年,他说他在北美待的五十一天里"共作五十六次演说",②令人咋舌!

我们知道,学术可谓是胡适的性命,但国事危急,他又不得不谢绝美国大学对他发出的学术邀请,1938年5月5日,他在家书中写道:"教书的事,我很费踌躇。后来决心都辞掉了。这个决定是不错的。我不愿在海外过太舒服的日子。良心上过不去。"③这一切都基于良心的"不忍"。对外,他深信他的劳动于这个国家有益,对内,他为了减轻良心上的罪责,为了内心的宁静,他选择了作为,可以说,知识分子的有为精神正是这种良心不安促逼的结果。

也知生命短,特别逗风流

再看"做一个轰轰烈烈的梦"。

"人活着为了什么?""人活着的意义何在?"平时将自己不得不淹没于无穷无尽的迎来送往,宴会酒席之中的胡适会不会思考这类深远而根本的问题呢?他的答案又将是什么?

像鲁迅遇到疲惫老态的闰土一样,一天,哲学家"小山"(亦是"胡适"自况)在中央公园里吃冰淇淋,他遇到了一名叫"朱子平"的旧同学,朱同学早年可是雄姿英发,然而此时的他已娶妻生子,日常生活的琐屑

---

① 耿云志:《胡适年谱》,第262页。
② 曹伯言整理:《胡适日记全编》(第7卷),安徽教育出版社2001年版,第125页。
③ 陈漱渝主编:《一对小兔子——胡适夫妇两地书》,湖南教育出版社2006年版,第132页。

和烦厌褪尽了他此前的英豪之气。他为一个哲学问题而感到困扰:

> 我这几年以来,差不多没有一天不问自己道:人生在世,究竟是为什么的?我想了几年,越想越想不通。朋友之中也没有人能回答这个问题。……小山,你是见多识广的人,请你告诉我,人生在世,究竟是为什么的?①

狼狈而潦倒的朱子平向身为哲学家的"我"寻求答案。看来,"我"这时还没想过人生的目的、意义这个问题,因为这类问题更多的是属于生计困顿的人,而不属于"春风得意马蹄疾"的胡适之们,于是,"我"道:

> 子平,这个问题是没有答案的。现在的人最怕的是有人问他这个问题。得意的人听着这个问题就要扫兴,不得意的人想着这个问题就要发狂。他们是聪明人,不愿意扫兴,更不愿意发狂,所以给你一个疯子的绰号,就算完了。②

看来,胡适是没有答案的,他大打"乾坤大挪移",给了人家一个自以为漂亮的、睿智的回答,而他似乎向来颇为得意于自己在语言上的机智。你不是哲学家吗?连"人生的意义"都来不及思考,亦说不出个一二三四、甲乙丙丁来,还做什么哲学家呢?这不,又有人向哲学家胡适请教这个问题了。

又有一次,杨龙章向胡适请教"生命的意义"时,胡适说,"生命的意义就是从生命的这一阶段看生命的次一阶段的发展!"③这不是"正确的废话"嘛!

然而,还是有第三个人问他"人生有何意义",于是,他批评发问者

---

① 欧阳哲生主编:《胡适文集》(第 2 卷),第 618 页。
② 同上。
③ 唐德刚:《胡适杂忆》,第 11 页。

真是无事生非,他说这个问题全在于你赋予他什么意义就是什么意义。"其实这个问题是容易解答的。人生的意义全是各人自己寻出来,造出来的:高尚,卑劣,清贵,汙浊,有用,无用,……全靠自己的作为。生命本身不过是一件生物学的事实,有什么意义可说?生一个人与一只猫,一只狗,有什么分别?人生的意义不在于何以有生,而在于自己怎样生活。"是虚度光阴,还是发愤作为,关键在于你选择怎样的生活,赋予何种意义,生命就呈现出什么样的意义来。

他实质上仍逃避了问题实质,但他亮出了自己的价值取向。胡适的选择是什么呢?"生命本没有意义,你要能给他什么意义,他就有什么意义。与其终日冥想人生有何意义不如试用此生作点有意义的事。"①

从根本上来说,胡适不得不承认"人生如梦",也就是人生本质上似乎是无目的的,虚枉的,尤其是那些看似恢弘而高尚的说教或者说追求、理想都经不起进一层思考的时候,这进一层的思考的确或令发达者沮丧、扫兴,或令困厄者痛苦、发狂。胡适也面临着"人生如梦"的严峻事实,但他又会有诸多人生观选择,人生在世,是游戏之,敷衍之,还是认认真真做人,踏踏实实做事,他的选择是后者。人生固然如梦,但我们来到这人世间,就要不枉来世间这一遭。

1935 年 6 月 19 日,胡适曾在日记中抄录了王荆公的一首诗,诗云:

    身如泡沫亦如风,刀割香涂共一空。宴坐世间观此理,维摩虽病有神通。②

---

① 欧阳哲生主编:《胡适文集》(第 4 卷),第 625 页。
② 曹伯言整理:《胡适日记全编》(第 6 卷),第 503 页。

六年前,1929 年 5 月 13 日,他在日记中也抄了王荆公的一首诗,诗云:

> 知世如梦无所求,无所求心普空寂。还似梦中随梦境,成就河沙梦功德。①

他说此诗"真是有得于佛法的话",并"认为人生如梦,故无所求。但无所求不是无为。人生固然不过一梦,但一生只有这一场做梦的机会,岂可不努力做一个轰轰烈烈像个样子的梦?岂可糊糊涂涂懵懵懂懂混过这几十年吗?"②

他在介绍他的思想中也说道:

> 有人对你说,"人生如梦"。就算是一场梦罢,可是你只有这一个做梦的机会,岂可不振作一番,做一个痛痛快快轰轰烈烈的梦?
>
> 有人对你说,"人生如戏"。就说是做戏罢,可是,吴稚晖先生说的好,"这唱的是义务戏,自己要好看才唱的;谁便无端的自己扮做跑龙套,辛苦的出台,止算做没有呢?"③

这是他的答案,他还有一首名为《牵牛花》的小诗,诗云:

> 芍药紫藤都过了,
> 盆花开到牵牛。
> 鲜明浓艳逼人眸,
> 也知生命短,

---

① 曹伯言整理:《胡适日记全编》(第 5 卷),第 418 页。
② 曹伯言整理:《胡适日记全编》(第 5 卷),第 419 页。或欧阳哲生主编:《胡适文集》(第 4 卷),第 625—626 页。(按:这两处有个别字词出入。)
③ 胡适:《介绍我自己的思想》,沈卫威编:《胡适论人生》,安徽教育出版社 2006 年版,第 8 页。

特别逞风流!①

在这首小诗中,胡适的那种正视生命的短暂,充实并完成这短暂生命的精神跃然纸上。而在 1908 年,少年胡适尚在《竞业旬报》上驰骋时,他便写文表达了与《牵牛花》一诗寓意相同的意思。他号召国人只争朝夕,勤于做事。"一天一天的过去,何等快速,所以我们大家也应该爱惜这些日子,大家努力把这些有限的光阴,用来做些有益的事业,不要把这些可宝可贵的一刻千金的光阴,白白糟蹋了,要是列位把来白白抛掉,把来销耗在酒楼茶馆烟间妓院种种无益之地,那便是对不起这光阴,那便是对不起我做这篇白话的人了。"②

1934 年 4 月 30 日晚上,胡适在孙洪芬家吃晚饭,恰巧孙的幼子孙骍十岁生日,又与胡适原名(按:胡适原名胡洪骍)同字,胡适便做小诗一首,其中云:"我们做马,要做两匹吃得辛苦的马;我们做人,要做两个世间有用的人。"③做一个有用的人,这朴实的愿望成为胡适努力的目标,虽然朴实,却并非每个人都能做得到,他在另一处还重复了这么一个简单的道理。"我们做了一个人,堂堂地立于天地之间,吃了世界上人的饭,穿了世界上人的衣,正应该轰轰烈烈做一场大事业。活的时候,千万人受他的恩惠,死的时候,千万年记念着他的名儿,那才不愧做了一辈子的人呢!"④他是做到了,在他去世后,政府褒奖,民众送行,可谓生前风流,死后哀荣,他老婆江冬秀曾对儿子胡祖望感慨地说,做人能做到你老爸这份方不算枉活一世。

---

① 欧阳哲生主编:《胡适文集》(第 9 卷),第 405 页。
② 同上书,第 500 页。
③ 欧阳哲生主编:《胡适文集》(第 9 卷),第 348 页。或曹伯言整理:《胡适日记全编》(第 6 卷),第 376 页。
④ 欧阳哲生主编:《胡适文集》(第 9 卷),第 590 页。

生而为人,人生一世,就得轰轰烈烈做事,这就是他的所谓的生命之意义,在胡适看来,生命意义在于在现世人间积极地生活。胡适承认人生的实质未免是虚枉的,但即使是虚枉的,他也要强调对生命存在的一种负责任的态度,而这决定了他的有为的知识分子观。

由此可观,无论是从知识分子的良心上的"不忍",还是"做一个轰轰烈烈的梦",都促成了胡适的有为的知识分子观,而这也成为知识分子胡适的人生指导,使得他成为一个颇为典型的有为知识分子。

综上,从胡适的言和行来看,他眼中的知识分子应当是经孔子所改造过的,一扫儒家往昔那种柔顺退缩之气,具有刚健进取的精神的儒家知识分子形象,他们最显著的特征莫过于"有为",而且是"知其不可而为之",这其中的执着而无望,勤勉而无功的悲壮精神为胡适所推崇,并身体力行。从"有为"和"无为"这一层来看,这自然使得儒家知识分子在内心排拒道家的"清静无为"和释家的"万物皆空",儒家是肯定主义,肯定主义坚信事在人为,无所不为,所以在他们的眼里,相对主义的道家显得随便,否定主义的释家则显得可笑。对胡适来说,正是客观上良心的"不忍"与主观上人生一世,何不"做一个轰轰烈烈的梦"的思想形成了有为知识分子的一种心理支持。

第三节　郭沫若:豪杰之士,莫不仗剑从戎

揽辔忧天下

在郭沫若纪念、回忆、评价过的古今中外的知识分子(科学家、学者、作家、艺术家)中,我们可以看出一点,那就是,他基本上没推许这些知识分子在各自专业领域所取得的学术艺术成就,当然他们的成就是

卓著的,相反他极力推赞他们那种或为国家,或为人类,或为人道,或为公理义无反顾、挺身而出、激浊扬清,甚至不惜牺牲生命的入世精神。

应当说,在郭沫若的眼里,一个知识分子不只是将自己的头脑锁在书斋里,泅入专业知识的海洋里,他们应当如以往的知识分子先贤那样,偏要多管闲事,偏要心有旁骛,而且这后一方面很是重要,这是一个读书人成为知识分子的关键所在。

文人烈士

有两个学有所成的小伙子映入了郭沫若的眼帘,他们年纪轻轻,却成绩多多,更重要的是他们同时还都是实际的"革命家",一个是法国的数学家葛录亚,一个是中国的文学家夏完淳。

法国少年天才、数学家葛录亚(K. Gialois,1811-1832)是近代代数函数论的创立者,少年时代就创立了新代数方程式和群论、代换群论。郭沫若说,他在"仅仅二十一年短促的不幸生涯,在数学史中留下了永远不能磨灭的有光辉的业绩,这已经是奇事。而他还不限于是一位狭隘的数学专家,却是实际参加革命,两次入狱,终于被人暗杀了的'重要政治犯',实实在在是奇中之奇"[①]。郭沫若由葛录亚联想到另一个同样才气"优越",政治实践"坚苦"的青年文学家夏完淳,众所周知,夏完淳十七岁就因参加反清活动被杀。这两个人,一个数学家,一个文学家,在各自的专业领域才气过人,颇有建树,但却同样为了政治事业挺身而出,坚苦不移,以至于牺牲生命也在所不惜。

所以,在抗战时分,当有人鼓吹写与"抗战无关"的作品时,郭沫若便说,"普通对于文学特别感兴趣的人,对于时事大抵疏忽,有时是故意

---

① 郭沫若:《郭沫若全集》(文学编第 19 卷),第 172 页。

的回避,似乎要这样才可以显得清高,才够资格称得上文人风雅。取例不必过远,就在目前还有好些自命风雅之士在那儿鼓吹'与抗战无关的作品'——其实那些活古董有的根本没有作品,乃至连文字都没有写通,倒说不到与抗战无关有关上来的"①。他便以小完淳为例反驳那些疏忽时事的知识分子,你看人家完淳小鬼,可不是文学创作与革命实践照样两不误吗?

完淳是这样幼小便注意时事的人,所以他一方面能有绝好的诗文词赋,另一方面也并没有忽略了人生的实践。②

你不以笔为剑倒也罢了,你还要在那儿叽叽喳喳,责怪别人以笔为剑。1942年4月20日,郭沫若在对木刻工作者信中说:"木刻工作者不仅是一位艺术家,而要同时是一位生产家,社会活动家。要跳出工作室而走进工场,要扩大报纸等的木刻专页到人生工具的各个片面。"③

"时穷节乃现",小完淳的气节、勇气、牺牲精神深契郭沫若的内心,可以说,夏完淳是他内心的一个参照,一个榜样,一个心灵鼓舞,一个精神资源,他曾作《南冠草》一剧让夏完淳这枚钉子将那些在民族危亡之际的势利宵小之徒、民族叛逆之徒钉在历史的耻辱柱上。后来,郭沫若在听闻另一个民族叛逆江朝宗出任日本人治下的北平维持会长伪职时,他写下了"到底可怜陈叔宝,南冠赢得没肝心"④的诗句。

除过夏完淳外,郭沫若心底的另一个知识分子偶像是屈原,他对屈原狂诞的文格、高洁的人格、心忧天下的普世情怀可谓推崇备至,终其

---

① 郭沫若:《郭沫若全集》(文学编第19卷),第176页。
② 同上书,第177页。
③ 同上书,第170页。
④ 郭沫若:《郭沫若全集》(文学编第18卷),人民文学出版社1992年版,第157页。

一生。他这样评赞屈原道,"他对后世的伟大而长远的影响,实在可与希腊的荷马、意大利的但丁相媲美。他不但在中国的文学思想上有极伟大极长远的影响,就是在普通人的精神中,我们也可以找出他的影响的深刻的痕迹。"①他的这一夸张而并不过分的评价,足见其与屈原精神之相契,感情之共通,可以说,"'屈原'是郭老的化身"。②屈原也成为郭沫若文学创作和学术研究的一个重要的话题。他曾全面地研究了屈原的身世、作品、时代、思想,将屈原的《楚辞》翻译成白话文,他为了抗争国民党的独裁统治而创作了轰动一时的话剧《屈原》,他为了批驳胡适、廖平等人对屈原存在的质疑而作《屈原考》,可以说,在郭沫若一生的文化活动途路上,屈原之花处处开。

屈原的作品是中国浪漫主义成熟的一个源头,但屈原首先是一个政治家,一个不得志的、受排斥的、失败的政治家,"国家败坏到这步田地,在热爱祖国的诗人屈原当然是最不甘心的"③。在外有强秦威胁、内有奸小排挤的双重打击下,他的忧心国事、哀叹民生的精神便突现出来了。"屈原的可贵处就在他守正不阿,乃至舍生取之。他以生命来保证了他的忧民忧国的直道,因而使他的存在两千年来依然光耀着史册。"④人们之所以两千年来不能遗忘他,那是因为,"屈原是中国民族所产生出的一位伟大的诗人。他热爱人民,热爱祖国,热爱真理和正义"。⑤屈原的精神便在于忧国忧民,捍卫真理。他为了母邦,为了正

---

① 郭沫若:《郭沫若全集》(文学编第19卷),第99页。
② 刘白羽:《雷电颂》,新华日报资料室编:《悼念郭老》,生活·读书·新知三联书店1979年版,第37页。
③ 郭沫若:《郭沫若全集》(文学编第17卷),第172页。
④ 郭沫若:《黄钟与瓦釜》,郭沫若:《东风第一枝》,四川人民出版社1978年版,第73页。
⑤ 郭沫若:《郭沫若全集》(文学编第17卷),第165页。

义,而舍弃了自己的生命。秦将白起把楚都郢都攻破后,屈原目睹国破家亡,百姓流离失所,于是郁结心底,自投汨罗,以身"殉国",郭说,"屈原的自杀是殉国,并不是殉情"①。在另一处他说了同样的意思,"屈原的自杀,事实上是殉国难"②。

总理爱人民,人民爱总理,屈原"总理""殉国"后,人们包粽子,赛龙舟,一直搞了它两千多年,③今天连韩国都将端午节申报为世界非物质文化遗产保护项目了。郭沫若说,"龙船竞渡相传是为拯救沉溺了的屈原,但实质上便是拯救被沉溺了的正义!正义被邪辟陷没了,我们要同一切的邪辟斗争,即使是在狂涛恶浪当中,我们就牺牲了自己的生命都在所不惜,一定要把那正义救起。"④"人固有一死,或重于泰山,或轻于鸿毛,为人民利益而死,就比泰山还重",从这个角度来看,知识分子或者说政治家屈原在国人心目中的地位可见非同一般,中国恐怕很少有一个文人如屈原那样对国民精神的影响如此深刻,如此久远。

屈原的那种心忧天下,关怀众生的精神为郭沫若感佩,并产生共鸣,1926年8月的一个早晨,随军北伐的郭沫若策马路过汨罗,郭沫若想到了投江殉国的屈大夫,诗人写诗吊祭,诗云:

屈子行吟处,
今余跨马过;
晨曦映江渚,

---

① 郭沫若:《郭沫若全集》(文学编第19卷),第184页。
② 郭沫若:《郭沫若全集》(文学编第17卷),第172页。
③ 据郭的考证,屈原生于公元前340年,卒于公元前278年,共活了62年。(见《郭沫若全集》(历史编第4卷),第17-18页。)
④ 郭沫若:《蒲剑·龙船·鲤帜》,房向东编:《评说郭沫若》,大众文艺出版社2001年版,第145页。

> 朝气涤胸科。
> 揽辔忧天下,
> 投鞭问汨罗:
> 楚犹有三户,
> 怀石理则那?①

屈原屈原,莫要灰心,君子报仇,十年不晚,楚有三户,亡秦必楚,适那时,正是扫除军阀,廓清内贼的时候,郭沫若投笔从戎,雄姿英发,他想到了那为国捐躯的屈原。到了1938年2月,一场新的危机又来临了,面对着日本的烈烈凶焰,中国又到了驱除外狼的时候,郭沫若身在长沙,长沙是另一个屈原的崇拜者贾谊的伤心之所,郭沫若不由得又想到了屈原,每每在国家危急的时分,他都能想到屈原,但是同样又能超越屈原的忧郁悲愤、自沉明志的消极抗争,而是以笔为剑,决然奋起,于是,他写下了这样的诗句:

> 伤心最怕读怀沙,
> 国土今成待剖瓜。
> 不欲投书吊湘水,
> 且将南下拜红花。②

在郭沫若眼里,和他同时代的文人柳亚子便是他理想中的知识分子的典范,柳亚子就是屈原,柳亚子就是夏完淳。那是因为"他是一位诗人,但不同于寻常的诗人,而是一位能够不断革命的诗人"③。抗战

---

① 郭沫若:《郭沫若全集》(文学编第2卷),人民文学出版社1982年版,第424页。
② 同上书,第40页。
③ 上海图书馆文献资料室,四川大学郭沫若研究室合编:《郭沫若集外序跋集》,四川人民出版社1982年版,第153页。

时画家尹瘦石就曾以柳亚子为模型画了幅屈原像,1945 年,郭沫若还曾为柳亚子写过一篇《今屈原》的文章,他将柳亚子比作当今的"屈原"。1943 年,柳亚子从香港回国寓桂林,郭沫若写诗祝其 57 辰寿。诗曰:

> 亚子先生今不朽,诗文湖海同长久。敢言振发天下聋,刀锯斧钺复何有!南社结盟曾点将,四方豪俊唯君望。删诗圣手削春秋,史述南明志悲壮。七七卢沟卷大波,一盘破碎汉山河。羿楼射日日未落,且挥椽笔如挥戈。……因风我寄《南冠草》,寿以诗人应最好。江左由来出奇才,君与完淳参与昂。①

柳亚子的战斗精神和入世精神同屈原、夏完淳相较不相上下,这是中国知识分子的一个悠久传统。

郭沫若似乎向来对文人烈士抱以崇高的敬意,他每每讴歌的正是那批为国捐躯,舍生取义的知识分子,1946 年 7 月,又有两个文人烈士诞生了,李公朴、闻一多相继被暗杀,8 月,郭沫若在《人民英烈李公朴闻一多先生遇刺纪实》一书序中说:"目前的中国是悲剧诞生的时代,然而也正是群神再生的时代。"②这真是文人的不幸,也是文人的幸运!他们是报人、教育家、学者、诗人,他们本是在专业领域里卓有成就的知识分子,但他们更是民主的斗士、政治的先锋、政府的刺头,他们不甘寂寞、不满黑暗,为了自由和光明演讲、抗议、斗争,然而,政府却以卑鄙的手段结果了他们的生命,"时代并不寂寞,历史也不寂寞了"。郭沫若希望我们不再有类似的悲剧,但同时要铭记这样的悲剧。

---

① 上海图书馆文献资料室,四川大学郭沫若研究室合编:《郭沫若集外序跋集》,四川人民出版社 1982 年版,第 154-155 页。

② 同上书,第 106 页。

敢于与自己祖国中的败类和丑恶势力作战

强调和看重知识分子的"分外"责任和道义担当,郭沫若对中国的知识分子是这样看的,他对国外的知识分子也是这样看的。

1952年,中国举行了雨果、达·芬奇、果戈理、阿维森纳四大世界文化名人纪念活动,这知识分子中的"四大天王",有作家,有画家,有科学家,都是震烁古今的知识巨人,但他们同时又是自由的护法、暴政的敌人、和平的使者,5月4日,在四大文化巨人的纪念会上,郭沫若说:

> 在每一个民族的历史中,都曾出现过这样的人,他们把自己的一生奉献给科学真理的追求或艺术作品的创造,奉献给为广大人民争取自由和幸福的崇高理想而反抗各种暴力行为和专制主义。①

雨果便是他们之中的一个典型,"在经过一八四八年的革命风暴后,他坚定地宣布自己是一个共和主义者。他毫不妥协地反对拿破仑第三的统治,并且成为了巴黎公社的同情者。皇帝的权势、流亡的命运、各种恶劣的诽谤不能使他动摇。"②其实郭沫若也是中国的雨果,当年他反对蒋介石对共产党血的清洗和独裁统治,愤而写下了《请看今日之蒋介石》,因此遭到当局通缉并流亡日本长达十年,这和雨果的经历颇为类似,当年他家乡的人们便称他为中国的"雨果"。③

郭沫若归结出这批知识分子有三个共同点:一、"用巨大的努力探

---

① 郭沫若:《郭沫若全集》(文学编第17卷),第78页。
② 同上书,第80页。
③ 在复四川达县城区第二小学全体师生的信中说,"你们以法国的雨果期许我,我是敢当不起的。"转见龚济民,方仁念:《郭沫若传》,北京十月文艺出版社1988年版,第189页。)

索和追求客观的真理"。"他们用他们的科学研究和艺术力量来在人类面前打开'秘密'。由于一代代人的这种努力,人类终于逐渐地掌握了自然和社会的发展规律,更因而促进自然与社会的发展。"这可谓是他们的本业追求,就是他们都能在自己的知识领域里认真探求,有所贡献,因为他们是一个知识人。二、"深切地关怀最广大人民的疾苦"。"他们用不同方式来揭露和反对造成人民痛苦的剥削制度。他们爱自己的民族,力求消除灾害的根源,而敢于与自己祖国中的败类和丑恶势力作战。"这可谓是他们的使命担当,他们往往能本着人道主义,弱者本位的原则,抨击不义,针砭不公,以促成一个美好社会的出现,因为他们是一个社会人。至于第三个共同点则是"对于人类的前途抱着强烈的希望"。① 这是前两者努力的动力和目的之所在。

与这四大文化巨人相类似的知识分子还有抗议原子弹实验的萧伯纳、抗议核武器使用的老居里夫妇的女婿、世界科学联合会主席、世界和平理事会主席约里奥·居里。1946 年 7 月 25 日,美国在西太平洋马绍尔群岛北端比基尼珊瑚岛水面试验了第五颗原子弹,次日即为萧伯纳九十寿辰,他致信报社,抗议美国核试验。当时国内有人质问文艺的工具主义和实用主义倾向时,郭沫若便以"不务正业"的萧伯纳为例反唇相驳,"据'毛骨竦然'家(按:指当时有人在报上发文质问"中国文艺界往那里走")说:'萧伯纳去年九十大寿,生日那天犹为原子问题向报馆投函',那么这老头子似乎也就值得'令人毛骨竦然'了。他是一个老牌文艺家,为什么竟写'原子问题',而不写《差半车麦秸》呢?"② 人家一个老牌作家都可以抗议大洋另一边的美国进行原子实验,而我们为

---

① 郭沫若:《郭沫若全集》(文学编第 17 卷),第 87-88 页。
② 郭沫若:《郭沫若全集》(文学编第 18 卷),第 7 页。

何不能关注现实,参与现实呢?至于约里奥·居里更是郭沫若的"老领导",郭本人正是他麾下的一只"和平鸽",固然这中间有着反美帝的政治因素存在。郭这样评价约里奥·居里,他说,"单单作为科学家,他的名字就可以列入世界文化巨人的行列的","但他同时又是世界和平运动的一面旗帜","他对于把原子能作为大量毁灭性武器而使用是特别感到遗憾的。在和平运动中他特别致力于反对原子武器核武器的使用"。①萧伯纳和约里奥·居里都是反原子武器的急先锋。

除过这两个关注人类命运的作家和物理学家外,法国作家罗曼·罗兰也是郭沫若所赞赏的。1945年1月,当郭沫若在报上看到罗曼·罗兰逝世的消息后,他说:"罗曼·罗兰傲岸地控诉了来,战斗了来。他的《约翰·克里斯朵夫》及其他,还要继续着控诉过去,战斗起去。让那抵御兽性泛滥的伟大的防波堤,广泛地发挥它的威力吧!"②3月25日,在重庆的《新华日报》上,郭沫若以中华全国文艺界抗敌协会的名义发表了一篇悼念罗曼·罗兰的文章,在文章中,他说:"罗曼·罗兰先生,在二十年前你的杰作《约翰·克里斯朵夫》初次介绍到中国来的时候,你曾又红又专向我们中国作家说过这样的话:'我不认识欧洲和亚洲,我只知道世界上有两种民族——一种是上升,一种是下降。上升的民族是忍耐、热烈、恒久而勇敢地趋向光明的人们——趋向一切的光明:学问、美、人类爱、公众进步;而在另一方面的下降的民族是压迫的势力,是黑暗、愚昧、懒惰、迷信和野蛮。'你说,只有上升的民族是你的朋友,你的同志,你的弟兄。"③以追求进步和光明的知识分子当然引罗曼·罗兰以为同路,大约是英雄所见略同的原因吧,罗曼·罗兰曾钦佩

---

① 郭沫若:《郭沫若全集》(文学编第17卷),第106-107页。
② 郭沫若:《郭沫若全集》(文学编第19卷),第513页。
③ 同上书,第532页。

的鲁迅也以人类的眼光从俄国文学中看到了进步与落后、光明与黑暗的对立,鲁迅说他从文学里明白了一件大事,那就是"世界上有两种人:压迫者和被压迫者!"①而我们正是后者,正是基于同情和人道,知识分子试图帮助我们摆脱这一奴隶地位。

可见,郭沫若世界中的知识分子,葛录亚、夏完淳、屈原、柳亚子、李公朴、闻一多、雨果、达·芬奇、果戈理、阿维森纳、萧伯纳、约里奥·居里、罗曼·罗兰等人的公共参与,是郭沫若所认可并提倡的,其实他本人也正是这些知识分子的后进者,他本人是卓有成就的作家、学者,但它同时是一个社会活动家、舆论家。他本来是一个主体性极强的、"为艺术而艺术"的作家,他本来是埋首书契铭文、考察中国古代历史、社会、思想的学者(历史学家、考古学家),然而,最后,这些成绩很大程度上都只是他参与社会所凭借的资本,他更多的是跳入历史的旋涡中,亲临斗争的第一线,指点江山,激扬文字,他在赞许他人的同时其实也是在自况。

姐姐,你只怪得我们所处的这个混浊的世界

问题在于,他本人何以如此认为,或者说,是什么因素使得他形成这样的知识分子观呢?鲍曼给了我们其中的答案。

鲍曼说,知识分子寻求与工人阶级的结果,不仅仅是"出于对实际利益的精心算盘","推动他们满怀激情地把自己认同于无产阶级的力量,大多是出于一种相当强烈的由衷的人道的同情,出于一种对被剥夺者和受难者的命运的关怀"。② 是我们不人道的社会、残酷的现实、危

---

① 鲁迅:《南腔北调集·祝中俄文字之交》,《鲁迅全集》(第 4 卷),第 473 页。
② 〔英〕齐格蒙·鲍曼著,洪涛译:《立法者与阐释者:论现代性、后现代性与知识分子》,第 235 页。

急的形势,将知识分子由象牙塔中推向十字街头,由十字街头推到无产阶级的阵营。

要使自己的最后一珠血都要于国族有所效益

"春种一粒粟,秋收万颗子。四海无闲田,农夫犹饿死。"①中国的知识分子向来有悲天悯人的人道情怀;"僵卧孤村不自哀,尚思为国戍轮台。夜阑卧听风吹雨,铁马冰河入梦来"②。中国的知识分子向来有保家卫国的爱国激情。而近现代中国政治不清明,民族不独立,所有这些都深深地刺激着现代中国知识分子,他们并非化外高士,他们岂能安心就学,追求国家富强,民族独立成为这一代知识分子为之心焦的话题。

郭沫若的思想经历正是如此,他首先是一个爱国者。早在1910年秋,18岁的郭沫若写有《郑成功逐荷兰据台湾论》一文,文中说,"天下事其最可为痛心疾首者,灭家亡国,蔑以过之。……当此之时,豪杰之士,莫不仗剑从戎,奋呼而起,效一己之命以图恢复,饮刃喋血,前后相续也"③。1915年正值中国被迫接受日本亡华"二十一条"之时,7月5日,郭沫若给其弟郭开运的信中说:"我游惰而虚糜时光,是促成我国家之运命也;我奢侈而滥掷金钱,是陷我国家于贫困也;我懦弱无能,抑卑贱多惭,则国家亦自懦弱无能或卑贱多惭矣,我之系于我国家者如是。我宁不知自爱,以自励自勖,自克自制耶!"④我即国家,每个人都应勉

---

① 李绅:《悯农》。
② 陆游:《十一月四日风雨大作》。
③ 转自谢保成:《郭沫若学术思想评传》,北京图书馆出版社1999年版,第9页。
④ 黄淳浩编:《郭沫若书信集》(上),第67页。

力奋发,国家方能富强,方能得救。他此后在北伐、抗战之中更是仗剑从戎、以身许国。1920 年,身在日本留学的郭沫若,自比"炉中煤",对祖国的思念使得这块煤燃烧成灰。

> 啊,我年青的女郎!
> 我自从重见天光,
> 我常常思念我的故乡,
> 我为我心爱的人儿
> 燃到了这般模样!①

在东北沦亡、华北危机之时,身在日本避难的郭沫若更是为之心焦、为之无奈。

> 信美非吾土,奋飞病未能。
> 关山随梦渺,儿女逐年增。
> 五内皆冰炭,四方有谷陵。
> 何当挈鸡犬,共得一升腾。②

这多少有点"铁马冰河如梦来"的味道,有心报国、无力杀贼,他的那种"英雄无用武之地"的焦急、懊恼和烦躁与日俱增,1937 年,就在抗战全面爆发的前夜,郭沫若在复四川达县城区第二小学全体师生的信中说:

> 我自己离开祖国又快满十年,离开我们四川,更已二十四年了。自己实在是没有什么成就,真是对不起自己的国族,想起来,

---

① 郭沫若:《郭沫若全集》(文学编第 1 卷),人民文学出版社 1982 年版,第 59 页。
② 郭沫若:《郭沫若全集》(文学编第 2 卷),第 2 页。

实在是很惭愧。不过我思念我国族的情趣,实在是有难于用语言文字来表达者。自己一息尚存,总想努力,以期不负一切已知未知的朋友的希望。我们国族目前处在危难的时候,我们做国族的儿女的人,尤当是生死与共,我久已立志要使自己的最后一珠血都要于国族有所效益。①

这和鲁迅当年的"我以我血荐轩辕"的自许如出一辙,对这样的一个知识分子来说,他如何能安心于自己的古史研究,又如何能为艺术而艺术呢。他虽曾留学并长期生活在日本,但他绝对不会像周作人、汪精卫等民族败类那样做出背叛民族、认贼作父的丑事,他的母邦屡遭危难,这使得他痛心扼腕。这时,屈原的爱国精神鼓舞了他,他平生所敬仰和向往的屈原"根本是一位爱国者","他在怀王时遭了疏远,虽然放浪着而他不肯出国。他在顷襄王时受了放逐,虽然颠沛着而他也不肯出国"②。郭沫若与屈原的爱国精神是相通的。

Disillusion 的悲哀哟

而国内又是怎样的情况呢?中国四万万人口,占总人口80％的农民生活又怎样呢?

> 朋友,我们现在请先说北方;
> 北方的农民实在是可怜万状!
> 他们饥不得食,寒不得衣,
> 有时候整村整落的逃荒。

---

① 转自龚济民、方仁念:《郭沫若传》,第189页。
② 郭沫若:《郭沫若全集》(历史编第4卷),第57页。

他们的住居是些败瓦颓墙，
他们的儿女就和猪狗一样；
他们吃的呢是草根和树皮，
他们穿的呢是褴褛的衣裳。

南方呢？南方虽然是人意差强，
但是农村的雕敝触目神伤。
长江以南的省区我几乎走遍，
每个村落里，寻不出十年新造的民房！①

1921年4月24日，生活潦倒的郭沫若在《时事新报·学灯》上发表新诗一首，他是这样描写当时的上海社会的。

我从梦中惊醒了！
　Disillusion 的悲哀哟！

游闲的尸，
　淫嚣的肉，
长的男袍，
　短的女袖，
满目都是骷髅，
　满街都是灵柩，
乱闯，
　乱走。
我的眼儿泪流，

---

① 郭沫若：《郭沫若全集》（文学编第1卷），第379-380页。

> 我的心儿作呕。

> 我从梦中惊醒了！
> Disillusion 的悲哀哟！①

在这么一个变态的社会之中，正直而敏感的知识分子精神苦闷、内心压抑，非得发疯不可。屈原对他的"姐姐"女须说：

> 姐姐，你却怪不得我，你只怪得我们所处的这个混浊的世界！我并不曾疯，他们偏要说我是疯子。他们见了凤凰要说是鸡，见了麒麟要说是驴马，我也把他们莫可奈何。他们见了圣人要说是疯子，我也把他们莫可奈何。他们既不是疯子，我又不是圣人，我也只好疯了，疯了，哈哈哈哈哈，疯了！疯了！②

知识分子这种极端的精神压抑同样体现在他的一篇小说的主人公"爱牟"身上。"爱牟"就是郭沫若，他说，"找钱？钱却怎么找呢？还是做文卖稿？还是挂牌行医？还是投入上海 Zigoma 团去当强盗？……"③"洞庭山上有强盗——果真有时，我想在此地来做个喽罗。"④爱牟多少有些精神恍惚，神经衰弱，"他有时也想到他家中的父母，有时又想到索性到广东去从军，可以痛痛快快地打死一些人，然后被一个流弹打死。假使朝鲜人能够革命，他又想跑去效法拜伦……一些无系统的思想，一直缠绕着他到天亮"⑤。

---

① 郭沫若：《郭沫若全集》（文学编第 1 卷），第 162 页。
② 同上书，第 18 页。
③ 郭沫若：《漂流三部曲》，见房向东编：《评说郭沫若》，第 78-79 页。
④ 同上书，第 94 页。
⑤ 同上书，第 95 页。

1923年10月11日,徐志摩、胡适等一干人同访民厚里郭沫若居所,回国艰难谋生的郭沫若拖儿带口,窘迫潦倒,"且其生计亦不裕,或竟窘,无怪其以狂叛自居"①。郭沫若正是那要发疯的屈原、要当强盗的"爱牟"。与胡适少年得志,春风得意的情形相比,郭沫若则显得狼狈不堪,1924年,他在日本写下了这样的一种窘迫生活。

  下山数栗,栗不盈斗。
  欲食不可,秋风怒吼。
  儿尚无衣,安能顾口。

  衣不厌暖,食不厌甘。
  富也食栗,犹慊肉单。
  焉知贫贱,血以御寒。②

这些个人底层生活的经历和感受使得郭沫若对苦难有着切身的体味和天然的同情,对社会的不公和不义也有着刻骨的怨恨和咒诅,他曾在《凤凰涅槃》中借凤之口这样诅咒道:

  啊啊!
  生在这个阴秽的世界当中,
  便是把金刚石的宝刀也会生锈!
  宇宙啊,宇宙,
  我要努力地把你诅咒;
  你脓血污秽着的屠场呀!

---

  ① 转自贾振勇:《郭沫若的最后29年》,中国文史出版社2005年版,第12-13页。
  ② 郭沫若:《郭沫若全集》(文学编第2卷),第425页。

> 你悲哀充塞着的囚牢呀!
> 你群鬼叫号着的坟墓呀!
> 你群魔跳梁着的地狱呀!
> 你到底为什么存在?①

这使得他与以弱者本位、反抗压迫、鼓吹阶级斗争的中国的马克思主义学说产生了共鸣,1921年5月26日,中国共产党尚没宣告诞生,郭沫若便在《女神》的序诗中宣布自己是个"无产阶级者"了。

> 我是个无产阶级者:
> 因为我除个赤条条的我外,
> 什么私有财产也没有。
> 《女神》是我自己产生出来的,
> 或许可以说是我的私有,
> 但是,我愿意成个共产主义者,
> 所以我把它公开了。②

在1927年南昌起义之时,他已不满于纸面上的讨蒋檄文,和周恩来诸同志联合起来,打响了武力反抗蒋介石的第一枪。到了1928年1月7日,他更是怒向心头起,恶向胆边生,顿时想起了陈胜吴广。

> 我想起了几千年前的陈涉,
> 我想起了几千年前的吴广,
> 他们是农民暴动的前驱,
> 他们由农民出身,称过帝王。③

---

① 郭沫若:《郭沫若全集》(文学编第1卷),第37-38页。
② 同上书,第3页。
③ 同上书,第378页。

郭沫若曾写诗有,"我崇拜偶像破坏者,崇拜我!我又是个偶像破坏者哟!"①在这么一个逼仄、压抑的社会中,他们渴望破坏、渴望光明、渴望另一个新世界的出现,在《女神的再生》诗的剧尾,舞台监督这样旁白:"诸君!你们在乌烟瘴气的黑暗世界当中怕已经坐倦了吧!怕在渴慕着光明了吧!作这幕诗剧的诗人做到这儿便停了笔,他真正逃往海外去造新的光明和新的热力去了。诸君,你们要望新生的太阳出现吗?还是请去自行创造来!我们待太阳出现时再会!"②正是在这样国际和国内险恶形势的逼迫下,知识分子没法安然于世外的纷扰,于是在爱国和人道的指引下纷纷转向那轰轰烈烈的社会运动之中,这个大的时代背景促成了郭沫若知识分子观的形成。

士大夫以为然,中国革命成矣

郭沫若主张知识分子走出书斋,投身公共事务,那么,知识分子在一个动荡社会里所居的地位、所起的作用又当如何呢?

历朝成功,谋士功业在战士之上

"近代史中的主要革命,知识分子无役不与",③在中国,尤其明显。毛泽东意识到了知识分子之于革命的重要性。"知识分子和青年学生"在"中国革命中常常起着先锋的和桥梁的作用","辛亥革命前的留学生运动,一九一九年的五四运动,一九二五年的五卅运动,一九三五年的一二·九运动,就是显明的例证"。④ 毛泽东这样评价知识分子在革命

---

① 郭沫若:《郭沫若全集》(文学编第1卷),第99页。
② 同上书,第14页。
③ 〔美〕爱德华·W·萨义德著,单德兴译:《知识分子论》,第16页。
④ 毛泽东:《中国革命和中国共产党》,《毛泽东选集》(第2卷)人民出版社1967年版,第604页。

中的作用,他说,"在中国的民主革命运动中,知识分子是首先觉悟的成分。辛亥革命和五四运动都明显地表现了这一点,而五四运动时期的知识分子则比辛亥革命时期的知识分子更广大和更觉悟。"[1]对于此,郭沫若亦有云:"中国近年来时局的大转变,每每以学生运动开其端。……今天我们回顾历史,谁也不能否认这些推动了历史车轮的原动力的雄伟了。"[2]他在另一处也还说,"先知先觉者,每每敢有犯万难,轻生死,作天下之前驱,以诱导变革的行动。"[3]可以不夸张地说,中国近现代以来,知识分子可以说催生了、左右了中国的历史走向和社会变革,在战场的血与火之背后,中国知识分子开辟的一个没有硝烟的"第二战场",他们没有枪炮,威力却不逊于"克虏伯",他们文弱无力,谈笑间却能"樯橹灰飞烟灭"。

"早期的改革家首先争取的是文人学士——有地位的知识精英、公认的有思想的人。"[4]高明而远见的政治家无不对此有所认识,甚至可以说,只有认识到,并重视到这一点,大规模的社会革命的目的才能成功达到。孙中山就是一例,孙中山虽自打小就听他的广东老乡洪天王"打土豪,闹革命"的故事,这些故事在一定程度上唤醒了他那深埋心底的反叛的种子,他一度自许"洪秀全第二",但他与洪天王又绝大不同的是,他重视知识分子,他认为业已占有大半中国的太平天国失败的原因便在于在一定程度上洪秀全没有得到"读书人"的支持。孙中山说,"历朝成功,谋士功业在战士之上。读书人不赞成,虽太平天国奄有中国大

---

[1] 毛泽东:《五四运动》,《毛泽东选集》(第2卷),第523页。
[2] 郭沫若:《郭沫若全集》(文学编第20卷),第14页。
[3] 郭沫若:《郭沫若全集》(文学编第18卷),第345页。
[4] 〔美〕杰罗姆·B.格里德尔著,单正平译:《知识分子与现代中国》,第156页。

半,终亡于曾国藩等儒生之领兵。"太平天国主要领导人是农民出身,家境贫寒,不读书,不看报,只知风水轮流传,皇帝该我坐,于是撇下锄头扛起枪,揭竿而起闹革命,满脑子的土匪思想,流寇作风,焉能不败?怎能不亡?他们将"革命"闹到胡适的家乡时,更是烧杀掠夺,实行"三光"政策,胡家的祠堂被毁,胡适老爸逃命深山,他爸的第一任妻子命丧黄泉,好不凄惨。① "士大夫以为然,中国革命成矣。"②你没有争取读书人的支持嘛,你没有取得天下人心啊,所以最终免不了"忽喇喇似大厦倾",落了个"白茫茫一片大地真干净"。

辛亥革命,又是知识分子推动革命的一个例子,为什么是湖北武昌最先起义,打响埋葬几千年封建制度的第一枪呢?那是因为早在张之洞时期,他所练就的新军便深受革命思想的熏陶,甚至有的"战士"本身

---

① 胡适家即为太平天国运动的受害者,据胡适回忆,"一八六〇年我绩溪县亦为太平军所焚掠,一连三载,父亲和邻居亲友均率领家属到高山里去避难,并据险自卫"。胡氏宗祠被毁,胡适父亲新婚才两年的原配妻子也死于太平军的进犯中,"一八六二年年底,局势稍稍好转,全家乃转返绩溪;不意翌年春初和夏季,太平军又两度进犯。就在太平军第二度入侵时,父亲在一八六〇年(清咸丰十年)结婚的原配妻子[冯夫人],便不幸死难了。她是那时我家二十余口——多半是妇孺——中唯一的死难者"。"太平乱前数百年我乡皆太平无事。地方殷实,人丁兴旺。我族那时曾作过一次丁口总计,以便按口派捐,建造祠堂。当时全族男女老幼约六千人。太平军覆灭后的第二年(一八六五),我族再作第二次的人口调查,拟再按口派捐,重建宗祠。调查所得,乱后剩余丁口不过一千三百人左右,人口减少了百分之八十。"(胡适口述,唐德刚注译:《胡适口述自传》,第 12-13 页。)1937 年胡适给周作人的信中也说道:"我的家乡遭洪杨之劫最惨。先父自记年谱中说,乱前族中修祠(按:原文如此)修谱,点得人口六千人;乱中祠堂被焚,先父领头重建,募捐时细查劫余人口只有一千二百人。死的凡百分之八十! 不独于族如此,徽州各族记载往往相印证。"(耿云志、欧阳哲生编:《胡适书信集》(中),第 712 页。)

② 冯自由:《中华民国开国前革命史》(上册),中华文化服务社 1946 年版,第 49-50 页。

就是投笔从戎的知识青年。再想想,孙中山缘何敢把中华民国总统的宝座让给袁世凯,为何不怕袁世凯称帝,除过势不如人,不得不的因素外,他认为经过辛亥革命、民主共和思想的普及和洗礼,袁世凯倘若胆敢称帝,要推翻他也不是什么难事,孙中山有这个把握。

国民党执政的失败也与他们失去知识分子的支持有关。徐复观说,"他们(按:知识分子)与共产党的友谊,远超过对国民党的友谊;并发展成为对国民党完全对立的形势。这种发展倾向,对国民党的存亡,有绝大的关系"。① "从当时整个的局势看,先有绝对多数知识分子的背弃,才有整个军事机能的瓦解。"② 我们也许可以这样说,倘徒有百万雄师,而无知识分子的如椽健笔,亦难保大好河山平安无恙。"士大夫以为然,中国革命成矣。"反过来说即是,"士大夫不以为然,中国革命败矣"。很大程度上,国民党政府的失败都在于没有赢得知识分子的支持。

到了毛泽东,他比历史上任何一位政治家都重视知识分子在革命中的力量,他将知识分子队伍称作一支"文化军队"。在五四运动二十周年纪念时,他说:"'五四'以来,中国青年们起了什么作用呢?起了某种先锋队的作用,这是全国除开顽固分子以外,一切的人都承认的。什么叫做先锋队的作用?就是带头作用,就是站在革命队伍的前头。中国反帝反封建的人民队伍中,有由中国知识青年们和学生青年们组成的一支军队。这支军队是相当的大,死了的不算,在目前就有几百万。这支几百万人的军队,是反帝反封建的一个方面军,而且是一个重要的方面军。"③ 三年后,1942 年 5 月,毛泽东在延安文艺座谈会上的讲话中又说到了这两个方面军,他说:

---

① 徐复观著,陈克艰编:《中国知识分子精神》,第 10 页。
② 同上书,第 12 页。
③ 毛泽东:《青年运动的方向》,《毛泽东选集》(第 2 卷),第 523 页。

在我们为中国人民解放的斗争中,有各种的战线,就中也可以说有文武两个战线,这就是文化战线和军事战线。我们要战胜敌人,首先要依靠手里拿枪的军队。但是仅仅有这种军队是不够的,我们还要有文化的军队,这是团结自己、战胜敌人必不可少的一支军队。"五四"以来,这支文化军队就在中国形成,帮助了中国革命,使中国的封建文化和适应帝国主义侵略的买办文化的地盘逐渐缩小,其力量逐渐削弱。①

这支文艺军队的"班头"郭沫若也曾说:

  我们的文艺运动历来就有一种和政治运动相结合的宝贵的传统。从五四运动起,在各个历史时期,中国新文艺运动的主流都是当时的革命政治运动的一个重要的战斗单位。②

1967年5月24日,《人民日报》头版重复有同样意思的话,"无产阶级的文艺是无产阶级整个革命事业的一部分。革命文艺队伍是一支为政治斗争为无产阶级专政服务的军队"③。毛泽东对知识分子的看法有些类似葛兰西所说的"有组织的知识分子",④就是将知识分子组

---

① 毛泽东:《在延安文艺座谈会上的讲话》,《毛泽东选集》(第3卷),人民出版社1967年版,第804页。

② 郭沫若:《郭沫若全集》(文学编第17卷),第34页。

③ 《毛主席指示》,第45页。

④ 俞吾金认为我们以往将 organic intellectual 译为"有机知识分子",不如译为"有组织的知识分子"或"(被)组织起来的知识分子"更为妥当。"只要我们注意到葛氏《狱中札记》的英译本中经常出现的动词 organize(使有机化、组织),我们就会明白,把形容词 organic 译为'有组织的',而把动词 organize 译为'组织'。无庸讳言,也只有这样翻译,才切合葛氏的本意。只要我们认真阅读葛氏的《狱中札记》,就会发现,葛氏主张的是,西方国家的共产党只有使知识分子处于被组织起来的状态中,才有可能真正地夺取资产阶级市民社会的文化领导权。"(俞吾金:《何谓"有机知识分子"》,《社会观察》2005年第8期)

织起来,牢牢把握住了无产阶级的文化领导权。

道义力量与舆论中心

既然知识分子在革命中有着不可小觑的地位,那么,他发挥的作用体现在何处呢?这可从两方面来看,一方面,知识分子本身代表了一种人间的道义力量,一个政权赢得了知识分子的支持,在很大程度上来说,它就确立了自身的合法性;另一方面,知识分子的舆论力量在鼓动民心,打击敌人方面,可抵得上"毛瑟三千"。

先看前一个方面。1937年卢沟桥事变,抗战全面爆发时,郭沫若摆脱日人的监视,抛妻别子,潜逃归国,投身抗战大业,从这点来看,郭沫若是值得我们敬佩的,和那个甘愿附逆的周作人汉奸相比,其相距霄壤,判若云泥,也正是这个时分,8月30日,郭沫若在国难声中怀念起了滞留北平的知堂老人,王统照告诉郭沫若,传言周作人花九千块钱包了一架飞机准备南下,郭沫若说,一个周作人,九千块钱,多乎哉?不多也!知识界领袖之一周作人的去留对于敌我的影响比九千块钱更为重要,郭说,"其实这'谣言',我倒希望它要不是谣言才好。九千块钱算得什么,虽然在鼎沸时期要拿出九千块钱的现金未免也夸张得一点,然而,我们如损失了一个知堂,那损失是不可计量的"。"'如可赎兮,人百其身',知堂如真的可以飞到南边来,比如就象我这样的人,为了掉换他,就死上几千百个都是不算一回事的。"情真意切,令人唏嘘不已。后来,陶亢德将载有郭沫若这篇文章的刊物邮寄给北平的知堂,知堂说,"鼎堂先生文得读,且感且愧,但亦不敢不勉耳"①。事实证明,"勉"且谈不上,"愧"是应当的。

---

① 转自王锦厚:《林语堂与郭鼎堂》,《郭沫若学刊》2007年第3期。

日本人信仰知堂的比较多,假使得到他飞回南边来。我想,再用不着要他发表什么言论,那行为对于横暴的日本军部,对于失掉人性的自由而举国为军备狂奔的日本人,怕已就是无上的镇静剂吧。①

并不是说周作人这个人能上九天揽月,能下五洋捉鳖,能电闪雷鸣,能呼风唤雨,主要是他本人,一个老牌知识分子,本身就是一个精神标志。因为知识分子常常被人们赋予了一种道义的力量,是掊恶扬善,还是助纣为虐,这是他的选择,然而,他的选择关系重大,在一定程度上来说,知识分子就这么重要,然而,知堂老人却在关键的时候,有负士林重望、自甘堕落、自毁名节、长寇气焰、灭我威风,终沦为国族败类。

再看后一个方面。1943年3月2日,赴美为国事游说的蒋夫人宋美龄在麦迪逊广场花园发表演说,当时宋氏风头正健,风靡全美,约有两万多老美洗耳恭听,争睹其风采。她对胡适说,"她的演说是为知识阶级说法,因为知识阶级是造舆论的"。② 是的,知识分子是造舆论的,在宋看来,老美的知识分子也不例外。

郭沫若曾"平心而论"梁启超的言论之影响时说:"他负载着时代的使命,标榜自由思想而与封建的残垒作战。在他那新兴气锐的言论之前,差不多所有的旧思想、旧风习都好像狂风中的败叶,完全失掉了它的精彩。二十年前的青少年——换句话说:就是当时的有产阶级的子弟——无论是赞成或反对,可以说没有一个没有受过他的思想或文字的洗礼的。"③郭所言不谬,当时梁雄姿英发,巨笔如椽,舆论所及,靡不

---

① 郭沫若:《郭沫若全集》(文学编第18卷),第152页。
② 曹伯言整理:《胡适日记全编》(第7卷),第512-513页。
③ 郭沫若:《郭沫若选集》(第1卷),第116-117页。

钦服,李肖聃曾说他主笔的《时务报》"指陈世要,一归平实,间杂激宕之词,老师宿儒,新学小生,交口称之"。张元济说:"乡人有年逾七旬素称守旧者,读其文且慕之,且赞之。其摄力何若是之大耶!"①可见梁的舆论感染力之强之烈。郭沫若看到梁在思想界的舆论力量,他本人也受过梁启超饱含热情而又煽动力极强的文字的洗礼,如梁启超一样,身在局中的郭沫若深知"宣传的效力是不可轻视的"②他在为香港《大公报》复刊九周年纪念所写的诗中有这样的诗句,"为民喉舌夸天职,报国精诚万感通"。③

郭沫若本身就是一股强有力的舆论力量,他本人在北伐战争、抗日战争、解放战争、新中国成立后历次运动中都是一个不遗余力的鼓吹者。郭老"一枝笔"抵得过敌人的"万杆枪",1927 年,"郭沫若在随同南昌起义队伍南下的途中,将附身的东西统统丢弃了,惟独剩下了一支红色的头号派克笔,他承认这是思索自身未来去向时'下意识中的一个很具体的答案'"。④ 他自命为党的"喇叭",⑤1937 年郭沫若秘密归国后,"夏衍看他只有一个旅行袋,问他还有什么行李,他笑着作了一个写字的手势说:'只带了一枝笔。'的确,他这次回国就是要用这枝笔,为神圣的

---

① 转自杨国强:《晚清的士人与世相》,生活·读书·新知三联书店 2007 年版,第 198 页。

② 上海图书馆文献资料室,四川大学郭沫若研究室合编:《郭沫若集外序跋集》,第 47 页。

③ 郭沫若:《郭沫若全集》(文学编第 3 卷),人民文学出版社 1983 年版,第 190 页。

④ 许纪霖:《在学术与政治间徘徊的近代中国知识分子》,甘阳主编:《八十年代文化意识》,第 230 页。

⑤ 郭沫若曾对林林说,"要我做喇叭,我就做喇叭"。(夏衍:《知公此去无遗恨——痛悼郭沫若同志》,新华日报资料室编:《悼念郭老》,第 19 页。)

抗日战争谱写气壮山河的洪波曲"①。所以,无论对国民党总裁蒋介石,还共产党书记毛泽东,郭沫若都是他们所要依恃的一个重要舆论人物。

在抗战之中,郭沫若甚至提到过文化力量在一定程度上胜过军事力量的意思来,他说:"在目前反法西斯战争接近胜利的时候,笔杆的使用是要愈见代替枪杆的地位了。枪杆只能消灭法西斯的武力,要笔杆才能消灭法西斯的生命力。"②要使百足之虫僵死的话,还是要笔杆去成全它的,他甚至这样主张,"我们似乎应该来一个文艺酿金,或者由政府每月对于协会给予若干的津贴。姑且假定为每月二十万元吧,由这二十万元所产生出来的文艺效果,我相信那力量决不亚于武装同志之一个军团的"③。其实在郭主事总政治部第三厅时,他曾向陈诚要经费,当时陈诚踌躇了一下,咬了一下牙说,"国防军少编两军人,你总会够用了吧?"当时国民党一个军的月费是"四十万元左右",郭沫若称陈诚还算慷慨,"这表示着他认识到宣传的力量至少可以抵得上两个国防军"。④这是我们的文化战争,对敌人一方也一样,1940 年 7 月,郭沫若说,"事实已告诉我们,现代的战争决不是纯粹军事力量的比赛。敌寇这三年来的大侵略,除了军事的进攻以外,还不断的使用着政治进攻、经济进攻、文化进攻"。⑤ 日寇尚未消灭,文人更需努力。

历来有远见的政治家都不轻视知识分子之于革命的作用,郭沫若意识到知识分子在道义上的支持和舆论上的鼓吹作用。

---

① 龚济民、方仁念:《郭沫若传》,第 196 页。
② 郭沫若:《郭沫若全集》(文学编第 19 卷),第 495 页。
③ 郭沫若:《郭沫若全集》(文学编第 18 卷),第 251 页。
④ 郭沫若:《郭沫若选集》(第 2 卷),四川人民出版社 1982 年版,第 142-143 页。
⑤ 郭沫若:《郭沫若全集》(文学编第 18 卷),第 352 页。

综上,我们从郭沫若对古今中外的知识分子的纪念、回忆、评价中不难看出,郭沫若主张知识分子不光固守自己书房之一隅,更应走出书斋,投身社会,履行一个知识分子的社会责任和使命担当。他本人其实也正是这样的知识分子,而且这一观念的形成得助于他所生活的近现代中国的内外危势的刺激,正是在这样一种国情下,具有深厚的人道意识的知识分子没法对窗外的纷扰熟视无睹。最后,我们可知,知识分子在动荡中国的革命事业中举足轻重,因为他一方面是道义的力量所在,一方面是舆论的中心所在,郭沫若对知识分子在革命事业中的地位和作用从不轻视。

小　　结

知识探求与公共关怀很大程度上是彼此冲突的,彼此妨害的,因此,这两者之间的倚重不同便将天下读书人分为三类:只选择前者,而舍弃后者的人是学者,只选择后者,而舍弃前者的人是社会活动家,既选择前者,又选择后者的人是知识分子,也就是说,知识分子正是介于学者与社会活动家之间的一类读书人。

"风起的日子笑看落花,雪舞的时节举杯向月""你选择了我,我选择了你",知识分子幸运和不幸、光荣和痛苦正系于这一"选择"。对知识分子来说,埋首书斋并非难事,这是他们的本业、正途,但要走出书斋却不免有所踌躇,有所犹豫,在一般人看来,这是他们的副业、歧路。鲁迅、胡适、郭沫若都义无反顾、理直气壮地走上了这条"不归路"。

鲁迅眼中的知识分子应当是一个"斗士"。斗士是入世的、好事的、发愤有为的,积极进取的。他时时刻刻与社会斗、与权势斗,甚至与自己斗。在现在的地上"执着现在",直面社会人生,并飞蛾扑火般地将自己燃烧到这现实之中。

而"雅士"与"隐士"呢,雅士是披着"精致"的华服,隐士则是身着"隐逸"的蓑衣。

鲁迅反对那些"吟风弄月"的雅士。我们常说文人雅士,雅士往往是文人的一种"刻板印象",他们羽扇纶巾、吟诗作画、见月伤心、对花流泪,鲁迅则坦陈自己是一个"俗人",他以一股泼辣的"俗气"大扫知识分子的雅兴,并用他们的不雅之一面来反对他们的高雅,使得他们的敏感矫情顿时显得滑稽可笑。

鲁迅也反对那些"息影林泉"的隐士。他看不惯道家文化熏陶下的知识分子那副消极退缩、"随便"、"玩世不恭"的"死样子",于是便一一揭去三类隐士的"蓑衣",使得"失意的隐士"露出"求利"的真容,使得"全节的隐士"露出"保名"的真容,使得"阔气的隐士"露出"造作"的真容,不仅如此,鲁迅还从当下风云激荡的外部环境,否认了隐士们居住的象牙塔存在的可能性和必要性。

胡适眼中的知识分子应当是经孔子所改造过的,一扫儒家往昔那种柔顺退缩之气,具有一种刚健进取的精神的儒家知识分子形象,他们最显著的特征莫过于"有为",而且是"知其不可而为之",这其中的执着而无望,勤勉而无功的悲壮精神为胡适倍为推崇,并身体力行。

从"有为"和"无为"这一层来看,儒家知识分子在内心排拒道家的"清静无为"和释家的"万物皆空",儒家是肯定主义,肯定主义坚信事在人为,无所不为,所以在他们的眼里,相对主义的道家显得随便,否定主义的释家则显得可笑。

而客观上良心的"不忍"与主观上人生一世,何不"做一个轰轰烈烈的梦"的愿望形成了有为知识分子行动的心理支持。

郭沫若眼中的知识分子,不光只是固守自己书房之一隅,更应当走出书斋,投身社会,尽到一个知识分子的社会责任和使命担当。他肯定、鼓吹并向往那些古今中外著名的知识分子的公共参与精神,如葛录亚、夏完淳、屈原、柳亚子、李公朴、闻一多、雨果、达·芬奇、果戈理、阿维森纳、萧伯纳、约里奥·居里、罗曼·罗兰等。他正是这样的知识分子,他是一位作家、学者,但他同时也是一位舆论家、社会活动家。他本来是一个主体性极强的、"为艺术而艺术"的作家,他本来是埋首契书铭文、考查中国古代历史、社会、思想的学者(历史学家、考古学家),然而,他似乎更多的是跳入历史的旋涡,亲临斗争的第一线,指点江山、激扬文字。

郭沫若这一知识分子观念的形成得助于他所生活的近现代中国内外危势的激发,在这样的一种国情下,知识分子是不能对窗外的纷扰熟视无睹的。他进而认为知识分子在动荡中国的革命事业中起着举足轻重的作用,他们甚至关系到一个政权的存亡,因为知识分子一方面是道义的力量所在,一方面是舆论的中心所在。

可以说,在出与入这一点上,鲁迅、胡适和郭沫若的价值取向是一致的。他们本身都是名重一时的学者,但他们都主张知识分子眼光向外、走出书斋、关心政治、投身社会。有了这一个共识基础,便有了后面知识分子介入社会、参与政治的种种丰富形态。

第三章 人 与 政

第一节 鲁迅:永远的抗议者

知识和强有力是冲突的

日本作家厨川白村的《苦闷的象征》里有一篇《文学者和政治家》的文章,"大意是说文学和政治都是根据于民众的深邃严肃的内底生活的活动,所以文学者总该踏在实生活的地盘上,为政者总该深解文艺,和文学者接近。"无独有偶的是,王实味也有一篇《政治家·艺术家》的文章,他说:"我们底革命事业有两方面:改造社会制度和改造人——人底灵魂。政治家,是革命的战略策略家,是革命力量的团结、组织、推动和领导者,他的任务偏重于改造社会制度。艺术家,是'灵魂底工程师',他底任务偏重于改造人底灵魂(心、精神、思想、意识——在这里是一个东西)。"两者身份不同,任务不同,作用不同,但却是互补的。"前者为后者扩展领域,后者使前者加速完成。政治家底工作与艺术家底工作是相辅相依的。"①无论是厨川白村,还是王实味,他们都认为政治家与文艺家在根本上是不对立的。

鲁迅看到厨川白村要文学家与政治家互相了解,互相靠近的美好期愿时,他觉得这种期愿固然美好,但却不合我们的国情,我们是什么

---

① 王实味:《政治家·艺术家》,朱鸿召编选:《王实味文存》,上海三联书店1998年版,第133页。

国情呢？在当时中国,文学家和政治家要么是一种"羊与虎"的关系,要么是一种"狼与狈"的关系,绝不可能出现一种"鱼与水"的关系,那就是中国文学家与政治家没有互相理解、互相协作的可能性存在。"我以为这诚然也有理,但和中国现在的政客官僚们讲论此事,却是对牛弹琴;至于两方面的接近,在北京却时常有,几多丑态和恶行,都在这新而黑暗的阴影中开演,不过还想不出作者所说似的好招牌,——我们的文士们的思想也特别俭啬。"①

无行知识分子暂且置之不论,鲁迅论述的是如他这般的"真的知识阶级"与政治的关系,在他看来,知识分子与政治是冲突的、对立的、不可调和的。1927年12月21日,他在上海暨南大学演讲中说道,"我每每觉到文艺和政治时时在冲突之中,文艺和革命原不是相反的,两者之间,倒有不安于现状的同一。惟政治是要维持现状,自然和不安于现状的文艺处在不同的方向"。文艺和政治不断地冲突的原因在于"政治想维系现状使它统一,文艺催促社会进化使它渐渐分离;文艺虽使社会分裂,但是社会这样才进步起来"。② 于是,知识分子未免成为政治家的"眼中钉"。大约两个月前,他在1927年10月25日在上海劳动大学的演讲中也提到这一观点,他说,"知识和强有力是冲突的,不能并立的;强有力不许人民有自由思想,因为这能使能力分散",在当权者看来,"知识越多越反动",所以,一面是维持秩序,一面是破坏秩序,一面是维护统治,一面是动摇统治,两方冲突,在所难免。

在政治一面来说,政治总是维持统治阶级的统治地位而服务的,这一点古今中外,概莫能外,没有一个政府鼓励你造他的反,这点胡适就

---

① 鲁迅:《译文序跋集·〈出了象牙之塔〉·后记》,《鲁迅全集》(第10卷),第266页。
② 鲁迅:《集外集·文艺与政治的歧途》,《鲁迅全集》(第7卷),第115页。

说得实在,当中国民权保障同盟要求政府"立即无条件地释放一切政治犯"的要求时,他就说,"这不是保障民权,这是对一个政府要求革命的自由权。一个政府要存在,自然不能不制裁一切推翻政府或反抗政府的行动。向政府要求革命的自由权,岂不是与虎谋皮?谋虎皮的人,应该准备被虎咬,这是作政治运动的人自身应该的责任"。① 这倒不是他特意地站在统治者的立场上说话的,而是事实的确如此。

问题在于中国的政治家要么出身于土匪军阀,要么脱胎于清末官场,流氓习气和封建思想浸染甚深,一时难以涤尽,加之他们多没受过现代政治文明的熏陶,让他们来操作亚洲第一个共和国,岂不是在"丁丁开飞机"吗?所以,中国的政治,旧习未改,新弊又生,不是揽权,就是抓钱,有权就有钱,用钱可买权。这样的政治格局,又是敏感而好事的知识分子所大不满,这使得他们失望、愤怒,于是诅咒、反抗。

对于知识分子,鲁迅在《门外文谈》中就说道,"凡有改革,最初,总是觉悟的智识者的任务"②。"春江水暖鸭先知",在改革的初始,知识分子往往担当了"先知先觉"的角色,那是因为"弄文艺的人们大抵敏感"之故,③他们的"感觉灵敏了一点,许多观念,文学家早感到了,社会还没有感到"。④ 鲁迅还说,"预言总是诗,而诗人大半是预言家。然而预言不过诗而已,诗却往往比预言还灵。"⑤他们睡不着了,醒来便"半夜鸡叫",鸡叫固然好,可惜而可怜的是他们叫得太早了,在大家正在熟睡之际,你"雄鸡一唱",搞得大家都睡不好觉,人主觉得天下最好永远

---

① 欧阳哲生主编:《胡适文集》(第 11 卷),第 295 页。
② 鲁迅:《且介亭杂文·门外文谈》,《鲁迅全集》(第 6 卷),第 104 页。
③ 鲁迅:《三闲集·"醉眼"中的朦胧》,《鲁迅全集》(第 4 卷),第 62 页。
④ 鲁迅:《集外集·文艺与政治的歧途》,《鲁迅全集》(第 7 卷),第 119 页。
⑤ 鲁迅:《准风月谈·诗和预言》,《鲁迅全集》(第 5 卷),第 239 页。

黑暗,自己将永远是人主,而你叫得天下大白,岂能饶你。"他说得早一点,大家都讨厌他。政治家认定文学家是社会扰乱的煽动者,心想杀掉他,社会就可平安。"①而人民呢,又觉得你扰乱了他们的清梦,虽身在"铁屋子"昏睡,但日子还算稳当,你这么一叫,徒徒增加了将死未亡人的苦痛,实在讨厌。"先觉的人,历来总被阴险的小人、昏庸的群众迫压排挤倾陷放逐杀戮。中国又格外凶。"②

先知者的两头不讨好的遭遇,鲁迅早在1908年写的《摩罗诗力说》中已预料到。

> 中国之治,理想在不撄,而意异于前说。有人撄人,或有人得撄者,为帝大禁,其意在保位,使子孙王千万世,无有底止,故性解（Genius）之出,必竭全力死之;有人撄我,或有能撄人者,为民大禁,其意在安生,宁蜷伏堕落而恶进取,故性解之出,亦必竭全力死之。柏拉图建神思之邦,谓诗人乱治,当放域外;虽国之美污,意之高下有不同,而术实出于一。③

不管是"帝",还是"民",都不容忍"性解"来撄扰人心。而知识分子呢,他们习性又是不免要关注社会、关注民生,他们"对于社会永不会满意的,所感受的永远是痛苦,所看到的永远是缺点,他们预备着将来的牺牲,社会也因为有了他们而热闹,不过他的本身——心身方面总是苦痛的;因为这也是旧式社会传下来的遗物"④。鲁迅是认为社会是永远不能令知识分子满意的,知识分子也是永远不能对社会满意的。胡适

---

① 鲁迅:《集外集·文艺与政治的歧途》,《鲁迅全集》(第7卷),第118页。
② 鲁迅:《集外集拾遗补编·寸铁》,《鲁迅全集》(第8卷),第111页。
③ 鲁迅:《坟·摩罗诗力说》,《鲁迅全集》(第1卷),第70页。
④ 鲁迅:《集外集拾遗补编·关于知识阶级》,《鲁迅全集》(第8卷),第227页。

有云:"不承认现状可以满人意,这便是有为主义的立场。天下已安已治,自然可以无为了;正因为天下不安不治,故必须奋发有为。"①胡适虽也认为知识分子的批判立场,但他认为那是社会有令人不满之处存在的原因,倘天下太平,知识分子当然就偃旗息鼓了。这是他们认识的差异所在。看来对鲁迅来说,永远不满,永远批判是知识分子的使命与本质。

鲁迅早年在介绍摩罗诗人时就每每感慨并向往于他们那种不满现状,与世抗争的战斗精神的张扬,他们"大都不为顺世和乐之音,动吭一呼,闻者兴起,争天拒俗,而精神复深感后世人心,绵延至于无已"。②同时,他对那些惮于批判的知识分子甚为不满,"近来的革命文学家往往特别畏惧黑暗,掩藏黑暗,但市民却毫不客气,自己表现了。那小巧的机灵和这厚重的麻木相撞,便使革命文学家不敢正视社会现象,变成婆婆妈妈,欢迎喜鹊,憎厌枭鸣,只检一点吉祥之兆来陶醉自己,于是就算超出了时代"。③论理知识分子是一个永远的批判者、挑疵者、不满者,革命的知识分子更应如是,可是令他奇怪的是,他们却逃避黑暗、包藏黑暗、掩饰黑暗。然而,在非文明社会的中国里,"现在思想自由和生存还有冲突",知识分子与政治家的冲突是命中注定的,在这冲突中,力量又是悬殊的,其结果不外乎以压迫或杀戮知识分子而告终。

理想和现实不一致,这是注定的运命

知识分子与政治家的冲突其实也倒不全是政治的黑暗,即使在相对清明的政治局面下,知识分子也会左看不顺眼,右看也不顺眼,并加

---

① 欧阳哲生主编:《胡适文集》(第6卷),第584页。
② 鲁迅:《坟·摩罗诗力说》,《鲁迅全集》(第1卷),第68页。
③ 鲁迅:《三闲集·太平歌诀》,《鲁迅全集》(第4卷),第104-105页。

以指点批评的,再说,政治是永远不会如蒸馏水般的纯净无杂的,世上哪有纯净无杂的理想政治,即使到了共产主义社会,也仍有不如人意的地方的,鲁迅清楚地说,"即共了产,文学家还是站不住脚"。① 于是,知识分子也将永远不满、永远痛苦、永远批评。这主要是知识分子从来就是在理念世界中生活的,完美、理想和无瑕是理念世界的特点,而理念世界里没有现实生活中的边边角角、磕磕绊绊,"长期生活在符号系统中,受到其精确、严密、和谐、完美熏陶的人们,自然希望现实世界的一切领域都像符号的、观念的世界一样美好、合理"。② 因此,一旦知识分子由观念世界重返现实世界时,他的理想与现实就会发生冲突,便会带来不满和痛苦,由此产生了反对和批判。正如雷蒙·阿隆所说:"知识分子常常通过把当前的现实与理想进行比较来判断自己国家和社会制度,而不是把这一现实与其他现实相比较,如把今天的法国与他们理想中的法国比较,而不是与过去的法国相比。没有任何人类事业能丝毫无损地经受住这一试验。"③你以一个完美的理念世界的标准去较量一个不可能完美的现实世界,焉能不失望,又焉能不愤激。

　　这是"出了象牙之塔"的知识分子所必须有的心理准备,一般从学校走出,初涉社会的学生,心理上都会或多或少地有所挫折,你在学校被告知的是蓝天白云,可到社会一看却是漫天乌云,原来所见的人事都是以前学校里所没遇到过的,也是依了所受的教育来判断所不能理解的啊!经历着女师大事件的学生——许广平便是这其中的一个,她给她的业师鲁迅去信倾诉了她心中的困惑和苦闷。鲁迅则答曰:

---

① 鲁迅:《集外集·文艺与政治的歧途》,《鲁迅全集》(第7卷),第121页。
② 郑也夫:《知识分子研究》,第86页。
③ 〔法〕雷蒙·阿隆著,吕一民、顾杭译:《知识分子的鸦片》,第218-219页。

> 学生在学校中,只是少听到一些可厌的新闻,待到出了校门,和社会相接触,仍然要苦痛,仍然要堕落,无非略有迟早之分。①

这就是观念世界与现实世界冲突的原因所致。鲁迅在译完厨川白村的《出了象牙之塔》后写的后记中说到这些"出了象牙之塔"的知识分子的理想与现实的冲突。这即是他所说的"碰壁"现象。

> 造化所赋与于人类的不调和实在还太多。这不独在肉体上而已,人能有高远美妙的理想,而人间世不能有副其万一的现实,和经历相伴,那冲突便日见其了然,所以在勇于思索的人们,五十年的中寿就恨过久,于是有急转,有苦闷,有彷徨;然而也许不过是走向十字街头,以自送他的余年归尽。②

在《文艺与政治的歧途》的演讲中他说:

> 在革命的时候,文学家都在做一个梦,以为革命成功将有怎样怎样一个世界;革命以后,他看看现实全不是那么一回事,于是他又要吃苦了。照他们这样叫,啼,哭都不成功;向前不成功,向后也不成功,理想和现实不一致,这是注定的运命。③

的确,世事与理想不能一致,这是知识分子的苦闷、愤懑的原因。1925 年,向往革命,但又无法面对革命后的现实的苏联诗人叶赛宁自杀,一年后,1926 年,另一个向往革命,但又无法面对革命后的现实的苏联作家梭波里自杀,这两个知识分子的死对鲁迅的震动颇大。他说:

---

① 鲁迅:《两地书·二》,《鲁迅全集》(第 11 卷),第 14 页。
② 鲁迅:《译文序跋集·〈出了象牙之塔〉·后记》,《鲁迅全集》(第 10 卷),第 226—268 页。
③ 鲁迅:《集外集·文艺与政治的歧途》,《鲁迅全集》(第 7 卷),第 121 页。

"苏俄革命以前,有两个文学家,叶遂宁和梭波里,他们都讴歌过革命,直到后来,他们还是碰死在自己所讴歌希望的现实碑上,那时,苏维埃是成立了!"①鲁迅对这两件知识分子自杀事件,作过多次的思考,"我因此知道凡有革命以前的幻想或理想的革命诗人,很可有碰死在自己所讴歌希望的现实上的运命"。②"俄国十月革命时,确曾有许多文人愿为革命尽力。但事实的狂风,终于转得他们手足无措。"③鲁迅同情于他们的真诚和内心的苦痛,但此时鲁迅已经呼唤实际革命的进行,即使其中有残暴和污秽也不在惜,"革命有血,有污秽,但有婴孩"。④ 在《对于左翼作家联盟的意见》的演讲中,鲁迅说:"革命是痛苦,其中也必然混有污秽和血,决不是如诗人所想像的那般有趣,那般完美。"⑤知识分子的苦痛和不满是在于他们以为现实的革命正如他们头脑中的革命一样的,他们将革命浪漫化了。

我从来不肯和政治家去说

"使奴才主持家政,那里会有好样子。"⑥中国政治让中国知识分子倍感失望。曹聚仁说鲁迅的政治观时说,鲁迅是个政治怀疑主义者,他"并不相信任何政党会有什么成就的",⑦林毓生亦有云,"对鲁迅而言,

---

① 鲁迅:《集外集·文艺与政治的歧途》,《鲁迅全集》(第7卷),第121页。
② 鲁迅:《三闲集·在钟楼上(夜记之二)》,《鲁迅全集》(第4卷),第36页。
③ 鲁迅:《而已集·革命文学》,《鲁迅全集》(第3卷),第568页。
④ 鲁迅:《译文序跋集·〈毁灭〉第二部一至三章译者附记》,《鲁迅全集》(第10卷),第372页。
⑤ 鲁迅:《二心集·对于左翼作家联盟的意见》,《鲁迅全集》(第4卷),第238页。
⑥ 鲁迅:《两地书·八》,《鲁迅全集》(第11卷),第31页。
⑦ 曹聚仁:《鲁迅评传》,第155页。

政治这回事,是一件污秽的游戏,谴责可以,参加则不行"①。鲁迅对政治向来是抱着怀疑、否定的态度的。

然而,对鲁迅来说,民初时期,天翻地覆,改朝换代,万象更新,他对新政府的新气象还是抱有希望的,他在 1925 年 3 月 31 日写给许广平的信中说:"说起民元的事来,那时确是光明得多,当时我也在南京教育部,觉得中国将来很有希望。"②这是他对政治难得的一丝乐观。然而——

> 我从乡下跑到京城里,一转眼已经六年了。其间耳闻目睹的所谓国家大事,算起来也很不少;但在我心里,都不留什么痕迹,倘要我寻出这些事的影响来说,便只是增长了我的坏脾气,——老实说,便是教我一天比一天的看不起人。③

他说他在北京"见过辛亥革命,见过二次革命,见过袁世凯称帝、张勋复辟,看来看去,就看得怀疑起来,于是失望、颓唐得很了"。④ 这些所谓的"国家大事"使得他的脾气越来越坏,渐渐地对政治倍感失望,并加以疏离,他才知道,中国政治上的坏倒不是"新添的坏,是涂饰的新漆剥落已尽,于是旧相又显了出来"。所谓"招牌虽换,货色照旧"是也。知识分子对政局失望的情绪是普遍的,曹聚仁对当时的政治也抱以同感,他说:"笔者的看法,和他有点相近;我认为政治的进步或落伍,和民智开发的进度有密切关系,至于政治学说,主义的内容如何,并不十分相干。孙中山把《三民主义》、《建国方略》说得天花乱坠,结果,国民

---

① 林毓生:《政治秩序与多元社会》,第 273 页。
② 鲁迅:《两地书·八》,《鲁迅全集》(第 11 卷),第 31 页。
③ 鲁迅:《呐喊·一件小事》,《鲁迅全集》(第 1 卷),第 481 页。
④ 鲁迅:《南腔北调集·〈自选集〉自序》,《鲁迅全集》(第 4 卷),第 468 页。

政府的黑暗政治，比北洋军阀时代还不如，而贪污程度，远过于当年的交通系，对政治完全失望，也是民初人士所共同的。"①

从此，鲁迅对政治的深刻的不信任终其一生，他与党人的关系并非出于信仰上的趣味相投，而是基于普通人的交情，据他的学生孙伏园回忆说，"鲁迅常说，共和党（按：共和党系民初政党之一）的理论很难弄，马克思的三本书很难念，他说我与共和党的关系是与人的关系，觉得守常是好人，他与共和党的关系也是与人的关系，他与章太炎的关系也是如此"②。他也怀疑所谓的政治美景，"我疑心将来的黄金世界里，也会有将叛徒处死刑，而大家尚以为是黄金世界的事，其大病根就在人们各各不同，不能像印版书似的每本一律"。③ 所以，鲁迅说，"我从来不肯和政治家去说"！④ 并自称"政治上的事，我其实不很了然"。话不投机三句多，和那样的政治家是没有什么话好说的。有论者称，"鲁迅精神不死，能够活到今天的遗产只有一项：对当权势力的不合作"。⑤ 虽然将鲁迅的遗产说得很单薄，但说得并没错。鲁迅瞧不起胡适们那些同政治家站在同一立场的"诤臣"，他说，"新月博士常发谬论，都和官僚一个鼻孔出气，南方已无人信之"。⑥ 这与他对政治深刻的不信任有关，所以他自己也将永远是一个放逐者。

骂你爹，骂我娘

在张广天的"民谣清唱史诗剧"《鲁迅先生》中，"文人魑魅魍魉"骂

---

① 曹聚仁：《鲁迅评传》，第155页。
② 孙伏园、孙伏熙：《孙氏兄弟谈鲁迅》，第45页。
③ 鲁迅：《两地书·四》，《鲁迅全集》（第11卷），第20页。
④ 鲁迅：《集外集·文艺与政治的歧途》，《鲁迅全集》（第7卷），第119页。
⑤ 朱学勤：《鲁迅的思想短板》，《南方周末》2006年12月14日。
⑥ 鲁迅：《致曹靖华（360105）》，《鲁迅全集》（第14卷），第1页。

鲁迅道：

> 骂你爹，骂我娘，
> 全部都在骂爹又骂娘。
> 老东西，你还不死，
> 八辈子祖宗叔伯姑嫂婆媳妯娌
> 堂的表的全部都给你骂个精光。
> 骂精光，有什么好？
> 到头来剩下你孤家寡人多无聊。
> 因此上，我们好商量，
> 给你磕头作揖按摩搓背怎么舒服怎么搞。①

和鲁迅不同的是，胡适是一心要做"王的诤臣"的，所以是"有话好好说"，不管人家到底接受不，但态度是可取的，而鲁迅却不，他认为知识分子和政治家是没有什么好商量的，他见什么都不满，见什么都刺眼，一肚子的愤激，一肚子的不平，不会说话，话说得很难听，开口便骂，骂得人家狗血喷头，他这种批评的态度，搞到后来是"领导不满意，群众不叫好"。

于是，有人说鲁迅跟他们村上的"老女人"差不多。

> 我们村上有个老女人，丑而多怪。一天到晚专门爱说人家的短处，到了东村头摇了一下头，跑到了西村头叹了一口气。好像一切总不合她的胃。但是，你真的问她到底要怎样呢，她又说不出。我觉得她倒有些像鲁迅先生，一天到晚只是讽刺，只是冷嘲，只是不负责任的发一点杂感。当真你要问他究竟的主张，他又从来不

---

① 张广天：《我的无产阶级生活》，花城出版社2003年版，第344页。

给我们一个鲜明的回答。①

人们总是看不惯他的骂人,而且总是以文学的招牌或劝或诱他"改邪归正"。叫鲁迅奇怪的是,常常有人劝诱他去向托尔斯泰学习,然而鲁迅却说,什么?托尔斯泰就不骂人了吗?"也许就因为并没有看到他们的'骂人文选',给我一个好榜样。可是我看见过欧战时候他骂皇帝的信,在中国,也要得到'养成现在文坛上这种浮嚣,下流,粗暴等等的坏习气'的罪名的。托尔斯泰学不到,学到了也难做人,他生存时,希腊教徒就年年诅咒他落地狱。"②

于是,人们批评他就只知道整天骂人,钱基博这样说:

> 周树人以小说著。树人颓废,不适于奋斗。树人所著,只有过去回忆,而不知建设将来,只见小己愤慨,而不图福利民众,若而人者,彼其心目,何尝有民众耶!③

梁实秋这样说:

> 现在有智识的人,(尤其是夙来有"前驱者""权威""先进"的徽号的人,)他们的责任不仅仅是冷讥热嘲的发表一点"不满于现状"的杂感而已,他们应该更进一步的诚诚恳恳去求一个积极医治"现状"的药方。④

林语堂这样说:

---

① 洲:《杂感》,见鲁迅:《准风月谈·后记》,《鲁迅全集》(第5卷),第421页。
② 鲁迅:《准风月谈·后记》,《鲁迅全集》(第5卷),第423-424页。
③ 戚施:《钱基博之鲁迅论》,鲁迅:《准风月谈·后记》,《鲁迅全集》(第5卷),第428页。
④ 梁实秋:《"不满于现状",便怎样呢?》,李富根、刘洪主编:《恩怨录·鲁迅和他的论敌文选》(下),第615页。

你骂吴稚晖、蔡元培、胡适之老朽,你自己也得打算有吴稚晖、蔡元培、胡适之的地位,能不能有这样操持。你骂袁中郎消沉,你也得自己照照镜子,做个京官,能不能像袁中郎之廉洁自守,兴利除弊。不然天下的人被你骂完了,只剩你一个人,那岂不是很悲观的现象。①

徐复观这样说:

读完鲁迅的作品以后,感到对国家,对社会,只是一片乌黑乌黑。他所投给我的光芒,只是纯否定性的光芒,因而不免发生一种空虚怅惘的感觉。②

李敖这样说:

鲁迅从头到尾都是愤怒的,他没有提出解决问题的办法。愤怒的感觉是一种很粗浅的感觉嘛,重要的是你要能够解决问题,不能光是在那里忧愤。鲁迅从来没有提出过解决问题的方法,他没有这个思想,也没有这个力量。作为一个思想家,鲁迅还不够格,就是说,他的思想是单一的。③

朱学勤这样说:

鲁迅恐怕不能算一个自由主义者,自由主义要求的代议制,鲁迅并不曾谈到,他思想中带有一点无政府主义倾向,他的所有的社会批判没有明确地提出一个社会建构的理念,他批判这个不好,那

---

① 林语堂:《做文与做人》,李富根、刘洪主编:《恩怨录·鲁迅和他的论敌文选》(上),今日中国出版社1996年版,第237-238页。
② 徐复观著,陈克艰编:《中国知识分子精神》,第80页。
③ 《搅局者李敖》,《南方周末》2006年2月9日。

个不好,但是你认为健康的社会架构是什么,他没有谈到。①

肯定他的人也有基于他之批判性这一点上,钟敬文回忆说:"我觉得他(鲁迅)之所以值得我们佩服,与其说在文艺上,毋宁说在激进的思想和不屈的态度上,至少我个人是这样想。"②视鲁迅为其"精神的导师"的吴冠中则说,"他对我最重要的影响就是他的文学的社会功能"。③倒是曹聚仁颇同情他,他说"笔者自幼受了一句话的影响,这句话,出自《尚书》,叫做'毋求备于一夫'。……其意是说各人有各人的见识,各人有各人的特长,不能万物皆知,万物皆懂的;这么一想,我们对于鲁迅提不出积极的政治主张,也不必失望了。由于鲁迅的文字,富于感人的力量;我们读他的杂感,觉得十分痛快,所以对于他的政治观,也不十分去深求了"。④大家把他看成"全能选手"了,所以,跟他要这要那,你得不到的就以他批判别人的方式一样批判他,这是不对的。

鲁迅似乎在为他的骂人有所辩护,他曾说,"倘在诗人,则因为情不可遏而愤怒,而笑骂,自然也无不可"。⑤自然,他正是这个笑骂的"诗人",至于说到文学,他说,"世间那有满意现状的革命文学?除了吃麻醉药!"⑥也有论者这样说,"如果说要告别过去那种祸国殃民的'左倾''革命',我不会反对,但是如果把知识分子今天必须保持的抗议精神当

---

① 朱学勤:《书斋里的革命》,第404页。
② 王得后:《钟敬文老师和鲁迅先生》,《书城》2006年7月号。
③ 《一个人,一枝笔,一颗心——对话著名画家吴冠中》,《解放日报》2007年1月5日。
④ 曹聚仁:《鲁迅评传》,第155页。
⑤ 鲁迅:《南腔北调集·辱骂和恐吓决不是战斗》,《鲁迅全集》(第4卷),第466页。
⑥ 鲁迅:《集外集·文艺和政治的歧途》,《鲁迅全集》(第7卷),第121页。

作革命情绪来告别,这就需要斟酌了"。① 知识分子应当永不满意,永远抗议,林语堂开始也不理解鲁迅提倡的"骂人精神",但后来经历了中国若干事实的教训后,林语堂后来多少有点理解鲁迅了,不仅如此,他甚至不惜以一个绅士的身份号召大家一起来咒诅和恶骂,他说,"生活就是奋斗,静默决不是好现象,和平更应受我们的咒诅。倘是大家不能肉搏击斗,至少亦得能毁咒恶骂,不能毁咒恶骂,至少亦须能狠毒的憎恶仇恨,若并一点恨心都没有,也可以不做人了。这种东西,吾无以名之,惟称他为帝国主义者心目中的'顶瓜瓜殖民地的好百姓'"。② 由此可见,鲁迅的骂人并非不可理喻,实乃时势所逼。也就是说,鲁迅骂人的"坏毛病"是时代的产物,不是他本人的过错。

他的骂倒一切与他对知识分子首先应当是一个"破坏者"的看法有关,鲁迅认为中国急需的也还是破坏者,"说到中国的改革,第一著自然是埽荡废物,以造成一个使新生命得能诞生的机运。五四运动,本也是这机运的开端罢,可惜来摧折它的很不少"③。

人们常责且惜他有破坏而无建设,并以破坏即是建设来好心地为他"护短",看他如何回应的,在论雷峰塔被奴才们破坏并倒掉时,他说,"无破坏即无新建设,大致是的;但有破坏却未必即有新建设。卢梭、斯谛纳尔、尼采、托尔斯泰、伊孛生等辈,若用勃兰兑斯的话来说,乃是'轨道破坏者'。其实他们不单是破坏,而且是扫除,是大呼猛进,将碍脚的旧轨道不论整条或碎片,一扫而空,并非想挖一块废铁古砖挟

---

① 朱学勤:《书斋里的革命》,第 384 页。
② 林语堂:《释疑》,李富根、刘洪主编:《恩怨录·鲁迅和他的论敌文选》(上),第 216 页。
③ 鲁迅:《译文序跋集·〈出了象牙之塔〉·后记》,《鲁迅全集》(第 10 卷),第 270 页。

回家去,预备卖给旧货店。中国很少这一类人,即使有之,也会被大众的唾沫淹死"①。他说得实在是他此后一生的遭遇,"辣手的文明批评家,总要多得怨敌"②。直至"被大众的唾沫淹死",在他眼里看来,知识分子的破坏是建设的第一步,要有建设必先破坏,他其实就是我们建设道路上的"清道夫",替我们将建设的障碍悉数清理。

> 耶稣说,见车要翻了,扶他一下。Nietzsche 说,见车要翻了,推他一下。我自然是赞成耶稣的话;但以为倘若不愿你扶,便不必硬扶,听他罢了。此后能够不翻,固然很好;倘若终于翻倒,然后再来切切实实的帮他抬。③

如果说,胡适是终日忙碌于裱糊破墙烂屋,鲁迅则主张将这破屋索性推倒重来,他说,"硬扶比抬更为费力,更难见效。翻后再抬,比将翻便扶,于他们更为有益"④。不过,他区分了三种破坏者,即,革新的破坏者,奴才式的破坏者和强盗式的破坏者,奴才式的破坏者贪图眼前的小利,强盗式的破坏者据万物为己有,而革新的破坏者呢,"内心有理想的光",他们无私心、有公义、为将来、为大众,是着眼于建设的目的。

他只想做一个打扫屋子的"清洁工"而已,他似乎承认他的确顾不到建设。他说:"指摘一种主义的理由的缺点,或因此而生的弊病,虽是并非某一主义者,原也无所不可的。有如被压榨得痛了,就要叫喊,原不必在想出更好的主义之前,就定要咬住牙关。但自然,能有更好的主张,便

---

① 鲁迅:《坟·再论雷峰塔的倒掉》,《鲁迅全集》(第1卷),第202页。
② 鲁迅:《译文序跋集·〈出了象牙之塔〉·后记》,《鲁迅全集》(第10卷),第268页。
③ 鲁迅:《集外集·渡河与引路》,《鲁迅全集》(第7卷),第38页。
④ 同上。

更成一个样子。"①他的批评好比疼痛的刺激反应,譬如以火烧手,你的第一感觉只是将手拿开,还来不及想到将火吹灭。他虽没有新的建议,但他却认定了旧的一定要清除掉,绝不肯在旧的没扫除清之前谋划将来的。

  目的决定态度,正因为他是一个革新的破坏者,他的批评绝不会冰一样的冰冷,而是火一般的炽热,不是恶意的,而是善意的,他在回答"什么是讽刺"时,说到"讽刺"与"冷嘲"的区别,"讽刺作者虽然大抵为被讽刺者所憎恨,但他却常常是善意的,他的讽刺,在希望他们改善,并非要捺这一群到水底里"。"如果貌似讽刺的作品,而毫无善意,也毫无热情,只使读者觉得一切世事,一无足取,也一无可为,那就并非讽刺了,这便是所谓'冷嘲'。"②他曾在一则小杂感中云:"蜜蜂的刺,一用即丧失了它自己的生命;犬儒的刺,一用则苟延了他自己的生命",③所谓犬儒,就是那些以独善其身为旨,冷嘲一切的知识分子。1928年3月14日,鲁迅在给章廷谦的信中说:"犬儒=Cynic,它那'刺'便是'冷嘲'。"④他说,"暴君的专制使人们变成冷嘲,愚民的专制

---

  ① 鲁迅:《二心集·"好政府主义"》,《鲁迅全集》(第 4 卷),第 248 页。
  ② 鲁迅:《且介亭杂文二集·什么是"讽刺"?》,《鲁迅全集》(第 6 卷),第 341-342 页。
  ③ 鲁迅:《而已集·小杂感》,《鲁迅全集》(第 3 卷),第 554 页。
  ④ 鲁迅:《致章廷谦 280314》,《鲁迅全集》(第 12 卷),第 109 页。新版《鲁迅全集》(2005 年版)的《而已集·小杂感》注 2 中有云,"作者在 1928 年 3 月 8 日致章廷谦信中说:'犬儒=Cynic,它那'刺'便是'冷嘲'。'"(2005 版第 3 卷,第 557 页),查《鲁迅全集》书信卷,1928 年 3 月 8 日,鲁迅没有给章写过信,相反,有上述内容的信则在 1928 年 3 月 14 日给章的信中(2005 版第 12 卷,第 109 页)。所以,《而已集·小杂感》注 2 中日期应为 1928 年 3 月 14 日。这一小差错实际是由 1981 年版《而已集·小杂感》注 2 之错而来(1981 版第 3 卷,第 533 页),同样,在 1981 年版书信卷中,1928 年 3 月 8 日鲁迅没有给章写信,而在 1928 年 3 月 14 日的信中有此内容(1981 版第 11 卷,第 615 页)。

使人们变成死相。"①显然,他的批判是出于公心,出于善意的。

一定会有明明白白的是非之别

胡适跟初进贾府时的林黛玉很像,他说他发言论时是时常抱着哀矜敬慎的态度,说话可是"时时在意,步步留心",什么原因呢?"理有未察"啊,我所认识的并非一定是真理,所以我不敢以我为是,以此尺度来要求别人啊。

而鲁迅则不同,他当然常劝大家不要以他为是,不要把他当成导师,并时时提醒大家说他仍是在"摸着石头过河"的,他说:"假使我真有指导青年的本领——无论指导得错不错——我决不藏匿起来,但可惜我连自己也没有指南针,到现在还是乱闯。倘若闯入深渊,自己有自己负责,领着别人又怎么好呢?"②他在演讲时说,"只是我并不是站在引导者的地位,要诸君都相信我的话,我自己走路都走不清楚,如何能引导诸君?"③虽他不愿作导师,但与胡适抱有"理有未察"的观点不同的是,他却是主张是非分明、美丑分明、善恶分明,决不充和事佬、做糊涂人。

身为知识分子,在善恶美丑、大是大非面前,萎萎缩缩、战战兢兢、不敢表态、不愿表态,还算什么知识分子呢?正如殷海光所说的,"中国的传统一向是知识分子乃社会的南针。是非被保持在知识分子那里,而且真正的知识分子把是非之分际看得非常严重"④。胡适的学生辈

---

① 鲁迅:《华盖集·忽然想到五》,《鲁迅全集》(第3卷),第45页。
② 鲁迅:《两地书·二》,《鲁迅全集》(第11卷),第15页。
③ 鲁迅:《集外集拾遗补编·关于知识阶级》,《鲁迅全集》(第8卷),第223页。
④ 殷海光:《中国文化的展望》,上海三联书店2003年版,第567页。

罗家伦也是主张"是非分明"的,他说:"思想这件事,是就是是,非就是非,谈不到什么宽大和容忍。不是东风压倒西风,便是西风压倒东风。"①

而中国的知识分子往往习惯于"打马虎眼",鲁迅在他生命的最后一两年,他对不敢示以明确的是非的知识分子进行过集中的批判,"糊涂主义,唯无是非观等等——本来是中国的高尚道德"②。糊里糊涂往往通达,而是非分明往往淹骞,林语堂说道,"文人不大安分守己,好评是非。人生在世,应当马马虎虎,糊糊涂涂,才会腾达,才有福气,文人每每是非辩得太明,泾渭分得太清。黛玉最大的罪过,就是她太聪明。所以红颜每从薄命,文人亦多薄命"③。鲁迅在回忆韦素园时也说:"他太认真;虽然似乎沉静,然而他激烈。认真会是人的致命伤的么?至少,在那时以至现在,可以是的。一认真,便容易趋于激烈,发扬则送掉自己的命,沉静着,又啮碎了自己的心。"④这与林语堂说的相差无几,知识分子的可贵和倒霉之处正在于他的太认真、认死理、不苟且。

这无是非的根源却在于庄子,庄子有云:

> 物无非彼,物无非是。自彼则不见,自知则知之。故曰:彼出于是,是亦因彼。彼是方生之说也。虽然,方生方死,方死方生;方可方不可,方不可方可;因是因非,因非因是。是以圣人不由而照之于天,亦因是也。是亦彼也,彼亦是也。彼亦一是非,此亦一是

---

① 罗家伦著:《写给青年:我的新人生观演讲》,第24-25页。
② 鲁迅:《准风月谈·难得糊涂》,《鲁迅全集》(第5卷),第392页。
③ 林语堂:《做文与做人》,李富根、刘洪主编:《恩怨录·鲁迅和他的论敌文选》(上),第232页。
④ 鲁迅:《且介亭杂文·忆韦素园君》,《鲁迅全集》(第6卷),第66-67页。

非,果且有彼是乎哉? 果且无彼是乎哉?①

庄子不知是装糊涂,还是真糊涂,但不管是装糊涂,还是真糊涂,他的教义却是糊涂主义,后世一味将之"教条主义化",遗害不小,"苟且而出于无奈,亦不足责。但庄周的苟且却不是自承无奈,而是把它奉为崇高境界。在这种境界中,真伪、有无、是非、善恶都可以不分,或者说都不可分"。②鲁迅对庄子的"彼亦一是非,此亦一是非"说很是不以为然。在《起死》中,庄子对"汉子"高谈起衣服之可有可无论时说:

> 庄子——慢慢的,慢慢的,我的衣服旧了,很脆,拉不得。你且听我几句话:你先不要专想衣服罢,衣服是可有可无的,也许是有衣服对,也许是没有衣服对。鸟有羽,兽有毛,然而王瓜茄子赤条条。此所谓"彼亦一是非,此亦一是非",你固然不能说没有衣服对,然而你又怎么能说有衣服对呢?……
>
> 汉子——(发怒,)放你妈的屁! 不还我的东西,我先揍死你!(一手捏了拳头,举起来,一手去揪庄子。)③

鲁迅让汉子骂了庄子一顿,还几乎抱以老拳。他还让庄子自己打自己耳光。"我们如果到《庄子》里去找词汇,大概又可以遇着两句宝贝的教训:'彼亦一是非,此亦一是非',记住了来作危急之际的护身符,似乎也不失为漂亮。然而这是只可暂时口说,难以永远实行的。喜欢引用这种格言的人,那精神的相距之远,更甚于叭儿之与老聃,这里不必说它了。就是庄生自己,不也在《天下篇》里,历举了别人的缺失,以他的'无是非'轻了一切'有所是非'的言行吗? 要不然,一部《庄子》,只要

---

① 《庄子·内篇·齐物论第二》。
② 秦晖:《传统十论》,复旦大学出版社2003年版,第251页。
③ 鲁迅:《故事新编·起死》,《鲁迅全集》(第2卷),第490页。

'今天天气哈哈哈……'七个字就写完了。"①是啊！是啊！既然你主张无是非，你还提倡什么无是非呢？

无是非，主要在于知识分子内心的软弱，他们以之为逃避之道。方玄绰正是一个"差不多"论者，他在反省自己的"差不多"论时，便"有时也疑心是因为自己没有和恶社会奋斗的勇气，所以瞒心昧己的故意造出来的一条逃路"。② 无是非的后果往往是，好人受打压，坏种偏跋扈，鲁迅说，"苛求君子，宽纵小人，自以为明察秋毫，而实则反助小人张目"③。而鲁迅的眼里又揉不下一粒沙子，他不肯放过一切坏种，而有的文人却以"无是非"论来纵容他们，这是鲁迅所看不起的，"对于充风流的富儿，装古雅的恶少，销淫书的瘪三，无不'彼亦一是非，此亦一是非'，一律拱手低眉，不敢说或不屑说，那么，这是怎样的批评家或文人呢？——他先就非被'轻'不可的！"④

他主张人要有爱憎，作为一个知识分子更应有更强烈的爱憎，立场鲜明、态度激烈，是一个知识分子应当有的态度。"既然还是人，他心里就仍然有是非，有爱憎；但又因为是文人，他的是非就愈分明，爱憎也愈热烈。从圣贤一直敬到骗子屠夫，从美人香草一直爱到麻风病菌的文人，在这世界上是找不到的，遇见所是和所爱的，他就拥抱，遇见所非和所憎的，他就反拨。如果第三者不以为然了，可以指出他所非的其实是'是'，他所憎的其实该爱来，单用了笼统的'文人相轻'这一句空话，是

---

① 鲁迅:《且介亭杂文二集·"文人相轻"》,《鲁迅全集》(第6卷),第308-309页。

② 鲁迅:《呐喊·端午节》。

③ 鲁迅:《且介亭杂文二集·"题未定"草(六至九)》,《鲁迅全集》(第6卷),第448页。

④ 鲁迅:《且介亭杂文二集·"文人相轻"》,《鲁迅全集》(第6卷),第309页。

不能抹杀的,世间还没有这种便宜事。一有文人,就有纠纷,但到后来,谁是谁非,孰存孰亡,都无不明明白白。"①

他说:

> 文人不应该随和;而且文人也不会随和,会随和的,只有和事老。但这不随和,却又并非回避,只是唱着所是,颂着所爱,而不管所非和所憎;他得像热烈地主张着所是一样,热烈地攻击着所非,像热烈地拥抱着所爱一样,更热烈地拥抱着所憎——恰如赫尔库来斯(Hercules)的紧抱了巨人安太乌斯(Antaeus)一样,因为要折断他的肋骨。②

那么,是非之外有没有"中间地带"呢,也就是有没有"'似是而非'的'是',和'非中有是'之'非'",当年魏金枝看到鲁迅所发的"是非爱憎论"后便发出这样的疑问。这样是不是太绝对了,再说了,"至于非中之是,它的是处,正胜过于似是之非",他说,"总之,文人相轻,不外乎文的长短,道的是非,文既无长短可言,道又无是非之分,则空谈是非。何补于事!"③与以庄子之矛攻庄子之盾一样,鲁迅以魏金枝之矛攻魏金枝之盾,他驳道:"人无全道,道无大成,刚说过'非中之是',胜过'似是之非',怎么立刻又变成'文既无长短可言,道又无是非之分'了呢?""况且,'文既无长短可言,道又无是非之分',魏先生的文章,就他自己的结论而言,就先没有动笔的必要。"④

---

① 鲁迅:《且介亭杂文二集·再论"文人相轻"》,《鲁迅全集》(第6卷),第347-348页。
② 同上书,第348页。
③ 魏金枝:《分明的是非和热烈的好恶》,李富根、刘洪主编:《恩怨录·鲁迅和他的论敌文选》(下),第521页。
④ 鲁迅:《且介亭杂文二集·三论"文人相轻"》,《鲁迅全集》(第6卷),第386页。

其实,鲁迅在驳"第三种人"时,已回答了这个问题,在鲁迅的世界里,往往存在一种非此即彼的简单化思维倾向和二元对立的模式,这种简单化思维往往论人论事干脆利落、斩钉截铁,毫不拖泥带水,第三种人其实是想超然于世事之外,自我封闭于艺术之中的,但鲁迅说,你们这类人是不可能存在的哦,"所谓'第三种人',原意只是说:站在甲乙对立或相斗之外的人。但在实际上,是不能有的。人体有胖和瘦,在理论上,是该能有不胖不瘦的第三种人的,然而事实上却并没有,一加比较,非近于胖,就近于瘦。文艺上的'第三种人'也一样,即使好像不偏不倚罢,其实是总有些偏向的,平时有意的或无意的遮掩起来,而一遇切要的事故,它便会分明的显现"。① 是非之别亦如是,哪里存在什么是非不分的情况呢?

在林语堂说到"幽默处俏皮与正经之间"时,鲁迅说这实在得有"辨别"的必要,辨别就是明辨是非,分出个辣子茄子来。"'幽默处俏皮与正经之间'(语堂语)。不知俏皮与正经之辨,怎么会知道这'之间'?我们虽挂孔子的门徒招牌,却是庄生的私淑弟子。'彼亦一是非,此亦一是非',是与非不想辨;'不知周之梦为蝴蝶欤,蝴蝶之梦为周欤?'梦与觉也分不清。生活要混沌。如果凿起七窍来呢?庄子曰:'七日而混沌死。'这如何容得感叹号?"②是非可辨,是即是是,非即是非,界线清明,立场坚定,世上是不存在两者纠缠不清的情况的。

鲁迅读到沈从文(炯之)发表在天津《大公报》上,谈上海刊物的文章《小公园》,沈从文说,"说到这种争斗,使我们记起《太白》、《文学》、《论语》、《人间世》几年来的争斗成绩。这成绩就是凡骂人的与被骂的

---

① 鲁迅:《南腔北调集·又论"第三种人"》,《鲁迅全集》(第4卷),第549页。
② 鲁迅:《南腔北调集·"论语一年"》,《鲁迅全集》(第4卷),第585页。

一股脑儿变成丑角,等于木偶戏的互相揪打或以头互碰,除了读者养成一种'看热闹'的情趣以外,别无所有"①。在京派作家沈从文的眼里,一个时代的代表作,看来看去,只是一些精巧的对骂,未免太可怜了。鲁迅当然是这"骂阵"中的一员骁将,他说,前清的"知县老爷出巡,路遇两人相打,不问青红皂白,谁是谁非,各打屁股五百完事",沈从文不问是非,只是一味抱怨这互骂的双方,实在是有些像那前清的官员。1936年8月12日的《涛声》上,有一封"林丁"写给编者的信,他在信中说,"……之争,孰是孰非,殊非外人所能详道。然而彼此摧残,则在旁观人看来,却不能不承是整个文坛的不幸。……我以为各人均应先打屁股百下,以儆效尤,余事可一概不提"。这个"林丁"和沈从文同样的立场,这时,鲁迅又提起了前清"不问是非,各打五十大板"的知县老爷,"清朝的官员,对于原被两告,不问青红皂白,各打屁股一百或五十的事,确也偶尔会有的"。②他说,你"炯之"、"林丁"看到的只是我们在骂架,却没有看到谁是谁非,这算什么呢,文人之所以为文人,就应当较这个是非的劲。他将这类人称为和前清的县太爷一般糊涂的"文官",鲁迅还没罢休,他针对对文坛骂仗感到悲观的"文官",写了《"中国文坛的悲观"》一文,其中说:

> 增加混乱的倒是有些悲观论者,不施考察,不加批判,但用"彼亦一是非,此亦一是非"的论调,将一切作者,诋为"一丘之貉"。这样子,扰乱是永远不会收场的。然而世间却并不都这样,一定会有明明白白的是非之别,我们试想一想,林琴南攻击文学革命的小

---

① 鲁迅:《且介亭杂文二集·七论"文人相轻"——两伤》,《鲁迅全集》(第6卷),第417页。

② 鲁迅:《准风月谈·文床秋梦》,《鲁迅全集》(第5卷),第306-307页。

说,为时并不久,现在那里去了?①

你们这些人悲观只怪自己糊涂,活该!知识分子呢,正当是"立场坚定,爱憎分明"。

> 至于文人,则不但要以热烈的憎,向"异己"者进攻,还得以热烈的憎,向"死的说教者"抗战。在现在这"可怜"的时代,能杀才能生,能憎才能爱,能生与爱,才能文。②

如果"你无论遇见谁,应该赶紧打躬作揖,让坐献茶,连称'久仰久仰'才是。这自然也许未必全无好处,但做文人做到这地步,不是很有些近乎婊子了么?"③婊子者,系见人见鬼只要有钱便面带"职业微笑"是也,鲁迅夫子也真够刻毒的了。

武力与文力

> 有一个时候,有一个这样的国度。权力者压服了人民,但觉得他们倒都是强敌了,拼音字好像机关枪,木刻好像坦克车;取得了土地,但规定的车站上不能下车。地面上也不能走了,总得在空中飞来飞去;而且皮肤的抵抗力也衰弱起来,一有紧要的事情,就伤风,同时还传染给大臣们,一齐生病。④

---

① 鲁迅:《准风月谈·"中国文坛的悲观"》,《鲁迅全集》(第5卷),第263-264页。

② 鲁迅:《且介亭杂文二集·七论"文人相轻"——两伤》,《鲁迅全集》(第6卷),第419页。

③ 鲁迅:《且介亭杂文二集·再论"文人相轻"》,《鲁迅全集》(第6卷),第348页。

④ 鲁迅:《且介亭杂文末编·写于深夜里》,《鲁迅全集》(第6卷),第521页。

这是鲁迅写的"一个童话"。当时杭州国立艺术专门学校的青年学生曹白因从事木刻活动而被当局拘留、审讯、判刑,鲁迅闻知此情况,他于1936年4月1日致曹白信中说:"为了一张文学家的肖像,得了这样的罪,是大黑暗,也是大笑话。"①这时,离他去世已只有半年光景了。

"儒以文乱法,而侠以武犯禁",②鲁迅曾说道,起先文学革命者只是要求人性的解放,所遭到亦不过是保守者的迫压和陷害,然而,"大约十年之后,阶级意识觉醒了起来,前进的作家,就都成了革命文学者,而迫害也更加厉害,禁止出版,烧掉书籍,杀戮作家,有许多青年,竟至于在黑暗中,将生命殉了他的工作了"。③鲁迅亦如是,起初他只是在文化层面抨击国民劣根性,但随着年岁的推移,思想越来越激进,便转而批评实在的政治,他是一个典型的从道德愤慨到政治愤慨的知识分子。甚至咒诅政府的灭亡,这从他对明末知识分子期盼明朝的灭亡的心理感知可以看出,对当局来说,晚年鲁迅实在是个"危险分子",他说,"无产文学,是无产阶级解放斗争底一翼",④他说,"但一讲无产阶级文学,便不免归结到斗争文学,一讲斗争,便只能说是最高的政治斗争的一翼"。⑤他已不再满足于纸上谈兵了,居然想要有实际的行动,鲁迅鲁迅,你可实在是向着危险的"深渊"越滑越近了,你这壁厢磨刀霍霍,他那壁厢岂能坐视不理,照胡适的说法,一个政府自然会对向他要革命权的人进行制裁的,更何况他掌控着强大的国家机器。于是,一场"阻击战"就这样开始了。

---

① 鲁迅:《致曹白(360401)》,《鲁迅全集》(第14卷),第62页。
② 《韩非子·五蠹》。
③ 鲁迅:《且介亭杂文·〈草鞋脚〉小引》,《鲁迅全集》(第6卷),第21页。
④ 鲁迅:《二心集·对于左翼作家联盟的意见》,《鲁迅全集》(第4卷),第241页。
⑤ 鲁迅:《三闲集·文坛的掌故》,《鲁迅全集》(第4卷),第123页。

统治者可谓是一手抓武力,一手抓文力,两手皆硬,双管齐下,共同对付批判的、危险的、反抗的知识分子,但自然,费力不小,收效甚微。

无聊之文字,亦在禁忌中

所谓武力,即动用国家机器的力量以暗杀、破坏、威胁、恐吓、通缉、编织文网等手段来钳制知识分子的口;所谓文力,是统治者通过豢养的文士在文艺阵地上插科打诨、捣鬼演戏、制造杂音、混淆视听,同批判的知识分子大唱对台戏。

先看武力。以秦朝的"焚书坑儒"开锣,清朝"文字狱"收场,中国历史上统治者的手上向来都沾染着知识分子的斑斑血迹,然而那些都是封建社会的事,不提也罢,那时,皇帝是"天王老子",他不高兴,把你给灭了,你也只能拿他没法。他不觉惭愧,你也不觉他该惭愧。但民元以后,时局当然混乱,统治者素质当然不高,但毕竟已是共和国了,统治者多多少少也知道有言论自由出版自由这一说的,绝大多数人都不愿冒天下之大不韪,得到"文坛屠夫"的恶名,所以,虽然武力照旧,但却多是暗地进行,因为你干的事见不得阳光嘛。

1926年的北京,当时传出当局要通缉的51名教授名单,鲁迅列名其中,他曾到山本医院、德国医院避难过,甚至他的母亲、太太的安全都没法保障,于是他托荆有麟在东安饭店代定房间,将家人加以转移。① 待到奉系军阀杀害报人邵飘萍,鲁迅又不得不避居法国医院,这

---

① 荆有麟的回忆,"先生当时也很为着急,于是听了当时在场的戴应观之劝,交给我五十元,要我把他老太太及太太暂时接出寓所躲避。我在东长安街东安饭店里,代定了一个房间,然后将老太太及太太接送到饭店里。"(转见王锡荣:《〈鲁迅日记〉注释修订记(上)》,上海鲁迅纪念馆编:《上海鲁迅研究》(2006年夏卷),上海文艺出版社2006年版,第31页。)

也许算是他自己亲历的较早的一次文化压迫了。至于后来,进步书店电影公司被雇匪所砸,书报检查委员会设立,实行稿件预审制度,①查禁"反动"图书,②公民信件随意被翻拣,左联五烈士暗暗地殉身龙华,民权保障同盟杨杏佛被暗杀……鲁迅耳闻目睹过政府对言论的压迫的种种事例。

> 据国民党中宣部及中央宣传委员会编审科印发的文件,1929年至1934年间,被禁止发行的书刊约887种;1936年通令查禁的社会科学书刊达676种。除了上海,各地政府也大肆查禁,仅北平一地,1934年焚毁的书刊便有1000多种。除书籍遭灾外,还查封捣毁出版机构,迫害出版界人士。如1929年查封创造社,1930年查封上海现代书局,1931年查封北新、群众、东群等书店,其他如出版左翼书刊的湖风书店,良友图书公司,神州国光社,光华书局

---

① "一九三三年十一月,上海的艺华影片公司突然被一群人们所袭击,捣毁得一塌胡涂了。""为减少将来的出版的困难起见,官员和出版家还开了一个会议。在这会议上,有几个'第三种人'因为要保护好的文学和出版家的资本,便以杂志编辑者的资格提议,请采用日本的办法,在付印之前,先将原稿审查,加以删改,以免别人也被左翼作家的作品所连累而禁止,或印出后始行禁止而使出版家受亏。这提议很为各方面所满足,当即被采用了,虽然并不是光荣的拔都汗的老方法。"(鲁迅:《且介亭杂文·中国文坛上的鬼魅》,《鲁迅全集》(第6卷),第161页。)

② 1934年3月14日的《大美晚报》上,登有一则这样的新闻"沪市党部于上月十九日奉中央党部电令,派员挨户至各新书店、查禁书籍至百四十九种之多、牵涉书店二十五家,其中有曾经市党部审查准予发行,或内政部登记取得著作权,且有各作者之前期作品,如丁玲之《在黑暗中》等甚多",一下子查禁如许多的书,这引起上海出版业的恐慌。(鲁迅:《且介亭杂文二集·后记》,《鲁迅全集》(第4卷),第467页。)

等也先后被封。①

这是国民党压制言论的辉煌战绩。

对批判的知识分子打击最大的是言论出版不能自由,鲁迅是言论自由的最大受害者,1933 年,鲁迅感慨地为《呐喊》题诗一首,诗曰:"弄文罹文网,抗世违世情。积毁可销骨,空留纸上声。"②他正是被政府编织的文网所网住的一个,他及他的言论的遭遇较为典型地反映了国民党政府对知识分子的种种"用心"和"武功"。

鲁迅向来喜欢大家所不喜欢的猫头鹰之类的动物,结果大家也视其为人群中的猫头鹰,他常发枭鸣,大家也就都讨厌他。用现在的话来说就是,鲁迅这人不会说话、不识相、扫人兴,所以人们总会把他们不喜欢听的话过滤掉,于是,鲁迅抱怨道,"往往斗胆说几句坏话。然而有什么用呢?在一处演讲时,我说广州的人民并无力量,所以这里可以做'革命的策源地',也可以做反革命的策源地……当译成广东话时,我觉得这几句话似乎被删掉了。给一处做文章时,我说青天白日旗插远去,信徒一定加多。但有如大乘佛教一般,待到居士也算佛子的时候,往往戒律荡然,不知道是佛教的弘通,还是佛教的败坏?……然而终于没有印出,不知所往了……"③。后来到了上海,又多出个专门压迫言论的机关,"去年上海有这么一个机关,专司秘密压迫言论,出版之书,无不遭其暗中残杀,直到杜重远的《新生》事件,被日本所指摘,这才暗暗撤销"④。

---

① 林贤治:《鲁迅的最后 10 年》,中国社会科学出版社 2003 年版,第 88-89 页。
② 鲁迅:《集外集拾遗·题〈呐喊〉》,《鲁迅全集》(第 7 卷),第 466 页。
③ 鲁迅:《三闲集·在钟楼上》,《鲁迅全集》(第 4 卷),第 33-34 页。
④ 鲁迅:《致夏传经(360219)》,《鲁迅全集》(第 14 卷),第 33 页。

检查制度的严苛与否正与一个政府的健康与否、自信与否有关,这和人的身体体质是一样道理,一个人越是身虚体弱,则越是娇贵,越是敏感,待到病入膏肓、气若游丝之时,则更是怕光见风、神经过敏、折腾不得。知识分子的批评正可为政府"滋阴壮阳",只不过味道有些微苦,你不肯吃药打针,成天只知道讳疾忌医,甚至掩耳盗铃、自欺欺人,到后来只能使病情恶化,呜呼归西。我们且看当局神经过敏到何种程度。就连善于与检查官们周旋的鲁迅也都出乎意料。一次,他为《漫画生活》写了篇叫《阿金》的稿子,据他说,"这真是不过一篇漫谈,毫无深意",结果还是落了个"不准登载"的下场,他左思右想,就是弄不清被禁的原因,后来索回原稿一看,才恍然大悟。原来里面的个别词语,如"主子是外国人"、"炸弹"、"巷战"之类词话在官老爷看来是犯忌的,①而这又是他始料不及的。

　　鲁迅成为当局重点防范的对象,他也受到前所未有的封锁和打压,这使得鲁迅很是生气、很是郁闷,他屡屡地对友人抱怨说:"去年在上海投稿时,被删而又删,有时竟像讲昏话,不如沈默之为愈,所以近来索性不投了,但有时或有一两篇,那是只为了稿费。"②他的文章本是棱角分明的,然而要发表则要经过层层打磨,结果搞得利剑变钝刀,钝刀变废铁,锋芒不再,威力尽失。"我曾经和几个朋友闲谈。一个朋友说:现在的文章,是不会有骨气的了,譬如向一种日报上的副刊去投稿罢,副刊编辑先抽去几根骨头,总编辑又抽去几根骨头,检查官又抽去几根骨头,剩下来还有什么呢?我说:我是自己先抽去了几根骨头的,否则,连'剩下来'的也不剩。"③

---

① 鲁迅:《且介亭杂文·附记》,《鲁迅全集》(第6卷),第221页。
② 鲁迅:《致郑振铎(340111)》,《鲁迅全集》(第13卷),第8页。
③ 鲁迅:《花边文学·序言》,《鲁迅全集》(第5卷),第438页。

他给日本青年增田涉说:"上海尚暖和,我时常为报刊写点文章,然经检查官删削之后,都已支离破碎。中国与日本不同,要先检查,才能付印。我拟从明年起和检查官们一战。"①"我一九二四年后的译著,全被禁止(只《两地书》与《笺谱》除外)。"②甚至,他参与编辑指导的刊物也遭到查禁。"《海燕》系我们几个人自办,但现已以'共'字罪被禁,续刊与否未可知,大稿且存敝寓,以俟将来。此次所禁者二十余种,稍有生气之刊物,一网打尽矣。"③

有时,想讲昏话都讲不成了,鲁迅这个名字,对当局来说无异于洪水猛兽,无论内容"反动"还是"正动",他们只要一看鲁迅的名字,就一概封杀,他在私人信函中屡屡抱怨,1933年,"风暴正不知何时过去,现在是有加无已,那目的在封锁一切刊物,给我们没有投稿的地方。我尤为众矢之的,《申报》上已经不能登载了,而别人的作品,也被疑为我的化名之作,反对者往往对我加以攻击,各杂志是战战兢兢……即使不被伤害,也不会有活气的"④。他在给郑振铎的信中说,"这一月来,我的投稿已被封锁,即无聊之文字,亦在禁忌中。"⑤1934年,天津的《大公报》上有一篇《鲁迅的沉寂》的文章,从读者的眼中说到了鲁迅被禁后的沉寂,"'世故老人'自不三不四集出版而又遭禁后,便又沉寂了多时,很少见他那'刁钻尖辣''使人哭笑不得'的小品了!最大的原因自然也是目前环境使他的作品缺少了发刊的权利,——如《自由谈》等那好的场面是不可再得的;致有某刊物谓其'目前客观环境无写作之必要……'

---

① 鲁迅:《致增田涉(341229)》,《鲁迅全集》(第14卷),第334页。
② 鲁迅:《致增田涉(340318)》,《鲁迅全集》(第14卷),第292页。
③ 鲁迅:《致杨霁云(360229)》,《鲁迅全集》(第14卷),第41页。
④ 鲁迅:《致曹靖华(331125)》,《鲁迅全集》(第12卷),第504页。
⑤ 鲁迅:《致郑振铎(331120)》,《鲁迅全集》(第12卷),第501页。

之类的话语"①。也由此可见,国民政府的文化控制的"初见成效"。

后来,鲁迅在给向他约稿的青年复信道:"不过我还是不写文章好。因为官老爷痛恨我的一切,只看名字,不管内容,登载我的文字,我既为了顾全出版物的推行,句句小心,而结果仍于推销有碍,真是不值得。"②1934年,他无奈地说他平生第一次遇见如此黑暗的社会,"中国的事情,说起来真是一言难尽。从明年起,我想不再在期刊上投稿了……大约凡是主张改革的文章,现在几乎不能发表,甚至还带累刊物。所以在报上,我已经没有发表的地方……黑暗之极,无理可说,我自有生以来,第一次遇见"。《海燕》则是一个显著的例子,它的查禁并非文章如何"反动",亦非人如何"反动",而是这批人曾经"反动"过。"《海燕》虽然是文艺刊物,但我看前途的荆棘是很多的,大原因并不在内容,而在作者,说内容没有什么,就可以平安,那是不能求之于现在的中国的事。其实,捕房的特别注意这刊物,是大有可笑的理由的。"③

有鲁迅的名字都会遭到封锁,更何况鲁迅的画像了,木刻青年曹白给鲁迅老师作了一幅画像,当然遭到了不能发表的厄运,鲁迅特地将这副肖像保存下来,以期为国民党留下一点压迫言论的罪证。"但我要保存这一幅画,一者是因为是遭过艰难的青年的作品,二是因为留着党老爷的蹄痕,三则由此也纪念一点现在的黑暗和挣扎。"④然而,鲁迅鲁迅,拔一把毫毛,吹一口仙气,变化着将近二百多个笔名,化作将近二百多个"鲁迅",仍然能在文网中寻空档,求得稿费换米粮。

---

① 《鲁迅的沉寂》,《大公报》1934年3月16日,莫振良等编:《老新闻——民国旧事(1932—1934)》,天津人民出版社1998年版,第212页。
② 鲁迅:《致唐英伟(360323)》,《鲁迅全集》(第14卷),第54页。
③ 鲁迅:《致曹聚仁(360221)》,《鲁迅全集》(第14卷),第54页。
④ 鲁迅:《致曹白(360321)》,《鲁迅全集》(第14卷),第51页。

鲁迅正是"钻网"的好手。他说及他的写作策略,"站出来讲话尤需要明喻暗譬,大家领会而又无懈可击;绝不可以对当地当政强梁权贵指名道姓地明白指斥,借以避免授人以柄,徒招祸害到自己身上。对敌人必须讲求应付的妥善而巧妙的策略"①。点到为止,又叫他们抓不到把柄,这是中国文人在高压政权下独特的生存之道。被称为"韩国鲁迅"的李泳禧便从鲁迅老师那里学得了这一个写作技巧,他说,"由于我不是鲁迅那样的文学家,在文学方面说不出什么来,但在文学以外,我想学习鲁迅的地方,主要是称为杂文的类似于批判文明、批判社会、批判文学、批判时代的文章,文章写作的方法多种多样,在注意避免受到当权势力直接迫害的同时,又能揭露黑暗势力的丑恶与恶行。鲁迅特有的方式,成为我在韩国社会发表文章的楷模,这对我有很大意义"②。鲁迅的文体成了半文明社会的一种写作样板呵,真是悲哀啊。在《〈引玉集〉后记》中,鲁迅说:"目前的中国,真是荆天棘地,所见的只是孤虎的跋扈和雉兔的偷生,在文艺上,仅存的是冷漠和破坏。"③"中国的作品'可怜'得很,诚然,但这不只是文坛可怜,也是时代可怜,而且这可怜中,连'看热闹'的读者和论客都在内。凡有可怜的作品,正是代表了可怜的时代。"④可以说,鲁迅文体是可怜时代的可怜作品。鲁迅说得不无愤慨,万分无奈,有什么办法呢?

然而,钻网之术并不是都能奏效的,你跟他打游击,然又"死不改悔",便总是难逃他们的法眼的,"这六十多篇杂文,是受了压迫之后,从

---

① 张孟闻:《鲁迅先生的告诫》,鲁迅博物馆鲁迅研究室编:《鲁迅诞辰百年纪念集》,第249页。
② 《"韩国鲁迅"的鲁迅》,《南方周末》,2006年12月14日。
③ 鲁迅:《集外集拾遗·〈引玉集〉后记》,《鲁迅全集》(第7卷),第440页。
④ 鲁迅:《七论"文人相轻"——两伤》,《鲁迅全集》(第6卷),第418-419页。

去年六月起,另用各种的笔名,障住了编辑先生和检查老爷的眼睛,陆续在《自由谈》上发表的。不久就又蒙一些很有'灵感'的'文学家'吹嘘,有无法隐瞒之势,虽然他们的根据嗅觉的判断,有时也并不和事实相符。但不善于改悔的人,究竟也躲闪不到那里去,于是不及半年,就得着更厉害的压迫了,敷衍到十一月初,只好停笔,证明了我的笔墨,实在敌不过那些带着假面,从指挥刀下挺身而出的英雄"。① 看来,封锁奏效了。

文禁使得以言论为业的知识分子倍感苦恼,对鲁迅来说,想说的话不能说,不想说的话不愿说,他称这是在带着镣铐在跳舞。

> 说起我自己来,真是无聊之至,公事、私事、闲气,层出不穷。刊物来要稿,一面要顾及被禁,一面又要不十分无谓,真变成一种苦恼,我称之为"上了镣铐的跳舞"。②

> 副刊有限制,又须有意义,这戏法极不容易变,我怕不能投稿。近几年来,在这里也玩着带了锁链的跳舞,连自己也觉得无聊,今年虽大有"保护正当舆论"之意,但我倒想不写批评了,或者休息,或者写别的东西。③

> 我在这一年中,日报上并没有投稿。凡是发表的,自然是含胡的居多。这是带着枷锁的跳舞,当然只足发笑的。④

---

① 鲁迅:《准风月谈·后记》,《鲁迅全集》(第 5 卷),第 402 页。
② 鲁迅:《致曹白(360504)》,《鲁迅全集》(第 14 卷),第 88 页。
③ 鲁迅:《致王冶秋(360118)》,《鲁迅全集》(第 14 卷),第 10 页。
④ 鲁迅:《且介亭杂文二集·后记》,《鲁迅全集》(第 6 卷),第 479 页。

他给向他约稿的人回信说,"文章,可以写一点,月底月初寄出,但为公开起见,总只能写不冷不热的东西,另外没有好法子"①。他还劝那些涉世未深的文学青年要注意作文的分寸,不可锋芒太露,"《自命不凡》写得锋芒太露,在学校里,是要碰钉子,况且现在是在开倒车的时候,自然更要被排斥了"。②

1935年,鲁迅问唐弢"能不能编写一部中国文网史",③他说,清朝的康熙,雍正和乾隆三朝的"文化统制",消极的措施是文字狱,积极的措施便是以他们的观点和逻辑整理古籍,妄改经史诗文,大搞钦定《四库全书》,其结果"文苑中实在没有不被蹂躏的处所了","现在不说别的,单看雍正乾隆两朝的对于中国人著作的手段,就足够令人惊心动魄。全毁,抽毁,剜去之类也且不说,最阴险的是删改了古书的内容。乾隆朝的纂修《四库全书》,是许多人颂为一代之盛业的,但他却不但捣乱了古书的格式,还修改了古人的文章;不但藏之内廷,还颁之文风较盛之处,使天下士子阅读,永不会觉得我们中国的作者里面,也曾经有过很有些骨气的人"。④ 这是统治阶级积极一面的努力,鲁迅发现了这一关结,并把这一发现广告世人,"倘有有心人加以收集,一一钩稽,将其中的关于驾御汉人,批评文化,利用文艺之处,分别排比,辑成一书,我想,我们不但可以看见那策略的博大和恶辣,并且还能够明白我们怎样受异族主子的驯扰,以及遗留至今的奴性的由来的罢"。⑤

除过妄改典籍之外,他们的积极的措施还有对知识分子进行"思想

---

① 鲁迅:《致孟十还(360322)》,《鲁迅全集》(第14卷),第53页。
② 鲁迅:《致阮善先(360215)》,《鲁迅全集》(第14卷),第27页。
③ 转自傅国涌:《追寻失去的传统》,湖南文艺出版社2005年版,第41页。
④ 鲁迅:《且介亭杂文·病后杂谈之余》,《鲁迅全集》(第6卷),第188页。
⑤ 鲁迅:《且介亭杂文·买〈小学大全〉记》,《鲁迅全集》(第6卷),第60页。

改造"，这思想改造的地方便是"反省院"，种种有危险异端思想的知识分子都得在那里面接受三民主义"再教育"，"听人说，此外还得做排击共产主义的论文。如果不肯做，或者不能做，那自然，非终身反省不可了，而做得不够格，也还是非反省到死则不可"。① 人类最为珍贵的便是思想自由，然而集权社会最害怕的也正是思想自由，这种霸道和独裁在反省院里算是做到家了，他不光要控制你的身体自由，而且还要控制你的心灵自由。奥威尔为我们介绍了一种以消除旧的语言，按照意识形态再造一种"新话"来达到消除异端思维的思想控制方式，在"英社"中，"新话的目的不仅是为英社拥护者提供一种表达世界观和思想习惯的合适的手段，而且也是为了使得所有其他思想方式不可能再存在。这样在大家采用了新话，忘掉了老话以后，异端的思想，也就是违背英社原则的思想，就根本无法思想，只要思想是依靠字句来进行的"。② 我们的"反省院"中何尝不是如是做呢，他们灌输以三民主义为核心的国民党意识形态理论何尝不是一种"新话"，而唯有这一"新话"是正确的，所以，其他的"话"都是异端的、错误的、危险的。而这只能使人类倒退，鲁迅说那个"没有容纳客卿的魄力"的独裁者希特勒的焚书，"所烧的首先是'非德国思想'的书"，独裁者往往都是没有容纳异端思想的魄力的，这是他们的胆怯，不光是希特勒，然而其"结果必将使妇人和小儿沉沦在往古的地位，见不到光明"。③

鲁迅亦想为中国文网史上留一点故实，将当局的用心和劣迹昭彰

---

① 鲁迅:《且介亭杂文・关于中国的两三件事》,《鲁迅全集》(第 6 卷),第 13 页。

② 〔英〕乔治・奥威尔著,董乐山译:《一九八四》,上海译文出版社 2006 年版,第 273-274 页。

③ 鲁迅:《准风月谈・华德焚书异同论》,《鲁迅全集》(第 5 卷),第 223 页。

于世,于是后来将文章编成文集时,特别地将编辑或官老爷在文稿上驰骋过的蹄痕格外地标示出来。他说,"日本的刊物,也有禁忌,但被删之处,是留着空白,或加虚线,使读者能够知道的。中国的检查官却不许留空白,必须接起来,于是读者就看不见检查删削的痕迹,一切含胡和恍忽之点,都归在作者身上了。这一种办法,是比日本大有进步的,我现在提出来,以存中国文网史上极有价值的故实。"①"日本固然也禁止,删削书籍杂志,但在被删削之处,是可以留下空白的,使读者一看就明白这地方是受了删削,而中国却不准留空白,必须连起来,在读者眼前好像还是一篇完整的文章,只是作者在说着意思不明的昏话。"②

文章不能发表倒也罢了,他还被当局以"堕落文人"的罪名通缉,然而只是通而不缉,恐吓一下他而已,他甚至还遭到特务的监视,险些殒命,然而,死神也只是在他身边附近徘徊了一下而已,这样看来,比起他的烈士朋友们来说,鲁迅其实还算幸运。

文坛屠夫

删削、封锁、检查、查封、破坏、通缉,甚至杀戮等那些鬼蜮伎俩,都是见不得阳光的事,往往更显当局的气急败坏和不择手段。除此之外,政府还有更阴险、更狠毒的一招,就是"文力"。"经验使我知道,我在受着武力征伐的时候,是同时一定要得到文力征伐的。"③因为"古人也早已说过,'以马上得天下,不能以马上治之。'所以要剿灭革命文学,还得

---

① 鲁迅:《准风月谈·前记》,《鲁迅全集》(第 5 卷),第 200 页。
② 鲁迅:《且介亭杂文·中国文坛上的鬼魅》,《鲁迅全集》(第 6 卷),第 162 页。
③ 鲁迅:《准风月谈·后记》,《鲁迅全集》(第 5 卷),第 420 页。

用文学的武器。"①鲁迅发现了这一压制正义的"文力"。于是,在枪炮的掩护和金元的武装下,一批文人粉墨登场了,他们虽称为"无枪阶级",但个个都以笔为枪,他们"其实是拿着软刀子的妖魔"啊。②

1932年11月28日上午11时,鲁迅在北京中国大学时代读书会作了《文艺与武力》的演讲,此系"我们现在所知鲁迅最后的一次大型的群众性的公开讲演",在这次演讲中,他又说到了武力加文力的压迫伎俩。"所说的是凡有战斗的文字,统治阶级一定要用武力加以迫压,但是无效的,于是就买收一些无耻文人,也用文字来对抗,但也是无效的,于是就用武力来迫压。然而还是无效,却明白得很。看中国的事实,去年今年,御用文人大做了一通文章,没有人要看,一定又要武力了。但一定还是无效,我们要为这新兴文学的萌芽战斗。"③

文人往往愤世嫉俗,做到这一点并不难,难的是面对政府高官厚禄的"糖衣炮弹"的袭来,知识分子是否仍能无动于衷?知识分子的弱点在于他们往往不能"自食其力",正因为此,知识分子就会沦为某一阶级、某一群体的依附者,靠他手中的笔为他们的政治利益而效力,然而,他们效力的是某一政治团体,而不是真理公义。"自由固不是钱所能买到的,但能够为钱所卖掉。"④鲁迅说的"无耻文人"与他以前所指责的权力的"帮忙者"都是一丘之貉,吃人嘴短、拿人手软、受人豢养、为王前驱,他们都是将言说的自由出卖给政治权力,并竭力为政治权力奔走效劳。

这样的文人在自汉朝以后,便已出现了。"汉朝以后,言论的机关,

---

① 鲁迅:《且介亭杂文·中国文坛上的鬼魅》,《鲁迅全集》(第6卷),第158页。
② 鲁迅:《坟·题记》,《鲁迅全集》(第1卷),第4页。
③ 马蹄疾:《鲁迅讲演考》,第533页。
④ 鲁迅:《坟·娜拉走后怎样》,《鲁迅全集》(第1卷),第168页。

都被'业儒'的垄断了。宋元以来,尤其利害。我们几乎看不见一部非业儒的书,听不到一句非士人的话。除了和尚道士,奉旨可以说话的以外,其余'异端'的声音,决不能出他卧房一步。"①看来成绩还是卓有成效的。林语堂将这样的文人比做妓女,他说,"妓女可以叫条子,文人亦可以叫条子。今朝事秦,明朝事楚,事秦事楚皆不得,则于心不安。武人一月出八十块钱,你便可以以大挥如椽之笔为之效劳。……文人地位到此已经丧尽,比妓女不相上下,自然叫人看不起"。②而鲁迅则将这样的文人比作狗,"上海的小市民真是十之九是昏聩糊涂,他们好像以为俄国要吃他似的。文人多是狗,一批一批的匿了名向普罗文学进攻"。③这话骂得可够狠的了。更有甚者,这些文人,假"公权"以泄私怨,这已与言论踩线不踩线,反动不反动没关系了,鲁迅说,"乾雍禁书,现在每部数十元,但偶然入手,看起来,却并没有什么,可笑甚矣。现正在看《闲渔闲闲录》,是作者因此杀头的,内容却恭顺者居多,大约那时的事情,也如现在一样,因于私仇为多也"。④难怪鲁迅骂得他们如此狠毒。

他们有的卖文不成,便投机官场,进而成为文坛屠夫,"出版界也真难,别国的检查是删去,这里却是给作者改文章。那些人物,原是做不成作家,这才改行做官的,现在他却来改文章了,你想被改者冤枉不冤枉"。⑤1934年,为了避免不合当局的胃口而遭查封造成经济的损失,

---

① 鲁迅:《坟·我之节烈观》,《鲁迅全集》(第1卷),第127页。
② 林语堂:《做文与做人》,李富根、刘洪主编:《恩怨录·鲁迅和他的论敌文选》(上),第233页。
③ 鲁迅:《致曹靖华(320624)》,《鲁迅全集》(第12卷),第313页。
④ 鲁迅:《致杨霁云(341214)》,《鲁迅全集》(第13卷),第295页。
⑤ 鲁迅:《致姚克(340831)》,《鲁迅全集》(第13卷),第203页。

于是有人提议设立一种书籍报刊预先检查制度,以顺遂书商与官方之意,于是一批文人的失业问题也便解决了,正因为有了文人参与其中,文网便愈加细密了。鲁迅说:"今年七月,在上海就设立了书籍杂志检查处,许多'文学家'的失业问题消失了,还有些改悔的革命作家们,反对文学和政治相关的'第三种人'们,也都坐上了检查官的椅子。他们是很熟悉文坛情形的;头脑没有纯粹官僚的胡涂,一点讽刺,一句反语,他们都比较的懂得所含的意义,而且用文学的笔来涂抹,无论如何总没有创作的烦难,于是那成绩,听说是非常之好了。"①

而有的为权门所豢养,成为权贵的玩物,"豢养文士仿佛是赞助文艺似的,而其实也是敌。宋玉司马相如之流,就受着这样的待遇,和后来的权门的'清客'略同,都是位在声色狗马之间的玩物"②。他们虽有文人之名,却形同阉人。有的在官方的支持下,办报办刊丑诋对手,黄萍荪即是这其中的"叭儿狗"之一,曾呈请南京政府通缉鲁迅的许绍棣、叶溯中等官吏唆使他"办一小报,约每月必诋我(按:鲁迅)两次,则得薪金三十"。③

更有的文人甚至发起文艺运动,炮制文学作品,与对手在文学上针锋相对、一争雄雌。1930 年 6 月 1 日,上海教育局局长潘公展、淞沪警备司令部侦缉处队长兼军法处处长范争波、上海市区国民党党部委员朱应鹏,纠合王平陵、黄震遐等文人集会上海,针对"因无产阶级的勃兴而卷起的小风浪",组织"前锋社",发表《民族主义文学运动宣言》,他们

---

① 鲁迅:《且介亭杂文·中国文坛上的鬼魅》,《鲁迅全集》(第 6 卷),第 161 页。
② 鲁迅:《集外集拾遗·诗歌之敌》,《鲁迅全集》(第 7 卷),第 249 页。
③ 鲁迅:《集外集拾遗补编·关于许绍棣叶溯中黄萍荪》,《鲁迅全集》(第 8 卷),第 450 页。

揭起的"民族主义文学"其目的就是要铲除"多型的文艺意识",将文艺统一于所谓的民族主义"中心意识"下。其相应的创作有黄震遐的诗剧《黄人之血》、小说《国门之路》等政治宣传品。然此种创作背后的政治目的却被鲁迅一一揭开,他指斥所谓"民族主义文学"系"宠犬派文学",他们其实是"为王前驱",然而只"不过是飘飘荡荡的流尸"而已。① 此外,还有20世纪40年代,以林同济、雷海宗等人为中心的"战国策"派,他们鼓吹铁血和暴力。鼓吹独裁和个人意志的"战国策"派等无不深契当局的心意。

　　1935年鲁迅说,"他们的嘴就是法律,无理可说。所以,凡是较进步的期刊,较有骨气的编辑,都非常困苦。今年恐怕要更坏,一切刊物,除胡说八道的官办东西和帮闲凑趣的'文学'杂志而外,较好(的)都要压迫得奄奄无生气的。"②这些都是效力于官方的文人努力的成绩。

　　鲁迅自己就受到过这些为权力所收买的无耻文人的种种攻击,"权力者砍杀我,确是费尽心力,而且它们有叭儿狗,所以比北洋军阀更周密,更厉害。不过好象效力也并不大"。③ 这些"无耻文人"在鲁迅的笔下无不一一呈现原形。

　　青山遮不住,毕竟东流去,"停止一种报章,他们的天下便即太平么?"④武力只能吓倒意力孱弱的知识分子的,但终究吓不倒那些坚毅卓绝的知识分子。"一大批叭儿狗,现在已经自己露出了尾巴,沈下去

---

① 鲁迅:《二心集·"民族主义文学"的任务和运命》,《鲁迅全集》(第8卷),第320页。
② 鲁迅:《致曹靖华(350103)》,《鲁迅全集》(第13卷),第335-336页。
③ 鲁迅:《致曹白(360401)》,《鲁迅全集》(第14卷),第62页。
④ 鲁迅:《两地书·六》,《鲁迅全集》(第11卷),第26页。

了。"①文力"不过好像效力也并不大"。

呜呼,其实,当局并不那么愚蠢和糊涂,他们岂不知道压迫言论、报刊检查、秘密杀戮、御用文人这些种种手段终究无效,然而,他们还是要这样做,因为只有这样才能暂保一党一群之私利和特权,他们岂肯轻易放弃这些私利和特权呢,但恰恰是这样,更是促其速亡,此正为饮鸩止渴。

我们现在有言论的自由么

正因为深受其害,鲁迅一生都在为争取知识分子的言论自由而斗争。1912年1月3日,绍兴的《越铎日报》伴随着"新民国"的建立而创刊,鲁迅在创刊号上写了发刊辞,辞云:

> 纾自由之言议,尽个人之天权,促共和之进行,尺政治之得失,发社会之蒙覆,振勇毅之精神。灌输真知,扬表方物,凡有知是,贡其颛愚,力小愿宏,企于改进。不欲守口,任华土更归寂寞,复自负无量罪恶,以续前尘;庶几闻者戒勉,收效毫厘,而吾人公民之责,亦借以尽其什一。②

他将言论之于政治、社会、国民之作用说得很是周到。后来,鲁迅的学生宋琳等人觉得《越铎》"已为某某等所贿卖,作为某党机关报,无复以前之气概矣"。于是在绍兴另办《天觉报》,"鼓吹社会事业,冀谋社会教育之发展",③1912年11月1日,在《天觉报》创刊号上,鲁迅为之

---

① 鲁迅:《致曹白(360401)》,《鲁迅全集》(第14卷),第62页。
② 鲁迅:《集外集拾遗补编·〈越铎〉出世辞》,《鲁迅全集》(第8卷),第42页。
③ 宋琳:《二十年来之回首》,王锡荣选编:《画者鲁迅》,上海文化出版社2006年版,第13页。

画了一幅傲立而又茂盛的松树国画示贺,题曰:"如松之盛",此为鲁迅迄今仅见的一幅国画,并题"敬祝天觉出版自由"之辞。①

1930年,一向谨慎于参加某一团体的鲁迅在冯雪峰的劝说下担当了中国自由运动大同盟发起人,该同盟的宗旨是要争取言论、出版、结社、集会等自由,发表的《中国自由运动大同盟宣言》这样宣称:

> 自由是人类的第二生命,不自由,毋宁死!
>
> 我们处在现在统治之下,竟无丝毫自由之可言!
>
> 查禁书报,思想不能自由。检查新闻,言论不能自由。封闭学校,教育读书不能自由。一切群众组织,未经委派整理便遭封禁,集会结社不能自由。至于一切政治运动与劳苦群众争求改进自己生活的罢工,抗租的行动,更遭绝对禁止。甚至任意拘捕,偶语弃市,身体生命,全无保障。不自由之痛苦,真达于极点!
>
> 我们组织自由运动大同盟,坚决为自由而斗争。感受不自由痛苦的人团结起来,团结到自由运动大同盟旗帜之下来共同奋斗!②

他们公然向当局叫板,这对几乎被阉割的知识分子来说,简直是连想都不敢想的。

1932年1月28日,日本进攻上海闸北,挑起"一·二八事变"。然就在是年元旦的《中学生》新年号上,杂志编辑向鲁迅提出这样的问题,"假如先生面前站着一个中学生,处此内忧外患交迫的非常时代,将对他讲怎样的话,作努力的方针?"鲁迅答曰:

> 请先生也许我回问你一句,就是:我们现在有言论的自由么?

---

① 王锡荣选编:《画者鲁迅》,第13页。
② 倪墨炎:《鲁迅的社会活动》,上海人民出版社2006年版,第336页。

假如先生说"不",那么我知道一定也不会怪我不作声的。假如先生竟以"面前站着一个中学生"之名,一定要逼我说一点,那么,我说:第一步要努力争取言论的自由。①

值此国族存亡之时,鲁迅认为我们的政府存在的最大问题,要解决的最重要的事情莫过于争取言论的自由。1932年11月28日,鲁迅在北京的一次演讲中也号召大家争取言论的自由,他说,"言论与文学,自中国上古以至今日,自世界以至中国,均屈服于统治阶级,故吾人争取言论自由,与努力革命文学,实为文人目前之急务"②。1933年1月21日,江苏省政府主席顾祝同下令枪杀镇江的《江声日报》记者刘煜生,1月30日下午,鲁迅"往中央研究院",③他出席中国民权保障同盟会议,研究抗议事宜,2月1日,民权保障同盟为抗议枪杀记者,邀集新闻界开了一次会,史沫特莱致民权保障同盟北平分会的信中说,"孙逸仙夫人昨天在会上提议所有报纸总罢工一天,以对这一杀害事件表示抗议"④。这应当是他们一起商议采取的措施。

民权保障同盟成立后在争取言论的自由上做了许多切实的事情,他们刚抗议完国内对舆论的压迫,又要抗议国外的舆论压迫,针对希特勒德国对科学家爱因斯坦,作家托马斯·曼,音乐家华尔得(Bruno Watter)等知识分子的压迫,"我们这里也曾经有一点表示",⑤5月13

---

① 鲁迅:《二心集·答中学生杂志社问》,《鲁迅全集》(第4卷),第372页。
② 马蹄疾:《鲁迅讲演考》,第532页。
③ 鲁迅:《鲁迅日记》,《鲁迅全集》(第16卷),人民文学出版社2005年版,第375页。
④ 中国社会科学院近代史研究所中华民国史组编:《胡适来往书信选》(中),第170页。
⑤ 鲁迅:《南腔北调集·又论"第三种人"》,《鲁迅全集》(第4卷),第549页。

日,鲁迅日记记有,"上午往中央研究院,又至德国领事馆。"①这天,蔡元培、宋庆龄、鲁迅、杨杏佛、林语堂等民权保障同盟骨干七人大概先到研究院碰面,然后直接到上海德国领事馆,向德领馆递交抗议书,对德国对进步人士及犹太民族的迫害行为提出"最严重之抗议",次日并将抗议书在《申报》上发表。他们在抗议书中说,考中外各报所载,自法西斯执政以来,"被捕之工人,已达三四万,而知识分子横遭压迫者,亦在数千之数"。"中世纪窘迫科学家之黑暗行为,及二千年前焚书之祸,不图重见于今日。出版言论自由,全被剥夺"。② 言论自由,批评自由只是一个文明的现代国家一个最基本的共识,然而对我们却是一种奢望,鲁迅争取自由的种种斗争对我们来说无疑是一笔财富、一笔遗产。

总括大意,在鲁迅看来,知识分子与政治永远是冲突对抗的,毫无妥协共处的可能,这是因为知识分子本质上是一个破坏者、批评者,而政治却要维持现有的统治秩序,因此,这两者注定是冲突的,然而,正是这种与政权对立的姿态带来了政治势力对知识分子言论的戕制和人身的压迫,其中表现为武力(动用国家暴力机关来压制知识分子)和文力(豢养文士来进行文化上的反击)的双管齐下,而鲁迅毕生致力于争取言论自由的斗争。

第二节　胡适:王的诤臣

胡适在 1917 年 7 月左右便放出了"二十年不谈政治,二十年不干政治"的狠话,他当时的打算是想在思想文化上做二十年不绝的努力,

---

① 鲁迅:《鲁迅日记》,《鲁迅全集》(第 16 卷),第 377 页。
② 倪墨炎:《鲁迅的社会活动》,第 424 页。

因为他认为政治是枝节问题,思想文化才是根本问题,但他说的都是大话,好家伙,一下子发了个二十年的誓言,话一说死,往往搞得自己下不了台。

到了1938年他正式出任驻美大使之时,他还记得当年在上海新旅社里发下二十年不入政界,二十年不谈政治的誓言,掰了指头算了一下,不多不少,正好二十一年,于是特意在日记中声称,这次"干政治"距他当年发誓的时间正好二十一年,他自认为他还不算是食言,他这是在偷换概念啊,明明发誓说是谈政治和干政治,现在却只变成了干政治了。①

可见说话做事还是不要冲动,得为自己留点余地,但他毕竟才刚满三十,我们三十岁才做什么来着,还不吭哧吭哧地挑灯夜战毕业论文吗?而胡适呢,不到三十岁都名满天下了,当北大教授了,年轻气盛,春风得意,说点大话也是有情可原的。

其实他也不是干政治的料,勉强做了一回驻美大使,却忙着天天到老美的高校大领荣誉博士证书,一生中竟领了三十五个荣誉证,又不申报吉尼斯世界纪录,要那三十五张废纸片做什么?所以这个"受命于危难之中"、到美国"持节宣威"的胡大使干了几年便被换掉了,当然,他也从来就没想混迹政坛。

但谈政治却总是免不了的,总之,他知道自己牛皮吹大了,因为你不谈政治,而实际的政治又扑面而来,知识分子又天生敏感,而且还有那几千年议政的老传统在,于是就不能不视而不见,就在他说了狠话后不到两年左右的时间,1919年6月,陈独秀被捕后,胡适接办"谈政治

---

① 1938年,胡适说他1937年7月12日在飞机上时想起他二十年前在上海的新旅社里曾发下二十年不入政界,二十年不谈政治的誓言,他说,"那二十年中,'不谈政治'一句话是早就抛弃的了。'不入政界'一句话,总算不曾放弃。"(耿云志、欧阳哲生编:《胡适书信集》(中),第753页。)

的报"——《每周评论》,这时,他"方才有不能不谈政治的感觉"。不管怎么说,胡适还是要谈政治的。

局外人的身份

我们要探讨的是,在胡适看来,知识分子应当以一个什么样的身份去谈政治呢?

1935年5月22日,《独立评论》创刊。在发刊词中胡适说道:"我们叫这刊物做《独立评论》,因为我们都希望永远保持一点独立的精神。不倚傍任何党派,不迷信任何成见,用负责任的言论来发表我们各人思考的结果:这是独立的精神。"①在他将去世的那一年,1962年,他还说,"当年的《独立评论》是真正独立的"。② 有了这种独立的精神,才能发出独立的议论,他说:"独立的政论家只认是非,不论党派;只认好人与坏人,只认好政策与坏政策,而不问这是那一党的人与那一派的政策:他们立身在政党之外,而影响自在政党之中。他们不依靠现成的势力,而现成的势力自不能不承认他们的督促。"③这与打着胡适的牌子编《自由中国》的主将殷海光所说的"只问是非,不管一切"的意思一样。④

在胡适眼里,议政的知识分子要有独立的精神,发独立的言论,但要保证这一独立性,这就决定了议政的知识分子须有一种"局外人"的身份。反过来,正是这种"局外人"身份方能保证议论者的独立性。

独立性在这里包括两个层面的意思:一是思想上的独立。这就要

---

① 欧阳哲生主编:《胡适文集》(第7卷),北京大学出版社1998年版,第503页。
② 耿云志、欧阳哲生编:《胡适书信集》(下),第1730页。
③ 欧阳哲生主编:《胡适文集》(第11卷),第72页。
④ 殷海光:《中国文化的展望》,第543页。

求知识分子与当局保持一定的距离,这样才能略保自己的议论能够无所牵绊,无所顾忌;二是生活上的独立。这就要求知识分子具有正当的职业,不必为稻粱而摧眉折腰,这样才能略保自己不为饭碗所累,不为生活所累,而这后一点往往又为人们所忽视。

我不热心跟一班党老爷去胡混

胡适一度拒绝亲近政治,但他又充满着政治热情,然而在充满政治热情的同时,他又时刻自觉到与政治保持一定的距离,始终保持一个"局外人"的角色意识。

他认为,作为一个议政的知识分子应当是"在野"的,"在野"的身份,固然可以逃避很多烦杂的日常事务和无聊的应付,但更重要的是,一则能够保持自己说话的独立性,而这又是被推崇为"自由主义大师"的胡适所视为最可宝贵的;二则他自信国家、政府也需要"在野"的知识分子的批评意见,而他们的批评之于国家、政府不无裨益。

胡适一生之中,当局曾多次投给他,甚至塞给他各式各样巍峨的官帽,诱他入彀,装裱门面。然而除过抗战时期国家有难,政府"征调",做过几年驻美大使外,他都较为成功地抵挡住了政府的种种"诱惑"或"骚扰"。这些在常人眼里看来所渴求的高官显爵,对他来说,却避之唯恐不及,这正是他所持的知识分子的"在野"意识所致。

1931年,蒋廷黻"发愿要借国民会议选举作一个模范选举的运动",便请叶公超动员胡适作为北大候选人,胡适本已答允,但在任叔永及丁在君等友人的劝阻下辞掉候选事,他说:"我不热心跟一班党老爷去胡混。""我在政治场外比在政治场内更有用。"①

---

① 曹伯言整理:《胡适日记全编》(第6卷),第99页。

"九一八事变"爆发之后,日本人占我东北大好河山后,到12月中旬,报纸又登载"华北政务委员会"将要组成之消息,胡适名列其中,于是他去信李石曾,声明对此类实际的政治不感兴趣,也不愿加入此类政治组织,因为他清楚知识分子之功用在于言论之批评。他说:"我所希望的,只是一点思想言论自由,使我们能够公开的替国家想想,替人民说说话。我对于政治的兴趣,不过如此而已。我从来不想参加实际的政治。这并非鄙薄实际政治,只是人各有能有不能,我自有我自己的工作,为己为人都比较有益,故不愿抛弃了我自己的工作来干实际的政治。此次华北政务委员会似是一种委员制的行政组织,我自信最不适宜,所以不愿加入。"①

1933年,日本人得寸进尺,得陇望蜀,东北得手,进逼热河,汤玉麟不战即溃,弃城奔逃,举国震惊。国民党内部和派无胆,战派无力,结果是战和两争,日本人得利,向来理性而稳健的胡适深知中国之底气不足,力主和谈,平息事态。他便挺身而出,甘冒天下之大不韪,著文主和,大契当局心意,当局亦引胡适为同道,想拉他入政府做官,时任国民党行政院院长的汪精卫于3月31日致信胡适,邀他出任教育部长,胡则复信表示:"我终自信我在政府外边能为国家效力之处,似比参加政府为更多。我所以想保存这一点独立的地位,决不是图一点虚名,也决不是爱惜羽毛,实在是想要养成一个无偏无党之身,有时当紧要的关头上,或可为国家说几句有力的公道话。一个国家不应该没有这种人;这种人越多,社会的基础越健全,政府也直接间接蒙其利益。我深信此理,故虽不能至,心实向往之。以此之故,我很盼望先生容许我留在政

---

① 中国社会科学院近代史研究所中华民国史组编:《胡适来往书信选》(中),第95页。

府之外,为国家做一个诤臣,为政府做一个诤友。"①1938年7月26日,胡适在初拟辞驻美大使电文中推荐施肇基代替他担任大使,并向政府表示他可以"以私人助其疏导舆论"。最后他还是在友人的劝说下答应了这个"战时征调"的"驻美大使",因为"国家际此危难,有所驱策,我何敢辞"。② 1940年,报上传闻胡适将离任大使就任中央研究院院长,胡适给王世杰去电,表达了倘离任的话,他愿意回到北大教书,而不肯出任院长之职。他仍说,"我要保存(或恢复)我自由独立说话之权,故不愿做大官。"③1942年,他不再担任驻美大使一职,并拒绝在政府担任其他高职,只愿做一个国家的诤臣,在对好友韦莲司的信中,胡适说,"我已辞谢出任内阁高级顾问一职,过去25年以来,我既没有官衔也没有职称,但我始终是国家和政府的诤臣,以后我将继续无官无衔的做这件事"。④

1947年1月,蒋介石下决心要利用"胡适"这块"金字招牌"来装裱门面,分别约见傅斯年、王世杰,就拟请胡适出任国府委员兼考试院院长一职向他们征询意见。2月4日,傅斯年写信给胡适,力劝他切莫加入蒋记政府,他说,"我们是要奋斗的,惟其如此,应永久在野,盖一入政府,无法奋斗也。"⑤ 胡适之观点与之略同,他复信说:"我在野,——我们在野——是国家的、政府的一种力量,对外国,对国内,都可以帮政府

---

① 中国社会科学院近代史研究所中华民国史组编:《胡适来往书信选》(中),第208页。
② 曹伯言整理:(《胡适日记全编》第7卷),第142页。
③ 同上书,第398页。
④ 周质平编译:《不思量,自难忘:胡适给韦莲司的信》,安徽教育出版社2001年版,第252-253页。
⑤ 中国社会科学院近代史研究所中华民国史组编:《胡适来往书信选》(下),第170页。

的忙,支持他,替他说公平话,给他做面子,若做了国府委员,或做了一院院长,或做了一部部长,……结果是毁了三十年养成的独立地位,而完全不能有所作为。结果是连我们说公平话的地位也取消了。——用一句通行的话,'成了政府的尾巴'!"①

然而蒋介石撑面子心切,一个多月后,托王世杰再劝胡适出山,2月21日,王夜访胡适,"蒋先生要他来再劝我考虑"出任考试院院长和国府委员之事。② 是夜,胡又复信王,他再三强调自己"不出仕"的理由:"考试院长决不敢就,国府委员也不敢就。理由无他,仍是要请政府为国家留一两个独立说话的人,在要紧关头究竟有点用处。我决不是爱惜羽毛的人,前次做外交官,此次出席国大,都可证明。但我不愿放弃我独来独往的自由。""总而言之,我请求蒋先生容许我留在此地为国家做点有用的事。"③3月18日,他说到蒋用人策略的失误,"现时国内独立超然的人太少了,蒋先生前几年把翁文灏、张嘉璈、蒋廷黻、张伯苓诸君都邀请入党,又选他们(廷黻除外)为中委,这是一大失策,今日不可再误了"。④ 胡适说,"有人说我们'爱惜羽毛',钧任有一次说得好:我们若不爱惜羽毛,今天还有我们说话的余地吗?"⑤其实,利益集团中的人说话的分量和效果与利益集团外的人说话的分量和效果是不一样的,胡适苦口婆心反复给蒋介石讲这个道理,蒋愣是不明白。

与蒋介石的拙直相比,中共的做法就显得颇为聪明,共产党颇善于

---

① 中国社会科学院近代史研究所中华民国史组编:《胡适来往书信选》(下),第173页。
② 曹伯言整理:《胡适日记全编》(第7卷),第641页。
③ 耿云志、欧阳哲生编:《胡适书信集》(中),第1090页。亦可参见曹伯言整理:《胡适日记全编》(第7卷),第642页。
④ 曹伯言整理:《胡适日记全编》(第7卷),第649页。
⑤ 曹伯言整理:《胡适日记全编》(第3卷),第676页。

利用"党外"人士的力量的,注意,是党外,而不是蒋介石所看重的"党内",当时有一批知名的"党外布尔什维克",如郭沫若、宋庆龄、许广平等人,他们要求入党,党却出于更有效开展工作,要求他们暂不入党,因此郭沫若"一九二七年参加南昌起义,同年八月加入中国共产党"①。但党员的身份却一直到1958年才以重新入党的形式公开,因为在一定程度上,党外人士比党内人士说话的分量更重、发挥的作用更大。后来许广平想入党,周恩来就对她说,"你留在党外,工作比较方便一些"。②而对蒋介石来说,人家不要入政府,你却硬拉人家入政府,两相比较,策略高下立现。陈布雷是明白党外人士的政治作用的,他曾对蒋介石说,"胡先生现在是我们政府中有数的博学之士,而且资格甚老,美国朋友对他也另眼看待。因此,我们应该如何把胡先生的面目保留下来,在有重大事件时再请他发言,一定有意想不到的收获,用以对付共党,该是我们手中的一张王牌!"③这与胡适对政府外围知识分子的作用的看法是一致的。

时间到了1949年4月,共产党已攻取国民政府首都南京,国民党政权江河日下、风雨飘摇,政府更是急需胡适这样的人为政府撑腰、打气、贴金。其实,先行迁穗的陈雪屏于2月13日就致电胡适,云,"铁城嘱转达,拟请任大使,乞考虑,急电赐复……"。次日胡适复曰:"弟深信个人说话较自由,于国家或更有益,故决不愿改变。"④6月12日,身为行政院长、国防部长的阎锡山任命胡适为外交部长,6月21日,胡适回

---

① 邓小平:《在郭沫若同志追悼会上的悼词》,新华日报资料室编:《悼念郭老》,第2页。
② 周海婴:《鲁迅与我七十年》,第287页。
③ 唐人:《金陵春梦》(第6集),北京出版社1981年版,第370页。
④ 曹伯言整理:《胡适日记全编》(第7卷),第743页。

电广州,力辞不就,云:"日夜自省,实无能力担任此职。……此绝非谦辞,乃七八日仔细考虑之结果。……适在此为国家辩冤白谤,私人地位,实更有力量。……"①奈阎锡山复电不肯放过胡适之辞意,6月30日,胡适分别致电阎锡山、杭立武和蒋介石,表达了自己"决不赞成"②的坚决态度。他正是这么一个"局外人","'救火'而不'打劫','补天'却不'入仕'"。③ 正如有论者所云,"在建构'学术社会'时知识分子并不回避对公众事务的责任,但又力图保持超然独立的地位,主要是通过办刊物的形式聚集起来,形成一个对政治权势产生压力的集团;而对于知识分子直接介入实际政治,保持着相当的警觉"。④ 胡适等人虽然看重言论之力量,但为了力保言论之独立,绝不入仕。

从以上种种事例来看,胡适无意为官,可谓一以贯之。他深信作为一个知识分子,要与政治保持一定的距离,否则不是做了政府的"尾巴",就是做了政府的"喇叭",知识分子应当是一个"局外人"的身份,这样才能略保自己言论的独立性。

有职业而不靠政治吃饭

知识分子言论的独立的另一保证还应当是经济的独立。在胡适看来,议政只是知识分子的"课外作业",虽是"课外作业",但他们又没有"躲进小楼成一统,管他春夏与秋冬",他认为这是一个知识分子的职责和使命。"我们当尽我们的能力——或单独的或互助的——谋中国政

---

① 曹伯言整理:《胡适日记全编》(第7卷),第778页。
② 同上书,第782页。
③ 石兴泽:《学林风景——傅斯年与他同时代的人》,第119页。
④ 章清:《"胡适派学人群"与现代中国自由主义》,上海古籍出版社2004年版,第362-363页。

治的改善与社会的进步。"① 既然政治又决非他们的正业,政府便没有为他们提供,或者他们不愿拿那份足以维持自己及家庭日常用度的薪俸。一个知识分子的本业是从事教育活动或从事学术研究,而只有这样的工作维持了他们的日常用度,方是他们能自由地、独立地议论的经济保障。

他们这批知识分子正是先有饭吃再发议论的典型例子,据胡适日记记载,1921年5月21日下午,丁文江、王徵、蒋梦麟来到胡适家里,他们三个人不是来搓麻将的,他们是在"讨论组织一个小会的事",② 这个"小会"便是"努力会"。此系丁文江最早提倡,丁"向来主张,我们有职业而不靠政治吃饭的朋友应该组织一个小团体,研究政治,讨论政治,作为公开的批评政治或提倡政治革新的准备"。③ 此公曾以宗淹的笔名发表了"好人"应该如何严格训练自己做政治生活的准备,其中有一条便为:"要做有职业的人,并且增加我们在职业上的能力。"④ 值得注意的是,在胡适起草的努力会会议章程"组织大纲"中,规定了成为该会会员要具备的两个资格,它们分别为:"(1)有正当的职业,或有职业的能力。(2)有忠实可靠的人格。"⑤ "我们的社员有两个标准:一是要有操守,二是要在自己的职业上站得住。"⑥ 丁胡二人都特别强调了知识分子要有正当的职业这一前提。

在胡适、丁文江看来,议政的知识分子须有一份正当的职业,因为

---

① 耿云志:《胡适年谱》,第94页。
② 曹伯言整理:《胡适日记全编》(第3卷),第274页。
③ 欧阳哲生主编:《胡适文集》(第7卷),第443页。
④ 同上书,第447页。
⑤ 耿云志:《胡适年谱》,第94页。
⑥ 欧阳哲生主编:《胡适文集》(第7卷),第599页。

他们不是职业的"政治家"或"政客",不是吃政治饭的。而"有正当的职业",其实就是有较为殷实的经济收入的意思,而过去教授的生活往往又是相当宽裕的。当时北大物理系教授,留法博士李书华1922年到北大时,领取的是教授待遇中的最高薪金,每月大洋二百八十元。且看当时物价水平和货币的购买能力,他说:"北京生活便宜,一个小家庭的用费,每月大洋几十元即可维持。如每月用一百元,便是很好的生活,可以租一所四合院的房子,约有房屋二十余间,租金每月不过二三十元,每间房平均每月租金约大洋一元。可以雇用一个厨子,一个男仆或女仆,一个人力车的车夫;每日饭菜在一元以内,便可吃得很好。有的教授省吃俭用,节省出钱来购置几千元一所的房屋居住;甚至有能自购几所房子以备出租者。"①可见,当时知识分子在经济上是相当殷实的,有了经济的独立,便不会为政治势力的银弹所击中。事实上,胡适周围的一群议政的知识分子都是"有职业而不靠政治吃饭"的人。

胡适后来小结《独立评论》时说,"最大的节省是我们写文字的人都是因为自己有话要说,并不想靠稿费吃饭养家,所以不但社员撰文不取稿费,外来的稿子也是因为作者愿意借我们的刊物发表他们要说的话,也都不取稿费。《独立评论》共出了二百四十四期,发表了一千三百零九篇文章,——其中百分之五十五以上是社外的稿子,——始终没有出一文钱的稿费。所以我叫这个时代做'小册子的新闻事业的黄金时代'。"②也就是说,《独立评论》的作者们都是有话要说,免费供稿,并不是要靠什么稿费交电费、买大米。

知识分子的职业问题,或者说吃饭问题,可不是小问题。不幸的

---

① 李书华:《七年北大》,陈平原、夏晓虹编:《北大旧事》,生活·读书·新知三联书店1998年版,第99页。

② 欧阳哲生主编:《胡适文集》(第7卷),第502页。

是，知识分子首先解决不了的正是吃饭问题，知识分子本来不事稼穑，是"劳心者"，然"劳心者"的吃饭问题（经济问题）不能得到直接解决的，"存在决定思维"，所以，往往就有"饭碗决定脑袋"的现象。1921 年 12 月 10 日，梁启超曾在《时事新报》发表《本报五千号纪念辞》的纪念文章，文章说："吾侪从事报业者，其第一难关，则在经济之不易独立。……同人等殊不敢以清高自诩，但酷爱自由，习而成性，常觉得金钱之来，必自势力，无论受何方面金钱之补助，自然要受该方面势力之支配；即不全支配，最少亦受牵掣。"①所以，梁启超说无论经济多么困难，都不能与"势力家发生一文钱之关系"。当年《大公报》所标举的"四不"原则中的"不卖"就是摆脱经济支配，追求独立言论的意思，李纯青说，"大公报经济独立，不接受政治津贴。……如果经济不能独立，向政治集团伸手要钱，它就必然要受到那个政治势力的支配，不能自由发言。言论自由建筑在经济自由之上"②。

胡适当然知道"吃人家嘴软，拿人家手短"的道理，他闻得高恩洪在交通部的整顿中取消各报馆津贴的消息后，写道，"报馆津贴是十年来中国舆论界的一个大污点，他的害处比那摧残言论自由的法令还要大无数倍。摧残自由的法令至多不过是把舆论当作仇敌看待，而津贴与收买竟是把报馆当作娼妓猪狗了！"③这是饭碗的势力对报纸言论的影响。

"有奶便是娘"，有的知识分子甘愿将自己卖与政府，胡适曾套用倪元璐的话说："士人之行己，宁任矫激，而必不可不准诸廉隅。今日廉隅

---

① 梁启超：《本报五千号纪念辞》，转自傅国涌：《笔底波澜：百年中国言论史的一种读法》，广西师范大学出版社 2006 年版，第 124 页。
② 转自傅国涌：《追寻失去的传统》，第 296 页。
③ 欧阳哲生主编：《胡适文集》（第 3 卷），第 410 页。

毁裂已净尽,故有光园之拜寿,有红罗厂之卖身。拜寿不已,必至于劝进;卖身尚为之,何有于卖园。宜乎蔡先生之奉身而退,不忍为同流合污之苟安也。"①身为北京大学校长的蔡元培也痛心于那种有奶便是娘的知识分子,1923年,他"痛心于政治清明之无望,不忍为同流合污之苟安","不愿在曹锟之下讨生活",②愤然辞职而去。胡适这样评说蔡元培的不合作主义,他说:"因为他很明白的指出,当局的坏人所以对付时局,全靠着一般胥吏式机械式的学者'助纣为虐';正义的主张者,若求有点效果,至少要有不再替政府帮忙的决心。这是很沉痛的控诉:控诉一切只认得'有奶便是娘'的学者、官吏、新闻家,指出他们'助纣为虐'的罪,'比当局的坏人还多一点儿'。"③

颇具反讽意味的是,蔡元培先挂靴出走,胡适再发文赞和,本来他们事先合计好这样做,以期知识界能在蔡元培的振臂高呼下能应者云集,对不清明的政府形成一种抗议和一个压力,然而,令他失望的是,蔡元培辞职后,知识界正应了他们所批判的"有奶便是娘"的判断,"响应的人真太少了;饭碗的势力可怕,政治知觉的缺乏更可怕"。④ 这是饭碗的势力对知识分子政治行动影响的显著一例。

统治者也深知"饭碗"之于知识分子的重要性,砸掉异议者的饭碗成为他们对付知识分子的一个重要招数。1933年,鲁迅曾给山本初枝信中说,"我的全部作品,不论新旧,全在禁止之列。当局的仁政,似乎要饿死我了事"。⑤ 只不过与其他作家不同的是,鲁迅是"不那么容易

---

① 欧阳哲生主编:《胡适文集》(第3卷),第452页。
② 曹伯言整理:《胡适日记全编》(第4卷),第175—176页。
③ 欧阳哲生主编:《胡适文集》(第3卷),第455页。
④ 曹伯言整理:《胡适日记全编》(第4卷),第184页。
⑤ 鲁迅:《山本初枝(331114)》,《鲁迅全集》(第14卷),第270页。

死"的。然而,中国只有一个鲁迅啊!1929年,罗隆基曾提及统治者常常会利用"经济的力量"作为排除异己,统一思想的手段,因为他自己正是因为批评政府,被辞去光华大学教授之职的,身受其害。他说,"对于思想不同的人,设法使其不能得到相当职业,使其非在思想上投降便不能维持生活。这样一来,一般人为了生活问题只得在外表上做出思想统一的样子。"①中国是这样,有意思的是,外国亦如是,"路易十四曾威胁格泽雷,如果他敢把古代王朝的恶习写进历史,那么他就不会再有养老金了"②。生存为要,对知识分子本来已相当脆弱的生活能力和生存环境来说,此招数虽平淡无奇,却出手狠辣,颇有杀伤力,有多少知识分子曾因饭碗问题在拳脚未施前,就挥刀自宫了。

所以,在胡适看来,拥有一份正当的职业是知识分子从事政论的一个重要条件和前提,这样才能够避免"饭碗势力"的影响,从而在一定程度上确保知识分子言说的独立性。

可见,知识分子议政的身份定位是"局外人",因为只有"局外人"的身份才能保证知识分子言论的自由与独立,而知识分子政治上的"在野"意识和经济上的独立地位(有"正当的职业")使得他们与政治保持了,也能够保持一定的距离。

"修正主义"

在鲁迅看来,"文艺和政治时时在冲突之中",知识分子与权力也时时处在冲突之中,他明确表示,"我从来不肯和政治家去说"。③ 而对胡适则不同,他的改良主义态度和传统的谏士遗风,使得他从来就常常要

---

① 梁实秋:《论思想统一》,欧阳哲生主编:《胡适文集》(第5卷),第560页。
② 〔法〕朱利安·班达著,佘碧平译:《知识分子的背叛》,第94页。
③ 鲁迅:《集外集·文艺与政治的歧途》,《鲁迅全集》(第7卷),第119页。

和政治家去说的。

兄等皆当以宾师自处

刘易斯·科塞(Lewis Coser)曾说,"尽管知识分子常常迷恋权力,尽管他们感到没有知识的权力极易带来灾难,但大体而言,他们还是尽量躲避亲自攫取权力的诱惑。他们更经常地对掌权者施加影响,使其成为实施他们的方案的工具。他们经常充当掌权者的幕僚,希望让他支持拥护他们的事业。"①作为知识分子的胡适,他终其一生都将知识分子,包括将他自己,定位为国家、政府、当政者的"谏士"和"诤臣"。这多少叫推崇他的人感到很有些心理落差,按理说,胡适终其一生都是东方文化的批判者,西方文化的摆渡者,但作为知识分子参与政治的方式来看其实仍是中国传统社会那种进谏与纳谏的"君臣"关系,这可并非小事一桩,然而,在他的理想中,知识分子要努力做一个好诤臣,天子要努力做一个好明君。

胡适关于知识分子与政治权力的这种"君臣"关系其实正与他那种不中不西的思想有关。正如傅斯年对胡适所说的那样,"孙中山有许多很腐败的思想,比我们陈旧的多了,但他在安身立命却完全没有中国传统的坏习气,完全是一个新人物。我们的思想新,信仰新;我们在思想方面完全是西洋化了;但在安身立命之处,我们仍旧是传统的中国人"。②中山先生虽旧实新,而他们这帮人却虽新实旧。这种观察很是精辟。胡适去世后,蒋介石送他的挽联是这样写的,"新文化中旧道德的楷模,旧伦理中新思想的师表",蒋准确地概括了胡适那不中不西,亦

---

① 〔美〕刘易斯·科塞著,郭方等译:《理念人:一项社会学的考察》,第148页。

② 曹伯言整理:《胡适日记全编》(第5卷),第404页。

中亦西的思想和人生。

胡适虽处处以引渡西洋科学及思想自命,但他其实仍摆脱不了传统中国文化的支配。"他自己的思想言行、立身处世,和他底胡开文老店在进出口交易上所贩卖的货色,也大致是三分洋货、七分传统!"①这样,我们就不难理解胡适在知识分子参与政治过程中体现的下意识的"君臣"关系,这一"封建思想"。

胡适认为,对天子来说,诤臣发挥着一定的建议作用和督促作用,胡适曾作文劝提倡读经的人可以读读《孝经》第十五章,并请"诸公试自省,诸公有几个诤臣呢?"他说,"昔者天子有诤臣七人,虽无道,不失其天下。诸侯有诤臣五人,虽无道,不失其国。大夫有诤臣三人,虽无道,不失其家。士有诤友,则身不离于令名。父有诤子,则身不陷于不义。"②如果把一个国家比作在高空飞行的飞机的话,君王就是"机长",诤臣就是"机组人员",没有"机长",飞机照样可以安全飞行,但没有了"机组人员",飞机便不一定能安全飞行。诤臣对君王来说是必要的,而君王对诤臣来说可有可无的。所以胡适一直赞赏汉窦后的黄老治理方式,赞扬"国府主席林森"的无为政治,甚至在台湾为蒋介石祝寿时还在报上写文章,给蒋介石讲故事,期望蒋介石行"无为"之政,他把诤臣看得很重,把人主看得很轻。

他一生中不厌其烦地表达他的这一诤臣思想,并处处以诤臣自居,1935年,一二·九学生运动之时,12月15日,胡适在《大公报》发表了《为学生运动进一言》一文,其中说:"在外患最严重压迫的关头,在一个汉奸遍地的时势,国家最需要的是不畏强御的舆论和不顾利害的民气。

---

① 唐德刚:《胡适杂忆》,第54页。
② 欧阳哲生主编:《胡适文集》(第11卷),第760页。

我们这个国家今日所缺少的,不是顺民,而是有力量的诤臣义士。"①他自己虽不愿为官作宰,但他却支持并"怂恿"友朋去做王的诤臣,后来在批驳胡适思想的时候,吴景超说:

> 在一九三五年底,有几个独立评论社的社员到了蒋反动政府去做官了,打电报到清华要我去参加工作。从教书改行去做官,这对我当时是一个很费思索的问题。我踌躇莫决,只好又去请教胡适。他毫不迟疑地劝我到南京去。由于我自己的不坚定,但也由于他的怂恿,我开始了十年多与蒋反动政权同流合污的生活。这是我的生命史中最可痛心的事。②

1936年1月21日,胡适写信与翁文灏、蒋廷黻、吴景超、顾季高四人,这些人都是曾和胡适常在一起"独立评论"的朋友,现在他们一一入阁。胡适在信中对他们提出自己的希望,"我希望他们四人莫作'伴食'之官员。我常说,我反对读经,但《孝经》中'天下[子]有诤臣七人,虽无道,不失其天下'一章不可不读也"。③ 他相信,国可无天子,但不能无诤臣。5天后,1月26日,胡适又致信翁文灏、蒋廷黻、吴景超等友人,他说,"我对于你们几个朋友(包括寄梅先生与季高兄等),绝对相信你们'出山要比在山清'。但私意总觉得此时更需要的是一班'面折廷争'的诤友诤臣,故私意总望诸兄要努力做 educate the chief(教育领袖)的事业,锲而不舍,终有效果。行政院的两处应该变成一个'幕府',兄等皆当以宾师自处,遇事要敢言,不得已时以

---

① 欧阳哲生主编:《胡适文集》(第11卷),第660页。
② 吴景超:《我与胡适——从朋友到敌人》,《胡适思想批判》(论文汇编)第3辑,生活·读书·新知三联书店1955年版,第111页。
③ 曹伯言整理:《胡适日记全编》(第6卷),第592页。

去就争之"。① 他希望他们能作帝师、作王友、作政府的智囊、作总统的诤臣。

胡适自己向来是以诤臣,王师自居的。"他所写的政论,最爱引证帝王宰相间的故事来向封建统治者'进言',言下颇以'王者之师'自命。"② 1935年6月12日,胡适写信批评陶希圣说:"请你注意我们提倡自责的人并非不爱国,也并非反民族主义者。我们只不是狭义的民族主义而已。我们正因为爱国太深,故决心为她作诤臣,作诤友,而不敢也不忍为她讳疾忌医,作她的佞臣损友。"③ 1954年2月18日,胡适回台参加第一届国民大会第二次会议,当晚在记者招待会上,他说到蒋劝他竞选总统的事,并重申他愿"为国家作诤臣,为政府作诤友,不愿居官"的意向。④

这一"诤臣"意识决定了他对知识分子实际参与政治的态度和方式。

"诤臣"意义有二:"诤臣"之"诤",意味着知识分子之功用和职责在于批评当局、监督政府,"宁鸣而死,不默而生",相应地,当局要有纳谏的气度和雅量,开放言论,"有则改之,无则加勉"。故而知识分子当是批评的而不是阿谀的,是刚正的而不是曲附的,是不顾利害的而不是瞻前顾后的,是实事求是的而不是察言观色的。

"诤臣"之"臣",意味着知识分子批判的先决条件是在承认现政府、

---

① 中国社会科学院近代史研究所中华民国史组编:《胡适来往书信选》(中),第302-303页。亦可见耿云志、欧阳哲生编:《胡适书信集》(中),第684页。

② 黎少岑:《胡适是怎样一个人》,《胡适思想批判》(论文汇编)(第2辑),生活·读书·新知三联书店1955年版,第335页。

③ 曹伯言整理:《胡适日记全编》(第6卷),第496页。

④ 转自智效民:《胡适和他的朋友们》,云南人民出版社2004年版,第274页。

现统治的合法性,他所有的批评和进言都不能越出这一雷池半步,在时刻自觉到这一界线的同时,发挥一种救弊补偏、辩冤白谤的作用。所以,他的言论是负责的而不是随意的,是切实的而非蹈空的,是改良的而非激进的,是修正的而非颠覆的。

"诤臣"之"诤",立足"批评","诤臣"之"臣",立足"维护","批评"之目的是"维护","维护"的手段是"批评",臣为本,诤为末,既不能舍本逐末,也不能舍末逐本,做一个"诤臣",这是作为知识分子的胡适的自我定位,也是胡适关于知识分子与政治关系的重要见解。

"宁鸣而死"与"鼓励合法的反对"

"谏诤"既然是知识分子参与政治的主要使命,这对知识分子来说,便要耿直批评,而不是趋炎附势;这对统治者来说,便要开放言论,而不是禁锢言论。

胡适将"谏诤"看作知识分子监督政府、批评政府的一种自由。他说:"在中国古代有一种很奇怪的制度,就是谏官制度,相当于现在的监察院。这种谏官制度,成立在中国政治思想、哲学思想之前。这种谏官为的是要监督政府,批评政府,都是冒了很大的危险,甚至坐监,牺牲生命。古代还有人借宗教来批评君主。在《孝经》中就有一章《谏诤章》,要人为'争臣'、'争子'。《孝经》本是教人以服从孝顺,但是君王父亲有错时,作臣子的不得不力争。古代这种谏官制度,可以说是自由主义的一种传统,就是批评政治的自由。"[①]他认为知识分子的自由言论系"天赋"的,神圣不可剥夺的。范仲淹的"宁鸣而死,不默而生"是胡适晚年最喜欢的格言之一,并认为这足以与西方的"不自由,毋宁死"的名言相

---

① 欧阳哲生主编:《胡适文集》(第12卷),第683页。

匹,亦深契作为知识分子的他勇于谏诤的壮烈心怀。"谏诤"无非是"硬着脖子"向当权者指陈政治的失误,胡适视之为知识分子的一项最重要的使命,他说,"从中国向来智识分子的最开明的传统看,言论的自由,谏诤的自由,是一种'自天'的责任,所以说,'宁鸣而死,不默而生'"。①

1918年,他在《新青年》上写了一首《老鸦》的诗。

> 我大清早起
> 站在人家屋角上哑哑的啼
> 人家讨嫌我,说我不吉利:——
> 我不能呢呢喃喃讨人家的欢喜!
>
> 天寒风紧,无枝可栖。
> 我整日里飞去飞回,整日里又寒又饥。——
> 我不能带着鞘儿,翁翁央央的替人家飞;
> 不能叫人家系在竹竿头,赚一把小米!②

胡适诗中的"老鸦"就是那种报告着不吉利,不讨人欢喜,不甘为了"一把小米"而丧失自己独立性的知识分子形象。国家、政府和社会需要一批批判型的知识分子,有他们的提警和批判,社会才能步入正轨。胡适又将知识分子视为人体内与病菌作战的"白血球",正是这些白血球的存在,才保证了肌体的健康。在谈到"易卜生主义"时,胡适说:"社会国家的健康也全靠社会中有许多永不知足、永不满意,时刻与罪恶分子龌龊分子宣战的白血轮,方才有改良进步的希望。我们若要保卫社会的健康,须要使社会里时时刻刻有斯铎曼医生一般的白血轮分子。

---

① 欧阳哲生主编:《胡适文集》(第11卷),第818页。
② 欧阳哲生主编:《胡适文集》(第9卷),第121页。

但使社会常有这种白血轮精神,社会决没有不改良进步的道理。"①

所谓"诤臣",就是"老鸦",就是"白血轮",他是政府的善意的批评者,而不是无条件的鼓吹者,胡适反对知识分子为官方辩护和鼓吹的行为,1929年5月1日,他致书英文报纸《中国评论报》编辑刘大钧先生,请将他的名字从该报首页的名誉编辑名单中取消,表面上的原因是,"身为名誉编辑,却从未做过实际的工作,实在令我惭愧"。②但实际上却是因为,"《评论报》出版以来,颇多使我大失望之处。我觉得这个报已不是一个'评论报',已成了一个官办的'辩护报'了。官办的辩护报并不是不可办,但用不着我们来捧场"。③他不愿作政府的"裱糊匠"。

1956年,胡适在台北对记者慨叹当局没有敢于说话的诤臣,而只是一些"应声虫",他说:"现在为国家办事的人最大弱点,就是在那些人中没有诤臣,只有唯唯喏喏的'是是是先生'(Yes Man),要把'是是是先生'变成诤臣,不是容易的事,只有从言论自由着手。言论自由了,不仅有诤臣,而且有无数的诤臣诤友敢于说话,有痛苦的人可以诉苦,有冤枉的人可以宣冤,政府有不当的言行,有人敢出来批评而不致有犯罪坐牢的危险。言论自由了,政府首长才有无数的诤臣诤友,就不必再靠私人耳目,这才是真正的民主力量。"④国家用不着那些 Yes Man,只有言论的自由,才会保障每个人都能说真心话,这些 Yes Man 亦随之消失。

他看不惯官场那种下级之于上级唯唯诺诺的奴才相,因为这与知识分子的批评本质大相径庭。1942年5月17日,胡适大使在给好友

---

① 欧阳哲生主编:《胡适文集》(第2卷),第488-489页。
② 曹伯言整理:《胡适日记全编》(第5卷),第415页。
③ 同上书,第416页。
④ 转自智效民:《胡适和他的朋友们》,第275页。

翁文灏、王世杰的信中抱怨宋子文的排挤、架空,并下决心想辞职了事,同时表达了对这种 Yes Man 的鄙夷。"某公(按:指宋子文)在此,似无诤臣气度,只能奉承意旨,不敢驳回一字。我则半年来绝不参与机要,从不看出一个电报,从不听见一句大计,故无可进言,所以我不能不希望两兄了。"①宋子文即是胡适所说的那种"是是是先生",不像他这个忠心耿耿的诤臣。

对于被谏者一方而言,批评无非能提醒其未雨绸缪、防微杜渐,可谓是百利而无一害,中国开明的当政者无不深明此理。

胡适在1938年7月曾为胡健中写过这么几句小诗:

那有猫儿不叫春?

那有蝉儿不鸣夏?

那有虾蟆不夜鸣?

那有先生不说话?②

天赋人言,人人有口,一口有两用,一是吃饭,一是说话,于是,议论时事,褒贬政府就不可避免。郑有"乡校",士大夫常聚之议论朝政,有人主张毁之,子产对曰:"何为?夫人朝夕退而游焉,以议执政之善否。其所善者,吾则行之;其所恶者,吾则改之。是吾师也,若之何毁之?"③

---

① 耿云志、欧阳哲生编:《胡适书信集》(中),第873页。

② 欧阳哲生主编:《胡适文集》(第9卷),第359页。胡健中系郁达夫在安徽大学时的学生,曾任《东南日报》总编辑(参见郁达夫:《回忆鲁迅·郁达夫谈鲁迅全编》,上海文化出版社2006年版,第152页),至少在1956年为《中央日报》负责人,胡适曾在《中央日报》上应胡健中之邀请为蒋介石七十寿辰写过祝寿文章,劝蒋无为而治。

③ 王守谦、金秀珍、王凤春译注:《左传全译》,贵州人民出版社1996年版,第1072页。

子产正是属于那种开明的政治家,他与孔子所说的"择其善者而从之,其不善者而改之"①意思相同。

后来,胡适又看到北宋诤臣范仲淹的一篇《灵乌赋》,这可是一篇"诤臣理论"的珍贵文献,赋云:

> 思报之意,厥声或异:
> 忧于未形,恐于未炽。
> 知我者谓吉之先,
> 不知我者谓凶之类。
> 故告之则反灾于身,
> 不告之则稔祸于人。
> 主恩或忘,我怀靡臧。
> 虽死而告,为凶之防。
> 亦由桑妖于庭,惧而修德,俾王之兴;
> 雉怪于鼎,惧而修德,俾王之盛。②

范仲淹与子产的观点几乎完全相同,道理并不难懂,胡适也这样认为,他说:"从国家与政府的立场看,言论的自由可以鼓励人人肯说'犹于未形,恐于未炽'的正论危言,来替代小人们天天歌功颂德、鼓吹升平的滥调"。③ 1953年1月16日,蒋介石约胡适共进晚餐时,胡适说了些逆耳之言,其中有一条是,"总统必须有诤臣一百人,最好有一千人。开放言论自由,即是自己树立诤臣千百人也"。④ 那是因为"言论自由对

---

① 杨伯峻译注:《论语》,中华书局2005年版,第72页。
② 范仲淹:《灵乌赋》。
③ 欧阳哲生主编:《胡适文集》(第11卷)第818页。
④ 曹伯言整理:《胡适日记全编》(第8卷),第277页。

政府领袖而言,可以说有百利而无一弊。自由的言论,只有增加政府领袖的力量。"①

"批评要能产生效力,不独须有健全的清议,同时也须有贤明的当局。"②做过监察委员的陶百川认识到没有政府容纳和鼓励异议的雅量,知识分子的批评无异于"热脸碰到冷屁股"。他说,"我默祷我们知识分子都是光,都做黑暗中的明灯,以言论和报道照亮人目和人心,照明政治和社会。我更默祷掌握权力的人要爱光,不要恨光,使他们自己的周围也因光的照亮而光明起来!"③在他看来,如果政府只是不以言治罪,并不能获得肺腑之谈和逆耳之言的,他甚至进一步要求政府必须"采取主动,采取积极的行动,以开辟言路,并能善视异议,宽恕异己,而后言论自由方能放出光芒。"④

1952年11月19日,胡适自美返台,蒋经国代其父到机场迎接,几天后,他在《自由中国》三周年纪念茶会上演讲时说,"我们当政的人,应该努力培养合法的反对,合法的批评。什么是合法的反对,合法的批评呢？舆论就是合法的反对,合法的批评。舆论的批评,只要是善意的,就应该承认是合法。至于代表民意的机关,无论是中央的立法机关,地方的立法机关,对政府的实施有反对、有批评都是合法的。在朝的应该培养鼓励合法的反对;在野的应该努力自己负起这个责任,为国家做诤臣,为政府做诤友。有这种精神才足以养成民主自由的风气和习惯。

---

① 转自智效民:《胡适和他的朋友们》,第275页。
② 陶百川:《政治永远需要批评》,《知识分子的十字架》,传记文学出版社1978年版,第68页。
③ 陶百川:《知识分子的十字架·自序》,第3页。
④ 陶百川:《言路如何开,异议如何待》,《知识分子的十字架》,第74页。

这样才可以在自由世界中站一个地位而无惭愧"①。显然,和陶百川一样,胡适也是热切期望当政者能包容批评、鼓励批评、善待批评。

看来,他对在朝方(统治者)和在野方(知识分子)两方都提出了呼吁和要求,即:政府要鼓励合法的反对,知识分子要努力做国家的诤臣。

补偏救弊的"修正主义"

1929年7月2日,面对宋子文的征询,胡适表达了自己的立场和态度,他说:"我们的态度是'修正'的态度:我们不问谁在台上,只希望做点补偏救弊的工作。补得一分是一分,救得一弊是一利。"②丁文江也曾说,"我们是救火的,不是趁火打劫的"。③ 可以说,知识分子或者说"诤臣"从事批评的目的是为了补偏救弊。这一"修正主义"的目的决定了知识分子的言论是建设性的、负责任的,态度是平和的,措辞是委婉的。

如果说鲁迅是一个破坏者的话,胡适则是一个建设者,这比如一所旧房子,屋顶破了,破坏者一心想掀掉它,而建设者则一心想补全它,柱子歪了,破坏者一心想推倒它,而建设者则一心想支扶它。鲁迅与胡适正是这么两种不同类型的知识分子。所以,鲁迅是在"大闹天宫",而胡适是在"女娲补天"。

鲁迅认为知识分子首先在于破坏,只有先破坏,才能建设,至于如何建设,那就不是他的事情了。后来中国历史发展正是暗合了他的逻辑,而胡适则主张在现有烂摊子的基础上搞建设,拆了东墙补西墙,结

---

① 转自沈卫威:《无地自由:胡适传》,上海文艺出版社1994年版,第385-386页。
② 曹伯言整理:《胡适日记全编》(第5卷),第448-449页。
③ 欧阳哲生主编:《胡适文集》(第7卷),第601页。

果还是根基不稳,只使得这烂摊子苟延残喘而已。所以,以胡适为中心的《新月》派诸人便不满于鲁迅的"不满",梁实秋曾写了《"不满于现状",便怎样呢?》一文,足见这两类人的分歧。其中说:"现在有智识的人(尤其是夙来有'前驱者''权威''先进'的徽号的人),他们的责任不仅仅是冷讥热嘲的发表一点'不满于现状'的杂感而已,他们应该更进一步的诚诚恳恳去求一个积极医治'现状'的药方。"①在他们这群诤臣看来,发表不满的批评也许颇为容易,但更重要的是要拿出一个建设性的、可供参考的实施方案。同样,在鲁迅一方来看,胡适之诸人不过是"挥泪以维持治安的""刽子手和皂隶"而已。②

批评重要呢?还是建设重要?各人观点不同,萨义德云:"知识分子是支持国家的理念重要,还是批评更为重要。而我采取的立场是:批评更为重要。"③"我一向觉得知识分子扮演的应当是质疑,而不是顾问的角色,对于权威与传统应该存疑,甚至以怀疑的眼光看待。"④可见,萨义德认为知识分子是批评家,而不是顾问家。而孙中山认为建设更为重要,他在"五四"后创立了《建设》杂志,并亲自担任社长,孙在发刊词中说,"建设为革命唯一目的,如不存心建设,即不必有破坏,更不必言革命"⑤。

胡适正是这么一个"建设"的鼓吹者。他说:"我们所以要争我们的思想言论出版的自由,第一,是要想尽我们的微薄能力,以中国国民的

---

① 梁实秋:《"不满于现状",便怎样呢?》,李富根、刘洪主编:《恩怨录·鲁迅和他的论敌文选》(下),第615页。
② 鲁迅:《三闲集·新月社批评家的任务》,《鲁迅全集》(第5卷),第163页。
③ 〔美〕爱德华·W·萨义德著,单德兴译:《知识分子论》,第104页。
④ 同上书,第103页。
⑤ 胡不归等:《胡适传记三种》,安徽教育出版社2002年版,第342页。

资格,对于国家社会的问题作善意的批评和积极的讨论,尽一点指导监督的天职;第二,是要借此提倡一点新风气,引起国内的学者注意国家社会的问题,大家起来做政府和政党的指导监督。"① 胡适在"欢迎我们的兄弟"《每周评论》的诞生时,就颇为赞许他们的宣言,他说,"我们要改造中国,先要把我们的改造方针对大家讲明白。因为中国人已经晓得旧思想旧政治旧社会的不好,但是不晓得用什么新的东西去代他。所以我们的宣传事业比一切事业都要紧"。② 胡适认为这是一份"有主张的报",因为凡事不要只指出他怎样不行,重要的是回答我们应当怎样做。

胡适在美做大使时,张元济曾邮送胡适一本他的著作《中华民族的人格》,其中收"复仇侠士"、"杀身成仁的志士"八人,胡适当时有复信,却没有发出,1947年,胡适在美国的书打包运回,看到此书,他旧事重提,在复张的信中说张的选择"范围稍嫌过狭,不曾顾到中国民族的积极的、建设的一方面",并说他当时拟了一个"侧重此建设有为方面的"人物名单,"如马援、诸葛亮、陶侃、王导、魏征、陆贽、范仲淹、韩琦、王安石、张居正诸人。后来还觉得这单子不够,还想加上一些人,如孔子、墨子、汉光武、唐太宗、宋神宗"。③ "复仇侠士"、"杀身成仁的志士"长处在于反抗、破坏,而胡适所拟的建设性名单中无不是明君贤相,在他看来,中国更需要的是那些明君贤相们。

胡适对学生也提出同样的希望,他说,"我们希望学生不要专做破坏的攻击,须要用建设的精神,促进学校的改良。与其提倡考试的废止,不如提倡考试的改良。与其攻击校长不多买博物标本,不如提倡学

---

① 欧阳哲生主编:《胡适文集》(第11卷),第145页。
② 同上书,第11页。
③ 耿云志、欧阳哲生编:《胡适书信集》(中),第1088页。

生自去采集标本"。① 1921年4月30日,胡适在天津的饭局上,见到与林琴南合译小说的魏冲叔(易),回来他在日记中这样写道,"魏冲叔一肚的牢骚,谈锋极好。他对于时事,极不满意,席上骂人甚多,但也没有积极的主意"。② 他反省他曾在山西考察时没能给山西以建设性的指点,"我觉得我前年不曾多考察山西的实在情形,实是我对不住山西人的地方。我们对于山西,不该下消极的漫骂,应该给他一些建设的指点"③。他是谋建设的,而不是求破坏的。

胡适认为,知识分子批判的立足点在于承认现政权的合法性,目的在于救偏修正,所以,他就从根本上反对那种攻击政府、破坏政府、颠覆政府的言行。

1933年2月7日,身为民权保障同盟北平分会会长的胡适写了《民权的保障》一文,对民权保障同盟总会提出的"国内政治犯之释放与非法的拘禁酷刑及杀戮之废除"提出质疑,他认为民权保障应是一个法律问题,而不是政治问题,"只有站在法律的立场上来谋民权的保障,才可以把政治引上法治的路"。并反对总会中宣言"立即无条件的释放一切政治犯"的要求。他大谈:"这不是保障民权,这是对一个政府要求革命的自由权。一个政府要存在,自然不能不制裁一切推翻政府或反抗政府的行动。向政府要求革命的自由权,岂不是与虎谋皮?谋虎皮的人,应该准备被虎咬,这是作政治运动的人自身应该的责任。"④ 2月21日,他在答《字林西报》记者谈话中也谈到,"一个政府为了保卫它自己,应该允许它有权去对付那些威胁它本身生存的行为,但政治嫌疑犯必

---

① 欧阳哲生主编:《胡适文集》(第11卷),第50页。
② 曹伯言整理:《胡适日记全编》(第3卷),第231页。
③ 同上书,第251页。
④ 欧阳哲生主编:《胡适文集》(第11卷),第295页。

须同其他罪犯一样,按照法律处理"。① 胡适对知识分子的观察应当说还是准确的,他站在国民政府的立场上,就看出了这其中向政府要求革命的权利的苗头来。我们将视线收回到两年前的1931年,在"左联"五作家因"同党"告密被国民政府残杀于龙华时,当时的中国左翼作家同盟发表抗议宣言,宣言里这样说,"谁都没有权利来诅咒中国劳苦群众的革命的暴动。中国劳苦群众所受的痛苦乃是二十世纪最大的痛苦,他们的生活比任何民族都更非人的。这是中国劳苦群众要求革命的唯一而十足的理由"。② 被压迫者明确地宣称了他们革命的合法性。然而,这是胡适这个建设派的知识分子不会想、不愿想,也不敢想的事情。新中国成立后,针对胡适要学生"用抗议的喊声来监督或纠正政府的措施"这一改良主义态度,有人便这样批判胡适,"这就是说要把爱国学生运动限制在反动的改良主义的范围内,只能用抗议来'监督'和'纠正'反动政府,而不能反对和要求推翻反动统治。这种'学生运动'实际上只能为蒋介石的法西斯独裁挑起民族的幌子"。③ 这个批判并不算错,胡适的确是反对一切企图颠覆政府的活动。

　　胡适是天真的、认真的,这种认真和天真有时就显得傻、显得呆。当时以胡适为首的民权保障同盟北平分会成立的消息传出后,尤其是杨杏佛、胡适等人亲自视察反省院,甚至用他那副安徽腔的"英语"与犯人自由地交谈,曾令多少政治犯们欢呼雀跃啊。这从胡适的来往书信中可以看出,有人来函问询入会手续以期得到人权的保障,"但愚所求

---

① 中国社会科学院近代研究所中华民国史组编:《胡适来往书信选》(中),第191页。

② 倪墨炎:《鲁迅的社会活动》,第408页。

③ 萧超然、周家本、李庆聪:《胡适——爱国学生运动的死敌》,《胡适思想批判》(论文汇编)(第6辑),生活·读书·新知三联书店1955年版,第133页。

入会者,是因法权无效,……故而向贵会求人,乞谋得本身不致被非法拘禁,并依国定之法律对民即妥。如法院不法之处,贵会能以佐助愚人声请中央以争法权,而取得真实终结即可"。① 有人辗转去信给胡适,细陈狱里的种种墨一般的黑暗和非人道的折磨,有名"关仰羽"者将北平宪兵司令部这一"人间地狱"中"随意捕拿,酷刑拷打,惨无人道,黑幕重重"的所见所闻一一道来。有人冒着生命危险,在监狱中向胡适发出微弱而急切的求救信号,其中有名周默秋者写道:

> 先生,你救救我,我永远感谢你。我是肯潜心念书的人,我底岳父愿送我到外国去念书,出来后我一定和我底未婚妻同去,她在复旦念书,暑期如我未出来,她即来平,那时我叫她来谢你!先生,你得救我呵!非人的生活,真过不下去呵!受审时,我捱了三次酷刑,我现在的身体是坏极了,如果不能出来,我真会死在牢里的。②

今天看这些材料都叫人倍感揪心和紧张,然而,这些痛切而急迫的求救声音都似乎不足以震动胡适博士的心,他认为他现在所见到所听到的无非是带脚镣、伙食太坏、禁止阅报等小事,"却没有一个人提到任何酷刑,连暗示都没有",③这是他的"实验主义"的结果。鲁迅这样说:"不进过牢狱的那里知道牢狱的真相。跟着阔人,或者自己原是阔人,先打电话,然后再去参观的,他只看见狱卒非常和气,犯人还可以用英语自由的谈话。倘要知道得详细,那他一定是先前的狱卒,或者是释放

---

① 中国社会科学院近代史研究所中华民国史组编:《胡适来往书信选》(中),第172页。
② 同上书,第177页。
③ 同上书,第190页。

的犯人。自然,他还有恶习,但他教人不要钻进牢狱去的忠告,却比什么名人说模范监狱的教育卫生,如何完备,比穷人的家里好得多等类的话,更其可信的。"①先打招呼再参观,就和小偷先提醒失主再下手道理一样,胡适的脑筋居然连这个"缓弯"都转不过来。

当然,胡适的不信也不能全怪胡适,正是这里面还有一些人或善意或恶意的拙劣表现使得他心生疑云。

他说民权保障同盟所公布于世的文件是伪造的,因为信中明说是外人代写,而信封上偏写寄自某某监狱,同时,也有署名李肇音者致书报社谎说他系胡适所托,将监狱中的惨毒和酷刑公之于报,其实也正是这些人(既可能是被压制一方为博得同情而作伪,也有可能敌手为破坏同盟而捣鬼,不管何方所为,都非光明正大之举。)使得胡适对之有所戒备,因为"我憎恨残暴,但我也憎恨虚妄"。②"改良不能以虚构事实为依据"。③ 其实,这些插曲并不足以颠覆迫害的事实存在,奇怪的是,胡适宁愿不信他所接到的纷至沓来的材料,这正是因为他始终是和统治者站在同一战壕里,在一定程度上,他宁可纵恶,也不争善,宁可信其无,也不信其有。所以鲁迅私下评其曰:"新月博士常发谬论,都和官僚一鼻孔出气,南方已无人信之。"④

于是胡适便使人"颇与望有失也",⑤有林一鸣者更是一针见血地指出,民权保障同盟成立至今,"既无工作,亦少成绩",他说民权保障同

---

① 鲁迅:《准风月谈·反刍》,《鲁迅全集》(第5卷),第387页。
② 中国社会科学院近代史研究所中华民国史组编:《胡适来往书信选》(中),第183页。
③ 同上书,第190页。
④ 鲁迅:《致曹靖华(360105)》,《鲁迅全集》(第14卷),第1页。
⑤ 中国社会科学院近代史研究所中华民国史组编:《胡适来往书信选》(中),第172页。

盟应当调查那些本属无辜的政治犯,"负起这份责任,才能成为民权保障的组织,不然,那同盟将成为统治阶级的傀儡,一味的欺骗罢了!"说到胡适,他说,"先生既是民权保障同盟的发起人,就要厉行盟约,言行一致,不要迟疑不决,以免被人贻笑!"①所以,虽说是保障民权的机构,却被胡适搞得成为"统治阶级的傀儡"了,这与鲁迅所说的"挥泪以维持治安"的"刽子手和皂隶"相距不远矣。他只是当局的同道者,而不是反对者,就在胡适不理会民权保障同盟总部要求他对公开反对总部章程的言论做出解释后,他最终被上海民权保障同盟总部开除会籍。

胡适承认现政府的原则是一以贯之的,在他的眼里,这个底线是不能碰的。在1933年11月20日,陈铭枢、李济深诸人不满于蒋之内外政策,在福建成立了"中华共和国人民革命政府",27日夜,胡适著文称,"这个政府已够脆弱了,不可叫他更脆弱;这个国家够破碎了,不可叫他更破碎。'人权'固然应该保障,但不可掮着'人权'的招牌来做危害国家的行动。'取消党治'固然好听,但不可在这个危急的时期借这种口号来发动内战。"② 一片护主之忠心,跃然纸上。

1952年12月9日,胡适出席台北市编辑人协会欢迎宴会,作了"言论自由"演讲。他号召大家去争取言论的自由,而不要只迷信纸面上的法律保障,但是你要是听信他的话,你便错了,因为胡适的话不可不听,亦不可全听。鲁迅曾说胡适,你号召大家去"干!干!干!",待到大家真的去摸枪时,你又号召大家去踱进"研究室"去,这不是把认真的青年搞得晕头转向了吗,叫人如何是好呢。他毕竟是一个有限的反对者。这不,他马上又要大家注意一个"度"的问题,他说:"在当前国家环

---

① 中国社会科学院近代史研究所中华民国史组编:《胡适来往书信选》(中),第202页。

② 欧阳哲生主编:《胡适文集》(第11卷),第366页。

境艰危之际,我们的言论自然都是为政府好,所以要尽量避免刺激,保持平实和负责任的态度,慢慢地政府也了解了人民的善意,人民也能体谅到政府的苦衷,互相谅解,而言论自由就可以完全实现。"

《自由中国》(按:胡适系名义上的发行人)主持人雷震便因为没有把握好这个"度"而遭到牢狱之灾的,他不光放笔直干,批评当局,而且还"得寸进尺",要参与组织一个"反对党",因此便被诬为鼓吹"革命"的"匪谍",经"军法审判"后定罪下狱。这一戕害言论自由的现代文字狱使得胡适在海外大丢脸面,抬不起头。他一方面向蒋陈述利害,要求司法公审,一面又劝告"反对党"发言人,"在时间上要展缓他们成立新党的时期:……不可急于要组党",他说,"要采取和平态度,不可对政府党取敌对的态度。你要推翻政府党,政府党当然先要打倒你了"。"最好是要能够争取政府的谅解,——同情的谅解。"① 这又是他当年对民权保障同盟的态度,他始终是站在政府的立场上,维护政府对反对方的"镇压权",这固然是天经地义的,难道政府还鼓励民众或知识分子造反吗?但对批判者一方来说,他却无异于充当了政府治安的"皂隶"。

胡适以知识分子的身份公然大谈政府镇压危害自己的行动的权利,这与他那"诤臣"的心理有关,君可不君,臣不可不臣,这是士人的传统。说得严重点,就是鲁迅所说的"帮忙文人"。正是他这种承认和维护政府为前提的修正的态度,使得国民党政府在一定程度上能够容忍他的批评,所以报刊曾说,"在自由中国,只有胡适一人享有言论自由"。② 1952 年,胡适自己说,"假使说胡适之在二十年当中比较有言论

---

① 曹伯言整理:《胡适日记全编》(第 8 卷),第 725-726 页。
② 同上书,第 289 页。

自由,并没有秘诀,还是我自己去争取得来的。"① 他的争取和妥协是有的,但更重要的是当局是明白胡适的耿耿忠心的,他是在女娲补天,不是要大闹天宫。

平实、敬慎、婉转

无所苟:负责任的言论

胡适是相信"一言而可以兴邦""一言而可以丧邦"的,正因为此,知识分子发言论时要用"公心和理智去思考","无所苟",有根据,可实行,负责任。

胡适在《我的意见也不过如此》中写道,"孔子曾说:'故君子名之必可言也,言之必可行也。君子于其言,无所苟而已矣。'言之必可行也,这就是'无所苟',这就是自己对自己的话负责任。……作政论的人更不可不存这种'无所苟'的态度。因为政论是为社会国家设想,立一说或建一议都关系几千万或几万万人的幸福与痛苦。一言或可以兴邦,一言也可以丧邦。所以作政论的人更应该处处存哀矜,敬慎的态度,更应该在立说之前先想象一切可能的结果,——必须自己的理智认清了责任而自信负得起这种责任,然后可以出之于口,笔之于书,成为'无所苟'的政论。"② 朱子《小学》上教人做官要"勤谨和缓",胡适将之移用在治学上,他是这样解释"谨"的,"谨,就是不苟且。要非常的谨慎、非常的精密、非常的客观,叫做'谨'"。③ 看来,"无所苟"就是"谨",要前思后想,反复掂量。所以当有人主张"读经"的时候,胡适请那些主张读经

---

① 欧阳哲生主编:《胡适文集》(第12卷),第604页。
② 欧阳哲生主编:《胡适文集》(第11卷),第325页。
③ 胡颂平编著:《胡适之先生晚年谈话录》,第215页。

的人有必要读一下"一言而丧邦"的古训,"诸公试自省,诸公提一案,下一令,影响到几百万儿童的学业体力,而诸公属下专司教育的厅长局长是不是都唯唯诺诺奉命唯谨呢?这是不是已到了'不善而莫之违'的程度呢?"①

我们常说"天子口中无戏言",这么一理解,还大约真有这个意思,有谁见过天天侃大山、吹牛皮、说黄段子、耍嘴皮子的天子呢,金口玉言,责任重大,不好随便开口啊。知识分子也一样,你谋划的都是关系国计民生的大事啊,不能不如临深渊,如履薄冰,我们这些没做过皇帝的人,甚至都没有给皇帝上折子的机会的人一般是不会有胡适这个体验的。

俗语云,站着说话腰不疼,直到胡适担任驻美大使后,他才真正切身体会到那种如履薄冰的感觉。1939年3月11日,他在日记中写道:"我从前谈文字改革,思想改革,明知其有利无害,故从来不感觉迟疑。近十年来,事势所迫,我不能不谈政治,才感觉'替社会国家想出路,这是何等重大的责任!这是'一言可以兴邦,一言可以丧邦'的事,我们岂可不兢兢业业的思想'?(十九年四月《我们走那条路》)近年我不能不讨论对日本和战的问题,责任重大了,有时真感觉到担不起这个责任。然而替《独立评论》或《大公报》写文字,究竟还只是'言论',还不是直接负责任。去年十月十一月两个月的经验,才是负实际政治的责任,——有一次我拟了一个电报,我的两个秘书不敢译发,要求我改动,我叫他们照原文发出。这种责任心使我常感觉担负不了!"②这时,他方才体会到实际政治并不是整天待在书房里的白面书生所想象

---

① 欧阳哲生主编:《胡适文集》(第11卷),第761页。
② 曹伯言整理:《胡适日记全编》(第7卷),第203页。

的那么简单。

　　这其实正是言与行的差距,说话容易做事难,只有身体力行,付诸实践时,才能体味到其中的责任感。1948年蒋介石假意推举胡适为总统候选人这一事件使得胡适感触甚深,胡适虽是一个尽职的政论家,谏诤时往往一二三四、甲乙丙丁侃侃而谈,然而,他也知道政论家其实只是"场外指导"或"票友",要真正"上场"或"登台"时,情形却不是他所拟想的那么简单,所以,真正要他当总统时,胡适兴奋之余也不得不自我掂量一番,他立刻觉得自己不是没勇气,就是没信心。这就是言行之差距,正是这份切身感受,使得胡适倍感发表政论时责任之重大。

　　胡适反对那种煽动性的言论。一般来说,否定性的、批判性的、"左倾"的、激烈的言论更易为群众欢迎,这时知识分子就要有抵抗群众热情的能力,否则就未免有误导群众的嫌疑。他曾记了这么一个故事,"徐谦曾对蔡元培说:'我本来不想"左倾"。不过到了演说台上,偶然说了两句"左倾"的话,就有许多人拍掌。我不知不觉的就说的更"左倾"一点,台下拍掌的更多更热烈了。他们越热烈的拍掌,我就越说越左了。'一个前清翰林,妄想领导群众,就这样被群众牵了走。世界多少英雄好汉,几个能逃出那种'拍花'的迷惑!"①鲁迅在一次演讲中也说到这种现象,他说,"刚才我来讲演,大家一阵子拍手,这拍手就见得我并不怎样伟大;那拍手是很危险的东西,拍了手或者使我自以为伟大不再向前了,所以还是不拍手的好"。② 知识分子迎合群众的同时,群众汪洋也夹裹了知识分子,胡适觉得这是不理性的、不负责任的。鲁迅谈到

---

①　欧阳哲生主编:《胡适文集》(第11卷),第365页。
②　鲁迅:《集外集·文艺与政治的歧途》,《鲁迅全集》(第7卷),第119页。

知识分子时说,"他利导,却并非迎合"①,这是鲁迅的自我警惕。所以,胡适说,"只是白日说梦话,盲人骑瞎马,可以博取道旁无知小儿的拍手欢呼,然而不是诚心的为社会国家设计"。②

胡适在《独立评论》四周年回顾时说:"我们不说时髦话,不唱时髦的调子,只要人撇开成见,看看事实,因为我们深信只有事实能给我们真理,只有真理能使我们独立。有一位青年读者对我们说,'读《独立评论》,总觉得不过瘾!'是的,我们不供给青年过瘾的东西,我们只妄想至少有些读者也许可以因此减少一点每天渴望麻醉的瘾。"③他还曾建议《自由中国》停止"短评","因为'短评'最容易作俏皮的讽刺语,又不署名,最容易使人看作尖刻或轻薄"。④ 与胡适相比,鲁迅便属于那种思想比较激进、感情比较饱满,他的文章人读了会上瘾的,郁达夫便说读者读了他的文章"会感到一种即使喝毒酒也不怕死似的凄厉的风味"。⑤ 四十年代,有名"实斋"的人这样说及鲁迅与胡适两者的差别,他说:

> 就以胡适之的文章与鲁迅翁的相较吧,二者文章都是第一等

---

① 鲁迅:《且介亭杂文·门外文谈》,《鲁迅全集》(第6卷),第104页。
② 欧阳哲生主编:《胡适文集》(第11卷),第325页。
③ 欧阳哲生主编:《胡适文集》(第11卷),第708页。这个"青年读者"可能指的是苏雪林,1936年11月18日,苏雪林去信胡适说《独立评论》,"持论稳健,态度和平",她说,"青年读惯了那些慷慨激昂、有光有热的反动文字,再读《独评》当然会发生不能'过瘾'之感"。"假如《独评》态度能明朗化、积极化一些,再多登慷慨激昂、有光有热的文字,我想它对青年效果之大将不可思议。"(中国社会科学院近代史研究所中华民国史组编:《胡适来往书信选》(中),第326页。)
④ 耿云志、欧阳哲生编:《胡适书信集》(下),第1380页。
⑤ 郁达夫:《鲁迅的伟大》,《回忆鲁迅·郁达夫谈鲁迅全编》,上海文化出版社2006年版,第111页。

的,不过以气度言,鲁迅似不及胡适,迅翁的文章显得富于情感,火气很大,读来是很足令人慷慨愤激的;胡适之却长于说理,读来头头是道,有条不紊,令人心平气和。①

鲁迅的文章是醇酒,回味无穷,胡适的文章是白水,凉水解渴。

但鲁迅与胡适所不同的是,胡适处处以"导师",甚至是"帝师"的身份自居,所以他说话行文处处得有所顾忌,就是他说的"无所苟"的态度。但鲁迅恰恰又时时都警惕自己的导师身份,他将"引导青年的前辈"、"青年的导师"、"思想界权威"这些徽号一一抛掉,他时时给他的读者们提醒他只能对他自己负责,而且每个人只能对自己负责。所以,他的书每每加印,他一方面可以赚钱,感到高兴,但另一方面"怕于读者有害,因此作文就时常更谨慎、更踌躇",因为,"我就怕我未熟的果实偏偏毒死了偏爱我的果实的人",②当许广平视他为青年的导师时,他回答说,"假使我真有指导青年的本领——无论指导得错不错——我决不藏匿起来,但可惜我连自己也没有指南针,到现在还是乱闯。倘若闯入深渊,自己有自己负责,领着别人又怎么好呢?"③是否自觉到他们的导师身份,这是鲁迅和胡适言论的分别所在,这是鲁迅的真实热烈、无所顾忌的原因,这也是胡适谨小慎微、瞻前顾后的原因,所以,我们说,胡适的文章必定是深思熟虑的,有所顾忌的,因为他是国师啊,国师是不能随便说话的啊。

他也反对那种夸张性的言论。胡适的可爱之处就在于他那种格外

---

① 实斋:《曾国藩与薛宝钗》,中国艺术研究院红楼梦研究所、人民文学出版社编辑部编:《红楼梦研究稀见资料汇编》(增订本)(下),人民文学出版社2006年版,第901页。
② 鲁迅:《坟·写在〈坟〉后面》,《鲁迅全集》(第1卷),第300页。
③ 鲁迅:《两地书·二》,《鲁迅全集》(第11卷),第15页。

的"天真"和"认真",他的《调整中日关系的先决条件》发表后,有清华大学学生徐日洪给他一封公开信,他嫌胡适说话不够充分,因为"观察历来的外交史实,舆论的要求和政府的实际行为,常有一个相当的距离。故舆论的要求不可不稍奢,不可不严格,然后受其监督影响的政府行为可以做到一个适当的程度"。① 徐的话其实也没错,政坛和菜场一样,无论内政,还是外交,双方都会留有一个讨价还价的余地,卖方出价总高于其心理价位,买方出价总是低于其心理价位,然后双方都装作退一步,取一个两者都可接受的中间价位,拍板成交,历来如此。这也正如鲁迅所说的,倘你要开一窗房,众人是断然不肯的,倘要说掀掉这屋顶,窗户便可开得了,这也是取了一个中间价位的缘故。

然而,胡适是老实人,从来都是明码标价的,他不喜欢说话打折扣,他认为徐君的意思等于说,"舆论的要求,横竖是不能十足兑现的,总得打个折扣的,爽性价钱开的大大的,我漫天讨价,好让别人就地还价"。② 胡适认为这种讨价还价的做法是言论上的不负责任,他感慨道,"中国舆论的无力,并不完全由于言论的不自由,其中一部分的原因是由于言论家的不负责任"。③ "负责任的言论是平心静气的为一个国家设想,或为一个政府设计,期望自己的主张能十足兑现,不折不扣。'负责任'的意思是自己对自己的主张负完全责任。每立一说,建一议,我们必须平心静气的把这个主张的可能的结果都细细想出来,负责任就是我自己对于这些早已想到的结果负责任。我若主战,我当然期望我的主张十足兑现,我当然要负主战的责任。我若主和,我当然也期望我的主张十足兑现,我当然要负主和的责任。……听者藐

---

① 欧阳哲生主编:《胡适文集》(第11卷),第706页。
② 同上书,第707页。
③ 欧阳哲生主编:《胡适文集》(第11卷),第706页。

藐,言者不可不谆谆。'对牛弹琴',也许有'百兽率舞'的一天。"①鲁迅也曾说过"豪语的折扣"的现象,总之,说话"不折不扣",是胡适对言论家的要求。

与对那些煽动性的言论和夸张性的言论持反对的态度相比较,他对那些平实而诚实的言论很是赞赏。1931年,胡适称赞"中国最好的报纸"《大公报》,说它这几年做到了"两项最低限度的报纸职务":"第一是登载确实的消息,第二是发表负责任的评论",并认为这两项都是每一家报馆应该尽的职务。② 他自己本身可以说是终生"混迹"在舆论界,所以常常会以身作则,1932年,胡适在《独立评论》引言中称,他们"不倚傍任何党派,不迷信任何成见,用负责任的言论来发表我们各人思考的结果"。③ 在《新月》创刊一年后,他又想创办《平社》周刊,并组成专门议政的"平社",平社者何,即仿照英国费边社的议政方式,"平心而论"地议论政治。④ 在《独立评论》发行第一百期时,胡适说:"当我们最初发行这个刊物时,我们的目的不过是想借此逼我们自己多留意一点中国的重要问题,多发表一点负责任的言论,多减除一点我们自己良心上的谴责。"⑤针对苏雪林提出的以后多发点"慷慨激昂、有光有热的文字"的建议,胡适回信说,"我们在此狂潮之中,略尽心力,只如鹦鹉濡翼救山之焚,良心之谴责或可稍减,而救焚之事业实在不曾做到。我们(至少可说我个人)的希望是要鼓励国人说平实话,听平实话。这是一种根本治疗法,收效不能速,然而我们又不甘心做你说的'慷慨激昂、有

---

① 欧阳哲生主编:《胡适文集》(第11卷),第707页。
② 同上书,第196页。
③ 同上书,第201页。
④ 沈卫威:《无地自由:胡适传》,第160页。
⑤ 欧阳哲生主编:《胡适文集》(第11卷),第545页。

光有热'的文字,——也许是不会做的,——奈何！奈何！"①1941 年 6 月,胡适在美国普渡大学毕业典礼上的演讲中说,"有责任心的思考至少含着三个主要的要求:第一,把我们的事实加以证明,把证据加以考查;第二,如有差错,谦虚的承认错误,慎防偏见和武断;第三,愿意尽量彻底获致一切会随着我们观点和理论而来的可能后果,并且道德上对这些后果负责任"。② 可见,发表负责任的言论是他的一贯追求。

然而,正是这种瞻前顾后的谨慎态度使得胡适显得畏首缩脚,有个名叫林诒昌的学生去信胡适,直指他缺乏一种蛮干精神,"我有些朋友说:先生蛮干的精神不足,有时甚至喜欢考虑到行为的后果。就我所知,他们这些批评可能没有大错。但是今天国家给你的工作却特别艰巨。好好先生,蛮勇点！"③这是太过顾虑的不足之处。

胡适主张一种平实而诚实的负责任的言论,因为在他看来,知识分子发言论是一言可以兴邦,一言也可以丧邦的大事,不可儿戏,所以,他拒绝那种煽动性的、夸张性的言论态度。

哀矜敬慎:善未易明,理未易察

正因为倍感言论责任之重大,胡适发言论的时候总是抱着一种前瞻后顾、战战兢兢、哀矜敬慎的态度,他随时担心自己可能有所差错,所以也时时准备他人来予以修正。他这种小心谨慎的言说态度主要是"善未易明,理未易察"的认识所致。

---

① 中国社会科学院近代史研究所中华民国史组编:《胡适来往书信选》(中),第 337 页。
② 欧阳哲生主编:《胡适文集》(第 12 卷),第 495-496 页。
③ 中国社会科学院近代史研究所中华民国史组编:《胡适来往书信选》(下),第 361 页。

胡适格外欣赏南宋祖谦（伯恭）的"善未易明，理未易察"这八个字，其意"就是说善与理是不容易明白的"，"真理是不容易弄明白的"。① 1946年，他在北大开学典礼演说中也讲到这八个字，他说，"大家都应该觉得我们的想法不一定是对的，是难免有错的。因为难免有错，便应该容忍逆耳之言；这些听不进去的话，也许有道理在里面"。② 1937年7月20日，胡适与湖南财政厅长尹任先长谈，闻得他近年笃信基督，胡适"颇觉其笃行可敬亦可怜"。便对他说，"切不可把我们自己知识经验得来的见解认作'上帝意志'，人的见解是可以有错的，可以修正的；变作了神意，就有武断的危险"。③ 他以"盲信"来反对宗教。1961年，他在复那个曾破口大骂鲁迅的苏雪林的信中说，"'正义的火气'就是自己认定我自己的主张是绝对的是，而一切与我不同的见解都是错的。一切专断、武断，不容忍，摧残异己，往往都是从'正义的火气'出发的"。④ 而"善未易明，理未易察"正可医治专断的毛病，1948年3月3日，他在对陈之藩的信中说："'善未易明，理未易察'，就是承认问题原来不是那么简单容易。宋人受了中古宗教的影响，把'明善''察理''穷理'看的太容易了，故容易走上武断的路。吕祖谦能承认'善未易明，理未易察'，真是医治武断病与幼稚病的一剂圣药。"⑤ 这固然是一种难得的讨论态度，而我们向来就缺乏这种宽和的讨论氛围。

人家说的不一定错，自己说的不一定对，所以正是这种理有未察的

---

① 欧阳哲生主编：《胡适文集》（第12卷），第839页。
② 同上。
③ 曹伯言整理：《胡适日记全编》（第6卷），第695页。
④ 曹伯言整理：《胡适日记全编》（第8卷），第788页。
⑤ 中国社会科学院近代史研究所中华民国史组编：《胡适来往书信选》（下），第352页。

认识,形成了他那种论战上的"宽容"态度。1926年5月24日,在天津裕中饭店的胡适写信鲁迅、周作人与陈源,试图调解他们三人笔战,他说他读了鲁迅《热风》中的文章很是感动,感动得都失眠了,然而他们论战的双方都有一种不容忍的态度,他说,"我是一个爱自由的人,——虽然别人也许嘲笑自由主义是十九世纪的遗迹,——我最怕的是一个猜疑、冷酷、不容忍的社会。我深深地感觉你们的笔战里双方都含有一点不容忍的态度,所以不知不觉地影响了不少的少年朋友,暗示他们朝着冷酷、不容忍的方向走!这是最可惋惜的"。① 到了晚年,这个"自由主义大师"甚至都认为容忍比自由更重要,"我总以为容忍的态度比自由更重要,比自由更根本,我们可以说,容忍是自由的根本。社会上没有容忍,就不会有自由"。②

胡适也正是宽容精神,尤其是在言论上包纳异调的宽容精神的典型代表,他不专断、不霸气、欢迎辩驳、欢迎讨论。有人反对胡适之写的《非留学篇》一文,胡适则对友人说:"余作文字不畏人反对,惟畏作不关痛痒之文字,人阅之与未阅之前同一无影响,则真覆瓿之文字矣。今日作文字,须言之有物,至少亦须值得一驳,愈驳则真理愈出,吾惟恐人之不驳耳。"③因为真理愈辩愈明,直到他老人家去世那一刻,他还欢迎人家骂他呢,他说,"我去年说了二十五分钟的话,引起了'围剿',不要去管它,那是小事体,小事体。我挨了40年的骂,从来不生气,欢迎之至,因为这是代表了自由中国的言论自由和思想自由"。④

---

① 中国社会科学院近代史研究所中华民国史组编:《胡适来往书信选》(上),中华书局1979年版,第379页。
② 欧阳哲生主编:《胡适文集》(第12卷),第838页。
③ 胡适:《胡适留学日记》(上),第489-490页。
④ 胡颂平编著:《胡适之先生晚年谈话录》,第280-281页。

不光欢迎别人和他讨论,他自己也不惜"今日之我"与"昔日之我"相战,1926年,在《我们对于西洋近代文明的态度》的演讲中,他说,"十八世纪的新宗教信条是自由、平等、博爱。十九世纪中叶以后的新宗教信条是社会主义。这是西洋近代的精神文明,这是东方民族不曾有过的精神文明"。① 1954年,胡适在《从〈到奴役之路〉说起》的演讲中修正了社会主义为将来大势所趋的那个判断,他说,"当时讲了许多话申述这个主张。现在想起,应该有个公开忏悔。不过我今天对诸位忏悔的,是我在那时与许多知识分子所同犯的错误;在当时,一班知识分子总以为社会主义这个潮流当然是将来的一个趋势。我自己现在引述自己的证据来作忏悔"。② 事实证明,他一生中被证明的确失误的或自以为失误的判断甚多,大概他对"理有未察"的体会就更为深切。

胡适的容忍精神其实正在于他对真理在握的怀疑和自我判断的不自信,把他与新文化运动中的其他知识精英相比,就足以显示出胡适的独特之所在,这是优点,也是缺点。

我们知道,胡适本是"文学革命"中"首举义旗之急先锋",他在寄他的成名作《文学改良刍议》给陈独秀之前,1916年4月13日,还在日记中写有这样的誓诗,诗云:"文章革命何疑!且准备搴旗作健儿。要前空千古,下开百世,收他臭腐,还我神奇。为大中华,造新文学,此业吾曹欲让谁?诗材料,有簇新世界,供我驱驰。"③此何等气魄!何等抱负!何等决绝!何等豪迈!然而到了12月底,胡适寄陈独秀的文章标题却改为现在的《文学改良刍议》,一是更换"革命"为"改良",二是末尾限以"刍议",其小心谨慎,畏首缩脚之情形可见一斑,此皆为其"理有未

---

① 欧阳哲生主编:《胡适文集》(第4卷),第10页。
② 欧阳哲生主编:《胡适文集》(第12卷),第834页。
③ 胡适:《胡适留学日记》(下),第303页。

察"之态度使之然。

与胡适的谨慎相比,陈独秀可是"拖了四十二生的大炮为之前驱",为之冲锋陷阵,为之摇旗呐喊,挥笔写下《文学革命论》一文,标举三大主义,使得文学革命旗帜得以最终树立起来,遂成千古之伟业。用胡适的话来说,陈独秀作的《文学革命论》一文有可注意的两点:"(一)改我的主张进而为文学革命;(二)成为由北京大学学长领导,成了全国的东西,成了一个严重的问题。"①后来,胡适不得不承认,正是陈独秀勇往直前,斩钉截铁的决断,才摧枯拉朽般地的打击了"十八妖魔"等传统的势力,"由他一往直前的精神,使得文学革命有了很大的收获"。②

然而,当远在美洲的胡适看到陈独秀的《文学革命论》后,却去信给陈说:"此事之是非,非一朝一夕所能定,亦非一二人所能定。甚愿国中人士能平心静气与吾辈同力研究此问题?讨论即熟,是非自明。吾辈已张革命之旗,虽不容退缩,然亦决不敢以吾辈所主张为必是而不容他人之匡正也。"胡适始终主张宽容讨论,而陈独秀则不容讨论。陈独秀说:"鄙意容纳异议,自由讨论,固为学术发达之原则;独至改良中国文学,当以白话为文学正宗之说,其是非甚明,必不容反对者有讨论之余地;必以吾辈所主张者为绝对之是,而不容他人之匡正也。"陈独秀认为是非问题是不能讨论的,胡适则说你要容许别人讨论的啊,然而正如胡适所承认的,陈独秀的"勇气"正好弥补他那"太持重"之缺点,倘如以他那和平的态度去做,"文学革命至少还须经过十年的讨论和尝试",倘当日"没有陈独秀'必不容反对者有讨论之余地'之精神,文学革命的运动决不能引起那样大的注意"。③

---

① 欧阳哲生主编:《胡适文集》(第12卷),第36页。
② 同上书,第37页。
③ 欧阳哲生主编:《胡适文集》(第2卷),第255页。

对于白话文的提倡,胡适终其一生,当推首功,他从古文学中搜罗白话文学,撰写《白话文学史》,推动白话文教学,建议报纸改用白话文……然而与鲁迅对白话文提倡的热烈、决绝和执着的态度相比,胡适未免显得相形见绌。鲁迅在《二十四孝图》的开首这样写道:"我总要上下四方寻找,得到一种最黑,最黑,最黑的咒文,先来诅咒一切反对白话,妨害白话者。即使人死了真有灵魂,因这最恶的心,应该堕入地狱,也将决不改悔,总要先来诅咒一切反对白话,妨害白话者。"①看看鲁迅的态度多决绝。也可以说,正是陈独秀、鲁迅的推波助澜强化了胡适在"文学革命"中的地位,然而,那种"理有未察"的谨慎驱使着他时刻注意要对知识分子的言论高度负责。所以,在胡适的世界里,没有斩钉截铁的决断,也没有非此即彼的简单,这与他那宽和的性格有关,他缺乏那种凌厉的行文做事风格。

与胡适那"善未易明,理未易察"的看法相比,鲁迅相信世间事物"一定会有明明白白的是非之别"的,就拿文学革命来说,他后来说,"我们试想一想,林琴南攻击文学革命的小说,为时并不久,现在那里去了?"②胡适首倡文学革命本是大势所趋,然而,他却魄力不够、胆量不足、顾虑过多、做事太黏,遂不敢揭此义旗。如果说万事万物都一定要分清个是非曲直来,未免太绝对,但如果说时时处处都是"彼亦一是非,此亦一是非",也未免太糊涂,因为这在宽容了好人的同时,也纵容了坏种,而这又正是鲁迅所批判的。鲁迅说:"苛求君子,宽纵小人,自以为明察秋毫,而实则反助小人张目。"③他们两人可谓走了两个极端,一个只认为真理是绝对的,一个只认为真理是相对的。所以,一个是不宽

---

① 鲁迅:《朝花夕拾·二十四孝图》,《鲁迅全集》(第 2 卷),第 258 页。
② 鲁迅:《准风月谈·"中国文坛的悲观"》,《鲁迅全集》(第 5 卷),第 264 页。
③ 鲁迅:《"题未定"草(六至九)》,《鲁迅全集》(第 6 卷),第 448 页。

容,一个是太宽容。

宽和固然是一种难得的讨论态度,但是宽和并不等于就可以泯灭是非,太宽容的人就是"和事佬",未免要"和稀泥",这并不是什么优点。郭沫若曾斥"理未易明而善未易察"的胡适为"双料赵高",他说,赵高虽指鹿为马,但他意识中马还是马,"今之巧于颠倒黑白者,不仅说鹿可能是马,而且说马可能不是马"。① 他认为,说话固然要审慎,但一旦真理在握,就应当大胆而自信地号召,郭沫若说,"真正的科学是更谦虚,然而也更勇敢的。它有时有十分证据只能说一分的话,而有时有一分证据却敢说十分话"。他说归纳规律要谨慎,但规律一旦揭发,"你要貌为谦虚抹杀科学的预言性,乃至常识的预言性,那是你的阴险"。② 不过,与胡适相反的是,郭沫若有些谨慎不足,大胆有余了。

胡适的哀矜敬慎甚至成为懦弱的代词,宽容甚至成为不自信的代词。一个人没有意见实在可怜,有了意见而不敢主张便是可悲。所以,胡适编的杂志,说得好听点,便是他自称的不赶时髦,是在说最平实最负责的话,说得不好听,便是"灰色"论调而已。1925 年 1 月 15 日,针对胡适要参加段执政的善后会议这事,董秋芳致信胡适说:"我们读过先生近来的言论,知道'胡适之'三个字上,已沾满了灰色的尘点,我们只好盼望先生努力向着黑暗的处所去'干!干!干!'!"③ 胡适曾不无自豪地宣称他的发言论是不讨青年喜欢的,这话说得好像别人发表言论都是为了争取青年似的,你看他那副腔调又岂能叫青年热得起来呢?

---

① 郭沫若:《郭沫若全集》(文学编第 20 卷),第 210 页。
② 同上书,第 251-252 页。
③ 中国社会科学院近代史研究所中华民国史组编:《胡适来往书信选》(上),第 302 页。

如果说好激烈、好冲动的青年指责胡适的"灰色"言论不足论的话，那么且看他的朋友，《独立评论》的发起人之一、前国民政府驻苏联大使蒋廷黻如何评价他们的这个同人刊物的，蒋说，"《独立》的政治主张已够灰色了。经济简直没有主张。投经济稿子的人似乎更带书生气，更不敢有所主张。我们因此丧失一个很好指导舆论的机会"。① 看来，胡适的言论的灰色实在不假，所谓灰色，无主张或不敢主张也。鲁迅有次在翻阅陈源等人办的一本《现代评论增刊》时，里面有"李仲揆教授的《生命的研究》呀，胡适教授的《译诗三首》呀，徐志摩先生的译诗一首呀，西林氏的《压迫》呀，陶孟和教授的要到二〇二五年才发表而必须我们的玄孙才能全部拜读的大著作的一部分呀"，五光十色，乱七八糟，于是他说，"不知怎的我的眼睛却看见灰色了"。②

当然，他有时也并不见得一概地"善未易明，理未易察"，胡适甚至反对这种是非不分的"善未易明，理未易察"。"'是亦一无穷，非亦一无穷'。我们有限的知识，如何能断定是非，倒不如安分守己听其自然罢。"③这是庄子的看法，胡适这样说庄子，"若依庄子的话，把一切是非同异的区别都看破了，说泰山不算大，秋毫之末不算小，尧未必是，舜未必非，这种思想、见地固是'高超'，其实可使社会国家世界的制度习惯思想永远没有进步，永远没有革新改良的希望。"他说庄子的学说"实在是社会进步和学术进步的大阻力"。④ 他有时也反对那种

---

① 中国社会科学院近代史研究所中华民国史组编：《胡适来往书信选》（中），第365页。
② 鲁迅：《华续·杂论管闲事·做学问·灰色等》，《鲁迅全集》（第3卷），第203页。
③ 欧阳哲生主编：《胡适文集》（第6卷），第338页。
④ 同上书，第342页。

不顾是非、说话圆滑、不亮观点、不摆立场的议论的。他说，"超然的政论、独立的政论，并不是麻木的政论与是非不明的政论。现在最可怪的一种现象就是舆论界的麻木与混沌，上海的报界在奉直战争时的议论，差不多全是'张作霖胜固可忧，吴佩孚败亦可喜'的论调；我们读了不能不回想到两年前直皖战争时代安福部的《公言报》；《公言报》虽坏，但远胜于近来这种麻木的'稳健'了！"①他这不正是搬起石头砸自己的脚吗？

哀矜敬慎意味着发言论时须思虑周全，戒防自以为是，但过于哀矜敬慎，又只能发一些不敢主张、无关痛痒的灰色论调。

非常客气，非常婉转

知识分子谏诤固然要有骨气、有勇气，但过于耿介和质直并不是胡适所欣赏的，他提醒知识分子注意谏诤的技巧，也就是要能做到《礼记》上所说的"情欲信，辞欲巧"。

穆勒在《自由论》中主张发表言论时"不必顾虑到远鄙俗远暴慢的礼貌"，胡适的门生毛子水并不赞同穆勒那种对言说形式的轻视，毛子水在为《自由中国》十周年纪念所写的文章中说，"我以为要使说话有力量，当使说话顺耳。《礼记》上说，'情欲信，辞欲巧。'这个'巧'字下得最好"。"所谓'巧'，当然不是花言巧语，乃是说出来的话令人听得进。譬如批评一个人，非特要使第三者觉得我们所说的话正直公平，并且要使受批评的人听到亦觉得心服。"（按：此处着重点系胡适所加）②说得对不对是一回事，你还要看说得巧不巧，让听的人听了舒服

---

① 欧阳哲生主编：《胡适文集》（第11卷），第72页。
② 曹伯言整理：《胡适日记全编》（第8卷），第598-599页。

不舒服。

胡适完全同意毛子水的看法,他在《容忍与自由》的演讲中举了《论语》中鲁定公与孔子关于"一言可以兴邦"的谈话作为说话说得巧的例子。

> 定公问:"一言而可以兴邦,有诸?"
>
> 孔子对曰:"言不可以若是其几也。人之言曰,'为君难,为臣不易'。如知为君之难也,不几乎一言而兴邦乎?"
>
> 曰:"一言而丧邦,有诸?"
>
> 孔子对曰:"言不可以若是其几也。人之言曰,'予无乐乎为君,唯其言而莫予违也'。如其善而莫之违也,不亦善乎?如不善而莫之违也,不几乎一言而丧邦乎?"①

胡适似乎很是欣赏孔子与鲁定公的这段对话,他视之为情信辞巧的典范。1934年,他在《说儒》这篇论文中就举了这个例子后说:"他用这样婉转的辞令,对他的国君发表这样独立的见解,这最可以代表孔的'温而厉'、'与人恭而有礼'的人格",②"《论语》中这一段对话,不但文字美妙,而且说话的人态度非常坚定,而说话又非常客气,非常婉转"。③ 孔子对君主的对辞可谓是,不亢不卑,应对自如,既表达了自己,又劝勉了君主。

胡适进言技巧亦如是,他既耿介,又婉转,摆事实,讲道理,使纳谏者不能不接受,又易于接受。比如,1928年5月19日,胡适在参加全

---

① 《论语·子路篇第十三》。
② 欧阳哲生主编:《胡适文集》(第5卷),第51页。
③ 欧阳哲生主编:《胡适文集》(第12卷),第843页。或曹伯言整理:《胡适日记全编》(第8卷),第608页。

国教育会议的宴会演讲中向政府提出三个要求,分别是:

第一,给我们钱。

第二,给我们和平。

第三,给我们一点点自由。

请注意,这第三个要求的"给我们一点点自由"的"一点点"可不是一般的修饰语。后来,胡适的这三个要求见报后,报上删除掉"一点点"这三个字,胡适看到后,在日记中记道:"后来各报都删去'一点点'三个字,便失了我的原意了。"①与"给我们自由"相比,前者是商议的口气,请求的态度;后者则是命令的口气,抗议的态度。难怪乎胡适说失去他的原意了,这正是胡适的良苦用心。

胡适向政府要求自由,常常会注意加上"一点点"这个修饰词,这虽是个技巧问题,但技巧后面却是个态度问题。1928 年 12 月 14 日,胡适在《新年的好梦》中说,"我们梦想今年大家有一点点自由"。进而他解释道,孙中山说政府是诸葛亮,国民是阿斗,"诸位诸葛亮先生们运筹决胜,也许有偶然的错误。也许有智者千虑之一失。倘然我们一班臭皮匠有一点点言论出版的自由,偶然插一两句嘴,偶尔指点出一两处错误,偶尔诉一两桩痛苦,大概也无损于诸葛亮先生的尊严吧?"②一样的话,胡适说出来就显得那么巧妙,那么中听,那么策略,这是胡适说话的艺术。

当然,也有人反对他那种不软不硬的言说方式,"听说胡先生近来实在忍耐不住,一定要办一种什么刊物来批评党国,据我看,以胡先生

---

① 曹伯言整理:《胡适日记全编》(第 5 卷),第 116 页。
② 曹伯言整理:《胡适日记全编》(第 5 卷),第 322-323 页。或欧阳哲生主编:《胡适文集》(第 11 卷),第 142 页。

的地位,还是一句话也不说,专门弄弄哲学史或文学史的好;因为说得太软,有失胡先生的身份,只足以丧失自己的信用;说得太硬,又适足以取辱;要知道吴淞中国公学,就在蒋总司令的势力范围,难道不怕捉将官里去而为刘君文典之续吗?"①过软,近于恳求,有损自己颜面;过硬,近于要求,有损政府颜面,于是,人家劝他最好是闭嘴。徐复观也觉得他说话态度过于绵软,在《一个伟大书生的悲剧——哀悼胡适之先生》一文中,徐说:"有时觉得以他的地位,应当追求得更勇敢一点。"②要知道,"辞欲巧"正是他的良苦用心,而这一用心又是他的诤臣思想所限定的。

总之,对胡适来说,知识分子与政治应当保持一定的距离,是一个"局外人"的角色,一方面他要保持一个"在野"的身份,另一方面他要有一个不靠政治吃饭的正当的职业,这样,才能略保发出相对独立的议论。知识分子虽然与政治保持一定的距离,但知识分子并不是与政治绝缘的,非但不绝缘,而且要"亲密接触",胡适认为知识分子应当是"王的诤臣",这就要求知识分子要有"面折廷争"的勇气,同时,政府要有鼓励"合法的反对"的大度,正因为是诤臣的角色,知识分子批评的目的在于救弊补偏,辩冤白谤,批评的态度一要"无所苟",因为批评可是一言可以兴邦,一言可以丧邦的大事;二要"哀矜敬慎",因为"善未易明,理未易察",轻率不得、武断不得。此外,批评还应当讲求技巧,要做到"情欲真,辞欲巧"。这是胡适关于知识分子与政治的关系、角色及批评的诸多意见。

---

① 欧阳哲生主编:《胡适文集》(第 5 卷),第 358 页。
② 转自傅正:《评"为自由中国争言论自由的胡适"》,中国论坛编委会:《知识分子与台湾发展》。

第三节　郭沫若：党派知识分子

"党喇叭"

要我做喇叭，我就做喇叭

　　一大清早我们就吹奏起喇叭：
　　"太阳出来了，快把干劲放大！"
　　万只喇叭齐奏，雷霆都喑哑，
　　吹起六亿人民有如奔腾万马。①

　　这是郭沫若为"牵牛花"，亦称"喇叭花"写的诗句，他正是那百花丛中的一朵"喇叭花"。

　　1948年，在香港的郭沫若出席鲁迅逝世纪念活动，并被邀演讲。在讲话前，他问林林②他们打算怎样纪念鲁迅，林林跟他说主要是"联系当前反蒋的解放战争"，并提供给他四点演讲意见，希望他能围绕着这四点阐发一下。

　　郭老讲话了，他照着四点逐点发挥，非常切合当时的政治和思想的情况。当时参加纪念会的同志，当能回忆起那次激动人心的演说。之后，我和有关同志谈了郭老如何尊重组织决定的意见，我认为这又是党喇叭的精神，大家听了极为感动，更是敬爱他，更要向他学习。③

---

① 郭沫若：《郭沫若全集》（文学编第3卷），第135页。
② 林林，原名林仰山，1910年生，福建诏安县人，现代作家，诗人，"左联"东京分部成员之一。
③ 林林：《这是党喇叭的精神——忆郭沫若同志》，新华日报资料室编：《悼念郭老》，第160页。

他曾对林林说,"要我做喇叭,我就做喇叭",①他的确做到了。据周恩来的联络员吴奚如回忆说,"1938年夏,党中央根据周恩来同志的建议,作出党内决定:以郭沫若为鲁迅的继承者,中国革命文化界的领袖,并由全国各地党组织向党内外传达,以奠定郭沫若同志的文化界领袖的地位"。②郭沫若成为党所树立的"文化班头",并直接为实际的政治斗争服务,所以,对郭沫若来说,他的知识分子主张皆与此相关。他本人也正是一个合格的、出色的党派知识分子。

那么,何为党派知识分子呢?杰弗里·C·戈德法布云:"党派知识分子往往以思想理论家的身份,以'优越的'理论为名来为党的观点辩解。无党无派的知识分子以卓越客观的洞察力为名承诺可以用科学的方式来解决政治冲突。专家承诺用科学来代替政治冲突和思维方式。"③我们把那些放弃了知识分子本来的自主性和批判性,完全以党是为是,党非为非的知识分子称为党派知识分子,对党派知识分子来说,理解的要执行,不理解的也要执行,你没有主动思考的必要,你只有被动接受的选择。

1944年,郭沫若在《羽书集》序二中说,他这本书"是有点近于'鸣锣奉告'式的宣传文字的总汇。假使让一批学院派学者们看来,会说它一钱不值。又假使落到另一批骂座派的豪杰们(按:作者原注指胡风一批人)手里,当然又可以发现出好些不曾兑现的预言。但我也并未打算把宣传就看成为'卖膏药'的同义说。膏药不是我在调制,要使宣传不

---

① 夏衍:《知公此去无遗恨——痛悼郭沫若同志》,新华日报资料室编:《悼念郭老》,第19页。
② 吴奚如:《郭沫若同志和党的关系》,《新文学史料》1980年第2期。
③ 〔美〕杰弗里·C·戈德法布著,杨信彰、周恒译:《"民主"社会中的知识分子》,第39页。

落空,还有调制膏药者要匀更大的责任"。① 什么意思? 党派知识分子是只负责"卖膏药",至于"膏药"的好坏、有效与否与他们无关,因为那是"调制膏药者"的责任。这和明星做商品的代言人一样,明星只负责代言,至于他所代言的商品是否如他所言,那是商家的事,与他无关。

1941年6月,胡适在美国普渡大学毕业典礼上的演讲中说:

> 怠惰的思考,容许个人和党团的因素不知不觉的影响我们的思考,接受陈腐和不加分析的思想为思考之前提,或者未能努力以获致可能后果,来试验一个人的思想是否正确等等就是知识上不负责任的表现。②

这是非党派知识分子与党派知识分子的区别所在,非党派知识分子时刻警惕党团因素的影响,以真理、事实为说话、行事的判断和准则,而党派知识分子却是以党派利益为指归,弗·兹纳涅茨基也说到这一区别,他说:

> 真理战士与党派圣哲(the partisan sage)明显有别。真理战士希望他信为绝对真理的体系能在逻辑上取得胜利;而党派圣哲则力争他及其群体所代表的行动趋势在社会上取得胜利,并力图找到理论依据使其合法化,并获得证实。③

萨义德的主张与党派知识分子的主张恰恰相反,他说,"我尝试主张:不管个别知识分子的政党隶属、国家背景、主要效忠对象为何,都要固守有关人类苦难和迫害的真理标准。扭曲知识分子的公开表现莫过

---

① 郭沫若:《郭沫若全集》(文学编第18卷),第126页。
② 欧阳哲生主编:《胡适文集》(第12卷),第496页。
③ 〔波兰〕弗洛里安·兹纳涅茨基著,郑斌祥译,郑也夫译校:《知识人的社会角色》,第95页。

于见风使舵,噤若寒蝉,爱国大话以及反省的、自吹自擂的变节"。①"真正的知识分子在受到形而上的热情以及正义、真理的超然无私的原则感召时,叱责腐败、保卫弱者、反抗不完美的或压迫的权威,这才是他们的本色。"②萨义德认为知识分子坚持的标准是真理、正义等,而不是党派利益以及其他外在的因素。阿隆也认为:"知识分子须是独立的观察者,有节制感地履行自己作为公民和舆论领袖的角色。"③阿隆强调了知识分子的独立品性,这些观点都足以校正党派知识分子盲信和轻信的弊病。

闻一多正是这样的知识分子,虽然闻一多是国民党专制独裁的反对者,他甚至因此而牺牲在国民党的枪口下,但闻一多却不是党派知识分子,因为他反对一切形式的专制,而"不是只反这个专制,而不反那个专制,只要是对民主和自由有利的东西,闻一多从来都是认同的,而一切不民主不自由的东西,在闻一多看来才是不能接受的"。④ 闻一多与郭沫若的区别在于,前者是独立的知识分子,而后者是党派知识分子。

同样是演讲,我们看看鲁迅是怎么看的,鲁迅在一次演讲中说,"讲演近于做八股,是极难的,要有讲演的天才才好,在我是不会的"。⑤ 何为"八股"呢?鲁迅在另一个地方说,"因为好的文艺作品,向来多是不受别人命令,不顾利害,自然而然地从心中流露的东西;如果先挂起一

---

① 〔美〕爱德华·W·萨义德著,单德兴译:《知识分子论》,第4页。
② 同上书,第13页。
③ 〔美〕马克·里拉著,邓晓菁、王笑红译:《当知识分子遇到政治》,第196页。
④ 谢泳:《清华三才子》,新华出版社2005年版,第167页。
⑤ 鲁迅:《集外集拾遗补编·关于知识阶级》,《鲁迅全集》(第8卷),第223页。

个题目,做起文章来,那又何异于八股"。① 也就是说,鲁迅常常能感觉到"你要我说的"和"我所想说的"相冲突,当这两者冲突时该怎么办呢? 鲁迅选择的是后者,关于演讲,鲁迅曾这样说过,"硬要我去,自然也可以的,但须任凭我说一点我所要说的话,否则,我宁可一声不响,算是死尸"。② 这儿有一个他不愿做"死尸"的例子。

1926年11月,鲁迅应集美大学校长叶渊之请到校演讲,思想保守的叶渊知道鲁迅思想的先进,唯恐鲁迅所讲与自己意见相左,特地请鲁迅先吃饭后演讲,鲁迅可是"一面吃,一面愁",附和人家呢,还是坚持己见呢,这是个问题,然而,鲁迅却一点也不顾情面,吃完饭后,他登台便这样讲道:

> 我在厦门的时候,听说叶校长办学很拘束,学生极不自由,殊不敢加以赞同。……刚才叶校长又请我吃面。吃了人家的东西,好像要说人家的好话,但我并不是那样的人,对于叶校长办学的方法之错误,以及青年身心的发展,和参加社会活动的必要等等,我仍旧是非说不可的。③

鲁迅的倔强和不识相世所罕见。而郭沫若呢? 有人回忆道:

> 凡是当时党中央宣传部对文委工作上的决定,郭老总是坚定不移加以执行,对党中央宣传部负责同志的一些建议,郭老总是非常重视,我当时心中常感叹地想,郭老真不愧为一位模范的"非党的布尔什维克"!④

---

① 鲁迅:《而已集·革命时代的文学》,《鲁迅全集》(第3卷),第437页。
② 鲁迅:《华盖集续编·海上通讯》,《鲁迅全集》(第3卷),第420页。
③ 马蹄疾:《鲁迅讲演考》,第100页。
④ 赵沨:《回忆郭老的一些片断》,《新文学史料》1979年第2辑。

郭沫若几乎与鲁迅决然相反,在郭沫若的眼里,党的利益第一,党的意见第一,他常常会不自觉地、下意识地服从组织、听从安排,当然,这其中也不排除有"你要我讲"与"我所想讲"一致的时候,但很大程度上,他更倾向于讲"你要我讲"的,他是一个称职的"党喇叭",他善作合格的"党八股"。他与鲁迅的性格迥异,因此,在他遵从党意来"纪念鲁迅"时,多少有些讽刺。

他本人是这样要求自己的,他对党领导下的知识分子也是这样要求的。他在写得相当平庸的《百花齐放》中关于"柱顶红"的一首诗这样说道:

> 我们是茎粗,叶壮,花也简单,
> 在雅人看来,那是不够潇洒。
>
> 但我们要为工农群众吹喇叭,
> 生产大跃进总得需要劲头大。①

写花即写人,②这些咏花诗正可看作是他对知识分子的要求。

除过"党喇叭"的说法外,他还对知识分子提出了类似的"尾巴主义"的要求,1947年11月,针对自由主义知识分子的第三条道路主张,郭沫若这样说,"我的主意是要知识分子或士大夫阶级做人民的尾巴,

---

① 郭沫若:《郭沫若全集》(文学编第3卷),第163页。
② 郭沫若在诗中说到他写的百花中有的是在说知识分子,"大字报中有好几处提到了诗人,遵守的方针是要团结,也要批评。希望新旧的诗人们都不要多心,手携手地力争上游,不断地革命"。(《郭沫若全集》(文学编第3卷),第171页。)又将自己这一百余首写花的诗称为花的"大字报",他说,"一百张花的大字报怕有人嫌多",(《郭沫若全集》(文学编第3卷),第112页。)所以,《百花齐放》中有许多资料便可视为郭沫若关于知识分子的观点的资料。

反过来也就是要人民做我们的头子。我不是要叫'一般人'都做尾巴。知识阶级做惯了统治阶级的鸡口,总是不大高兴做人民的尾巴的,故而在我认为在今天向士大夫提出尾巴主义,似乎倒正合宜"。他要求处于国共之间,敌我之间的中国知识分子要站好队,甘做人民,或者说代表人民的党的尾巴。当然也有不吃他这一套的知识分子,柳亚子在《从中国国民党民主派谈起》一文中说,"对于尾巴主义,我还有保留。对于中共呢,做他的朋友,我举双手赞成。但要我做他的尾巴,我是不来的"。①

"五四"时期的他本是尊个性、爱自由的,个性张扬、飙发凌厉、感情勃发、无所顾忌,但是,随着他对党的宗旨的认同和皈依,以及党对他的格外尊敬和器重,他那独立特行的个性主义棱角渐渐被"党性"这块磨石所磨平。问题是,你在欢欣鼓舞的同时,那些非党派知识分子却正受着前所未有的重压,尼采曾这样说"党的作家"的,"青年作家在为一个党的服务中对击鼓声感到非常欢欣鼓舞,而这击鼓声在那些非党人士听来,就像是铁链的铿铛声,唤起的是同情而不是赞美"②。

党派知识分子的形成和特质与两方面因素有关,一是从知识分子一面来看,基于对党的理想的向往,知识分子往往会不惜牺牲自己的独立精神来成全党的利益;二是从党的一面来看,基于对知识分子的戒惧,党往往会不惜用强大的"党义"来"教育"知识分子。

实在不是民主不够而是集中不够

党派知识分子认同一个党的基础何在?这得从个人主义与集体主

---

① 转见冯锡刚:《"最喜诗人高唱至"——毛泽东和柳亚子、郭沫若》,《书摘》2003年第1期。

② 〔德〕弗里德里希·尼采著,杨恒达译:《人性的,太人性的:一本献给自由精灵的书》,中国人民大学出版社2005年版,第410页。

义说起。关于救国救民,知识界存在两种思路:一种是只有先救个人,才能最终救大家,这以鲁迅为代表,另一种是只有先救大家,才能最终救个人,这以郭沫若为代表。孰是?孰非?公有理,婆亦有理。但不管怎么说,两者先后次序不同,信奉的原则不同,知识分子的身份、角色、使命便不同,这是鲁迅与郭沫若的不同之所在。

我们这里讨论郭沫若所代表的思路。恩格斯曾在《共产党宣言》1888年英文版序言中指出:"现在已经达到这样一个阶段,即被剥削被压迫的阶级(无产阶级),如果不同时使整个社会一劳永逸地摆脱任何剥削、压迫以及阶级划分和阶级斗争,就不能使自己从进行剥削和统治的那个阶级(资产阶级)的控制下解放出来。"[①]这便是我们所常说的,"无产阶级只有解放全人类,才能最后解放自己"的意思。逻辑相同,范围再缩小一圈,就得出了这样的一个命题:"社会解放是个人解放的前提",这正是郭沫若所认同的。

1958年9月12日,在为《秋瑾史迹》作的序中,郭沫若说,"我认为秋瑾所走的路正是《娜拉》的答案。'求得应分的学识与技能以谋生活的独立,在社会的总解放中争取妇女自身的解放,在社会的总解放中担负妇女应负的任务,为完成这些任务不惜以自己的生命作牺牲。'——这就是那答案的内容"。[②] 要解放妇女,则要解放整个社会,他说到他自己由个性主义到集体主义认识的转变:

> 我从前是尊重个性、景仰自由的人,但在最近一两年间与水平线下的悲惨社会略略有所接触,觉得在大多数人完全不自主地失

---

① 《马克思恩格斯选集》(第1卷),人民出版社1972年版,第237页。
② 上海图书馆文献资料室,四川大学郭沫若研究室合编:《郭沫若集外序跋集》,第144-145页。

掉了自由,失掉了个性的时代,有少数的人要来主张个性,主张自由,未免出于僭妄。

……

要发展个性,大家应得同样地发展个性,要生活自由,大家应得同样地享受自由。①

这个逻辑看起来并没有什么,但潜伏着一个危险后果,那就是,知识分子的独立品性将会不可避免地为大多数的"民众"的利益所折杀,过去是"以势虐独",现在是"以众虐独",专制之势今不复存在,民众之势却重新形成,与前者相比,这后者的合法性、正当性更是不容怀疑、无法抗拒,而共产党正是代表了这"最广大"人民的根本利益,毛泽东曾说,"我们是无产阶级的革命的功利主义者,我们是以占全人口百分之九十以上的最广大群众的目前利益和将来利益的统一为出发点的,所以我们是以最广和最远为目标的革命的功利主义者,而不是只看到局部和目前的狭隘的功利主义者"②。党的合法性和正当性也因此得以确立,所以,周恩来就要求知识分子要站在"为绝大多数人民的最高利益着想的人民立场"上来。人民大众不会错的,党便不会错,错的一方只能是知识分子了,知识分子也便只有认罪、忏悔和改造的份了。

1944年,郭沫若在为他所翻译的新版《浮士德》写的题辞中说:

个性不能消泯,亦不能偏废,但须立一标的,以定其趋向。为最大多数人谋最大幸福,话虽说旧,理却近真。③

---

① 转见谢保成:《郭沫若学术思想评传》,第19页。
② 毛泽东:《在延安文艺座谈会上的讲话》,《毛泽东选集》(第3卷),第821页。
③ 郭沫若:《郭沫若全集》(文学编第19卷),第411页。

虽然这里还残留有个性主义的痕迹,但他已不得不服从于为"最大多数人谋最大幸福"的宏大目标,大踏步地走向集体主义了。郭沫若歌颂着集体的壮美和宏大,在关于"扫帚梅"的一首诗中,他这样说:

> 纤细的蒿本有时候比大人还长,
> 由于是集体成群,也就显示了力量。
> 我们集体地开花,粉白、粉红、深红,
> 简简单单的七瓣,婷婷啸傲西风。①

在关于一种叫"十姊妹"的花的诗中,他这样说:

> 我们是一种最普通的蔷薇,
> 一簇十花,故叫作"十姊妹"。
> 这可意味着团结就是力量,
> 十个指头比一个指头有力。
>
> 有时候量变可以引起质变,
> 花小而多便可以增加壮美。
> 我们是尽可能地开出繁花,
> 使你会耽心,要把花架压碎。②

后来,他意识到了个人主义与集体主义的冲突,然而,他却将个人主义与集体主义的冲突等同于利己主义与利他主义的冲突,从而,以无可辩驳的道德正义感宣判了个人主义的"死罪"。他说,"要想成为一个

---

① 郭沫若:《郭沫若全集》(文学编第 3 卷),第 139 页。
② 同上书,第 89 页。

诗人或艺术家,必须有正确的思想以指导自己的生活,这思想应该是利他的集体的,而与利己的个人主义的相为水火"①。从此,他义无反顾地走向了集体主义。"思想应该指导一切,这利他的集体的思想应该指导一切,要做为一个诗人或文艺工作者必须彻底地活在这种思想里面。以这种思想为信念,为自己的灵魂,发而为文章,然后才能够成为真正的诗歌与文艺。在一个时代里面,对于最大多数的人有最大益处的东西,才能是最善的东西,最真的东西,最美的东西。"②

化学家侯德榜正是这集体主义的奉献精神和牺牲精神的代表,他将自己的制碱经验写成专著,毫无保留地贡献国家,郭沫若在应他邀请写的书序中称赞了侯德榜所体现的那种为人类谋福利的大公无私的精神。他说,"这种精神就显示了共产主义者的风格。我们和资本家绝对不同。他们是站在唯利是图的个人主义立场,垄断利权,垄断技术;而我们则是站在和平共处的反个人主义的立场,把一切的技术公开,使全人类都能够享到福利。""我们是坚决地相信,大公无私的立场是会逐步压倒唯利是图的立场的。资本主义已经日落西山,而社会主义和共产主义则是旭日方升。"③这种无私的品质,其实蕴藏着个人主义与集体主义的矛盾和冲突,集体主义所不可避免夹带着的弊端,而恰又覆以利他主义的神圣光辉,使其更显隐蔽。

循此而来,郭沫若自然地形成这样的认识:

> 但在大众未得发展其个性、未得生活于自由之时,少数先觉者

---

① 郭沫若:《郭沫若全集》(文学编第19卷),第432页。
② 同上书,第431页。
③ 上海图书馆文献资料室、四川大学郭沫若研究室合编:《郭沫若集外序跋集》,第167页。

> 倒应该牺牲自己的个性,牺牲自己的自由,以为大众人请命,以争回大众人的个性与自由!①

这与当年蒋介石对青年学生的要求的逻辑完全相同,而蒋又是郭沫若所反对的"敌人",1935年7月8日,蒋介石在出席成都四川大学扩大纪念周的演讲中这样说:

> 我们要求国家民族的自由平等,就要牺牲个人的自由,以求国家的自由,牺牲我们个人的平等,以求民族的平等,必须将我们个人的一切,统统贡献于国家民族,才可以求得整个国家民族的自由平等。如果我们个人要讲自由,国家民族便要受人家的压迫,我们个人要讲平等,国家民族的地位,便要低落,最后连国家的生存都不保。

壮观的集体景象必然模糊这其中个人的面孔,在郭沫若看来,为了一个高远的目的,一个认同共产党的宗旨和奋斗目标的知识分子对于牺牲自己的个性应当无怨无悔,以集体的名义规制个体亦属当然。

高尔基便曾以这样的逻辑来反对欧洲社会对苏联压抑个性的指责,他说,"我难道要否认在苏联里面个性是受着限制的? 自然不否认,不是。在苏联,个性的意志每一次都要受着限制,只要这个性的意志是敌视的反对着群众的意志的,——群众已经认识了建设新式生活的权利,已经提出了这样的目的,——这种目的,是个性,甚至于超越自然的天才的个性,所不能够达到的"②。

---

① 转见谢保成:《郭沫若学术思想评传》,第19页。
② 瞿秋白著,鲁迅编:《海上述林》(上),四川人民出版社1983年版,第466页。

小　　结

在近现代中国历史上,凡社会变革,甚至社会革命,知识分子是无役不与、不可或缺。其功不逊革命元勋,这是知识分子与革命家都有所共识的,然而却常为我们所忽视。

关于知识分子与政治的关系,鲁迅、胡适、郭沫若三人有三种相异的看法。鲁迅认为知识分子应当做一个政权的"斗士",所谓"斗士"者,当是"横眉冷对"的;胡适认为知识分子应当做一个政权的"谏士",所谓"谏士"者,当是"救偏补弊"的;郭沫若认为知识分子应当做一个政权的"战士",所谓"战士"者,当是"待命冲锋"的。

作批评、造舆论是知识分子发挥其社会作用有效而有力的武器,然而知识分子不同的身份定位决定了不同的批评模式和批评目的,以及不同的批评态度和批评方法。

阿隆说到知识分子的三种批判模式:

> 首先,通过技术批判(critique technique),他们设身处地地为那些统治者或管理者着想;通过建言献策,以减轻那些他们提示出的罪恶;接受行为上的束缚和古已有之的集体结构,有时甚至是现有制度的法律。他们并不援引美好未来的某种理想组织,而是以那些更符合常识和更有希望实现的结果为参考。其次,道德批判(critique morale)以事物本来应该如何来反对事物的现状。人们不仅拒绝接受殖民主义的残酷、资本主义的异化,而且拒绝主人和奴隶之间的对立以及贫困与奢华相并存的丑行。即使不考虑这些拒绝所产生的结果和将它们转化为行动的方式,在面对与自卑不

相称的人性之时,我们也觉得不可能不发出宣告或号召。最后,意识形态或历史批判(critique idé(按:上有一撇)ologique ou historique)以未来社会的名义指责现有社会,将有违良知的不公正现象归咎于现实社会的原则,如资本主义、带有剥削的必然性的私有制、帝国主义和战争,并描绘出一个全新社会的蓝图,在那里人们完成自己的使命。①

他所作的分类虽说是基于西方社会现象观察而来的,但却几乎完全适用于鲁迅、胡适、郭沫若三人的批判主张。

鲁迅主张道德批判。道德批判是秉公心、持大义,否定一切、拒绝一切,所以鲁迅充满生气。

在鲁迅看来,知识分子与政治永远是冲突对抗的,毫无妥协共处的可能,这是纯净无杂的理念世界与难免龌龊的现实世界相比较而产生的心理落差使之然。知识分子正是处处以这一理想的标尺来尺度现实世界,所以,他所看到的永远是不如意,所感到的永远是痛苦,所以永远是一个破坏者、批评者。问题在于,政治的本性却要维持现有的统治秩序,欢迎喜鹊,讨厌枭鸣,古今中外,概莫能外,所以,知识分子与政治从根本上说是冲突的、不和谐的,彼此戒备、互相提防。

知识分子秉持公心、明定是非、态度鲜明、立场坚定地批评一切罪恶和不义,使得它们在真理的阳光下现出原形,无处遁迹。这时,知识分子更多的是充当一个破坏者的角色,因为在鲁迅看来,要有建设,必

---

① 〔法〕雷蒙·阿隆:《知识分子的鸦片》,吕一民、顾杭译,译林出版社2005年版,第219页。

要先将一切破败尽行打理干净,破坏是建设的前提。正是这样一种不妥协、不合作,骂倒一切、破坏一切的态度,带来了政治势力对知识分子的言论戕制和人身压迫,这其中表现为统治者武力(动用国家暴力机关来压制知识分子的言论)和文力(豢养文士来进行文化上的反击)两种方式,而鲁迅毕生都致力于争取言论自由的斗争。

胡适主张技术批判。技术批判是以"不反天子"为前提,尽最大可能保持独立的地位和姿态,抱着补偏救弊的目的,向当局建言献策,所以胡适显得一团和气。

鲁迅认为,"文艺和政治时时在冲突之中",知识分子与权力也时时处在冲突之中,他明确表示,"我从来不肯和政治家去说"。而对胡适则不同,他的改良主义态度和传统的谏士遗风,使得他从来就主张知识分子去和政治家说的。做一个"诤臣",成为作为知识分子的胡适的自我定位,也是胡适关于知识分子与政治关系的重要见解。他"诤臣"之"诤",立足"批评","诤臣"之"臣",立足"维护","批评"之目的是"维护","维护"的手段是"批评",臣为本,诤为末。

然而,议政的知识分子还是要有独立的精神,发独立的言论,要保证这一独立性,这就决定了议政的知识分子须有一种"局外人"的身份,反过来,正是这种"局外人"的身份保证了议论者的相对独立性。而独立性在这里包括两个层面的意思:一是思想上的独立。这就要求知识分子与当局保持一定的距离,这样才能略保自己的议论能够无所牵绊、无所顾忌;二是生活上的独立。这就要求知识分子具有正当的职业,不必为稻粱而摧眉折腰,这样才能略保自己不为饭碗所累、不为生活所累,而这后一点又往往为人们所忽视。

正基于这样的身份,知识分子从事批评的目的是为了补偏救弊式。

这一"修正主义"的目的决定了知识分子的言论是建设性的、负责任的,态度是平和的、措辞是委婉的。

胡适相信"一言而可以兴邦","一言而可以丧邦",正因为此,知识分子发言论时要用"公心和理智去思考","无所苟"、有根据、可实行、负责任。他相信"善未易明,理未易察",所以知识分子发言论时应当时时抱着一种前瞻后顾、战战兢兢、哀矜敬慎的态度。

郭沫若主张意识形态批判。意识形态批判往往是以未来世界为奋斗目的,谴责现存世界的不公不义,所以郭沫若充满朝气。

郭沫若的知识分子观与共产党尤其是他所终生敬佩的毛泽东的知识分子观没有原则上的分歧。在马克思主义体系下,以资产的多寡为主要衡量标准的阶级划分法来定义知识分子,知识分子自然就不成其为一个阶级了,那么,知识分子就是附在某一阶级之"皮"上的"毛",这就是毛泽东著名的"皮毛论","知识分子,就大多数来说,可以为旧中国服务,也可以为新中国服务,可以为资产阶级服务,也可以为无产阶级服务。"①在这种理论下,知识分子要依附到代表了无产阶级的利益的共产党这张"皮"上,并为之服务成为党对知识分子与政治关系的一个理论认识,但其实,如果以文化资本来衡量知识分子的话,知识分子又可以说是一个独立的阶级。

议论政治向来是中国知识分子的一个深远传统和神圣使命,知识分子之伟力正是在于以舆论影响人心,人心思变,革命始成。相对于政治家来说,看似手无缚鸡之力的知识分子其实反倒是强者,议论时政是

---

① 毛泽东:《在中国共产党全国宣传工作会议上的讲话》,《毛泽东选集》(第7卷),人民出版社1999年版,第270页。

他们不可舍弃的重要工作,而他们正是以这一舆论的力量与政治权力相抗衡。

　　就知识分子和政治的关系,鲁迅认为知识分子应当是独立的、对抗的,胡适认为知识分子应当是半独立的、建设性的,而郭沫若认为知识分子是不独立的、服从的。

第四章 学 与 政

第一节 鲁迅:有学问的革命家

豫才现在如何

中国向来就有重学轻文的传统,章学诚曾云:"文人之文与著述之文不可同日语",文与学的轻重高下,判若云泥。加之,知识分子视立功、立德、立言为三不朽,功在事业,德在人格,言在学说,所谓风雅之词、辞赋小道,皆雕虫小技,又何足道哉。且看"文学家"曹植——这一定要为曹植所大不悦的——给杨德祖的信中怎么说的:

> 吾虽德薄,位为蕃侯,犹庶几戮力上国,流惠下民,建永世之业,留金石之功,岂徒以翰墨为勋绩,辞赋为君子哉! 若吾志未果,吾道不行,则将采庶官之实录,辩时俗之得失,定仁义之衷,成一家之言。虽未能藏之于名山,将以传之于同好,非要之皓首,岂今日之论乎!①

先建立功业(立功),次之成一家之言(立言)是这位真正的文学家的理想。看来,连知识分子本身都鄙视并自惭为文人的,范晔曾在《狱中与诸甥侄书》中说他自己是"常耻作文人"的,而顾炎武在其《日知录》中记道:"宋刘挚之训子孙,每曰:士当以器识为先,一号为文人,无足观矣。然则以文人名于世,焉足重哉!"②

---

① 曹植:《与杨德祖书》。
② 顾炎武:《日知录》(卷十九)。

在这么一个"耻为文人"的大的文化背景下，人们，尤其是知识分子自己在骨子里是瞧不起那些文学家的。在西南联大时期，沈从文被破格提为教授时，学者刘文典便毫不掩饰对文学家的"鄙视"，他理直气壮地说："陈寅恪才是真正的教授，他该拿四百块钱。我该拿四十块钱。朱自清该拿四块钱。可我不会给沈从文四毛钱！他要是教授，那我是什么？"①这正是学重于文的典型表现。而那些做社会批评的文人，更是等而下之，给人以"不务正业"之感觉，在他们眼里，惟有皓首穷经并学有所成才是他们的正途，知识分子的尊严、矜持和清高皆由此而来，韦庄似乎就是这样的人，鲁迅这样说：

> 蜀的韦庄穷困时，做过一篇慷慨激昂，文字较为通俗的《秦妇吟》，真弄得大家传诵，待到他显达之后，却不但不肯编入集中，连人家的钞本也想设法消灭了。当时不知道成绩如何，但看清朝末年，又从敦煌的山洞中掘出了这诗的钞本，就可见是白用心机了的，然而那苦心却也还可以想见。②

"悔其少作"，一方面是指成熟的文人悔其"少作"的稚嫩、潦草和不成熟，顺便还带点中国文人的假谦虚或真脆弱，一方面也是指平和的文人悔其"少作"的激烈、气愤和冲动，这样看来，鲁迅的先师章太炎与五代前蜀主的宰相韦庄有点相似。

《弟子录》里找不到鲁迅的名字

章太炎早年书生意气，叱咤风云，驳斥康有为，为邹容的《革命军》作序，因《苏报》案下狱，出狱后又主持《民报》，与梁启超战，与吴稚晖

---

① 李异鸣编著：《非常事》，北方文艺出版社2006年版，第102-103页。
② 鲁迅：《准风月谈·查旧帐》，《鲁迅全集》（第5卷），第245页。

战,与蓝公武战……所向披靡,令鲁迅一时神往。他说,"考其生平,以大勋章作扇坠,临总统府之门,大诟袁世凯的包藏祸心者,并世无第二人;七被追捕,三入牢狱,而革命之志,终不屈挠者,并世亦无第二人"。不幸,章太炎"后来却退居于宁静的学者,用自己所手造的和别人所帮造的墙,和时代隔绝了"。他手定的《章氏丛书》也不收早年攻击论战的文字,"大约以为驳难攻讦,至于忿詈,有违古之儒风,足以贻讥多士的罢,先前的见于期刊的斗争的文章,竟多被刊落",于是章太炎的革命者身份悄然不见,"身衣学术的华衮,粹然成为儒宗"了。然而,这并不是太炎先生的完整形象。

与章太炎编文集时舍批评文章留学术文字的做法如出一辙的是胡适,胡适一生并不讳谈政治,甚至参与政治,而且写下了大量的时论文章,但他真正看重的却是他的那些学术文章。"胡适最希望后世人记得他的,绝不是革命领袖,也不是社会改革家,更不是外交家,而是学者或思想家。这从他晚年删定台北版的《胡适文存》中,可以见出端倪。他删了许多极精彩而又能代表胡适思想的政论,如《我们的政治主张》、《我的歧路》、《人权论集序》、《国际的中国》、《一个平庸的提议》及整个的《这一周》67则。但重要的论学文字却一篇未删。又如1935年,胡适编订《胡适文存》第4集时,他在《独立评论》及《大公报》上发表的社论时评多未编入,因此《胡适文存》第4集出版时,更名为《胡适论学近著》。"[①]可见,对中国知识分子来说,虽然他们热衷于指点江山、激扬文字,但他们内心却深以之为卑。

还是回到章太炎,"执贽愿为弟子者綦众",的确,章氏弟子甚众,如黄侃、吴承仕、钱玄同、朱希祖、马裕藻、沈兼士……,在学术阵地上,章

---

① 周质平:《胡适与中国现代思潮》,南京大学出版社2002年版,第123页。

门弟子可谓是谋士如云、猛将如雨。以致后来编印了"章门弟子录",虽不全面,多有疏漏,但此系章太炎亲自修订的,内有他自己承认,有所成就的弟子"约计五十人左右"。1933 年 3 月 20 日,章太炎在致钱玄同函中写道:"《弟子录》去岁已刻一纸,今春又增入数人,大抵以东京学会为首,次即陆续增入,至近岁而止。其间有学而不终与绝无成就者,今既不能尽记姓名,不妨阙略。所录约计五十人左右,然亦恐有脱失也。"①然而,在这份弟子录中,却找不到他的早年的学生,如今赫赫有名的"鲁迅同学"。这事连钱玄同同学都有点诧异,他给周作人说他曾去信章太炎,说你这份名单有什么说法没有,章说没有什么深意存焉,仅是凭记忆而写的。

会不会太炎先生记不起鲁迅呢?因为老师一般可能记不起学生,而学生一般是不会忘记老师的,正如鲁迅始终心怀感激的藤野先生后来却记不起有一个叫鲁迅的学生一样。然而,一般掀不起风浪的、没有出息的、给老师印象不深刻的学生可能在此之列,但以鲁迅在中国声名、成绩及影响,太炎先生绝不会视而不见的,且不说鲁迅能为章老师带来多少光彩,至少列入弟子录绝不会为章老师丢脸的。早在日本时,周氏兄弟等八人就在东京民报社从太炎先生学小学,后来,太炎先生欲学梵文,还曾邀周氏兄弟"陪老师读书",要与他一起同去听课学习。②何况在欲称帝的袁世凯将恣意评骘时局的章氏支往满洲之前,鲁迅同

---

① 卢毅:《关于"章门弟子录"的考订》,《鲁迅研究月刊》,2005 年第 8 期。
② 大约在 1909 年春夏之间,太炎先生去信给周氏兄弟云:"豫哉、启明兄鉴。数日未晤。梵师密史逻已来,择于十六日上午十时开课,此间人数无多,二君望临期来赴。此半月学费弟已垫出,无庸急急也。手肃,即颂撰祉。麟顿首。十四。"(周作人著,止庵校订:《秉烛谈》,河北教育出版社 2002 年版,第 8 页。)

老友许寿裳于 1912 年 12 月 22 日还专门"赴贤良寺见章先生",①后来,章太炎被袁世凯幽禁于钱粮胡同,太炎先生闹绝食时,鲁迅亦曾探视过他老人家,1914 年 8 月 22 日午后,鲁迅与许寿裳"同全钱粮胡同同谒章师","坐至旁晚归"。② 1915 年 2 月 14 日,正是"旧历乙卯元旦",与许寿裳"午前往章师寓",章门一批老学生同来拜年,"夜归"。③是年 5 月 29 日下午,鲁迅又"同许季市往章师寓",④大约这次探视鲁迅向章太炎求字了吧,6 月 17 日,好友许寿裳"持来章师书一幅",⑤章太炎抄录了《庄子·天运》里一句话,写成条幅送与鲁迅。看来在北京时期,这对师徒关系还不至于太生疏。章太炎老师不记得周树人同学看来是不可能的事情。

他有一次还主动问起了鲁迅的情况。

> 据孙伏园回忆,"太炎先生最后一次到北平去,门徒们公宴席上,问起鲁迅先生,说:'豫才现在如何?'答说现在上海,颇被一般人疑为左倾分子。太炎先生点头说:'他一向研究俄国文学,这误会一定从俄国文学而起'。"⑥

虽然太炎先生记得他的这位高徒,然而他似乎不十分了解鲁迅,在上海,鲁迅的最大业绩是杂文写作,喜怒笑骂,伟绝一时,至于思想"左倾",同情俄国,那是看到在俄国"'一切神圣不可侵犯'的东西,都像粪

---

① 鲁迅:《鲁迅日记》,《鲁迅全集》(第 15 卷),人民文学出版社 2005 年版,第 35 页。
② 同上书,第 129 页。
③ 同上书,第 160 页。
④ 同上书,第 173 页。
⑤ 鲁迅:《鲁迅日记》,《鲁迅全集》(第 15 卷),第 175 页。
⑥ 孙伏园、孙伏熙:《孙氏兄弟谈鲁迅》,第 36 页。

一般抛掉","几万万的群众自己做了支配自己的命运的人",①他憧憬于这样的社会,转译过俄国文学,但并不怎么研究俄国文学。

看来,鲁迅之所以没被列名章门弟子录中的原因极有可能章门弟子的取舍标准在于学术上,其实,鲁迅的学术能力和成绩与章门其他弟子相比并不算坏。他的中国小说史研究(并非俄国文学研究),勤苦钩稽,谨严论断,成为学术名典,足以垂范后世,可谓步武天下,空前绝后。鲁迅曾对曹聚仁说,此书"从搜集材料到成书,先后在十年以上。其书取材博而选材精,现代学人中,惟王国维、陈寅恪、周作人足与相并",②这是他对自己的一个不谦虚的评价,而前两者皆系专职学者。郭沫若亦称他平生最钦佩的学人便是鲁迅与王国维,"王国维的《宋元戏曲史》和鲁迅的《中国小说史略》,毫无疑问,是中国文艺史研究上的双璧。不仅是拓荒的工作,前无古人,而且是权威的成就,一直领导着百万的后学"。③ 虽然如此,鲁迅却没有将自己终生精力,或者大部分精力用到学术上来,没有进一步取得更大的学术收获,相反,他将相当大的精力都用在"鸡毛蒜皮"的争论,"睚眦必报"的攻击和"莫名其妙"的愤怒上。可以说,鲁迅的上海十年,不要说学术,除写过寥寥数篇"朝花夕拾"外,在创作上,他几乎将很大的精力花在杂文写作和木刻运动上。在这个意义上看,鲁迅没有被列入章门弟子录的原因大约与这个弟子录的取舍标准是"学术"有关吧,虽然鲁迅的学术成就亦不俗,但他那批评的名声太大了,在一定程度上掩盖了他学术上的贡献。

---

① 鲁迅:《南腔北调集·林克多〈苏联闻见录〉序》,《鲁迅全集》(第5卷),第436页。
② 曹聚仁:《鲁迅评传》,第177页。
③ 郭沫若:《郭沫若全集》(文学编第20卷),第306页。

师如荒谬,不妨叛之

这是章氏对鲁迅在学术上的评判,他对鲁迅在学术上有所"不满",这也反映了他对于战斗的文章在内心的瞧不上之故,而鲁迅对业师的"不满"亦在于此,其实"他们都是有学问的革命家",①这对师徒都是集批评家与学术家两种身份于一身,有意思的是,他们先后于1936年同归道山后,弟子朋友们分别赠送的两副挽联都顾及了他们的这两种身份。章太炎去世后,他的弟子,也是鲁迅生前老友许寿裳送的挽联曰:"内之颉籀儒墨之文,外之玄奘义净之术,专志精微,穷研训故;上无政党猥贱之操,下作懦夫奋矜之气,首正大义,截断众流","上联是国学大师,下联是革命元勋"。② 几个月后,在鲁迅逝世时,蔡元培的挽联则是:"著述最谨严非徒中国小说史,遗言太沉痛莫作空头文学家",上联是指其学术成就,下联是指其批评成就,这对师徒如之何其相似乃耳。

只不过,章只看重学术家的名号,而鲁迅却毫不轻视批评家的身份,甚至他将学问看得很轻。一般来说,由于种族的政治的压迫,士人只得将聪明才智运用到与世无涉的学术中去,这造成了有清一代学术的空前的繁荣。"解经的大作,层出不穷,小学也非常的进步;史论家虽然绝迹了,考史家却不少;尤其是考据之学,给我们弄明白了宋明人决没有看懂的古书……"但鲁迅却说:

> 我每遇到学者谈起清代的学术时,总不免同时想:"扬州十日","嘉定三屠"这些小事情,不提也好罢,但失去全国的土地,大家十足做了二百五十年奴隶,却换得这几页光荣的学术史,这买

---

① 曹聚仁:《鲁迅评传》,第26页。
② 许寿裳:《章炳麟传》,团结出版社2004年版,第186页。

卖,究竟是赚了利,还是折了本呢?①

他认为这样的"买卖"算是"折了本",我们宁可不要这发达的学术,因为这发达的学术是我们250年之久的奴隶的血泪换来的。

至于章太炎,他说,章老师你写的《訄书》这鬼东西,到底有几个人懂得,"我读不断,当然也看不懂",而"战斗的文章,乃是先生一生中最大、最久的业绩","先生的业绩,留在革命史上的,实在比在学术史上还要大"。② 当然,鲁迅还是尊重章太炎的学术成绩的,1910年时,朱逖先及诸同门集资刻印章太炎的《小学答问》,1911年,鲁迅曾出资十五圆,并代许寿裳出资十五圆作为印费。③ 只不过,他更强调、更看重的是战斗性的文章。

1936年6月14日,太炎先生病逝后,鲁迅好友许寿裳著文纪念,高度宣扬了其之于民国创立的巨大贡献,他说,"先师章先生是革命大家,同时是国学大师,其阶立卓绝,非仅功济生民而已,前世纪之末,士大夫或言变法,或言立宪,议论纷纷,淆乱民听,自先师以历史民族之义提倡光复,'首正大义,截断众流',百折不挠,九死无悔,而后士民感慕,翕然从风,其于民国,艰难缔造,实为元功"④。而惯与其兄鲁迅"唱反调"的周作人则说,"我以为章太炎先生对于中国的贡献,还是以文字音韵学的成绩为最大,超过一切之上的"。⑤ 这当然是各人性情、旨趣不

---

① 鲁迅:《花边文学·算账》,《鲁迅全集》(第5卷),第542页。
② 鲁迅:《且介亭杂文末编·关于太炎先生二三事》,《鲁迅全集》(第6卷),第565-567页。
③ 鲁迅:《致许寿裳(110420)》,《鲁迅全集》(第11卷),第346页。
④ 赵敬立:《先哲的精神,后生的楷范》,绍兴文理学院等编:《鲁迅:跨文化对话:纪念鲁迅逝世七十周年国际学术讨论会论文集》,大象出版社2006年版。
⑤ 同上书。

同,所看取的结果就不同,但周作人后来对鲁迅对太炎先生的评价持了完全相同的意见,他说,"鲁迅所写的纪念文章里面,把国学一面按下了,特别表彰他的革命精神,这正是很有见地的。知道太炎的学问,把他看作旧学的祖师极是普通,称赞他的革命便知道的更深了"。① 这也可见,章氏文集之于后世造成了片面的影响。

西哲亚里士多德有曰:"吾爱吾师,吾犹爱真理",正如鲁迅对曹聚仁的信中论及太炎先生时所说,"师如荒谬,不妨叛之","太炎先生曾教我小学,后来因为我主张白话,不敢再去见他了,后来他主张投壶,心窃非之",②太炎先生不收论战文字这件事,是鲁迅对其师新的"不满",这成了鲁迅生命最后时期思考的一个问题,这对他刺激不小,不澄清这一点,至少关系到将来人们如何评价他的问题,他的一生正是战斗的一生啊。所以,鲁迅临死前两天,最后写的一篇未完稿,还是"因太炎先生而想起的二三事",在此篇未完稿中,他赞赏太炎作的《解辫发》,然而这等文章却被章氏删掉,他仍重复了太炎先生手定的《章氏丛书》不收录这些攻战的文章的遗憾和惋惜,他说,"先生力排清虏,而服膺于几个清儒,殆将希踪古贤,故不欲以此等文字自秽其著述——但由我看来,其实是吃亏,上当的,此种醇风,正使物能遁形,贻患千古"。③ 不像有些文人,年轻气盛,年长温吞,鲁迅的骨头是老而弥坚,志向是至死不渝,他说在他临死时,倘有人问他是否

---

① 鲁迅博物馆等编:《鲁迅回忆录》(专著中册),北京出版社 1997 年版,第 1064 页。

② 鲁迅:《致曹聚仁(330618)》,《鲁迅全集》(第 12 卷),第 405 页。

③ 鲁迅:《且介亭杂文末编·因太炎先生而想起的二三事》,《鲁迅全集》(第 6 卷),第 578-579 页。

请求别人宽恕自己,同时自己也就宽恕了别人,他的回答则是"让他们怨恨去,我也一个都不宽恕"。① 他的那种不屈的意志和坚决的态度显然是乃师章氏所望尘莫及的。

一方面章太炎从学术的立场出发,没有将鲁迅列入其弟子名录中,另一方面成仿吾又从战斗的立场出发,又抱怨鲁迅去搞学问。这说的是那档子的事啊,原来鲁迅"将编《中国小说史略》时所集的材料,印为《小说旧闻钞》,以省青年的检查之力",②而提倡无产阶级革命文学的成仿吾便在《完成我们的文学革命》一文中说"鲁迅先生坐在华盖之下正在抄他的小说旧闻",是一种"以趣味为中心的文艺","后面必有一种以趣味为中心的生活基调";"而这种以趣味为中心的生活基调,它所暗示着的是一种在小天地中自己骗自己的自足,它所矜持着的是闲暇,闲暇,第三个闲暇"。③《小说旧闻钞》是鲁迅以前准备写中国小说史时辑录的古典小说史料,在上海时,鲁迅只不过将之印出来而已,他从没有打算在学术的天地里驰骋一番,然而,鲁迅一沾学术,主张行动的成仿吾君便有些不安了。因为学术与批评是冲突的,前者要静,后者要动,前者主内,后者主外,前者要安居书斋,后者要投身社会,其实鲁迅从来都没有真正脱离过社会啊,所以这是成仿吾对鲁迅的误解,难怪乎鲁迅和他们这帮小年轻们急。

从鲁迅对太炎先生的评价可以看出,鲁迅更看重知识分子的批判意识,而不是学术成绩,这是他与太炎先生的分歧所在。

---

① 鲁迅:《且介亭杂文续编·死》,《鲁迅全集》(第6卷),第635页。
② 鲁迅:《三闲集·序言》,《鲁迅全集》(第4卷),第6页。
③ 成仿吾:《完成我们的文学革命》,李富根、刘洪主编:《恩怨录·鲁迅和他的论敌文选》(上),第408页。

一个人走不了方向不同的两条路

然而这并不是说鲁迅就不重视学术了,他自己学术又不是搞不好,然而批评又不能放下,于是鲁迅在这两者进行着艰难的取舍,在厦门的时候,他说:

> 从我们平常人看来,教书和写东西是势不两立的,或者死心塌地地教书,或者发狂变死地写东西,一个人走不了方向不同的两条路。①

1927年1月11日,就在鲁迅将要离开厦门赴广州的时候,他在给许广平的信中说:

> 但现在之所以还只(!)说了有限的消息者:一,为己,是总还想到生计问题;二,为人,是可以暂借我已成之地位,而作改革运动。但要我兢兢业业,专为这两事牺牲,是不行了。②

为己,就得生活,便要搞学术;为人,就得入世,便要搞批评,两者又不能并行。1927年7月16日,他在广州知用中学的讲演中也说到研究与创作不能并举的苦处。

> 讲文学。研究是要用理智,要冷静的,而创作须情感,至少总得发点热,于是忽冷忽热,弄得头昏,——这也是职业和嗜好不能合一的苦处。苦倒也罢了,结果还是什么都弄不好。那证据,是试翻世界文学史,那里面的人,几乎没有兼做教授的。③

---

① 鲁迅:《华盖集续编·厦门通信(二)》,《鲁迅全集》(第3卷),第391页。
② 鲁迅:《两地书·一一二》,《鲁迅全集》(第11卷),第279页。
③ 鲁迅:《而已集·读书杂谈》,《鲁迅全集》(第3卷),第460页。

批评要热血沸腾,要热;学术要心平气和,要冷,这是两个不同的生命状态。梁启超曾反思他的《中国学术思想变迁之大势》时说,"当时多有为而发之言,其结论往往流于偏至"。① 我们知道,梁任公是个性情中人,热情洋溢,他说他的学术常常未免掺入了些主观因素,真正做学问的不应和晚明王学的那批人一样"束书不观,游谈无根",更应像惠栋、戴震、段玉裁、王念孙、王引之这批"正统派"学者一样,主张"实事求是","无征不信","为考证而考证,为经学而治经学"。所以他只好"吃棒冰"来降温了。

鲁迅和梁任公一样,都是"热血质"的人,许广平曾说他"太敏感,太热情",②林语堂也曾说,"周氏弟兄,趋两极端。鲁迅极热,作人极冷"③。但他在搞学术时,却能时时警惕到这一点,让学术归于学术,让批评归于批评,所以他在小说史略的写作中,力避感情的掺入。而他在十多年前,还在为情感之有功于学术而辩护,他在写《科学史教篇》时说到"失学"的原因时说,"近世华惠尔亦论之,籍当时见象,统归四因,与培庚言殊异,因一曰思不坚,二曰卑琐,三曰不假之性,四曰热中之性,且多援例以实之"。然而,他同意丁达尔所说的"热中之性"不仅不妨学,反而可以助学的观点,"盖科学发见,常受超科学之力,易语以释之,亦可曰非科学的理想之感动,古今知名之士,概如是矣"④。可见他那时还是看重主观情感之于学术的作用的,他写小说史略时便对此有所克服。

所以胡适和钱玄同看了他的小说史略后,都说他"论断太少",鲁迅

---

① 梁启超:《清代学术概论·自序》,第11页。
② 鲁迅:《两地书·七八》,《鲁迅全集》(第11卷),第214页。
③ 鲁迅博物馆等编:《鲁迅回忆录》(散篇中册),第765页。
④ 鲁迅:《坟·科学史教篇》,《鲁迅全集》(第1卷),第29页。

便在信中谦虚地说道,"我自省太易流于感情之伦,所以力避此事,其实正是一个缺点"。① 其实他所说的缺点应当正是其优点所在,1957年5月2日,胡适在对陈之藩的信中说到治学的勤谨和缓时说,"我很感觉'情感''火焰'等等在做学问的过程上是当受'和'与'缓'的制裁的",并自谦道,"读我的文字'连一朵火焰也看不见',这是很大的赞美辞,我怕很少人能承当。我是不敢承当的"。② 后来还大谈,"做学问切不可动感情,一动感情,只看见人家的错,就看不见自己的错处"。③ 这似乎与他几十年前对鲁迅小说史的评价立场恰好相反。

学术的冷与批评的热的不同心态实质上反映了职业与事业的冲突,学术是"吃饭"的一种职业,职业是以赚钱、活命为上的。而批评或者说写作在鲁迅眼里却算不上一种职业,据许广平的回忆,鲁迅这样明确地说过,"文学以后不能算他职业,——教书吃饭例外,专门学者例外——科学家……无论什么人,于自己职业之外,对文学有趣味,工余之下,则写出来的是从实际得来,五花八门"④。批评对他来说更多的是一种事业,《易经》有云"举而措之天下之民,谓之事也"。⑤ 为天下万民谋取利益,就是事业。一个人走不了方向不同的两条路,这是他在厦门大学当研究教授时的矛盾心理。当年,厦大的学生"或者希望我提倡白话,和旧社会闹一通;或者希望我编周刊,鼓吹本地新文艺;而玉堂他们又要我在《国学季刊》上做些'之乎者也',还有到学生周会去演说,我

---

① 鲁迅:《致胡适(231228)》,《鲁迅全集》(第11卷),第439页。
② 耿云志、欧阳哲生编:《胡适书信集》(下),北京大学出版社1996年版,第1308-1309页。
③ 胡颂平:《胡适之先生晚年谈话录》,第5页。
④ 鲁迅博物馆等编:《鲁迅回忆录》(散篇中册),第525页。
⑤ 《易经》。

真没有这三头六臂"。① 对看重学术的学校一面来说,我出高薪聘请你,不是看你在外面发表了多少散文、多少杂文、多少诗歌,要看的是你在"权威期刊"或"核心期刊"上发表了几篇论文,申请了几项课题,出了学术专著、转载了没有,得奖了没有,等等。当年厦大更是如此,出了大钱请教授,唯恐你不搞学术研究,于是大搞量化考核,这事搞得鲁迅很是心烦。

他对许广平抱怨道,"学校当局又急于事功,问履历,问著作,问计划,问年底有什么成绩发表,令人看得心烦。其实我只要将《古小说钩沉》整理一下拿出去,就可以作为研究教授三四年的成绩了,其余都可以置之不理"②。"国学院也无非装门面,不要实际。对于教员的成绩,常要查问,上星期我气起来,就对校长说,我原已辑好了古小说十本,只须略加整理,学校既如此着急,月内便去付印就是了。于是他们就从此没有后文。你没有稿子,他们就天天催,一有,却并不真准备付印的。"③人要生存,就只得教书,然而,要教书,则当接受学校的学术要求,学术与批评的不相容和冲突在厦大的鲁迅身上得到集中的体现。

在厦门时候的鲁迅,是他在批评与学术的旋涡中挣扎得最深的时候,他对这个问题翻来覆去地思考,反反复复地权衡,经过再三尝试,最后才做了放弃学术职业,专心地投身于批评事业的决定,所以说这段时间是他人生之中最为关键的一个坎。过了这个坎,他的批评事业便是"面朝大海,春暖花开"了。

1926年11月1日,他在给许广平的信中倾诉了这一矛盾心态。

---

① 鲁迅:《两地书·五六》,《鲁迅全集》(第11卷),第159页。
② 鲁迅:《两地书·四二》,《鲁迅全集》(第11卷),第121页。
③ 鲁迅:《两地书·七五》,《鲁迅全集》(第11卷),第208页。

> 但我对于此后的方针，实在很有些徘徊不决，那就是，做文章呢，还是教书？因为这两件事，是势不两立的：作文要热情，教书要冷静。兼做两样的，倘不认真，便两面都油滑浅薄，倘都认真，则一时使热血沸腾，一时使心平气和，精神便不胜困惫，结果也还是两面不讨好。看外国，兼做教授的文学家，是从来很少有的。我自己想，我如写点东西，也许于中国不无小好处，不写也可惜；但如果使我研究一种关于中国文学的事，大概也可以说出一点别人没有见到的话来，所以放下也似乎可惜。但我想，或者还不如做些有益的文章，至于研究，则于余暇时做，不过倘使应酬一多，可又不行了。①

这次，他思考的结果是，批评为主，学术为次。

过了一个多月，12月3日，他在给许广平的另一封信中又一次思考了他此后的职业安排。

> 我明年的事，自然是教一点书；但我觉得教书和创作，是不能并立的，近来郭沫若郁达夫之不大有文章发表，其故盖亦由于此。所以我以后的路还当选择：研究而教书呢，还是仍作游民而创作？倘须兼顾，即两皆没有好成绩。或者研究一两年，将文学史编好，此后教书无须豫备，则有余暇，再从事于创作之类也可以。②

这次，他思考的结果是，学术为主，批评为次。

他选择得如此艰难，批评有益于中国，学术又有所创见，To be or not to be, that is a question，鱼与熊掌他都想得，虽然他也知道，"以文

---

① 鲁迅：《两地书·六六》，《鲁迅全集》（第11卷），第187-188页。
② 鲁迅：《两地书·八六》，《鲁迅全集》（第11卷），第233页。

笔生活,最苦的职业",①然而,明知山有虎,偏向虎山行。最终他还是下了割舍学术,专事批评的决断,"他总是虽然不无惋惜却异常坚决地放弃学术而选择文学。对他来说,'踱进研究室去'企求'伏案功深'的学术,显得太辽远了,许多学者的许诺也很漂亮,但大多要到'二十一世纪'才能兑现,'与其说明年渴酒,不如立刻喝水。'学术学术,还是可以决然舍去的,只有文学,更加迫近'不从容的人们的世界'"。② 正是这样的一种学术态度,使得他在厦大时,学术做得有些敷衍,也没有取得更大的新的学术成绩,比如时断时续的《中国文学史》就没法编写出来。而几乎所谓的学术基本上还是吃过去的"老本"而已。

在厦大,原订一周上课六小时,分别为小说史,中国文学史,专书研究各两小时,小说史对鲁迅来说是,有了北大的积累,可以说是就熟驾轻了,至于专书研究,"则须豫备",但因无人选此功课,遂作罢。文学史,虽有旧存讲义,"随便讲讲就很够了,但我还想认真一点,编成一本较好的文学史",③这一学术愿望甚至在上海时他还念叨过,然而却永远都不能够完成了。可以假设,如果鲁迅能在厦大专心教书一两年,他的文学史讲义大概也编成了,我们的学术史上将会多添一本质量定会不低的《中国文学史》学术著作。

为了对付学校的学术考核,鲁迅把自己以前的东西东抄西拼,交差了事。"明天是季刊(按:《厦大国学季刊》)文章交稿的日期,所以我昨夜写信一张后,即开手做文章(按:《〈嵇康集〉考》),别的东西不想动手研究了,便将先前弄过的东西东抄西撮,到半夜,并今天一上午,做好

---

① 鲁迅:《致宫竹心(210826)》,《鲁迅全集》(第11卷),第411页。
② 郜元宝:《鲁迅六讲》,上海三联书店2000年版,第69页。
③ 鲁迅:《两地书·六八》,《鲁迅全集》(第11卷),第119页。

了,有四千字,并不吃力,从此就又玩几天。"①

　　此地薪水虽优厚,但他过不惯那种与世无涉的书斋生活,又不甘牺牲掉自己一心向往并擅长的批评事业,加上爱情及其他人事上的纠葛等因素,使得他在厦大可谓度日如年,于是他盘算着去中山大学,虽然那个地方薪水只有280元,②远低于每月400元的厦大,但他还是急切地想离开此地。他的打算如下,"离开此地(按:厦大)之后,我必须改变我的农奴生活;为社会方面,则我想除教书外,仍然继续作文艺运动,或其他更好的工作"。③ 他还提到他的一点批评的野心,"其实我也还有一点野心,也想到广州后,对于'绅士'们仍然加以打击,至多无非不能回北京去,并不在意。第二是与创造社联合起来,造一条战线,更向旧社会进攻,我再勉力写些文字"。④ 此后,中山大学的短时间的再度尝试及其失败其实正是学术败于批评的又一次再现!

　　于是,鲁迅便自毁学术这个"铁饭碗","下海"到上海,在那个五光十色、光怪陆离的洋场中,他的批评如鱼得水、收发自如。而且,在那里,他有了较为丰厚的稿酬,"生活方式也比较得奢侈",⑤他的学术活

---

　　① 鲁迅:《两地书·四一》,《鲁迅全集》(第11卷),第192页。
　　② 陈明远说,鲁迅在中山大学当文学系主任兼教务主任时"月薪500元(发给半数银圆、半数兑换券即纸币)"(见陈明远:《文化人的经济生活》,第192页),不知此数据从何而来,许广平说,"况且中大薪水,必少于厦门"(《鲁迅全集》,2005年版,第11卷,第212页),鲁迅在信中也说,"我已收到中大聘书,月薪二百八,无年限的"。(《鲁迅全集》,2005年版,第11卷,第203页)又说"中大的薪水是二百八十元,可以不搭库券"。(《鲁迅全集》,2005年版,第11卷,第215页)看来,中大薪水月薪应为280元较妥。
　　③ 鲁迅:《两地书·八三》,《鲁迅全集》(第11卷),第226页。
　　④ 鲁迅:《两地书·六九》,《鲁迅全集》(第11卷),第195页。
　　⑤ 郁达夫:《回忆鲁迅·郁达夫谈鲁迅全编》,上海文化出版社2006年版,第31页。

动也就可以告以终结,因为吃饭问题得以解决,于是他就专心从事社会批评。

然而,有一次,鲁迅竟然说出这样的话来。他说:"新作小说则不能,这并非没有工夫,却是没有本领,多年和社会隔绝了,自己不在旋涡中心,所感到的总不免肤泛,写出来也不会好的。"①照常理,这时期鲁迅应当是"在旋涡中心"的,但他却出乎意料地宣称"自己不在旋涡中心","多年和社会隔绝了"。尽管鲁迅这时期给人的是一种金刚怒目的面目,飘发凌厉的姿态;尽管他掩饰不住内心的得意,私下对人宣称与文人斗,自己从没失败过;尽管他还劝阻达夫移居杭州,应当在"风沙浩荡"的上海"足行吟"……但他内心似乎很是心浮气躁,并对这种生活颇感烦腻。他偶尔还会有那种电光石火般的学术冲动在。

他说在厦门时,"本想在此关门读书一两年,现知道已属空想"。②闭关苦修终究没有成功。1929 年 6 月 1 日凌晨 5 时,天都快亮了,身在北京的鲁迅给许广平伏案写信,在信中,他一方面表示了自己在学术上的自信和自负,一方面又对自己"不复专于一业,一事无成"的无奈和懊恼。于是,他说,"我想,应该一声不响,来编《中国字体变迁史》或《中国文学史》了"。③ 1932 年,他在北平探亲时对来寓邀他演讲的学生说,郑振铎的文学史"材料很丰富,不过没有什么观点",而日本人作的中国文学史"也没有好的",并说"我打算作一部"④他甚至想到利用北京图

---

① 鲁迅:《致姚克(331105)》,《鲁迅全集》(第 12 卷),第 478 页。
② 鲁迅博物馆等编:《鲁迅回忆录》(散篇中册),第 928 页。
③ 鲁迅:《两地书·一三五》,《鲁迅全集》(第 11 卷),第 323 页。此句话是鲁迅在出版《两地书》时补加的,而原信没有这句话。见鲁迅:《致许广平(290601)》,《鲁迅全集》(第 12 卷),第 184 页。
④ 鲁迅博物馆等编:《鲁迅回忆录》(散篇中册),第 691 页。

书馆丰富的藏书完成自己的文学史写作,"单是那一个图书馆,就可以给我许多便利。但这也只是一个梦想"。① 在1933年,他仍记得他这个学术意愿,在给曹聚仁的信中说:

> 我数年前,曾拟编中国字体变迁史及文学史稿各一部,先从作长编入手,但即此长编,已成难事,剪取欤,无此许多书,赴图书馆抄录欤,上海就没有图书馆,即有之,一人无此精力与时光,请书记又有欠薪之惧,所以直到现在,还是空谈。②

1933年,可能是鲁迅对学术最为心动的一年,他屡屡和友人提起他的学术打算及有心无力之感,十月份,他在给曹靖华的信中又一次说:

> 文学史尚未动手,因此地无参考书,很想回北平用一两年功,但恐怕也未必做得到。③

是的,这也只是想想而已,谈谈而已,在上海"自谋职业"的他,已不可能有这么一个充裕的时间、精力、生活保障去做这些事了,除非在某一高校任教,然而又是他所不乐意的。"我久想作文学史,然第一须生活安静,才可以研究,而目下情形,殊不可能。"④树欲静而风不止,不是生活不能安静,而是他自己不愿安静。

然而,在当他看到郑振铎主持的《文学季刊》上关于旧文学的论文时,他内心大概想起了自己先前研究小说史时宁静的书斋生活,对别人能安然地研究学术不无羡慕,再想到自身终日"心浮气躁"的生活,未免有些抱怨和不满。他说:"此种论文,上海不会有的,因为非读书之地。

---

① 鲁迅博物馆等编:《鲁迅回忆录》(散篇中册),第929页。
② 鲁迅:《致曹聚仁(330618)》,《鲁迅全集》(第12卷),第404页。
③ 鲁迅:《致曹聚仁(331021)》,《鲁迅全集》(第12卷),第464页。
④ 鲁迅博物馆等编:《鲁迅回忆录》(散篇中册),第929页。

我居此五年,亦自觉心粗气浮,颇难救药。"①甚至他对"风沙浩荡"的上海都要讨厌了,并一度想寻个地方清静一下。"不过此地总不是能够用功之地,做不出东西来的。也想走开,但也想不出相宜的所在。"②"上海真是是非蜂起之乡,混迹其间,如在洪炉上面,能躁而不能静,颇欲易地,静养若干时,然竟想不出一个适宜之处"。③ 这时他才理解并羡慕那些隐士们闭门读书的清福了,"无怪古人之要修仙,盖非此则不能多看书也"。④ 然而,他自己正是一个能动不能静的人,这怪谁呢?

读书,还是不读书

他自己是舍学术而求批评,但内心是矛盾的,他对学生亦如是号召,同样,这中间也有矛盾的心理在。

如果说胡适是主张学生们"两耳不闻窗外事,一心只读圣贤书"的话,那么鲁迅则是主张"只读书无用论"的。胡适将学术向来看得很重,他说,"研究学术史的人要当用'为真理而求真理'的标准去批评各家的学术。学问是平等的。发明一个字的古义,与发现一颗恒星,都是一大功绩"⑤。所以他主张不要因干预国事而误了读书作学问的大好时光。鲁迅的主张则恰恰相反,他常常看重的是青年的行动能力,而不主张学生死读书、只读书。这从他们对北大的不同期望中可得到明显的对比。

1920年9月17日,胡适在北大开学典礼上的演讲中称,北大被誉为"新思潮之先驱"、"新文化的中心",但以北大的学术水平来判断,背

---

① 鲁迅:《致郑振铎(331027)》,《鲁迅全集》(第12卷),第469页。
② 鲁迅:《致姚克(331002)》,《鲁迅全集》(第12卷),第452页。
③ 鲁迅:《致姚克(340409)》,《鲁迅全集》(第12卷),第68页。
④ 鲁迅博物馆等编:《鲁迅回忆录》(散篇中册),第928页。
⑤ 欧阳哲生主编:《胡适文集》(第2卷),第327页。

负着这种金字招牌应当感到惭愧!"所以我希望北大的同人,教职员与学生,以后都从现在这种浅薄的'传播'事业,回到一种'提高'的研究工夫。我们若想替中国造新文化,非从求高等学问入手不可。"①他为北大的学术能力感到担忧。一年后,1921年10月11日,在北大开学典礼上,胡适道,"我想要做学阀,必须造成像军阀、财阀一样的可怕的有用的势力,能在人民的思想上发生重大的影响;……所以我们一方面要做蔡校长所说的为知识而求知识的精神,另一方面要造成有实力的为中国造历史,为文化开新纪元的学阀,这才是我们理想的目的"。②

1922年12月17日,在北大成立二十四周年③纪念会上的演讲中,胡适再一次提到了对北大的学术成绩的不满,以及期望在学术上有更大的斩获,他说,"这几年来组织上很有进步,学校的基础也日趋稳固。所最惭愧的是在学术上太缺乏真实的贡献"。④ "至今还不曾脱离'裨贩'的阶级!"⑤他要北大做到"又开风气又为师",不能像他那样,"只开风气不为师"。

在这一点上,周作人的观点与胡适大致相同,虽然周作人在1930年12月北大三十二周年校庆纪念时,撰文说不愿区分"读书"与"救国"谁主谁次,并且最后还是将"读书"视为北大的"支路",但他还是主张北

---

① 欧阳哲生主编:《胡适文集》(第12卷),第436-437页。
② 同上书,第438-439页。
③ 《胡适文集》(北大,1998年版)第12卷标题为《在北大成立二十五周年纪念会上的讲话》,包括正文中"二十五周年"(第12卷第447页),应当为二十四周年之误,因为北大成立于1898年,《胡适文集》第11卷中的《回顾与反省》(第11卷第104页)与此文是同一个内容,而此文中的"我们有了二十四个足年的存在"应当是正确的。
④ 胡适:《胡适文集》(第12卷),第447页。
⑤ 欧阳哲生主编:《胡适文集》(第11卷),第104页。

大应发扬明其道不计其功的学术精神,"中国的学术界很有点儿广田自荒的现象,尤其是东洋历史语言一方面荒得可以,北大的职务在去种熟田之外还得在荒地上来下一锄,来不问收获但问耕耘的干一下,这在北大旧有的计画上是适合的,在现时的情形上更是必要,我希望北大的这种精神能够继续发挥下去"。①

不能作文算什么大不了的事

与胡适、周作人等人对北大在学术上的不满和期望不同的是,鲁迅在1925年12月17日,即北大成立二十七周年之际,应北大学生会之约写下的纪念文章《我观北大》却高度赞扬了北大那积极干预社会,引领全国思想文化界的精神。他说,"第一,北大是常为新的,改进的运动的先锋,要使中国向着好的,往上的道路走。……教授和学生也都逐年地有些改换了,而那向上的精神还是始终一贯,不见得弛懈"。"第二,北大是常与黑暗势力抗战的,即使只有自己"。②

当年胡适在办谈政治的刊物《努力》时,又创办了它的副刊,即专讲学问的《读书杂志》,那是因为他在从事批评的同时,放不下他所喜好的学问,"踱进研究室""整理国故"便是他在这上面发动起来的,有意思的是,当年胡适在筹办《读书杂志》时,他竟还辗转邀请过鲁迅加入,1921年3月2日,胡适致信周作人,请周帮助他发起《读书杂志》并说,"豫才兄处,请你致意,请他加入",③看来胡适还不了解鲁迅的脾性,鲁迅的

---

① 周作人:《北大的支路》,见周作人:《苦茶随笔·苦竹杂记·风雨谈》,第212页。

② 鲁迅:《华盖集·我观北大》,《鲁迅全集》(第3卷),第168页。

③ 中国社会科学院近代史研究所中华民国史组编:《胡适来往书信选》(上),第128页。

心思何尝在学术上呢？固然这几年他也正致力于他的学术奠基之作《中国小说史略》的写作，他反对的正是胡适劝人入研究室的主张，三四年后，1925年，鲁迅在通讯中不无揶揄地说，"学者多劝人踱进研究室，文人说最好是搬入艺术之宫，直到现在都还不大出来，不知道他们在那里面情形怎样"。① 1927年6月1日，鲁迅在日本鹤见祐辅的《书斋生活与其危险》译者附记中说，"数年以前，中国的学者们曾有一种运动，是教青年们躲进书斋去。我当时略有一点异议，意思也不过怕青年进了书斋之后，和实社会实生活离开，变成一个呆子，——胡涂的呆子，不是勇敢的呆子。不料至今还负着一个'思想过激'的罪名，而对于实社会实生活略有言动的青年，则竟至多遭意外的灾祸"。② 这是他们的分歧和不同的价值取向，而胡适竟还要邀请鲁迅"踱进研究室"，他实在是看走了眼。

在谈到读书时，鲁迅甚至都说，"无论是学文学的，学科学的，他应该先看一部关于历史的简明而可靠的书。但如果他专讲天王星，或海王星，虾蟆的神经细胞，或只咏梅花，叫妹妹，不发关于社会的议论，那么，自然，不看也可以的"③。由此可见，对于与社会无涉的纯学术，鲁迅是不感兴趣的，也是不主张青年学生去一头扎进故纸堆，去发现"恒星"去。

他入世的意识太强烈了，几乎是彻底反对"死读书"、"只读书"的。许广平曾给鲁迅说到她周围的同学们终日埋首书斋的情况，"还有的是死捧着线装本子，终日作缮写员，愈读愈是弯腰曲背，老气横秋，而于现

---

① 鲁迅：《华盖集·通讯》，《鲁迅全集》（第5卷），第26页。
② 鲁迅：《译文序跋集·〈书斋生活与其危险〉译者附记》，《鲁迅全集》（第10卷），第304页。
③ 鲁迅：《且介亭杂文·随便翻翻》，《鲁迅全集》（第6卷），第142-143页。

在的书报,绝不一顾,她们是并不打算做现社会的一员的"。① 鲁迅则主张读书的同时还要关心窗外的事情,"但专读书也有弊病,所以必须和实社会接触,使所读的书活起来"。②

他在备受争议的"青年必读书"事件中,也流露出对读书的一种轻视,他说,"少看中国书,其结果不过不能作文而已。但现在的青年最要紧的是'行',不是'言'。只要是活人,不能作文算什么大不了的事"。③ 在他看来,所谓学问其实是无关紧要的,重要的是你如何应对这个世界,并对之做出怎样的反应,这才是切实的、有益的。

他在厦大的学生俞念远回忆说:

> 他是极力反对学生读死书的。他说:"学生读死书,只配做人家的奴隶!"总之,在一九二六年,离现在十年前的鲁迅先生,他已非常赞同学生应当担当着社会的重大的任务了!④

"我们总得将青年从牢狱里引出来。"⑤他不主张只读书,鼓吹学生向社会抗争,他本身就是"冬天里的一把火",他亦甘愿做一名"放火者",⑥走到哪儿点燃哪儿,他的"干柴们"也为他的热情所点燃,宁可退学,不拿文凭,也要跟着辗转四方,"对于学生,我已经说明了学期末要离开,有几个因我在此而来的,大约也要走"。⑦ "我离厦门后,有几个学生要随我转学,还有一个助教也想同我走,他说我对于金石的知识于

---

① 鲁迅:《两地书·三》,《鲁迅全集》(第11卷),第18页。
② 鲁迅:《而已集·读书杂谈》,《鲁迅全集》(第3卷),第463页。
③ 鲁迅:《华盖集·青年必读书》,《鲁迅全集》(第3卷),第12页。
④ 鲁迅博物馆等编:《鲁迅回忆录》(散篇上册),第458页。
⑤ 鲁迅:《华盖集·北京通信》,《鲁迅全集》(第3卷),第55页。
⑥ 鲁迅:《两地书·一〇九》,《鲁迅全集》(第11卷),第274页。
⑦ 鲁迅:《两地书·八九》,《鲁迅全集》(第11卷),第239页。

他有帮助。"①"学生至少有二十个也要走。我确也非走不可了,因为我在这里,竟有从河南中州大学转学而来的,而学校的实际又是这模样,我若再帮同来招徕,岂不是误人子弟?"②"我这里常有学生来,也不大能看书,有几个还要转学广州,他们总是迷信我,真是无法可想。"③他们一直走到"革命的策源地"广州。虽然胡兰成认为五四运动在北京,远不如在广州搞得"如火如荼","但是鲁迅到了广州很失望,觉得那里的浪漫气氛太重"。④ 因为,革命的旌旗已插到远方,这里显得宁静而不激动。

> 现在,四近没有炮火,没有鞭笞,没有压制,于是也就没有反抗,没有革命。所有的多是曾经革命,将要革命,或向往革命的青年,将在平静的空气中,度着探求学术的生活。但这平静的空气,必须为革命的精神所弥漫;这精神则如日光,永永放射,无远弗到。⑤

这是 1927 年鲁迅在中山大学开学的演讲。鲁迅的内心是躁动的、不安分的,他不习惯于"一潭死水",亦不习惯于"明净秋水",他渴望狂风恶浪,并渴望在这狂风恶浪中一显身手。革命的骚动是为了求得幸福和安宁,而他竟不满于这幸福和安宁,他唯恐他们忘记了现在进行着的炮火纷飞的前线,并期望他们不要沉醉于这短暂的平静,他结束的祝词是,"我先只希望中山大学中人虽然坐着工作而永远记得前线"。

---

① 鲁迅:《两地书·九三》,《鲁迅全集》(第 11 卷),第 245 页。
② 鲁迅:《两地书·一○五》,《鲁迅全集》(第 11 卷),第 267 页。
③ 鲁迅:《两地书·一○一》,《鲁迅全集》(第 11 卷),第 262 页。
④ 胡兰成:《山河岁月》,广西人民出版社 2006 年版,第 196 页。
⑤ 鲁迅:《集外集拾遗补编·中山大学开学致语》,《鲁迅全集》(第 8 卷),第 194 页。

胡适有时也不能否认革命,但在他的眼里,学术第一,革命第二,甚至只要有了学术成绩,才能有革命的资格,这甚至多少都有些拿革命的幌子来劝学生研究学术的意思,其苦口婆心,总的来说都是为了学术这一最终目的,他给学生举了职业革命家孙中山的例子说,"青年学生如要想干预政治,应该注重学识的修养。你们不听见吴稚晖先生说孙中山先生没有一天不读书吗?民国八年五月初,我去访中山先生,他的寓室内书架上装的都是那几年新出版的西洋书籍。他的朋友都可以证明他的书籍不是摆架子的,是真读的。中山先生所以能至死保留他的领袖资格,正因为他终身不忘读书,至老不废修养"。胡适的观察是如实的,人们总是将少年时受中国传统文化教育较为薄弱的孙中山视为一介武夫、一个莽汉、一个暴徒、一个革命家等。孙中山也自承自己"致力革命,无暇向学读书。行医日只一两时,而事革命者实七八时,而学业遂荒"。①更有甚者,康梁竟认为孙氏"目不识丁",其实,孙中山亦是学贯中西的饱学之士,他"平日所治甚博,于政治、经济、社会、工业、法律诸籍,皆笃嗜无倦",②据他自云:"我一生除革命外,唯一的嗜好就是读书,我一天不读书,便不能生活。"③看来,胡适先求知识,后革命的主张似乎并不悖谬,孙氏承认自己读书是出于对革命的谨慎和负责,因为革命责任重大,事关人头的事,容不得试错,他说,"一般人读书,或是为个人的前途,或是为一家的生活,他读书不认真,成败得失,只他个人或其一家。革命党人则不然,一身负国家社会之重责,如果自己读书不认

---

① 孙中山著,孟庆鹏编:《孙中山文集》(下),团结出版社1997年版,第693页。
② 同上书,第714页。
③ 傅国涌:《鲜为人知的孙中山读书生活》,《风雨同舟》,2006年第11期。

真,事情做错了一点,就不但害了我们的党,连整个国家社会也被害了"。① 胡适有了这个"职业"革命家读书的个例后,便向青年发出"向学术进军"的号召来,"我们自然不能期望个个青年学生都做孙中山;但我们期望个个青年学生努力多做点学问上的修养。第一要不愧是个学生,然后第二可以做个学生的革命家"。② 然而,要知道,中山先生反对的正是他这种"由欧美回国"的"一知半解之士"所主张的不谈政治的做法,并让学生不要听信此等言论,责起改良政治的责任。他说,"吾见今日之有学士、博士衔者,只汲汲一二百金薪水,鲜有如日本大隈、井上其人! 动以不谈政治为荣,又何怪内地学生亦以不谈政治为贵。此实不知责任之极。诚以若辈且不谈政治,尚望何人谈之? 故今日兄弟以为学生均宜立志争回政权,实行改良政治"。③

然而,鲁迅反对胡适所提的那种"只有有了学问才能救国"的观点,在他的眼里,革命第一,学术第二,倘无行动的欲望和能力则无异于废物一个。他说,"'束发小生'变成先生,从研究室里钻出,救国的资格也许有一点了,却不料还是一个精神上种种方面没有充分发达的畸形物"。④

大而言之,是为学术

然而,鲁迅对于最可体现学生干预政治热情的五四运动的评价却不冷不热,学生虽说是运动了,而且还搞得波澜壮阔,声势浩大,中国还不是老样子吗? 还不就那么一回事吗? 他对学生运动未免有点失落,

---

① 孙中山著,孟庆鹏编:《孙中山文集》(下),第715-716页。
② 欧阳哲生主编:《胡适文集》(第11卷),第122页。
③ 孙中山著,孟庆鹏编:《孙中山文集》(下),第729页。
④ 鲁迅:《华盖集·碎话》,《鲁迅全集》(第3卷),第171页。

他在给他的学生的信中说,"比年以来,国内不靖,影响及于学界,纷扰已经一年。世之守旧者,以为此事实为乱源;而维新者则又赞扬甚至。全国学生,或被称为祸萌,或被誉为志士;然由仆观之,则于中国实无何种影响,仅是一时之现象而已;谓之志士固过誉,谓之乱萌,亦甚冤也"。这也是他对五四运动鲜有的一次评价,这实在大出我们所料,更出乎我们意料的是,他竟发出了和胡适几乎一样的观点,那就是在爱国与求学间,学生首先要求学,他说"仆以为一无根柢学问,爱国之类,俱是空谈;现在要图,实只在熬苦求学,惜此又非今之学者所乐闻也"。① 然而,在公开场合中,鲁迅几乎没有这样号召过学生。

他绝对是一个反对纸上谈兵,主张"实行主义"的人,但他对于学术重于救国的一次重要认识在于1926年写回忆性散文《藤野先生》的时候就有过。在这篇散文中,他说:

> 但不知怎地,我总还时时记起他,在我所认为我师的之中,他是最使我感激,给我鼓励的一个。有时我常常想:他的对于我的热心的希望,不倦的教诲,小而言之,是为中国,就是希望中国有新的医学;大而言之,是为学术,就是希望新的医学传到中国去。他的性格,在我的眼里和心里是伟大的,虽然他的姓名并不为许多人所知道。②

他一方面鼓吹学生"应当担当着社会的重大的任务",另一方面他又不是没有意识到学术之重要性、永久性和无功利性。"在这里,鲁迅把中国称之为'小',把学术称之为'大'。据说鲁迅年轻时就下决心,为了祖国不惜豁出生命,然而,藤野的教导使鲁迅懂得了还有比祖国更

---

① 鲁迅:《致宋崇义(200504)》,《鲁迅全集》(第11卷),第382-383页。
② 鲁迅:《朝花夕拾·藤野先生》,《鲁迅全集》(第2卷),第318页。

'大'的东西,所以说藤野是'伟大'的。超越民族利害关系的科学精神的重要性,是鲁迅在医专学到的。在仙台一年半的留学生活,其意义真是太深远了。"①中国"小"而学术"大"是鲁迅对学术的认识,他很少再这么明白地说过。

一方面他反对"死读书"、"只读书",另一方面他又没有主张不读书,他还旗帜鲜明地反对不读书论。在他看来,"读死书是害己,一开口就害人;但不读书也并不见得好"。叔本华曾说读别人的著作相当于"在自己的脑里给作者跑马",当有人以他的话"来反对读任何一种书"时,鲁迅则说,"不过要明白:死抱住这句金言的天才,他的脑里却正被叔本华跑了一趟马,踏得一塌胡涂了"。② 因为,"每一本书,从每一个人看来,有是处,也有错处,在现今的时候是一定难免的"。③

鲁迅不光主张多"读几本书",而且还抱怨了中国出版界的荒芜和浅薄。

> 前几年的出版物,是有"养生之益"的零食,或曰"入门",或曰"ABC",或曰"概论",总之是薄薄的一本,只要化钱数角,费时半点钟,便能明白一种科学,或全盘文学,或一种外国文。意思就是说,只要吃一包五香瓜子,便能使这人发荣滋长,抵得吃五年饭。试了几年,功效不显,于是很有些灰心了。④

---

① 〔日〕大村泉:《鲁迅的〈藤野先生〉一文是"回忆性散文"还是小说?》,载绍兴文理学院等编:《鲁迅:跨文化对话:纪念鲁迅逝世七十周年国际学术讨论会论文集》,大象出版社 2006 年版。
② 鲁迅:《花边文学·读几本书》,《鲁迅全集》(第 5 卷),第 495 页。
③ 鲁迅:《译文序跋集·〈思想·山水·人物〉·题记》,《鲁迅全集》(第 10 卷),第 300 页。
④ 鲁迅:《花边文学·零食》,《鲁迅全集》(第 5 卷),第 525 页。

这种求知识于"速成"的方法他是不赞同的,他还谈到了出版界的潦草和贫瘠。

> 在中国的文坛上,有几个国货文人的寿命也真太长;而洋货文人的可也真太短,姓名刚刚记熟,据说是已经过去了。易卜生大有出全集之意,但至今不见第三本;柴霍甫和莫泊桑的选集,也似乎走了虎头蛇尾运。但在我们所深恶痛疾的日本,《吉诃德先生》和《一千一夜》是有全译的;沙士比亚,歌德……都有全集;托尔斯泰的有三种,陀思妥也夫斯基的有两种。①

这和胡适自美归国后对国内出版物少的可怜的抱怨简直如出一辙。他说:"上海的出版界——中国的出版界——这七年来简直没有两三部以上可看的书!不但高等学问的书一部都没有,就是要找一部轮船上火车上消遣的书,也找不出(后来我寻来寻去,只寻得一部吴稚晖先生的《上下古今谈》,带到芜湖路上去看)!我看了这个怪现状,真可以放声大哭。"②胡适同样提到了日本出版界的认真,"我写到这里,忽然想起日本东京丸善书店的英文书目。那书目上,凡是英美两国一年前出版的新书,大概都有。我把这书目和商务书馆与伊文思书馆的书目一比较,我几乎要羞死了"。③ 当年黄郛等人亡命日本,关门读书时,也发现日本出版界对欧美新书翻译介绍的迅速,"在日本买书价廉物美,欧美各地新书有极快途径到东京书店,或很短时间译成日文"。④可见,鲁迅、胡适对中国出版界的抱怨所言非虚。

---

① 鲁迅:《花边文学·读几本书》,《鲁迅全集》(第5卷),第496页。
② 欧阳哲生主编:《胡适文集》(第2卷),第471页。
③ 同上书,第472页。
④ 沈亦云:《亦云回忆》,载民初时期文献编辑小组编:《中华民国建国文献:民初时期文献》(第一辑史料一),第405页。

除过抱怨出版界的贫乏之外,鲁迅还反对那种反智主义。当年北大哲学系学生,一度是虚无主义的信徒、此后斐声学界的朱谦之先生于1921年5月19日在《京报》发表《教育上的反智主义》一文,说:"知识就是罪恶——知识发达一步,罪恶也跟他前进一步。因为知识是反于淳朴的真情,故自有了知识,而浇淳散朴,天下始大乱。什么道德哪!政治哪!制度文物哪!这些人造的反自然的圈套,何一不从知识发生出来,可见知识是罪恶的原因,为大乱的根源。"① 其实,无论东西方,人类对自身文化起源的想象性构建都有一种"知识即罪恶"的原罪感,亚当和夏娃不就因吃了伊甸园中"分别善恶树上的果子"后,"使人有智慧",② 而被上帝诅咒吗?"中央之帝"浑沌不是因得"视听食息",被日凿一窍,七日而死吗?③ 老子更是直接喊出"反智主义"的口号来,"智慧出,有大伪"(《老子·十八章》)"绝圣弃智,民利百倍"(《老子·十九章》)这和朱谦之的反智主张同曲异工,其实,反智主义在很大程度上恰恰表现了他对龌龊现实的厌恶和对理想世界的向往,然而其主张却是消极的、倒退的、不可行的。鲁迅在论及天魔诱惑亚当夏娃吃禁果一事时说:

> 然使震旦人士异其信仰者观之,则亚当之居伊甸,盖不殊于笼禽,不识不知,惟帝是悦,使无天魔之诱,人类将无由生。故世间人,当蔑弗秉有魔血,惠之及人世者,撒但其首矣。④

无知无识,人将无异于生物,蜷缩无动,正是统治者所渴求不得的

---

① 鲁迅:《热风·智识即罪恶》注3,《鲁迅全集》(第1卷),第393页。
② 《旧约·创世记》。
③ 《庄子·内篇·应帝王第七》。
④ 鲁迅:《坟·摩罗诗力说》,《鲁迅全集》(第11卷),第75-76页。

美事。于是乎就有了"智识过剩"一说,鲁迅一针见血地指出说这些话的人的把戏和用心,那是因为"智识太多了,不是心活,就是心软。心活就会胡思乱想,心软就不肯下辣手。结果,不是自己不镇静,就是妨害别人的镇静。于是灾祸就来了。所以智识非铲除不可"。①"民可由之,不可知之",我们的老祖宗不是毫不忌讳地说了吗?他们害怕人的觉醒;"知识就是力量",西哲不是也说过了吗?他们盼望人的觉醒。马克思有云:"哲学把无产阶级当做自己的物质武器,同样地,无产阶级也把哲学当做自己的精神武器;思想的闪电一旦真正射入这块没有触动过的人民园地,德国人就会解放成为人。"②便是说了这知识的伟力的。

所以,就在当年朱谦之提出"智识即罪恶"的口号时,引起了鲁迅的注意和批评。

> 进得里面,却是一望无边的平地,满铺了白豆拌着桐油。只见无数的人在这上面跌倒又起来,起来又跌倒。我也接连的摔了十二交,头上长出许多疙瘩来。③

鲁迅通过知识分子在"油豆滑跌小地狱"中受到的种种小痛苦来反讽和批评了朱的反智主义观点。诚然,正是知识造成了天下大乱,但这对被治者来说何尝不是好事呢?而朱谦之却反过来以天下大乱的现状来责怪知识,这又岂不是治人者所拍手欢迎的呢?对中国人来说,不是知识过剩,而是文盲太多,知识太少。

由此可见,鲁迅他一方面倡导革命第一,学术第二,"远离"学术、投

---

① 鲁迅:《准风月谈·智识过剩》,《鲁迅全集》(第5卷),第236-237页。
② 马克思:《〈黑格尔法哲学批判〉导言》,《马克思恩格斯选集》(第1卷),人民出版社1972年版,第15页。
③ 鲁迅:《热风·智识即罪恶》,《鲁迅全集》(第1卷),第391页。

入社会,一方面又认识到学术、知识的长久性、超功利性和重要性,他自己在学术与批评之间是矛盾的,他对青年学生的指导也是矛盾的。

学术活动为哪般

虽然,鲁迅并不看重学术,并将绝大部分精力致力于批评事业,但他又不能忘情于学术,他本人的学术成果坚实而丰硕。他留学日本时就热心于自然科学的译介、编著,以及国外思想的论述,后来,他著述、校勘、辩伪、辑逸的作品有《中国小说史略》、《古小说钩沉》、《汉文学史纲要》、《会稽郡故书杂集》、《小说旧闻钞》、《嵇康集》、《谢承后汉书》、《谢沈后汉书》、《沈下贤文集》、《云谷杂记》等多达二十余种,令人咋舌!那么,他一生中从事学术活动的情况如何?缘由何在?

发抒志意,昭示来兹

1902年,梁启超在《新民丛报》上发表了《论学术之势力左右世界》一文,对学术之力作了极为铺张的鼓吹。他说:"然则天地间独一无二之大势力,何在乎?曰智慧而已矣,学术而已矣。"①尤其值得注意的是,他除过介绍过一些社会科学学术大家,如孟德斯鸠、卢梭、达尔文、培根、笛卡儿、亚当·斯密等人的学术成果之于社会的影响外,他还介绍了哥白尼的天文学、富兰克林的电学、瓦特的蒸汽学等发现和发明之于人类生活方式的巨大改变。所以,梁启超说,我们中国学者其实也是有改变世界的力量的,那么,何不努力做出自己的贡献呢?

可以说,早年留学日本近七年的时间(1902—1909),鲁迅从事的学

---

① 梁启超:《论学术之势力左右世界》,载侯宜杰选注:《新民时代:梁启超文选》,百花文艺出版社2002年版,第68页。

术活动也主要集中在自然科学与社会科学两个部类,分别是:一、他热心于自然科学的译介和撰述;二、他注重对西方思想的研究和述介。无论哪部分,总的目的莫不是保种救国。

鲁迅在日本留学期间一直对自然科学予以关注,并取得了不坏的成绩,然而,从学术角度上讲,他在自然科学上的努力常为人们所忽略。要强调的是,鲁迅毕业于矿路学堂,又志于学医,他留学日本的主要任务并不是去学习文艺,而是为了学习自然科学,明乎此,他在日本期间对自然科学的学习和介绍就不值得大惊小怪了。

在他看来,科学可以破除蒙昧,可以救国。1907年,他在《科学史教篇》中说那些"兴业振兵之说"都只是枝叶上的努力,至于那些谋求"政治之思想"的改革也被"立证其不然"了,法国大革命时,法国资产阶级之所以能够不为贵族、僧侣等勾结的普奥联军所败的原因在于,法国当时拥有一批难得的科学家,他们逢山铺路,遇水搭桥,要火药便研制火药,要钢铁就冶炼钢铁,终于保证了法国革命的成果。"夫法之有今日也,宁有他因耶?特以科学之长,胜他国耳。"①鲁迅由此得到启发,科学之发达对一个国家的生死存亡至关重要。这种科学救国的思想促使得他介绍科学,研习科学。

这一方面表现在鲁迅对科学知识的介绍。1903年可以说是鲁迅一生罕有的,对科学付以极大热情的一年,是年,居里夫人因发现放射性物质镭,而获诺贝尔物理奖,鲁迅以"自树"的笔名,在《浙江潮》第8期上发表《说铂》,该文是中国最早介绍评价居里夫人及镭的发现的论著之一。鲁迅在这篇文章中向国人介绍了放射性元素镭的物理性质和化学性质,但值得注意的是,在文章的开头,鲁迅却说,镭的发现对于能

---

① 鲁迅:《坟·科学史教篇》,《鲁迅全集》(第1卷),第34页。

量守恒定律、物质不灭论等以"极酷之袭击","由是而思想界大革命之风潮,得日益磅礴,未可知也!"他和梁启超一样,看到的是科学上的发现之于人类生活、思想上的巨大冲击。

也是在1903年,他转译的法国小说家儒勒·凡尔纳的科幻小说《月界旅行》出版,而科幻小说的出版的动机则是这些科学小说,"能于不知不觉间,获一斑之智识,破遗传之迷信,改良思想,补助文明",他认为"导中国人群以进行,必自科学小说始"①。两个月后,鲁迅翻译了儒勒·凡尔纳的另一部科幻名著《地底旅行》第一、二回,全书于1906年出版。

1907年,他撰文《人之历史》介绍了欧洲的生物进化学说,介绍了达尔文、海克尔、赫胥黎、居维叶、圣希雷尔、拉马克等生物学家关于生物发生进化的学说内容,而这些足以补充国内对进化学说的皮毛认识。

除过介绍新知之外,几乎与此同时,他以矿路学堂的知识基础,扎实而认真地编撰"中国地质略论",希望能以学术来有益于中国实业的发展。

1903年10月鲁迅以索子的笔名在《浙江潮》发表《中国地质略论》,该篇科学论文对国人对自己所藏不自知,而外盗对我们的所藏有所觊觎的情形充满了焦虑和忧惧,现我国地质学界已确定,《中国地质略论》系中国最早系统介绍本国矿产的科学论著。论文中有这样的话:

> 吾广漠美丽最可爱之中国兮!而实世界之天府,文明之鼻祖也。凡诸科学,发达已昔,况测地造图之末技哉。而胡为图绘地形者,分图虽多,集之则界线不合;河流俯视,山岳则恒作旁形。乖谬昏蒙,茫不思起,更何论夫地质,更何论夫地质之图。②

---

① 鲁迅:《译文序跋集·〈月界旅行〉辩言》,《鲁迅全集》(第5卷),第164页。
② 鲁迅:《集外集拾遗补编·中国地质略论》,《鲁迅全集》(第8卷),第5页。

他为中国"无一幅自制之精密地质图(并地文土性等图)"而心急如焚,他的这种从事学术的心情与近三百年前那个叫顾祖禹的明末学者的心情几乎是完全相同,顾祖禹悲愤于明朝将锦绣江山断送清朝,于是穷年累月,矻矻不休地潜心研习方舆地理之学,著成《读史方舆纪要》这一学术名著,是书系他"年二十九始属稿,五十乃成,无一日中辍",目的是以期能为战守提供一份精确的山川大势图。①

> 尝怪我《明一统志》先达推为善本,然于古今战守攻取之要类皆不详,于山川条列又复割裂失伦,源流不备。夫以一代之全力,聚诸名臣为之讨论,而所存仅仅如此。何怪今之学者,语以封疆形势惘惘莫知,一旦出而从政,举关河天险委而去之,曾不若藩篱之限、门庭之阻哉。②

梁启超说到清代学术时说,"当时诸大师,皆遗老也,其于宗社之变,类含隐痛,志图匡复,故好研究古今史迹成败、地理厄塞,以及其他经世之务"。③ 梁家孩子的家庭教师谢国桢亦说,"士君子遭时不幸,无可表见于世,亦惟有缀拾遗言,网罗旧典,发抒志意,昭示来兹"。④ 寄国亡之沉痛于发愤学术,以期或能于国家有所助力,是他们这批学人治

---

① 据钱穆推测,日军之所以能出"我"不意,进逼南京,实得力于顾祖禹的《读史方舆纪要》,他说他抗战前读过日本汉学家泷川龟太郎的《史记会注考证》,此书不厌其详地引用《读史方舆纪要》,所以日本肯定有人对此书颇为重视,进而断言"日人之重视此书,则必为其人侵吾国之野心者所发起"。当然这个推断在逻辑上可能有问题,但如果真是这样的话,几百年前顾祖禹的发愤著述倒是的确发挥了作用,不过我们倒没怎么用得上,反倒成为敌人入侵的指南。(参见《钱穆破解日军战术之秘》,《报刊文摘》,2007-1-5,2版)
② 谢国桢:《明末清初的学风》,第36—37页。
③ 梁启超:《清代学术概论》,第46页。
④ 谢国桢:《明末清初的学风》,第36页。

学的心理及动机。

鲁迅考察中国矿产分布之用心亦在于此。"吾既述地质之分布,地形之发育,连类而之矿藏,不觉生敬爱忧惧种种心,掷笔大叹,思吾故国,如何如何。乃见黄神啸吟,白昚舞蹈,足迹所至,要索随之,既得矿权,遂伏潜力,曰某曰某,均非我有。"①其内心之焦急可见一斑,他要国人知晓自己的家藏,明白自己的矿况,警惕外人的染指,因为"中国人之中国。可容外族之研究,不容外族之探捡;可容外族之赞叹,不容外族之觊觎者也"。②

鲁迅在日本这段时间,科学的热情甚高,1906 年 7 月,光绪在位三十二年际,鲁迅与同学顾琅共同编著的《中国矿产志》一书由上海普及书局出版发行,并附有《中国矿产全图》,此可谓《中国地质略论》的扩大和继续。他们"爰搜辑东西秘本数十种,采取名师讲义若干帙,撮精删芜",盘点中国矿产,其目的仍如上,"岂有他哉? 亦欲使我国国民,知其省其地之矿产而已,知其省其地之命脉而已,知其省其地之命脉所在而已"。③

此书出版后,不到半年即增订再版,清政府农工商部认为此书对中国地质源流言之甚详,绘图精审,通饬各省矿务、商务界购阅,学部也批准此书为中学堂参考书,后来以文学家闻名的鲁迅,最早产生全国性、全局性影响的却是他的一部科学论著。④

---

① 鲁迅:《集外集拾遗补编·中国地质略论》,《鲁迅全集》(第 8 卷),第 18 页。

② 同上书,第 6 页。

③ 鲁迅:《集外集拾遗补编·〈中国矿产志〉征求资料广告》,《鲁迅全集》(第 8 卷),第 453 页。

④ 鲁迅博物馆编:《鲁迅文献图传》,大象出版社 1998 年版,第 34-35 页。

然而，鲁迅的气质、心性和禀赋毕竟更亲近文艺，而且他也认为科学已不如以前所想的那么重要，重要的是改造国民精神，而改造国民精神之途在于提倡文艺。在文学上，他与其弟周作人择取了与中国有着同样被压迫境遇的欧洲弱国的小说若干篇，翻译介绍给中国，出版为《域外小说集》二册。

文学翻译暂且不论，他还通过日本这个新思想的集散地，广泛地、有针对性地汲取欧洲思想文化以救中国之弊。这体现在他的留日后期的三篇思想论文之中。

1907年，他在《文化偏至论》中集中介绍了欧洲一批重主观，唯我论的"新神思宗"一派哲学家的主观主义、唯心论思想，如尼采、叔本华、卡斯巴尔·施米特、克尔凯郭尔、黑格尔、卢梭、席勒等人。鲁迅提出"掊物质以张灵明，任个人而排众数"的主张，以张大精神来反对物质主义，以个人主义来反对群体主义都是鲁迅所认为中国所急需的东西，也是他对中国现代化发展的一个重要见解。在他看来，只有做到"尊个性"，"张精神"，才能立人，才能立国。

这两种思想，可以说在长篇论文《摩罗诗力说》和未完成论文《破恶声论》分别有所侧重。在前者中，他集中介绍一批浪漫主义诗人，如拜伦、雪莱、济慈、密茨凯维支、莱蒙托夫、普希金、裴多菲等人。他们这些个性主义者既是诗人，又是行动者，鲁迅欣赏并赞叹他们的"立意在动作，指归在反抗"的反抗精神和挑战精神，也期待中国能出现这样的"精神界战士"。

如果说《摩罗诗力说》侧重于阐释"尊个性"的话，1908年发表的未完成论文《破恶声论》则侧重在"张精神"，在这篇文章中，鲁迅格外地强调了国人精神的丰厚和光明，可以说是他的反物质主义思想的延续，针对一种以"科学"之名来破迷信，反宗教的"恶声"，他强调了"迷信"、"宗教"、"神话"在涵养神思方面的重要性。

说这两篇论文有所侧重,并不是说《摩罗诗力说》就没有对"张精神"的强调,也不是说《破恶声论》就没有对"尊个性"的强调。

在日本留学的后半期,在学术方面,他转向社会科学领域国外思想介绍,企图以此来改变中国以众虐独、精神委顿的情形。

总之,可以说在日本留学这段时间鲁迅双管齐下,他在自然科学与社会科学上的学术努力,无不是企图为其时衰弱中国寻得一味"强身健体"的药石。

以代醇酒妇人者也

然而这一科学救国的热情,随之被文艺新民的热情所替代,继而,这一文艺新民的热情又被残酷的现实所浇灭,原来中国是一间"铁屋子"啊,他叫喊于生人之中而生人毫无反应啊,寂寞啊,寂寞,失望啊,失望……自日本返国后(1909年)到为《新青年》写稿时(1918年)这近十多年的时间,是鲁迅一生中最寂寥、最无聊、最痛苦、最枯燥的时候。为了打发这段时间和这种心情,他选择了抄碑、辑录、校勘这种枯燥的活来熬时间、熬生命,可以说,他这段时间的学术活动是为了消磨生命而已。

他一天的工作很轻闲,尤其是自1914年9月1日起,"教育部以上午十时至下午四时半为办公时间",[1]正因为很轻闲,所以也很无聊,不过他的生活很有规律。

---

[1] 鲁迅:《鲁迅日记》,《鲁迅全集》(第15卷),第131页。又据鲁迅日记1915年7月1日记,"改办公时间为上午八时半至十二时。午后眠二小时。"(第15卷,第177页。)

下午四五点下班,回寓吃饭谈天,如无来客,在八九点时便回到房里做他的工作,那时辑书已终结,从民四起一直弄碑刻,从拓片上抄写本文与《金石萃编》等相较,看出许多错误来,这样校录至于半夜,有时或至一二点钟才睡。次晨九十点时起来,盥洗后不吃早餐便到部里去。①

关于抄碑,前来邀鲁迅为《新青年》写文章的老友钱玄同曾和他有这么一个对话。

"你钞了这些有什么用?"有一夜,他翻着我那古碑的钞本,发了研究的质问了。

"没有什么用。"

"那么,你钞他是什么意思呢?"

"没有什么意思。"②

对鲁迅来说,抄古碑的意义莫过于借此以消磨无聊的时日,他说,"而我的生命却居然暗暗的消去了",也许鲁迅与明末的一个叫徐树丕的秀才起了点共鸣,此公将自己的书斋名为"活埋庵",鲁迅说,"姓名我忘记了,总之是一个明末的遗民,他曾将自己的书斋题作'活埋庵'"。③后来,鲁迅也自号"俟堂",与"活埋庵"异曲同工,也就是"待死堂"的意思,后来将此化为笔名"唐俟",其意亦为"空等"之意,"唐像是姓,又照古文上'功不唐捐'的用例,可作空虚的意思讲,也就是说空等,这可表明他那时候的思想的一面"④,"等死"是鲁迅这时期的精神状态。

---

① 鲁迅博物馆等编:《鲁迅回忆录》(专著中册),第 1028 页。
② 鲁迅:《〈呐喊〉自序》,《鲁迅全集》(第 1 卷),第 440 页。
③ 鲁迅:《华盖集·通讯》,《鲁迅全集》(第 3 卷),第 22 页。
④ 鲁迅博物馆等编:《鲁迅回忆录》(专著中册),第 1026 页。

虽然是等死，但总要有事做，于是抄碑、校勘等成了他打发生命的最佳方式。对此，周作人另有高论，他明确地说洪宪帝制时，袁世凯恐文人不服和反对，大搞特务组织，而文人们也便和蔡松坡一样，"重则嫖赌蓄妾，轻则玩古董书画"，以掩袁氏耳目，"抄碑的目的本来也是避人注意，叫袁世凯的狗腿看了觉得这是老古董；不会顾问政治的，那就好了"。① 有论者亦同意此说，并认为鲁迅的沉默是在于"避文祸"，②此说也许有值得商榷之处，袁世凯时代的特务组织"京畿军政执法处"曾关押处决了诸多反对帝制的革命党人、军事干将、政坛敌手，他们"或以莫须有之事而被捕，或以一二字之微而见杀"，③情形惨烈，冤气四塞，但对于文士迫害似不若对武人的迫害来得残酷，因为武夫的威胁比文士的威胁更其紧迫和直接。此外，这段时间的鲁迅默默无闻，名声不彰，更没有"犯禁"言行，袁皇帝及爪牙似乎顾暇不及鲁迅的存在，再次，对鲁迅来说，压迫从来就不是一个问题，他也曾没有因为压迫而退缩和畏惧，这从他投入批评事业后的历次言行可得到佐证，所以，周作人所说鲁迅抄古碑为了掩袁之爪牙的耳目，是有些夸大其实，或者是境由心造。

苟如斯言，袁世凯死后本该就不存在着作文的危险因素了，本可不必再抄碑了，然而，他仍旧如此，周作人本人也注意到这一解释的破绽，他说鲁迅"最初抄碑虽是别有目的，但是抄下去他也发生了一种校勘的兴趣"。④ 此亦非兴趣可以完全解释的，然而，他下面的分析理由是比

---

① 鲁迅博物馆等编：《鲁迅回忆录》（专著中册），第1041页。
② 钱理群：《与鲁迅相遇：北大演讲录》，生活·读书·新知三联书店2003年版，第103页。
③ 王建中：《洪宪惨史》，上海书店出版社1998年版，第81页。
④ 鲁迅博物馆等编：《鲁迅回忆录》（专著中册），第1064页。

较恰当的。

　　鲁迅却连大湖(亦称挖花)都不会,只好假装玩玩古董,又买不起金石品,便限于纸片,收集些石刻拓本来看。单拿拓本来看,也不能敷衍漫长的岁月,又不能有这些钱去每天买一张,于是动手来抄,这样一块汉碑的文字有时候可供半个月的抄写,这是很合算的事。因为这与誊清草稿不同,原本碑大字多,特别汉碑又多断缺漫漶,拓本上一个字若有若无,要左右远近的细看,才能稍微辨别出来,用以消遣时光,是再好也没有的,就只是破费心思也很不少罢了。①

1928年11月,周作人写了篇《闭户读书论》,其中说:

　　我看,苟全性命于乱世是第一要紧,所以最好是从头就不烦闷……其次是有了烦闷去用方法消遣。抽大烟,讨姨太太,赌钱,住温泉场等,都是一种消遣法,但是有些很要用钱,有些很要用力,寒士没有力量去做。我想了一天才算想到了一个方法,这就是"闭户读书"。②

看来整理古籍、抄古碑、考证、校勘、辑遗、收藏这些学术活动和"吃摇头丸"、"找小姐"、"赌足球"、"洗桑拿"的性质是一样的,只不过是不肯堕落的知识分子在其精神低迷和寂寥时用以"消遣时光"的一种"嗜好"而已。1910年10月14日,鲁迅给老友许寿裳的信中说道:

　　仆荒落殆尽,手不触书,惟搜采植物,不殊曩日,又翻类书,荟

---

① 鲁迅博物馆等编:《鲁迅回忆录》(专著中册),第1063-1064页。
② 周作人:《闭户读书论》,许志英编:《周作人早期散文选》,上海文艺出版社1984年版,第144页。

集古逸书数种,此非求学,以代醇酒妇人者也。①

所以,可以说,这一时期,学术之于鲁迅来说,实属一种"苦闷的象征"了,他并不是治学,更不会像胡适那样把学术看得多么重要,而仅仅是为了消磨自己的生命罢了。

于是,鲁迅在碑帖的世界里,铆足了劲,在几近谜一般的残碑中一次次挑战自己,运用知识和智慧,并自得其乐。1916 年,吕超(按:其名当为"吕超静")的墓志石出土,全碑志文当约三百余字左右,然碑残损甚多,字多已泐,漶漫不清,"其文仅存百十余字"②,要辨读之无异于天书,然而要从这残余的百来字中考索墓主的生平事略,非得有渊博的知识,相当的耐心,否则,谈何容易。而闲于无事的鲁迅则据此有限的百来字所能提供的信息顺藤摸瓜、旁征博引、邃密考证,终于考索出吕超所处的时代及种种信息,并撰写跋文。值得一提的是,他的考证结果与当时范鼎卿所考证结果"全同",这只是其中一例,类似的碑文考证还有很多。如《〈徐法智墓志〉考》、《〈郑季宣残碑〉考》、《〈□肱墓志〉考》等,不一而足,鲁迅就沉醉于这样的"游戏"之中。

照周作人的说法,他还对校勘发生了"兴趣","鲁迅也还是朴学家的正宗,继承章太炎这一脉而来的。不独他个人的兴趣,在考索上有所表见,即其审慎严密的态度,也和清代朴学家相一致的"。③ 他不求闻达,"向来勤苦作事,为他人所不能及"。④ 鲁迅继承清代扎实的"实事求是"、"无征不信"的朴学学风,朴慤坚卓、孜孜矻矻,全身心地投入到

---

① 鲁迅:《致许寿裳(101115)》,《鲁迅全集》(第 11 卷),第 335 页。
② 鲁迅:《集外集拾遗补编·〈吕超墓志铭〉跋》,《鲁迅全集》(第 8 卷),第 81 页。
③ 曹聚仁:《鲁迅评传》,第 26 页。
④ 周作人著,止庵编:《关于鲁迅》,第 516 页。

这种枯燥而死板的学术活动中。尤其是他校勘所喜爱的《嵇康集》,"从一九一三年到一九三一年,前后校定共达十次,现存手稿三部"。① 要知道"校书定是非最难",②他的好友许寿裳这样评曰:

> 自民二以后,我常常见鲁迅伏案校书,单是一部《嵇康集》,不知道校过多少遍,参照诸本,不厌精详,所以成为校勘最善之书,其序文有云:"……今此校定,则排摈旧校,力存原文。其为浓墨所灭,不得已而从改本者,则曰:字从旧校,以著可疑。义得两通,而旧校辄改从刻本者,则曰:各本作某,以存其异。"并作《逸文考》,《著录考》各一卷附于末尾,便可窥见他的工夫的邃密。③

可以说,鲁迅从日本回国后到为《新青年》写文章的,这近十年时间里的学术活动,主要是用来纾解其内心因寂寥、压抑造成的精神苦闷。其时,他早已失却了在日本留学时期那种以学术来救国的热情,此亦算是他对学术的一种看法罢。

编了讲义来吃饭

如果说,学术之于鲁迅的意义,还有一层形而下的意义,那就是为了"吃饭"。我们先看鲁迅的"吃饭"问题,鲁迅自民国二年后应邀到教育部做"公务员",做了公务员,便有了"铁饭碗",工作清闲,收入还算稳定。1912年5月到7月因教育部初迁北京,薪金级别未定,部员每月暂发60元生活费,8月到9月发半薪125元,11月到1913年1月,每

---

① 《鲁迅辑录古籍丛编·第四卷说明》(第四卷),人民文学出版社1999年版,第1页。
② 段玉裁:《经韵楼集·与诸同志论校书之难》。
③ 鲁迅博物馆等编:《鲁迅回忆录》(专著中册),第243页。

月 220 元,2 月到 7 月,每月 240 元,8 月到 10 月,每月 170 元,外加 70 元公债,自 11 月始到 1914 年 6 月,发九成工资,每月 216 元,7 月正常 240 元,从 8 月始到 1916 年初,每月 280 元(1915 年中有扣公债 280 元),从 1916 年年末到 1919 年,每月 300 元。

总的来看,这些年鲁迅月工资由 220 元,再加到 240 元,再加到 280 元,再加到 300 元,这些稳定的收入使得鲁迅有了苦闷的资格和保证,他尚能以学术来打发生命,而无饭碗之忧。

然而,自 1920 年始,由于教育部的欠薪使得鲁迅的经济状况日趋紧张。1922 年 2 月,当华盛顿会议闭幕时,"西方和日本宣布中国正处于政治崩溃的边缘;北京不再能发全薪给它的官员;教师的薪水已欠了几个月;不能开课;北京市场状况急剧恶化"。① 这种欠薪的情况在 1922 年出版的《民国十年官僚腐败史》中也得到印证,沃邱仲子(费行简)说,"教育为第一穷部,富有势力者,类唾弃不顾,每月廿五支发薪费,内、陆、海三部例领现金,以有军警关系也。他部署则搭发纸币,惟教育部不但无一毫现金,且积欠亦难望补发,盖以学生为人轻视也。"②

是年 6 月,鲁迅作了小说《端午节》,方玄绰的窘迫生活,基本上是他那窘况生活的艺术自况,"方玄绰是做教员兼做官的,这一点也是著者的自叙,因为在那时候这样的人的确很不多"。③ "这小说是讲北洋政府时北京学校机关欠薪的事情,那时学校先欠,职教员发生索薪,兼职的讲师每星期两小时只有薪水四十元,除北大以外又多只以十个月

---

① 〔美〕费正清、费维恺编,杨品泉等译:《剑桥中华民国史:1912-1949 年》(下卷),中国社会科学出版社 1998 年版,第 124 页。

② 沃邱仲子(费行简):《民国十年官僚腐败史》,中华书局 2007 年版,第 33 页。

③ 周作人著,止庵编:《关于鲁迅》,第 265 页。

计算,因此多数讲师不热心参加,以官兼讲师的自然也就属于这一类里了。后来政府机关也欠了薪,他们也弄不下去了,可是又不能像教员们的闹索薪,情形很是困难,一时有'灾官'之称。"①

我们也能从鲁迅岁末书账的变化中看得出20世纪20年代鲁迅在京经济的紧张状况。

鲁迅先生历年书账统计

年份	总账(元)	备 注
1912	270.6	是年五月鲁迅始记日记,至岁末8个月中购书化泉共164.382元,在1913年的年末,他说,"去年每月可二十元五角五分",依此大致可算1912年购书总值为270.6元。
1913	310.22	鲁迅云,"起孟及乔峰所买英文图籍尚不在内。"
1914	177.834	鲁迅云,"较去年约减五分之二也。"
1915	432.963	
1916	496.52	
1917	362.45	
1918	300	
1919	248	

1912年—1919年年平均化泉:324.823元

年份	总账(元)	备 注
1920	59.8	其中用券51.5元,六折合30.9元,又泉28.9元,合当为59.8元,全集15卷上统计的51.8元当不确。
1921	137.19	
1923	149.2	
1924	99.24	
1925	159.13	

---

① 周作人著,止庵编:《关于鲁迅》,第266页。

续表

鲁迅先生历年书账统计

年份	总账(元)	备注
1920 年—1925 年年平均化泉:120.912 元		
1926	400.3	
1927	307.95	
1928	594.8	
1929	886.4	
1930	2404.5	
1931	1447.3	
1932	693.9	
1933	739.4	
1934	878.7	
1926 年—1934 年年平均化泉:928.139 元		

* 1922 年日记丢失,1935 年,1936 年书账未统计。

* 数据来源:《鲁迅全集·日记》,人民文学出版社 2005 年版,第 15,16 卷。

1912 年—1919 年,他购书款额年平均数是 324.823 元,而在 1920 年—1925 年期间,他购书款额年平均数急剧下降为 120.912 元,只有到了离京之后,1926 年—1934 年期间,他的购书款额年平均数飙升至 928.139 元,从这购书款项的变化,可以看出 20 世纪 20 年代这段时间,教育部的欠薪带给他经济上的紧张。

其中,鲁迅在 1920 年全年仅用了 59.8 元钱来购书,这对嗜书如命的他来说,几乎是从没有过的,看得出,1920 年,是鲁迅经济紧张的开始。这也许并不意外。虽然他的月薪仍为 300 元,但正是从这年开始,教育部已拖欠了 3 个月的薪俸,实际拿到手上每月平均 220 余元,也正是教育部的欠薪,使得鲁迅不得不考虑以教职来补助生计。

就在这年,鲁迅接受了北京大学、北京高等师范学校(后来的北京师范大学)两校的聘书。1921 年,教育部欠薪长达半年多,而他的讲课费看来杯水车薪,难以补缺,是年,鲁迅大编讲义,做得很辛苦,因为他志趣不在于做讲义、搞学术上面,他在给周作人的信中说,"现在大被补课所轧,因趣味已无而须做讲义,是大苦也。"① 1922 年,教育部累积欠薪 9 个月,鲁迅又在北京女子高等师范学校、北京世界语专门学校兼课,每一次工资拖欠都迫使鲁迅接更多的课以补缺口,教育部以前那稳定的收入每况愈下,1924 年累积拖欠薪俸一年又六个月,是年,鲁迅经济收入中第一次出现了工资收入少于讲课、版税等收入的现象。② "为了增加经济收入",1925 年,鲁迅又接手中国大学、黎明中学、大中公学的课程。③ 在北京,他曾一身兼任包括集成国际语学校在内的八所学校课程,这样狼狈的日子直到 1926 年 7 月离开北京到厦门做研究教授,享得丰裕的而稳定的工资收入才算结束。

  这段时期,鲁迅也被"挤"出大量文章,作文的稿费难道不能补助欠薪造成的生活的压力吗?蒋梦麟也说,"他(按:指鲁迅)住在绍兴会馆,收入不多,因为穷,就写点文章,以稿费补助衣食费用的不足"。④

  然而,要知道,他的做文章与此后在上海卖文赚钱,养活家室完全不同,在北京时期,作文章完全出于一种文化的使命和心情的发抒,与生计几乎无关,主要是因为稿费太低廉,不足以维持生计,当时的"《新

---

  ① 鲁迅:《致周作人(210917)》,《鲁迅全集》(第 11 卷),第 424 页。
  ② 1924 年 2 月的三成薪水直至 1926 年 7 月才领到。1926 年 7 月,鲁迅曾说到他的欠薪状况时说,"翻开我的简单日记一查,我今年已经收了四回俸钱了:第一次三元;第二次六元;第三次八十二元五角,即二成五,端午节的夜里收到的;第四次三成,九十九元,就是这一次。再算欠我的薪水,是大约还有九千二百四十元,七月份还不算"。(鲁迅:《华盖集续编·记"发薪"》,《鲁迅全集》(第 3 卷),第 373 页。)
  ③ 陈明远:《文化人的经济生活》,第 193-196 页。
  ④ 蒋梦麟:《西潮与新潮》,东方出版社 2006 年版,第 363 页。

青年》是无报酬的,《晨报副刊》多不过一字一二厘罢了",①这么点微薄的稿费看来是无足轻重。1925年,鲁迅自己也说到当时的稿费情况,他说,"我想,中国最不值钱的是工人的体力了,其次是咱们的所谓文章,只有伶俐最值钱。倘真要直直落落,借文字谋生,则据我的经验,卖来卖去,来回至少一个月,多则一年余,待款子寄到时,作者不但已经饿死,倘在夏天,连筋肉也都烂尽了,那里还有吃饭的肚子"。② 所以,他自己说"我不靠卖文为生","我总用别的道儿谋生","别的道儿"是什么呢？鲁迅没明示,看来,到高校担当教职算是他谋生的道儿了。

列举这么多数据是为了说明,自教育部始欠薪后(1920年),鲁迅就在外"疯狂"兼职,而这其中最大的学术收获便是《中国小说史略》(1923年)这一学术大著的横空出世,当然,这些成绩的获得虽是基于此前近十年的学术积累,但《中国小说史略》及其学术"副产品"《小说旧闻钞》这些学术著作的问世与他在北大授课的契机关系甚大,他曾说,"《小说旧闻钞》者,实十余年前在北京大学讲《中国小说史》时,所集史料之一部。时方困瘁,无力买书,则假之中央图书馆、通俗图书馆、教育部图书室等,废寝辍食,锐意穷搜,时或得之,瞿然则喜"。③ 正是这种教学上的需要以及他的艰苦功夫,遂成就一时名著。可以说,鲁迅从事教职工作主要是为了"吃饭"。

1926年9月,鲁迅应林语堂之邀赴厦门大学教书。厦大为陈嘉庚先生出资投建的私立学校,能够延请到鲁迅这样的名师,当然也是花了"血本"的。在厦大,鲁迅每月薪水400元,他还是相当满意的,加之,他与许广平曾约定,决心积攒几年钱,因为他曾拟想过娜拉走后的结局,

---

① 周作人著,止庵编:《关于鲁迅》,第518页。
② 鲁迅:《华盖集·并非闲话(三)》,《鲁迅全集》(第3卷),第160页。
③ 鲁迅:《〈小说旧闻钞〉再版序言》,《鲁迅全集》(第10卷),第158页。

他们可不想面临娜拉出走后可能遇到的经济困境。

1926年11月7日,在厦门大学任教的鲁迅致信李小峰说到教书与"吃饭"的关系,他表述的是那么真实和直白:

> 我虽然在这里,也常想投稿给《语丝》,但是一句也写不出,连"野草"也没有一茎半叶。现在只是编讲义。为什么呢?这是你一定了然的:为吃饭。吃了饭为什么呢?倘照这样下去,就是为了编讲义。吃饭是不高尚的事,我倒并不这样想。然而编了讲义来吃饭,吃了饭来编讲义,可也觉得未免近于无聊。①

他自嘲自己和我们嘲笑那个"放羊为了生小羊,生小羊为了娶媳妇,娶媳妇为了生娃,生娃为了放羊"的放羊娃一样。虽然无聊,但"所以熬着者,为己,只有一个经济问题,为人,就只怕我一走,玉堂立刻要被攻击"。② 他说,"我以北京为污浊,乃至厦门,现在想来,可谓妄想,大沟不干净,小沟就干净么?此胜于彼者,惟不欠薪水而已"。③ 于是,在厦大,"除为了薪水之外,再没有别的什么",④唯一使他满意的是那份丰厚的薪金。

1927年,他在广州知用中学关于读书的演讲中说到职业的读书,他说,"我自己也这样,因为做教员,有时即非看不喜欢看的书不可,要不这样,怕不久便会于饭碗有妨"。人们常以为读书是什么高尚的事情,"其实这样的读书,和木匠的磨斧头,裁缝的理针线并没有什么分别,并不见得高尚,有时还很苦痛,很可怜"。他将读书教书只是当作一

---

① 鲁迅:《华盖集续编·厦门通信(二)》,《鲁迅全集》(第3卷),第391页。
② 鲁迅:《两地书·六四》,《鲁迅全集》(第11卷),第184页。
③ 鲁迅:《两地书·六〇》,《鲁迅全集》(第11卷),第172页。
④ 鲁迅:《两地书·五四》,《鲁迅全集》(第11卷),第155页。

种同工人做工,农民种田的一种职业劳动而已。他心思在批评上,却又不能不教书以保障日常生活的维持,"知之者不如好之者,好之者不如乐之者",可惜很难做得到。1928年4月9日,他在给学生李秉中的信中也同样提到"事与愿违"的困惑以及他的"吃饭主义"第一的主张,即兴趣不得不让位于吃饭。他说:"二十年前身在东京时,学生亦大抵非陆军则法政,但尔时尚有热心于教育及工业者,今或希有矣。兄职业我以为不可改,非为救国,为吃饭也。人不能不吃饭,因此即不能不做事。但居今之世,事与愿违者往往而有,所以也只能做一件事算是活命之手段,倘有余暇,可研究自己所愿意之东西耳。自然,强所不欲,亦一苦事。然而饭碗一失,其苦更大。我看中国谋生,将日难一日也。所以只得混混。"①

靠学术吃饭这一情况,在此后的中山大学也因其抗议屠杀没能继续下去,只有到上海后,丰厚的稿费和版税收入使得他将吃饭和事业终于统一起来了。

可见,学术之于鲁迅一生各个阶段的意义有三,在日本留学期间(1902—1908),他一面译介科学知识,撰写矿产专著,一面撰写思想论文,试图通过致力学术来达到挽救国家于危厄之目的。这段时间的学术成果主要体现在自然科学的述介和国外思想文化的引入上。自日本回国到为《新青年》写文章期间(1909年—1918年),他青年时以文艺改造国民精神的美梦破碎,情绪低落,于是他整日沉醉于砖石的考证,古籍的整理之中,在这学术的游戏中无聊地消耗着寂寞而无望的生命,这段时间鲁迅涵泳于古籍之中,为他此后丰硕成果的获得夯下了扎实的基础。在教育部欠薪始到去上海前(1920年—1927年)这段时间里,他

---

① 鲁迅:《致李秉中(280409)》,《鲁迅全集》(第12卷),第114页。

辗转周旋于京闽穗三地多所高校,以自己的学术活动来解决日常的"吃饭"问题,而学术的职业要求也使得他能借此机会将以前的学术积累形成最终的学术成果。至于到上海后,他虽然有时显得难以忘情于学术,但那几乎是"心有余而力不足"了,他已无心,亦无力在学术上取得更大的成绩。

这是学术之于鲁迅在不同的生命时段中所处的地位和所发挥的作用,亦可视为之于当时知识分子的意义,那不过是:起初,鲁迅看重的是学术的实用性,他借此以拯救中国,其次鲁迅看重的是学术的无功利性,他借此以打发生命,最后,鲁迅看重的是学术的职业性,他借此以维持生活。

总之,从鲁迅对其师章太炎晚年删其早年论战文章的不满以及章太炎对鲁迅批评文章的不了解可以看出在批评与学术之间,鲁迅更看重的是知识分子介入社会的批评功能,而不是埋首书斋的学术贡献。虽然如此,但对鲁迅来说,这两者又都欲所得,只不过学术与批评是不能并举的,一个人一生只能做其中一件事,故而他的选择就显得颇费思量,不独他自己,他对青年学生亦是如此看法的,不同于胡适等人号召青年学生要将学术摆在人生的首要选择上,他反对"只读书主义",号召青年学生走出书斋,投身社会,但同时他又反对"不读书主义",警惕反智主义。虽然他不刻意提倡学术,但回过头来看,鲁迅又取得了丰硕的学术成绩,学术活动在他的生命的不同阶段中分别具有不同的意义,这体现了学术的实用性、无功利性和职业性。

第二节 胡适:变态社会中的镇静主义

"历史上的一个公式"

1920年5月4日,五四运动一周年纪念,胡适和蒋梦麟联名在《晨

报副刊》上发表《我们对于学生的希望》,他们认为:

> 在变态的社会国家里,政治太卑劣腐败了,国民又没有正式的纠正机关(如代表民意的国会之类),那时候干预政治的运动,一定是从青年的学生界发生的。①

研究"五四"的周策纵也这样说道,"在没有真正立法或群众代议制度的君主政体下,少数受过教育的人在受到束缚时寻求自己意见的表达,这种情况也许是不可避免的"。② 专制制度成就了知识英雄,胡适举了古今中外的例子,他说,"汉末的太学生,宋代的太学生,明末的结社,戊戌政变以前的公车上书,辛亥以前的留学生革命党,俄国从前的革命党,德国革命前的学生运动,印度和朝鲜现在的独立运动,中国去年的'五四'运动与'六三'运动,都是同一个道理,都是有发生的理由的。"③ 蔡元培和胡适的看法不无二致,蔡说,"往昔昏浊之世,必有一部分之清流,与敝俗奋斗,如东汉之党人,南宋之道学,明季之东林"。④ 在威权社会中、政治上不讲文明的国家里,学生运动更易发生,是为世之公例。

胡适生活的年代是学生运动此起彼伏、风起云涌的年代,加之,他身兼教育和领导要职,又不得不面临着处理学生运动的种种难题,所以对于学生运动,他当是最有发言权的一位。在他的一生中,他反反复复地说到在中国,政治的不清明与学生运动的必然联系。1922 年,胡适这样说,"我这几天病中读了两部很激刺脑筋的书:一部是《学海类编》

---

① 欧阳哲生主编:《胡适文集》(第 11 卷),第 48 页。
② 〔美〕周策纵著,周子平等译:《五四运动:现代中国的思想革命》,第 12 页。
③ 欧阳哲生主编:《胡适文集》(第 11 卷),第 48 页。
④ 蔡元培:《北京大学之进德会旨趣书》,《蒋子民先生言行录》,山东教育出版社 1998 年版,第 172 页。

里的《东林始末》,一部是《艺海珠尘》里的《社事始末》。这两部书都可帮助我证明我的一个通则:'在变态社会之中,没有可以代表民意的正式机关,那时代干预政治和主持正义的责任必定落在智识阶级的肩膊上。'东汉末年的太学生,两宋的太学生,明末的东林和复社几社,都是如此的"。① 同年10月21日,胡适在北京大学作了关于《学生与社会》的演讲。其中说:"不过在文明的国家,学生与社会的特殊关系,当不大显明,而学生所负的责任,也不大很重。惟有在文明程度很低的国家,如像现在的中国,学生与社会的关系特深,所负的改良的责任也特重。"②他说那是因为中国受过教育的人少之又少,知识分子所担负改良社会的责任,当更加重大。

1928年5月4日上午9时,在光华大学,胡适在纪念"五四"的演讲中称:"'五四'运动也可证明历史上的一个公式,就是在变态的社会国家里,政府腐败,没有代表民意的机关,干涉政治的责任,一定落在少年的身上。譬如宋朝大学生(按:似为太学生),明朝东林党,都是在变态的国家里干涉过政治。一八四八年的全欧洲的革命,法国俄国的革命,也是学生闹起来的。常态的国家就不然了。英国美国的学生从来不受[干]政治,就是因为他们国家的政治上了轨道,用不着他们来干涉。"③要想避免学生干政,就得要"智识高深、体力强健、经验丰富的中年出来把政治干好",使政治早日上轨道,否则禁止学生干政是不可避免的。

1932年,胡适在《论学潮》中又提道,"凡能掀动全国的学潮,都起

---

① 欧阳哲生主编:《胡适文集》(第3卷),第451页。
② 欧阳哲生主编:《胡适文集》(第12卷),第442页。
③ 曹伯言整理:《胡适日记全编》(第5卷),第73-74页。或欧阳哲生主编:《胡适文集》(第12卷),第730-731页。

于外交或政治问题。这是古今中外共同的现象：凡一国的政治没有上轨道，没有和平改换政权的制度，又没有合法的代表民意的机关，那么，鼓动政治改革的责任总落在青年智识分子的肩膀上"。① 是年 12 月 2 日，胡适被邀与蒋介石共饭，蒋介石请胡适研究两个问题，(1)中国教育制度应该如何改革？(2)学风应该如何整顿？关于第二个问题，胡适当时就"很不客气"地对蒋说学风问题是出于政治的不清明，"学风也是如此。学风之坏由于校长不得人，教员不能安心治学，政府不悦学，政治不清明，用人不由考试，不重学绩……学生大都是好的；学风之坏决不能归罪学生"。② 其实，在中国，政治不清明与学生运动的必然关系，这道理并不艰深，也不难懂，可身为国家最高领导人的蒋介石却连这个小学生能懂的道理都不懂，居然还要"不耻下问"留美大博士胡适之！

1935 年，一二·九学生运动后，胡适又提出了那个"古今一例"、"中外一理"的"历史的公式"："在变态的社会国家里，政治太腐败了，国民又没有正式的纠正机关(如代表民意的国会之类)，那时候，干预政治的运动一定是从青年的学生界发生的。"③

1947 年 5 月 18 日，面对日益高涨的学潮，李宗仁举行茶话会，邀请平津两市专科以上院校的掌校者及主要教授商议对策，会上胡适又是老调重提，据报载："他认为古今中外有一条公律，凡是在政治不能令人满意的时候，没有正当合理机构来监督政府，来提倡改革政治的情形下，提倡改革政治，往往会落在青年身上，若汉宋的太学生请愿，明代东林党之攻击朝政，以及清之戊戌政变，乃至辛亥革命，五四运动，提倡政

---

① 欧阳哲生主编：《胡适文集》(第 11 卷)，第 224 页。
② 曹伯言整理：《胡适日记全编》(第 6 卷)，第 182 页。
③ 欧阳哲生主编：《胡适文集》(第 11 卷)，第 659 页。

治改革的,都落在青年学生的肩上。"①而在国外,"目前英美的政治比较上轨道,故英国青年多集中精力去打棒球,美国青年则对垒球、划船、跳舞大感兴趣,因为这是青年人应享的幸福"。而中国的现状呢,"不要说青年人不满意,就是我们中年人也是感到不能满意的"。②

变态社会中,政治不上轨道,知识分子坐卧不安、愤而干政,是为知识分子干政之因,胡适通过中国历史上的经验教训和外国现状的对比,得出这么一个结论。

为什么是青年学生呢？胡适说这个道理很简单:"中年老年的人,壮气早消磨了,世故深了,又往往有身家之累,所以都容易采取明哲保身的态度,不肯轻易参加各种带有危险性的政治活动。只有少年学生的感情是容易冲动的,胆子是大的;他们没有家室之累,理智也不曾完全压倒情绪,所以他们一受了义愤的鼓动,往往能冒大险,做出大牺牲,不肯瞻前顾后,也不能迟徊犹豫。"③"因为青年人容易受刺激,又没有家眷儿女的顾虑,敢于跟着个人的信仰去冒险奋斗,所以他们的政治活动往往是由于很纯洁的冲动,至少我们可以说是由于很自然的冲动。"④这是老实话,其实,有两类知识分子是最有可能无所顾忌的,一类是胡适这里所说的青年,青年往往血气方刚,无家室之累,是谓"初生牛犊不怕虎";另一类是胡适没有说过的老年,老年反正日薄西山,无提升之忧,是谓"死猪不怕开水烫"。而往往中年一代知识分子,迫于职业和仕途的压力,想说又不敢说,于是只有闭上眼睛、捂住嘴巴、老老实实、规规矩矩。胡适曾

---

① 曹伯言整理:《胡适日记全编》(第 7 卷),第 654 页。
② 曹伯言整理:《胡适日记全编》(第 7 卷),第 654-655 页。亦可参见中国社会科学院近代史研究所中华民国史组编:《胡适来往书信选》(下),第 205 页。
③ 欧阳哲生主编:《胡适文集》(第 11 卷),第 659 页。
④ 同上书,第 224 页。

这样说,"中年的智识阶级不肯出头,所以少年的学生来替他们出头了;中年的智识阶级不敢开口,所以少年的学生来替他们开口了"。①

中国的知识分子干政的悠久而深厚的传统很大程度上正是来自于中国政治制度的不完善,很大程度上说,当中国处于朝代更迭、社会动荡、政治黑暗、内外交困之际,正是知识分子成为"知识分子"之时。

老子说,"国家昏乱,有忠臣"②,当年的屈原便是"昏乱"的楚国的"忠臣",郭沫若说,"国家败坏到这步田地,在热爱祖国的诗人屈原当然是最不甘心的"。这种"不甘心"导致了屈原的死,所以,"屈原的自杀,事实上是殉国难"。③ 有忠臣,对一个国家来说并不是好事,知识分子兴则社会不幸,知识分子亡则社会大幸。因为只有种种制度的不完善,知识分子就不得不越俎代庖、激扬文字,只有各项制度上了轨道,知识分子才能心无旁骛、埋首书斋。

所以,郭沫若曾说,对于屈原这种人,我们是"深幸有一,不望有二"的,"因为要想成就一个屈原,那儿须得有一幕亡国灭种的惨剧"。④ 牟宗三在谈到东汉末年和明朝末年士人与阉宦的斗争时说道,"其死节之惨烈皆可歌可泣,但我并不认为这是一个好的现象",他认为"气节之士的规格所成的历史悲剧,就今日而论,只能通过民主政治来解决,因只有民主政治才能把这种悲剧免掉。真正的民主政治一出现,这种悲剧便必然地在历史上消失"。⑤ 这个道理也适合于今天的公共知识分子,

---

① 欧阳哲生主编:《胡适文集》(第 3 卷),第 451 页。
② 《老子·十八章》。
③ 郭沫若:《郭沫若全集》(文学编第 17 卷),第 172 页。
④ 郭沫若:《郭沫若全集》(文学编第 19 卷),第 184 页。
⑤ 牟宗三:《知识分子立身处世之道》,王岳川编:《牟宗三学术文化随笔》,中国青年出版社 1996 年版,第 51 页。

"公共知识分子的需要和存在就隐喻了真正的公民社会尚未到来,当社会已经迈入理想的公民社会,即公民已经不再需要他们的代言人——公共知识分子时,公共知识分子就会退出历史舞台"。① 可以知道,在一个民主社会里会出现"知识分子的消亡"的趋向,②这未尝不是件好事,但哪能有这么好的事情呢?

乱世出知识分子,胡适在这里强调了知识分子产生的外部条件,其实,这也与知识分子本身的那种干世情怀有关,这一内在因素也是不可忽视的。黄梨洲在《明夷待访录》的《学校篇》中说:

> 学校所以养士也。然古之圣王其意不仅此也。必使治天下之具皆出于学校。……天子之所是未必是,天子之所非未必非,天子亦遂不敢自为非是,而公其是非于学校。虽故养士为学校之一事,而学校不仅为养士而设也。③

胡适评说,"这就是说,学校不仅是为造毕业生而设的,理想的学校应该是一个造成天下公是公非的所在"。学校不只是培养技术性、工具性的人才,它还应教授和传承真理、正义、文明、道义等普世性的价值观。中国知识分子向来有议正误、评是非的传统,"东汉太学三万人,危言深论,不隐豪强,公卿避其贬议。宋诸生伏阙捶鼓,请起李纲。三代遗风,惟此犹为相近。使当日之在朝廷者,以其所非是为非是,将见盗

---

① 〔法〕白夏:《公共知识分子的社会角色——法国的历史与现实》,载许纪霖、刘擎编:《丽娃河畔论思想》。

② 其实,真正的民主政治的实现又谈何容易,民主政治只是一种理想状态,一个可以无限逼近,但又无法到达的极限状态,正如丘吉尔所云,民主虽不是最好的选择,但却是目前不得不的选择,那种认为知识分子随着民主政治的实行而消失是不可信的,只能说,民主社会的公共知识分子将会越来越少,但不会没有。

③ 欧阳哲生主编:《胡适文集》(第3卷),第319页。

贼奸邪慑心于正气霜雪之下,君安而国可保也"。① 议论时政正是学校的另一项职能。

　　1923年12月10日,胡适在东南大学关于书院的演讲中提到古之书院的两种职能,即"讲学"与"议政"。他说:"书院既为讲学的地方,但有时亦为议政的机关。因为古时没有正式代表民意的机关;有之,仅有书院可以代行职权了。汉朝的太学生,宋朝的朱子一派的学者,其干涉国家政治之气焰,盛极一时;以致在宋朝的时候,政府立党籍碑,禁朱子一派者应试,并不准起复为官。明朝太监专政,乃有无锡东林书院学者出而干涉,鼓吹建议,声势极张。此派在京师亦设有书院,如国家政令有不合意者,彼辈虽赴汤蹈火,尚仗义直言(按:原文如此),以致为宵小所忌,多方倾害,死者亦多,政府并名之曰东林党。然而前者死后者继,其制造舆论,干涉朝政,固不减于昔日。于此可知书院亦可代表古时候议政的精神,不仅为讲学之地了。"②钱穆在评说东汉李膺、陈蕃等太学生领袖们时说,他们"以正气大义与黑暗势力相斗争,虽屡受摧挫,然士人势力之逐步成长,实胥赖之。当时士大夫自有一段不可磨灭之精神,亦不可纯由外面事态说之也"。③ 自古以来,知识分子就自许为道义的护法,社会的良心。

　　应当说,知识分子的参与冲动、批评功能既有社会不清明的外因,也有自我担当的传统的内因。

歌德的故事

　　近代中国,内忧外患、王纲解纽、军阀割据,正是胡适所说的变态的

---

① 欧阳哲生主编:《胡适文集》(第3卷),第319-320页。
② 欧阳哲生主编:《胡适文集》(第12卷),第452页。
③ 钱穆:《国史大纲》(上),商务印书馆1994年版,第180页。

社会,鲁迅曾称中国是"变态的中国"。① 可以说,胡适在一定程度上是同情、理解学生运动的,他说,"许多学生都是不愿意牺牲求学的时间的;只因为临时发生的问题太大了,刺激太强烈了,爱国的感情一时迸发,所以什么都顾不得了:功课也不顾了,秩序也不顾了,辛苦也不顾了"。② 时势逼迫的啊!谁愿意如此呢?"请援,杀敌,更加是大事情,在外国,都是三四十岁的人们所做的。他们那里的儿童,着重的是吃,玩,认字,听些极普通,极紧要的常识。"③学生们是应当"好好学习,天天向上"的,但你们把政治搞得一塌糊涂,他们不能安心啊,你有资格责怪学生吗?鲁迅也曾说,"中国只任虎狼侵食,谁也不管。管的只有几个年青的学生,他们本应该安心读书的,而时局漂摇得他们安心不下。假如当局者稍有良心,应如何反躬自责,激发一点天良?"④要反省的是你们这帮统治者啊,但你们却装聋作哑。"革命无罪,请愿有理",看来,青年学生的行动是无可厚非的,胡适的老友丁文江甚至这样说,"不错,许多青年进了共产党,许多青年在学校里闹风潮,但是平心而论,假如我今年是二十岁,我也要做共产党,也要闹风潮"。⑤ 可见,当时社会是何等的混乱,政治是何等的黑暗。

　　虽然胡适同情理解学生运动,而且认为知识分子应当主持正义、干预时政,但同时他又很反对知识分子心有旁骛、荒置学业,动不动就心动过速、血压升高、痛哭流涕、请愿游行。他主张知识分子应当两耳不闻窗外事,一心只读圣贤书,稍安毋躁、安心向学。

---

① 鲁迅:《致孙伏园》(230612),《鲁迅全集》(第11卷),第434页。
② 欧阳哲生主编:《胡适文集》(第4卷),第628页。
③ 鲁迅:《且介亭杂文·难行和不信》,《鲁迅全集》(第6卷),第52-53页。
④ 鲁迅:《华盖集续编·无花的蔷薇之二》,《鲁迅全集》(第3卷),第279页。
⑤ 转自丁海琴:《丁文江》,河北教育出版社2001年版,第282页。

胡适可以说是向来都反对学生的请愿活动的。就在一二·九学生运动前,胡适虽表示支持学生不南迁、不屈服,同情并支持学生游行,但他同时又力劝学生不要荒废学业,并要他们尽快复课。在《告北平各大学同学书》中,他说:"实际报国之事,决非赤手空拳喊口号发传单所能收效。青年学生认清了报国目标,均宜努力训练自己成为有知识有能力的人才,以供国家需要。若长此荒废学业,今日生一枝节,明日造一惨案,岂但于报国救国毫无裨益,简直是青年人放弃本身责任,自己破坏国家将来之干城了!"这才是他的用心所在。一次,有学生名叫姜高琦者,在请愿中为军警砍死。胡适为之写诗,脱帽致哀,在致哀的同时,又表达了对学生们"不务正业"的不满。诗云:

我们低下头来,
哀念这第一个死的。——
但我们不要忘记:
请愿而死,究竟是可耻的!①

鲁迅虽也不主张学生请愿,但他并不是出于担心学生荒废学业,而是出于保存实力而考虑的,因为"石在,火种是不会绝的",②他不忍心看到学生宝贵而年轻的生命就此殒没,而这样的不幸和残酷在中国又常常会发生,这是他与胡适的区别之处。

1920年"五四"纪念一周年时,胡适说,"单靠用罢课作武器,是最不经济的方法,是下下策"。③ 1921年8月4日,胡适在安庆演讲提到

---

① 欧阳哲生主编:《胡适文集》(第9卷),第176-177页。
② 鲁迅:《且介亭杂文二集·"题未定"草(六至九)》,《鲁迅全集》(第6卷),第449页。
③ 欧阳哲生主编:《胡适文集》(第11卷),第48页。

学生干政问题时说,"我认定在变态社会中,学生干政是不可免的;但罢课不是干政的武器"。① 1923年胡适说:"这几年的经验给我们的教训是:一切武器都可用;只有罢课一件武器,无损于敌人而大有害于自己,是最无用的。"②罢课不是干政的武器,那么,学生能做什么呢?胡适的答案是"安心向学"。退一步讲,倘实在忍不住了,也不要做罢课、游行、请愿此类"合群的爱国"③的事情,而应"用个人运动代群众运动"。④

至于"用个人运动代群众运动"是什么意思呢?两个多月后,10月11日,胡适在北大的开学演讲中说道:"学生宜有决心,以后不可再罢课了。今年事变无穷,失望之事即在目前,我们应该决心求学;天塌下来,我们还是要求学。如果实在忍不住,尽可个人行动;手枪,炸弹,秘密组织,公开行动,都可以。但不可再罢课。"⑤胡适指明,学生之现职在于学习,倘要行动,则可个人行动,而不必借群众汪洋来掩饰自己的怯懦。1923年,蔡元培因政治清明无望愤而辞职后,胡适也表达了知识分子应当个人行动,个人负责类似的意思,"北京教育界中的人,自然有许多对于蔡先生抗议的精神极端表示同情的;但同情的表示尽可以采取个人行动的方式,不必牵动学校。如有赞成他的不合作主义的,尽可以自行抗议而去。如有嫌他太消极的,尽可以进一步作积极的准备;个人行动也好,秘密结合也好,公开鼓吹也好,但都不必牵动学校"。⑥说白了,他主张"单挑",而不主张"群殴"。他认为集体行动会给学生

---

① 曹伯言整理:《胡适日记全编》(第3卷),安徽教育出版社2001年版,第412页。
② 欧阳哲生主编:《胡适文集》(第11卷),第111页。
③ 鲁迅:《热风·随感录三十八》,《鲁迅全集》(第1卷),第327页。
④ 曹伯言整理:《胡适日记全编》(第3卷),第412页。
⑤ 同上书,第496页。
⑥ 欧阳哲生主编:《胡适文集》(第11卷),第110—111页。

"养成倚赖群众的恶心理","个人自己不肯牺牲,不敢做事,却要全体罢了课来呐喊助威,自己却躲在大众群里跟着呐喊。这种倚赖群众的心理是懦夫的心理"。① 鲁迅亦对此类"合群的爱国"有过不留情面的论述,他说,"大凡聚众滋事时,多具这种心理(按:指合群的爱国的自大),也就是他们的心理。他们举动,看似猛烈,其实却很卑怯"。② 不过,同样是主张个人的实际行动,反对合群的空喊口号,胡适似乎多少有些借此来反对学生干政的味道。

罢课证明无益无用,学习方是正事正业,这是胡适的核心观点。那么,在时事危急,学生"发烧"之时,胡适"大夫"开出了"镇静主义"的药方。

1915年,倭人提出欲亡中国之二十一条,知识界得知此消息后群情激愤,当时青年毛泽东在读了关于日中危机的书《明耻篇》后,在这书的封面上奋笔写下了"五月七日,民国奇耻。何以报仇,在我学子!"的誓词。然而就在这国势阽危、国将不国之际,那些海外留学生热血沸腾,主张向日本开战,决一雌雄,而同在海外留学的胡适却劝大家稍安毋躁,他说,"世界战云正急,而东方消息又复大恶。余则坚持镇静主义"。③ 他致书张亦农说:"今日大患,在于学子不肯深思远虑,平日一无所预备。及外患之来,始惊扰无措,或发急电,或作长函,或痛哭而陈词,或慷慨而自杀,徒乱心绪,何补实际?至于责人无已,尤非忠恕之道。吾辈远去祖国,爱莫能助,当以镇静处之,庶不失大国国民风度耳。"④论理青年人本应血气方刚,怒发冲冠的,然而青年胡适却异于他

---

① 欧阳哲生主编:《胡适文集》(第11卷),第49页。
② 鲁迅:《热风·随感录三十八》,《鲁迅全集》(第1卷),第327-328页。
③ 胡适:《胡适留学日记》(下),第32页。
④ 同上书,第20页。

人,显得格外的成熟理性,特别是在 1915 年 3 月 19 日夜,胡适本已经睡觉了,但又夜不能寐,于是就写那篇引起轩然大波的《致留学界公函》,一直写到凌晨两点半,此文一出便成众矢之的。他把那些义愤填膺之士的决战言说视为"爱国癫"。"以余观之,吾辈学子,远去祖国,爱莫能助;当务之急,当以镇静处之。让吾等各就本份,各尽责职;吾辈之责任乃是读书学习。……吾等正要严肃、冷静、不惊、不慌,安于学业,力争上流,为将来振兴祖国作好一番准备,只要她能幸免于难——余深信如此——若是不能,吾辈将为在废墟上重建家园而努力!"①

此论即出,胡适顿时身处舆论中心,全国士子正忧心忡忡、头昏脑热之际,你胡适却拎起桶来大泼凉水,居心何在?用意何在?他"受了各方面的严厉攻击,且屡被斥为卖国贼"。② 于是,有讥之为"木石心肠",有骂之云"大著结论,盘马弯弓故不发,将军之巧,不过中日合并耳"。

他自己似乎也身体力行,闭关修炼,特地做一些与时势无关之事。不是写什么《康德之国际道德学说》,就是偷闲改作《告马斯》(To Mars)之英文诗,忙得个不亦乐乎。

到了 1935 年,华北危机,胡适又成为唯一公开支持塘沽协定的学者,即以华北的军事占领来换取日人统治下的和平。他说:

> 我们不必悲观。看呀,在这沉默忍受的痛苦之中,一个新的民族国家已渐渐形成了! 能在这种空气里支持一种沉默,一种镇静,一种秩序,这是力量的开始……多难兴邦的老话是不欺人的历史

---

① 曹伯言整理:《胡适日记全编》(第 2 卷),安徽教育出版社 2001 年版,第 97-98 页。

② 欧阳哲生主编:《胡适文集》(第 1 卷),第 17 页。

事实。①

在众声高亢的时分,胡适却始终独自弹奏着他的低调音符。1937年,中日已正式拉开战局,打得不可开交,留平的教授亦在疏散之中,9月9日,在江轮中的胡适给留守学人郑天挺、罗常培和魏建功等君去信,劝他们趁这乱离的时分能埋头著述、潜心学问。

>鄙意以为诸兄定能在此时埋头著述,完成年来未完之著作。人生最不易得的是闲暇,更不易得的是患难,——今诸兄兼有此两难,此真千载一时,不可不充分利用,用作学术上的埋头闭户著作。弟常与诸兄说及,羡慕陈仲子葡萄食残李时多暇可以著述(按:陈仲子即独秀);及其脱离苦厄,反不能安心著作,深以为不如前者苦中之乐也。弟自愧不能有诸兄的清福,故半途出家,暂作买卖人,谋蝇头之利,(按:此为胡适出走谋国之隐语)定为诸兄所笑。……弟唯希望诸兄能忍痛维持松公府内的故纸堆,维持一点研究工作。将来居者之成绩,必远过于行者,可断言也。②

在他看来,患难往往能排除外界干扰,创造闲暇,从而能进行他终生所嗜好的治学工作。

我们知道,胡适说话喜欢讲故事,尤其喜欢讲外国故事,有一个故事他讲了一辈子,那就是关于歌德的故事,他常以此自勉或劝人稍安勿躁。

就在胡适写《致留学界公函》之前,他就发现了歌德在国家危机时分安心向学的故事了。1914年12月9日,他在留学日记中大写歌德之"镇静工夫"。"德国文豪歌德(Goethe,马君武译贵推)自言,'每遇

---

① 欧阳哲生主编:《胡适文集》(第11卷),第606页。
② 耿云志、欧阳哲生编:《胡适书信集》(中),第733—734页。

政界有大事震动心目,则黾勉致力于一种绝不关系此事之学问以收吾心.'故当拿破仑战氛最恶之时,歌德日从事于研究中国文物。又其所著《厄塞》(*Essex*,剧名)之'尾声'(*Epilogue*)一出,乃作于来勃西之战之日。"①

胡适除了自己服用"安眠药"之外,还给别人大打"镇静剂"。当时,正值欧战,他的好友韦莲司放弃学画,主动请缨,要去军中做看护妇,然而因素无经验而被拒绝,遂倍感愤懑郁闷,胡适给她讲歌德的故事了。他在给韦莲司的信中说,"1813 年,也正是德国遭受[战争]大难的那一年,歌德写道:'我在运思的过程中,我必须把自己的心思集中在极特殊的一点之上。……在全世界都受到威胁的时候,我把心思集中到与实际政局全不相干的一件事情上,这段时间也正是我从卡尔斯巴达(Carlsbad)回来的时候,我全心全意地研究中国事物……我写《*Essex*》'结尾'(*Epilogue*)的那一天正是莱比锡克(Leipsic)战事发生的同时。'在我看来,我们眼下的努力不能扭转乾坤的时候,将我们的注意力集中到一件与时局无关的事情上是有好处的。你试过这个方法没有?"②在日记中,他也记道,"余以歌德之言告之,以为人生效力世界,宜分功易事,作一不朽之歌,不朽之画,何一非献世之事?岂必执戈沙场,报劳病院,然后为贡献社会乎?"韦莲司以为然。他同样给另一位匈牙利"爱国青年"也讲过歌德的故事,"余感其爱国之诚,而怜其焦思之苦,至于憔悴其形神也。今日遇诸途,亦为言歌德之言"。③ 不知此"洋鬼子"以为然否?

1925 年,五卅惨案发生,全国学生罢课,胡适给那些受不住外面刺激的学生又一次讲了歌德的故事。他说,德国文学家歌德(Goethe)在

---

① 胡适:《胡适留学日记》(上),第 455-456 页。
② 周质平编译:《不思量,自难忘:胡适给韦莲司的信》,第 5 页。
③ 胡适:《胡适留学日记》(上),第 456 页。

他的年谱里曾说,"他每遇着国家政治上有大纷扰的时候,他便用心去研究一种绝不关系时局的学问,使他的心思不致受外界的扰乱。所以,拿破仑的兵威逼迫德国最厉害的时期里,葛德天天用功研究中国的文物。又当利俾瑟之战的那一天,葛德正关着门,做他的名著 *Essex* 的'尾声'。"①1938年2月19日,抗日伊始,时局艰难,民间使者胡适在美加巡回演讲中对中国学生大谈歌德的故事。他说:"我为学生讲 Goethe[歌德]遇国家大患难,爱莫能助时,每专心治一种离时局最远的学问。我劝他们暂时忘了现来[实],努力将来。"②

他屡屡给人家讲歌德的故事,但至少在一个德国人,一个中国人身上见效了。1942年,德国鲁温斯坦亲王(Hubertus Zu Zoewenstein)痛心于中国所受战祸,遂写信给胡适要来中国投军为中国而战。胡适复信给他,给他讲了他的本国文豪歌德之故事。他说:

> 在拿破伦战争达到高潮时,歌德却专心研究中国语文及探讨光能对植物的影响。他这种有意置身于当时大事之外的态度,在现今一般人看来,可能不易了解,但"站着等,也是帮助"这句话也的确有相当的道理。你目前从事的讲授和写作,无论对中国对自由德国,甚至对整个人类来说,你的贡献要比一个真正拿枪杆在中国国土上作战的士兵还要大。③

---

① 欧阳哲生主编:《胡适文集》(第4卷),第631页。
② 曹伯言整理:《胡适日记全编》(第7卷),第40页。
③ 耿云志、欧阳哲生编:《胡适书信集》(中),第869页。在胡适日记中,胡适也说,"我回他一信,请他想想 Goethe[歌德]自记他每遇到政治上最不愉快的情形,他总勉强从事于离本题最远的学术工作,以收敛心思。故当拿破仑战氛最恶之时,歌德每日从事于研究中国文字。又其著名剧 *Essex*[《埃塞克斯》]的'尾声'(*Epilogue*)乃作于来勃西之战之日。"(《胡适日记全编》(第8卷),曹伯言整理,安徽教育出版社2001年版,第809页。)

不过，大约二十多年后，1961年11月23日，一位德国著名的历史学家求见相信一言一行可能意想不到地在某地某人身上发生效果的胡适，而此人即是胡适曾复信劝其稍安勿躁的鲁温斯坦。

而另一个受这一故事影响的中国人是胡适孩子的家庭教师，太平天国史学家罗尔纲，后来，罗尔纲在批判胡适思想运动中对他受到的毒害有所"醒悟"。他说："胡适又教我学德国文学家哥德那样当拿破仑的兵威进逼德国最厉害的时期里，还在研究中国的文物。我就真个听了他的话，当一九四四年日本侵略军进攻到了我的家乡的时候，我还关着门来做'忠王李秀成自传原稿笺证'的工作。这就可见我是怎样地中了胡适所提倡的'为考据而考据'的毒。"①

可以说，一个歌德的故事——越是在国家危急之时，越是要专心于学术事业——反映了胡适对知识分子在专心学术与投身社会之间选择的倾向。

军事没戏、文化有望、救出自己

那么，胡适为什么选择和鼓吹镇静主义，或者说，他劝说学生稍安勿躁的理由何在？大致看来，有三方面的因素：一、要在军事上和倭人相抗，是不现实的；二、退而求其次，唯有在文化上努力，方能免于亡国灭种；三、从根本上看，知识分子只有坚苦向学，救出自己，将自己铸造成器，方能救国家于将来。

对日作战，简直是发疯

其一，近现代中国一直面临日本军事力量的压制和威胁，然而，在

---

① 罗尔纲：《两个人生》，《胡适思想批判》（论文汇编）（第2辑），第185-186页。

国家的军事实力上,理性的胡适认为中国绝不具备对日作战的能力,倘与日冲突无异于螳臂挡车、以卵击石。那么知识分子鼓噪开战、鼓噪拼命就全是空话、废话,在他看来,我们别无选择,唯有冷静镇定,坚苦学习而已。

清末民初的中国军力孱弱,各路"诸侯"又割据一方,国家从没得到实质性的行政上、军事上的统一,加之士卒素质低下,军事装备恶劣,要对付经过明治维新、"文明开化"后的日本,希望实在渺茫。胡适这批知识分子在抗日问题上素来低调,也是因为他们能清醒地看到中国的实力太弱之故。

因此,在面对1915年的中日危机之时,他认为知识分子在"义愤之馀还须诉诸理智","余以为,此刻言及对日作战,简直是发疯。我何以作战,主笔先生说,我有一百万敢决一死战之雄狮。且让大家来看一下事实:我仅有十二万士兵谈得上是'训练有素'的,然其装备甚为简陋。而且,我海军毫无战斗力:军中最大之战舰乃一三等巡洋舰,其排水吨位仅为四千三百吨。另外,军火又如何呢?我何以作战?"①他以欧陆小国比利时奋起抵抗反遭覆亡为前车之鉴,称如果开战的话,中国将"剩下的只是一连串的毁灭、毁灭和再毁灭"。② 几乎与此同时,1915年3月17日,比胡适小一岁、在日本留学的郭沫若在给父母的信中也谈到中日军事实力的悬殊,"此次交涉,本属险恶,然使便至交战,或恐未必。何者?我国陆军虽有,而军械缺乏,而海军则不足言也。鬼国虽小,终不能敌,且日本亦未必遽有战意"。③ 待到事件"和平"解决后,他说,"而此次交涉之得和平解决,国家之损失实属不少,然处此均势破裂

---

① 胡适:《胡适留学日记》(下),第39页。
② 胡适:《胡适口述自传》,安徽教育出版社1999年版,第71页。
③ 黄淳浩编:《郭沫若书信集》(上),第21页。

之际,复无强力足供御卫,至是数百年积弱之敝有致。近日过激者流,竟欲归罪政府,思图破坏,殊属失当;将来尚望天保不替,民自图强,则国其庶可救也"。① 身处日本的郭沫若沉痛地寄希望于中国能够由此得以警醒,并企盼国家能富强自保。

1915年的危机总算过去了,然而十多年的时间过去了,我们却没有卧薪尝胆,也没有发愤图强,而是一味苟安于屈辱之中,忙于打内战,夺地盘,到了30年代,我们依然得面临更为严峻的危机,此时,日本那小蛇吞象之心可谓是"图穷匕见",面对日本的凶焰,是战是和,又是中国人不得不回答的难题,战则不能,和又不敢,而且"和比战难"。胡适晚年的口述自传中说:"在抗战前我国对日艰苦交涉的整整六年之中(1931—1937),我又变成了反对对日作战的少数派。在这六年之中我反战的论点仍与当年无异。问题重心便是我们怎么能打？拿什么去抗日？我们陆军的训练和装备均甚窳劣;既无海军,实际上也没有空军;也没有足以支持战争的国防工业,我们拿什么去抗日呢？"②他在1933年春时曾说:

> 我不能昧着我的良心出来主张作战。这不是说凡主张的都是昧着良心的,这只是要说,我自己的理智与训练都不许我主张作战。③

而在是年2月12日,他的好友丁文江在《抗日的效能与青年的责任》中也"恳挚的向青年人说了几句许多人不肯说的老实话",他也说到中国没有对日宣战的能力,"中国号称养兵二百万。日本的常备兵不过

---

① 黄淳浩编:《郭沫若书信集》(上),第25页。
② 唐德刚译注:《胡适的自传》,华东师范大学1981年版,第85页。
③ 欧阳哲生主编:《胡适文集》(第11卷),第323—324页。

二十万。……但是我们的一师人往往步枪都不齐全。步枪的口径也不一律。全国所有的机关枪大概不过几千杆,——欧战的时候,作战的部队每一师有一千五百杆。七五公厘的野炮大概一万人分不到两尊,——实际上需要二十四尊。重炮、坦克、毒气和飞机可算等于没有。所以以武器而论,我们的二百万兵抵不上日本的十万。……海上和空间完全在日本武力支配之下。沿江沿海的炮台都是四十年以前的建筑,丝毫没有防止日本海军的能力。吴淞的炮台不到五分钟就毁于日本炮火之下"。① 正如有论者所说,"胡适原来主张妥协,基本出发点是认为中国绝对没有能力抵抗日本,一旦爆发全面战争,中国必不可收拾"。② 后来周作人这个大知识分子"落水"当汉奸的原因也与他对中日军事实力的比较不无关系。

既然平心静气地看,中国与日本实力有着宵壤之别,那么,空喊作战,又有何益,主张镇定,正是他的理性主义态度使之然。

何尝因为亡国,只是因为拖辫子

其二,中国的军事实力无法与倭寇抗衡,诚可哀哉,但对胡适来说,一个国家之覆亡往往不在于军事之失败,而在于其文化学术之灭亡,为了避免国家灭亡,知识分子应努力致力于文化学术事业,为国家民族留存一线香火。

我们向来就有以文化,而不是民族、种族、地域等因素来分别你我、区分中外的传统。古之有夷狄之别,其实质即是文野之分,而中国又自视礼义文明之邦,所谓"文",即合乎中国之礼义规范者也,所谓"野",即

---

① 欧阳哲生主编:《胡适文集》(第 7 卷),第 505 页。
② 耿云志:《七七事变后胡适对日态度的改变》,耿云志编:《胡适评传》,上海古籍出版社 1999 年版,第 190 页。

不合乎中国之礼义规范者也。正如钱穆所云:"能接受中国文化的,中国人常愿一视同仁,胞与为怀。""两汉的对待匈奴、西羌诸族,招抚怀柔,引之入塞。南北朝时北方士族与诸胡合作,大率多抱有此种思想。"①据中国历史的经验来看,文化立国是避免国之灭亡之根本,远有蒙元,近有清朝,都是例证,蒙满民族虽在军事上征服了汉人,但在典章制度、思想伦理上却承袭前朝的种种模式,这是汉人能够接受他们统治之因,也是他们能够维系其统治之因。

因为,在知识分子的眼里来看,"中国、中国人不是各族观念,而是文化观念"。② 国亡虽沉痛,但尚可接受,但文化亡则绝不要接受,与一党一姓之兴亡相比,文化实系中华民族之魂,更其根本。故钱穆云:

> 顾亭林言:"国家兴亡,肉食者谋之。天下兴亡,匹夫有责。"即指知识分子言。唯知识分子,仅亦一匹夫。天下兴亡,从何负其责。中国人言天下,乃指社会人群,兴亡则指文化道统。反而求之一身,反而求之一心,我身此心即天下万世人之心。③

他在晚年还说,"全部二十五史,天下高于国,社会高于君"。④ 在知识分子眼里,国家与天下不是同一概念,国家是统治者的国家,是政治意义上的,国家灭亡,不足为惜,而天下是每个人的天下,是文化意义上的,天下丧亡,则万万不能。当年康有为为他的光绪爷辩护亦是以此为立论的,他说:"一国之存亡在其历史风俗教化,不系于一君

---

① 钱穆:《国史大纲》(下),第848页。
② 王生平:《序言》,梁启超:《清代学术概论》,中国书籍出版社2006年版,第3页。
③ 钱穆:《晚学盲言》(下),第512页。
④ 钱穆:《晚学盲言》(上),第166页。

之姓系。"①其意思便是,清朝不是接受了中华文化了吗?你们也就不要"驱除鞑虏"了吧。

鲁迅曾说,"对我最初提醒了满汉的界限的不是书,是辫子。这辫子,是砍了我们古人的许多头,这才种定了的"。②"假如有人要我颂革命功德,以"舒愤懑",那么,我首先要说的就是剪辫子。"③辫子的有无可不是小事一桩,它代表着两种文化的差异和交锋,鲁迅对辫子的敏感正说明了他对汉族文化被迫屈服于满族文化的敏感,当时清朝的剃发令激起南方强烈的抵抗,即为一例。鲁迅在小说《头发的故事》中说:

> 我们讲革命的时候,大谈什么扬州三日,嘉定屠城,其实也不过一种手段;老实说:那时中国人的反抗,何尝因为亡国,只是因为拖辫子。④

他将国家与天下,政治与文化的关系说得甚是明白了,原来以阴柔见长的南人在面对满人的锋镝时居然如此刚烈的原因正在于此。钱穆亦持同样看法,他称汉人不剃发正体现了国人的一种"深厚的文化意义",汉人对满人的承认和反抗都基于此,国人认为,"只要政体不变更,王室推移,无关重要,至于衣冠文物,则为民族文化之象征,不肯轻变"。⑤ 同样,后来汉人对清朝皇帝的接受在很大程度上是清朝采取了传统汉族政治制度、风俗文化等,鲁迅曾不无讥讽地说,"大莫大于尊

---

① 康有为:《文钞·君与国不相关,不足为轻重存亡论》,转自萧公权:《中国政治思想史》(第3卷),第655页。
② 鲁迅:《且介亭杂文·病后杂谈之余》,《鲁迅全集》(第6卷),第193页。
③ 同上书,第195页。
④ 鲁迅:《呐喊·头发的故事》,《鲁迅全集》(第1卷),第485页。
⑤ 钱穆:《国史大纲》(下),第849页。

孔,要莫要于崇儒,所以只要尊孔而崇儒,便不妨向任何新朝俯首"。①

明白了这一点,我们就不难理解知识分子,尤其是易代之际或危亡之际的知识分子对中国固有学术文化的提倡和重视的原因。他们无非是想借此能为华夏学术文化留存一线香火,以图保存中华,这就是文化救国的理路,而这一思想又是一脉相传承的。明末顾亭林在政治、军事手段谋划复国无望之后,专事讲学的目的正在于此。以顾亭林自期自勉的章太炎晚年讲学亦有如是考虑,章太炎在《国学讲习会序》中说:

> 吾闻处竞争之世,徒恃国学固不足以立国矣,而吾未闻国学不兴而国能自立也。吾闻有国亡而国学不亡者矣,而吾未闻国学先亡而国仍立者也。②

而章太炎的大弟子黄侃亦如是说:

> 其授人以国学也,以谓国不幸衰亡,学术不绝,民犹有所观感,庶几收硕果之效,有复阳之望。故勤勤恳恳,不惮其劳,弟子至数百人,可谓独立不惧,暗然日章,自顾君以来,鲜有伦类者矣。③

章太炎的另一个弟子鲁迅也相信文事之力终胜于武事之力的,只要文事衰落,这个国家民族就不能长久了。

> 递文事式微,则种人之运命亦尽,群生辍响,荣华收光;读史者萧条之感,即以怒起,而此文明史记,亦渐临末页矣。④

---

① 鲁迅:《花边文学·算账》,《鲁迅全集》(第5卷),第542页。
② 转自陈平原:《触摸历史与进入五四》,北京大学出版社2005年版,第183页。
③ 黄侃:《太炎先生行事记》,绍兴文理学院等编:《鲁迅:跨文化对话:纪念鲁迅逝世七十周年国际学术讨论会论文集》,大象出版社2006年版。
④ 鲁迅:《坟·摩罗诗力说》,《鲁迅全集》(第1卷),第65页。

到 1915 年中日危机之际,远在日本的郭沫若去信父母要其敦促幼弟郭开运刻苦攻读中国旧书,以期万一国家破亡后能为民族文化保存一线香火,他说:

> 元弟在家,不可虚耍,新学问自是无从下手,然吾国旧书,不可不多读也。一国文学,为一国之精神,物质文明,固不可缺少,而自国精神,终不可使失坠也。①

这些都是知识分子出于文化救国的考虑,总之,中国文化不亡,中国就不会亡,于是,只有肩扛着中国文化重担的知识分子不绝地努力,中国就永远不会灭亡的。

胡适也从中外的先例中看到这种学术文化之力。他说:

> 希腊的智识分子做了罗马战胜者的奴隶,往往从奴隶里爬出来做他们的主人的书记或家庭教师。北欧的野蛮民族打倒了罗马帝国之后,终于被罗马天主教的长袍教士征服了,倒过来做了他们的徒弟。殷商的智识分子,——王朝的贵人,太祝,太史,以及贵族的多士,——在那新得政的西周民族之下,过的生活虽然是惨痛的奴房生活,然而有一件事是殷民族的团结力的中心,也就是他们后来终久征服那战胜者的武器,——那就是殷人的宗教。②

君不见,犹太民族全球星散,千年流亡,但该民族却有着强烈的文化认同感,1948 年,终复其国,是为文化复国之典型例证。

他也曾给学生们讲了一个关于费希特的故事,这也是一个文化救国的例子。近代德国哲学家费希特(Fichte)在"当普鲁士被拿破仑践

---

① 黄淳浩编:《郭沫若书信集》(上),第 22 页。
② 欧阳哲生主编:《胡适文集》(第 5 卷),第 13 页。

破之后的第二年(1807年)回到柏林,便着手计划一个新的大学——即今日的柏林大学"。他在柏林尚在敌兵操练的军号声中,继续讲学,并发表《告德意志民族》演讲,告诉德国人"不要灰心丧志,不要惊皇失措","他说,德意志民族是不会亡国的;这个民族有一种天付的使命,就是要在世间建立一个精神的文明,——德意志的文明:他说,这个民族的国家是不会亡的"。①"建立一个德意志的文明"在胡适看来成为救国的长远的根本之道。

无独有偶,"五四"之后,代理蔡元培掌校的蒋梦麟在对学生的演说与胡适的观点颇为类似,他同样举了费希特的例子。"故救国之要道,在从事增进文化之基础工作,而以自己的学问功夫为立脚点,此岂摇旗呐喊之运动所可几?当法国之围困德国时,有德国学者费希德在围城中之大学演讲,而作致国民书曰:'增进德国之文化,以救德国。'国人行之,遂树普鲁士败法之基础。故救国当谋文化之增进,而负此增进文化之责者,唯有青年学生。……"②"民族文化正统的承续者,操在读书人的手里。"③可见,固守和弘扬一国之文化实系知识分子使国家免遭灭亡所能做的力所能及的工作。

法国出了个巴斯德

其三,胡适认为,罢课游行、请愿示威、通电宣言、标语口号,纯系一时情绪的宣泄,于实际的政治无益,非但无益,而且有害,因为这些政治冲动会耽搁锻炼他们成材的大好时机。

学生这些"准知识分子"往往代表着一个国家的面貌,一个国家的

---

① 欧阳哲生主编:《胡适文集》(第4卷),第631页。
② 蒋梦麟:《西潮与新潮》,第149-150页。
③ 钱穆:《国史大纲》(下),第849页。

未来。梁任公曾说了以下气势磅礴的话,他说,"故今日之责任,不在他人,而全在我少年。少年智则国智,少年富则国富,少年强则国强,少年独立则国独立,少年自由则国自由,少年进步则国进步,少年胜于欧洲则国胜于欧洲,少年雄于地球则国雄于地球"。① 1957 年,毛泽东也对在苏联的中国留学生说过这样一段著名的话,"世界是你们的,也是我们的,但是归根结底是你们的。你们青年人朝气蓬勃,正在兴旺时期,好象早晨八、九点钟的太阳。希望寄托在你们身上"。② 长江后浪推前浪,前浪死在沙滩上,世界永远是属于年青一代的,那么青年学生的成材问题便至关重要。胡适担心的是他们过多的社会活动、政治参与会使他们荒废学业。于是他说:

救国千万事,何一不当为?
而吾性所适,仅有一二宜。③

救国救国,千头万绪,军人扛枪,农民摸锄,每个人都只能做自己能做的事情,至于学生呢,只能是以"学习"来救国,先苦学知识,以期以后能于国家有用,总之是各行各业的人都要在自己的本职岗位上做好自己的本职工作,以俟来日。这一逻辑一直到现在还是如此,我们的驻南斯拉夫领事馆被"误炸"后,报上电视上不都是这么号召和表白的吗?胡适认为我们这些小知识分子最紧要的是先救出自己,他特别欣赏"易卜生主义"的"纯粹的为我主义",这一主义认为,一个人"最要紧的还是救出自己",并"把你自己这块材料铸造成器"。

---

① 梁启超:《少年中国说》。
② 中国人民解放军总政治部编印:《毛主席语录一百条》,中国人民解放军战士出版社 1967 年版,第 81-82 页。
③ 欧阳哲生主编:《胡适文集》(第 4 卷),第 630 页。

> 我所最期望于你的是一种真益纯粹的为我主义。要使你有时觉得天下只有关于我的事最要紧,其余的都算不得什么。……你要想有益于社会,最好的法子莫如把你自己这块材料铸造成器。……有的时候我觉得全世界都像海上撞沉了船,最要紧的还是救出自己。①

> 青年学生的基本责任到底还在平时努力发展自己的知识与能力。社会的进步是一点一滴的进步,国家的力量也靠这个那个人的力量。②

"真正的救国的预备在于把自己造成一个有用的人才",首先要使自己成器,而对于青年学生来说,锻炼成材的场所当然是学校,"学校固然不是造人才的唯一地方,但在学生时代的青年却应该充分地利用学校的设备来把自己铸造成个东西"。③ 学生尚未成器,如果未经锻炼,终为次品,从长远眼光来看,于国无补。

学生搞运动是救国吗?错!学生安安分分地待在教室里,埋头苦学,努力成材,这其实也是救国啊,胡适将学术与救国就这样联系到一起了。1926年7月,胡适在北京大学作了《学术救国》的演讲,他提出一种"学术救国"。他以敌国日本为例说明学术救国的必要和有效,"日本是很小的一个国家,现在是世界四大强国之一。这不是偶然来的,是他们一般人都尽量的吸收西洋的科学,学术才成功的。你们知道无论我们要作什么,离掉学术是不行的"。他还讲了一个巴斯德的故事,胡适说他在上海养病时看巴斯德(Pasteur)的传记时感动得都哭了。我

---

① 欧阳哲生主编:《胡适文集》(第2卷),第486页。
② 欧阳哲生主编:《胡适文集》(第11卷),第662页。
③ 欧阳哲生主编:《胡适文集》(第4卷),第630页。

们知道,1870年普法战争,法国皇帝被捉,既割地,又赔银,而巴斯德说,"'法兰西为什么会打败仗呢?那是由于法国没有人才。为什么法国没有人才呢?那是由于法国科学不行。'以前法国同德国所以未打败仗者,是由于那瓦西尔 Lauostes 一般科学家,有种种的发明足资应用"。胡适将法国的失败归于她的科学不发达,到了后来,法国出了个巴斯德,"英人谓巴士特一人试验之成绩,足以还五万万赔款有余",然而这也不过是为了国家赔款贡献了力量而已,也不过是填塞了战胜国的无底空腹啊,然而胡适称:"此人是我们的模范,这是救国。我们要知道既然在大学内作大学生,所作何事?希望我们的同学朋友注意,我们的责任是在研究学术以贡献于国家社会。"①

同胡适也许有些类似,1907年的鲁迅也是十分看重科学之于一个国家的命运的。法国大革命(1789年)成功后,1792年,法国就面临着内外纠结的反动武装的军事威胁,就在"武人抚剑而视太空,政家饮泪而悲来日,束手衔恨,俟天运矣"的危急时分,这时,法国出了一批"科学家"。"而时之振作其国人者何人?震怖其外敌者又何人?曰,科学也。其时学者,无不尽其心力,竭其智能,见兵士不足,则补以发明,武具不足,则补以发明,当防守之际,即知有科学者在,而后之战胜必矣。"② 正是这些科学家的智力支持,保证了法国革命的最后胜利。所以,鲁迅也认为学生应当首先有一技之长,有一定的学问,方能报效国家。他说,"仆以为一无根柢学问,爱国之类,俱是空谈;现在要图,实只在熬苦求学,惜此又非今之学者所乐闻也"。③ 这几乎跟胡适是一样的观点了。

就连曾推动了五四运动的北大校长蔡元培也这样说,"我对于学生

---

① 欧阳哲生主编:《胡适文集》(第12卷),第454-457页。
② 鲁迅:《坟·科学史教篇》,《鲁迅全集》(第1卷),第34页。
③ 鲁迅:《致宋崇义(200504)》,《鲁迅全集》(第1卷),第382-383页。

运动,素有一种成见,以为学生在学校里面,应以求学为最大目的,不应有何等政治的组织。其有年在二十岁以上,对于政治有特殊兴趣者,可以个人资格参加政治团体,不必牵涉学校。所以民国七年夏间,北京各校学生,曾为外交问题,结队游行,向总统府请愿;当北大学生出发时,我曾力阻他们,他们一定要参与;我因此引咎辞职"。① 蔡元培与其说是反对学生干涉政治,不如说是讨厌政治干扰学生,利用学生,在一定程度上,胡适反对学生干涉政治亦出于此。

朋友,你道是学生游行示威,罢课请愿,个个都是出于义愤,为了救国,你知道里面有多少是凑热闹、图快活的。郭沫若曾说:"平常学生罢课,除极少数是热心运动之外,大多数是趁趁热闹,乐得天天都是星期。所以重要的动机与其说是热诚,宁肯说是偷懒。"②当时"五四"学生运动的领袖人物傅斯年、罗家伦等人,后来也反省到学生运动之无益,不管怎么说,长远来看,是荒置了自身的学业。胡适的好友丁文江也曾说,"至于国民党的那一套,我真正不敢佩服。我所检查到的信很多,其中最重要的主张是学生应该'少读书,多做事'!你想这班青年,就是掌握了政权,有多大的希望呢?"③

所以,胡适苦口婆心,披肝沥胆地劝告大家:"在一个扰攘纷乱的时期里跟着人家乱跑乱喊,不能就算是尽了爱国的责任,此外还有更难更可贵的任务:在纷乱的喊声里,能立定脚跟,打定主意,救出你自己,努力把你这块材料铸造成个有用的东西!"④

---

① 蔡元培:《我在北京大学的经历》,第158-159页。
② 郭沫若:《郭沫若选集》(第1卷),第213页。
③ 中国社会科学院近代史研究所中华民国史组编:《胡适来往书信选》(上),第410页。
④ 欧阳哲生主编:《胡适文集》(第4卷),第631页。

总之,在胡适看来,军事实力看来一时不能和倭寇抗衡,文化努力有望避免国家覆亡,那么,在非常时期,向歌德同志致敬,向歌德同志学习,把自己铸造成器,是救国的最切实、最有效的选择。

胡适的"一种有意识的盲目"

胡适的这些理由基本上是能站得住脚的,但又是行不通的。

首先,"日本人当然不会用胡适所希望的那种抑制或责任感来指导他们的行动",寄希望于强盗的良心发现,无异于天方夜谭,在碰了"求和"的厚壁后,胡适"这才明白中国别无选择的作战"。① 本来国力衰弱、装备落后固然不可不镇静思考,但敌人并不会因你一时的屈服而心慈手软,也不会眼睁睁地看着你奋起直追而坐视不理,更不会从此就闭眼睡觉等着你奋起直追。如果说武力抗衡会有招致毁灭的可能,但我们何尝又没有从战火的焠炼中获得"凤凰涅槃"的可能呢?

其次,文化学问自然重要,但凡事皆有轻重主次,皮之不存,毛将焉附?国之不存,文化焉附?虽然唐德刚称唐人的《金陵春梦》被证明是"稗官野史"②但其中有一则关于救国与读书的关系的故事却讲得颇有道理。1931年,一二·九运动,学生上京请愿时,蒋介石便以"努力读书"来劝学生,当时上海交大的一位学生对蒋说:"主席,我是上海交大的学生,主席当然知道,我们学机械工程的学生,功课都很重,不能荒废学业。可是我们更知道,如果国家亡了,那我们的学问再好,也没有脸给敌人服务的!因此,在目前,我们深感救国比死读书更重要!"③国家

---

① 〔美〕格里德著,鲁奇译:《胡适与中国的文艺复兴》,第214页。
② 唐德刚:《民主先生与自由男神(节录)》,见欧阳哲生编:《再读胡适》,第357页。
③ 唐人:《金陵春梦》(第2集),上海文化出版社1980年版,第130页。

尚且不存,还读什么鸟书呢?况且,倭人与满蒙尚且不同,他们不仅要在军事上征服中国,意志上打垮中国,而且还要斩草除根,要从文化上灭亡中国,这也是倭人之恶毒、阴险之处,这从中国台湾、韩国等地惨痛的殖民历史中可以看出。就连京派学人朱光潜也这样说,"我们对于鼓吹青年都抛开书本去谈革命的人,固不敢赞同,而对于悬参于爱国运动为厉禁的学校也觉得未免矫枉过正"。①

最后,内政外交,本"肉食者谋",然内忧外困,学生安能专心向学?学生政治冲动固然可能荒置学业,但学生的奋起抗议形成的压力,对内,谁又说不能对政府的内政以警惕和鞭策呢?戊戌变法即为一例;对外,谁又说不能给政府的外交以底气和支持呢?五四运动即为一例。

胡适曾自称自己是个"极端的和平主义者",同胡适一样,法国思想家雷蒙·阿隆也曾宣称他是"狂热的和平主义者",然而,1934年,在德国的他目睹了军国主义的嚣张气焰时,年轻阿隆彻底抛弃了自己以前信奉的所谓"和平主义"了,他道:"现在,一个在任何情况下都拒绝战争的国家,将不再在世界政治舞台上发挥作用。"②当二战进入高潮时期,他宣告与曾经影响过他的阿兰在思想上决裂。"流亡伦敦的雷蒙·阿隆在《自由法兰西报》上写道:阿兰'对国家平白无故地敌视,对威胁民族的危险几乎故意置若罔闻,他就是在这种情况下培养了几代年轻法国人';因为,他'在随大流和执拗地思考反对历史发展的同时',助长了'一种有意识的盲目'。"③同样,作为一名自然科学工作者的知识分子居里夫人,在"一战"中的法国处于危难时却这样说:"每一个有责任的

---

① 朱光潜:《给青年的十二封信》,安徽教育出版社1999年版,第17页。
② 〔法〕让-弗朗索瓦·西里奈利著,陈伟译:《20世纪的两位知识分子:萨特与阿隆》,第107页。
③ 同上书,第56页。

人,在国难当头的危急时刻,都应该义无反顾地尽其所能,帮助国家渡过难关。在大学工作的教职人员们都自觉地履行自己应尽的义务,虽然没有接到政府下达的指令,但是他们都根据自己的能力采取行动。我当然也不能例外,我努力发挥自己的专长和学识,尽一切努力为国家作应有的贡献。"①

与胡适无条件的理性相比,居里夫人和阿隆显得多少有些血性。正如徐复观云:"一个时代到了从言论上,知识分子也不敢为天下国家负责任,甚至许多人以不为天下国家负责任为高超,而视对天下国家负责任者为罪过,则这一定是'兽蹄鸟迹之道,交于中国'的时代。"②倘如胡适所云,士人学子一声不吭,闭关自修,伸长脖子,任其宰割,恐怕国人沦为万劫不复的亡国奴已为时不远了。后来胡适也对他年轻时号召学生稍安毋躁的公开信有所重新认识。据唐德刚云,"我后来与胡适先生在哥伦比亚大学谈到他这封信,我还向胡适先生这个低调俱乐部的老祖宗,确实抗议一番。我说,为抗日救国而废学,固于事实无补,但是国家在此存亡绝续的关头,那热血青年的一代,竟能不声不响,无动于衷,埋头读书,则这个民族、这个国家,还是个活的民族、活的国家吗?胡公亦不禁莞尔称是"。③

主张镇静主义的胡适的弱点在于有时无所主见,此话怎讲?他本质上是一个以学术为志业的学问家,讲究无事不征,这影响到他的思想主张,唯求小心谨慎,中规中矩,缺乏天马行空之气概。胡适常常说的都是别人的话,而且说得有理有据,所以振振有词。一个歌德的故事,

---

① 〔法〕居里夫人著,胡梅译:《居里夫人自传》,见《相伴一生的伟大传记》,哈尔滨出版社 2005 年版,第 118-119 页。
② 徐复观著,陈克艰编:《中国知识分子精神》,第 25 页。
③ 唐德刚:《袁氏当国》,广西师范大学出版社 2004 年版,第 143 页。

几乎成为他讲救国与求学的选择最有力的理论支持,全然不顾我们处于一种怎么样的形势下。国家兴亡,匹夫有责,上至做官的经商的,下至算命的卖菜的,无不心焦,知识分子又安能置身局外?

我梦想受十年或十五年的监禁

disinterested-interest

问题是他果真能像他所号召的那样专心于一件与时势无关之学问吗?未必。他毕竟是安徽人,是中国人,是华夏儿子,是炎黄子孙,当自己的母邦存亡绝续之际,兄弟生灵涂炭之时,他真能做到无动于衷吗?

树欲静而风不止,你梦想和平,他偏威胁你以拳头,你要平等,他偏要你做奴隶。胡适的迂远的号召多少有点不切实际,在听闻日本叫嚣以战争相胁迫时,就在他写《致留学界公函》后两个多月,1915年5月6日,"就在这一天中国政府决定接受日本的最后通牒,对'二十一条要求'中的重要部门作重大让步"。① 他在是日早晨日记中记有,"昨夜竟夕不寐。夜半后一时许披衣起,以电话询《大学日报》有无远东消息,答曰无有。乃复归卧,终不成睡。五时起,下山买西雷寇晨报读之"。② 5月6日、7日,胡适与友人分别观看了英剧 *The Light that Failed* 和 *Hamlet*(《哈姆雷特》),甚为精彩,然他竟终不能忘怀国事,并深为愧怍。"国家多难,而余乃娓娓作儿女语记梨园事如此,念之几欲愧汗。"③可见前述埋首学业,对他来说,实在是一种折磨。

再看1933年,北方连连失地,胡适天天焦急,不是求见张学良,就

---

① 胡适:《胡适口述自传》,第72页。
② 胡适:《胡适留学日记》(下),第66页。
③ 同上书,第69页。

是致电蒋介石,是年3月9日,在得知"今日蒋介石、宋子文、张学良诸人在长辛店会谈,结果未知"时,他"实在闷不过,点读《晋书》第三十卷《刑法志》,《晋书》诸志,此为第一"。① 再看1947年,都是改天换地的前夜了,胡适却孜孜不倦地校《水经注》,关于此事,他在给张元济的信中自我解嘲道,"在此天翻地覆之日,我乃作此小校勘,念之不禁自笑,此真所谓天下愈乱,吾心愈治"。然而,他仍是空赞这种波澜不惊的心理素质,"正惟斯人有治之心,故能救天下之乱,否则与这俱乱,不知伊于胡底矣"。② 1948年8月22日,有名陈之藩者来信劝胡适该把《水经注》收束起来了。他说,"以我看,先生的《水经注》也应该勉为国难束之高阁。拿起你的笔来,将二十年来的中国思想上断了线的风筝拉回来,把先生青年时的志愿完成。把这一群无告的青年,从河的这边搬到那边去。这种事情不是没有人想做,但以目前论,是缓不立待的,只有先生自己能做"。③

从这些事例可以看出,胡适无时不心系国家命运,所谓研究与时事无关的学问,其实正是内心焦躁不安的最强烈的反映,其研习学问,实在也有些逃避时事,减轻痛苦的目的,自己尚且如此,又如何要求学生能安心向学呢?

胡适对政治的态度正可以概括为他所说的"不感兴趣的兴趣(disinterested-interest)"。作为一个学者,他的正途是安心向学,但作为一个现代中国的学者,他又不能不谈论政治,他对政治不感兴趣,但又不得不感兴趣。他自称,"我对政治始终采取了我自己所说的不感兴

---

① 曹伯言整理:《胡适日记全编》(第6卷),第204页。
② 中国社会科学院近代史研究所中华民国史组编:《胡适来往书信选》(下),第178-179页。
③ 同上书,第421页。

趣的兴趣。我认为这种兴趣是一个知识分子对社会应有的责任"。①

当他在政治的"歧路"披荆斩棘时,可以看出,他多少有些心不在焉,他一直都在惦念着他的学术坦途。胡适曾说:"哲学是我的职业,文学是我的娱乐,政治只是我的一种忍不住的新努力。"②他后来又加上一条,"史学是我的训练",在学术上,他涉猎领域太多,学术兴趣太浓,"实在舍不得丢了我的旧恋来巴结我的新欢",③这又是他"精神不能贯注在政治上的原因"。

然而,他又不甘心沉醉于学术之中,尤其是他在道义上支持的蒋介石政权于1949年败退台湾后,他对自己没有全力投入政治颇为痛惜,司徒雷登回忆胡适曾对他这样说过,"他说,他痛悔抗战胜利之后这些年他没把[他的]才能用在这方面(按:指在舆论的努力),而是像他过去做的那样自私地又埋头于他所感兴趣的学术活动了"。④ 在他看来,蒋介石失掉大陆也有他的一分罪过,因为他没有全力地投入到政治之中。

对政治"不感兴趣的兴趣"正是他在政治与学术两者之间的踌躇。正是这种对政治不感兴趣的兴趣的态度,胡适一面承认学生运动"是青年一种活动力的表现。是一种好现象,决不能压下去的,也决不可把他压下去的"。⑤ 他说,学生运动是一个"天下皆知的壮举","一个开明的政府应该努力做到使青年人心悦诚服的爱戴,而不应该滥用权力去摧毁一切能纠正或监督政府的努力",⑥并称,军警毒打学生是一种"绝对

---

① 胡适:《胡适口述自传》,第41页。
② 欧阳哲生主编:《胡适文集》(第3卷),第366页。
③ 同上书,第364页。
④ 〔美〕格里德著,鲁奇译:《胡适与中国的文艺复兴》,第261页。
⑤ 欧阳哲生主编:《胡适文集》(第11卷),第53页。
⑥ 同上书,第660页。

不可恕的野蛮行为"①,另一面他又说,"罢课是最无益的举动。在十几年前,学生为爱国事件罢课可以引起全国的同情。但是五四以后,罢课久已成了滥用的武器,不但不能引起同情,还可以招致社会的轻视与厌恶"。② 胡适就这样一面谴责政府的压制和暴力,一面又要学生"培养能自由独立而又能奉公守法的个人人格"。"他这一生和学生的关系,就形成了一个循环:学生闹事,政府镇压,他支持学生;支持完学生还是要学生回来;政府又镇压,他又出来。"③

拯救学者胡适

然而,对政治"不感兴趣的兴趣"可急煞了他的一班朋友。在这些朋友的眼里,胡适在政治上尚是"天真烂漫"的"黄花闺女",而政治又有如"妓院",胡适谈政治,无异眼睁睁地看将"黄花闺女"向妓院的"火坑"里送,众人焉不心焦?"读书人,干与衙门词讼,便入下流",④知识分子虽有"学而优则仕"的悠长传统,但知识分子也有傲视权贵自命清高的臭脾气。胡适少年得志,暴得大名,成绩卓著,大有作为,朋友们恐他以洁白之身试政治之污水,一失足成千古恨。

1922年,针对他守不住"寂寞",准备办《努力周报》,高梦旦、王云五、张菊生等一班朋友担心胡适成为"梁任公之续",便热心地为他谋划,他们认为对胡适来说著书为上策,教授是中策,办报是下策。⑤

---

① 欧阳哲生主编:《胡适文集》(第11卷),第664页。
② 同上书,第661页。
③ 钱理群:《北京大学教授的不同选择——以鲁迅与胡适为中心》,载许纪霖编:《20世纪中国知识分子史论》。
④ 王永彬:《围炉夜话》。
⑤ 曹伯言整理:《胡适日记全编》(第3卷),第552页。

1923年10月5日,当曹锟被"猪仔国会"选上大总统后,就连倡导知识分子应积极干涉政治的丁文江也不得不为胡适的前途安危做一筹划。他亦为胡适谋划三策:"移家南方,专事著作,为上策。北回后,住西山,专事著书,为中策。北回后回北大,加入旋涡,为下策。我想,上策势有所不能,而下策心有所不欲,大概中策能实行已算很侥幸的了。"①这班朋友都认为著书立说是胡适的上策。

1925年,闻得胡适决计要参加段祺瑞所谓的"善后会议"时,汤尔和连忙写信劝他不要趟此政治之混水。他说,"以兄之翩翩,几何能与此辈并坐?乃欲于此中发抒政见,所谓万说不到者是也。浮俗诋毁固不值一哂,但吾辈举止似应审量"。向来爱惜羽毛的胡适说得倒豁达:"此言全是'爱惜羽毛'之意。我是不怕人骂的。我此次愿加入善后会议,一为自己素来主张与此稍接近;二为不愿学时髦人谈国民会议;三为看不过一般人的轻薄论调。"②看他想得多么天真,多么美好。

1927年4月28日,他的学生顾颉刚给他的信中更是"和泪相劝"他从此与政治一刀两断,专心致力学术工作。"从此以后,我希望先生的事业完全在学术方面发展,政治方面就此截断了罢。……所以我敢请求先生,从此与梁任公、丁在君、汤尔和一班人断绝了罢。固然他们未必尽是坏人,但他们确自有取咎之道;而且先生为了他们牺牲的名誉这样多,在友谊上也对得起他们了。"③

又有名孙伏庐者来信也劝他回归学术,他给胡适大讲学术比政治

---

① 曹伯言整理:《胡适日记全编》(第4卷),安徽教育出版社2001年版,第78页。

② 同上书,第201页。

③ 中国社会科学院近代史研究所中华民国史组编:《胡适来往书信选》(上),第428-429页。

重要之道理,这些道理又是胡适以前就躬身实践过的。"大多数人所以敬仰先生,换言之,'胡适之'三个字之所以可贵,全在先生的革新方法能在思想方面下手,与从前许多革新家不同;换言之,全在先生能做他人所不能做的中国哲学史,能做他人所不能做的国语文学史,能考证他人所不能考证的《红楼梦》,能提倡他人所不能提倡的白话文。现在先生抛弃(或者不完全抛弃,亦必抛弃一部分)这些可宝贵的事业,却来做《政论家与政党》一类文章,我知稍有识者必知其不值。我们要看《政论家与政党》,什么地方不可以去找?我实在为先生的光阴,先生的精神,先生的前途可惜。"①孙君实在珍重胡适的学术才能,并"痴想"能将胡适从"政治"中夺回来。

在朋友们看来,胡适应当好好学习,天天向上,不该趟政治这潭浑水。

其实,他内心是向学的,和孙伏庐对他的期盼一样,他并不看重那些所谓的政论,所以当邵力子发表"给胡适之先生的信",说他的《努力》不再"精彩",未免"无聊"时,胡适表示:"其实我们的《努力》里最有价值的文章恐怕不是我们的政论而是我们批评梁漱溟、张君劢一班先生的文章和《读书杂志》里讨论古史的文章。""如果《新青年》能靠文学革命运动而不朽;那么,《努力》将来在中国的思想史上占的地位应该靠这两组关于思想革命的文章,而不靠那些政治批评,——这是我敢深信的。"②他看重的仍是知识界思想上的交锋,而不是那些实际政治问题的讨论。

他一度有组党的冲动,然而,当林宗孟力劝他组党时,他又意识到自己实在不是干政治的那块料。"宗孟极力劝我们出来组织一个政党,

---

① 欧阳哲生主编:《胡适文集》(第3卷),第362-363页。
② 同上书,第397页。

他尤注意在我,他的谈锋尖利得很,正劝反激,句句逼人,不容易答复。但办党不是我们的事,更不是我的事。人各有自知之明,何必勉强,自取偾事?"①

他一生中唯一干过一次的政治,就是被"征调"做驻美大使,他是极不情愿的,但因为"共赴国难",也只好"为国家牺牲了",②不想为官,但又不得不为官的胡适多次写信给他的妻子表明了自己待战事一了,回国教书的愿意。"我二十一年做自由的人,不做政府的官,何等自由?但现在国家到这地步,调兵调到我,拉夫拉到我,我没有法子逃,所以不能不去做一年半年的大使。我声明,做到战事完结为止。战事一了我就回来仍旧教我的书。"③"我只能郑重向你再发一愿:至迟到战争完结时,我一定回到我的学术生活去。"④

1932年11月1日,《东方杂志》发出启事向各界名流征求"新年的梦想",关于"个人生活有什么梦想"这个问题时,胡适在未发表的草稿中这样说他的梦想,"我梦想一个理想的牢狱,我在那里面受十年或十五年的监禁。在那里面,我不许见客,不许见亲属,只有星期日可以会见他们。可是我可以读书,可以向外面各图书馆借书进来看,可以把我自己的藏书搬一部分进来用。我可以有纸墨笔砚,每天可以做八小时的读书著述工作。每天有人监督我的一点钟的体操,或一两点钟的室外手工,如锄地、扫园子、种花、挑水一类的工作"。⑤ 这是他的梦想,他

---

① 欧阳哲生主编:《胡适文集》(第3卷),第676页。
② 曹伯言整理:《胡适日记全编》(第7卷),第173页。
③ 耿云志:《胡适年谱》,第268页。
④ 同上书,第265页。
⑤ 中国社会科学院近代史研究所中华民国史组编:《胡适来往书信选》(下),第576页。

天生就是一块做学问的料。

在胡适眼里,学术事业是知识分子的正途,政治活动系知识分子的歧途,前者是安身立命的职业,后者是不得已而为之的业余活动,他对政治所以只是一种"不感兴趣的兴趣"了。

综上,在胡适看来,在变态社会中,知识分子干政是不可避免的,然而,在"求学"与"干政"之间,胡适提倡一种"镇静主义",主张知识青年要向歌德那样,在国事危急时,能够安心做某一与时局绝不相关的学问,他的这种态度,与他那对中国实力的清醒认识,对文化立国的执着信赖和对学生成器的热切期望紧密相关,当然,这并不是说他与政治绝缘,事实上,在纷扰的世事之中,要能保持内心的镇静几乎是不可能的,他对政治抱一种"不感兴趣的兴趣"的态度,即使如此,他自己的内心终究还是心向学术的。

第三节 郭沫若:以治学来干世

郭沫若曾称,他"在历史研究方面的东西比起文艺上的写作来似乎要好得一点"。① 他这个人不愧"文化巨人"②的称号,一生之中,除过文学上种种体裁的创作、文学理论的建树以外,从学术意义上来看,他在历史、考古、古文字、古籍整理诸领域都取得了非凡的成绩。

流亡日本十年,郭沫若潜心于中国古代社会研究、甲骨文、金文等研究,成绩震烁学界,为他赢得了巨大的学术声誉,当年日本政坛宿老西园寺公望特设宴席招待郭沫若,更成一时荣幸。20 世纪 40 年代,他

---

① 上海图书馆文献资料室、四川大学郭沫若研究室合编:《郭沫若集外序跋集》,第 138 页。

② 周扬:《悲痛的怀念》,新华日报资料室编:《悼念郭老》,第 9 页。

又以"人民本位"的原则批判先秦诸家思想,考证"青铜时代",评点"历史人物"。新中国成立后,郭沫若身居要职,政务繁忙,加之学术环境的限制,他虽少有独创性的学术贡献,但仍主持了两部大型学术著作《中国史稿》和《甲骨文合集》的编写工作,在古籍整理方面,取得了《管子集校》这一鸿篇巨制的重要收获。

不甘心做一个旧本子里面的蠹鱼

"五四"这一代知识分子无不面临着学术与政治之间的两难选择,不过,在政治与学术之间,郭沫若的选择似乎并不十分困难,他是心系政治的,他内心并不像胡适那样将学术看得很重,将学术视为什么了不起的不朽之事业。他这样说胡适,"虽然在中国也尽有的是这样的功利学者,认为一个古字古义的发明实不亚于天文学家发现了一个星球。或许是吧,但我并不想那样夸张地看"。[①] 所以,他没有那些真心献身学术的学人那样对学术欲罢难能的心理,因此也便没有他们那徘徊在学术与政治之间的矛盾心理。

起初,郭沫若虽无心于学术,但环境和时势之迫又成就了他这个学术大家。可以说,他的学术声誉很大程度上正是无意无奈之中取得的。

蜗居日本十年是郭沫若被赶入学术象牙塔的直接原因。自1927年,郭沫若发表讨蒋檄文,"捅了马蜂窝"后,遭到当局的通缉,只得潜逃日本,从此蜗居十载,这一客观条件促使他走向学术,据他自云:

> 在日本亡命期间除了写些自传之外,主要的时间就用到历史研究上。我研究了中国古代社会,把甲骨文字和青铜器铭文通盘整理了一篇。我会走到历史和考古的研究上来,完全是客观条件

---

① 郭沫若:《郭沫若全集》(文学编第20卷),第328-329页。

把我逼成的。①

漫漫十年难捱,主要是他这个人又极不安分,不管是放弃广州大学文学院院长之职投笔从戎,还是在上海发起文艺运动震动文坛,都足以说明他内心的极不安分。到现在的处境,虎落平阳,龙困泥塘,唯有那种艰苦的学术研究方能平息他内心那股"无处发泄的精力"。于是,他潜心于中国古代社会研究,由于要得到古代社会的真实资料,又埋首于甲骨文、青铜器铭文的探究之中。他说:

> 为了研究的彻底,我更把我无处发泄的精力用在了殷虚甲骨文字和殷、周青铜器铭文的探讨上面。②

"宝剑锋从磨砺出,梅花香自苦寒来",经过十年的努力,郭沫若终于修炼成"一方神仙",并在学术上自成一家一派。

这时,"七七事变"一声炮响,把郭沫若拉回到战场上,他说他不是"超人",有责任有义务走出书斋。1941年,在抗战文录《羽书集》的序中表达了他的远离学术的"无悔",他说:"抗战以来,关于学术研究的工作是完全荒废了,但我也并不引以为憾。在目前这样天翻地复(按:原文如此)的时代,即使有更适当的环境让我从事研究,我也不会有那样静谧的心境。我始终是一个'人',那种'超人'式的行径,的确是超过了我。"③

但同时,郭沫若似乎又不轻视国势危急之际,钻研学术的重要性,

---

① 上海图书馆文献资料室、四川大学郭沫若研究室合编:《郭沫若集外序跋集》,第138页。
② 郭沫若:《郭沫若全集》(历史编第2卷),第465页。
③ 郭沫若:《郭沫若全集》(文学编第18卷),人民文学出版社1992年版,第124页。

1938年11月5日,他说,"无论从抗战方面着想,或从建国方面着想,除掉动员大众要尽量通俗地用文化为工具,以作广大的宣传而外,专业部门的应用和研究,应当是有同样的重要"。①

抛弃了学术的探讨,而从事抗战工作,本来是处在目前的国家境遇迫不得已的行为,并不是怎样可以庆幸的事。近代的学术在中国假如已经进步了,一切产业上的技能假如已经发达了,我们根本不会受外来的侵略。但正因为我们的学术和技能落后,因而一切的产业和设备都落后,故尔招致了暴敌的凭凌。②

不过,他说这话仍不过是从抗战大势着眼,而且他所主张的学术是有实际效用、于抗战大业有补的学术。

1940年9月,政治部第三厅裁撤,郭出任国民党政治军事委员会政治部文化工作委员会主任,在重庆,他又一次深感无聊,于是埋首于先秦的思想文化批判《十批判书》、《历史人物》、《青铜时代》等书的写作之中。1944年,他在《青铜时代》的后记中说,"有的朋友认为干这种工作有点迂阔而不切实用,自己也有些这样的感觉,特别在目前的大时代,而我竟有这样的闲工夫来写这些问题,不免是对于自己的一个讽刺。但有什么妙法呢?迂阔的事情没多少人肯干,象我这样迂阔的人也没有别的事情可干"。③ 英雄无用武之地,于是他只好在学术的"一亩田"里"辛勤地耕耘"着,1945年5月5日,他在说他怎样写《青铜时代》和《十批判书》时说:

---

① 郭沫若:《郭沫若全集》(文学编第18卷),人民文学出版社1992年版,第278页。

② 同上书,第279页。

③ 郭沫若:《郭沫若全集》(历史编第1卷),人民出版社1982年版,第618页。

我的从事古代学术的研究,事实上是娱情聊胜于无的事。假如有更多的实际工作给我做,我倒也并不甘心做一个旧本子里面的蠹鱼。①

他主张知识分子应当关切政治,投身政治,1946年,著名学者、诗人闻一多烈士被当局暗杀,7月17日,郭沫若在《悼闻一多》一文中说学者过问政治不算什么不正常的事情。"爱国的文人学者们不忍坐视国家的沦亡,同时更认识到国难的症结之所在,故起而要求民主,要求政治改变作风,这仅仅是最近两三年来的事。一多之参加了民主运动,也正是在这个潮流中有良心的学者的爱国行为,难道这就是犯了该死的罪吗?有一部分人的偏见,认为学者文人根本不应该过问政治,这到底应该谁个负责?孙中山所拟议的国民代表大会,连学生都应该有代表参加的,谁个说学者文人们便不该过问政治?而且今天的学者文人们对于政治的要求,只是作为一个民国人民的最低限度的条件,我们要求民主,要求人民权利的保障,要求废弃独裁,废弃一党专政,难道这便行同不轨吗?"②郭沫若是主张学者积极干涉政治,反对那种以学术为由而远离政治。因为知识分子是这个社会中的特殊一员,也是普通一员。特殊的一员是指他们所从事的学术活动可能与政治无涉,普通的一员是指政治无时无处不在笼罩着他们,叫他们无法回避。

1941年11月16日,全国各地文化界及各党派著名人士分别集会庆祝郭沫若创作生活二十五周年及五十寿辰,周恩来在《新华日报》头版的《我要说的话》一文中说,"有人说学术家与革命行动家不能兼而为之,其实这在中国也是过时代的话,郭先生就是兼而为之的人。他不但

---

① 郭沫若:《郭沫若全集》(历史编第2卷),第466页。
② 郭沫若:《郭沫若全集》(文学编第20卷),第116页。

在革命高潮时挺身而出,站在革命行列的前头,他还懂得在革命退潮时怎样保存活力,埋头研究,补充自己,也就是为革命作了新贡献,准备了新的力量"。① 学术家与革命家是郭沫若的两个身份,前者是"无心插柳柳成荫",后者是"青山着意化为桥"。

周恩来的这一说法是比较准确的,1932年,流亡日本的郭沫若在《金文丛考》一书上用古文字写下了一首诗,诗曰:

大夫去楚,香草美人。

公子囚秦,《说难》《孤愤》。

我遘其厄,愧无其文。

爰将金玉,自励其贞。②

他埋首甲骨铭文,及古史研究,不是怡情养性,亦非矢志学问,只是"革命退潮"时一种暂时的自我磨砺。

但是,学术家与革命家这两个往往对立的身份在郭沫若身上兼而有之的意义,其实并不在于革命高潮时挺身而出,革命退潮时自励其贞。因为这样,革命家与学术家仍是分裂的,而对郭沫若来说,这两种身份合一的意义在于郭沫若的学术活动仍是其革命活动隐在的延续,他的学术活动与以笔为剑的创作一样,或隐在地寄托了他的斗争心志,或显在地参与了现实斗争,所以,对郭沫若来说,学术与政治是可以合一的,学术也是思想文化斗争之一翼。从这个意义上讲,郭沫若真正地将学术家与革命家这两种往往显得冲突的身份统一于一身,所以,对他

---

① 周恩来:《我要说的话》,绍兴师范专科学校、绍兴鲁迅纪念馆编:《郭沫若同志论鲁迅》1979年版(按:无出版社),第6页。或见周恩来:《论鲁迅与郭沫若》《人物杂志》1946年第5-6期。

② 转自龚济民、方仁念:《郭沫若传》,第177-178页。

这个革命的学术家来说,他就很少有胡适、鲁迅等学人那样徘徊于这两者之间不知所措的矛盾和焦虑。

烦琐无罪,考证有理

郭沫若身兼革命家与学术家双重身份,但他首先是一个学者,所以他十分强调一个学者的基本学术要求和学术素质。在郭沫若看来,学术研究首先要广泛地占有材料,缜密地考证材料,客观地运用材料,就是要有"蠹鱼"的精神。他曾称,"创作家与历史家的职分不同:历史家是受动的照相器,留声机;创作家是借史事的影子来表现他的想象力,满足他的创作欲"。① 虽然他此后的研究工作并不如他所言,但可以看得出他所秉持的学术素质。他自称,"我是有点历史癖的人",②他在写《十批判书》时说,"秦汉以前的材料,差不多被我彻底勘翻了。考古学上的、文献学上的、文字学、音韵学、因明学,我就我所能涉猎的范围内,我都作了尽我可能的准备和耕耘"。③

占有材料,言必有据,尊重材料,旨在求真,他认为学术要力求严谨客观。1954年9月26日,他在《管子集校》叙录中说,"此项工作,骤视之实觉冗赘,然欲研究中国古史,非先事资料之整理,即无从入手"。④ 1957年3月30日,郭沫若在复北京大学学生的信中也说到,"历史的范围很广,懂得一些正确的方法,必要的是要占有大量的资料。资料的搜集、整理、分析等是必须尽力地艰苦工作,丝毫也不能偷巧。尽可能

---

① 上海图书馆文献资料室、四川大学郭沫若研究室合编:《郭沫若集外序跋集》,第23页。
② 郭沫若:《郭沫若全集》(历史编第4卷),第3页。
③ 郭沫若:《郭沫若全集》(历史编第2卷),第468页。
④ 郭沫若:《郭沫若全集》(历史编第5卷),人民出版社1984年版,第18页。

占有第一手资料。迫不得已时,有批判地接受第二手资料。在这儿最要实事求是,就是要老老实实地下苦工"。① 对于学术的要求,他还说过其他一些有价值的观点。

是什么还他个什么,这是史学家的态度,也是科学家的态度。并不嫌长尾猿的尾子太长而要把它缩短一点,也不因古代曾有图腾崇拜,而要把爬虫之类依旧当成神灵。②

做学问必须多求实物的根据,审慎从事,而且也必须多向朋友请教,以资反复商讨。③

这些观点,到今天都是值得尊奉的,也是一个学人最基本的但又是可贵的学术品质。

郭沫若幼时便好袁枚文章,因为他们都是性情中人,不拘一格,挥洒自由,所以"臭味相投"。然而,袁枚对那种缜密、谨慎甚至显得烦琐的乾嘉学派考据颇为"头大",也就颇为轻视,"袁枚每轻视考据家,而以著作家自居,谓'考据家博而寡要,著作家约而能明'",他将考据家贬称为"蠹鱼",然而郭沫若在这一点上却与他意见相左,因为郭沫若同时还是一个学者。他在1961年做《随园诗话》的读书札记时说,"考据而失去目标,趋于烦琐,诚可讥弹。然乾嘉时代诸考据大家颇有贡献,不能一概抹杀"。④ 在另一处,他还特地写了一则《考据家与蠹鱼》的札记,说称考据家为"蠹鱼"是袁的"偏见",并说"乾嘉时代考据之学

---

① 黄淳浩编:《郭沫若书信集》(下),第244-245页。
② 郭沫若:《郭沫若全集》(历史编第1卷),第612页。
③ 转自龚济民、方仁念:《郭沫若传》,第399页。
④ 郭沫若:《郭沫若全集》(文学编第16卷),人民文学出版社1989年版,第328页。

颇有成绩",①考据有功,考据无罪。"欲尚论古人或研讨古史,而不从事考据,或利用清儒成绩,是舍路而不由。就稽古而言为考据,就一般而言为调查研究,未有不调查研究而能言之有物者。故考据无罪,徒考据而无批判,时代使然。"②毛泽东和袁枚的观点有些相似,他曾说,"烦琐哲学总是要灭亡的。如经学,搞那么多注解,现在没有用了"。③而在1961年,郭沫若在审定《辞海》试行本的"乾嘉学派"条目时却说,"要讲考据就不能不烦琐——占有材料,烦琐无罪",④不但无罪,而且要做一名学者,必先得做蠹鱼。

> 即学者必须先经过蠹鱼阶级,从复杂中去其糟粕而取其精华,然后才能达到更高的阶段。不读书,不调查研究,便能成为辞章家、著作家吗?中外古今,断无此事。⑤

他对乾嘉学派向无恶意,不但无恶意,反而很是赞叹那种扎实认真的治学态度。1963年2月15日,著名的经学家、训诂学家孙诒让诞生115周年,孙著作宏富,研究精深,成绩斐然,学术代表作有解《周礼》的《周礼正义》,我国最早考释甲骨文的著作之一《契文举例》,研究金文的《古籀拾遗》等,郭沫若在他诞辰纪念时赋诗一首,高度评价其学术成绩和学术贡献。

> 启后承先一巨儒,

---

① 郭沫若:《郭沫若全集》(文学编第16卷),人民文学出版社1989年版,第394页。
② 同上书,第395页。
③ 《毛主席指示》,第115-116页。
④ 杨祖希:《花开不忘浇花人——献给关怀支持〈辞海〉问世的人们》,转自谢保成:《郭沫若评传》,百花洲文艺出版社1995年版,第161页。
⑤ 郭沫若:《郭沫若全集》(文学编第16卷),第395页。

> 周官咸赖有新疏。
> 创通甲骨推前辈,
> 摩抚钟彝识远模。
> 玉海汪洋藏日月,
> 籀庼静穆述诗书。
> 不因孟氏轻禽兽,
> 间诂名经出坦途。①

鲁迅的《中国小说史略》系现代学术史上的奠基之作,材料翔实,结构谨严,郭沫若也曾高度评价道,"这部不朽的著作是前无古人的",因为"鲁迅是受过近代自然科学训练的人,而又继承了清代乾嘉学派的优良传统,他把这两者巧妙地结合了起来,这就使他具有着充分的条件能够阐发出民族文化的民主性的精华",②可见,他对学术态度是严肃的,也是可取的。对于闻一多的治古文献的态度,郭沫若也这样说:"他是承继了清代朴学大师们的考据方法,而益之以近代人的科学的致密。为了证成一种假说,他不惜耐烦地小心地翻遍群书。为了读破一种古籍,他不惜在多方面作苦心的彻底的准备。这正是朴学家所强调的实事求是的精神,一多是把这种精神彻底地实践了"。③ 从对孙诒让、鲁迅、闻一多等人研究工作中朴学精神的钦佩和赞赏显示了郭沫若的一种可贵的学术素质。

鱼雷

学术研究要求客观严谨,但学术活动中又不能完全避免研究者的

---

① 郭沫若:《郭沫若全集》(文学编第 4 卷),第 127 页。
② 郭沫若:《郭沫若全集》(文学编第 17 卷),第 99 页。
③ 郭沫若:《郭沫若全集》(文学编第 20 卷),第 329 页。

主观因素,这种主观因素或显或隐,或自觉或不自觉地存在着。这种主观因素可能是一种游离而模糊的情感或意识,也可能是一种清晰而鲜明的思想或理论。

郭沫若虽然十分强调那种言必有据、实事求是的学风,但他的学术活动中又注以浓厚的主观情绪。这从两个方面来看:一方面,郭沫若的想象力和情感因素激发了他的学术活力,正在这个意义上,郭沫若才能突破勤慎的藩篱,为学术研究插上想象的翅膀;另一方面,郭沫若的意识形态主导着他的学术研究,并成为学术研究的理论支撑,与此同时,他也借助学术来宣扬意识形态,为现实的政治斗争服务。正在这个意义上,郭沫若完成了由一个学术家到"革命的学术家"的转变。

学术插上了想象的翅膀

他的研究对象的选择与他那"浪漫的性格"[1]有关,比如,有论者认为,他对中国古代社会的研究,及甲骨文研究的选择及成绩获得其实很大程度上与他那浪漫的个性有关。

> 甲骨文、金文在门外汉看来好像是一个字一个字地辨识出来的,非日积月累不能为功。事实上治此学的人在具备了关于古史和古文字学的基础知识之后,最重要的是要有丰富的想象力,把初看毫不相关的东西联系起来,从而展示出全新的意义。[2]

他在《卜辞通纂附考释索引》一书序中说到想象力在他的学术中的应用。

---

[1] 郭沫若:《郭沫若全集》(历史编第 1 卷),第 312 页。
[2] 余英时:《谈郭沫若的史学研究》,《现代学人与学术》(余英时文集第 5 卷),广西师范大学出版社 2006 年版,第 404 页。

呜呼勤慎,呜呼阙疑,汝乃成为偷惰藏拙之雅名耶?余实不敏,亦颇知用心,妄腾之讥在所不免,阙疑之妙期能善用矣。知我罪我,付之悠悠。①

除此之外,他的"浪漫的性格"使得他的学术研究中那种主体意识尤为强烈。"我自己的态度,对于古人的心理是想力求正当的解释;于我所解释得的古人的心理中,我能寻出深厚的同情,内部的一致时,我受着一种不能止渴的动机,便造出一种不能自已的表现"。② 个人价值判断上的好恶左右了他的研究内容,他自己也还说他的研究"主要是凭自己的好恶,更简单地说,主要是凭自己的好。因为出于恶,而加以研究的人物,在我的工作里面究竟比较少。"③所以,他的研究凭功力,凭材料,也凭灵感,也凭情感,当他和他的研究对象取得共鸣时,他才能充满激情地进行学术研究,这和他的创作其实是相通的。

"这是我的一个毛病",主体意识给他的学术带来了活力,但如果把握不当,便会给学术的客观性和严谨性造成损害,正如他所说过的,毕竟历史研究并不同于历史剧创作。"郭有时研究金文时,以文学家的丰富想象来代替了科学的论证,从而,对器物铭文未加深究,误把'休王'认定为孝王。"④1946年7月,闻一多对郭沫若治学的"大胆和轻率"有所回护,他说,"如果他说了十句,只有三句说对了,那七句错的可以刺激起大家的研究辩证,那说对了的三句,就为同时代和以后的人省了很

---

① 转见龚济民、方仁念:《郭沫若传》,第152页。
② 上海图书馆文献资料室、四川大学郭沫若研究室合编:《郭沫若集外序跋集》,第27页。
③ 郭沫若:《郭沫若全集》(历史编第4卷),第3页。
④ 叶桂生、谢保成:《郭沫若的史学生涯》,社会科学文献出版社1992年版,第116页。

多冤枉路"。① 这从另一面也说明了主体意识在郭沫若的学术活动中造成的失误之大。

1982年,姚雪垠说郭沫若那闻名一时的《甲申三百年祭》"所参考的史料很少,而且对翻阅的极少史料也没有认真研究、辨别真伪、轻于相信、随手引用,然后在此基础上抒发主观意见,草率论断"。② 姚雪垠的要求对当时缺乏治学条件的郭沫若固然有些苛刻,但郭沫若的浪漫气质也使得他不可能平心静气地写一些旁征博引的学术论文。此后的《李白与杜甫》更是如此,有研究者说,"用学术眼光看,《李白与杜甫》不是一本经得起推敲的著作,它缺少学术著作所要求的谨严和郑重。这是一本用文学笔法写成的书,它的色彩和意味,它的咄咄逼人的气势和它所溶注的情感活力,都使它不同于一般的学术著作"。③ 可以说,郭沫若的学术论文几乎是介乎于创作与研究之间的一种文章,既不可全信,也不可不信,既能给人启迪,又能给以误导,美酒与毒药并存,婴儿与脏水同在。

源于蠹鱼,高于蠹鱼

郭沫若绝对是不甘于做旧书里的蠹鱼的,而胡适则正是蠹鱼代表。唐德刚评曰:"胡适那一辈的启蒙学人,所引进的并自诩为科学方法的考据学,比和他早了一个世纪的乾嘉学派治学方法的原则,几乎是完全相同的,那便是为考据而考据。考据是对一项可疑的历史事实,搜其根,而识其真伪。但是考据的下一步,又是个什么样的学问呢? 由于时

---

① 闻一多:《论郭沫若的学术精神》,房向东编:《评说郭沫若》,第364页。
② 姚雪垠:《从〈甲申三百年祭〉看郭沫若的不严肃不认真的学风》,房向东编:《评说郭沫若》,第404页。
③ 刘纳:《重读〈李白与杜甫〉》,房向东编:《评说郭沫若》,第397-398页。

代设限,他们就未遑多问了。这就较近数十年来,才飞跃发展的社会科学和行为科学要显得落后了,因为考据学本身只是一种'辅助科学'(auxiliary science)。为考据而考据,在学术研究上,只是为人作嫁,这也就是康有为所说的'数百年来的无用之学'。"①材料的考辨只是在识其真假,这需要乾嘉学派的艰苦功夫,这是做学问的第一步,是基础,但考据的下一步呢,目的呢?这似乎是胡适之没有深思的问题。

胡适虽醉心于与功利无涉的学术,但他有时也透露出对只求缜密的考证的不满。他说:

> 我们的考证学的方法尽管精密,只因为始终不接近实物的材料,只因为始终不曾走上实验的大路上去,所以我们的三百年最高的成绩终不过几部古书的整理,于人生有何益处?于国家的治乱安危有何裨补?虽然做学问的人不应该用太狭义的实利主义来评判学术的价值,然而学问若完全抛弃了功用的标准,便会走上很荒谬的路上去,变成枉费精力的废物。②

郭沫若便是那种不甘于考据的学人,他明白考据的重要,但还有更为重要的,他曾高度赞扬闻一多扎实的朴学精神,但更赞赏他治学的"革命"目的,"他把考据这种工夫仅是认为手段,而不是认为究极的目的的",③"他搞中文是为了'里应外合'来完成'思想革命'。这就是他的治学的根本态度"。④

> 闻先生不是这样的糊涂虫。他虽然在古代文献里游泳,但他

---

① 唐德刚:《民主先生与自由男神》,欧阳哲生编:《再读胡适》,第358页。
② 欧阳哲生主编:《胡适文集》(第4卷),第112页。
③ 郭沫若:《郭沫若全集》(文学编第20卷),第330页。
④ 同上书,第333页。

不是作为鱼而游泳,而是作为鱼雷而游泳的。他是为了要批判历史而研究历史,为了要扬弃古代而钻进古代里去剖它的肠肚的。他有目的地钻了进去,没有忘失目的地又钻了出来。这是那些古籍中的鱼们所根本不能想望的事。①

郭沫若是学术家,但他是革命的学术家,他是提倡要做学问,先做蠹鱼的,但又不甘于做蠹鱼,要做鱼雷,这是郭沫若眼中学术研究的目的所在,这也是学术主观性的体现。

学术当是客观的、冷静的,但世上又岂有纯粹客观的学术研究。研究对象、研究动机、研究结果也许看起来客观求实,但却能反映着研究者的性情偏好,寄托着研究者的曲折心意,甚至宣扬着研究者的思想理论。王国维在一般人看来可谓是"两耳不闻窗外事"、"专心著述"的典型学人,他的《殷周制度论》虽是讲两千年以前的"旧制度废而新制度兴,旧文化废而新文化兴",但这一名重一时的学术成果同样是"'于考据之中寓经世之意',即对于民国初年社会现实的改造有所主张","颇涉主观",有"经世之意"。② 可见,要做一名纯粹客观的学者何其难也。

众所周知,柳亚子是南社主将,但可能众所不周知的是柳亚子曾矢志于《南明史》的撰述,以寄托其现世关怀。郭沫若曾说:"亚子先生不仅是一位革命的诗人,而且还是一位革命的史学家。他曾经有志于《南明史》的撰述,可惜他所搜集的史料,在日寇占领香港时完全丧失了。"③"革命的史学家"正说明了柳亚子可能的学术活动的强烈的主观意识。

---

① 郭沫若:《郭沫若全集》(文学编第 20 卷),第 332 页。

② 余英时:《谈郭沫若的史学研究》,《现代学人与学术》(余英时文集第 5 卷),第 404 页。

③ 上海图书馆文献资料室、四川大学郭沫若研究室合编:《郭沫若集外序跋集》,第 154 页。

郭沫若本人正是典型的"革命的史学家",1929年9月20日,他在《中国古代社会研究·自序》中说,"胡适的《中国哲学史大纲》,在中国的新学界上也支配了几年,但那对于中国古代的实际情形,几曾摸着了一些儿边际?社会的来源既未认清,思想的发生自无从说起。所以我们对于他所'整理'过的一些过程,全部都有从新'批判'的必要"。① 他称他的"批判"有异于罗振玉、王国维、胡适等人的"整理"工作。这一相异之处表现何处呢?郭沫若说:

"整理"的究极目标是在"实事求是",我们的"批判"精神是要在"实事之中求其所以是"。

"整理"的方法所能做到的是"知其然",我们的"批判"精神是要"知其所以然"。

"整理"自是"批判"过程所必经的一步,然而它不能成为我们所应该局限的一步。②

这里说得明明白白,他是"源于蠹鱼,高于蠹鱼"的。"批判"固然是学术的进一步,但同时也是比较危险的一步。这一步走得好不好,关键要看主观的"度"把握的好不好,因为学术是客观的,但同时又是主观的,学人需要冷静,但同时又需要激情,如果激情为学术所淹灭,学术便永远停顿在实事求是这一层,如果学术为激情所挟持,学术便有可能成为政治斗争的工具。

意识形态下的学术研究

1924年春夏之交,郭沫若翻译了河上肇博士的《社会组织与社会

---

① 郭沫若:《郭沫若全集》(历史编第1卷),第7页。
② 同上。

革命》一书,他说:"这书我把它翻译了,它对于我有很大的帮助,使我的思想分了质,而且定型化了。我自此以后便成为了一个马克思主义者。"①从此他"从文艺运动的阵营里转进到革命运动的战线里来了"②。该书的翻译是郭沫若人生中的一个里程碑,这一事件是考察他学术思想的关键所在。

1930年前后,学术界、思想界对中国社会性质、中国社会史分期问题起了一大论争,论争集中到三个问题,"(一)亚细亚生产方式是什么?中国历史上有没有出现过这样的时代?(二)中国有无奴隶社会?(三)中国封建社会有什么特质?中国封建社会的发生发展及其没落是怎样的?"③陶希圣于1929年年初出版了《中国社会到底是什么社会》一书,按照陶希圣的观点中国社会的性质可这样描述:"原始部落社会(夏、商)——封建社会(周)——商业资本主义过渡社会(秦汉至清)——资本主义社会(鸦片战争以后)"。④他认为封建社会在春秋时已经崩坏,缩短了封建社会,拉长了资本主义社会,这样,新民主主义政治理论便在他的理论框架面前顿时失效。而李季则否认中国奴隶制的存在,"这样,马克思列宁主义关于人类社会发展阶段的原理,也就成问题了"。⑤当时的论争,显在地看是学术论争,隐在地看则是政治论争,这多少有些"项庄舞剑,意在沛公"的味道,总之,陶希圣、李季等人是要以国情之不同,来说明马克思主义所揭示的社会发展的规律不适合中

---

① 上海图书馆文献资料室、四川大学郭沫若研究室合编:《郭沫若集外序跋集》,第138页。
② 同上书,第235页。
③ 同上书,第363页。
④ 叶桂生、谢保成:《郭沫若的史学生涯》,第73页。
⑤ 郭沫若:《奴隶制时代》,人民出版社1973年版,第232页。

国,这显然不利于马克思主义在中国的传播。

在这样严峻的时刻,作为一位新兴的史学工作者,需要站出来,用中国历史的实际,解答社会发展的真正规律是什么,从而,鼓舞着人们去斗争的信心。避居在日本而又时时关心着祖国命运的郭沫若,终于首先完成了这一任务。①

他逃亡日本时所写的《中国古代社会研究》正是从恩格斯的《家庭、私有制和国家的起源》得到启发,这本学术著述要达到这样一个目的,那就是他要想证明中国社会的历史构型与马克思主义所提到的社会发展规律是一致的。虽然恩格斯在他的著作中没有一句说到中国社会,但郭沫若认为马克思主义是放诸四海皆准的真理,"中国人所组成的社会不应该有甚么不同",②于是,《中国古代社会研究》"可以说就是恩格斯的《家庭、私有制和国家的起源》的续篇"。"研究的方法便是以他为向导,而于他所知道了的美洲的印第安人、欧洲的古代希腊、罗马之外,提供出来了他未曾提及一字的中国的古代。"③后来,新中国成立后,郭沫若说,"中国社会的发展,曾经经历了原始公社、奴隶制和封建制,和马克思主义所划分的社会发展阶段完全符合。这已经成为一般的常识"。④ 可以说,郭沫若的古代社会研究,只是将恩格斯的《家庭、私有制和国家的起源》中所没能考查的中国古代社会补全。当然,郭沫若的这一革命的学术工作并不是没有问题的,有论者说,"马派史学所总结者,实为白种民族之现象,持之以解释我民族之发展,则凿柄就大不相

---

① 叶桂生、谢保成:《郭沫若的史学生涯》,第74页。
② 郭沫若:《郭沫若全集》(历史编第1卷),第6页。
③ 同上书,第9页。
④ 郭沫若:《奴隶制时代》,第1页。

投矣"。① 不管怎么说,郭沫若可谓是将马克思主义立场、观点和方法与学术相结合的典范,他开辟了中国的马克思主义史学派。

正是在这个意义上,郭沫若实现了周恩来所说的学术家与革命家的相结合。夏衍这样说:"他决不象当时国民党反动派所宣传的那样钻进了甲骨文、青铜文和线装书的故纸堆,而是用马克思列宁主义、用历史唯物主义的观点,分析和研究了中国古代历史。"②此言甚是。郭湛波曾论:"郭沫若是代表社会思想的人物,要解决中国社会的问题,不得不清算中国已往的中国社会史,要明了中国社会史的全部,不得不先明了中国社会的起源——古代,要明了中国古代社会的真象,不得不研究甲骨文字,走到了罗振玉、王国维的路上。"③"要解决中国社会的问题",正是他进行古文字研究之用意所在。

总之,以古文献、甲骨文、金文、地下发掘等资料支撑,以马克思主义唯物史观为指导的《中国古代社会研究》在千钧一发之际,横空出世,令人耳目一新。学术在郭沫若的那里成为政治斗争的一个有力武器。

到了40年代郭沫若写《十批判书》、《历史人物》等学术著作时,他的指导思想则是"人民本位"。1947年7月21日,在《历史人物》序中,郭沫若说:"不过关于秦前后的一些历史人物,我倒作过一些零星的研究。主要是凭自己的好恶,更简单地说,主要是凭自己的好。因为出于恶,而加以研究的人物,在我的工作里面究竟比较少。我的好恶的标准是什么呢?一句话归宗:人民本位!"④何为"人民本位"呢?1947年2

---

① 唐德刚:《晚清六十年》,第9页。
② 夏衍:《知公此去无遗恨——痛悼郭沫若同志》,新华日报资料室编:《悼念郭老》,第17页。
③ 郭湛波:《近五十年中国思想史》,第170页。
④ 郭沫若:《郭沫若全集》(历史编第4卷),第3页。

月 10 日,在纪念普希金逝世 110 周年时,郭沫若说,"他是人民的朋友,站在人民本位的立场,以文艺的武器来诚心诚意地替人民服务。他采用着人民的语言,利用着民间的传说、历史上与人民翻身有关的故事,作为他的创作工具和材料,以促进人民的解放"。① 所谓人民本位不外乎站在人民的立场,促使人民的解放为目的。他便是以"人民本位"为是非标准来批判历史上的各家各派。他说,"批评古人,我想一定要同法官断狱一样,须得十分周详,然后才不致有所冤屈。法官是依据法律来判决是非曲直的,我呢是依据道理。道理是什么呢?便是以人民为本位的这种思想。合乎这种道理的便是善,反之便是恶。我之所以比较推崇孔子和孟轲,是因为他们的思想在各家中是比较富于人民本位的色彩"。②

晚年被指斥为"曲学阿世"的《李白与杜甫》更是争议蜂起,一般人认为这是郭沫若投毛泽东"扬李抑杜"所好而写的,也许有这方面的因素,但这不一定就是唯一的原因,也许,这也与他的"浪漫性格"和"人民意识"有关。

其实早在 1928 年三四月间所写,1929 年 4 月上海光华书局出版的《我的幼年》中他便称,"关于读诗上有点奇怪的现象,比较易懂的《千家诗》给予我的铭感很浅。反而是比较高古的唐诗很给了我莫大的兴会。唐诗中我喜欢王维、孟浩然,喜欢李白、柳宗元,而不甚喜欢杜甫,更有点痛恨韩退之"。③ 也许李白形迹脱略的性格和浪漫不羁的文章更易与同为浪漫诗人的郭沫若产生共鸣。

另一个不可忽视的原因是,如果从他的"人民意识"这一政治标准

---

① 郭沫若:《郭沫若全集》(文学编第 20 卷),第 233 页。
② 郭沫若:《郭沫若全集》(历史编第 2 卷),第 482 页。
③ 郭沫若:《郭沫若选集》(第 1 卷),第 37 页。

或学术标准来看的话,他向来就是"扬李抑杜"的。早在1949年2月他在为陈国柱的《革命诗钞》所作的序中便说,"昔杜少陵曾以此(按:指杜之诗史)见称于世,而有每饭不忘君之誉,继周(按:指陈国柱)则每饭不忘民者也。形式系旧有者,律之工雅远不逮杜,而意识则远逾之"。①他抓住了杜甫"每饭不忘君"的奴隶意识、封建思想的"小辫子",而这当然是信奉马克思主义的郭沫若所不能认同的。"文革"后期出版的《李白与杜甫》其实仍是循此立场。

> 从忠君思想这一角度来看问题时,李白和杜甫的态度有所同,也有所不同。同,是他们始终眷念着朝廷;不同,是李白对于朝廷的失政还敢于批评,有时流于怨悱;杜甫则对于朝廷失政讳莫如深,顶多出以讽喻。李白是屈原式的,杜甫则是宋玉式的。封建意识愈朝后走,愈趋向于宋玉式的忠君。……因此,旧时代的士大夫们对于杜甫的"每饭不忘君"能够津津乐道,对于李白的"日忆明光宫"则视若无睹。②

"杜甫是功名心很强的人",③他为了做官,他不止一次地尝试或通过考试,或向皇帝陈情,或寄希望于权力的推荐去取得功名。郭沫若的"抑杜"是可以想象的,从"人民意识"的立场看,他"扬李抑杜"观点的几十年来何曾变化过,所以,至少不能完全认为郭沫若著《李白与杜甫》是"投权力之所好"。

郭沫若著述的批判标准是"人民意识",凡是符合人民意识的标准,

---

① 上海图书馆文献资料室,四川大学郭沫若研究室合编:《郭沫若集外序跋集》,第127页。
② 郭沫若:《郭沫若全集》(历史编第4卷),第258页。
③ 同上书,第379页。

他便肯定,凡是不符合人民意识的标准,他便否定。何况,以"人民意识"来权衡李白,郭沫若又何尝没有贬抑过他呢?

一年多的翰林待诏的生活,对于李白究竟带来了什么好处呢?他做了一些歌颂宫廷生活的诗,如《清平调词三首》,《宫中行乐词八首》,《侍从宜春苑奉诏试赋龙池柳色初青听新莺百啭歌》一首,等等,至今都还留存着。杜甫所称为"清新""俊逸"的,大概就是以这些作品为代表吧? 其实不过是御用文士的帮闲献技而已。①

唐玄宗说李白"此人固穷相","唐玄宗眼里的李白,实际上和音乐师李龟年、歌舞团的梨园子弟,是同等的材料"。② 而郭沫若对权门的帮闲文人又是十分鄙夷的,他曾这样说宋玉的帮闲文字,"那些文字绝大部分是依阿取容的帮闲文字,特别是《风赋》和《对楚王问》那两篇,是很难忍受的"。③ 他甚至说这样的文人无异于倡优,"历代的文人实在是被养成一大群的倡优,所以一说到文人差不多就有点鄙屑。所谓'一为文人便无足观',文人差不多就等于不是人了"。④ 可见,以"人民意识"的标准来看李白,郭沫若也是有所批判的。

新中国成立后,对郭沫若来说,虽然严格意义上的学术创作并不多,但他以马列主义观来指导治史的信仰却更加坚定。1951 年 5 月 10 日,郭沫若在致开封中国新史学研究会分会的信中说,历史的"职教者必须加强自我教育与学习,首先要端正历史观点,站在人民本位的立场,从历史发展中阐发人民创造力的伟大,以鼓励从事建设事业的热

---

① 郭沫若:《郭沫若全集》(历史编第 4 卷),第 251 页。
② 同上。
③ 郭沫若:《郭沫若全集》(文学编第 17 卷),第 182 页。
④ 郭沫若:《郭沫若全集》(文学编第 18 卷),第 371 页。

情"。"必须精通辩证唯物主义与历史唯物主义才能治好历史,也犹如必须精通烹调术才能治好烹调。"①1957年3月30日,他在复北京大学学生的信中说,同学们称他为"老师"使得他感到"不安",他宁可做他们的"老同学",其平和谦虚之态度叫人肃然起敬。然而,后面却接着说:"但我们是有共同的老师的。马克思、恩格斯、列宁都是我们的老师。毛主席是我们亲爱的老师。他们虽然都不是狭义的历史专家,但他们给予我们以治历史的方法,并创造了和创造着庄严的历史。"

> 据我自己的体会,要了解"史学"及得用科学的方法来研究历史,或使历史工作科学化,首先是应该学习辩证唯物主义与历史唯物主义。这是我们的老师们给予我们的灯塔。在这光辉的照耀之下,我们才不至于在暗中摸索。在暗中有幸运的人也能摸出正确的道路,但那是事倍功半的。而且很容易窜入迷途邪路。②

学术研究中政治的自觉已深入他的骨髓。

历数他的学术著述,凡是不肯做蠹鱼的学术作品,无不是以马克思主义,或以党的意识为指导,这成就了主流意识形态下的学术研究,从学术方面来看,支持和壮大了马克思主义在中国的传播和影响,这时,学术给予了政治斗争一个重要的支持。

张大伯被地主剥削了多少元利息

随着中国革命的成功,思想上的不宽容,马克思主义教义下的学术研究"一枝独大",这发展到后来就形成在学术研究上"罢黜百家,独尊马列"的情形,马列主义哲学理论、社会理论、思想方法成为指导学术研

---

① 黄淳浩编:《郭沫若书信集》(下),第18页。
② 同上书,第244页。

究的唯一"正确"方法,"顺我者昌,逆我者批",一切与此相反的学术,都被冠以"资产阶级"的"大帽子"。

胡适思想便是新中国成立后学界着力肃清的一个"顽固"的"资产阶级学术堡垒",1954年12月8日,郭沫若在中国文学艺术界联合会主席团、中国作家协会主席团扩大联席会议上发言,针对展开胡适思想批判,他阐述了几点意见。

他一方面对学术批评应有的态度和规范保持着一定的清醒认识,主张将学术讨论与对资产阶级错误思想的批判区别开来。"学术上的自由讨论可以说还是在揭发错误阶段上的不同意见的论争,经过论争的结果,由不同之中而得出同,辨别谁是谁非,以得出一个正确的结论。如果正确的结论一时得不出,尽可以使不同的意见在一定的时期内同时存在。不同的意见的同时存在并不一定会引起思想上的混乱,因为矛盾在真理的照明之下总是要得到解决的。"①他主张"与人为善,言之有物"。他甚至说:"在学术批评上,言之有物是值得特别注意的。你总要有周到的研究,有确凿的证据,有坚实的内容,有正当的道理,才能够说服人。……如果是无理取闹,唯我独尊,徒逞意气,无的放矢,那不能说是批评,只能算是吵架或者相骂了。"②

但另一方面,他又严守敌我界限,主张"明辨是非,分清敌友"。而他的是非敌友的评判标准则是是否坚持了马克思列宁主义。他说,"学术批评的目的首先就是要明辨是非。要明辨是非,我们就必须依据马克思列宁主义这个标准"。又说,"不论'大人物'或者'小人物',不论党员或者非党员,在真理面前一律平等。谁都有权利,根据真理来作是非

---

① 郭沫若:《郭沫若全集》(文学编第17卷),第31页。
② 同上书,第33页。

的判断"。对他来说,马列主义等同于真理,是检验是非的唯一标尺,他说:

> 我们的敌人是资产阶级唯心论的反动思想,我们一定要毫不容情地集中火力来打倒它。对于愿意学习马克思列宁主义的朋友,我们应当欢迎;如果他们在思想上有错误,我们应当采取说服和帮助的态度。①

凭借政治的力量,马列主义标准成为唯一正确的学术指导思想,在此指导下的政治化的学术仍旧成为对抗"敌人"的武器,这造成了学术上的轻率和霸道,当然也造成了学术上的萎缩和萧条。

随着新政权的建立,马克思主义不再只满足于成为个别学者个别学科的指导思想,马克思主义是放诸四海的真理,是包治百病的"灵丹妙药",应当,而且要成为指导整个学术研究的主导思想。

政治对学术的粗暴的侵入和细心的渗透在高度意识形态化的国家和时代就显得尤其触目惊心,意识形态甚至渗入到语言学、生物学、医学、数理化等学科领域。希特勒德国所宣称"雅利安数学",斯大林苏联所宣称的"马尔语言学"、"李森科生物学"、"巴甫洛夫医学"则正是打着民族主义狂热,意识形态旗号下的一场场学术闹剧,徒徒留给后人几多不可思议的滑稽和可笑。

前苏联马尔的"语言新学说"尤为典型,当时的苏联科学院副院长尼古拉·雅科夫列维奇·马尔(1865—1934)将他的"语言新学说""披上马克思主义的、唯物主义的、无产阶级的法衣",并加以政治化,然后借助政治的力量打压其他语言学派,他的理论从此独霸天下,他的门徒亦将之奉为经典。"甚至连十分胆怯地试图批评语言学中的所谓'新学

---

① 郭沫若:《郭沫若全集》(文学编第17卷),第31页。

说'，都会遭到语言学界领导集团的压迫和制止。语言学方面的一些优秀的工作者和研究人员，由于对尼·雅·马尔的遗著采取了批判态度，由于对尼·雅·马尔的学说稍微表示不赞同，就被撤职或降级。有一些语言学工作者提升到负责职位，并不是由于他能干，而是由于他无条件地尊奉尼·雅·马尔的学说。"①可笑的是，他的学说走运的同时，危运也正在降临，这次对他施以打击的是政治权威斯大林，按照马尔的语言阶段学说，犹太语要高于格鲁吉亚语，而这"有可能使斯大林本人和他的民族感情受到直接的侮辱"，总之，斯大林一气之下写了几篇文章，结集为《马克思主义和语言学问题》，有趣的是，极端政治化的斯大林却反对马尔将语言学政治化，他认为，"语言有'阶级性'的公式是错误的、非马克思主义的公式"。② 当然，斯大林的语言学理论"只是重复了许多俄国和苏联学者早已用各种方式表述过的结论；而他试图表现自己创造力的一些见解，则是可笑和荒谬的"。③ 但他是权威人物，马尔的门徒焉敢还手，真可谓是成也政治，败也政治。在马尔的语言学理论事件中，处处体现着学术为政治的利用和政治对学术的挟持。

与"马尔语言学"的战术几乎相同的是，"李森科生物学"的发迹亦是如此。1948年8月，李森科在苏联农业科学院大会上做了《论生物科学的状况》报告，打着著名生物学家米丘林的旗号，宣称米丘林的生物学为唯物的、进步的"苏维埃生物学"，同时将米丘林的老朋友，著名遗传学家瓦维洛夫坚持的摩尔根学派诬为唯心的、反动的"资产阶级生物学"。因为报告是斯大林认可的，从此李森科的米丘

---

① 中共中央马恩列斯著作编译局编译：《斯大林文集(1934—1952)》，人民出版社1985年版，第568页。

② 同上书，第561页。

③ 《苏联语言学史上不应该被忘却的一页》，《南方周末》2007年1月4日。

林学说成为生物系和农学院的唯一"正确"理论,而瓦维洛夫的摩尔根学派停止实验,解除职务。利用政治工具来解决学术问题在苏联学界并非第一次。

不幸的是,苏联的这一学术政治化的流毒也随即传染到中国来,"建国之初,北京农业大学的一位负责人,为了推行李森科的那一套理论,竟然停开了摩尔根遗传学,校内的摩尔根学派的教授被迫改教其他课程,有一位从事群体遗传学研究的教授,因为不同意批判摩尔根遗传学,愤而离开学校,经香港去了美国,造成了很不好的国际影响"①。郭沫若也说,"有一位生物学家在实验中培植出了小麦的多倍体,但行政领导上认为他所使用的方法不是李森科的方法,把他所栽培的小麦全部铲除了"。② 当时中科院植物研究所的胡先骕出版《植物分类学简编》对李森科的学说提出批评便被认为犯了政治错误,遭到错误的公开的批判。

意识形态同样也入侵到医学中来,当时就有人认为中医是封建医,西医是资本主义医,而巴甫洛夫是社会主义医。陆定一这样回忆:

> 有一位老同志,也是很好的同志,战争中间担任军队的卫生部长,战争后做中央人民政府卫生部的副部长。他知道了苏联的巴甫洛夫学说之后,要改造中国的医学,对我说:"中医是封建医,西医(以细胞病理学者微尔啸的学说为主导)是资本主义医,巴甫洛夫是社会主义医。"我想,在这样的认识指导之下,当然就应该反对中医和西医,取消一切现在的医院,靠巴甫洛夫的药(只有一种药,

---

① 罗平汉:《当代历史问题札记二集》,第127页。
② 郭沫若:《郭沫若全集》(文学编第17卷),第122页。

就是把兴奋剂和抑制剂混合起来,叫"巴甫洛夫液")来包医百病。①

而在苏联也有着类似的例子,斯大林批评说,"有个时候,我国有过这样的'马克思主义者',他们断言十月革命后在我国保留下来的铁路是资产阶级的,我们马克思主义者利用这样的铁路是不体面的事,需要把它挖掉,建筑新的'无产阶级的'铁路。"②

意识形态可谓无孔不入,1967年,中国科学院数学研究所写的《彻底批判"自然科学没有阶级性"的谬论》一文中说:

> 在阶级社会中,每个人都在一定的阶级地位中生活,每个阶级都用自己的世界观来总结和整理自然科学的具体理论,形成一些分科,一些体系,一些学派,也就形成整个的自然科学,在这个意义上说,自然是有阶级性的。③

就连数学这样的基础科学都能看到意识形态的影子。我们不妨翻开1969年广西壮族自治区革命委员会政治工作组编写的高中数学教材,表面看来,高中数学的对数、函数、不等式、三角函数等知识点与现在的教科书知识点相差无几,然而知识的学习和应用中意识形态的影子却无处不在。这正是毛泽东所说的,"自然科学分两部分,纯自然科学,它是不分阶级的,但是利用自然科学,谁利用自然科学,就是有阶级

---

① 陆定一:《"百花齐放 百家争鸣"的历史回顾》,《光明日报》1986年5月7日。

② 中共中央马恩列斯著作编译局编译:《斯大林文集(1934—1952)》,第558页。

③ 中国科学院数学研究所《起苍黄》,中国科学院科学革命联络站:《彻底批判"自然科学没有阶级性"的谬论》,《斗批改》1967年第6-7期,第36页。

性的"。① 而自然科学的应用有阶级性被置换成自然科学有阶级性。"对数"起讲是从"在三大革命运动中一些需要用对数计算的实际问题"开始的,比如,先算"一笔地主阶级剥削贫下中农的血泪账"。

毛主席教导我们:"千万不要忘记阶级斗争。"林副主席说:"不懂得什么是阶级,不懂得什么是剥削,就不懂得革命。不弄清过去的苦,就不知道今天的甜,还会把今天的甜也误以为是苦。"

解放前,贫农张大伯被迫向地主"钱剥皮"借钱 3 元,被勒索"月三分"(就是每一个月的利息是上月所欠钱的 30％)的利息,张大伯在 10 个月后才还清债务。这笔债务是多少钱?张大伯被地主剥削了多少元利息?

……

设 10 个月后这笔债务是 x 元,则

$$x = 3 \times (1+30\%)^{10}$$

……

两边取对数　　$\lg x = \lg(3 \times 1.3^{10})$

$= \lg 3 + 10 \lg 1.3$

$= 0.4771 + 10 \times 0.1139$

$= 0.4771 + 1.139$

$= 1.6161$

查表得 x=41.31

10 个月后,张大伯被剥削的利息是 41.31－3＝38.31(元)。在万恶的旧社会,地主阶级不但用出租土地的方式残酷地剥削农民,同时还以放高利贷的方式吸吮贫下中农的血汗,在劳动人民的

---

① 转自《斗批改》1967 年第 6-7 期,第 2 页。

白骨堆上建起了剥削阶级的罪恶天堂。象张大伯这样的遭遇的贫下中农何止千百万！要不是毛主席领导我们推翻了压在中国人民头上的三座大山，建立起无产阶级专政的国家，我们贫下中农那有今天的幸福。可是叛徒、内奸、工贼刘少奇大肆宣扬"阶级斗争熄灭论"，胡说什么"剥削的越多功劳越大"，为剥削阶级歌功颂德，妄想推翻无产阶级专政，在中国复辟资本主义，使亿万人民重受过去的苦难。这次无产阶级文化大革命，粉碎了刘少奇一伙复辟资本主义的罪恶阴谋，取得了伟大的胜利。但是，决不能认为可以高枕无忧了。①

不管你再怎么论证自然科学是有阶级性的，批判者都没法改变"对数"等知识的"无阶级性"。于是，他们只好这样说：

> 在自然科学中，个别具体的规律往往是没有阶级性的。如两个氢原子同一个氧原子化合成水，三加二等于五，在宏观世界牛顿关于力的三大定律等等；这些规律，资产阶级可以利用，无产阶级也可以利用。但自然科学，它的各个分科，却绝不是这些具体结果的堆积，必然有一种学术思想，即有一种哲学思想贯穿其中，把所得的具体结果串连起来，组成一个整体，成为一个体系，构成一门学科，这就有了鲜明的阶级性。这种关系很类似文字与文章的关系。②

可谓是胡话连篇，强词夺理。

---

① 广西壮族自治区革命委员会政治工作组编：《数学》（高中上册），1969年版，第1页，第26页。（按：无出版社）

② 中国科学院数学研究所《起苍黄》，中国科学院科学革命联络站：《彻底批判"自然科学没有阶级性"的谬论》，《斗批改》1967年第6-7期，第39页。

如果爱因斯坦接受了马克思主义

政治企图主导一切学术的野心似乎告以失败,这其中的牵强徒留世人以笑柄而已。在泛政治化社会中,学者不讲政治,似乎又是对政权的疏离,这是威权社会所不容许的,于是,政治主导学术变成了政治主导学者,各行各业的学者马上面临着"又红又专"的政治要求和学术要求。

又红又专,红透专深

1956年1月20日,在知识分子问题会议的最后一天,毛泽东在发言中一方面表示了对知识分子的重视和尊重,他说,"革愚蠢无知的命,没有他们是不行的,单靠我们老粗是不行的",一方面对知识分子提出了新的政治要求,他说,"以后要使每人都有华罗庚那样的数学,都要能看《资本论》,这是可能的,二十年不行,就三十年,最多一百年就差不多了,否则叫什么共产主义?"①这里面大约就有着又红又专的要求来。1957年,毛泽东便提出了"又红又专"的口号。

在1958年1月31日的《工作方法(草案)》中,毛泽东阐述了红与专的关系。

> 红与专、政治与业务的关系,是两个对立物的统一。一定要批判不问政治的倾向。一方面要反对空头政治家,另一方面要反对迷失方向的实际家。
>
> 政治和经济的统一,政治和技术的统一,这是毫无疑义的,年年如此,永远如此。这就是又红又专。将来政治这个名词还是会

---

① 罗平汉:《当代历史问题札记二集》,第104页。

有的,但是内容变了。不注意思想和政治,成天忙于事务,那会成为迷失方向的经济家和技术家,很危险。思想工作和政治工作是完成经济基础服务的。思想和政治又是统帅、是灵魂。只要我们的思想工作和政治工作稍为一放松,经济工作和技术工作就一定会走到邪路上去。①

5月8日,毛泽东在八大二次会议上说,"学问再多,方向不对,等于无用"。② 毛泽东向来是政治思想工作第一,政治思想工作决定一切的。有了毛的基调,郭沫若的亦步亦趋:

> 我看你们就该鼓足干劲,一面养成无产阶级的人生观,一面专心致志于学业。这两者不仅并行不悖,而且是相得益彰的。今天我们应该要求政治的高度科学化,科学的高度政治化。要这样才能更快地建成社会主义。③

政治第一,是统帅、是灵魂,足以保证业务的正确方向,这里将这两者的关系阐明得很清楚了,这对那些只钻业务而不问政治(只专不红)的学者们敲了警钟。

循此精神,郭沫若开始鼓吹"又红又专"的理论。

1958年,身为中科院院长的郭沫若提议中科院创办一所大学,即中国科技大学,他兼任校长,亲自为该校写了校歌《永恒的东风》,还邀请当时全国音协主席吕骥为之谱曲,诗云:

> 迎接着永恒的东风
> 把红旗高举起来

---

① 《毛主席指示》,第107页。
② 同上书,第109页。
③ 郭沫若:《郭沫若全集》(文学编第17卷),第261页。

　　　　插上科学的高峰
　　　　科学的高峰在不断创造
　　　　高峰要高到无穷
　　　　红旗要红过九重
　　　　我们是中国的好儿女
　　　　要刻苦锻炼辛勤劳动
　　　　在党的温暖抚育坚强领导下
　　　　为共产主义事业做先锋
　　　　又红又专理实交融
　　　　团结互助活泼英勇
　　　　永远向人民学习
　　　　学习伟大领袖毛泽东

歌词洋溢着浓烈的时代气息,政治挂帅,是身为中科大校长的郭沫若的治校理念,他说,"在社会主义事业中,党的坚强领导是占第一位的一条大纲。校长、教员和学生都必须服从党的领导,谁也不能例外。假使我们忽视了思想教育,那我们就会犯错误,不仅学校办不出成果来,连已有的政治水平也可能降低,那是绝对不能允许的"。他将中科大的校风定为:"勤俭办学、艰苦朴素、红专并进、团结互助"。① 党的领导是第一要事,党的领导决定一切。

1958年除夕时分,他挥毫写下了这样的诗。

　　　　路要两腿走,
　　　　唱要有节奏。
　　　　既要专能深,

---

① 郭庶英:《我的父亲郭沫若》,辽宁人民出版社2004年版,第146页。

还要红能透。①

3月29日,在《人民日报》上,郭沫若发表了一首词《红透专深(调寄十六字令)》,词曰:

红!
双反(按:反保守、反浪费)之火正熊熊,
烧五气,
努力学工农。

透!
锻炼须从劳动受。
新八路,
今日又从头。

专!
技术革新在眼前,
学科学,
战向地球宣!

深!
铁杵磨成绣花针。
向党组,
交出一条心!②

---

① 《郭沫若学刊》2007年第1期,封三。
② 郭沫若:《郭沫若全集》(文学编第3卷),人民文学出版社1983年版,第255-256页。

1958年五四青年节,他在给陈明远信说,"反右以后毛主席提出了又红又专的口号,这是我们的方向。您准备钻研数学,并从事文艺,一心想为祖国作出一番贡献,是很可贵的。但是首先必须有牢固的思想基础,简单说就是红,就是要确立共产主义人生观。所以,您来信提到的看法,我完全同意。您毕业后如能先劳动一段时期,做普通的然而是第一代的新型劳动者,那对您的一生是很好的"。① 1959年8月31日,他又一次对陈明远说,"您既要刻苦学习,也要敢想、敢说、敢做。要做实事求是的左派,也就是革命的科学家或科学的革命家。又红又专,红透专深"。②

他要求学者要做到红透专深,并将科学成就的取得归功于"政治"的因素。当年,上海机床钢模厂工人王存柏,右手腕部被机器完全轧断,经上海第六人民医院外科主治医师陈中伟、钱允庆等人的努力,将断手重植,1963年8月15日,郭沫若写了《满江红·断手再植》一词来颂扬"红专"成绩:

喜也陈中伟同志,

大哉毛泽东时代!

颂红专

政治是灵魂,

长挂帅!③

1965年5月6日,在《看科学研究成绩展览》一诗中郭沫若说:

不徒赶上还超过,

---

① 黄淳浩编:《郭沫若书信集》(下),第95页。
② 同上书,第107页。
③ 郭沫若:《郭沫若全集》(文学编第5卷),第21页。

>既要深专更透红。
>思想武装忘自我,
>遵循明教学雷锋。①

反过来,他将所取得的科学成就作为提倡又红又专的理由。

红可以保证专,可以更好的专

郭沫若还在"红是统帅是灵魂"的前提下更为深入思考了或者说阐释了红与专的关系。

>红是专的前提,也是专的保证。只想专,不仅无法红,到头来也很难实现专的理想。②

>红、专是不可分的,必须又红又专;但红是第一,专是第二。红是首先必须解决的问题,因为我们都是国家的公民,如果不能做个好公民,还谈得上什么专家不专家?红可以保证专,可以更好的专;但专,未必能保证红。有些人专而不红,结果堕落成了右派。③

1958年2月2日,青年学生向他请教红与专的关系遇到疑惑时,他在公开信中试图做出解释,他认为学生首先要学习马列毛等著作,并及时了解当下的政治,红在一定程度上不仅保证政治正确,而且有利于专,他说:

>作为大专学生,马克思列宁主义的精髓——辩证唯物主义与历史唯物主义是必须掌握的。毛主席的著作,特别是《矛盾论》、《实践论》和《关于正确处理人民内部矛盾的问题》等是必须熟读

---

① 郭沫若:《郭沫若全集》(文学编第5卷),第61页。
② 郭沫若:《郭沫若全集》(文学编第17卷),第279页。
③ 同上书,第265页。

的。总要关心政治,热爱社会主义的祖国,随时体会国家的重要的方针政策。这样就可以日日红、又日红(古时有"日日新、又日新"的话,我仿照着这样说)。这样是不是会妨碍专业的进修呢?不,丝毫也不,而是相反。这样做会养成我们的不断革命的精神,明确了专业进修的目的性,还掌握了进修的方法,因而我们也就会钻得更深、更精、更快、更省(省时间和劳力)。学习马克思列宁主义不仅可以保证我们的红,更可以保证我们的专。①

然而,要回答红有利于专,你就得回答牛顿、爱因斯坦并没有学习马列主义,为何仍能专这个问题。郭说,"那就是由于他们实事求是、专心致志的科学研究方法合乎马克思主义的方法"。他将牛顿、爱因斯坦也拉入马克思主义体系之中,还指出他们的不足之处,"必须指出,由于时代的限制,牛顿、爱因斯坦那些大学者在人生观上不是共产主义的,他们的方法虽然合乎马克思列宁主义,却不是自觉的。因此是不全面的"。"有了马克思列宁主义的火炬,我们敢断言今后会产生出更多更全面的牛顿和爱因斯坦。苏联的科学技术界不已经提供了很好的证明吗?"②

话虽这么说,他似乎底气不足,1959年1月9日发表的《学习毛主席》一文中,郭沫若又将爱因斯坦视为一个例外。

> 爱因斯坦诚然是非共产党员、非马克思主义者的科学家,但是在资本主义国家中象爱因斯坦这样杰出的人能有几个?世界上没有无例外的原则,象爱因斯坦这样的情况是极少数的例外。如果把极少数的例外当作一般的真理,就不是辩证唯物论者,就

---

① 郭沫若:《郭沫若全集》(文学编第17卷),第260页。
② 同上书,第261页。

会犯错误。①

然而,他似乎不甘心视爱因斯坦为只专不红但取得了巨大学术成绩的例外,如果爱因斯坦是共产党员,该会让郭沫若省去多少的心思,他证明红是专的前提,但又没法解释爱因斯坦,于是只得以假设来当论据。

> 再说,爱因斯坦如果接受了马克思主义真理,那么我相信他一定会在科学上作出更大的贡献,至少不会跑到美国去受屈而死。而且在社会主义制度下,毫无疑问,会更有保证地产生出无数的爱因斯坦。②

不去美国"受屈而死",难道呆到纳粹德国受迫害而死?即使假设,今天看来,郭沫若的话都很成问题,事实证明,红不仅不能促专,很大程度上还妨害专,显然,郭沫若在这里左支右绌,逻辑混乱。

而另一位大科学家钱学森似乎在实践以毛泽东思想为指导的科学研究。1967年7月26日,钱学森在"科学家座谈会"上发言中这样称:

> 毛主席是世界革命的伟大领袖,中国是世界革命的中心和堡垒,是全世界革命人民的希望,自然科学理论中的资产阶级思想我们不批判,谁来批判?我们应该负起这个历史的责任来。尤其在科学的基本问题上,如物质结构、天体演化、生命科学中的一些问题,还没有得到完全解答。用毛泽东思想武装起来的中国科学工作者,应该责无旁贷地承担起这一艰巨的历史使命,坚决攻下这些堡垒。……我们原子能所、数学所和高等院校的同志们,以主席思

---

① 郭沫若:《郭沫若全集》(文学编第17卷),第279页。
② 同上。

想为指导,重新审查了基本粒子问题,从而得出了新的正确的认识,提出了新的概念,在很短时期内取得了显著成绩。①

既然"红"如此重要,那么怎样才算是"红"呢?郭沫若认为是否是"党员"并不是一个学者是否"红"的标准,这也许还有一个私人原因,那就是,郭本人暂被要求不当党员的好,他说,"有的同学问我:红到底以什么为标志,是不是以党员为标志?我的看法是应该以忠于社会主义事业、忠于祖国、忠于党为标志。我们每一个人都应该做一个好公民,做一个毛主席的好学生,树立无产阶级的人生观,全心全意地在党的领导下献出自己的一切为社会主义建设服务,为人民服务。这可以算作红的标志"。②

> 阳光如果缺少,我们要起变化,
> 红色的花会要变成白色的花。
> 在这里显然包含着深刻教训:
> 红色专家也能变成白色专家。③

这是郭沫若写的关于夹竹桃的诗句,为了防止"红色专家也能变成白色专家",那么,怎样才能达到红呢?1958年6月初,郭沫若在张家口向一千多名干部、教员作了"红与专"的报告,提到怎样才能达到红,怎样才能站到工人阶级立场。他说,"首先要兴无灭资,树立无产阶级世界观,铲除资产阶级的世界观,插红旗,拔白旗。"④那就是自觉地进

---

① 《钱学森同志在"科学家座谈会"上的发言》,《斗批改》1967年第6-7期,第44页。
② 郭沫若:《郭沫若全集》(文学编第17卷),第262页。
③ 郭沫若:《郭沫若全集》(文学编第3卷),第82页。
④ 郭沫若:《郭沫若全集》(文学编第17卷),第263页。

行思想改造。"继续不断的兴无灭资,红透专深。永远要以政治为统帅。加强自我改造。"①"我们生在伟大的毛泽东时代,最好能做到毛主席的好学生,成为建设祖国的红色专家。一息尚存,决不停歇!"②

如何达到思想改造,兴无灭资,最好的方法便是"劳动锻炼",郭沫若说到那些只专不红的现象时说:"企图只专不红,等于是在沙上建立楼阁。政治是灵魂,我们年老的知识分子,要好好听党的话,加紧思想改造,以一个普通劳动者自居。"③"无产阶级的意识就是在劳动过程中锻炼出来的,所以我们要锻炼,就要劳动,在劳动中逐渐获得工人阶级意识。毛主席教导我们,要以普通劳动者的姿态出现。资产阶级知识分子一般看不起体力劳动,容易自高自大,不可一世,即所谓'万般皆下品,唯有读书高','劳心者治人,劳力者治于人'。这些人就更需要加强劳动锻炼。"④能过劳动锻炼,使得知识分子去除掉思想里的非无产阶级意识,成为一个"政治上可靠,业务上过硬"的学者。

可以说,郭沫若在很大程度上是因无奈与无聊而进入学术圈的,他一方面看重乾嘉学派扎实的艰苦功夫,另一方面,他又不甘于做考证材料真伪层面上的"蠹鱼",身为"革命的学术家",他将马克思主义思想理论渗入到学术研究之中,使得在学术与政治两者之间因此得以沟通,学术最终成为参与社会、介入政治的另一种方式。他的学术实践的成绩与失误皆在于此。

随着政权的更迭,意识形态不甘于只成为个别学科的学术研究指导思想,它企图主宰一切学术活动,无论是社会科学,还是自然科学,在

---

① 同前书,第276页。
② 同上书,第281页。
③ 同上书,第280页。
④ 同上书,第264页。

这种努力遭到不可避免的失败后,它又将它无处不在的触角伸向研究者,使得他们在专的同时首先做到红,又红又专,红透专深。

小　　结

鲁迅、胡适、郭沫若都是学贯中西的学者。鲁迅在文学上的《中国小说史略》,胡适在哲学上的《中国哲学史》,郭沫若在史学上的《中国古代社会研究》都是中国学术史上的经典之作,在学术上,他们既是披荆斩棘的开拓者,又是足以垂范后世的奠基者。知识分子在热情干世的同时,又要艰苦治学,鱼与熊掌,如何取舍,他们的观点又是各个不同。

我们可以从鲁迅对其师章太炎晚年删其早年论战文章的不满,以及章太炎对鲁迅批评文章的不理解中可以看到,在批评与学术之间,鲁迅更看重的是知识分子介入社会的批评功能,而不是埋首书斋的学术贡献。

虽然如此认为,但对鲁迅来说,这两者对他来说又都欲得,只不过学术与批评是不能并举的,"从我们平常人看来,教书和写东西是势不两立的,或者死心塌地地教书,或者发狂变死地写东西,一个人走不了方向不同的两条路"。故而他的选择就显得颇费思量,然而,他最后还是一步步地远离了学术,不独他自己,他对青年学生亦是如此看法的,不同于胡适等人号召青年学生将学术摆在人生首要选择的看法,在鲁迅的眼里,革命第一,学术第二,一个人倘无行动的欲望和能力则无异于废物。他反对"只读书主义",号召青年学生走出书斋,投身社会,但同时他又反对"不读书主义",警惕反智主义。

虽然他不刻意提倡学术,但回过头来看,鲁迅又取得了丰硕的学术成绩,学术活动在他生命的不同阶段中分别具有不同的意义,在日本留学期间(1902年—1908年),他满腔热情地译介、宣传科学,撰写矿产专著,试图通过致力学术来达到挽救国家于危厄之目的。自日本回国到为《新青年》写文章期间(1909年—1918年),他青年时以文艺改造国民精神的美梦破碎,情绪低落,于是整日沉醉于砖石的考证,古籍的整理之中,在这学术的游戏中无聊地消耗着那寂寞而无望的生命。在教育部欠薪始到去上海前(1920年—1927年)这段时间里,他辗转周旋于京闽穗三地多所高校,以自己的学术活动来解决日常的"吃饭"问题,而学术的职业要求也使得他能借此机会将以前的学术积累最终形成学术成果。至于到上海后,他虽然有时显得难以忘情于学术,但已经是"心有余而力不足"了。在鲁迅的世界中,学术分别体现了其实用性、非功利性和职业性。

在胡适看来,历史上有这么"一个公式",那就是,"在变态的社会国家里,政治太卑劣腐败了,国民又没有正式的纠正机关(如代表民意的国会之类),那时候干预政治的运动,一定是从青年的学生界发生的"。然而,在"求学"与"干政"之间,胡适提倡一种"镇静主义",主张知识青年要向歌德那样,在国事危急时却能够安心做某一与时局绝不相关的学问。

他的理由有三:其一,近现代中国一直面临日本的军事压制和威胁,然而,从国家的军事实力上看,理性的胡适认为中国决不具备对日作战的能力,倘与日冲突无异于螳臂挡车,以卵击石。那么知识分子鼓噪开战高喊拼命就全是空话废话,在他看来,知识分子别无选择,唯有冷静镇定,安心研究而已。其二,虽然中国的军事实力无法与倭寇抗衡,但对胡适来说,一个国家真正之覆亡不在于军事之失败,而在于文化学术之灭亡,为了避免国家灭亡,我们更应努力致力于国家的文化学术事业,为国家民族留存一线香火。其三,胡适认为,罢课游行、请愿示威、通电宣言、标语口号,纯系一时情绪的宣泄,于实际的政治无益,非但无益,而且有害,因为这些政治冲动会耽搁了他们锻炼成材的大好时机。

然而,事实上,在此纷扰之中,就连胡适本人要能保持内心的镇静都不可能,更遑论学生。

对于郭沫若,可以说,他很大程度上是基于无奈与无聊被迫赶入学术圈的,他一方面十分强调一个学者基本的学术素质。学术研究首先要广泛地占有材料,缜密地考证材料,客观地分析材料,就是要有蠹鱼的精神。另一方面,他又不甘于做考证材料真伪层面上的"蠹鱼",而要做鱼雷,身为"服务革命的学术家",他将强大的马克思主义思想理论渗入到学术研究之中,使得在学术与政治两者之间得以沟通。

这样,郭沫若从事学术活动仍是其革命活动的延续,他的学术活动与以笔为剑的创作一样,或隐在地寄托了他的斗争心志或显在地参与了现实斗争,所以,对郭沫若来说,学术与政治是可以合一的,学术也是思想文化斗争之一翼。从这个意义上讲,郭沫若真正将学术家与革命家这两种经常冲突的身份统一了起来,故将他称为"革命的学问家"较为合适。

随着政权的更迭,意识形态不甘于只成为个别学科的学术研究指导思想,它企图主宰一切学术活动,无论是社会科学,还是自然科学,在这种努力遭到不可避免的失败后,它又将它无处不在的触角伸向研究者,使得他们在专的同时首先做到红,又红又专,红透专深。

对于学术与政治,鲁迅主张知识分子"重革命,轻学术";胡适主张知识分子"重学术,轻革命";而郭沫若主张知识分子"以学术来干革命"。鲁迅、胡适认为这干世与治学是冲突的,鲁迅偏重干世,胡适偏重治学,郭沫若认为干世与治学合二为一,他偏重以治学来干世。

第五章 文 与 政

第一节 鲁迅:文学=批评

他的创作时代,似乎走到了末路

连《集外集》都肯印出来卖七角大洋

今天,我们会当然地把鲁迅的杂文当作文学作品,OK,这没问题,但要知道,我们判断的依据是鲁迅的文学观念,即文学应当与现实贴近,与现实搏击。但是根据另一种文学观——文学毕竟不是现实抗争甚至是政治斗争的工具——来说,鲁迅的杂文其实算不上文学作品,这样,鲁迅与其说是一个文学家,不如说是一个批评家,他的作品与其说是文学作品,不如说是批评文字。这正是林语堂所说"鲁迅与其称为文人,不如号为战士"的原因,①这正是刘再复所说"后期鲁迅的'知识分子角色'常常压倒'文学家角色'"的原因,这正是②夏志清不认为鲁迅后期的创作是文学作品③的原因。

---

① 鲁迅博物馆等编:《鲁迅回忆录》(散篇中册),第663页。
② 刘再复:《论鲁迅状态——答香港〈城市文艺〉编者问》,《城市文艺》2006年第9期。
③ 夏志清说,"他晚年只写散文,别的事情不做,翻译《死魂灵》,翻得一塌糊涂。鲁迅就写了几篇短篇小说,只有绍兴乡下的作品那些是好的,《故事新编》并不好,长篇都没有"。(王寅:《"中国文学只有中国人自己讲"——赫德河畔访夏志清》,《南方周末》2007年1月11日,D28版。)

鲁迅生前有很多人也这样劝过他,他们各个怀着或善意的或恶意的目的,或劝或诱他到艺术之宫去学习托尔斯泰、学习莎士比亚,因为依他的才分如果不在文学的花园里努力,而在批评的田野中驰骋,无论是对文坛来说,还是对他自己来说,都是一种不可弥补的损失,实在是叫他们感到可惜。鲁迅说,"就我自己说起来,是早就有人劝我不要发议论,不要做杂感,你还是创作去吧!因为做了创作在世界史上有名字,做杂感是没有名字的"。[①] 问题在于鲁迅这人他偏偏不做那种文学家,偏偏不写那种文学,他偏偏要做斗士,偏偏要发议论,而且,在他眼里,文学应当包括批评文字,甚至应当就是批评文字,于是,他的批评文字也就是成为文学了,于是,我们便认为他的杂文是文学作品了。

说批评不是文学,也许,有人说这还是以前的老观点,而这又都为鲁迅所批判过了的,那我们就拿胡适作个比较,胡适也写新诗,也写戏剧,也写小说,也搞翻译,这些可以算是传统意义上的文学成果了,有的还开了风气,但他本身并无文学天分,所以提倡有力,创造不足,心有余而力不逮,成绩没鲁迅卓著,影响没鲁迅深远,这是作为文学家的胡适。

从文学成绩上看,胡适的确是和鲁迅没法比的。然而,如果拿他的批评文字与鲁迅的批评文字(杂文)相比的话,无论怎么说,胡适也算是有得一拼。他编《竞业旬报》、编《新青年》、编《每周评论》、编《努力》、编《新月》、编《独立评论》等,一生中,他写了很多文章,发表了很多演讲,如果和我们对待鲁迅那样,将他的批评文字(杂文)也算文学作品的话,那胡适的确应当戴上一顶文学家的"礼帽"了。

然而,胡适呢,他就把他的这些"杂文"视为文学作品了吗?NO!

[①] 鲁迅:《集外集拾遗补编·关于知识阶级》,《鲁迅全集》(第8卷),第228-229页。

他自觉地把自己定位一个批评家,一个善意的批评家,他始终没有认为他是一个文学家,我们也始终没有这样定位他。同样,他始终都没认为他所写的批评文章是文学作品,我们也始终没有这样认为。1922年8月15日,有名徐望之者给胡适信中抱怨其编辑的《努力》将文艺作品混杂其中,以致刊物显得博杂,他说,"《努力》是专论政治的,亦是先生事业的一种,革新文艺又是一种,本可以并行不悖,何必夹杂在一块儿呢?"①可见,读者对批评与文艺还是有所区分的。然而,对于鲁迅,我们却把批评家当作文学家,将他的批评文字当作文学作品。

再看当年鲁迅的"小对头"施蛰存的看法,当年鲁迅在他的"粉丝"杨霁云的张罗下,把他几十年来零落的文字搜集起来,编成一本《集外集》,施蛰存见了,大概觉得有些文章不够文学的资格,便说鲁迅你最好将《集外集》精选一下再出版为好,免得浪费出版资源,因为在他看来"连《集外集》这种零碎文章都肯印出来卖七角大洋",这算什么事啊。

施蛰存的依据是,"在我的意见,凡对准时事,或时人,而作的'杂文',无论是评论也好,演说辞也好,杂感文也好,如果要把这些文章当作文艺作品看,则它们在其本身的社会价值之外,当然必需具有另外一种文艺价值"。并说,"决不是每一篇杂文都有文艺价值的——纵然它有何等大的社会价值"。他不希望杂文作者"自以为"他所写的杂文就是文学作品了。②他这里所提的"社会价值"和"文艺价值"可以说是批评与文学的区别,这两者可以统一,但更多的是不统一。文学评论家刘

---

① 中国社会科学院近代史研究所中华民国史组编:《胡适来往书信选》(上),第163页。

② 施蛰存:《"杂文的文艺价值"》,李富根、刘洪主编:《恩怨录·鲁迅和他的论敌文选》(下),第887页。

大杰当年便以客观中立的态度宣告:"他的创作时代,似乎走到了末路。"①刘大杰与鲁迅无恩无仇,没必要或誉或骂鲁迅,他以文学的眼光和价值评判标准来宣布了鲁迅创作末路的到来。

批评与文学确有不同之处,而鲁迅认为批评与文学是一致的,甚至文学的样子应当就是批评,我们在这里姑且仍按鲁迅对文学的看法,将鲁迅的批评文字也称为"文学",鲁迅正是把文学这段"钝铁"锻炼成了一柄批判的"利刃",他自己便是挥舞着这把利剑,所向披靡的斗士。

他认为文艺(包括文学、木刻等文艺形式)的内容应当是战斗的、抗争的,贴近现实、批判现实,于是他批判游戏化的创作倾向,批判艺术化的创作倾向;文艺的形式应当是写实的,大胆地选取,如实的描写,因此他不理解、也不提倡艺坛上种种怪诞的现代派创作手法,并给予严厉的批判。

介绍一下中山先生,不是应该的么

1925年7月22日,鲁迅高兴地看到了文坛上气象的变化,"到处听不见歌吟花月的声音了,代之而起的是铁和血的赞颂",于是,他写下了"文艺是国民精神所发的火光,同时也是引导国民精神的前途的灯火"②这一伟绝千古的名句。可以想象得出,当鲁迅说出这话时,他是多么地豪情万丈,又是怀着怎样的一种自我期许,对"五四"这一代知识精英来说,他们便这样赋予了文学一种沉重而神圣的使命,文学那瘦弱的肩膀上也一下子被压上了千斤重担。"有偶"的是,在《新青年》上,陈独秀也有类似的表达,他曾在谢无量的律诗《寄会稽山人八十四韵》后

---

① 刘大杰:《〈呐喊〉与〈彷徨〉与〈野草〉》,李富根、刘洪主编:《恩怨录·鲁迅和他的论敌文选》(下),第662页。

② 鲁迅:《坟·论睁了眼看》,《鲁迅全集》(第1卷),第254页。

加了个跋,他说,"文学者,国民最高精神之表现也,国民此种精神委顿久矣,谢君此作,深文余味,希世之音也。子云相如而后,仅见斯篇,虽工部亦只有此工力,无比佳丽,谢君自谓天下文章尽在蜀中,非夸矣,吾国人伟大精神,犹未丧失也欤?于此征之"。① 除去陈独秀的一些夸张性评价外,他在这里表现了一种与鲁迅几乎一致的文学观。

在他们看来,文学者,既是国民精神所发的火光,又系指导国民精神的灯光。光芒四射!豪情万丈!鲁迅对于文学,大而言之,他对文艺的看法,都集中体现于兹。以现在的眼光来看,鲁迅似乎将文学看得太沉重,这是因为他把一个知识分子的任务和要求都加载到文学之上的缘故,于是,他把文学当作一种反映现实、批判现实、唤起民众、干预社会的重要工具。他坦言他要借助文学的力量书写社会,"改良社会",所以,早年弃医从文,热心筹办《新生》,中年时登台亮相于《新青年》、晚年致力于"匕首"和"投枪"式的杂文写作都是他这种文学观下的文学实践。

他厌恶那种艺术化的写作,那种游戏化的写作,理由无他,就是因为在他眼里,他看到的几乎全是屠伯的凶残,弱者的呼号,这些不公的、悲惨的现实使得敏感的他不能闭着眼睛避而不见,或者睁着眼睛熟视无睹,于是他不能安然,只有愤然,不能超拔,只有攻击。于是他很是看重文学与现实的关系,以及文学对于社会的干预作用。

> 况且现在是多么切迫的时候,作者的任务,是在对于有害的事物,立刻给以反响或抗争,是感应的神经,是攻守的手足。②

他那特立独行的脾性往往表现在他能够自我否定,自我坚持,"自

---

① 欧阳哲生主编:《胡适文集》(第12卷),第36页。
② 鲁迅:《且介亭杂文·序言》,《鲁迅全集》(第6卷),第3页。

己裁判,自己执行",对"文学"来说亦是如此。一般人看来,"文学"往往意味着雅人的清玩、天才的灵感、才子的浪漫,等等。而对鲁迅来说,"文学"对他来说首先是一种"需要",一种知识分子舒解愤懑、介入社会、仗义执言、批判丑恶的需要,他之所以能敢于质疑、蔑弃"文苑"的种种清规戒律,正是基于这一需要。

当时北京大学学生董秋芳投书鲁迅,提出了他对文艺工具化和功利化的困惑,他说,"在现在,离开人生说艺术,固然有躲在象牙塔里忘记时代之嫌;而离开艺术说人生,那便是政治家和社会运动家的本相,他们无须谈艺术了"。他针对当时革命文艺家无原则地强调作品的社会价值,而忽视其本身的艺术价值提出批评,"我们如果承认艺术有独立的无限的价值,艺术家有完成艺术本身最终目的之必要,那末我们便不能而且不应该撇开艺术价值去指摘艺术家的态度,这和拿艺术家的现实行为去评断他的艺术作品一样可笑"。

董秋芳的发问是有道理的。鲁迅当然本身是重视艺术创造的,但他更看重的是艺术的社会功用。1924年,孙中山先生北上,北京有劳动文艺研究会的毛壮候提议在《劳动文艺周刊》上出一个欢迎孙中山先生的专号,经过一番争议,最后决定不出,他们的理由是:"中山先生虽是革命者,然而与劳动文艺无关。"待到中山先生逝世后,各报刊多有纪念文章,然该刊仍没发表纪念中山先生的文章。当荆有麟问鲁迅"究竟劳动文艺上应不应该欢迎或纪念中山先生"时,鲁迅答曰:

> 毛壮候主张出专号,固大可不必。因为一出专号,对于政治没有兴趣的人,他一定不要看,反而减少宣传力。纪念或欢迎文章,是可以登载的,中山先生虽不是文艺家,更不是劳动文艺家,但中山先生创造民国的功勋,是值得纪念,也值得欢迎的。那么,对于中国劳动者,介绍一下中山先生,不是应该的么?胡也频他们,也

太重视文艺二字了。这定是上了"为艺术而艺术"的当。①

从对文学期刊纪念不纪念革命家孙中山的态度可以看出鲁迅所看重的并不是文学。其实,他对批评的兴趣更甚于文学。1925年,鉴于中国缺少文明批评和社会批评的刊物,他和韦素园、韦丛芜、李齐野、台静农、高长虹等一干青年搞了个《莽原》的刊物,在5月3日,他在对许广平的信中抱怨道《莽原》"很窘",因为"寄来的多是小说与诗,评论很少,倘不小心,也容易变成文艺杂志的"。② 可见,他还是将文艺与批评两类文章是有所区分的,也是有所偏好的。是年7月9日,他在信中又说:"我所要多登的是议论,而寄来的偏多小说,诗。先前是虚伪的'花呀''爱呀'的诗,现在是虚伪的'死呀''血呀'的诗。呜呼,头痛极了!所以倘有近于议论的文章,即易于登了,夫岂'骗小孩'云乎哉!"③而在1933年,有名周茨石者商量要和文豪鲁迅办刊,鲁迅一面以家累和精力加以婉拒,一面又给出自己的意见,他说:

> 但我的意见,以为(1)如办刊物,最好不要弄成文学杂志,而只给读者以一种诚实的材料;(2)用这些材料做小说自然也可以的,但不要夸张及腹测,而只将所见所闻的老老实实的写出来就好。④

作为"文学家"的他,却建议青年不要把杂志办文学杂志,这样又和《南方人物周刊》、《三联生活周刊》、《南风窗》有什么区别?看看,文学在他心目中是什么样的地位?有意思的是,当年胡适办《独立评论》时也拒绝登载那些难免会失实的文学作品,而要一些老老实实的"纪实"

---

① 鲁迅博物馆等编:《鲁迅回忆录》(专著上册),第172页。
② 鲁迅:《致许广平(250503)》,《鲁迅全集》(第11卷),第398页,第488页。
③ 鲁迅:《致许广平(250709)》,《鲁迅全集》(第11卷),第503页。
④ 鲁迅:《致周茨石(330525)》,《鲁迅全集》(第12卷),第398页。

文字,1934年9月11日,胡适在给陈企霞的回信中说,"我总觉得你写的文字不曾经过'说老实话,说平常话'的训练,使人读了起 unreal(不真实)的感觉。这篇《莲花谷》也使我感觉你有点无病呻吟的做作,《独立》向不登文学作品,我们只要一些清楚明白说平常话的好文字而已"。① 看看,鲁胡二人的观点如之何其相似乃耳。

其实,鲁迅与革命文艺家的文学观不无二致,但唯一不同的是革命文艺家走到了一个极端,就是可以完全不顾"技巧的上达",而只追求"内容"的适用,这是他们的激进和浮躁,而鲁迅却反对这种极端的观点。从这一点上看,鲁迅与董秋芳是一致的。但就在我们要看他如何回答董所提的关于"离开艺术"的文学的看法时,鲁迅却与他所批判的革命文学家是站在一条战壕里,我们常常视鲁迅的著名答复是对革命文学家的批评,但往往没有看到他们本质上的同一性,他说:"斗争呢,我倒以为是对的。人被压迫了,为什么不斗争?"这正是革命文学家的精神。"美国的辛克来儿说:一切文艺是宣传。我们的革命的文学者曾经当作宝贝,用大字印出过;而严肃的批评家又说他是'浅薄的社会主义者'。但我——也浅薄——相信辛克来儿的话。一切文艺,是宣传,只要你一给人看。即使个人主义的作品,一写出,就有宣传的可能,除非你不作文,不开口。"②看看,这岂不是革命文学家的主张。所谓他们的不同只是枝节的不同。

进"文苑",成"文豪"?

他自己的杂文创作、小说创作和翻译都是他的文学观的实践。

---

① 耿云志、欧阳哲生编:《胡适书信集》(中),第628-629页。
② 鲁迅:《三闲集·文艺与革命》,《鲁迅全集》(第4卷),第3页。

鲁迅蔑弃成规，另立门户，自创杂文一体。他在为杂文辩护和正名时说，"我们试去查一通美国的'文学概论'或中国什么大学的讲义，的确，总不能发见一种叫作 Tsa-wen 的东西。这真要使有志于成为伟大的文学家的青年，见杂文而心灰意懒：原来这并不是爬进高尚的文学楼台去的梯子"。这正体现了批评与文学的区别，因为在我们的文学词典里没有"杂文"这一说法。那么，杂文是什么"玩意"呢，它恐怕更多的是敏感而痛苦的中国知识分子将自己融于当下中国现实的一种表达"需要"。

鲁迅接着说："但我知道中国的这几年的杂文作者，他的作文，却没有一个想到'文学概论'的规定，或者希图文学史上的位置的，他以为非这样写不可，他就这样写，因为他只知道这样的写起来，于大家有益。农夫耕田，泥匠打墙，他只为了米麦可吃，房屋可住，自己也因此有益之事，得一点不亏心的糊口之资，历史上有没有'乡下人列传'或'泥水匠列传'，他向来就并没有想到。"这是因为杂文"和现在切贴，而且生动，泼剌，有益，而且也能移人情。"①可见，杂文写作对鲁迅来说无异于"农夫耕田，泥匠打墙"。他又在《华盖集》的题记中说道，"也有人劝我不要做这样的短评。那好意，我是很感激的，而且也并非不知道创作之可贵。然而要做这样的东西的时候，恐怕也还要做这样的东西，我以为如果艺术之宫里有这麻烦的禁令，倒不如不进去；还是站在沙漠上，看看飞沙走石，乐则大笑，悲则大叫，愤则大骂，即使被沙砾打得遍身粗糙，头破血流，而时时抚摩自己的凝血，觉得若有花纹，也未必不及跟着中国的文士们去陪莎士比亚吃黄油面包之有趣"。②他否定与批评（杂

---

① 鲁迅：《且介亭杂文二集·徐懋庸作〈打杂集〉序》，《鲁迅全集》（第6卷），第300-301页。

② 鲁迅：《华盖集·题记》，《鲁迅全集》（第3卷），第4页。

文)相对的那种雍容、消闲、自我玩赏的文学倾向。

他宁可疏离"文坛",任性使气,服从于一种表达的需要,这种需要出于社会对于敏感的知识分子的刺激,反过来又有益于社会,他在《华盖集续编》的小引中说,"这里面所讲的仍然并没有宇宙的奥义和人生的真谛。不过是,将我所遇到的,所想到的,所要说的,一任它怎样浅薄,怎样偏激,有时便都用笔写了下来。说得自夸一点,就如悲喜时节的歌哭一般,那时无非借此来释愤抒情,现在更不想和谁去抢夺所谓公理或正义"。① 正是这一种不求震烁文坛,不求名垂千古,不求"艺术",不求"永恒"的写作姿态,反而成就了他的不朽和永恒。他只在乎的是他的文章是否对读者有益,是否对社会有用,他说他的文章"其中有着时代的眉目,也决不是英雄们的八宝箱,一朝打开,便见光辉灿烂。我只在深夜的街头摆着一个地摊,所有的无非几个小钉,几个瓦碟,但也希望,并且相信有些人会从中寻出合于他的用处的东西"。② 他就是这么一种"实用主义"的书写姿态。

然而,他说他的杂感可能要使"志趣高超的作者厌恶","有些人们,每当意在奚落我的时候,就往往称我为'杂感家',以显出在高等文人的眼中的鄙视,便是一个证据"。③ 林希隽便是这"有些人们"中的一个,他曾在《杂文和杂文家》中将中国没有大著作归因于文坛上流行一种"容易下笔",容易成名的"杂文"写作,并认为这是作家"甘自菲薄而放弃其任务,即便是作家毁掉了自己以投机取巧的手腕来替代一个文艺作者的严肃的工作"。鲁迅反驳道,"比起高大的天文台来,'杂文'有时确很像一种小小的显微镜的工作,也照秽水,也看脓汁,有时研究淋菌,

---

① 鲁迅:《华盖集续编·小引》,《鲁迅全集》(第 3 卷),第 195 页。
② 鲁迅:《且介亭杂文·序言》,《鲁迅全集》(第 6 卷),第 4 页。
③ 鲁迅:《三闲集·序言》,《鲁迅全集》(第 4 卷),第 3 页。

有时解剖苍蝇。从高超的学者看来,是渺小,污秽,甚而至于可恶的,但在劳作者自己,却也是一种'严肃的工作',和人生有关,并且也不十分容易做"。① 他向来不在乎他的作品是否能挤进文艺的宝库,也不想在文苑上"显山露水",他热衷并提倡杂文写作,只在于它与人生有关,能批判和暴露现实,并冀希望于改善目前的生存状态。

再看鲁迅对于小说的看法,他说到他怎么做起小说来时说:

说到"为什么"做小说罢,我仍抱着十多年前的"启蒙主义",以为必须是"为人生",而且要改良这人生。我深恶先前的称小说为"闲书",而且将"为艺术的艺术",看作不过是"消闲"的新式的别号。所以我的取材,多采自病态社会的不幸的人们中,意思是在揭出病苦,引起疗救的注意。②

又为什么提笔的呢?想起来,大半倒是为了对于热情者们的同感。这些战士,我想,虽在寂寞中,想头是不错的,也来喊几声助助威罢。首先,就是为此。自然,在这中间,也不免夹杂些将旧社会的病根暴露出来,催人留心,设法加以疗治的希望。③

在中国,小说不算文学,做小说的也决不能称为文学家,所以并没有人想在这一条道路上出世。我也并没有要将小说抬进"文苑"里的意思,不过想利用他的力量,来改良社会。④

---

① 鲁迅:《集外集拾遗补编·做"杂文"也不易》,《鲁迅全集》(第 8 卷),第 418 页。
② 鲁迅:《南腔北调集·我怎样做起小说来》,《鲁迅全集》(第 4 卷),第 526 页。
③ 鲁迅:《南腔北调集·〈自选集〉自序》,《鲁迅全集》(第 4 卷),第 468 页。
④ 鲁迅:《南腔北调集:我怎样做起小说来》,《鲁迅全集》(第 4 卷),第 525 页。

如果说杂文有极强的现实性、功利性倒也罢了,作为最可能而且最后也的确如此,使得鲁迅成为文学家的小说创作同样弥漫着极强的现实性、功利性,以上便是他的自白。然而,鲁迅毕竟是鲁迅,他的卓越无比的艺术能力使得他能在"听将令"、暴露现实、改良社会的总的写作目的下仍能不损其艺术价值,也正因为这原因,我们今天将之视为一个优秀的文学家。然而,并不是说鲁迅的小说就世所罕有,完美无缺,也正是因为他处处不能忘情于现实,不能压制住批评的冲动,使得他的小说中仍还留有批评的"阑尾"。我们且看他那最伟大的代表作《阿Q正传》,在介绍到阿Q的名字时,他不由自主地攻击了攻击新青年的国粹家。

> 先前,我也曾问过赵太爷的儿子茂才先生,谁料博雅如此公,竟也茫然,但据结论说,是因为陈独秀办了《新青年》提倡洋字,所以国粹沦亡,无可查考了。①

在介绍到阿Q的籍贯时,他也顺带揶揄了一下"特种学者"胡适之及其追随者。

> 我所聊以自慰的,是还有一个"阿"字非常正确,绝无附会假借的缺点,颇可以就正于通人。至于其余,却都非浅学所能穿凿,只希望有"历史癖与考据癖"的胡适之先生的门人们,将来或者能够寻出许多新端绪来。②

这些都还较为明显的,还有些不是十分明显的批评冲动有如远天的星星一样时不时地闪烁那一两下。在另一名作《铸剑》中眉间尺打击

---

① 鲁迅:《呐喊·阿Q正传》,《鲁迅全集》(第1卷),第514页。
② 同上书,第515页。

掉在水瓮里的老鼠,看到老鼠的红鼻子时,鲁迅写道:

> 他近来很有点不大喜欢红鼻子的人。①

这话说的倒是实情,顾颉刚鼻子发红,而且说话有些口吃,鲁迅私下在书信中常以"鼻"来指代顾颉刚,而且他们两人又"结过梁子"。这在另一篇小说《理水》中对顾颉刚讽刺的更是明显。

> "这这些些都是费话,"又一个学者吃吃的说,立刻把鼻尖胀得通红。"你们是受了谣言的骗的。其实并没有所谓禹,'禹'是一条虫,虫虫会治水的吗?我看鲧也没有的,'鲧'是一条鱼,鱼鱼会治水水水的吗?"他说到这里,把两脚一蹬,显得非常用劲。②

鲁迅的小说里,不光涉及被攻击的人的外貌特征,还有顾颉刚的疑古学派的"学术成果"了。

举这些例子,要说的意思是,鲁迅的小说创作固然是贴近现实的,反映现实的,批判现实的,并能将之艺术化、审美化,使之成为文学,而不是批评,但又会时不时地流露出批评的"杂音"来。

鲁迅还说,"因为我缺少伟大的才能,至今没有做过一部长篇",③他一生中没有从容地创作出一部长篇小说的原因可能也在于他太执着于批评社会了。他组织的一套专收创作的"乌合丛书"也多是印一些无名作者的创作。这些创作,既非名家名作,亦非传世经典,只是他们的创作于当时有用,当然,也不幸的是,这些作品到现在也几乎要被岁月无情地淘汰了。

除过杂文和小说之外,再看鲁迅的文学翻译。鲁迅早年留学日本

---

① 鲁迅:《故事新编·铸剑》,《鲁迅全集》(第2卷),第433页。
② 鲁迅:《故事新编·理水》,《鲁迅全集》(第2卷),第386-387页。
③ 鲁迅:《三闲集·鲁迅译著书目》,《鲁迅全集》(第4卷),第188页。

时,和他的弟弟周作人一并翻译有《域外小说集》,值得注意的是他们并没有选择那些有定评的、可以传世的、不朽的文学名著来翻译,而是翻译那些与中国有着同受压迫的命运的俄罗斯、北欧、巴尔干诸小国不甚闻名作家的作品,如迦尔洵、安特来夫、显克微支诸人的作品,虽然,1909年4月在《神州日报》的"赠书志谢"中称他们所译的作品"皆文海之新流,欧西文豪之宏著",①但这些都不过是广告性的语言。他也不是不知道翻译名作可以不朽的,以前他曾劝林语堂"译些英国文学名作",然而他自己却并不着意于这一不朽的译事,而着意于介绍与中国同样处境的国家民族的痛苦和反抗,"我们在日本留学时候,有一种茫漠的希望:以为文艺是可以转移性情,改造社会的。因为这意见,便自然而然的想到介绍外国新文学这一件事"。② 这是他从事翻译的目的。所以,他坦率地声称,"我是向来不想译世界上已有定评的杰作,附以不朽的"。③ 这并不是说译有定评的杰作的人是期望附以不朽的,但译了有定评的杰作的翻译者确可因所译杰作而为人所记起,郭沫若译歌德,梁实秋译莎士比亚,萧乾译乔伊斯,草婴译托尔斯泰的,谁人不晓。

  1932年,鲁迅在盘点他历年来的创作和译事时说,"翻译又因为缺少外国语的学力,所以徘徊观望,不敢译一种世上著名的巨制"。④ 后来他曾给友人信中也说到同样的意思,"但我们因为想介绍些名家所不屑道的东欧和北欧文学,而又少懂得原文的人,所以暂时只能用重译

---

  ① 转自陈大康:《关于鲁迅文学活动的最早报道》,《文汇报》2006年7月16日。
  ② 鲁迅:《译文序跋集·域外小说集序》,《鲁迅全集》(第10卷),第176页。
  ③ 鲁迅:《译文序跋集·〈壁下译丛〉小引》,《鲁迅全集》(第10卷),第307页。
  ④ 鲁迅:《三闲集·鲁迅译著书目》,《鲁迅全集》(第6卷),第188页。

本，尤其是巴尔干诸小国的作品。原来的意思，实在不过是聊胜于无，且给读书界知道一点所谓文学家，世界上并不止几个受奖的泰戈尔和漂亮的曼殊斐儿之类"。① 鲁迅在谈到他译爱罗先珂君的童话及剧本《桃色的云》时也有这样的表达，"其实，我当时的意思，不过要传播被虐待者的苦痛的呼声和激发国人对于强权者的憎恶和愤怒而已，并不是从什么'艺术之宫'里伸出手来，拔了海外的奇花瑶草，来移植在华国的艺苑"。② 他组织了一帮青年成立未名社，专事翻译，他说他们翻译的东西"并非学者们精选的宝书，凡国民都非看不可。只要有稿子，有印费，便即付印，想使萧索的读者，作者，译者，大家稍微感到一点热闹"。③ 所以，在鲁迅的翻译之作中，正如他所言，鲜有不朽名著，这是由他的目的性和功利性，而不是艺术性所决定的。

看来，无论杂文，还是小说，进"文苑"，成"文豪"，并不是鲁迅的目的，他只是出于知识分子参与社会的"需要"，那就是以文学来"移人情"和"改良社会"，至于有的作品成为传世名作，那也是一种意外，而不是刻意为之的。

其实，鲁迅及其文学作品中无时不见的反抗性和斗争性正是我们那种中正平和、圆满自欺的文化传统、国民心理的一剂良药，中国文化发展到鲁迅这个时代，真是我们及我们的后人的幸运，因为我们终于产生了这么一个思想上和行动上的巨人，从此鲁迅开创了一个韧性的反抗、勇敢地面对、真实地表达的人文传统，这一传统不仅对鲁迅来说至关重要，而且对鲁迅以后的中国社会的变革，国民人格的塑造，文学文

---

① 鲁迅：《集外集·通讯（复张逢汉）》，《鲁迅全集》（第 7 卷），第 131 页。
② 鲁迅：《坟·杂忆》，《鲁迅全集》（第 1 卷），第 237 页。
③ 鲁迅：《集外集拾遗补编·〈未名丛刊〉是什么，要怎样？（一）》，《鲁迅全集》（第 8 卷），第 468 页。

化的再生都至关重要,也非常值得我们珍惜和发扬。正是他的存在使得我们陈旧的肌体慢慢地显得健康有力而生机勃勃。

反游戏派、反艺术派、反现代派

文学是战斗的!

他眼中的文学内容应当是抗争的和战斗的,手法应当是写实的,这就要使得我们的作者要有敢于正视现实的勇气。

鲁迅毫不留情,一针见血地指出中国人、中国文人安于自欺,不敢直面现实的心理。他说,"中国的文人,对于人生,——至少是对于社会现象,向来就多没有正视的勇气"。"中国人的不敢正视各方面,用瞒和骗,造出奇妙的逃跑来,而自以为正路。"[①]我们惯于用"瞒和骗"来欺自己,欺别人。"其实,中国人是并非'没有自知'之明的,缺点只在有些人安于'自欺',由此并想'欺人'。"[②]

他在"再论"雷峰塔的倒掉时想到了中国人的"十景病",所谓西湖十景无非是满足中国人一种十全十美、圆圆满满的心理反映,然而,雷峰塔的倒掉,使得习惯于完全的人们,心存遗憾,人们不愿意承受这一遗憾。今天我们不是已将雷峰塔重建起来了吗?今天我们不是还新添了西湖新十景吗?鲁迅从"十景"心理引申到我们对悲剧的看法上来,他说,"悲剧将人生的有价值的东西毁灭给人看,喜剧将那无价值的撕破给人看。讥讽又不过是喜剧的变简的一支流。但悲壮滑稽,却都是

---

① 鲁迅:《坟·论睁了眼看》,《鲁迅全集》(第1卷),第254页。
② 鲁迅:《且介亭杂文末编·"立此存照"(三)》,《鲁迅全集》(第6卷),第648页。

十景病的仇敌,因为都有破坏性,虽然所破坏的方面各不同"。① 因为,无论是悲喜剧都是打破我们内心"十景病"的仇敌。

正是这么一种生存的态度和畏葸的心理必然造成了文学上的瞒和骗,即一种虚假的、自我安慰的、自欺欺人的文学。鲁迅曾批评过中国文学上那种"小生落难,下狱挨打,到底中了状元的公式",②而这正是国人一种怯于正视现实的心理所致。胡适也注意到中国文学中"大团圆"和缺乏"悲剧"观念的现象,他说,"中国文学最缺乏的是悲剧观念。无论是小说,是戏剧,总是一个美满的团圆。……这种'团圆的迷信'乃是中国人思想薄弱的铁证。做书的人明知世上的真事都是不如意的居大部分,他明知世上的事不是颠倒是非,便是生离死别,他却偏要使'天下有情人都成了眷属',偏要说善恶分明,报应昭彰。他闭着眼睛不肯看天下的悲剧惨剧,不肯老老实实写天工的颠倒惨酷,他只图说一个纸上的大快人心。这便是说谎的文学"。③胡适在介绍易卜生主义,倡扬易卜生的"写实派的文学"时,他说,"人生的大病根在于不肯睁开眼睛来看世间的真实现状。明明是男盗女娼的社会,我们偏说是圣贤礼义之邦;明明是赃官污吏的政治,我们偏要歌功颂德;明明是不可救药的大病;我们偏说一点病都没有!……易卜生的长处,只在他肯说老实话,只在他能把社会种种腐败龌龊的实在情形写出来叫大家仔细看"。④

直面现实,书写现实,成为鲁迅对作家和文学的最平实,也是最核心的要求,所以鲁迅从不在乎什么抽象名词上的主义之争,亦不在乎政

---

① 鲁迅:《坟·再论雷峰塔的倒掉》,《鲁迅全集》(第1卷),第203页。
② 鲁迅:《且介亭杂文·病后杂谈之余》,《鲁迅全集》(第6卷),第197页。
③ 欧阳哲生主编:《胡适文集》(第2卷),第122页。
④ 同上书,第476页。

治倾向和文章作法对文学的种种"指导"和"要求",他在提倡"民族革命战争的大众文学"的指导性意见中郑重地说道:"作者可以自由地去写工人,农民,学生,强盗,娼妓,穷人,阔佬,什么材料都可以,写出来都可以成为民族革命战争的大众文学。也无需在作品的后面有意地插一条民族革命战争的尾巴,翘起来当作旗子;因为我们需要的,不是作品后面添上去的口号和矫作的尾巴,而是那全部作品中的真实的生活,生龙活虎的战斗,跳动着的脉搏,思想和热情,等等。"①真实是文学的生命力。

然而,"大约对于讽刺文学,中国人是其实不大欢迎的"。② 写实看起简单,但要做到却不容易,因为我们平时习惯于生活在面具之下,谎言之中,并安于这种自欺与欺人,这样长久以来便形成一种中庸平和,扬长遮短的民族文化心理,如果有人突然说出事实的真相来,揭破了彼此的假面,不但使双方丢面子,更是让旁观者扫兴。所以,"我们常不免有一种先入之见,看见讽刺作品,就觉得这不是文学上的正路,因为我们先就以为讽刺并不是美德"。③ 那么,什么是讽刺呢?鲁迅回答曰:书写真实而已。

> 我想:一个作者,用了精炼的,或者简直有些夸张的笔墨——但自然也必须是艺术的地——写出或一群人的或一面的真实来,这被写的一群人,就称这作品为"讽刺"。④

> 其实,现在的所谓讽刺作品,大抵倒是写实。非写实决不能成

---

① 鲁迅:《论现在我们的文学运动》,《鲁迅全集》(第6卷),第613-614页。
② 鲁迅:《致黎烈文(360201)》,《鲁迅全集》(第14卷),第17页。
③ 鲁迅:《且介亭杂文二集·论讽刺》,《鲁迅全集》(第6卷),第286页。
④ 鲁迅:《且介亭杂文二集·什么是"讽刺"?》,《鲁迅全集》(第6卷),第340页。

为所谓"讽刺";非写实的讽刺,即使能有这样的东西,也不过是造谣和诬蔑而已。①

"讽刺"的生命是真实;不必是曾有的实事,但必须是会有的实情。②

写实,求真,居然成为讽刺,可见我们的社会文化心理扭曲和失真到何种程度。

对文学如此,对其他艺术形式他也是如此要求,诸如漫画,他说,"漫画的第一件紧要事是诚实,要确切的显示了事件或人物的姿态,也就是精神"。③ 漫画本来也是一种合于讽刺的艺术样式,但往往会流于油滑,这其中的原因就在于没有诚恳地写实,鲁迅指出了这一点,他说,"漫画是 Karikatur 的译名,那'漫',并不是中国旧日的文人学士之所谓'漫题''漫书'的'漫'。当然也可以不假思索,一挥而就的,但因为发芽于诚实的心,所以那结果也不会仅是嬉皮笑脸"。④

写实居然成为讽刺,写实居然成为漫骂。鲁迅多次指出了"漫骂"的真相即在于"写实",同样,我们常常诬写实为漫骂,也正是我们常常习惯于拒绝真相,陶醉假相的原因。他举了一个例子,"假如指着一个人,说道:这是婊子! 如果她是良家,那就是漫骂;倘使她实在是做卖笑生涯的,就并不是漫骂,倒是说了真实"。⑤ "假如你到四马路去,看见雉妓在拖住人,倘大声说:'野鸡在拉客',那就会被她骂你是'骂人'。

---

① 鲁迅:《且介亭杂文二集·论讽刺》,《鲁迅全集》(第 6 卷),第 287-288 页。
② 鲁迅:《且介亭杂文二集·什么是"讽刺"?》,《鲁迅全集》(第 6 卷),第 340 页。
③ 鲁迅:《且介亭杂文二集·漫谈"漫画"》,《鲁迅全集》(第 6 卷),第 241 页。
④ 同上。
⑤ 鲁迅:《花边文学·漫骂》,《鲁迅全集》(第 5 卷),第 451 页。

骂人是恶德,于是你先就被判定在坏的一方面了;你坏,对方可就好。但事实呢,却的确是'野鸡在拉客'"。① 所以,在鲁迅看来,"指英雄为英雄,说娼妇是娼妇,表面上虽像捧与骂,实则说得刚刚合式,不能责备批评家的。批评家的错处,是在乱骂与乱捧,例如说英雄是娼妇,举娼妇为英雄"。② 其实,"漫骂"实质是诬蔑,而不是据实道来,而往往"漫骂"成为"写实"的恶谥,这样使得敢于如实描写的作者在下笔之前未免瞻前顾后,有所顾忌。"岂但一切古今人,连一个人也没有骂倒过。凡是倒掉的,决不是因为骂,却只为揭穿了假面。揭穿假面,就是指出了实际来,这不能混谓之骂。"③

在一个变态社会中,一个如此敏感的作者,如实地书写自己的喜怒哀乐和社会百态,无疑便形成了一种刚健的、批判的和战斗的文学。

主张文学的战斗性和反抗性,鲁迅终其一生是一以贯之的。鲁迅早年就向往并鼓吹一种"立意在反抗,指归在动作"的摩罗诗人和摩罗之文。中国鲜有这样的人与这样的文,在鲁迅眼里,连屈原也算不上,虽然屈原"放言无惮,为前人所不敢言。然中亦多芳菲凄恻之音,而反抗挑战,则终其篇未能见,感动后世,为力非强。……故伟美之声,不震吾人之耳鼓者,亦不始于今日"。④ 他虽与屈原的忧愤和孤寂共鸣,但他却不赞赏屈原作品的哀怨和无奈。

《狂飙》社成员黄鹏基主张的一种"刺的文学"颇合鲁迅心意,黄将他的短篇小说集取名《荆棘》,大概取刺激社会之意。"他是首先明白晓

---

① 鲁迅:《且介亭杂文二集·论讽刺》,《鲁迅全集》(第6卷),第287页。
② 鲁迅:《花边文学·骂杀与捧杀》,《鲁迅全集》(第5卷),第615页。
③ 鲁迅:《且介亭杂文二集·"招贴即扯"》,《鲁迅全集》(第6卷),第235页。
④ 鲁迅:《坟·摩罗诗力说》,《鲁迅全集》(第1卷),第71页。

畅的主张文学不必如奶油,应该如刺,文学家不得颓丧,应该刚健的人。"①鲁迅曾在新文学大系对他做过评述。鲁迅曾回答国际文学社的提问中说到一种"战斗的作品",他说,"我看苏维埃文学,是大半因为想绍介给中国,而对于中国,现在也还是战斗的作品更为紧要"。② 在鲁迅看来,"生存的小品文,必须是匕首,是投枪,能和读者一同杀出一条生存的血路的东西",而且,"小品文的生存,也只仗着挣扎和战斗的"。③

后来,鲁迅鲜明地提出了"文学是战斗的"的响亮口号,他在为叶紫的《丰收》作的序中称,"这就是作者已经尽了当前的任务,也是对于压迫者的答复:文学是战斗的!"④而且,"战斗一定有倾向。这就是邵施杜林(按:指当时几个反对杂文的文人,邵洵美、施蛰存、苏汶、林希隽)之流的大敌,其实他们所憎恶的是内容,虽然披了文艺的法衣,里面却包藏着'死之说教者',和生存不能两立"。⑤ 他曾用了卢那卡尔斯基的话说,"一切有生命的,真正地美的艺术,在其本质上都是斗争的。倘若它不是斗争的,倘若它是疲倦的,没有喜悦的,颓废的,那么我们要把它当作疾病,当作这个或别个阶级底生活上的解体和衰灭底 monument 反映,把它否定了"。⑥ 鲁迅毫不掩饰自己的鲜明的态度和立场。文学

---

① 鲁迅:《且介亭杂文二集·〈中国新文学大系〉小说二集序》,《鲁迅全集》(第6卷),第260页。
② 鲁迅:《且介亭杂文·答国际文学社问》,《鲁迅全集》(第4卷),第19-20页。
③ 鲁迅:《南腔北调集·小品文的危机》,《鲁迅全集》(第4卷),第591-593页。
④ 鲁迅:《且介亭杂文二集·叶紫作〈丰收〉序》,《鲁迅全集》(第6卷),第228页。
⑤ 鲁迅:《且介亭杂文·序言》,《鲁迅全集》(第6卷),第3页。
⑥ 鲁迅博物馆等编:《鲁迅回忆录》(专著上册),第505页。

成为与敌人短兵交接的武器,而作家正是持这一武器拼搏沙场的战士,无论是主张痛打"落水狗",还是与种种文人笔战,还是与当局愤然抗争,还是对传统文化冷嘲热讽,鲁迅都称得上是一名骁勇的战士,他找不到战场时寂寞而无聊地"荷戟独彷徨",他找到战场后又迷茫而焦急于"无物之阵"中的"鬼打墙",鲁迅又称得上是一名痛苦的战士。

后来他绍介国外版画于中国时,也是着眼于版画作者对弱者的同情,对强者的反抗这一点,因为这与他有着强烈的共鸣,对中国有益,从这一面来说,他们的心灵是相通的。他评介"照出穷人与平民的困苦和悲痛"的德国女艺术家凯绥·珂勒惠支的版画时说,"只要一翻这集子,就知道她以深广的慈母之爱,为一切被侮辱和损害者悲哀,抗议,愤怒,斗争;所取的题材大抵是困苦,饥饿,流离,疾病,死亡,然而也有呼号,挣扎,联合和奋起"。① 评说他人,亦是夫子自道,他自己的作品亦如是,照他的好友许寿裳的话来说就是,"鲁迅作品的精神,一句话说,便是战斗精神,这是为大众而战,是有计划的韧战,一口咬住不放的"。②

而这位打诨的角色,却变成了文学者

对于《故事新编》,我们常佩服于鲁迅对于历史"随意点染"的"手腕",他将古人拉回到现实之中,使得他们在这巨大的时空反差中大出洋相、出乖露丑,然而,鲁迅却一直对《故事新编》不置好评,在序言中,他说他写作第一篇《不周山》(按:后改为《补天》)时本是"取了弗罗特说来解释创造——人和文学的——的缘起",态度是认真的,后来中途看到——他的写作常常是信手写来,下笔前少有计划——有人含泪请青

---

① 鲁迅:《〈凯绥·珂勒惠支版画选集〉序目》,《鲁迅全集》(第6卷),第487-488页。
② 鲁迅博物馆等编:《鲁迅回忆录》(专著上册),第501页。

年不要再做如汪静之君的《蕙的风》似的文章,于是杂文式的写作习惯到底"客串"入鲁迅的"纯文学"创作,他到底不能忘情于现实,于是,"一个古衣冠的小丈夫,在女娲的两腿之间出现了",他说,"这就是从认真陷入了油滑的开端。油滑是创作的大敌,我对于自己很不满"。他再三告诫读者,"《不周山》的后半是很草率的,决不能称为佳作"。① 并叫读者不要上当。至于后面的一些写古之作,"仍不免时有油滑之处"。

鲁迅的表达是真诚的,对他来说绝非谦虚,他在私下的信中多次表达了对《故事新编》写作中油滑的不满意。1936年1月18日,在致王冶秋的信中说,《故事新编》"内容颇有些油滑,并不佳",②2月1日,在致黎烈文的信中说,"《故事新编》真是'塞责'的东西,除《铸剑》外,都不免油滑",③同日,在致曹靖华的信中说,"内附我的《故事新编》一本,小玩意而已",④2月29日,在致杨霁云的信中说,"上月印《故事新编》一本,游戏之作居多"。⑤ 不管我们今天的评价如何,至少对鲁迅来说,他对除《铸剑》外的几篇文章真诚表示他是不满意的,而不满意的关键在于"油滑"。

鲁迅做人作文也幽默,也风趣,也讽刺,但从来就少嬉皮笑脸,少插科打诨,少出乖露丑,所以他幽默不油滑,风趣不无聊,讽刺不搞笑。

"古之嘲隐,振危释惫。虽有丝麻,无弃菅蒯。会义适时,颇益讽诫。空戏滑稽,德音大坏。"⑥我们向来便有警惕讽刺流入滑稽的倾向

---

① 鲁迅:《故事新编·序言》,《鲁迅全集》(第2卷),第354页。
② 鲁迅:《致王冶秋(360118)》,《鲁迅全集》(第14卷),第10页。
③ 鲁迅:《致黎烈文(360201)》,《鲁迅全集》(第14卷),第17页。
④ 鲁迅:《致曹靖华(360201)》,《鲁迅全集》(第14卷),第18页。
⑤ 鲁迅:《致杨霁云(360229)》,《鲁迅全集》(第14卷),第41页。
⑥ 周振甫:《文心雕龙今译》,中华书局2006年版,第138页。

的传统,鲁迅也反对文学中那种"油腔滑调"的"幽默"的,①他在《中国新文学大系》小说二集编选序言中对黄鹏基的作品作如是批评:"朋其的作品的确和他的主张并不怎么背驰,他用流利而诙谐的言语,暴露,描画,讽刺着各式人物,尤其是智识者层。他或者装着傻子,说出青年的思想来,或者化为渝腿,跑进阔佬们的家里去。但也许因为力求生动,流利的缘故罢,抉剔就不能深,而且结末的特地装置的滑稽,也往往毁损掉全篇的力量。讽刺文学是能死于自身的故意的戏笑的。"②他曾说张天翼的《小彼得》"有时失之油滑"。③ 鲁迅向来就反对那种的油滑态度,吴稚晖在日本进行反清演讲时说,"我在这里骂老太婆,老太婆一定也在那里骂吴稚晖",鲁迅不以为然,他"觉得留学生好像也不外乎嬉皮笑脸",他说,"讲演固然不妨夹着笑骂,但无聊的打诨,是非徒无益,而且有害的"。④

游戏的态度可以将沉痛或避实就虚,或戏说演义,并最终娱乐化,使得严肃、黑暗、凶残和痛苦在文人的妙笔下化作无聊而淡味的民众口中的椒盐,并带来格外的快乐和满足。

> 譬如罢,有一件事,是要紧的,大家原也觉得要紧,他就以丑角身份而出现了,将这件事变为滑稽,或者特别张扬了不关紧要之点,将人们的注意拉开去,这就是所谓"打诨",如果是杀人,他就来讲当场的情形,侦探的努力;死的是女人呢,那就更好了,名之曰

---

① 鲁迅:《花边文学·一思而行》,《鲁迅全集》(第5卷),第499页。
② 鲁迅:《且介亭杂文二集·〈中国新文学大系〉小说二集序》,《鲁迅全集》(第6卷),第261页。
③ 鲁迅:《致张天翼(330201)》,《鲁迅全集》(第12卷),第364页。
④ 鲁迅:《且介亭杂文末编·因太炎先生而想起的二三事》,《鲁迅全集》(第6卷),第578页。

"艳尸",或介绍她的日记。如果是暗杀,他就来讲死者的生前的故事,恋爱呀,遗闻呀……人们的热情原不是永不弛缓的,但加上些冷水,或者美其名曰清茶,自然就冷得更加迅速了,而这位打诨的脚色,却变成了文学者。①

尼采也曾提到那种避重就轻、转移视线、插科打诨的文人,并称他们为"现代文化的丑角",他说:

> 中世纪的宫廷丑角相当于我们现在的文艺专栏作家;这是同样种类的人:半理性、诙谐、夸张、愚蠢,有时候只想通过突然的念头和空谈来缓解激情,通过大呼小叫来盖过伟大事件的过于沉重、过于庄严肃穆的钟声。②

"尤其可怕的是拿社会的苦痛趣味化,拿苦痛趣味化给人家玩弄,这于社会是非常危险的。"③鲁迅将那些把苦痛趣味化的文人称作"帮闲"文人,他们的目的"是在血案中而没有血迹,也没有血腥气的",那是因为"周围捣着鬼,无论如何严肃的说法也要减少力量的,而不利于凶手的事情却就在这疑心和笑声中完结了"。④ 这是文艺消解痛苦的秘密所在。

鲁迅是这样说小说的消闲功用的,他说:"但依我们中国的老眼睛看起来,小说是给人消闲的,是为酒余茶后之用。因为饭吃得饱饱的,茶喝得饱饱的,闲起来也实在是苦极的事,那时候又没有跳舞场:明末

---

① 鲁迅:《准风月谈·帮闲法发隐》,《鲁迅全集》(第5卷),第289页。
② 〔德〕弗里德里希·尼采著,杨恒达译:《人性的,太人性的:一本献给自由精灵的书》,第135-136页。
③ 马蹄疾:《鲁迅讲演考》,第280页。
④ 鲁迅:《准风月谈·帮闲法发隐》,《鲁迅全集》(第5卷),第290页。

清初的时候,一份人家必有帮闲的东西存在的。那些会念书会下棋会画画的人,陪主人念念书,下下棋,画几笔画,这叫做帮闲,也就是篾片!所以帮闲文学又名篾片文学。"待到"大凡要亡国的时候,皇帝无事,臣子谈谈女人,谈谈酒,像六朝的南朝,开国的时候,这些人便做诏令,做敕,做宣言,做电报,——做所谓皇皇大文。主人一到第二代就不忙了,于是臣子就帮闲。所以帮闲文学实在就是帮忙文学"。① 无论是帮闲还是帮忙,实质一样,文人都是插科打诨的小丑,鲁迅说到京派海派时说,"不过'京派'是官的帮闲,'海派'则是商的帮忙而已"。②

有时他们眼睛并不盲,但心却糊涂,他们生活在当下社会之中,看到的是成功与失败,得意与失意,幸福与痛苦,但他们却醉心于前者,并快意于后者。"这一派的人,并不造象牙之塔,自己也在社会里面,社会上的苦痛,他们亦知道。他们知道社会有痛苦,但他们不讲一句痛苦的话。只要是胜利的一面,他们总是歌颂他;只要是失败的一方面,他们总是取笑他;只要社会有不幸,他们就快乐,上海有一部分日报就有这一种趋势,他们多用小说的笔法,把杀人的事当作歌颂!"③又是杀人,又是将杀人游戏化。

鲁迅曾反对林语堂所提倡的幽默的理由之一也是唯恐幽默的手巾遮掩了屠户的凶残,使得人们在这哈哈一笑中掩护了内心的怯懦和脆弱。鲁迅的"可恶"之处就在于偏偏不容你回避和逃离,并毫不留情地戳穿种种自欺欺人的伎俩和把戏,叫你不得不直面现实,即便再残酷。他说幽默"在中国,却连意译也办不到。我们有唐伯虎,有徐文长;还有

---

① 鲁迅:《集外集拾遗·帮忙文学与帮闲文学》,《鲁迅全集》(第 7 卷),第 404-405 页。
② 鲁迅:《花边文学·"京派"和"海派"》,《鲁迅全集》(第 5 卷),第 453 页。
③ 马蹄疾:《鲁迅讲演考》,第 280-281 页。

最有名的金圣叹,'杀头,至痛也,而圣叹以无意得之,大奇!'虽然不知道这是真话,是笑话;是事实,还是谣言。但总之:一来,是声明了圣叹并非反抗的叛徒;二来,是将屠户的凶残,使大家化为一笑,收场大吉。我们只有这样的东西,和'幽默'是并无什么瓜葛的"。① 他惊愕且奇怪的是有些文人居然能"从血泊里寻出闲适来",而且他担心的是幽默成为油滑、无聊、玩笑的招牌,"倘若油滑、轻薄、猥亵,都蒙'幽默'之号,则恰如'新戏'之人'×世界',必已成为'文明戏'也无疑"。② 所以,鲁迅时时警惕着文人化解苦痛的把戏,也时时提防着苦痛被"游戏"所消解。

通过分析,我们大约可以看出游戏式的写作态度是对严肃的现实的一种回避和消解,使得一切"正经"顿时化为"不正经",一切"有意义"顿时化为"无意义",严重地灼伤了文艺的反思和干预功能,而这又是人的一种对故事的好奇的本能所致使,我们要时刻警惕并克服这一沉迷故事的心理,这也是鲁迅为什么三番五次地否定他的《故事新编》的原因。

标榜超然,实为群丑

创造社是"为艺术而艺术"的,虽在"五四"文坛,"确是革命的",这是因为他和文学研究会一样是向着"文以载道"的旧文坛发起进攻的,在这个意义上,他们是友军,有着共同的敌人,但是创造社又是针对"为人生"派的文学研究会"垄断"文坛而发起的,他们贵天才,重创造,不屑于谈时事,谈政治,这又是鲁迅所反对的。

然而,世上哪有绝对的创造呢?没有现实这一扎实的根本,哪有文

---

① 鲁迅:《南腔北调集·"论语一年"》,《鲁迅全集》(第4卷),第582页。
② 鲁迅:《准风月谈·"滑稽"例解》,《鲁迅全集》(第5卷),第360页。

艺那繁茂的枝叶呢？他们年轻气盛，好走极端，所以往往会自己逼到死角，没有退路。鲁迅正抓住了这一点，他驳他们道，"既然是天才的艺术，那么看那为人生的艺术的文学研究会自然就是多管闲事，不免有些'俗'气，而且还以为无能，所以倘被发见一处误译，有时竟至于特做一篇长长的专论"。① 你们这些天才们不是不屑于谈"俗事俗务"吗？你为何还这样攻击人家为人生的艺术呢？

他在另一次演讲中说，他们这些"为艺术而艺术"的人其实是借艺术之名，逃避现实，逃避反抗，你们"对社会不敢批评，也不能反抗，若反抗，便说对不起艺术。故也变成帮忙柏勒思（plus）帮闲。为艺术而艺术派对俗事是不问的，但对于俗事如主张为人生而艺术的人是反对的"。② 创造社的批评家成仿吾还以创造的眼光评论鲁迅的小说，他认为，鲁迅《狂人日记》、《孔乙己》、《药》、《阿Q正传》等都是"浅薄""庸俗"的"自然主义"作品，而只有最后一篇《不周山》，作者才算是真正插上了想象的翅膀，才脱离了俗事，"虽然也还有不能令人满足的地方"，但仍可算是鲁迅进入"纯文艺的宫庭"的"杰作"。鲁迅则声称，"《不周山》的后半是很草率的，决不能称为佳作"。③ 他做的更绝的是，1930年1月《呐喊》第13次印刷时，他将成仿吾所称赞的《不周山》索性抽出，给了成仿吾当头一棒。

还有以苏汶等人为代表的"第三种人"，他们主张让文学回归文学，拒绝文学与现实的瓜葛，拒绝文学与政治的关联，这显然是针对鲁迅及当时的左翼文学主张的，鲁迅还是用老法子回敬他们道，你苏汶自称

---

① 鲁迅：《二心集·上海文艺之一瞥》，《鲁迅全集》（第4卷），第302页。
② 鲁迅：《集外集拾遗·帮忙文学与帮闲文学》，《鲁迅全集》（第7卷），第405页。
③ 鲁迅：《故事新编·序言》，《鲁迅全集》（第2卷），第354页。

"第三种人",却仍要"抗争",不也是离不开现在的吗?"虽然'抗争'之名又为作者所不愿受;而且也跳不过现在的,他在创作超阶级的,为将来的作品之前,先就留心于左翼的批判了"。他进而指出,"生在有阶级的社会里而要做超阶级的作家,生在战斗的时代而要离开战斗而独立,生在现在而要做给与将来的作品,这样的人,实在也是一个心造的幻影,在现实世界上是没有的。要做这样的人,恰如用自己的手拔着头发,要离开地球一样,他离不开,焦躁着,然而并非因为有人摇了摇头,使他不敢拔了的缘故"。① 诗人戴望舒曾称纪德为"第三种人",因为"他始终是一个忠实于他的艺术的人",然而,戴望舒又从法国给我们报告了纪德参加了反战演说的消息,这不是自己打自己嘴巴吗?鲁迅则说,"只要看纪德的讲演,就知道他并不超然于政治之外,决不能贸贸然称之为'第三种人',加以欢迎,是不必别具隐衷的"。② "第三种人"也实在是不争气,这壁厢主张脱离俗务,那壁厢却为政治帮忙,如杜衡,所以被鲁迅骂为"标榜超然,实为群丑,不久即本相毕露,知耻者皆羞称之"。③

无论是创造社,还是"第三种人",他们都有为艺术而艺术的倾向,都受到了鲁迅的笔伐。其实,他们的主张动机上有其合理性的,理论上却是站不住脚的。文艺是什么呢?鲁迅曾以美术来指代文艺,在他眼里,美术包括有"雕塑,绘画,文章,建筑,音乐"等艺术形式,何为美术,据鲁迅的定义来看,"凡用思理以美化天物之谓"即为美术,他说美术有三要素,一曰天物,二曰思理,三曰美化,美术即是人(主观)对物(客观)

---

① 鲁迅:《南腔北调集·论"第三种人"》,《鲁迅全集》(第4卷),第452页。
② 鲁迅:《南腔北调集·又论"第三种人"》,《鲁迅全集》(第4卷),第549页。
③ 鲁迅:《且介亭杂文二集·"题未定"草(六至九)》,《鲁迅全集》(第6卷),第447页。

的一种"美化"(加工)产物。① 文学亦如是,人与物两者不可或缺,这是两个基本元素,至于种种艺术流派和手法都在于这"美化"的程度的强弱。侧重主观,则是浪漫,是为艺术派;偏重客观,则为写实,是为人生派。然无论如何,人与物不能缺乏,所谓为艺术而艺术,拒绝现实的人的理论缺失和漏洞便在于无视物之存在,则不免要蹈空,同样,如果处处警惕并努力消除主观的情感对客观外界的把握,则会流于自然主义。

"不管你存意为人生不为人生,艺术总跳不出人生的。文学凡是真的,都是反映人生,以人生为题材。"所以,林语堂不把"为艺术而艺术""算为真正一派",②为艺术而艺术一派过于夸大了主观精神上的作用,忽视,甚至要否认现实之于文艺的意义,鲁迅嘲笑他们无论如何创造也总是离不开客观现实事物的,"天才们无论怎样说大话,归根结蒂,还是不能凭空创造。描神画鬼,毫无对证,本可以专靠了神思,所谓'天马行空'似的挥写了,然而他们写出来的,也不过是三只眼,长颈子,就是在常见的人体上,增加了眼睛一只,增长了颈子二三尺而已。这算什么本领,这算什么创造?"③

文学当然离不开现实,连白痴都知道这个道理,没人敢断然否定,然而,文学是否应成为一种批判的工具,这可是有争议的,没人敢断然肯定,而这后一问题又往往被隐藏在文学与现实的关系这一老话题中,鲁迅聪明之处在于他是以没人敢断然否定的那个话题来为那个没人敢

---

① 鲁迅:《集外集拾遗补编・拟播布美术意见书》,《鲁迅全集》(第 8 卷),第 51 页。

② 林语堂:《做文与做人》,李富根、刘洪主编:《恩怨录・鲁迅和他的论敌文选》(上),第 236 页。

③ 鲁迅:《且介亭杂文二集・叶紫作〈丰收〉序》,《鲁迅全集》(第 6 卷),第 227 页。

断然肯定的话题辩护,同样,他的对手的愚蠢之处也为了否定那个没人敢断然肯定的话题而不惜否定那个没人敢断然否定的话题。这样几回合下来,焉能不输于鲁迅。

所以,鲁迅要攻击他们其实是很容易的,这不是鲁迅多深刻、多犀利,而是那些为艺术而艺术者太急躁、太极端。

1946年,乔治·奥威尔(George Orwell)在《我为什么要写作》中说到四个写作动机,它们分别为:纯粹的自我主义,审美的热忱,历史的冲动和政治的目的。他这里的"政治"是指最广泛的意义上的政治,一种与改造社会,移人性情相关的种种活动,奥威尔重申:"决没有完全与政治倾向无关的书,那种认为艺术应当与政治无关的看法本身就是一种政治态度。"①这一反驳的手法与鲁迅几无差别。生在这么一个战斗的时代而要脱离战斗,这是不可能的,鲁迅在为叶紫作的《丰收》序言中说道,"作者还是一个青年,但他的经历,却抵得太平天下的顺民的一世纪的经历,在转辗的生活中,要他'为艺术而艺术',是办不到的"。② 还有想努力逃避现实到艺术的世界中去也是同样办不到的,他在评价"为文学而文学"的弥洒社的创作时,说到赵景沄的《阿美》,鲁迅说,这篇小说"虽然简单,虽然好像不能'无所为',却强有力的写出了连敏感的作者们也忘的'丫头'的悲惨短促的一世"。③ 看来,艺苑恐怕是不存在着纯粹的与世无涉的作品的。

---

① G. Stuart Adam, Roy Peter Clark. *Journalism: the democratic craft*. NY: Oxford University press, 2006, p.6.

② 鲁迅:《且介亭杂文二集·叶紫作〈丰收〉序》,《鲁迅全集》(第6卷),第228页。

③ 鲁迅:《且介亭杂文二集·〈中国新文学大系〉小说二集序》,《鲁迅全集》(第6卷),第250页。

写实的战斗文章的又一劲敌是"为艺术而艺术",他们先后以创造社的才子们和"第三种人"为代表,强调艺术固然不错,而且是有必要的,但他们之失在于有走极端的倾向,艺术离开现实无异于无源之水,无本之木,无源之水焉能长流?无本之木焉能繁茂?这是一,另外,在一个刀光剑影,风沙扑面的社会之中,如果终日龟缩在艺术的避风港里,他们艺术的旗帜终竟是飘扬不起的。

"一条狗慢慢跑过了这条街"

1921年8月29日,还正是创造社创立之际,鲁迅在对周作人信中说他"近来大看不起沫若田汉之流",什么原因呢,他听说在东京的留学生中,喝一杯咖啡便就是颓废,鲁迅认为这真是"可笑也"。① 他大概一方面在嘲笑他们颓废的竟如此浅薄,一方面在瞧不起他们自以为颓废的那个德性。他主张刚健明朗的文风,鄙视那种颓废随便的文风,他后来说,"先前的有些所谓文艺家,本未尝没有半意识的或无意识的觉得自身的溃败,于是就自欺欺人的用种种美名来掩饰,曰高逸,曰放达(用新式话来说就是'颓废'),画的是裸女,静物,死,写的是花月,圣地,失眠,酒,女人"。②

就在说他瞧不起郭沫若田汉之流的十来天后,9月11日,他给周作人的信中又提到了表现派戏剧之事。有宋春舫君,曾译意大利 F. Cangiulo 的《只有一条狗》一剧,发表于《东方杂志》上,其内容仅"一条狗慢慢跑过了这条街"即结束,鲁迅读后,给周作人信中说,"表现派剧,我以为本近儿戏,而某公一接脚,自然更难了。其中有一篇系开幕之后

---

① 鲁迅:《致周作人(210829)》,《鲁迅全集》(第11卷),第413页。
② 鲁迅:《二心集·"民族主义文学"的任务和运命》,《鲁迅全集》(第4卷),第320页。

有一只狗跑过,即闭幕,殆为接脚公写照也"。① 显然,对鲁迅来说,他还无法理解此类现代派的艺术风格,并视之为"儿戏",于是对宋君顺手一讽,令人绝倒。

且看现代主义,源于19世纪末的象征主义可谓艺术上的现代主义(印象主义、达达主义、形式主义、结构主义、荒诞派、意识流等宽泛的合称)的先导,现代主义一反对外界诚实的描绘和客观的反映,重视主体的内心世界的探险和开掘,强烈地表达了人在外界(社会的限制也好,人本身的局限也好)重压下的尴尬和挣扎,它往往更能显示出表达的深切和艺术的魅力。

鲁迅自己往往还欣赏收藏现代艺术作品,增田涉在回忆中说,"当时我进出着的,是他那书房兼客厅、寝室兼起坐间的颇为宽大的房间,黑白木刻画的镜框之外,只挂着一张油画,那是什么?那是画着古怪的好像滑稽演员似的画,腰弯向前方,独脚站着,另一只脚直角地往后伸,两手平伸开,头上顶着五、六只碟子,穿着红衣服的男人,是所谓超现实派的奇矫的绘画。是一个叫做宇留川·磐的日本青年画家的画"。"总之,他喜欢绘画,所以就是奇怪的画,也看,也买。但指导中国木刻画,那又属于另一问题了。"②

他不光欣赏现代艺术,而且他本人还正是运用现代手法的好手,无论是他的发轫之作《狂人日记》,还是他的晦涩之作《野草》,那些诡谲的笔法和敏感的心理都深刻地表达了他的内心的徘徊、痛苦和绝望。他"对死和生的强烈感受是那样的锐敏和深刻",这"不仅使鲁迅在创作和欣赏的文艺特色和审美兴味(如对绘画)上(按:在对绘画的提倡上,鲁

---

① 鲁迅:《致周作人(210911)》,《鲁迅全集》(第11卷),第422页。
② 鲁迅博物馆等编:《鲁迅回忆录》(专著下册),第1429页。

迅是不提倡现代主义的风格和技法的），有着明显的现代特征，既不同于郭沫若那种浮泛叫喊，自我扩张的浪漫主义，也不同于茅盾那种刻意描绘却同样浮浅的写实主义"。①

然而，在革命的时代，战斗的时代里，艺术虽然未必反映真实，但至少与写实是孪生的。原因很简单，"懂"字当头，所以，艺术的主流往往是现实主义的，而非现代主义的。西马的"师爷"卢卡契就赞赏那种用平实的笔调描写整个社会的写实作风，并认为艺术家应当贯彻恩格斯的文艺主张，即：如实地反映生活，如同镜子那样地将它毫不歪曲地照出来，他主张应当避免现代实验，"尤其反对印象主义"，认为它"仅仅描绘了表层的现象，获得一些主观的碎片，混沌和不可知的东西，没能抓住社会现实的本质"。② 由此可见一斑，鲁迅晚年曾为苏俄辩护，就从而为苏俄的写实主义辩护，就从而反对那种有炫奇斗巧的现代手法，这也是革命时代对文艺的写实性要求的典型表现。

鲁迅曾为那些现代主义文章看不懂而大发牢骚，他说：

> 我有时候想到，忠厚老实的读者或研究者，遇见有两种人的文意，他是会吃冤枉苦头的。一种，是古里古怪的诗和尼采式的短句，以及几年前的所谓未来派的作品。这些大概是用怪字面，生句子，没意思的硬连起来的，还加上好几行很长的点线。作者本来就是乱写，自己也不知道什么意思。但认真的读者却以为里面有着深意，用心的来研究它，结果是到底莫名其妙，只好怪自己浅薄。假如你去请教作者本人罢，他一定不加解释，只是鄙夷的对你笑一

---

① 李泽厚：《中国现代思想史论》，天津社会科学院出版社 2004 年版，第 111 页。

② Clark, Toby. *Art and Progaganda in the Twentieth Century*. New York: Harry N. Abrams, 1997, p. 24.

笑。这笑,也就愈见其深。①

　　未来派的艺术是看不懂的东西。但看不懂也并非一定是看者知识太浅,实在是它根本上就看不懂。文章本来有两种:一种是看得懂的,一种是看不懂的。假若你看不懂就自恨浅薄,那就是上当了。②

至于另一种"本来不当真"的"开玩笑"式的写作,这里姑且不论。今天看来,"五四一代"作家与西方现代艺术的隔阂在这段话里表露无遗。艺术的产生和风格的形成离不开时代社会的变化和制约,其时中国处于一种"撒旦来了"的"前现代"社会中,"五四"精英们处在一种国家民族的危亡和社会对于个人的压迫带来的紧张、不平和痛苦之中,这反映在艺术上则带来一种诚朴、外向、写实的风格;而在"上帝死了"的"现代"西方社会中,知识分子则更多的处于一种由于人本质上的局限性带来的惶恐、迷茫和不安。这反映在艺术则带来一种诡异、内向、抽象的风格。所以,就连具有创作现代风格的作品的经验、最有可能理解和接受现代艺术的鲁迅也对未来派写作大发牢骚,称之为就连作者"自己也不知道什么意思"的"乱写"。

对"五四一代"知识分子来说,他们基本上不理解、不接受绘画,小说,诗等艺术上的现代主义流派(未来主义、印象派、象征主义、达达主义、立体主义等),这是因为他们将艺术当作参与社会,改造社会的一种工具的原因所致,而这一功利性的艺术观决定了他认同的艺术样式只能是写实的,因为只有这样才能使人"懂",只有使人"懂"才能发挥其作用。

---

① 鲁迅:《且介亭杂文二集·"寻开心"》,《鲁迅全集》(第6卷),第279页。
② 鲁迅:《集外集拾遗·今春的两种感想》,《鲁迅全集》(第7卷),第408页。

综上可以看出,鲁迅主张一种写实的、战斗的文学,而反对那种游戏性的、艺术性的、现代性的文学创作倾向。

我是不相信文艺的旋乾转坤的力量的

救国民是鲁迅要达到的根本目的,以文艺救国民是鲁迅选择的方式,前者是幻灯片事件刺激,后者是知识分子的本性使然,正是这两个因素,使得鲁迅走上了弃医从文的道路。

先前的我的言论,的确失败了

在这条道路上出发的鲁迅意气风发。一般说来,知识分子率先觉悟,传布新知,从而启发国人思想,酿成社会运动,这被视为是水到渠成的事情,知识分子在一场社会变革中的作用之巨由此可见一斑。鲁迅在一次演讲中说,"然而,单是文学革新是不够的,因为腐败思想,能用古文做,也能用白话做。所以后来就有人提倡思想革新。思想革新的结果,是发生社会革新运动。这运动一发生,自然一面就发生反动,于是便酿成战斗……"。① 这也是他起初并能终身矢志于文学的根本原因和动力之所在,对鲁迅来说,文艺既是一种赖以吃饭的现实职业,更是一种实现理想的崇高事业。

然而,不幸的是,他发现他的呐喊对于国人却并"无效力,如一箭之入大海",②连一点水花都没有,这在跳水运动中算是完美的成绩,但对鲁迅来说却是生平遇到的最大的挫折了,于是,他感到一种"寂寞",甚至还无奈地称"我便也不很喜欢去'唤醒国民'"③,然而,这种"寂寞"却

---

① 鲁迅:《三闲集·无声的中国》,《鲁迅全集》(第 4 卷),第 13 页。
② 鲁迅:《而已集·答有恒先生》,《鲁迅全集》(第 3 卷),第 477 页。
③ 鲁迅:《集外集拾遗补编·无题》,《鲁迅全集》(第 8 卷),第 125 页。

如毒蛇般地缠着他。"我虽然自有无端的悲哀,却也并不愤懑,因为这经验使我反省,看见自己了:就是我决不是一个振臂一呼应者云集的英雄。"①知识分子的热脸贴到人民大众的冷屁股上了,鲁迅自我期许太高,一遇到挫折,便不免消沉。于是,他似乎怀疑起文艺的移人性情、导成社会运动的伟力了。

> 各种文学,都是应环境而产生的,推崇文艺的人,虽喜欢说文艺足以煽起风波来,但在事实上,却是政治先行,文艺后变。倘以为文艺可以改变环境,那是"唯心"之谈,事实的出现,并不如文学家所豫想。所以巨大的革命,以前的所谓革命文学者还须灭亡,待到革命略有结果,略有喘息的余裕,这才产生新的革命文学者。②

鲁迅在这里明确否定了文艺的"煽风点火"和"推波助澜"的效果,这与他先前所持的"思想酿成行动"的看法迥然相反,那就是,革命先行,文艺后变。鲁迅曾回答"是文学改造社会","还是社会改造文学"这个问题时说,"许多文学家说,是文学改造社会,文学不但描写现实,且也改造现实,不过据我看,实在是社会改变文学,社会改变了,文学也改变了"。"社会革命在前,文学革命在后。"③1927年11月2日下午2时,鲁迅应邀在复旦大学讲"革命文学"时,"有人说,文学家于社会有密切关系,社会之变动,大半由于文学家言论使然。这实在是不识时务之谈,象去年的孙传芳,他放弃江苏、并不是我们发表几篇文章,他就逃脱,实在是炮火打不过人家了,就放弃了江苏,以保其生命的安全。所

---

① 鲁迅:《呐喊·自序》,《鲁迅全集》(第1卷),第439-440页。
② 鲁迅:《三闲集·现今的新文学的概观》,《鲁迅全集》(第4卷),第137页。
③ 马蹄疾:《鲁迅讲演考》,第281页。

以文学于社会绝无关系,而待新的社会造成,旧的文学才变成新的文学"。① 看来,在文艺与社会的问题上,鲁迅从"唯心"走到了"唯物"上来。

文学之变是社会之变的结果,学术亦如是。在鲁迅看来,诸种学说,理论与文学一样,都是社会运动后的产物。"这里最要紧的还是'武力',并非理论。不论是社会学或是基督教的理论,都不能够产生什么威权。原人对于动物的威权,是产生于弓箭等类的发明的。至于理论,那不过是随后想出来的解释。这种解释的作用,在于制造自己威权的宗教上,哲学上,科学上,世界潮流上的根据,使得奴隶和牛马恍然大悟这世界的公律,而抛弃一切翻案的梦想。"② 可以说,他无情地点破了学术思想的粉饰、屈从、服务的一面,但他却似乎否定了学术思想的批判能力和引导作用。在一定程度上,中国近代社会的各个层面的剧变,正是得力于西方种种学说的输入,戈公振这样说:"自报章之文体行,遇事畅言,意无不尽。因印刷之进化,而传布愈易,因批判之风开,而真理愈见。所谓自由博爱平等之学说,乃一一输入我国,而国人始知有所谓自由、博爱、平等。故能于十余年间,颠覆清社,宏我汉京,文学之盛衰,系乎国运之隆替。不其然欤!"③ 对中国人来说,闻所未闻,耳目一新的自由、博爱、平等等西方理念在一定程度上成为投向清廷头上的一枚枚炸弹。

一个终生以文学为武器披坚执锐的精神界战士却一次次矢口否认文学的效用,这反映了他的一种强烈的挫败感和焦虑感,这与他对他所从事的事业的艰巨性和长期性没有充分估计有关,而这一次次挫败的

---

① 马蹄疾:《鲁迅讲演考》,第 268 页。
② 鲁迅:《准风月谈·同意和解释》,《鲁迅全集》(第 5 卷),第 303-304 页。
③ 戈公振:《中国报学史》,上海古籍出版社 2003 年版,第 207 页。

磨砺促成了他的姿态的调整和进一步成熟。《新生》的失败,自日本归国后的沉寂和无聊便是他心理上经受的第一次空前的挫败。

他曾在课堂上给学生们讲道:

> 讲话和写文章,似乎都是失败者的征象。正在和运命恶战的人,顾不到这些;真有实力的胜利者也多不做声。譬如鹰攫兔子,叫喊的是兔子不是鹰;猫捕老鼠,啼呼的是老鼠不是猫……又好像楚霸王……追奔逐北的时候,他并不说什么;等到摆出诗人面孔,饮酒唱歌,那已经是兵败势穷,死日临头了。最近像吴佩孚名士的"登彼西山,赋彼其诗",齐燮元先生的"放下枪枝,拿起笔干",更是明显的例了。①

每每经历一次武力血案之后,他都要慨叹文字乏力和无用。1925年五卅惨案后,有人发出"文学家究竟有什么用处"的疑问时,鲁迅说,"文学家除了诌几句所谓诗文之外,实在毫无用处"。② 一年后,1926年3月18日,"民国以来最黑暗的一天",请愿的学生遭到段政府的镇压和枪杀,鲁迅出离愤怒,痛不能抑,他一面奋笔疾书一篇篇"空话",一面又痛心于这只不过是一篇篇"空话"而已。

> 已不是写什么"无花的蔷薇"的时候了。
>
> 虽然写的多是刺,也还要些和平的心。
>
> 现在,听说北京城中,已经施行了大杀戮了。
>
> 当我写出上面这些无聊的文字的时候,正是许多青年受弹饮

---

① 鲁迅:《集外集拾遗补编·通讯(复孙伏园)》,《鲁迅全集》(第8卷),第167-168页。

② 鲁迅:《华盖集·忽然想到(十至十一)》,《鲁迅全集》(第3卷),第99-100页。

刃的时候。

呜呼,人和人的魂灵,是不相通的。

以上都是空话。笔写的,有什么相干?

实弹打出来的却是青年的血。血不但不掩于墨写的谎语,不醉于墨写的挽歌;威力也压它不住,因为它已经骗不过,打不死了。①

面对血的现实,后来又夹上墨的谎言,他这时才体味到了文字之无力。

这半年我又看见了许多血和许多泪,
然而我只有杂感而已。
泪揩了,血消了;
屠伯们逍遥复逍遥,
用钢刀的,用软刀的。
然而我只有"杂感"而已。②

再一年后,又是血的游戏,1927年广州清党,使得他经历了从来没有经历过的"恐怖",他向来对青年抱以无限的期望,然而,"杀戮青年的,似乎倒大概是青年",③于是,他不得不承认"先前的我的言论,的确失败了"。④ 他转而不相信文字的纸上谈兵,而只相信实际的斗争。走到极端,便是不承认文字的鼓吹、唤起作用,他直接宣称道,"我是不相信文艺的旋乾转坤的力量的,但倘有人要在别方面应用他,我以为也可

---

① 鲁迅:《华盖集续编·无花的蔷薇之二》,《鲁迅全集》(第 3 卷),第 280 页。
② 鲁迅:《而已集·题辞》,《鲁迅全集》(第 3 卷),第 425 页。
③ 鲁迅:《而已集·答有恒先生》,《鲁迅全集》(第 3 卷),第 473 页。
④ 鲁迅:《三闲集·通信》,《鲁迅全集》(第 4 卷),第 98 页。

以。譬如'宣传'就是"。① 回忆到当年反满的民族革命时,他说,"不独英雄式的名号而已,便是悲壮淋漓的诗文,也不过是纸片上的东西,于后来的武昌起义怕没有什么大关系"。② 而胡适的判断与鲁迅恰恰相反,他高度评价了思想革命之于辛亥革命的力量,"如当年梁启超先生在海外办《新民丛报》,倡导维新,竟至影响了国内全国的政治社会!革命的前辈在海外办《民报》,鼓吹革命,满清政府禁止其运入国内,许多留学生却将《民报》缝入枕头,偷偷的运回国内秘密传观,流行的数量这样的少,可是几年中全国青年人接受了革命的思想,促成革命的成功,这是孙中山先生所梦想不到的!"③

鲁迅年轻时就是一个"立意在反抗,指归在动作"的向往者,他内心对那些只能纸上谈兵的书生,包括自己有一些不满和不屑,也许也有正如他说的"人大概是不满于自己目前所做的事的"因素,他对"文学于革命是有伟力的"说法,"总觉得怀疑",他在对黄埔军校"捏枪"的武人这样说道:

> 文学文学,是最不中用的,没有力量的人讲的;有实力的人并不开口,就杀人,被压迫的人讲几句话,写几个字,就要被杀;即使幸而不被杀,但天天呐喊,叫苦,鸣不平,而有实力的人仍然压迫,虐待,杀戮,没有方法对付他们,这文学于人们又有什么益处呢?④
> 弄笔的也不过能弄笔。⑤

他在为叶永蓁作的《小小十年》写的小引中亦称,"掉弄笔墨的,从

---

① 鲁迅:《三闲集·文艺与革命》,《鲁迅全集》(第4卷),第84页。
② 鲁迅:《坟·杂忆》,《鲁迅全集》(第1卷),第234页。
③ 欧阳哲生主编:《胡适文集》(第12卷),第621页。
④ 鲁迅:《而已集·革命时代的文学》,《鲁迅全集》(第3卷),第436页。
⑤ 鲁迅:《华盖集·导师》,《鲁迅全集》(第3卷),第58页。

实行者看来,究竟还是闲人之业"。① 所以,鲁迅就内心里瞧不起那些与革命孪生的革命文学家在咖啡店里坐而论道,他说,"近大半年来,征之舆论,按之经验,知道革命与否,还在其人,不在文章的"。② 他看重实际,看重行动,看重结果,显然,鲁迅对一个知识分子,或者说对一个旨在鼓吹革命的知识分子的要求未免有点苛刻而不切实际,你不能要求知识分子都和班超那样掷笔从戎,拼命沙场,在一定程度上来说,知识分子的重要使命正在于"坐而论道"。鲁迅也许意识到这一点,"对一个知识分子,但当'杀人如草不闻声'的时候,连人道主义式的抗争也没有。剥去和抗争,也不过是'咬文嚼字',并非'直接行动'。我并不希望做文章的人去直接行动,我知道做文章的人是大概只能做文章的"。③ 他一面在重复着"文章无用论"的同时,也意识到他的要求的不切实际。他说"孙传芳所以赶走,是革命家用炮轰掉的,决不是革命文艺家做了几句'孙传芳呀,我们要赶掉你呀'的文章赶掉的"。④ 他又说,"文学家一枝笔抵不住帝国主义的枪炮"。⑤

当然,鲁迅说的也自有其道理,文学之于强力,无异于将美女赠与匈奴,羊羔送入虎口,前者总显得娇贵而脆弱,后者总显得骄横和蛮强。胡适当年提倡白话文时与古文的好手林纾笔战,林纾不能占上风,但如果林纾提醒军阀们去对付胡适此等白面书生时,胡适们岂不早就"谈笑间,樯橹灰飞烟灭"了吗?胡适是认识到这一点的,他说,"当我们在民

---

① 鲁迅:《三闲集·叶永蓁作〈小小十年〉小引》,《鲁迅全集》(第4卷),第151页。
② 鲁迅:《三闲集·通信》,《鲁迅全集》(第4卷),第100页。
③ 鲁迅:《三闲集·"醉眼"中的朦胧》,《鲁迅全集》(第4卷),第62页。
④ 鲁迅:《集外集·文艺与政治的歧途》,《鲁迅全集》(第7卷),第121页。
⑤ 马蹄疾:《鲁迅讲演考》,第281页。

国时代提倡白话文的时候,林纾的几篇文章并不曾使我们烟消灰灭,然而徐树铮和安福部的政治势力却一样能封报馆捉人"。①

其实,是文艺促使了社会的变化,还是社会促使了文艺的变化,这个问题有些近乎于先有鸡再有蛋,还是先有蛋再有鸡一样吊诡,各有其理,但又都不能自圆其说。鲁迅应当是相信文艺之影响于社会的,但不幸,他的周围处处是严酷的现实,于是愤而说其无力且无用,其实,像鲁迅那种无奈而愤怒的心理在当时是普遍的,只因你起初对文艺抱了绝大的希望。1915年12月14日,长沙《大公报》发表的社论《报纸之责任与价值》中,就发出了"万能之政府,决不须报纸之监督,万恶之社会,又决非报纸之绵力所能改良"②的哀叹。

鲁迅在说到嵇康阮籍蔑弃礼教、放荡落拓的表现时说,"魏晋时代,崇拜礼教的看来似乎很不错,而实在是毁坏礼教,不信礼教的。表面上毁坏礼教者,实则倒是承认礼教,太相信礼教"。③ 这可套用到他自己的头上,那就是表面上宣称文学无用论,实则倒是承认文学有用,太相信文学有用的。果然,他看到"废名"的"写文章自以为对于社会毫无影响"的论调时,便立马反驳道,"假如文字真的毫无什么力,那文人真是废物一枚,寄生虫一条了。他的文学观,就是废物或寄生虫的文学观"。④ 可见,他仍还是寄希望于文学的功用的。

---

① 欧阳哲生主编:《胡适文集》(第1卷),第122-123页。
② 转自傅国涌:《笔底波澜:百年中国言论史的一种读法》,第101页。
③ 鲁迅:《而已集·魏晋风度及文章与药及酒之关系》,《鲁迅全集》(第3卷),第535页。
④ 鲁迅:《集外集拾遗补编·势所必至,理有固然》,《鲁迅全集》(第8卷),第425页。

改革最快的还是火与剑

相信有用,但又无立竿见影的效果,同时又愤慨于现实的残酷,于是,知识分子不由自主地由道德的谴责转向到行动的鼓吹上来,鲁迅渐生了"逆反"的苗头,以前他说过他"并不希望做文章的人去直接行动",现在呢,变成了"希望做文章的人去直接行动",因为他不光能言,还要有行,这当然是危险的。

"改革最快的还是火与剑",①鲁迅观察到,"在中国,历来的胜利者,有谁不苟酷的呢",②如果没有实力,往往就没法保障革命的成功,反动的一方是绝不会自我缴械、束手就擒的,孙中山的失败正是只有理论没有武力之原因,他奔波一世,屡战屡败的"最大原因还在他没有党军,因此不能不迁就有武力的别人"。③ 而这一实力决定论对他的启发甚大,他在对黄埔军校学生演讲时便说,"捏枪的诸军,要听讲文学。我呢,自然倒愿意听听大炮的声音,仿佛觉得大炮的声音或者比文学的声音要好听得多似的"。④

知识分子已不满足于停留在空发议论之上,而且要投身到激烈的现实之中,"在一个最大的社会改变的时代,文学家不能做旁观者!"此系苏联政论家拉狄克在为了叶遂宁和梭波里的自杀而发的感言,他一方面给予叶遂宁和梭波里对革命的失望而自杀以同情,一方面又快意于他们的自杀,因为"他们以自己的沉没,证明着革命的前行。他们到

---

① 鲁迅:《两地书·一〇》,《鲁迅全集》(第 11 卷),第 40 页。
② 鲁迅:《集外集拾遗补编·庆祝沪宁克复的那一边》,《鲁迅全集》(第 8 卷),第 197 页。
③ 鲁迅:《两地书·一〇》,《鲁迅全集》(第 11 卷),第 40 页。
④ 鲁迅:《而已集·革命时代的文学》,《鲁迅全集》(第 3 卷),第 442 页。

底并不是旁观者"。① 鲁迅甚至能够容忍革命中的"污秽和血",要知识分子能够面对它,参与其中,不能因为"污秽和血"的存在便失望于曾经欢呼过的革命,鲁迅对革命的这种看法实在令人惊诧,由此也可见,鲁迅对于行动的热衷已达到一种不可思议的地步了。他总是认为在革命的时候,大家都忙于革命,所以也并没有所谓的革命文学,而有革命文学的时候,却是并没有革命的明证,所以他嘲笑那些革命文学家只是进行一种"纸战斗"而已,而这他并不看重。"这艺术的武器,实在不过是不得已,是从无抵抗的幻影脱出,坠入纸战斗的新梦里去了。但革命的艺术家,也只能以此维持自己的勇气,他只能这样。倘他牺牲了他的艺术,去使理论成为事实,就要怕不成其为革命的艺术家。"②他嘲笑那些革命文学家所作所为相当于仅是在擂一面空鼓而已,因为他们首先不是一个"革命人","从喷泉里出来的都是水,从血管里出来的都是血。'赋得革命,五言八韵',是只能骗骗盲试官的",而"革命文学家风起云涌的所在,其实是并没有革命的"。③ 所以他给予叶遂宁和梭波里以同情与快意。他同情于他们的死,但又快意于他们并非一个实在的革命者。

其实,鲁迅向来就神往于一种"行动的知识分子"的出现,早在江南陆师学堂的矿路学堂上学的时候,鲁迅不到二十岁,"那时他最得意的是骑马,据说程度还不错,敢于和旗人子弟竞赛"。④ 这些小事与他那枚"戎马书生"印章意思是相通的。古来便有投笔从戎的远事,"戎马书生"指的便是那种行动的知识分子,他还自号"戛剑生",另有一枚印章

---

① 鲁迅:《三闲集·在钟楼上》,《鲁迅全集》(第 4 卷),第 36 页。
② 鲁迅:《三闲集·"醉眼"中的朦胧》,《鲁迅全集》(第 4 卷),第 65 页。
③ 鲁迅:《而已集·革命文学》,《鲁迅全集》(第 3 卷),第 568 页。
④ 鲁迅博物馆等编:《鲁迅回忆录》(专著中册),第 689 页。

名曰"文章误我",他的这些字号中都反映了他对铁血尚武、好勇斗狠的一种向往。

在日本,通过日本这个看世界的窗口,鲁迅又接触到许多新文艺,以拜伦为首的摩罗诗人那种"立意在反抗,指归在动作"的知识分子渐入鲁迅的法眼。他们这批人,尤其是拜伦先生,不光是写写浪漫的诗篇,满足于纸上的战斗,更是挺身而出,在希腊参加并领导了实际的战斗。他"所遇常抗,所向必动,贵力而尚强,尊己而好战,……不克厥敌,战则不止"。[①] 摩罗诗人正满足了既痴好文艺,又向往实际行动的鲁迅一种心理寄托,于时成为他的偶像,于是希望中国也能出现这样的知识分子。

1925年,他在应《京报副刊》之请,开示青年必读书书目时,人们常常注意到的是他对传统文化的极端态度,但很少注意到他那种重行轻言的倾向,在他看来,"少看中国书,其结果不过不能作文而已"。"但现在的青年最要紧的是'行',不是'言'。只要是活人,不能作文算什么大不了的事。"他反对读古书的原因是"看中国书时,总觉得就沉静下去,与实人生离开",[②] 鲁迅始终看重的是实行,而不是空言。这和我们的孔夫子一样,孔夫子虽也算是个文人,但他却一向是反对"巧言",看重实行,子贡曾问他的老师怎样才能算是君子啊,孔子说:"先行其言而后从之。"就是说,你先做事,再说事,不要先说再做,或只说不做,这与他那"敏于行而纳于言"的主张是一致的。

到了1930年,鲁老夫子五十寿辰,"左联"在他生日之际为他举办了一个庆祝活动,他当时讲了话,据9月21日的《红旗日报》载,"末由

[①] 鲁迅:《坟·摩罗诗力说》,《鲁迅全集》(第1卷),第84页。

[②] 鲁迅:《华盖集·青年必读书》,《鲁迅全集》(第3卷),第12页。

鲁迅致答辞,首先批评他自己过去没有在革命中抱着牺牲精神,走上实际行动,表示对革命的惭愧"。① 我的乖乖,这不是造反吗?!他虽五十,当时已算是"老人"了,却乐于和这批二十来岁的血气方刚的、激进的"左翼"青年们成天"混"在一起,看来他是越来越激进了,并一步步向实际行动的路途上走去。现在,我们再来玩味一下当年邵洵美说的一句话,"我知道与其称鲁迅先生为文学家,不如称他是政治家,他更来得满意。他的为文本来是谋国家社会的幸福,与狭义纯文学家迥然不同。要是有一天说是鲁迅先生'投笔从戎'去了,我们决不会感到惊异"。②由此可知,邵洵美所说决非一句随随便便攻击他的话,他的判断还是比较准确的,因为这也是鲁迅的思想动向。被称为"韩国鲁迅"、韩国社会运动元老李泳禧说到他阅读鲁迅时曾为那种"将思想付之于实践的知识分子的生活所感动",③从他的阅读经验来看,鲁迅将思想付诸行动的倾向还是比较明显的。

可见,鲁迅起初是相信文艺有扭乾转坤的伟力的,因为思想可以酝酿成运动,但随着武力的强大和蛮横,以及自身经历的几次流血事件,他才发现文学的无力和无用,由于愤慨于现实的残酷,这促使他重新反省当年的这一认识,于是,他又认为文艺变革总是尾随着社会变革、政治变革之后的,而且寄希望改革于文艺运动其实不如寄希望于实际运动来得干脆和有效,于是,他变得越来越愤激,并希望知识分子能丢下无用的笔杆,投身到实际的运动中去。

可以说,鲁迅其实正是文学家与批评家两种身份并存的,对鲁迅来

---

① 转自倪墨炎:《鲁迅的社会活动》,第 176-177 页。

② 邵洵美:《劝鲁迅先生》,李富根、刘洪主编:《恩怨录·鲁迅和他的论敌文选》(下),第 867 页。

③ 《"韩国鲁迅"的鲁迅》,《南方周末》2006 年 12 月 14 日,D25。

说，他将文学与批评混合在一起，甚至认为文学就应当是批评的样子，这样，他的文学观其实很大程度上就是他的批评观，即他作为一个知识分子（而不是一个文学家，他自己也是明确地拒绝这种身份的）对于文学的种种看法。这样，他所主张文学应当是如实地书写现实、暴露现实、批判现实的一种写实主义的文学样式，由此，他一一批判游戏性的、艺术性的、现代性的文学观念，他对文学参与现实、改变现实抱以很大的热情和希望，然而，经过历次的挫败，他悲哀地发现文学其实是百无一用的，真正见效的仍是实际的社会行动，这就使得他越来越愤激，一步步地走向危险的实际行动中去。

第二节　胡适：谈思想，还是谈政治

在文学创作上，胡适虽在新诗、小说、戏剧、散文等方面都有所贡献，有的甚至还开了一时风气，但是他却只能居于"但开风气不为师"的地位，这并不是他不想为师，而是他实在是缺乏文学创作所需要的才气、想象和激情，心有余而力不足，不能为师也。

除过他那斐然的学术成绩和可怜的文学创作外，他的大部分文章则是那些"海量"的议论文章，这包括思想文章（谈思想）与政论文章（谈政治）。如果说中国是一个病人，知识分子是一个医师的话，这两类文章正是疗治中国的两服药剂。现代中国知识分子的当务之急是治病救人！这两服药当然都有疗效，不过他们又有所区别，思想文章有如中医，需慢慢调养，但见效太缓，政论文章有如西医，能立竿见影，但不治根本，且看"胡适郎中"如何开药。

七年之病，求三年之艾

孔子处在一个"邪说暴行"的时代，他赋予自己的使命是如何将眼下"无道"的社会变为"有道"的社会,然而,在这个治理的过程中,孔子是政治上的激进派?还是思想上的改良派?

> 臣弑其君,子弑其父,非一朝一夕之故。其所由来者渐矣,由辨之不早辨也。①

看来孔子更大程度上属于改良派,胡适赞同孔子的看法并加以发挥道:"社会国家的变化,都不是一朝一夕之故,都是渐渐变成的。如今要改良社会国家,不是'头痛医头脚痛医脚'的工夫所能办到的,必须从根本上下手。"②这个"根本"就是思想文化,那么,要解决中国问题,知识分子应当从思想文化着手,予以根本性解决,而不应、也不必投身到"头痛医头脚痛医脚"式的实际的政治事务中去,因为政治相对于思想来说,前者为标,后者为本。治标不如治本,当然,治本的过程是迂缓的,要有耐心。那么,胡适一开始就把知识分子的政治参与排斥在外。

我们的时代也和孔子所处的时代一样,"无道"啊!什么叫"无道",就是内忧外患、国将不国,于是"救国"便成为现代的孔子们——知识分子——的一个紧迫的话题。"请大家认清我们当前的紧急问题。我们的问题是救国,救这衰病的民族,救这半死的文化。"③

要想将"无道"变得"有道",胡适和孔子的看法一样,他认为我们救国须从根本上做起,何为根本呢,即须从思想文化做起,"吾尝以为今日国事坏败,不可收拾,决非剜肉补疮所能收效。要须打定主意,从根本下手,努力造因,庶犹有死灰复燃之一日"。④ 早在"二十一条"危机之

---

① 《易·文言》。
② 欧阳哲生主编:《胡适文集》(第 6 卷),第 513 页。
③ 欧阳哲生主编:《胡适文集》(第 5 卷),第 515 页。
④ 胡适:《胡适留学日记》(下),第 243 页。

际,胡适便抱定这一缓进的"根本"药方,他认定强权主义、弱肉强食,甚至以暴制暴不足以维系世界和平,加强兵备亦不足救中国于危亡,而其根本之计则在于对内"兴吾教育,开吾地藏,进吾文明,治吾内政",对外则是"力持人道主义,以个人名义兼以国家名义力斥西方强权主义之非道","此七年之病,求三年之艾也。若以三年之期为迂远,则惟有坐视其死耳"。① 1915年5月23日,胡适在日记中摘录梁任公的《政治之基础与言论家之指针》一文中的警句,梁主张以缓进的、长期的社会教育作为改良政治之良途,此深契胡适心意,他说:"则舍社会教育外,更有何涂可致者? 此真孟子所谓'犹七年之病,求三年之艾,苟为不蓄,终身不得',虽曰辽远,将安所避?"②

1916年1月11日,胡适在给好友韦莲司的信中说,"我是同情革命党人的,但是在目前,我并不主张革命。我相信要达到政治上的清明与效率,是没有捷径可循的。我并不是说帝制是发展中的必要阶段,但是对一个好而且有效的政府来说,有些必要先决的条件是不可或缺的"。③ 什么是他说的"必要先决的条件"呢? 1月25日,他在日记中写道,我们应该不要为帝制心烦,也不要为日人亡我而顾虑,"倘祖国有不能亡之资,则祖国决不致亡,倘其无之,则吾辈今日之纷纷,亦不能阻其不亡。不如打定主意,从根本下手,为祖国造不能亡之因,庶几犹有虽亡而终存之一日耳"。他要通过教育为中国造这不能亡之根,他这样盘算着:

……适以为今日造因之道,首在树人;树人之道,端赖教育。

---

① 胡适:《胡适留学日记》(上),第467页。
② 胡适:《胡适留学日记》(下),第94页。
③ 周质平编译:《不思量自难忘——胡适给韦莲司的信》,第91页。

故适近来别无奢望,但求归国后能以一张苦口,一支秃笔。从事于社会教育,以为百年树人之计:如是而已。

……明知树人乃最迂远之图。然近来洞见国事与天下事均非捷径所能为功。七年之病当求三年之艾。倘以三年之艾为迂远而不为,则终亦必亡而已矣。……①

从思想文化着手进行国民精神重塑是"五四"知识精英经过器物、政治层面迭次失败后取得的新的共识和新的努力方向。《新青年》就是知识界一次次阵痛后生产出的"小宝宝",胡适打出了"研究问题,输入学理,整理国故,再造文明"的旗帜。他说,"我认定民国六年以后的新文化运动的目的是再造中国文明",②而不是什么实际的政治:

那时我有一个主张,认为我们要替将来中国奠定非政治的文化基础,自己应有一种禁约,不谈政治,不参加政治,不与现实政治发生关系,专从文学和思想两方着手,做一个纯粹的思想文化运动。所以我从那个时候起二十年不谈政治,不干政治,这是我自己的禁约。③

1919年的五四运动,可谓是思想引导政治的一个有力支持,它给胡适以重要启示:"……不要说安福部[即仍在支配着北京政府的段祺瑞派];不要说上海举行的国内和平会议[1919年初召集的一次军阀会议,该会谈判南北重新统一问题的企图失败了];不要说北京和其他地方的小政治阴谋——我们还有教育群众、解放妇女、改革学校、发展国内工业、改造家庭制度、反对旧的与这时的观念、废弃荒谬有害的偶像,

---

① 曹伯言整理:《胡适日记全编》(第2卷),第325页。
② 欧阳哲生主编:《胡适文集》(第5卷),第508页。
③ 欧阳哲生主编:《胡适文集》(第12卷),第617页。

以及纠正许多许多社会的和经济的错误等等事情要做。正是通过这些新的活动途径,带着再觉醒的希望与活力的年轻中国现在才正在为中国的民主重建一个新的基础而缓慢地但却稳步地工作着。"①"山穷水尽疑无路,柳暗花明又一村",五四运动对以革命为专业的孙中山同样震动很大,他说,"吾党欲收革命之成功,必有赖于思想之变化。兵法'攻心',语曰'革新',皆此之故。故此种新文化运动,实为最有价值之事"。② 这正是梁启超所说的,"又因思想的剧变,致酿成政治上的剧变"。③

到后来,陈独秀将《新青年》领到谈政治的道路上,并投身于实际的政治运动时,胡适为陈独秀大为可惜,虽然感到可惜,但其实他们终究是同一路的,但他们终究是站在一起的,胡适与陈独秀的分道扬镳只是暂时的。④

正是强调着知识分子在思想文化这一"根本"上的努力,胡适就特别看重一个国家在文化上的努力和发展,1915年2月21日,他在日记中说,"国无海军,不足耻也;国无陆军,不足耻也!国无大学,无公共藏书楼,无博物馆,无美术馆,乃可耻耳。我国人其洗此耻哉!"⑤中国的学术文化无论是硬件还是软件都不能令人满意。教育虽新实旧,出版寥寥,书市萧条,教员无知,学生幼稚,这是令他大可悲哀的。

1918年,自文明而又充满活力的美国归国的胡适踏上那依旧停

---

① 〔美〕格里德著,鲁奇译:《胡适与中国的文艺复兴》,第150页。
② 孙中山著,孟庆鹏编:《孙中山文集》(下),第718页。
③ 梁启超:《中国近三百年学术史》,第30页。
④ 人们常常认为胡适与陈独秀是向学与干政的两个代表,并强调他们之分歧,其实两人走的道路几乎是相同,只有一早一晚,或显或隐的差别而已。
⑤ 胡适:《胡适留学日记》(下),第5页。

滞、蒙昧、落后的国土后,顿生无限杂感,在他去国的这七年中,"上海的出版界——中国的出版界——这七年来简直没有两三部以上可看的书! 不但高等学问的书一部都没有,就是要找一部轮船上火车上消遣的书,也找不出(后来我寻来寻去,只寻得一部吴稚晖先生的《上下古今谈》,带到芜湖路上去看)! 我看了这个怪现状,真可以放声大哭。如今的中国人,肚子饿了,还有些施粥的厂把粥给他们吃。只是那些脑子叫饿的人可真没有东西吃了。难道可以把些《九尾龟》、《十尾鱼》来充饥吗?"①而与日本相比,两国文化学术水平的高下区分立马可见。"我写到这里,忽然想起日本东京丸善书店的英文书目。那书目上,凡是英美两国一年前出版的新书,大概都有。我把这书目和商务书馆与伊文思书馆的书目一比较,我几乎要羞死了。"②即使到了1922年的北大校庆的时候,胡适还说:"我们纵观今天展览的'出版品',我们不能不挥一把愧汗。这几百种出版品之中,有多少部分可以算是学术上的贡献?"③难怪乎,胡适博士既"流泪",又"羞愧"。

1937年5月17日,胡适在给翁文灏的信中说到国家教育不能只着眼培养技术性的"国家需要"之才,"还应该继续注重为国家培养基本需要的人才",他说,"此时我所焦虑的是:兴学五十年,至今无一个权威政治学者,无一个大法官,无一个法理学家,无一个思想家,岂不可虑? 兴学五十年,至今无一部可读的本国通史,岂不更可焦虑? 在纯粹科学方面,近年稍有生色,但人才实尚甚缺乏,成绩更谈不到"。④ 我们的文

---

① 欧阳哲生主编:《胡适文集》(第2卷),第471页。
② 同上书,第472页。
③ 欧阳哲生主编:《胡适文集》(第11卷),第104页。
④ 中国社会科学院近代史研究所中华民国史组编:《胡适来往书信选》(中),第358页。

化建设总是使他失望。

而他又信奉杜威老师"实验主义",终生矢志不渝,而"实验主义从达尔文主义出发,故只能承认一点一滴的不断的改进是真实可靠的进化"。① 实验主义是一种科学的方法,故其"实验"便不可能是天马行空式的,只能是一步一个脚印式的。

> 文明不是笼统造成的,是一点一滴造成的。进化不是一晚上笼统进化的,是一点一滴的进化的。现今的人爱谈"解放"与"改造",须知解放不是拢统解放,改造也不是拢统改造。解放是这个那个制度的解放,这种那种思想的解放,这个那个人的解放:都是一点一滴的解放。改造是这个那个制度的改造,这种那种思想的改造,这个那个人的改造:都是一点一滴的改造。②

既然认定从思想文化上努力是改造中国的根本之计,这个过程又得要一点一滴地改良,所以他不避迂缓,中国重病缠绵,只能慢慢调养,"犹七年之病,求三年之艾"。

到了1926年10月,胡适在欧游道中寄书徐志摩还再三强调:"我们要救国,应该从思想学问下手,无论如何迂缓,总是逃不了的。"③因为是文化解决,所以也只能是缓慢的、迂远的、"一点一滴"的。胡适反对那种急进的解决之道,他说,"许多少年人正因为不耐'一点一滴的改革'。正因为他们梦想这样'一朝权在手,便把令来行'的痛快,所以他们走上所谓'革命'的一条路上去,去追求所谓'根本解决'!"须知,"几

---

① 欧阳哲生主编:《胡适文集》(第5卷),第508页。
② 同上书,第508-509页。
③ 欧阳哲生主编:《胡适文集》(第4卷),第49页。

万万个活人的生活与生活方式,是不能这样蛮干的"。① 然而,近现代中国人似乎更热衷于那种推倒重来,一剑封喉的彻底和干脆。他们内心是急躁的,1912年10月30日,青年胡适在美国世界学生会餐厅内忽然发起选举美国总统的"游戏",选举结果分析如下,"吾国人选择Wilson与Roosevelt势力略相等,皆急进派也,而无人举Taft者。又举社会党者二人,皆吾国人也;此则极端之急进派,又可想人心之趋向也"。② 由此可见国人激进的心理趋向,在这么一个心理状态下,他的迂远之策又如何行得通呢?

在胡适眼里,要解决中国问题,知识分子须从根本上,即思想文化上,渐行渐进的,迂远的调理,而不当舍文化之本,求政治之末,"头痛医头脚痛医脚",进行"暴风骤雨"式的激进改造。

少数人的责任

胡适身边,称得上中国的萨特的是胡适的好友,地质学家丁文江。丁文江于1923年发表了一篇名为《少数人的责任》的文章,在这篇文章中他要中国的知识分子抛弃从思想文化上改革中国的迷想,直接投身于政治活动中,而中国眼下政治的腐败正是知识分子不肯负责任的缘故。

知识分子从来不轻视他们的历史使命,曾国藩在《原才》中云,"风俗之厚薄奚自乎?自乎一二人之心所向而已。……此一二人者之心向义,则众人与之赴义。一二人者之心向利,则众人与之赴利。……所谓一二人者不尽在位,彼其心之所向,势不能不腾为口说而播为声气,而

---

① 曹伯言整理:《胡适日记全编》(第2卷),第325页。
② 胡适:《胡适留学日记》(上),第95页。

众人者势不能不听命而蒸为习尚"。① 鲁迅也看重这"一二士"模范国民的作用,丁文江曾劝胡适有空想想曾国藩在《原才》里所说的话,不知胡适想过没有,但胡适却说过这样的话,"社会的改造不是一天早上大家睡醒来时世界忽然改良了,须自个人'不苟同'做起;须是先有一人或少数人的'不同',然后可望大多数人的渐渐'不同'"。② 看来,他们对这个社会"少数人"(知识精英)的领军作用是所见略同的。

他们认为知识分子具有其他群体所不具备的敏锐和先觉,"春江水暖鸭先知",正如鲁迅所说,"凡有改革,最初,总是觉悟的智识者的任务"。③ 而正是这些知识精英的"自在娇莺恰恰啼",进而影响、并带动了整个社会的思想变动和社会变动。有个叫梅祖芬的人曾致信胡适谈到知识精英在政治变革中应认识到自己的先导者的角色、担负起义不容辞的职责,并寄胡适这批知识分子以殷切的期望。他说如果说要等到民众觉悟的话,"那末你就等一百年民众也不会觉悟的","我们看看西洋史就可知道的,那(按:当为"哪")一次的政治改革不是少数的智识阶级作先锋呢?所以我希望全国的好人们只管大胆的去做;只要你宗旨纯正,适合全国的需要,一般民众自然会跟着你走的。你们切勿拿那迂远之谈先把自己的脚绊住,让恶势力逃走去了。你们须知道政治改革的担子是全个落在你们的肩上!"④可见,知识分子在人们心目中的导师地位和重大使命。

然而,有个叫王伯秋的人来信说,"近几年来全国的人都不注意政治,智识阶级的人并且以不谈政治为高尚。所以大家糊糊涂涂在民主

---

① 欧阳哲生主编:《胡适文集》(第7卷),第444页。
② 曹伯言整理:《胡适日记全编》(第3卷),第233页。
③ 鲁迅:《且介亭杂文·门外文谈》,《鲁迅全集》(第6卷),第104页。
④ 欧阳哲生主编:《胡适文集》(第3卷),第335-336页。

共和的招牌底下混了十一年,究竟不知道中国累年来的纷乱为的是怎么一回事"。① 问不问政治是区别知识分子是雅是俗一个标准,茅盾也这样抱怨道,"中国名士最坏的习气是狂放脱略。他们狂放到极点,以注意政治现象为卑琐,以整饬治事为迂俗。他们把国家兴亡大事等之春花秋月;他们无论办什么事,总是一篇糊涂账"。② 他认为中国知识分子正是中了名士的毒。

历史学家雷海宗曾痛惜地说道,"中国知识分子一言不发的本领在全世界的历史上,可以考第一名"。丁文江也痛惜于中国知识分子辜负了他们本当干政的责任和使命。"我们中国政治的混乱,不是因为国民程度幼稚,不是因为政客官僚腐败,不是因为武人军阀专横;是因为'少数人'没有责任心,而且没有负责任的能力"。③ 这和萨特说福楼拜和龚古尔对镇压巴黎公社的事件要负责的意思几乎是一样的了。1941年9月,萨特在他主编的《现代》杂志上的发刊词中这样说:"作家在他的时代都有一个位置。每一句话,哪怕是沉默都会有回音。我认为福楼拜和(爱德芒)龚古尔对镇压巴黎公社的事件负有责任,因为他们没有为阻止此事写下只言片语。你也许会说:那不关他们的事。那么,卡拉斯审判是伏尔泰的事吗?谴责德雷福斯事件是左拉的事吗?"④丁文江和萨特对知识分子的要求是相同的,他认为中国知识分子要对当下不清明的政治负责,此公直言快语,说话口无遮拦,叫"象牙塔"里的知识精英们一时无法应对。丁文江继而认为,"只要有少数里面的少数,

---

① 欧阳哲生主编:《胡适文集》(第3卷),第367页。
② 雁冰:《"大转变时期"何时来呢?》,贾植芳等编:《文学研究会资料》(上),河南人民出版社1985年版,第111页。
③ 欧阳哲生主编:《胡适文集》(第7卷),第600页。
④ 〔英〕保罗·约翰逊著,杨正润等译:《知识分子》,第285页。

优秀里面的优秀,不肯束手待毙,天下事不怕没有办法的。……最可怕的是有知识有道德的人不肯向政治上去努力"。①

1917年胡适从美国归国,船到横滨时,听见张勋复辟的消息,到了上海,又见"出版界的孤陋,教育界的沉寂","方才打定二十年不谈政治的决心,要想在思想文艺上替中国政治建筑一个革新的基础"。② 于是他把中国之败坏归罪于贫穷、疾病、愚昧、贪污、扰乱这"五鬼",他说这些话未免有些远水解近渴,避实就虚。他的好友丁文江与之针锋相对,号召大家"不要上胡适之的当,说改良政治要先从思想文艺下手!"胡适回忆道:

> 他常责备我们不应该放弃干预政治的责任。他特别责备我在《新青年》杂志时期主张"二十年不干政治,二十年不谈政治"的话。他说,"你的主张是一种妄想:你们的文字革命,思想改革,文化建设,都禁不起腐败政治的摧残。良好的政治是一切和平的社会改善的必要条件。"③
>
> 要认定了政治是我们唯一的目的,改良政治是我们唯一的义务。不要再上人家当,说改良政治要从实业教育着手。④

在丁文江看来,没有一个良好的政治环境,所谓思想文化革新纯属开玩笑、瞎起哄、捣浆糊。与丁文江相似,陈独秀视政治为关系国家民族生死存亡的大事情,1918年7月,陈独秀说:"本志同人及读者,往往不以我谈政治为然。有人说,我辈青年,重在修养学识,从根本上改造

---

① 欧阳哲生主编:《胡适文集》(第4卷),第445页。或欧阳哲生主编:《胡适文集》(第7卷),第601页。
② 欧阳哲生主编:《胡适文集》(第3卷),第363页。
③ 欧阳哲生主编:《胡适文集》(第7卷),第443-444页。
④ 同上书,第601页。

社会,何必谈什么政治呢?有人说,本志着宣言志在辅导青年,不议时政,现在何必谈甚么政治惹出事来呢?呀呀!这些话却都说错了……我现在所谈的政治,不是普通政治问题,更不是行政问题,乃是关系国家民族根本存亡的政治根本问题。"①这都是针对胡适而发的反对意见。

在丁文江看来,知识分子面对政治不要退避三舍,而要迎头而上,不光要谈,而且要干。

> 政治是要拿全力去干的,不是以余力来消遣的……当这种危机存亡、间不容发的时候,你不来救国家,反先要保全自己的饭碗,做近世国民不是应该如此的!况且你的饭碗也没有保全得住的道理呢!②

丁文江甚至说,"为什么受过教育的有爱国心的人,就没有本事弄一个督军做做呢?"③现代知识分子也都自命做那救苦救难的"观世音",那佐护众生"弥赛亚"。1945年2月10日,在美国的罗常培来信劝胡适组党,他说,"我觉得战后的中国,确是'我辈不出当如苍生何!'我虽被骗先拉入国民党,但我仍然是自由主义的信徒,有我在各报发表的星期论文可证。这一点希望你不要太消极了。假如我们组党,你便是我们的党魁!"④那种政治激情暗潮涌动。

由于丁文江相信"无论那一个时代,那一个社会,少数优秀的分子,

---

① 陈独秀:《今日中国之政治问题》,转自〔美〕格里德著,鲁奇译:《胡适与中国的文艺复兴》,第152-153页。

② 丁文江:《一个外国朋友对于一个留学生的忠告》,《努力周报》(1923年3月4日),第42期。

③ 丁文江:《少数人的责任》,《努力周报》(1923年8月26日),第67期。

④ 耿云志:《胡适年谱》,第319-320页。

握了政权,政治就会得清明"。他自己也就身体力行,不惜深入虎穴,投身孙传芳帐下,①出任淞沪商埠督办公署的全权总办,为"'大上海'计划"殚精竭虑,一会建立统一的行政中心,一会废除公共租界的会审公廨,实践一个知识分子理想和职责,他之所以"深入虎穴",是想把政治从军阀官僚手中救出。

请兄不必仍做处女

所谓"二十年不干政治",用胡适的话来说算是勉强实现了自己的诺言,1938年出任驻美大使之时,正是他发愿后的二十一年,这是他向来强调的。然而,在"城头变幻大王旗"的近现代中国,知识分子要置身于政治之外,或者说,知识分子能对身边的政治熟视无睹,实属不易,其实在他说出"二十年不谈政治"的大话后不久,这话便旋即成为一句空话了。

1917年7月左右,胡适方才下定决心二十年不谈政治,不料两年后,1919年6月,陈独秀被捕,胡适便接办了"谈政治的报"《每周评论》,这时,他"方才有不能不谈政治的感觉"。不过,谈政治的导火索却是他不满于国内"主义"的"帽子"满天飞的空谈政治现象。"那时正当安福部极盛的时代,上海的分赃和会还不曾散伙。然而国内的'新'分子闭口不谈具体的政治问题,却高谈什么无政府主义与马克思主义。我看不过了,忍不住了——因为我是一个实验主义的信徒——于是发

---

① 当年,傅斯年还曾为此事扬言要"杀"丁文江的,后来,他说"在君是在孙传芳清誉未扫地前加入他的政治集团的",而且"在君是借机会为国家办事的,本不是和孙传芳结党的。批评他的人,要先评评他所办的事"。(见章清:《"学术社会"的建构与知识分子的"权势网络"——〈独立评论〉群体及其角色与身份》,载许纪霖编:《20世纪中国知识分子史论》,新星出版社2005年版。)

愤要想谈政治。"他说他不满于国内的腐败的政治,更不满于国内知识界那种蹈空的谈政治风气,"我现在出来谈政治,虽是国内的腐败政治激出来的,其实大部分是这几年的'高谈主义而不研究问题'的'新舆论界'把我激出来的"。① 于是,胡适在《每周评论》第三十一号里提出他的"政论的导言",即一出手就打起了笔仗的《多研究些问题,少谈些主义》。

胡适谈政治实系"国内的腐败政治激出来",所谓不满于国内知识界谈政治的方式为其"导火索"而已,当胡适打开书斋的大门,实际的政治之风顿时迎面扑来,在他看来,知识分子之于政治是"树欲静而风不止",我不谈你,你却要骚扰得我不得不谈你。1920年,胡适、蒋梦麟、陶履恭、王征、张祖训、李大钊、高一涵等人联名发表的《争自由的宣言》开头便这样声称,"我们本来不愿意谈实际的政治,但实际的政治,却没有一时一刻不来妨害我们"。后来胡适对自己的不得不谈政治有所说明:

> 在民国六年,大家办《新青年》的时候,本有一个理想,就是二十年不谈政治,二十年离开政治,而从教育思想文化等等,非政治的因子上建设政治基础。但是不容易做得到,因为我们虽抱定不谈政治的主张,政治却逼得我们不得不去谈它。②

1947年9月21日下午4时,胡适在天津南开女中礼堂讲演时回顾了自己从不谈政治到不得不谈政治的经过。

> 但是不到二十年我却常常政治(按:原文如此,政治前似缺"谈"字),先后我参加或主持过《每周评论》、《努力周报》、《独立评

---

① 欧阳哲生主编:《胡适文集》(第3卷),第364-365页。
② 欧阳哲生主编:《胡适文集》(第12卷),第33页。

论》和《新月》等政治性杂志。因为忍不住不谈政治,也可以说不能不问政治,个人想不问政治,政治却时时要影响个人,于是不得不问政治。①

1953年1月7日,胡适在台北的"记者之家"的演讲中称:

> 《努力周报》,是谈政治的报。以前我们是不谈政治的,结果政治逼人来谈。后来只是不干政治。正如穆罕默德不朝山,山朝穆罕默德一样,把二十年不谈政治的禁约放弃了。②

在胡适看来,知识分子谈政治是无论如何也躲避不了的。

政治虽是思想文化派生出来的,思想文化虽然仍是改造中国之根本,但在当时中国,胡适所谓的"治本"计划实行起来实在显得奢侈,因为先扫清政治上的妖孽实在是当务之急、刻不容缓。"现在国中最大的病根,并不是军阀与恶官僚,仍是懒惰的心理,浅薄的思想,靠天吃饭的迷信,隔岸观火的态度。这些东西是我们的真仇敌!他们是政治的祖宗父母。我们不在此列因为他们的小孙子——恶政治——太坏了,忍不住先打击他。"③这里有个轻重缓急。1920年,他们曾代表当时的知识分子向军阀们提出自己的政治要求,即争取人世间最为宝贵的"自由"。"自辛亥革命直到现在,已经有九个年头。这九年在假共和政治之下,经验了种种不自由的痛苦;便是政局变迁,这党把那党赶掉,然全国不自由的痛苦仍同从前一样。政治逼迫我们到这样无路可走的时候,我们便不得不起一种彻底觉悟,认定政治如果不由人民发动,断不会有真共和实现。但是如果想使政治由人民发动,不得不先有养成国

---

① 曹伯言整理:《胡适日记全编》(第7卷),第678-679页。
② 欧阳哲生主编:《胡适文集》(第12卷),第618页。
③ 欧阳哲生主编:《胡适文集》(第3卷),第370页。

人思想自由评判的真精神的空气。我们相信人类自由的历史,没有一国不是人民费去一滴一滴的血汗换来的。没有肯为自由而战的人民,决不会有真正的自由出现。这几年军阀胆敢这样横行,便是国民缺乏自由思想自由评判的真精神的表现。"①虽然你志在思想文化的改造,但当局却限制甚至剥夺了你的自由,不力争当下的人权,还奢谈什么思想文化改造呢?何况也没必要咬紧牙关而沉默忍耐啊。

1921年5月9日,系1915年中国政府被迫接受日本最后通牒六周年的"国耻纪念日",胡适应邀在清华讲"废止国耻纪念的提议",虽然"这篇演说似乎不大受欢迎,但这是我第一次在演说台上谈政治"。②1921年8月5日,胡适在安庆讲"好政府主义"。他又说这是他"第一次公开的谈政治"。在演讲中,他改变了以前注重思想文化改革的思路,意识到并要人人都知道这么一个道理,即,"政治不良,什么事都不能做:教育也办不成,实业也办不成,甚至于小生意都做不成"。他号召"一班'好人'都结合起来,为这个目标做积极的奋斗。好人不出头,坏人背了世界走!"③

大约一年后,他在此演讲的基础上写成了《我们的政治主张》的政治宣言。1922年5月14日,由蔡元培领衔的以北大教师为主的16名知识精英在《努力周报》第2期上发表了胡适起草的《我们的政治主张》,此文是他"第一次做政论",④此前他虽间或发表过一些政论,但像这次如此慎重,如此宏大,可称得上是胡适正式宣告介入政治的宣言。

如果说政治是男人的话,知识分子便是女人,未涉政治的是处女,

---

① 智效民:《胡适和他的朋友们》,第50-51页。
② 曹伯言整理:《胡适日记全编》(第3卷),第248页。
③ 同上书,第417页。
④ 同上书,第664页。

从一而终的是节妇,宁死不屈的是烈女,水性杨花的是婊子。这在当时就是一个流行的、恰如其分的比喻,1943 年,陈布雷曾力劝徐铸成加入国民党,徐说,"参加一政治组织,等于女人决定选择对象,此为终身大事"。并表示"愿抱独身主义"。① 李大钊在 1921 年致信胡适说,"现在我们大学一班人,好象(像)一个处女的地位,交通、研究、政学各系都想勾引我们,勾引不动就给我们造谣,还有那国民系,看见我们为这些系所垂涎,便不免引起醋意,真正讨嫌"。② 在政治上,胡适尚是黄花闺女,但这个政治宣言的发表标志着胡适已不再是"处女"了。

在这个政治宣言发表后,政论界前辈梁任公以为胡适"有意排挤"他们这些做过"妓女"的人,显得"大不高兴"。林宗孟则说,"适之我们不怪他,他是个处女,不愿意同我们做过妓女的人往来。"③林宗孟在这里说胡适是"处女",然而胡适早已不再是"处女"了,后来外长罗文干曾劝胡适加入政府,对胡适说"请兄不必仍做处女,须知兄已失身,何妨又来偷欢一次"?④ 在他们眼里,胡适已不再是"处女"了,他终于踏入政治的怀抱,但须得"步步留心,时时在意"才行。然而在政治这个"暴男"四处出没的中国,是不容知识分子做"处女"的,知识分子也做不成"处女"了。

胡适在政治宣言中宣称,"我们深信中国所以败坏到这步田地,虽然有种种原因,但'好人自命清高'确是一个重要的原因。'好人笼着手,恶人背着走'"。所以,"凡是社会上的优秀分子(按:指知识精英),应该为自卫计,为社会国家计,出来和恶势力奋斗。我们应该回想,民

---

① 傅国涌:《追寻失去的传统》,第 297 页。
② 〔美〕格里德著,鲁奇译:《胡适与中国的文艺复兴》,第 157 页,注 3。
③ 曹伯言整理:《胡适日记全编》(第 3 卷),第 666 页。
④ 耿云志:《胡适年谱》,第 204 页。

国初元的新气象岂不是因为国中优秀分子加入政治运动的效果吗?"①他说,天下之坏正是知识分子之不愿出山所致,知识分子要为这一政治局面负责。"天下有许多事,都是不肯负责任的'好人'弄坏的。好人坐在家里叹气,坏人在议场上做戏,天下事所以败坏了。不肯出头负责的人,便是团体的罪人,便不配做民治国家的国民。"②"厌世家每叹天下事不可为;我以为天下无不可为之事,只因为好人缩手说不可为,斯不可为矣。"③胡适这里的"优秀分子"、"好人",与丁文江"少数人"均系指他们这些知识精英,至此胡适与丁文江君的主张不无二致了,他们都强调政治的腐败与知识精英的坐视不理、袖手旁观有必然联系,称知识分子为丑恶的政治的"罪魁祸首",并要知识分子投身于政治,与恶政治奋斗,博得政治之清明。

因此,胡适认为知识分子要格外地承担起社会责任,他们自视甚高,因为他们是这个社会的精英,人中龙凤。徐志摩有一段话说得既得意,又霸道。他牛哄哄地说:"我们是走过大英国,莎士比亚是英国人,他写英文的,我们懂英文的,在学堂里是研究过他的戏……英国留学生难得高兴时讲他的莎士比亚,多体面,多够根儿的事情,你们没有到过外国、看不完全原文的,当然不配插嘴,你们就配扁着耳朵悉心的听。"④乖乖!这话要搁现在说,可是要被吐唾沫、挨板砖的。你不就是到剑桥划过船嘛,就搞得这么牛气冲天。今天,人家剑桥也不愿被人视为高高在上的精英学校,还多次主动致信《加冕街》《东伦敦人》和《爱玛镇》等多部肥皂剧的编剧,"请他们避免在创作中把剑桥大学描绘成高

---

① 欧阳哲生主编:《胡适文集》(第 3 卷),第 329 页。
② 欧阳哲生主编:《胡适文集》(第 11 卷),第 52 页。
③ 欧阳哲生主编:《胡适文集》(第 12 卷),第 719 页。
④ 转自郑学稼:《鲁迅正传》,大林出版社(按:无出版时间),第 116 页。

不可攀的精英学府"。①

真真是物以类聚,人以群分,胡适、丁文江等心底岂不正有着这么一种骄傲的意气在吗?正因为此,他们比普通民众有资格拥有更多的政治权利,理应出来收拾这一混乱的局面,他说,"社会送给我们的领袖的资格,是要我们在生死关头上,出来说话做事","我们就应该本着我们的良心、知识、道德去说话"。②

他的好友丁文江在一篇文章中借一个"外国朋友"的口吻对一个"留学生"这样忠告:

> 我只有一句忠告:在目前的世界上,凡没有信仰而麻木的民族,都是不能生存的!……一个国民的知识与责任,义务与权利,都成为一种正比例。我觉得留学生是中国知识最完全的人,也是享社会上最大权利的人,所以我一面庆祝你买卖成功,一面希望你不要忘了政治!③

自命不凡,干预政治,其实正是他所想要表达的意思,当然他们那种"以为中国没有他们就要灭亡的"④自大是为鲁迅所鄙夷的。

胡适主张中国的政治应当是专家政治,精英政治,而不能让那些"头脑简单,四肢发达"的武夫们在政治舞台上瞎折腾,所以,知识分子不该全都去埋首书斋,还得有一批人从书斋里踱出来搞政治。"应该有第一流人才集中的政治,应该有效率最高的'智团'政治,不应该让第一

---

① 《剑桥:我们并非高不可攀》,《新民晚报》2008年9月3日,A15。
② 欧阳哲生主编:《胡适文集》(第12卷),第454页。
③ 丁文江:《一个外国朋友对于一个留学生的忠告》,《努力周报》(1923年3月4日),第42期。
④ 鲁迅:《集外集拾遗补编·关于知识阶级》,《鲁迅全集》(第8卷),第229页。

流聪明才智走到科学工业的路上去,而剩下一批庸人去统治国家。"①曾经在关于"中国政治出路的讨论"中,胡适认为中国应该"有一个负责任的人民干政团体","我们不能希望'全国人民齐集在一个严密组织之中,以四万万人的力量向共同的目标努力'。我们只能希望在最近几年之内国中的智识阶级和职业阶级的优秀人才能组织一个可以监督政府指导政府并且援助政府的干政团体"。② 在一定程度上来说,政治家是要看知识分子的脸色行事的,1929年,在评论孙中山知难行易说时,他说,"知的作用便是帮助行,指导行,改善行。政治家虽然重在实行,但一个制度或政策的施行,都应该服从专家的指示"。③

胡适鼓吹知识分子干政治,知识分子精神大振,有常燕生君来信认为,"民国六年的时代从政治鼓吹到思想文艺是很正当的,现在却又应当转过来从思想文艺鼓吹到政治才行"。④ 并期望胡适能迎着这个趋势"领着大家往前走"。所以当"中国今日的政治问题已逼到个个少年人的头上了"⑤的时候,他就号召青年学生站出来干预政治、监督政治。"我们中华民国的青年应该知道这种政治的腐败黑暗无他种救济的方法,只有一条方法,须要全国青年出来竭力干涉各地的选举,须要全国青年出来做各地选举的监督。"⑥

他在《努力歌》中号召中国的知识分子要勇于任事、敢于任事。

"这种事要有人做。"

---

① 欧阳哲生主编:《胡适文集》(第11卷),第376页。
② 同上书,第244页。
③ 欧阳哲生主编:《胡适文集》(第5卷),第600页。
④ 欧阳哲生主编:《胡适文集》(第3卷),第326页。
⑤ 欧阳哲生主编:《胡适文集》(第8卷),第427页。
⑥ 同上书,第393页。

> 朋友,你又错了。
>
> 你应该说,
>
> "我不做,等谁去做?"①

思想文化,只能文火慢炖,便只能一点一滴地改良,一谈政治,就得针尖对麦芒,便不免要摧枯拉朽般地革命。

干!干!干!

在胡适大唱"后努力歌"的时候,他几乎已完全改变了他那一点一滴的改良态度,不再补天,而要破坏,不光言,更要行。社会与政府,教育与政治,破坏与建设,互为条件,互相依赖,进退不是,左右为难,如何办?他的主张是"快刀斩乱麻"。

> 当年齐国有个君王后,
> 她不肯解一套玉连环,
> 她提起金椎,一椎碎了。
>
> 我的朋友们,
> 你也有一个金椎,
> 叫做"努力",又叫做"干"!
>
> 你没有下手处吗?
> 从下手处下手!
> "干!"的一声,连环解了!②

---

① 欧阳哲生主编:《胡适文集》(第9卷),第292页。
② 同上书,第294-295页。

哗！这个世界从此清静了！胡适一生当中少有如此干脆利落,少有如此毫不犹豫。他几乎就是"现行反革命",他是在号召知识分子造反！那么,到现在,他还是思想上的"改良派"吗？

看胡适如何回答这个问题的,当他们的政治宣言发表之后,有"相信政治的彻底改造在平民革命"的八位读者联名来信,向胡适请教他们改造政治的方式是"取革命手段呢？还是取改良手段呢？还是先破坏后建设呢？还是在恶基础上面建筑'好政府'呢？"胡适的回答是折中的,革命与改良,应当"分工并进,殊途同归",即,"可改良的,不妨先从改良下手,一点一滴的改良他。太坏了不能改良的,或是恶势力偏不容纳这种一点一滴的改良的,那就有取革命手段的必要了"。① 按常理分析,胡适的回答当是一点一滴的改良,而且的确应当如是,胡适从不认为"政治上有什么根本解决的"办法的,在他看来,世界上的两大革命,法国革命与俄国革命,虽"快意一时,震动百世",但"终不能不应付那一点一滴的问题"。② 然而,面对这几位"激进分子"的直接"质询",他意外地,或者说不得不承认了有条件的革命的合法性。他由一个改良派,变成了一个有限的革命派了。

我们知道,胡适是一个"有政府主义者",不光是要有政府,还要有一个"好政府"。他"第一次公开的谈政治"是 1921 年在安庆讲的"好政府主义"。在演讲中,他将政府视为"社会用来谋最大多数的最大福利的工具",能尽此职能的便是好政府,不能尽此职能的便是坏政府。

在他的演讲中,他意外地谈到了"革命的原理","工具不良,修好

---

① 欧阳哲生主编:《胡适文集》(第 3 卷),第 332-334 页。
② 同上书,第 401 页。

他。修不好时,另换一件。政府不良,监督他,修正他;他不受监督,不受修正时,换掉他。一部分的不良,去了这部分;全部不良,拆开了,打倒了,重新改造一个,一切暗杀、反抗、革命,都根据于此"。① 其实孟子曾给齐宣王说过这一革命的原理,他说,"君有大过则谏,反复之而不听则易位",知识分子向来是以诤臣自命,我说给你,你听了知错,你知错便改,我便支持你;我说给你,你却置若罔闻,你当过耳秋风,我便可以鼓动推翻你,这和胡适所说的政府的工具主义是相通的,政府只是个工具,工具不好使的,我只好打碎它,另换一个。这一革命的原理在老美的《独立宣言》中也有,《独立宣言》规定人人生来平等,生来有不可让与的"生活的权利、自由的权利和追求幸福的权利","为了取得这些权利,人类创建了政府,政府则从被治理者的同意中得到权利。任何政府形式一旦有背这些目的,人民就有权改变它或废除它,组织新的政府"。②胡适正是这样认为的。

然而,"军阀势力之下能实现你们所谓好政府的涵义吗?你们试观察现实京、津、沪的空气,能实现你们政治改革的三个基本原则和六个具体主张吗?"③打倒军阀政治成为他新的努力目标了,日有所思,夜有所想,1921年5月的一天晚上,在天津的胡适做了一个梦,梦中他游历了北京的"四烈士冢",此四烈士即辛亥革命时炸袁世凯不成而牺牲的杨禹昌、张先培和黄之萌,炸良弼而牺牲的彭家珍。胡适大约觉得要打击这"恶政治"光靠嘴巴上说说是没用的,只有实际的激烈的行动方可见效,他便做诗对他们采取暴力革命的牺牲精神和实际行动以衷心礼赞。

---

① 曹伯言整理:《胡适日记全编》(第3卷),第416页。
② 转自〔英〕乔治·奥威尔:《1984》,上海译文出版社2006年版,第283页。
③ 转自〔美〕格里德著,鲁奇译:《胡适与中国的文艺复兴》,第176-177页。

> 他们不能咬文嚼字,
> 他们不肯痛哭流涕,
> 他们更不屑长吁短叹!
> 他们的武器:
> 炸弹! 炸弹!
> 他们的精神:
> 干!干!干!①

看来,胡适对这一实际的革命行动心向往之。到1921年的"双十节"纪念,"革命家"胡适已不满足于流于形式的纪念,他看透了那些中看不中用的纪念"花样",什么做文章啊,什么放假啊,什么发勋章啊,有屁用啊?!于是,他发出这样实际的"革命号召":

> 大家合起来,
> 赶掉这群狼,
> 推翻这鸟政府,
> 起一个新革命,
> 造一个好政府:
> 那才是双十节的纪念了!②

我的乖乖!"这是对一个政府要求革命的自由权"啊!昏头了?造反了?这是我们眼中那戴着眼镜,穿着西装,理性而儒雅的胡适博士吗?看来,他自己已由一个改良派变成了有限的革命派,进而变成了一个彻底的革命派了。

他不光号召别人,他自己也都不满于纸上说说,甚至还想实际做做

---

① 欧阳哲生主编:《胡适文集》(第9卷),第174页。
② 同上书,第179页。

了,有次,他顿生组党以实践自己的政治主张的打算。1926年,胡适因中英庚款事项欧游,途经俄国,他与蔡和森和刘伯坚有过交谈,7月31日,他与蔡有过"辩论",也许他们对"阶级斗争"的可能性和必要性有过争论,于是,他萌发了组建"自由党"的念头。8月3日,胡适在日记中写道:"我想,我应该出来作政治活动,以改革内政为主旨。可组一政党,名为'自由党'。充分的承认社会主义的主张,但不以阶级斗争为手段。共产党谓自由主义为资本主义之政治哲学,这是错的。历史上自由主义的倾向是渐渐扩充的。先有贵族阶级的争自由,次有资产阶级的争自由,今则为无产阶级的争自由。"①看来,胡适在政治的"歧路"上越滑越远。

本是着眼于思想文化上的努力,进而忍无可忍去谈论政治,再进而鼓吹革命甚至实际革命(胡适几乎要逼近这一点了),看来这是现代中国知识分子的一条"歧路"。为什么说是"歧路"呢?一般人认为知识分子致力于学术、思想文化是一条坦坦"正途",然而这坦坦"正途"之中却有一"政治"岔道,荆棘遍地,虎狼出没,搞得中国知识分子不堪骚扰,不好走路,于是决心旁入"歧路",先清理荆棘,驱除虎狼,胡适正是这么个认识,现代中国知识分子很大一部分人正是走了这么一条路,胡适也不例外。

失败的政治

在"歧路"上迈进的胡适真可谓是"初生牛犊不怕虎",然而"牛犊"终究不是"虎"的对手。

知识分子"谈政治"、"干政治",跃跃欲试,满腔热忱,然而不幸的是,不是纸上谈兵,就是画饼充饥,到头来,无不碰得一鼻子灰,惨败而

---

① 曹伯言整理:《胡适日记全编》(第4卷),第239页。

退,搞得好不"凄凄惨惨戚戚"。因为他们不知道,"好人与政治的互逆背反,不能共存,正是中国近代政治的一个根本的特征,这是时代的悲哀,也是全社会知识精英政治理想的悲哀"。①

事实马上给出了教训,当年《我们的政治主张》的签名者王宠惠、汤尔和、罗文干等人一一入阁,按理说,这些国家的"优秀分子"正是实践他们所提倡的"好政府主义"的时候了吧,然而现实的打击却是无情的,"医学博士汤尔和1922年7月成为代理教育总长时,仅仅五天就因财政预算的争论而辞职了。被冠以'好人政府'这一含糊标签的王宠惠内阁仅存在一个月,就在1922年11月中旬垮台了。而它的财政总长罗文干则因被控在与奥地利签订一项条约时受贿而入狱,尽管后来宣告无罪。1923年1月,北京大学校长蔡元培以辞职抗议罗文干的被捕和政治的丑恶"。② 然而,最大的政治丑剧莫过于"拜金的国会议员已把曹锟捧进了新华门"③这一事件。这对正在"开张"谈政治的胡适可谓迎头一击,他以为"恶人背着走"的原因在于"好人笼着手",原来的"罪魁祸首的好人"现在是"起来了",也"奋斗"了,搞来搞去,忙活了半天,结果还落得了这么一个结局,焉不叫人失望?

丁文江算是好不容易"打入敌人内部",公然在"座山雕"眼皮下活动的"杨子荣",然而,就在丁文江做"上海市长"时,有人却在背后说他在此与南通和江苏串通贩烟!他说,"幸亏我向来是感觉迟钝的,不甚介意,不过对于政治的结合,不能不使我抱几分悲观了"。④ 更叫丁想

---

① 胡明:《胡适传论》(下),人民文学出版社1997年版,第606页。
② 〔美〕周明之著,雷颐译:《胡适与中国现代知识分子的选择》,广西师范大学出版社2005年版,第137页。
③ 欧阳哲生主编:《胡适文集》(第3卷),第398页。
④ 中国社会科学院近代史研究所中华民国史组编:《胡适来往书信选》(上),第397页。

不到的是,他所钦佩的主人孙传芳竟偷偷地去天津向以前的老对头奉系军阀张作霖谢罪求救,以对抗北伐军,这个平时对政治最为热心的胡适的老友,到这个程度对政治也就完全失望了。且听丁文江喃喃诉说那段失败的历程:

> 我到北京十年总主张好人努力去做官……官也太难做,好人都学不会……许多好人做了官就变坏了……方才有一种觉悟:知道政治一天不清明,一天没有好人可做的官;做官的心思就淡了一半。又看见我们想做好官的人,辛辛苦苦费了多少年做成功的事业,一个无知无识的官僚或是政客,用一道命令,就可以完全推翻,觉得我做的事业,是沙滩上的建筑,绝对没有基底的,所以才改了行出来做买卖……①

试看,"好人"如何能做官?做官岂用好人?好人做官岂能不失败?

还有那个胡适,屁颠屁颠地参加什么善后会议去了,你只是政治的大粪上的一朵鲜花而已,你以为你能善什么后啊,还要冒天下之大不韪,去为虎作伥,到后来落了个无疾而终,他不得不说,"胜利的军人通电拥戴段祺瑞了来做一个傀儡的'临时执政'。当时虽有'和平统一'的呼声,虽有'善后会议'的号召,虽有孙中山先生的北来,但事实上还是一个军人割据的局面"。他以前那些全心全意谈政治的文章,却遭到了空前的挫败,他不无伤心地承认:"当年组织的《努力》来做批评政治,监督政治的一番热心可以说是完全失败的。"②

因为知识分子谈纸面上的政治和政客们操纵的现实中的政治是大

---

① 丁文江:《一个外国朋友对于一个留学生的忠告》,转自〔美〕周明之著,雷颐译:《胡适与中国现代知识分子的选择》,第134-135页。

② 欧阳哲生主编:《胡适文集》(第7卷),第448-449页。

相径庭的,曾在政坛"小试牛刀"的汤尔和劝胡适莫作那些"看上去很美"的政论文章了,他说,"我劝你不要谈政治了罢。从前我读了你们的时评,也未尝不觉得有点道理。及至我到了政府里面去看看,原来全不是那么一回事!你们说的话几乎没有一句搔着痒处的。你们说是一个世界,我们走的又另是一个世界,所以我劝你还是不谈政治了罢"。① My God!到头来,他们原来说得是两个截然不同的两个世界哦,既然是两个不同的世界,你是天上掉下的林妹妹,他是被喂了一嘴马粪的臭焦大,彼此如何适应,又焉能沟通?

也许正如阿隆所说的那样,"知识分子常常通过把当前的现实与理想进行比较来判断自己国家和社会制度,而不是把这一现实与其他现实相比较,如把今天的法国与他们理想中的法国相比较,而不是与过去的法国相比。没有任何人类事业能丝毫无损地经受住这一试验"。② 知识分子政治的理想性和现实政治的世俗性构成了强烈的反差,胡适们在纸上建筑了一个"好政府"的"空中楼阁",并以此号召那些"优秀分子"或者"好人"去"入住"。然而胡适说他明白这"两个世界"的道理,他对汤尔和说:"这个忠告自然是很受欢迎的。但我们却也有一种妄想:我们也明知那说的和行的是两个世界,但我们总想把这两个世界拉拢一点,事实逐渐与理论接近一点。这是舆论家的信仰,也可以说是舆论家的宗教。"③他不信这邪,要"知其不可而为之"一下的。

如果胡适的"好政府主义"被弗里德里希·奥古斯特·哈耶克看到的话,他肯定会付诸一笑的。胡适后来也看到过哈耶克的《到奴役之路》(按:今译《通往奴役之路》),1954年,在一次演讲中,他曾提到哈耶

---

① 欧阳哲生主编:《胡适文集》(第7卷),第448-449页。
② 〔法〕雷蒙·阿隆著,吕一民、顾杭译:《知识分子的鸦片》,第218-219页。
③ 转自胡明:《胡适传论》(下),人民文学出版社1997年版,第606页。

克的这部著作,不过,他看重的是哈耶克反集权主义的一面,不知他是否注意到哈耶克关于"为什么最坏者当政"的论述,这与胡适早年提倡的"好人"干政治的意见是决然相反的。在哈耶克看来,"这样一个人数众多、有力量而又相当志同道合的集团,似乎在任何社会中都不可能由最好的分子,而只能由最坏的分子来建立",①在一个极权社会中,"由于有些需要做的工作本身就是坏的,是所有受到传统道德教育的人所不愿做的,因而愿意做坏事就成为升官得势的门径"。② 于是,"那些无耻之徒和放荡不羁之人,才在一个趋向极权主义的社会里有更多的获得成功的希望"。③ 照哈耶克的说法,极权社会的当政者需要采取种种非道德的手段,所以好人望而却步,坏人争先恐后,弄到后来当然是"坏人"才能当政。在当时中国那种"极权"社会中,政治上种种卑劣方法,龌龊手段,无所不用,"好人"又如何能当政呢?

林语堂与哈耶克的看法几乎相同,他认为,"无论那一国,政府中人大都是坏的",④在《我们的政治主张》发表后的讨论中,黄炎培便说,"现在中国并不是没有优秀分子为全国所仰望能解决国家大问题的,但是照现在选举法,吾敢断言这种人决不会当选"。⑤ 看看,中国的政治制度早就将好人排斥在外了。后来,刘厚生(垣)对胡适说,"我看见你的《努力》了。你们的意思都很好,但你们要想好人出来做事干政治,决没有那么回事!——我二十年的经验,使我相信决没有那么回事!"⑥

---

① 〔英〕弗里德里希·奥古斯特·哈耶克著,王明毅、冯兴元等译:《通往奴役之路》,中国社会科学出版社1997年版,第132页。
② 同上书,第145页。
③ 同上书,第130页。
④ 李富根、刘洪主编:《恩怨录·鲁迅和他的论敌文选》(上),第216页。
⑤ 欧阳哲生主编:《胡适文集》(第3卷),第341页。
⑥ 曹伯言整理:《胡适日记全编》(第3卷),第748页。

哈耶克说的是"好人"当不了政。还有一点,就是当政者不需要"好人"。于谦曾天真地说过,只要文官不爱财,武官不怕死,国家才能治理好之类的傻话,于谦的"好人政治"论,和胡适所论有点相像。1921年3月13日,胡适致信已萌去志的教育总长范源濂说,"好人做官,自然不是为名利。为什么呢?为的是有一个做点好事的机会"。① "太高人愈妒,过洁世同嫌",妙玉就是这样的先例啊,"如果九十九个人都是娼妓,你一个人偏要守贞节,你也会成为社会公敌,被人唾弃的"。② 好家伙,你一只白鸽子混在一群黑乌鸦中,如何混得下去?你清高,你正直,不要名,不要利,好不好?好,但对统治者来说,名利往往是一个人的"七寸",如果文官不爱财,武官不怕死,一不要利,二不要名,我又如何拿捏你们呢?胡适显然没想到这一点,韩非子便说透了这个秘密,他说,"若此臣者,不畏重诛,不利重赏;不可以罚禁也,不可以赏使也。此乃无益之臣,吾所少而去之也"。③ 廉洁而正直的臣子是没出息的臣子,你以为统治者欢迎你吗?"这样的人还了得,我怎么支配他呢?我要罚,他又不怕我罚;我要赏,他也不希图我赏;他又不图富贵,我引诱也引诱不了他;他又不怕死,我恐吓也恐吓不了他。这样的人一多,我这个位子就坐不住了。"④后来,李宗仁发现他的老对头蒋介石喜欢"坏人"的原因也正在于此,他在回忆录中痛惜地说,"战后我在北平,因为作风比较开明,颇为全国清议所重,又触蒋先生的大忌。他所喜欢的常是'国人

---

① 中国社会科学院近代史研究所中华民国史组编:《胡适来往书信选》(上),第130页。
② 朱光潜:《给青年的十二封信》,第21页。
③ 韩非子:《奸劫弑臣第十四》。
④ 秦晖、韩德强:《关于中西文化制度比较的对话》,《社会科学论坛》,2006年8月(上半月期)。

皆曰可杀'的人。其人声名愈狼藉，愈得蒋先生的欢心，因为他愈不敢脱离蒋先生的左右，而蒋先生也愈可向其市私恩。例如抗战期间在河南征调民工、征发粮秣、视民命如草芥、搞得声名狼藉的汤恩伯，便是蒋先生的心腹爱将"。① 统治者与"坏人"两相利用，两相勾结，好人从此便无立足之地了，你想想，大家同样混迹官场，我伤天害理，你执政为民，我徇私枉法，你铁面无私，我厚颜无耻，你道德君子，我花天酒地，你艰苦朴素，你如何能跻身其中？跻身其中又焉能长久？

所以，政坛不仅是好人进不去的，而且政坛也是不欢迎好人的，所以，以好人自命的知识分子参与政治是不可避免要失败的。

"朝着一个新的方向去努力"

碰了政治的厚壁后，胡适的思想又起了新的变化。

"我们谈政治的人，到此地步，真可谓止了壁了。"② 就在这个时候，胡适称他"起了一种觉悟"，那就是，"先要人不肯做猪仔，然后可以打破这猪仔的政治！"③ "换句话说，我们还应该向国民思想上多做一番功夫，然后可以谈政治的改革。"④ 很多现代知识分子都有和胡适相同的经验和感受，梁启超在《国体战争躬历谈》中说，"且吾以为中国今后之大患在学问不昌，道德沦坏，非从社会教育痛下工夫，国势将不可救，故吾愿献身于此，觉其关系视政治为尤重大也"。⑤ 1913年4月18日，梁

---

① 李宗仁口述，唐德刚撰写：《李宗仁回忆录》（下卷），华东师范大学出版社1995年版，第646页。
② 欧阳哲生主编：《胡适文集》（第3卷），第398页。
③ 同上书，第458页。
④ 同上书，第396页。
⑤ 傅国泳：《主角与配角——近代中国大转型的台前幕后》，第273页。

启超写给女儿的信中说,"吾今拟与政治绝缘,欲专从事于社会教育,除用心办报外,更在天津设立私立大学"。① 天津大学创始人、教育家张伯苓则说,"我在那里亲眼目睹两月之间三次易帜,取下太阳旗,挂起黄龙旗,第二次,我又看见取了黄龙旗,挂起米字旗。当时说不出的悲愤交集,乃深深觉得,我国欲在现代世界求生存,全靠新式教育,创造一代新人。我乃决计献身于教育救国事业"。② 他们在碰了政治的壁后,都把造新人作为救国的根本之图。胡适的好人政府的失败正在于旧的思想习惯没能得到清算,所以鲁迅说,"假如竟有'好人政府',出令改革乎,不多久,就早被他们拉回旧道上去了"。③

胡适几乎又回到了不谈政治的原点上了,他又要在思想文章上做出新的努力,从此以后,《努力》的同人渐渐地"朝着一个新的方向去努力。那个新的方向便是思想的革新。"他在给高一涵等四位的信中亦谈及停刊后的《努力》将"另谋换一方向戮力的办法",那就是接续《新青年》被中断了的思想文化上的努力。这似乎又回到了以前的起点。

> 《新青年》的使命在于文学革命与思想革命。这个使命不幸中断了,直到今日。倘使《新青年》继续至今,六年不断的作文学思想革命的事业,影响定然不小了。
>
> 我想,我们今后的事业,在于扩充《努力》使他直接《新青年》三年前未竟的使命,再下二十年不绝的努力,在思想文艺上给中国政治建筑一个可靠的基础。④

---

① 傅国涌:《主角与配角——近代中国大转型的台前幕后》,第260页。
② 欧阳哲生主编:《胡适文集》(第7卷),第609页。
③ 鲁迅:《二心集·习惯与改革》,《鲁迅全集》(第4卷),第228-229页。
④ 欧阳哲生主编:《胡适文集》(第3卷),第400页。

胡适要从政治的"歧路"上"退步抽身",回到他那思想文化的康庄大道上?不。应当说,所谓"朝着一个新的方向去努力"是胡适想要调整以前《努力》过多地"谈政治"的倾向,因为那时恶政治太坏了,他"忍不住先打击他",然而,光谈政治又是不行的,现在他是要将他的议论朝谈思想的方向上拨动一下。1923年3月12日,他去信给美国好友韦莲司,向她汇报"回国五年的生活和成绩"时说,"在5年漫长的时间里,我克制自己不谈有关政治的议题。但是我终于忍不住了,在去年5月开始了这个小周报(按:指《努力周报》),主要是谈政治问题,但并不完全排除文学和哲学的文章"。而且他还"每个月出版一个增刊,叫《读书杂志》。我把自己有关中国文学和哲学的研究成果发表出来"。①

胡适的"新的方向"正是"专从文艺思想方面着力,但亦不放弃政治"。因为"虽然将来的新《努力》已决定多做思想文学上的事业,但我们深信'没有不在政治史上发生影响的文化'"。② 这是4月7日晚上,胡适与叔永夫妇、经农、振飞等一帮朋友商议的结果。他在1924年1月4日给韦莲司的信也说到了这一"新的方向"。

> 过去两年的事使我相信,虽然我们无法避免批评政治,并提出政治上的主张,但政治上的改革并不是只有从政治上着手的一条路,一种新的思想模式才是最根本的需要。我们新的月报,仍将延用《努力》这个刊名,[本刊]将集中精力在形成一种新的知识阶层的看法,并创造一个新的文学。③

看来,他将要左右开弓了,左手写政论文章,右手写思想文章。

---

① 周质平编译:《不思量,自难忘:胡适给韦莲司的信》,第144页。
② 欧阳哲生主编:《胡适文集》(第3卷),第398-399页。
③ 周质平编译:《不思量,自难忘:胡适给韦莲司的信》,第149页。

胡适这人"带有一股自然的傻气",①所以有时傻得可爱。谈政治就谈政治得了,但他却不愿戴这顶谈政治的"帽子",所以,在他的老同学梅光迪,他的白话文的反对者,来函称赞他那"不趋极端,不涉妄想"的政论文章时,他说他的谈政治和以前谈白话文,谈实验主义是如出一辙的,并说他这几年的政论文章,"只是这一种实验主义的态度在各方面的应用"罢了,又说什么教人一种"注重事实,尊崇证验"的方法,因此,他的态度如故,从未"变节",只是"材料与实例变了"。② 事实是这样吗?他的辩解多少有些牵强。他认为他的谈政治,仍与谈思想是一致的。

同样,当孙伏庐要把"那被政治史夺去的我,替文化史夺回来"时,他又承认自己是在谈政治,然而他又自有他的一番大道理,说什么"没有不在政治史上发生影响的文化;如果把政治划出文化之外,那就又成了躲懒的,出世的,非人生的文化了"。③ 在这里,政治与思想是轩轾不分的。当胡适在政论性出版物《努力》里突兀地出现一篇他的《跋〈红楼梦〉考证》时,有读者觉得这与《努力》的"主旨与体裁"太不协调,觉得没有"系统"性,他却说,"我们这个报不是'专'谈政治的。政治不过是我们努力的一个方向"。这时,他已经左右开弓了。总之,关于政治与思想,他是两者都不放弃的了,由此转向一种思想文化与政治兼谈的"新的方向"。他说的一句话用在这里比较合适。"我们当日不谈政治,正是要想从思想文艺的方面替中国政治建筑一个非政治的基础。现在我们虽然因时势的需要,不能不谈政治问题,但我们本来的主张是仍旧不

---

① 柳存仁:《记北京大学的教授》,《宇宙风乙刊》第 27、29、30 期,1940 年 8、9、10 月。

② 欧阳哲生主编:《胡适文集》(第 3 卷),第 365-366 页。

③ 同上书,第 366 页。

当抛弃的,我们仍旧要兼顾到思想与文艺的方面的。"①

综上,对胡适来说,文章分为思想文章与政论文章,谈思想呢,还是谈政治呢,这两者之间的取舍却是一波三折的。他起初主张莫谈政治,并倾力于从思想文化层面对中国进行迂缓、渐进的、一点一滴的改造,后来政治太恶劣了,就忍不住先打击政治,便号召知识分子不要袖手旁观,积极地谈政治,甚至干政治,不幸的是,谈政治、干政治,又遭到不可避免的失败,这使得他再次反思权衡了谈思想与谈政治的缓急轻重,最后形成这样一个折中的方案:那就是"专从文艺思想方面着力,但亦不放弃政治"的"新的方向",胡适的关于知识分子的文与政的关系正是经历了这么一个正反合的思想历程。

第三节 郭沫若:歌唱着阳春的凯旋

当年,中苏友好协会总会赠送给苏联文化代表团一堂屏风,上有梅花和白鸽,梅花者何?诗有云:"墙角数枝梅,凌寒独自开",战斗精神之寓寄也。白鸽者何?歌有唱:"今天是你的生日,我的中国,清晨我放出一群白鸽",和平希望之寓寄也。合而论之,大约是以斗争来争取和平,以斗争来捍卫和平之意。

于是,郭沫若题诗以寄意,诗曰:

> 梅花是中国人喜爱的花,
> 它象征着战斗精神。
> 不肯屈服在严冬的寒威之下,
> 它站在百花之先

---

① 欧阳哲生主编:《胡适文集》(第3卷),第369-370页。

歌唱着阳春的凯旋。①

列宁在《党的组织和党的出版物》中曾说:"写作事业应当成为整个无产阶级事业的一部分,成为由整个工人阶级的整个觉悟的先锋队所开动的一部巨大的社会民主主义机器的'齿轮和螺丝钉'。"② 1946年5月4日,在"第二届'五四'文艺节告全国文艺工作者书"中,郭沫若说,"我们文艺工作者是以文艺服务于人民的忠实的仆役"。③ 文人的文学事业正是革命事业的一部分。梅花就是文人,文人便是那前线上吹号的"红小鬼",文人便是那阵地前擂鼓的"梁红玉",文学是机关枪,是宣传单,为了实际的战斗的进行和胜利,文人"不肯屈服在严冬的寒威","站在百花之先",吹着号,打着鼓,极尽"鼓吹"之能事和责任。

我高兴做个"标语人"、"口号人"

鲁迅曾骂郭沫若等一干人是"才子+流氓",④后来,他又说他和郭沫若虽"未尝一面","曾用笔墨相讥","但大战斗却都为着同一的目标,决不日夜记着个人的恩怨"。⑤ 郭沫若虽也曾骂鲁迅"是一位不得意的

---

① 郭沫若:《郭沫若全集》(文学编第4卷),第92页。
② 《列宁全集》(第12卷),人民出版社1987年版,第93页。
③ 郭沫若:《郭沫若全集》(文学编第20卷),第61页。
④ 鲁迅曾说,"势力一雄厚,就看见大商店如商务印书馆,也有创造社员的译著的出版,——这是说,郭沫若和张资平两位先生的稿件。这以来,据我所记得,是创造社也不再审查商务印书馆出版物的误译之处,来作专论了。这些地方,我想,是也有些才子+流氓式的。"(鲁迅:《二心集·上海文艺之一瞥》,《鲁迅全集》(第4卷),第303页。)
⑤ 鲁迅:《且介亭杂文末编·答徐懋庸并关于抗日统一战线问题》,《鲁迅全集》(第6卷),第557页。

Fascist(法西斯蒂)",① 但他后来却说,"鲁迅生前曾经骂了我一辈子,但可惜他已经死了,再也得不到他那样深切的关心了。鲁迅死后我却要恭维他一辈子,但可惜我已经有年纪了,不能够恭维得尽致"。② 郭沫若说他"是毫无溢美、毫无阿好的直感"的。③ 鲁迅逝世后,郭沫若可谓是真的"恭维"了鲁迅一辈子,他诗意地说,"鲁迅是奔流,是瀑布,是急湍,但将来总有鲁迅的海。鲁迅是霜雪,是冰雹,是恒寒,但将来总有鲁迅的春"。④ 说得不错。

他们皆是性情中人,彼此相骂,但又彼此相通,这主要的原因是他们对作家的使命,文学的使命的观点是不谋而合的,大同小异的。

我要取消掉我这个"文艺家"或"作家"的头衔

文学史上,常常会讲到鲁迅和郭沫若,那就是说,我们无可争议地认为他们是作家,但他们却都异口同声地声称自己不是作家,也不愿做作家,鲁迅是一个"斗士",斗士在于手持文学这柄利剑,和社会这座风车决斗,郭沫若是一个"战士",战士是扛着文学这杆枪,在党的旗帜的指引下冲锋陷阵。

鲁迅曾自称自己"并非艺术家"⑤,"不想充'文学家'"。⑥ 这里且不详论鲁迅,和鲁迅一样,郭沫若也曾多次否定自己的文学家的身份。20年代,在上海时,"当安娜去内山书店帮他买《资本论》时,内山完造带着

---

① 杜荃(郭沫若):《文艺战线上的封建余孽》,李富根、刘洪主编:《恩怨录·鲁迅和他的论敌文选》(下),第 521 页。
② 郭沫若:《郭沫若全集》(文学编第 18 卷),第 371 页。
③ 同上书,第 350-351 页。
④ 同上书,第 351 页。
⑤ 鲁迅:《三闲集·文艺与革命》,《鲁迅全集》(第 4 卷),第 83 页。
⑥ 鲁迅:《三闲集·通信》,《鲁迅全集》(第 4 卷),第 98 页。

惊异的眼光对她说：'很难懂,文学家何必搞这个！'"①内山感到"惊异"的原因在于他不懂,在郭沫若内心看来,他本意并不要做什么文学家,他要看的正是《资本论》,而不是文学经典。

1924年,郭沫若翻译了河上肇的《社会组织与社会革命》,他在给成仿吾的信中说,"这书的译出在我一生中形成了一个转换时期,把我从半眠状态里唤醒了的是它,把我从歧路的彷徨里引出了的是它,把我从死的暗影里救出了的是它,我对于作者非常感谢,我对于马克思、列宁非常感谢"。他说他还不具备成为一个"纯粹的科学家,纯粹的文学家,纯粹的艺术家,纯粹的思想家"的条件,他在这个过渡的时代里"只能做个产婆的事业"。② 文学在他的眼里只不过是"镀金的套狗圈",他在《漂流三部曲》中借"爱牟"的口说,"我们在这世间上究竟有甚么存在的必要,有甚么存在的必要呢！我们绞尽一些心血,到底为的是甚么？为的是替大小资本家们做养料,为的是养育儿女来使他们重蹈我们的运命的旧辙！我们真是无聊,我们的血简直是不值钱的苋菜水,甚么叫艺术,甚么叫文学,甚么叫名誉,甚么叫事业哟！这些镀金的套狗圈,我是甚么都不要了。我不要丢去了我的人性做个甚么艺术家,我只要赤裸裸的做着一个人"。③ "爱牟"一个人自言自语向着艺术的代表贝多芬,歌德告别：

> 悲多汶哟,歌德哟,你们莫用怒视着我,我总不是你们艺术的国度里的居民,我不再挂着你们的羊头卖我的狗肉了。我要同你

---

① 转见龚济民、方仁念：《郭沫若传》,第135页。
② 郭沫若：《郭沫若全集》(文学编第16卷),第9-10页。
③ 郭沫若：《郭沫若全集》(文学卷第9卷),人民文学出版社1985年版,第270页。

们告别,我是要永远同你们告别。①

贝多芬,歌德,尤其是歌德,是郭沫若早年的艺术偶像,然而,他在向他们告别的同时,也是在向自己对艺术的强调和追求的"旧我"做了最后的告别。

他在《〈盲肠炎〉题记》中说:

> 一九二六年我参加了北伐,我的文艺生活更确确实实地告了一个段落。尔来二十年,无论在写作上或生活上和所谓"纯文艺"实在是愈隔愈远,这如用今天最时髦的纯文艺家的话来说,便是我失掉了"写作的马达"。但我是心甘情愿,而且也心安理得的。我自己在这儿可以公开的宣布:我要取消掉我这个"文艺家"或"作家"的头衔。②

大革命后,他更是"决心想和文学断缘",1936年,郭沫若在交代《我的作诗的经过》时说:

> 我自己的本心在期待着:总有一天诗的发作又会来袭击我,我又要如冷静了的火山从新爆发起来。在那时候我要以英雄的格调来写英雄的行为,我要充分地写出些为高雅文士所不喜欢的粗暴的口号和标语。我高兴做个"标语人","口号人",而不必一定要做"诗人"。③

他并不以自己不是一个文学家为愧,而以一个文学战士的身份

---

① 郭沫若:《郭沫若全集》(文学卷第9卷),人民文学出版社1985年版,第272页。
② 郭沫若:《郭沫若全集》(文学编第18卷),第6页。
③ 郭沫若:《郭沫若全集》(文学编第16卷),第221页。

为荣。

　　郭沫若对那些战斗的文人倍加推崇。"关汉卿是我国十三世纪的一位民间戏剧家。他也是拿着艺术武器向封建社会猛攻的杰出的战士。"①在他的眼里,一个作家应当是一个战士,也自甘于做一个战士,1940年,在鲁迅逝世四周年时,他"在菜油灯下"纪念鲁迅,他说鲁迅文章的功力有点像开一代文风的韩愈,但鲁迅的"革命"精神却是韩愈所望尘莫及的。"考虑到在历史上的地位,和那简练、有力、极尽了曲折变化之能事的文体,我感觉着鲁迅有点象'文起八代之衰而道济天下之溺'的韩愈,但鲁迅的革命精神,他对于民族的贡献和今后的影响,似乎是过之而无不及。"②1947年3月10日,郭沫若在为冼星海的《黄河大合唱》做序时说:"星海同时是一位革命家,尽管他那样专心于音乐,但他并不是为艺术而艺术的那种妄人。他是要以音乐为人民服务、为革命服务的。因此,神圣的抗日战争爆发,他就不能不放弃他的学业而从海外回到祖国的怀抱里来了。"③他高度赞扬了音乐家的革命精神。

　　特别是1944年10月1日,郭沫若在邹韬奋的追悼会上热情地说:"你的武器,你的犀利的武器,也交代在我们手里来了。我们每一个人的身上差不多都有你的武器,这就是这么一枝笔!你仗靠这枝笔!为人民的解放,为反法西斯的胜利战斗了来,我们也应该仗着这枝笔,为人民的解放,为反法西斯的胜利战斗起去。(大鼓掌。)"④而他本人便是运用那一支笔的好手,南昌起义后,他身上"惟独剩下了一支红色的

---

① 郭沫若:《郭沫若全集》(文学编第17卷),第91页。
② 郭沫若:《郭沫若全集》(文学编第18卷),第349页。
③ 郭沫若:《郭沫若全集》(文学编第20卷),第264页。
④ 郭沫若:《郭沫若全集》(文学编第19卷),第494页。

头号派克笔",①1937年回国抗战时,他也"只带了一支笔",②1941年,文化界为他庆祝五十寿辰时,友人赠送他一支如椽巨笔。共产党封他为革命文化队伍中的"文化班头",国民党也没有轻视他,蒋介石在抗战时便声称要"仰仗"他这支笔。笔是他参加革命最有力的武器,周恩来是这样评价他的:

> 郭先生是富于战斗性的,不仅在北伐,抗战两个伟大时代,郭先生是站在战斗的前线,号召全国军民,反对北洋军阀,反对日本强盗和敌伪的,便在二十五年的文化生活中,郭先生也常常以斗士的姿态出现的,正因为这样,他才能成为今日革命文化的班头。③

直到"文革"后,他还自命为"文艺战线上的一个老兵"。④ 因为他相信,"文学是社会现象的经过创造过程的反映;反过来,社会要受到文学的创造性的影响而被塑造"。⑤ 他也正是借文学的武器来参与到社会斗争之中,尤其是在重庆时,他的话剧创作借古喻今、影射当局,震动一时。"总观他的历史题材的剧本,都是针对当时政治形势,有的放矢,不拘泥于历史事实,而随意发挥,虽云自我作古,却非英雄欺人;革命浪漫主义的豪迈气魄,激发了广大人民热爱祖国,热爱中国共产党的热

---

① 许纪霖:《在学术与政治间徘徊的近代中国知识分子》,甘阳主编:《八十年代文化意识》,第230页。

② 夏衍:《知公此去无遗恨——痛悼郭沫若同志》,新华日报资料室编:《悼念郭老》,第18页。

③ 周恩来:《我要说的话》,绍兴师范专科学校、绍兴鲁迅纪念馆编:《郭沫若同志论鲁迅》1979年版(按:无出版社),第8页。或见周恩来:《论鲁迅与郭沫若》,《人物杂志》1946年第5-6期。

④ 郭沫若:《衷心的祝福——在中国文学艺术联合会第三届全国委员会第三次扩大会议上的书面讲话》,《东风第一枝》,第63页。

⑤ 郭沫若:《郭沫若全集》(文学编第17卷),第130页。

情,从而加倍地意气风发,斗志昂扬。"①他自己是这样陈述的:"我写《虎符》是在抗战时期,国民党反动政府第二次反共高潮——新四军事件之后,那时候蒋介石反动派已经很露骨地表现出'消极抗战,积极反共'的罪恶行为。我不否认,我写那个剧本是有些暗射的用意的。因为当时的现实与魏安釐王的'消极抗秦,积极反信陵君',是多少有点相似。"②尤其是1942年的话剧《屈原》,他借屈原抒发"时代的愤怒",轰动山城,那是"国民党反动派统治最黑暗的时候,而且是在反动统治中心——最黑暗的重庆。不仅中国社会又临到阶段不同的蜕变时期,而且在我眼前看见了不少的大大小小的时代悲剧。无数的爱国青年、革命同志失踪了,关进了集中营。代表人民力量的中国共产党在陕北遭受着封锁,而在江南抵抗日本帝国主义的侵略最有功劳的中共所领导的八路军之外的另一支兄弟部队——新四军,遭了反动派的围剿而受到很大的损失。全中国进步的人们都感受着愤怒,因而我便把这时代的愤怒复活在屈原时代里去了。换句话说,我是借了屈原的时代来象征我们当前的时代"。③ 周扬说:"在这位古代伟大爱国诗人的形象中,可以看到作者本人的面影。屈原抨击楚国统治者残民媚外的反动政策,也是作者对国民党反动派的申斥和抗议。"④文学在这里显示出了原子弹式的威力。

我可以斗胆的骂我自己

正是他将文学家视为战士,对他来说,文学的本质又是宣传。当

---

① 茅盾:《化悲痛为力量》,新华日报资料室编:《悼念郭老》,第3页。
② 郭沫若:《郭沫若全集》(文学编第17卷),第252页。
③ 同上书,第250页。
④ 周扬:《悲痛的怀念》,新华日报资料室编:《悼念郭老》,第8页。

然，在他思想转变之前，他的认识是截然相反的，他那时还是主张"为艺术的艺术"的。鲁迅曾说，"创造社是尊贵天才的，为艺术而艺术的，专重自我的，崇创作，恶翻译，尤其憎恶重译的，与同时上海的文学研究会相对立。那出马的第一个广告上，说有人'垄断'着文坛，就是指着文学研究会"。① 虽然，郭沫若最后解释郁达夫所说的"垄断"文坛原意并不是针对文学研究会，而是出于郁达夫的文稿为报刊编辑所不重视而发的议论，虽然他此后辩解说，创造社主张"为艺术的艺术""其实是作为一个文艺工作者的极应分极谦抑的说法，他们只是没有夸大他们的成果会对于祖国或人群发生怎样怎样的作用而已"。② 但鲁迅说他们为艺术而艺术的主张却是没有错的。

郭沫若的文章往往不是写出来的，而是喷出来的，是突发式的，急就章式的，服从内心的，服从情感的，这种创造的、主观的艺术主张也与他那浪漫的禀性有关。他自叙他的写作经验时说，"《地球，我的母亲》是民八学校刚放好了年假的时候做的，那天上半天跑到福冈图书馆去看书，突然受到了诗兴的袭击，便出了馆，在馆后僻静的石子路上，把'下驮'（日本的木屐）脱了，赤着脚踱来踱去，时而又率性倒在路上睡着，想真切地和'地球母亲'亲昵，去感触她的皮肤，受她的拥抱。——这在现在看起来，觉得是有点发狂，然在当时却委实是感受着迫切"。③

不过，他那种为艺术而艺术的艺术追求随着思想的变化随即遭到自我否定和自我清算，从此他就走上了为宣传而写作的道路上来。

其实，他说他早年"搞文学是想鼓动起热情来改革社会"，这里已有了宣传的意味了，尤其是"在一九二四年，我中止了前期创造社的纯文

---

① 鲁迅：《二心集·上海文艺之一瞥》，《鲁迅全集》（第4卷），第302页。
② 郭沫若：《郭沫若全集》（文学编第19卷），第136页。
③ 郭沫若：《郭沫若全集》（文学编第16卷），第216页。

艺活动,开始转入了对于辩证唯物论的深入的认识,在这儿使我的思想生出一个转机"。①1925年2月21日,在《〈塔〉的前言》中,郭沫若向自己的艺术生涯作了这样的告别:

> 我把我青春时期的残骸收藏在这个小小的"塔"里。
>
> 无情的生活一天一天地把我逼到了十字街头,像这样幻美的追寻,异乡的情趣,怀古的幽思,怕没有再来顾我的机会了。②

1928年,郭沫若再次提到他在1923年3月做的《批评与梦》中的话,当时他说,"我想当个饥则啼、寒则号的赤子。因为赤子的简单的一啼一号都是他自己的心声,不是如象留声机一样在替别人传高调"。但现在,"我自己是已经忏悔了"。他"从'不当一个留声机器'转换到'当一个留声机器'!!!"③后来,他对自己在前期创造社时的艺术主张进行了自我批判。

> 二十多年前我也是喊过"为写作而写作"过来的人,我可以斗胆的骂我自己:那只是幼稚的梦呓而已。④

他说所谓为艺术而艺术"事实上只是不通的一个偏见"。因为"无论任何艺术,没有不是为人生的,问题只是在所为的人生是为极大多数人,还是为极少数人;更进是为极短暂的目前,还是极为长久的永远"。"假如是为极少数人目前享受,如世纪末一些个人享乐的刹那主义派(按:Monentallism)的文艺,或者便是所谓'为艺术的艺术'派吧,这是

---

① 郭沫若:《郭沫若全集》(文学编第18卷),第5页。
② 上海图书馆文献资料室、四川大学郭沫若研究室合编:《郭沫若集外序跋集》,第37页。
③ 郭沫若:《郭沫若全集》(文学编第16卷),第75-76页。
④ 郭沫若:《郭沫若全集》(文学编第18卷),第7页。

没有多大价值。但即使是为极大多数人的享受,而只为的是极短暂的目前,就如迎合低级趣味的一般的黄色文艺,还是同样地没有价值。"①他从最大多数人的长远利益这一标准来否定为艺术而艺术的艺术主张。顺这一思路下来,他曾喜爱和推崇的歌德对文学的看法也被他否定。

郭沫若平生最喜欢的外国作家之一便是歌德,他曾翻译过歌德的《少年维特的烦恼》和《浮士德》,他甚至被称为中国的"歌德",但是他对歌德那种贵族式的纯艺术倾向有所批判,歌德在《浮士德》序幕里说:

> 请把我引到那清静的天乡,
> 那儿有纯洁的欢花专为诗人开放,
> 那儿有爱情与友谊以神手经营,
> 育护我们深心中深心中的欣幸。

郭沫若称"这种反民主的文艺观是极普遍的一种想念,然而也就是极糊涂的一种错误"。②

文艺的本质就是宣传

有批评,反省,便有相应的主张,1928年,郭沫若以麦克昂的笔名写了《桌子的跳舞》,对灵感派、艺术派、游戏派等文学主张大加批判,"他们还说:这是甚么烟士披里纯(Inspiration)咧,甚么纯粹艺术咧,甚么创造的冲动咧,甚么主观的主观咧,这真是叫人肉麻了"。③ "譬如极狭隘、极狭隘的个人生活的描写,极渺小、极渺小的抒情文字的游戏,甚

---

① 郭沫若:《郭沫若全集》(文学编第19卷),第137页。
② 同上书,第515页。
③ 郭沫若:《郭沫若全集》(文学编第16卷),第55页。

至对于狭邪游的风流三昧……一切日本资产阶级文坛的病毒,都尽量的流到中国来了。"①他终于走出艺术的小圈子,走进社会的新天地,中国处在一个"很伟大的时代","五卅惨案"、"三一八惨案"等,然而文艺"反映出来的是——一张白纸"!而我们的作家都在干什么呢,他说:

> 我们的作家们都好象磨坊里的马,蒙着眼睛在固定的圈子上打来回。
>
> 我们的作家都好象田螺,永远拖着自己的坚壳在道路上慢慢地移动,稍微一接触着外界的激刺,便把泧腻腻的软嗒嗒的身子缩进去了。
>
> 我们的作家们都好象反刍动物,只得把自己食囊里面所储蓄的陈腐的食物嚼来嚼去。
>
> 我们的作家都好象养在食料不足处的乌贼,饿了只好自己吃自己的脚。②

这和文研会的主张几乎不分你我了,茅盾也这样说,"我们希望国内的文艺的青年,再不要闭了眼睛冥想他们梦中的七宝楼台,而忘记了自身实在是住在猪圈里"。③

他大声呼唤斗士般的作家和他们那愤怒的战叫。

> 最勇猛的斗士大概是最健全的。
>
> 文艺是阶级的勇猛斗士之一员,而且是先锋。
>
> 它只有愤怒,没有感伤。

---

① 郭沫若:《郭沫若全集》(文学编第 16 卷),第 54 页。
② 同上书,第 52 页。
③ 雁冰:《"大转变时期"何时来呢?》,贾植芳等编:《文学研究会资料》(上),第 112 页。

它只有叫喊,没有呻吟。

它只有冲锋前进,没有低徊。

它只有镰刀斧头,没有绣花针。

它只有流血,没有流泪。①

这和文研会的主张几乎不分你我了,比如,文研会的发起者之一郑振铎也这样说,"记住!记住!我们所需要的是血的文学,泪的文学,不是'雍容尔雅''吟风啸月'的冷血的产品"。②

窗外风起云涌,窗内岂能风清月明,窗外大鼓唢呐,窗内岂能丝竹管弦。在这动荡而纷乱的岁月里,他说他首先做一个"人",而不要做一个"文人",1941年有人问他,"四年来为甚么少写文艺上的东西?"他说,"在大动荡的惊涛恶浪中,我这些小船固定在一座珊瑚礁上了。我不仅没有工夫写,甚至没有工夫看"。③ 这主要是他是这个社会中的一员,他不能超脱这个社会而存在。1941年,他在"有点近于'鸣锣奉告'式的宣传文字的总汇"④《羽书集》序中说,"抗战以来,关于学术研究的工作是完全荒废了,但我也并不引以为憾。在目前这样天翻地复(按:原文如此)的时代,即使有更适当的环境让我从事研究,我也不会有那样静谧的心境。我始终是一个'人',那种'超人'式的行径,的确是超过了我"。⑤ "不做'文艺家'不要紧,我们总得要做'人';写不出'伟作'可以和萧伯纳相比的也不要紧,总要对得起每天给我们饭吃的老

---

① 郭沫若:《郭沫若全集》(文学编第 16 卷),第 62 页。
② 西谛:《血和泪的文学》,贾植芳等编:《文学研究会资料》(上),第 73 页。
③ 郭沫若:《郭沫若全集》(文学编第 18 卷),第 124 页。
④ 同上书,第 126 页。
⑤ 同上书,第 124 页。

百姓。"①

文学的本质是宣传。这是郭沫若在实际文艺生活中的经验总结，这也是他的艺术主张。他在给他的创造社战友成仿吾的信中说到他的艺术世界的颠覆。

> 我们是革命途上的人，我们的文艺只能是革命的文艺。……真实的生活只有这一条路，文艺是生活的反映，应该是只有这一种是真实的。……现在是宣传的时期，文艺是宣传的利器，我彷徨不定的趋向，于今固定了。②

1938年，郭沫若在庆祝中华全国文艺界抗敌协会成立时，发表了一篇《文艺与宣传》的文章，他宣布道：

> "文艺的本质就是宣传"，在平时颇有一部分人不肯相信，甚且加以攻击，但到了战时却愈见显示着这是道破了一片真理。事实是最好的证人。我们试把"八一三"抗战以来的我国的文艺作品来检讨一下，便可以知道整个文艺界的动向和文艺的本来面目。③

他甚至从老祖宗那里找到了文艺即宣传的证据了。"古人说过'言之不文，行而不远'，我们如把它翻译成现代语，便是'宣传如不用文艺的方式，便不能够深入而普及'。"④他这个理解当然是戴着"宣传"的眼镜看的。他反唇相讥那些反对文艺是宣传的人其实正是宣传，这是鲁迅的逻辑和策略。"其实所谓幽默小品与'反差不多'运动本身，又何尝不是一些宣传呢？它们是在向人宣传为文艺而文艺，向人宣传'渡越流

---

① 郭沫若：《郭沫若全集》（文学编第18卷），第7页。
② 郭沫若：《郭沫若全集》（文学编第16卷），第20页。
③ 郭沫若：《郭沫若全集》（文学编第18卷），第249页。
④ 同上书，第250页。

俗'的生活。"①

对郭沫若来说,固然他从前还曾有为艺术而艺术的梦想,但现实的斗争使得他将文艺视为直接配合现实政治斗争的工具,这样,文学是战斗的,文学是宣传的,他也不再要那"文学家"的头衔了。

文艺上的"三反"运动

> 死顽固派让他在牛角尖里孤芳自赏吧,
>
> 摩登骚人让他在狭窄的巷道搔首弄姿,
>
> 我们要迈着大步走向自由广阔的天地!②

文艺是斗争的,文艺是宣传的。郭沫若和自己清算完结后,他要在文艺领域里开展"三反"运动了,他要一一清算艺术领域的艺术派、现代派和庙堂派。

一反艺术派

1943年,有人"骂文艺工作者从事政治活动,或实际工作,太不文雅,高唱'与抗战无关'",其中施蛰存在《文艺先锋》上发表《文学的贫困》,抱怨抗战之中文学收获之可怜,郭沫若写了《文艺的本质》一文,开门见山道:

> 文艺的本质是斗争,是对于自然界(人包含在内)暴力的斗争,因此文艺是武器。③

抗战无关论看起来是文艺的工具化问题,进而言之是文艺与现

---

① 郭沫若:《郭沫若全集》(文学编第18卷),第250页。
② 郭沫若:《郭沫若全集》(文学编第19卷),第536页。
③ 同上书,第336页。

实的关系的问题,再进而言之便归结为在一个战斗正酣的时代里,文人是否可以超脱这个时代的问题,郭沫若正是这样一步步地取得了话语权。

他说那些"抗战无关论者"其实是主张文学与现实的疏离,"普通对于文学特别感兴趣的人,对于时事大抵疏忽,有时是故意的回避,似乎要这样才可以显得清高,才够资格称得上文人风雅。取例不必过远,就在目前还有好些自命风雅之士在那儿鼓吹'与抗战无关的作品'——其实那些活古董有的根本没有作品,乃至连文字都没有写通,倒说不到与抗战无关有关上来的"。① 茅盾也曾这样说到文学与现实之关系,"功利的艺术观,诚然不对;要把带些政治意味与社会色彩的作品都屏出艺术之宫的门外,恐亦未为全对。更说不上能否阻碍艺术的独立"。② 他进而说明文艺脱离不开现实和政治,文艺与现实和政治有关并非是文艺的堕落,"我们已经从事实上证明环境对作家有极大的影响了,我们也从学理上承认人是社会的生物罢,那么,中国此后将兴的新文学果将何趋,自然是不言可喻咧。若有人以为这就是文艺的'堕落',我只能佩服他的大胆,佩服他的师心自用而已!"③

既然文艺与现实有关,生活在国家民族处于危亡之际的作家怎能不担当起这一道义责任,不参与到现实中呢?郭沫若在这一层面取得了道义上的优势。熊佛西在重庆曾说过,"我所导演的戏就闹到没有一个观众,也有高度的艺术价值",郭认为这是一种"醺醺然陶醉于为艺术而艺术,为戏剧而戏剧"的"高蹈气派"的艺术倾向,他说:"一个戏假使

---

① 郭沫若:《郭沫若全集》(文学编第 19 卷),第 176 页。
② 雁冰:《文学与政治社会》,贾植芳等编:《文学研究会资料》(上),第 108 页。
③ 同上书,第 110 页。

演出成功了,我们每每听见说这是观众吃故事。假使失败了,那是观众的水准太低。再则如果一个戏打动了愈下层的妇孺老弱,那可不得了,那便是文明戏式的闹剧。更或者说'小市民的眼泪是悲剧的污辱'。"①郭沫若问道,"我们干戏剧,到底为的是谁,为的是什么呢?"这答案当然为的是人民大众,为了当下的抗战的胜利,这是一个艺术家道义上的责任。因此,"所谓'与抗战无关的作品',在目前应该没有产生的余裕。假如仍然有人低回在这种境地里面,那是他根本并不有把文艺和文艺工作者的任务认识清楚。这在道义上是难以容许,在文艺上也是难以容许的"。②

他在另一处则说了斗争时代文艺的使命,"为了大众,为了社会的美化与革新,文艺的内容断然无疑地是以斗争精神的发扬和维护为其先务。目前的中国乃至目前的世界,整个是美与恶、道义与非道义斗争得最剧烈的时代,也就是最须得对于斗争精神加以维护而使其发扬的时代"。③郑振铎也这样说,"现在的世界是如何残酷卑鄙的世界呀!同情心压伏在残忍冷酷的国旗与阶级制度底下,竟至不能转侧。而人们的高洁的精神,廓大的心境也被卑鄙的实利主义,生活问题泯灭消灭而至于无有。救现代人们的堕落,惟有文学能之。文学的使命是如何的重大呀!光荣神圣的文学家,你们应该如何的担负起这个重大的使命呢?"④反对为艺术而艺术的文艺观在救国这一事关民族大义的急务上取得了道义上的支持。

---

① 郭沫若:《郭沫若全集》(文学编第 19 卷),第 416 页。
② 同上书,第 145 页。
③ 同上。
④ 西谛:《文学的使命》,贾植芳等编:《文学研究会资料》(上),第 72 页。

二 反现代派

论理"主情"的郭沫若更易于和重内心世界的开掘的现代派相感应,他年轻的时候也曾装颓废,玩虚无,现在,文艺要达到宣传的目的,就必须写实、易懂,那么,境界"低下"(内容),文字"晦涩"(形式)的现代主义艺术风格成为他反对的另一种"不良文风"了。

后来郭沫若在反思"五四"时期,他们曾为之动心的现代派文学时说,这些文学流派只不过是浪花一朵,黄花一朵。"五四时期我们曾经很欣赏德国文学中兴起的表现主义流派;但现在看来,那在世界文学史上不过是昙花一现的'新生事物',如今早已过时。至于二三十年代所谓'未来主义'、'超现实主义'……都是等而下之,在诗歌史的长河中卷起过几个小旋涡、掀起过几个小浪花,随即自生自灭,'大江东流去'了。"①"二十世纪上半叶风行一时的象征派、现代派、未来派……都已经是昨日黄花了。"②20世纪50年代,郭沫若看到一个作者邮寄给他的诗后,回信说:"但你走的诗路太窄,受了些'世纪末'的影响。(甚至可以说走入了迷途。)"③

现代派的"迷途"体现在内容上的颓废绝望,和形式上的晦涩朦胧。先看内容。郭沫若曾说,"在近三四十年来,帝国主义者,首先是美帝国主义者,曾有意识地向中国灌输他们的腐朽的生活方式。在这种侮辱人类文化尊严的帝国主义者的产物中,包含着极端自私自利的市侩主义,绝望而颓丧的变态心理,反理性的神秘主义,民族的自大狂,道德与正义观念的毁灭,人类美感的蹂躏。这一切黑暗的东西是我们所

---

① 黄淳浩编:《郭沫若书信集》(下),第102-103页。
② 同上书,第86页。
③ 同上书,第308页。

唾弃的,也应该是全人类所唾弃的"。① 站在前现代的立场来看,郭沫若对现代主义精神种种指责都是对的,现代正是对前现代的反动,是以非理性颠覆理性,以主观世界颠覆客观世界,以非道德颠覆传统道德,以反伦理颠覆传统伦理,这显然与中国那种前现代甚至多少还有些封建气息的社会现实、思想文化格格不入。毛泽东曾说马克思主义就是"要破坏那些封建的、资产阶级的、小资产阶级的、自由主义的、个人主义的、虚无主义的、为艺术而艺术的、贵族式的、颓废的、悲观的以及其他种种非人民大众非无产阶级的创作情绪"。② 那一种虚无颓废的价值观是身受传统文化熏陶和接受了马克思主义的郭沫若所反对的。

再看形式。正是西方的那种现代情绪使得艺术形式发生了相应的变化,那种明朗写实的文风变得朦胧晦涩,1945年4月,郭沫若在悼念托尔斯泰时说:"他自己说过,他在年轻时代受了象征派的感染,到后来他知道这是反动的倾向,他就尽力改正过来,回到现实主义的路上。他说:'我爱人生,我本着全副的心力反对抽象,反对唯心论的人生观。'"③1962年2月5日,郭沫若在信中说,"西方的象征派诗人,就爱在音律上做工夫,而故意蒙胧其意趣,使人不可摩触。我们大可以不必走这条邪路,但形式总是应该讲究的"。④ 总之,现代派就是叫人"看不懂",我们不是提倡通俗的,大众的,民族的吗,就是要民众能懂知识精英说的话,写的文章,现在,你现代派的文章就连知识精英都看不懂啊,何况民众呢,你不能用现代诗去做宣传啊,"五四以来的新诗有各种各

---

① 郭沫若:《郭沫若全集》(文学编第17卷),第87页。
② 毛泽东:《在延安文艺座谈会上的讲话》,《毛泽东选集》(第3卷),第821页。
③ 郭沫若:《郭沫若全集》(文学编第19卷),第538页。
④ 黄淳浩编:《郭沫若书信集》(下),第365页。

样的新诗,什么新月派,象征派,这个派那个派的,我也弄不大清楚。象李金发的诗不知道算什么派,实在叫人不懂,跟胡风的文章一样"。① 而早在 1923 年,郭沫若就说他看不懂现代派的诗,他在译了未来主义创始人马利奈蒂的诗《战争》后说,"照诗的形式上来说,他的宣言要算是实际做到了。不依文法的,信号式的,不定形的动词,谐声字,数学的记号……应有尽有。但是它始终不是诗。只是一幅低级的油画,反射的客观的誊录。诗人在这个环境里面或者是感到了些甚么,但是我们终竟不知道他究竟感到了些甚么。我们只接到了一通脱码甚多的电报,晓得在甚么地方起了这么一场战争,如是而已。这儿没有人生的批评,没有价值的创造,没有作家的个性"。② "五四一代"精英对现代派都有着"看不懂"的问题存在,这另一个原因是他们是不想看懂,也不愿看懂。

怎样的形式方是他所想要的形式呢? 1949 年 9 月 8 日,郭沫若在《新儿女英雄传》序中说,"人物的刻画,事件的叙述,都很踏实自然,而运用人民大众的语言也非常纯熟,我希望他们再向前努力,获得更大的成功"。③ 那种"踏实自然"的文风正是他所提倡的。

三 反庙堂派

对胡适来说,中国文学史是文白斗争的历史,对郭沫若来说,中国文学史是官民(庙堂文艺与人民文艺)斗争的历史,两人着眼点不同,观

---

① 郭沫若:《郭沫若全集》(文学编第 17 卷),第 317 页。
② 郭沫若:《郭沫若全集》(文学编第 15 卷),人民文学出版社 1990 年版,第 250 页。
③ 上海图书馆文献资料室、四川大学郭沫若研究室合编:《郭沫若集外序跋集》,第 135 页。

察文学史的景象也不同,当然,这中间也有重叠的部分,似乎胡适更重文学的形式,这与"五四"时文学工具革命论的主张带给他巨大声誉有关,似乎郭沫若更重文学的内容,这与他的马克思主义世界观带给他的阶级斗争思想有关。

郭沫若说:

> 一部文艺史也就是人民文艺与庙堂文艺的斗争史。①

"我们知道古代的智识是贵族或奴隶主的专有品,除王室、公室乃至王室公室中少数史巫之外,一般的人民都是无智识的文盲。故尔古代说,'民者盲也',或者说,'民者冥也'。智识为贵族的专有品,一切的文字、艺术、文物、礼节,都是贵族长的专有品,所谓'礼不下庶人',便是文化化不到奴隶身上去。"②而宫廷文艺是为贵族服务的,"人民几乎自有史以来,在贵族奴役之下过着牛马的生活,文学也是在贵族奴役之下过着倡优的生活"。③ 文学家成为统治者的"清客"和"伶人","在中华的历史里,文学者久矣失却独立的资格,被人认作附属品装饰物了。文学之士在此等空气底下,除掉少数有骨气的人不肯'为王门筝人',其余的大多数,居然自己辱没,自认是粉饰太平装点门面的附属品!"④这样的身份限制使得他们唯有在粉饰太平和歌功颂德上下工夫,"凡是王权集中统治的时代(是宗教上的权威也可以),使一切文艺工作者的笔都集中于对于王威或神权的歌颂,至于歌颂到色情和寺宫,那样的时代便

---

① 郭沫若:《郭沫若全集》(文学编第 19 卷),第 542 页。
② 郭沫若:《郭沫若全集》(历史编第 4 卷),第 89 页。
③ 上海图书馆文献资料室、四川大学郭沫若研究室合编:《郭沫若集外序跋集》,第 109 页。
④ 沈雁冰:《文学和人的关系及中国古来对于文学者身分的误认》,贾植芳等编:《文学研究会资料》(上),第 55 页。

是没有文艺的时代"。① 于是,他称:

> 文艺跟着人类的历史走了两三千年的脱离民众的路,真象老鼠钻牛角,愈钻愈窄,窄到由对于极少数人的歌功颂德而至于只有自己一个人能够欣赏或甚至连自己都不懂的地步。②
>
> 中国的一部正统文学史差不多全部都充满着这种令人作呕的三寸金莲。明、清的八股已经是臭不堪闻的东西了。③

这种高雅、艰深的、为贵族服务的文艺"死去吧","反正已没有好长的时间了"。④

郭沫若认为文艺导源于民众,"文艺从它滥觞的一天起本来就是人民的,无论那一个民族的古代文艺,不管是史诗、传说、神话,都是人民大众的东西。它们是被集体创作,集体享受,集体保有"。⑤ 1959 年 1 月 8 日,他在为《红旗歌谣》写的编者的话中说,"中国文艺发展史告诉我们,历次文学创作的高潮都和民间文学有深刻的渊源关系。楚辞同国风,建安文学同两汉乐府,唐代诗歌同六朝歌谣,元代杂剧同五代以来的词典,明清小说同两宋以来的说唱,相互之间都存在这种关系"。⑥ 只不过,它为知识精英所撷取,将之高雅化,成为贵族所消遣赏玩之物,他注意到这么一个规律,"一部中国文学史,今天可以作正确的评价了。凡是在前认为文学正宗的著作,差不多都是一些死板的东

---

① 郭沫若:《郭沫若全集》(文学编第 19 卷),第 519 页。
② 同上书,第 534 页。
③ 同上书,第 516 页。
④ 同上书,第 534 页。
⑤ 同上书,第 42 页。
⑥ 上海图书馆文献资料室、四川大学郭沫若研究室合编:《郭沫若集外序跋集》,第 148-149 页。

西,而不登大雅之堂的一般俗文学倒反而富有生命。一代的文学正宗差不多都导源于前一代的俗文学,待到俗文学一登了大雅之堂以后,有生命的又逐渐化而为死板的东西去了"。①鲁迅曾说到梅兰芳的高雅化时也说到类似的道理,"士大夫是常要夺取民间的东西的,将竹枝词改成文言,将'小家碧玉'作为姨太太,但一沾着他们的手,这东西也就跟着他们灭亡"。②文学史上,的确存在着郭沫若所说的那样的规律。

他对文艺价值的判断是以艺术与人民生活"距离"的远近来衡量的。"任何文艺作品,凡是与下层生活脱离的,便都是歪辟的东西。文艺作品的价值和它与人民生活的距离成反比。距离愈大,价值愈低,距离愈小,价值愈大。"③以此来对《诗经》的艺术价值进行评判,便可得出这样的结论:"首先它告诉我们:民间文艺的生命,比贵族文艺或宫廷文艺的生命更丰富,更活泼;因为《风》的价值高于《雅》,《雅》高于《颂》,'变雅'高于'正雅'。"④所以,他将庙堂文艺贬之又贬,将人民文艺抬之又抬,然而,什么是人民文艺呢?"人民的文艺是以人民为本位的文艺,是人民所喜闻乐见的文艺,因而它必须是大众化的,现实主义的,民族的,同时又是国际主义的文艺。"⑤

至此,郭沫若将文艺界里与他的艺术主张相颉颃的艺术派、现代派、庙堂派一一予以清算。

---

① 郭沫若:《郭沫若全集》(文学编第 19 卷),第 517 页。
② 鲁迅:《花边文学·略论梅兰芳及其他(上)》,《鲁迅全集》(第 5 卷),第 609 页。
③ 郭沫若:《郭沫若全集》(文学编第 19 卷),第 516 页。
④ 郭沫若:《郭沫若全集》(文学编第 17 卷),第 229 页。
⑤ 郭沫若:《郭沫若全集》(文学编第 19 卷),第 543 页。

政治第一，政治正确

真诚的"焚书"论

新中国成立后，郭沫若在他的那条沿途贴满了标语的文艺道路上越走越窄，越走越险，然而，他是"明知山有虎，偏向虎山行"。时间到了1966年4月14日，在全国人大常委会一次会议上，郭沫若竟说出这样的话：

> 在一般朋友们、同志们看来，我是一个文化人，甚至于好些人都说我是一个作家，还是一个诗人，又是一个什么历史学家。几十年来，一直拿着笔杆子在写东西，也翻译了一些东西。按字数来讲，恐怕有几百万字了。但是，拿今天的标准来讲，我以前所写的东西，严格地说，应该全部把它烧掉，没有一点价值。主要原因是什么呢？就是没有学好毛主席。没有用毛主席思想来武装自己，所以阶级观点有的时候很模糊。①

这就是郭沫若著名的"自焚"说，话一出口，举世震惊，然而，在是年7月4日，身为亚非作家紧急会议中国代表团团长的郭沫若在北京再次发言，对他先前的焚书说对外人造成的惊愕有所解释，他再三强调，"严格地说这是我责任感的升华，完全是出自我内心深处的声音"。② 其实他的"焚书"论并不是不能理解的，也并不算偏激，不但能理解，而且不偏激，甚至是实事求是的，试想，以无产阶级文化的尺子来尺度他以前的作品，焉有存在的价值呢？8月25日，他回信徐正之，就他的焚

---

① 转自贾振勇：《郭沫若的最后29年》，第207页。
② 同上书，第212页。

书说再次解释,"凤凰每经五百年要自焚一次,从火中再生。这就是我所说的'烧掉'的意思。"① 他之所谓"焚书"之意便是以新的政治标准来进行文艺上的自我更新和重生的意思,在一定程度上来说,这是他的真诚,不过这是一种幼稚的、浪漫的真诚。

其实类似的"焚书"说,他在三十多年前就曾说过,1933 年 8 月 26 日,郭沫若在为乐华图书公司出的《沫若自选集》写的序言中便说,"认真严格地说时,凡是我转换了方向以前的作品,确实地没有一篇是可以适意的"。② 只是他那时没有新中国成立后的地位和身份,人微言轻,当然也不能产生地震般的效果了。

这是他以"政治标准"对自己作品的自我否定。以当时的标准来讲,他过去的作品可以说是不合格的,故而也就没有存在的价值了。作为党派知识分子,他视政治第一,政治正确为文艺的生命,正是基于此,他才会发出那些惊世骇俗的焚书论。

不能"魂不附体"

1960 年 6 月 1 日,郭沫若在《人民日报》上发表了一首献给全国文教群英大会的诗,诗曰:

在全国正大闹文化和技术革命,
到处都看到百花齐放、推陈出新。
解放前还是文盲,今天已成为先生!
解放前还是保姆,今天已有了发明!

---

① 黄淳浩编:《郭沫若书信集》(下),第 409 页。
② 上海图书馆文献资料室、四川大学郭沫若研究室合编:《郭沫若集外序跋集》,第 55 页。

为什么出现的奇迹如此地惊人？

关键在党的领导,有了政治灵魂！①

只有作品,不讲政治的作家便是"魂不附体",只讲政治,没有作品的政治便是"游魂野鬼"。1941年12月17日,郭沫若在赠送"左派作家"潘梓年的诗中说:

提高党性遵逻辑,

写好文章是作家。②

在郭沫若看来,人是"政治的动物",作家是脱离不开政治的,"朋友们,你们不要以为我们过分强调了政治的要求,或者以为在这样紧迫的政治斗争中文艺失掉了它的效用。不,这些都是错误的认识。人类是'政治的动物',离开了政治的要求,人类便只好是动物而已。一切社会活动都不能脱离时代的中心要求,文艺何能两样？文艺正是极犀利的政治斗争的武器,我们今天不仅不能搁下我们的武器,更应该磨炼我们的武器,使它更加犀利起来"。③ 在他看来,作家与政治要亲密无间,合二为一才对,而有些艺术家却认为作家与政治宜分不宜合,"哪个作家是党叫他当作家,就当了作家的？鲁迅、茅盾难道真是听了党的话才写？党叫写啥才写啥？!"④

袁枚在《随园诗话》中云:"作史三长,才、学、识,缺一不可。余谓诗亦如之,而识最为先。非识,则才与学俱误用矣。"1961年,郭沫若在读书札记中称袁的这一看法"良有见地"。他这样阐释道:"'识'即今言

---

① 郭沫若:《郭沫若全集》(文学编第4卷),第384页。
② 郭沫若:《郭沫若全集》(文学编第2卷),第306页。
③ 郭沫若:《郭沫若全集》(文学编第20卷),第64页。
④ 赵丹:《管得太具体,文艺没希望》,《人民日报》1980年10月8日。

'思想性'。'识最为先'即今言'政治第一'。误用才与学者亦有其'识',特'识'其所'识'耳。彼反对政治第一者,在彼亦为'政治第一',乃'反动政治第一'也。彼反对阶级斗争者,在彼亦正进行其阶级斗争,彼站在反动阶级立场而进行斗争也。"① 他还说,"对创作来说,思想、立场、劳动、实践等是最重要的,这就是政治第一"。② 他主张,在文艺活动中首先要有强烈的政治意识。

有了政治第一的意识,还要坚持"政治正确"的方向,"要作好文章,首先要有正确的思想、立场和良好的作风"。③ 所谓"政治正确",便是你是否具有"革命的人生观",你是否站在"人民的立场",你是否以"马克思列宁主义"为指导方向,归根到底,你是否自觉到以"为人民谋福利"的党的宗旨为宗旨,你的文章是促进了这一宗旨的实现,还是破坏了这一宗旨的实现。

郭沫若曾说戏剧除了感染力强外,还要有一层"伦理上的限制",那"便是内容要于民众有利,至少是无害。假使于人无益而甚至有害,那么价值的批判便要恰恰相反。譬如,海淫煽情,有伤风化,又譬如替汉奸辩护之类的作品,照道理上说来应该感动不了多少人,然而用技术的魔术却往往可以收到惊人的效果"。④ 如果"政治错误"的话,无论艺术上有多成功,也不能称之为一件艺术品,非但无益,反而愈发有害。所以,他说,"诗人应该教育自己,使自己成为胜任的时代歌手,并从而教育人民。施教者必须先是受教者,要好好向人民学习,了解人民的思想希望,掌握人民的活语言,吸收本民族的一切民主性的精华。在这基础

---

① 郭沫若:《郭沫若全集》(文学编第 16 卷),第 318 页。
② 郭沫若:《郭沫若全集》(文学编第 17 卷),第 301 页。
③ 同上书,第 271 页。
④ 郭沫若:《郭沫若全集》(文学编第 19 卷),第 416 页。

之上,用正确的观点(辩证唯物主义和历史唯物主义的观点)来加剪裁,结构"。① 作者有了生活,有了素材,更要有正确的政治立场来加以尺度和取舍。

正动和反动

郭沫若对文学价值的评论,及文学理论的论争也多以"政治的正确与否"为主要评判标准。

1949年2月他在为陈国柱的《革命诗钞》做的序中说,"昔杜少陵曾以此(按:指杜之诗史)见称于世,而有每饭不忘君之誉,继周(按:指陈国柱)则每饭不忘民者也。形式系旧有者,律之工雅远不逮杜,而意识则远逾之"。② 然而,今天来看,"每饭不忘君"杜甫的诗史仍为人所吟诵,而"每饭不忘民"的陈国柱的《革命诗钞》却几无人知,可见,以"政治正确"来批评和指导文艺创作是有很大问题的。

在1948年,他以即将诞生的新政权的文化"代言人"痛斥"红黄蓝白黑"五色"反动文艺",桃红小生沈从文、蓝衣监察朱光潜、黄帮弟兄、白面喽啰以及黑色买办萧乾等都得到一一清算和警告。至于郭沫若的评判标准呢,依然是政治正确。他说:"凡是有利于人民解放的革命战争的,便是善,便是是,便是正动;反之,便是恶,便是非,便是对革命的反对。我们今天来衡论文艺也就是立在这个标准上的,所谓反动文艺,就是不利于人民解放战争的那种作品、倾向、提倡。"③人民利益重于一切,1941年他也是以此作为善恶的标准,他说,"谁个还不知道合乎民

---

① 黄淳浩编:《郭沫若书信集》(下),第353页。
② 上海图书馆文献资料室、四川大学郭沫若研究室合编:《郭沫若集外序跋集》,第127页。
③ 郭沫若:《郭沫若全集》(文学编第16卷),第288页。

族解放利益的便是善,反乎民族解放利益的便是恶"。①"中国人民知道,以无产阶级革命思想为核心的苏维埃文化,是人类历史上最进步的文化,是总结了人类历史上的一切进步文化的产物。"②然而,今天来看,沈从文、朱光潜、萧乾等人的文艺成绩重新得到世人的承认,可见,以"政治正确"来批评和指导文艺创作的确存在很大问题。

他将已有定评的作家也拉入政治正确的轨道来加以解释。郭沫若说到鲁迅对于木刻的贡献时说,"新的木刻技术是由他首先由国外介绍过来的,但更重要的是他在意识上的照明。他使木刻由匠技成为艺术,而且成为了反帝反封建的最犀利的人民武器,木刻没有走过怎样的冤路,一出马便以健全的现实主义,配合着人民的要求,紧迫着时代的动向,迈进了它的大步"。③ 1947年2月10日,普希金110年逝世纪念时,郭沫若说,"他是人民的朋友,站在人民本位的立场,以文艺的武器来诚心诚意地替人民服务。他采用着人民的语言,利用着民间的传说、历史上与人民翻身有关的故事,作为他的创作工具和材料,以促进人民的解放"。④

关于文章的形式和内容的关系,他认为,内容第一,形式第二,内容决定形式。形式的新旧并不重要,语言的文白并不重要,重要的是你站在什么样的立场上,你反映了什么。"形式固然是重要的,但更重要的是人民意识。这个意识的获得并不必限于解放区。然而要学习这样的形式却必须限于人民意识的获得。"⑤

---

① 郭沫若:《郭沫若全集》(文学编第19卷),第92页。
② 郭沫若:《郭沫若全集》(文学编第17卷),第86页。
③ 上海图书馆文献资料室、四川大学郭沫若研究室合编:《郭沫若集外序跋集》,第113页。
④ 郭沫若:《郭沫若全集》(文学编第20卷),第233页。
⑤ 上海图书馆文献资料室、四川大学郭沫若研究室合编:《郭沫若集外序跋集》,第110页。

新文学最大的成就之一就是文学工具从文言到白话的转变,但在郭沫若眼里,新文学在内容上仍没有走上"为人民服务"的道路。"近百年来,中国文学虽然也在企图翻身,但终因人民意识的未能彻底,尽管文言变而为白话,而白话又成为了新式的文言。一部分新文人们的搔首弄姿怡神旷意,不是比起旧式的倡优来更加顽固乃至无耻吗?"①1958年,郭沫若在答《新观察》杂志关于文风问题时说,"文风问题,刚才已经讲到,不是单纯的语言问题,主要还是思想和思想方法的问题。首先要你的思想、概念准确,然后才能写出准确的文章。要是以己之昏昏,也就当然使他人昏昏了"。至于思想方法,"象逻辑、唯物辩证法等都是思想方法,如果思路不通,也断断写不出好文章"。②

1950年4月19日他在致吴韵风的信中说:

> 单从形式上谈诗的新旧,在我看来,是有点问题的。主要还须得看内容,还须得看作者的思想和立场,作品的对象和作用。
>
> 假使作者是反动派,而内容是为落后势力歌颂,或对进步势力诽谤,即使作品所采取的是未来派、立体派、达达派的形式,我们断不能说它就是"新诗"。
>
> 又假使作者是革命家,而内容是对落后势力搏击,或为进步势力歌颂,即使作品所采取的是旧式的诗或词的形式,我们也断不能说它就是"旧诗"。③

文章的好或坏不在于形式的新或旧,而在于内容的正或误,作家的

---

① 上海图书馆文献资料室、四川大学郭沫若研究室合编:《郭沫若集外序跋集》,第109页。
② 郭沫若:《郭沫若全集》(文学编第17卷),第141页。
③ 黄淳浩编:《郭沫若书信集》(下),第7页。

革命或反动。他在另一处也阐发了几乎同样的意思,"形式不在乎新旧,主要是内容问题。用旧形式装上新内容,我们不能不承认它是新东西;反之象徐志摩那样的东西我们能说它是新的吗?所以,对于新诗发展的基础,不应该从形式上去追求,而应该从劳动实践上,从知识分子和工农大众打成一片上去阐发。内容总是占领导地位的,政治第一,这是铁定不移的。有一定的内容,就会产生一定的形式"。①

在论及革命的现实主义与浪漫主义相结合的创作手法时,他着重强调了"革命的"那三个字眼,这就意味着做人作文要具有"马克思列宁主义"的思想和立场。"上面冠上了'革命的',跟过去的当然有所不同。在今天来说,'革命的'是指有共产主义的风格,有马克思列宁主义的思想和工人阶级的立场。表现了共产主义的风格、表现了马克思列宁主义的思想和工人阶级的立场的浪漫主义,是革命的浪漫主义;表现了这些的现实主义,是革命的现实主义。这两种现实主义与浪漫主义的结合,就是革命的现实主义与革命的浪漫主义的结合。"②

这里"革命的"意味着马列主义的意思。"从文艺活动方面来说,马克思列宁主义为浪漫主义提供了理想,对现实主义赋予了灵魂,这便成为我们今天所需要的革命的浪漫主义和革命的现实主义,或者这两者的适当的结合——社会主义现实主义。"③至于浪漫主义多一点,还是现实主义多一点,这都无关紧要,关键问题是"现实主义也好,浪漫主义也好,都必须是革命的"。"只要你是站在工人阶级的立场,采取的是马克思列宁主义的人生观和世界观。"④

---

① 郭沫若:《郭沫若全集》(文学编第 17 卷),第 315 页。
② 同上书,第 294-295 页。
③ 同上书,第 3 页。
④ 同上书,第 296 页。

可见,他对作家作品的评价,形式与内容的关系,现实主义与浪漫主义写作手法等问题的探讨都无不是以"政治正确"为主要立论的依据。

什么藤结什么瓜

思想决定文章进而发展到作文首在做人,"什么藤结什么瓜",什么人作什么文。上海纺织工人的歌谣《上海民歌选》的序歌,很典型地说明了那种思想决定一切的作文要求,歌云:

什么藤结什么瓜,

什么树开什么花,

什么时代唱什么歌,

什么阶级说什么话。①

郭沫若屡次表达了与此极为相似的意思,1944 年 3 月 28 日,在《如何研究诗歌与文艺》一文中说,"我的主意是说一个作家要有正确而坚强的信念。这是做人的基本条件,同时也就是做文章的基本条件。文就是人,你是什么样的人便写出什么样的文,也就如是稻粱种子发而为稻粱,是松柏种子发而为松柏一样"。② 他在另一处也这样说,"文的问题归根结底是人的问题,是用什么思想作文章的问题。思想、立场、观点,是文风的首先的根本问题。什么样的人作出什么样的文章,什么样的种子开出什么样的花。谈文风首先要谈人的作风,这不是现在才有的,古时有人说'士之致远,先器识,后文艺',就是这个意思"。③ "什

---

① 郭沫若:《郭沫若全集》(文学编第 17 卷),第 301 页。
② 郭沫若:《郭沫若全集》(文学编第 19 卷),第 430 页。
③ 郭沫若:《郭沫若全集》(文学编第 17 卷),第 270 页。

么阶级说什么话",文艺界也有了"阶级决定论"、"血统论"的痕迹,出身决定思想,思想决定内容,内容决定形式,这未免显得武断而霸道。

1950年3月14日,郭沫若给当时在学校上学的吴明的信中说,"写作的目的是服务大众,夸大一点说是教育大众。假如自己尚未完成,如何教育人呢?写作不是为图表现自己,那种观念不仅落伍,而且有些反动了"。① 于是,教育自己,使自己获得正确的政治思想便成为一件紧要的事情了。

"诗歌工作者的任务是要建立为人民服务的新的民族形式。这须得我们在思想上建立革命的人生观。"②郭沫若在给一名叫白贝的小学教师的信中批评了那类"星际殖民"之类的"科幻"小说,并要知识分子树立起"积极进取的思想",郭说,"你所爱的那位'小时候的同学',我看他是有才气的,但不幸他的想法只是些唯心论的泡沫。'能变物质'是不可能的。'万物有情',作为诗人的辞藻可以,但要作为一种实际,那就离实际太远了。'拓星'的想法是资本主义国家找寻殖民地的极狂妄的想法。别的星球上,可能有生命,这是还待研究的问题。在地球上进行改造自然的工作,已经就是够宏大的工作了。那种虚无缥渺的想法,值不得佩服。小资产阶级,处在革命的大时代,应该象割掉毒瘤一样,丢掉旧的包袱,充分学习到为人民服务,为国家建设服务的积极进取的思想"。③

这就是要艺术家具有"为人民服务"的"人民意识"。1947年,郭沫若将意识的觉醒分为三个阶级,分别为:民族意识的觉醒,资产阶级意识的觉醒和人民意识的觉醒。"辛亥革命前后是以民族意识或国家意

---

① 黄淳浩编:《郭沫若书信集》(下),第6页。
② 同上书,第9页。
③ 同上书,第310页。

识的觉醒为主流,当时的号召是'排满兴汉,富国强兵'。五四运动前后是近代意识,主要是资产阶级意识的觉醒,反帝反封建,欢迎德先生和赛先生,大抵是由有产者的立场号召出来的。近年来这种号召更加明确而普遍化了,主要是奠定了人民本位的新民主主义的立场,我们可以称之为人民意识的全面觉醒。"①相应地,文艺也应当是人民本位的,并与无产阶级革命运动密切配合。

"无产阶级革命思想"、"辩证唯物主义和历史唯物主义的观点"、"革命的人生观"、"工人阶级的立场"、"马克思列宁主义的人生观和世界观"、"人民意识",名目繁多,说法不一,归根结底一句话,凡是"一切遵从党的意志"便是"政治正确",反之便是政治错误。

新中国成立一年之际,1950年10月27日,郭沫若在《郭沫若选集》自序中写道:

> 感谢毛主席和中国共产党的领导,中国革命已经获得全面胜利,中国人民站起来了。中国的人民文艺将有光辉灿烂的黄金时代出现。②

多年过去了,可惜的是,"人民文艺"那"光辉灿烂的黄金时代"并没有如他所愿的那样来到。

1956年5月28日,郭沫若写诗《赞红岩》,诗曰:

> 红岩呵,你是多么好的一个象征,
> 你象征着党性强的
> 人民所喜闻乐见的文艺作品,

---

① 上海图书馆文献资料室、四川大学郭沫若研究室合编:《郭沫若集外序跋集》,第113-114页。

② 同上书,第139页。

> 你象征着社会主义现实主义。
> 为人民服务的作家们
> 要向你,红岩,宣誓:
> 我们要多多地产生出
> 富有思想性和艺术性的作品,
> 红色而坚实,无愧于你。①

那些"政治正确"、"党性强的"作品到如今,多是"风流总被雨打风吹去"了。

1962年3月30日,郭沫若在纪念毛泽东《在延安文艺座谈会上的讲话》发表二十周年之时,热情洋溢地赋诗曰:

> 艺苑东风二十载,
> 百花齐放满园新。
> 莺歌燕语流天籁,
> 岳峙渊渟绝滓尘。
> 服务工农增喜乐,
> 发扬马列倍精神。
> 放诸四海而皆准,
> 传至千秋也是真。②

产生于革命年代的毛泽东关于文艺的见解有其历史合理性,但也有其历史局限性,将之视为千秋万代指导文艺的唯一思想,是不科学的。且不说"放诸四海",就只在中国,也且不说"传至千秋",就只是在20世纪80年代,就有人提出了质疑。当年,赵丹在逝世前,便在《人民

---

① 郭沫若:《郭沫若全集》(文学编第4卷),第99页。
② 同上书,第121页。

日报》上提出"要不要硬性规定以什么思想为唯一的指导方针？要不要以某一篇著作为宗旨"①的怀疑。

当年政治第一的标准在现在遭到抛弃,当年政治正确在现在看来并不见得正确。

欢乐颂

同样对文学抱有功利主义和工具主义的观点,鲁迅主张文学的抗争性,郭沫若主张文学的宣传性,因此,前者注重负面暴露,后者注重正面鼓舞,前者是一支悲怆曲,后者是一曲欢乐颂。

"悲剧将人生的有价值的东西毁灭给人看,喜剧将那无价值的撕破给人看。"②正因为此,悲剧的艺术感染力和震撼力往往更甚于喜剧,郭沫若也是这样认为,他自己说,"一般的说来,悲剧的教育意义比喜剧的更强。……悲剧的戏剧价值不是在单纯的使人悲,而是在具体地激发起人们把悲愤情绪化而为力量,以拥护方生的成分而抗斗将死的成分"。③郭沫若又在致刘钟武的信中说：

《全部聂政》剧情,我看了,聂政未死,且纠合民军,大破秦兵一节,这是旧时代爱用大团圆的手法,的确是违背史实。写历史作品,在无背情理的范围内,本来可允许增减。……但如《全部聂政》那样把悲剧改为喜剧,的确是大成问题。照艺术的性质来讲,悲剧是更感动人的东西,教育意义更大。聂政故事之得以流传,其原因在此。改成喜剧,会把故事的原有意义完全失掉了。④

---

① 赵丹：《管得太具体,文艺没希望》,《人民日报》1980年10月8日。
② 鲁迅：《坟·再论雷峰塔的倒掉》,《鲁迅全集》(第1卷),第203页。
③ 郭沫若：《郭沫若全集》(文学编第17卷),第257页。
④ 黄淳浩编：《郭沫若书信集》(下),第312页。

即使在新中国成立之后,他还这样说过,"我们今天中国的革命是胜利了,但我们不能说,以后的戏剧便不要演悲剧了,而一律要演喜剧,要在舞台上场场大团圆"。① 不过,他很难得这样说。

笑了

正如后来的一首儿童歌曲所唱,"我们的祖国是花园,花园的花朵真鲜艳,温暖的阳光照耀着我们,每个人的脸上都笑开颜!"在新中国,可谓是鸟语花香,莺歌燕舞,处处乐观,天天向上。

嫦娥姐姐都想从月亮上回来了!

> 嫦娥大姐早就有回国的愿望,
> 请她带着玉兔一同回到故乡。
> 吴刚老人血压恐怕高了一些,
> 能否回来,要请大夫作出主张。②

黛玉妹妹也不再愁堆眉尖了!

> 但是,我们却不是多愁而善病,
> 我们有丰盛的硕果,甜而且清。
> 假如林黛玉是生长在今天呵,
> 她也一定十分健康,不会短命。③

讽刺不合时了,杂文消失了,悲剧没有了。在新中国,文艺家都开怀大笑了。

横眉冷对的鲁迅笑了!

---

① 郭沫若:《郭沫若全集》(文学编第 17 卷),第 258 页。
② 郭沫若:《郭沫若全集》(文学编第 3 卷),第 106 页。
③ 同上书,第 83 页。

鲁迅先生，你是永远不会离开我们的，
我差不多随时随地都看见了你，看见你在笑。
我相信这决不是我一个人的幻想，
而是千千万万人民大众的实感。
我仿佛听见你在说：我们应该笑了，
在毛主席的领导之下，应该用全生命来
保障着我们的笑，笑到大同世界的出现。①

悲切控诉的莎士比亚笑了！

倘若莎士比亚生在今天的中国，他也写不出那四大悲剧，因为今天的中国是一片欢腾的景象。②

忧愤绝望的屈原笑了！

当然，这新"楚辞"（按：指新民歌民谣）是大欢乐、大和谐的交响曲，而不会象《离骚》那样悲愤的绝叫了。③

"带着浓厚的感伤情调"的郁达夫笑了！

如果他一直存命到解放以后（这完全是可能的），他的感情会改变，他的思想会更加明朗化。他如果一直活到今天，我坚决地相信，他一定能够写出不少的歌颂革命、歌颂人民的诗文。④

在这么一个热火朝天、喜气洋洋的社会中，悲剧显得不合时宜，因

---

① 郭沫若：《郭沫若全集》（文学编第3卷），第7页。
② 郭沫若：《郭沫若全集》（文学编第17卷），第269页。
③ 同上书，第156页。
④ 上海图书馆文献资料室、四川大学郭沫若研究室合编：《郭沫若集外序跋集》，第171页。

为在新中国出现悲剧,在有的人看来,本身就是一种不协调,郭沫若大约这样认为。他主张一种斗志昂扬、乐观向上的文艺格调。"感伤主义是一条歧路,它是可以左可以右的。它是知识分子(Intelligentsia)的动摇现象。"① 他看不惯宋玉那些"叹老嗟卑、怀才不遇的标准才子型的文章",尤其是《九辩》,文章一开头便是"悲哉秋之为气也",你悲个头啊!"这哪里有什么人民的气息?秋,在老百姓看来是收成的季节,勤劳了半年之后得到了收获,只要不是荒年,老百姓是歌颂秋天的。"② 还有那个陶渊明,还有那个白乐天,"在封建社会中,还没有出现更进一步的生产力和新的生产关系的时候,尽管怎样聪明的人,虽然对现实社会不满,但受着时代的限制,也是不容易或甚至不可能看出社会发展的究极的前途的。因而这样的人便不可避免地在他的思想上发生剧烈的矛盾,以致每每走入悲观、消极,或者闲适、超然的道路"。③ 他们没有生活在社会主义社会,悲观、消极、闲适、超然是有情可原的,何况他们的闲适里自有一种"对于恶浊的顽强的封建社会的无言的抗议"的味道呢。

但生活在这欢歌笑语的年代里仍然皱着眉头,苦着脸,则是不应该的。他在写花的诗中说:

> 我们同昙花一样,花时也很短,
> 但我们喜欢清早,不喜欢晚间。
> 和暮气惰气我们是势不两立,
> 所以鼓足干劲,为朝气奏凯旋。④

---

① 郭沫若:《郭沫若全集》(文学编第 16 卷),第 62 页。
② 郭沫若:《郭沫若全集》(文学编第 17 卷),第 183 页。
③ 同上书,第 198 页。
④ 郭沫若:《郭沫若全集》(文学编第 3 卷),第 168 页。

20世纪50年代,郭沫若对一个叫兰本的人的诗这样评道,"你走的诗路太窄,受了些'世纪末'的影响。(甚至可以说走入了迷途。)笑和喜悦随时随地都是有的,只要争取共产主义实现的斗争有成就的场合,便有笑和喜悦"。他甚至说:

> 啜泣也可以,哭也可以,但要有作为。世界人民哭斯大林之死,那是最诚恳的诗。
>
> 新时代的"穆斯"能弹竖琴,但也能弹大钢琴。
>
> 新时代的"穆斯"有时会带泪睡着,但常是含笑着工作。①

而代表着这种"笑"和"喜悦"的精神的作品是广大民众创造的"新民歌","今天新民歌的精神是主流。新民歌都是从生产和劳动实践出发的,它表现了劳动人民的革命乐观主义和共产主义风格,这种精神和气概,应该说是新民歌的核心"。② 社会制度不同,作品的精神面貌理当不同。

郭沫若还曾以这种基调为毛泽东、胡乔木改诗。不过,他改诗时,格外留意的是作品是否明朗、是否昂扬。他不是将有"犹豫"之嫌的字词换为"坚决"之类的字词,就是将有"消极"之嫌的字词改为"积极"之类的字词。

1959年7月1日,毛泽东登庐山,召开党的八届八中全会,为了答复那些"猖狂进攻""人民事业"的右倾机会主义"王八蛋",他写了一首七律《登庐山》,我们现在看到的最后定稿为:

> 一山飞峙大江边,跃上葱茏四百旋。
> 冷眼向洋看世界,热风吹雨洒江天。

---

① 黄淳浩编:《郭沫若书信集》(下),第308页。
② 郭沫若:《郭沫若全集》(文学编第17卷),第310页。

> 云横九派浮黄鹤,浪下三吴起白烟。
> 陶令不知何处去,桃花源里可耕田?

毛泽东诗原稿写好后,曾征求过郭沫若的意见,1959年9月9日、10日,郭沫若复信毛泽东的秘书胡乔木,说了自己的修改意见:

> 主席诗《登庐山》第二句"欲上逶迤"四字,读起来似有踟蹰不进之感。拟易为"坦道蜿蜒",不识何如。①
>
> 主席诗"热风吹雨洒南天"句,我也仔细返(按:原文如此)复吟味了多遍,觉得和上句"冷眼向洋观世界"不大谐协。如改为"热情挥雨洒山川"以表示大跃进,似较鲜明,不识如何。②

从发表出来的诗来看,虽然毛泽东没有完全采纳郭沫若的意见,但还是部分有所采纳,"跃上葱茏"确比"欲上逶迤"明朗而豪迈。

他也曾为胡乔木改诗,1964年11月20日,在复胡乔木的信上,他说,原诗中"风吹天下水,清浊何时已"一句"读起来有些消极意味",并建议下句改为"泾渭明如此!"原诗中"魔尽凯歌休,濯缨万里流","'休'字拟改为'悠'。如改为'长'字,则'流'字可改为'江',请斟酌(凯歌是永恒的,不应停止。)"。③

"拖一条光明的尾巴"是必要的

虽然那么多的文艺家都笑了,社会主义的"欢乐颂"也奏响了,但并不意味着这个社会诸事圆满,万事如意,正如他所说,"尽管一个新的社

---

① 黄淳浩编:《郭沫若书信集》(下),第297页。
② 同上书,第298页。
③ 同上书,第301页。

会诞生了,可是这新社会中也会产生他的阴暗面"。① 有阴暗面,并不可怕,也不异常,只是可怕而异常的是我们如何看待知识分子对待阴暗面的态度,郭沫若虽然并不讳疾忌医,但也不容得你一味暴露、一味批评,这就叫要正确处理好人民内部矛盾。

怎样才是正确的态度呢?那就是,春色满园花胜锦,黄鹂只拣好枝啼,他说,"任何矛盾都可以写,但必须采取革命的立场,不能把人民内部的问题,写得太灰色,那样就等于泼冷水。人民内部矛盾处理得不好,作家会把自己转化成敌人"。② 同志们啦,要当心灰色主义啊。郭沫若在回答《人民文学》关于文学作品如何表现人民内部矛盾这一"不容易解决"的问题和表现人民内部矛盾该掌握怎样的原则时说,"如果你肯定非的一面,那完全是错误。又如果你把非的不合理的方面强调得过分,灰色的成分就会增多,人们也不会欢迎。鲁迅的《阿Q正传》,在当时的历史条件下起了很大的作用,但是如果今天再强调阿Q那样的人,就会成问题,而且已经不现实了。在那个时候强调阿Q的消极方面并加以夸大,作为我们憎恨的对象,能够发挥很强大的革命作用。在今天就不行。所以我有时想,今后写喜剧是没有问题的,悲剧的写法可是一个大问题"。③ 他在评曹禺的《雷雨》时说,"因此他的全剧几乎都蒙罩着一片浓厚的旧式道德的氛围气,而缺乏积极性。……作者如要受人批评,最易被人注意到的怕就是这些地方吧"。他希望曹禺能给悲剧注入积极的成分。④

---

① 转自贾振勇:《郭沫若的最后29年》,第95页。
② 郭沫若:《郭沫若全集》(文学编第17卷),第307页。
③ 同上书,第305页。
④ 郭沫若:《关于曹禺的〈雷雨〉》,转自黄侯兴:《郭沫若文艺思想论稿》,天津人民出版社1985年版,第216页。

"解放区的天是晴朗的天,解放区的人民好喜欢",看来,乌云密布是肯定不行的,多云转阴也是不行的,那如何描写这晴朗的天空的那一片云呢,"可是一个大问题",郭沫若的解决办法是:"多云转晴",也就是在作品的后面"拖一条光明的尾巴"。"我看写悲剧就必须透示出转为喜剧的气势。负＞正是一时性的,正＞负是必然的前景。以前有人反对在作品后面'拖一条光明的尾巴',看来应该是必要的。要根据这样的必然性去写悲剧。"①

关汉卿便是这其中的代表,"不问斗争是多么复杂、艰辛,不问封建压迫多么强大,关汉卿总是描写出这些不幸者的乐观和信心,总是让他们在最后获得胜利。……人道主义和乐观主义精神,在关汉卿身上是统一的。现实主义和浪漫主义精神,在关汉卿作品中也是统一的"。②他那条"光明的尾巴"跟彗星一样,在黑夜的天幕上一扫而过,给人以短暂的明亮。他似乎又对盲目乐观抱着一种清醒的认识。1963 年 7 月 12 日,他在对陈明远的信中说,"凡事都要根据实际情况作出具体分析。对于某事物抱乐观态度,则对于另一事物则可悲观视之。又事物总是发展的。某一时期看来乐观,另一时期则不一定那么乐观。某些情况下,实事求是地抱'不乐观'态度,倒不是消极的反而是积极的。盲目乐观跟盲目悲观同样是错误的"。③

我一生最厌恶最憎恨的就是虚伪造作

郭沫若对自己的创作有过若干次痛切的自我否定。这些否定大致可分为两类:一类是基于"政治标准"的自我否定,不合党的要求嘛;一

---

① 郭沫若:《郭沫若全集》(文学编第 17 卷),第 306 页。
② 同上书,第 93 页。
③ 黄淳浩编:《郭沫若书信集》(下),第 143 页。

类是基于"艺术标准"的自我否定,不合艺术的要求啊。可以说,他的公开的政治层面上的自我否定是对革命事业的自觉,因为他是一个"战士",而他的私下的艺术层面上的自我否定是艺术良知的复苏,因为他是一个"作家"。

他曾在30年代和60年代有两次自我否定,那属于"政治标准"的自我否定,尤其是60年代的焚书说,位尊言重、举世哗然,这已为众悉知。然而,"艺术标准"的自我否定又常为我们所忽视。前一种否定体现了他政治上的盲目,后一种否定则反映了他艺术上的良知。我们且看他艺术上的自我否定,并从中看出他那战斗的、宣传的艺术观所带来的彷徨、矛盾以及他那真实的内心。

没有一篇作品可以满意

以艺术的标准来看,他对他那些应时应景的大字报和宣传单式的创作颇为懊悔。郭沫若曾和一个叫陈明远①的"小朋友"成为心灵上的至交,他说他们,"一南一北,一老一少,相差半世纪,但我们的心是相通的"。② 他们常常谈诗论文,互通心声,郭沫若的真实的火花也便偶尔会在虚假的天幕上得到一瞬的呈现。

1956年5月30日,郭沫若在信中说,"确实如你所指摘的:《新华颂》里没有多少'诗意'。我自己还要加上一句:甚至没有一首可以称得上是'新诗'!所有的只是掉了牙的四言、五言、七言老调,再有就是一

---

① 陈明远,1941年生于重庆,1953年还在读书的陈明远开始与郭沫若通信往还,1963年,陈上海科技大学毕业后分配到中科院电子研究所工作。"文革"中,陈因十几首诗词被误传为"未发表的毛主席诗词",错打为"伪造毛主席诗词的反革命分子",身陷囹圄十二年。

② 黄淳浩编:《郭沫若书信集》(下),第59页。

些分行印出来的讲演辞。……你担心你的意见'提得太尖锐、怕老师接受不了'吗？但我自己要说得比你更加尖锐，我要说，近二十多年来我所发表的许多所谓的'诗'，根本就算不上是什么文艺作品！这都是我的真心话"。① 他已以艺术的标准全面否定了自己的文艺创作了，这是他的自知之明，这也可以算是他的另一种"焚书"论。

正如他自己所承认的那样，"老郭不算老，诗多好的少"，②造成他的创作出现质量大滑坡的原因正在于他所发誓要努力的方向——"学习主席毛"，这真是南辕北辙，老郭本来就走入艺术的歧路了，这并不可悲，值得可悲的是反认歧路是正途，以至于他一错再错，离艺术的宫殿也便越来越遥远了。

他只知道他走错了，如何纠错，他却不知道，或者说，他知道而不敢走。1956年9月11日，他在给一个清华大学生的信中这样说，"几年来我简直把笔砚抛荒了，几乎什么也没有写。别人依然把我当成为'作家'，又是'学者'，其实我这个两栖动物实在是有点惭愧了。文艺作品既写不出来，学术研究也毫无表现"。③ 50年代，他在致"祖平"的信中说，"足下对我，评价过高。我自内省，实毫无成就。拿文学来说，没有一篇作品可以满意。拿研究来说，根柢也不踏实。特别在解放以后，觉得空虚得很。政治上不能有所建树，著述研究也完全抛荒了，对着突飞猛进的时代，不免瞠然自失"④。

面对时代的"急转弯"，就是连他这个"党喇叭"、"文化班头"脱了鞋

---

① 黄淳浩编：《郭沫若书信集》（下），第79页。
② 袁鹰：《风云侧记：我在人民日报副刊的岁月》，中国档案出版社2006年版，第151-152页。
③ 黄淳浩编：《郭沫若书信集》（下），第235页。
④ 同上书，第314页。

子跑都赶不上,其他知识分子之"瞠然"更是可想而知了。"天雨路滑、小心驾驶",在时代的道路上郭沫若是既按喇叭,又踩刹车,难怪乎研究与创作都无所建树,但相对研究来说,创作的情况更糟糕,"在历史研究方面的东西比起文艺上的写作来似乎要好得一点"。① 在他看来,创作实在是一塌糊涂了。

早在 1950 年 10 月 27 日,他在《郭沫若选集》所写的自序中便这样说,"自己来选自己的作品,实在是很困难的事。每篇东西在写出或发表的当时,都好象是很得意之作,但时过境迁,在今天看起来,可以说没有一篇是能够使自己满意的"。② 1955 年 9 月 12 日,他对陈明远说,"多年以来,我自己不仅没有写出什么象样的诗歌作品,而且几乎把文艺都抛荒了"。③ 他和"祥林嫂"一样,一遍遍地诉说着"诗人之死"。

> 曾有人称我为"社会主义的哥德"、更希望我"写出二十世纪中国的浮士德"来。这若不是开玩笑,就是一种嘲讽罢。没有多大意思……(1958 年 8 月 28 日)④

> 近年来我常感到自己确是走入老境,心里也在发急。我想写诗的时候,每每苦于力不从心。我在尽力向您们青年学,向人民群

---

① 上海图书馆文献资料室、四川大学郭沫若研究室合编:《郭沫若集外序跋集》,第 138 页。

② 同上书,第 136 页。

③ 黄淳浩编:《郭沫若书信集》(下),第 75 页。

④ 同上书,第 99 页。周扬说:"我对郭老说,您是歌德,但您是社会主义时代的新中国的歌德。这位《浮士德》的译者,听了我的话微笑了。郭老和歌德一样是文化巨人,是自己民族的骄傲,就这一点上也是相似的。"(周扬:《泰山之神——中国的歌德》,房向东编:《评说郭沫若》,第 263 页。)

众学，但是恐怕不能学得到家了。我现在写诗怎么也不能写得象您那样流利而又自然。(1958年11月17日)①

您对于《百花齐放》的批评是非常中肯的。尽管《百花齐放》发表后博得一片溢美之誉，但我还没有糊涂到丧失自知之明的地步。那样单调刻板的二段八行的形式，接连一〇一首都用的同一尺寸，确实削足适履。倒象是方方正正、四平八稳的花盆架子，装在植物园里，勉强地插上规格统一的标签。天然的情趣就很少很少了！……现在我自己重读一遍也赧然，悔不该当初硬着头皮赶这个时髦。(1959年11月8日)②

至于我自己，有时我内心是很悲哀的。我常感到自己的生活中缺乏诗意，因此也就不能写出好诗来。我的那些分行的散文，都是应制应景之作，根本就不配称为是什么"诗"！别人出于客套应酬，从来不向我指出这个问题，但我是有自知之明的。……我要对你说一句发自内心的真话：希望你将来校正《沫若文集》的时候，把我那些应制应景的分行散文，统统删掉，免得后人耻笑！……回顾我的过去，我对于自己发表过的"诗"已经没有多大兴趣。任它们作为历史的陈迹，自生自灭吧。(1963年5月5日)③

我喜欢诗。但我自己所做的诗，很少有能使我自己喜欢的。……我当然自惭形秽，但心头总是憧憬着那诗的真善美的境

---

① 黄淳浩编：《郭沫若书信集》(下)，第101页。
② 同上书，第109页。
③ 同上书，第142页。

界。我有时很不服老,但现在只得承认:我老了,恐怕再也写不好诗了。(1964年10月)①

我们不妨看看他写的几首诗,看看情况是不是如他诉说的那么糟糕。

1959年9月13日,郭沫若在《人民日报》上发表了《歌颂全运会》一诗,诗曰:

> 无论是空中,在水中,在陆上,
> 也无论是举重、球赛、投弹、投枪、
> 　　游泳、赛跑、跳高、跳远、滑翔……,
> 各个项目都要出现冠军,
> 都希望打破国家纪录、世界纪录、成绩辉煌。②

他又曾在日本青年剧作家堀田清美的剧本《岛》上题诗一首,诗曰:

> 彻底禁止原子武器、核武器,
> 不准制造,使用,试验,储备!
> 原子能应归诸和平使用,
> 必须全面、迅速、普及、彻底!③

他在歌颂大炼钢铁时写有《钢,铁定的一〇七〇万吨!》④一诗,

---

① 黄淳浩编:《郭沫若书信集》(下),第151页。
② 郭沫若:《郭沫若全集》(文学编第4卷),第15页。
③ 同上书,第30-31页。
④ 毛泽东在1959年曾说:"明年钢的指标是一千七百万吨,形成一个马鞍形。今年是一千三百万吨,比去年多四百多万吨。后年二千万吨,大后年二千一百万吨到二千三百万吨,可以赶上英国。"(毛泽东:《庐山会议讨论的十八个问题》,《毛泽东文集》(第8卷),第79页。)

诗曰：

> 钢，铁定的一〇七〇万吨！
> 今天知道了你已提前完成，
> 把去年的产量整整翻了一番，
> 六亿五千万人民都衷心庆幸，
>
> 党要多少你就产生多少，
> 钢元帅真有高度的纪律性；
> 你勇猛地服从着党的指挥，
> 你一马当先地跑上了高岭。①

呜呼！诗原来竟还可以这么写！套用他1966年他的"焚书"说，今天我们大约可以这样评价他的创作：拿今天的标准来讲，他以前所写的一些东西，严格地说，应该把它烧掉，没有一点价值。主要原因是什么呢？就是紧跟了毛主席。时时不忘用毛主席思想来武装自己，所以阶级观点有的时候很自觉。

久病成医，郭沫若深知自己病症所在，虽说他深知病症之所在，但他却不愿对症下药。郭沫若是矛盾的，分裂的，他内心渴望赤子之心般的真诚无欺，但又不得不戴上艺术的假面具在文艺界执撑帅旗。

不要有这么多的假面具，这么多装腔作势的表演

去伪饰，求真实，是他最平凡的，也是最重要的，最容易的，也是

---

① 郭沫若：《郭沫若全集》（文学编第3卷），第405页。

的信多是已发表过的,也仅限写给三四个朋友的,更重要的是,信的动机,我自己是很明白的,一多半是先存了发表的心,然后卜信,所以写出的东西都是十二分的矜持。凡是先存了发表的心所□的信或日记,都是经过了一道作为的,与信和日记之以真而见重上大□矛盾"。① 郭沫若的信和胡适的日记一样,都是事先存了发表之心,当然便不能无所顾忌,并不能算是内心的真实,这是郭沫若本人所不满意的。

他说:"我一生最厌恶最憎恨的就是虚伪造作。不过,我们自己有时也不幸沾染了这种恶习。'出污泥而不染'只是形容罢了,像我们这样从污泥中钻出来的人,谁都难免沾染上污泥的。应该不断地冲刷掉身上的肮脏。当然也不要倾盆大雨似地猛冲下来,冲得个落花流水,叶败枝残。……如果大家都回复纯真的童心,那多么好啊。不要有这么多的假面具,这么多装腔作势的表演。大家都恢复赤子之心吧!纯真、朴实,那是诗歌的最美境界,也是人生的最佳境界,让我们永远去追求它吧!"②这是内心对真,对诚,对美的呼唤! 他厌恶那种艺术上的假话、套话、空话,他在私下说,"一些所谓的文艺界头面人物,带头败坏'现实主义与浪漫主义相结合'的名誉,把现实主义丑化为板起面孔说教,把浪漫主义丑化为空洞的豪言壮语。'上有好之,下必甚焉。'不仅可笑,而且可厌! 假话、套话、空话,是新文艺的大敌,也是新社会的大敌"。③

1969年,3月、5月间郭沫若根据日本学者山宫允编选的《英诗详

---

① 上海图书馆文献资料室、四川大学郭沫若研究室合编:《郭沫若集外序跋集》,第52页。

② 陈明远:《追念郭老师》,《新文学史料》,1982年第2期。

③ 黄淳浩编:《郭沫若书信集》(下),第144页。

的信多是已发表过的,也仅限写给三四个朋友的,更重要的是,"写这些信的动机,我自己是很明白的,一多半是先存了发表的心,然后再来写信,所以写出的东西都是十二分的矜持。凡是先存了发表的心所写出的信或日记,都是经过了一道作为的,与信和日记之以真而见重上大相矛盾"。① 郭沫若的信和胡适的日记一样,都是事先存了发表之心,当然便不能无所顾忌,并不能算是内心的真实,这是郭沫若本人所不满意的。

他说:"我一生最厌恶最憎恨的就是虚伪造作。不过,我们自己有时也不幸沾染了这种恶习。'出污泥而不染'只是形容罢了,像我们这样从污泥中钻出来的人,谁都难免沾染上污泥的。应该不断地冲刷掉身上的肮脏。当然也不要倾盆大雨似地猛冲下来,冲得个落花流水,叶败枝残。……如果大家都回复纯真的童心,那多么好啊。不要有这么多的假面具,这么多装腔作势的表演。大家都恢复赤子之心吧!纯真、朴实,那是诗歌的最美境界,也是人生的最佳境界,让我们永远去追求它吧!"②这是内心对真,对诚,对美的呼唤!他厌恶那种艺术上的假话、套话、空话,他在私下说,"一些所谓的文艺界头面人物,带头败坏'现实主义与浪漫主义相结合'的名誉,把现实主义丑化为板起面孔说教,把浪漫主义丑化为空洞的豪言壮语。'上有好之,下必甚焉。'不仅可笑,而且可厌!假话、套话、空话,是新文艺的大敌,也是新社会的大敌"。③

1969年,3月、5月间郭沫若根据日本学者山宫允编选的《英诗详

---

① 上海图书馆文献资料室、四川大学郭沫若研究室合编:《郭沫若集外序跋集》,第52页。
② 陈明远:《追念郭老师》,《新文学史料》,1982年第2期。
③ 黄淳浩编:《郭沫若书信集》(下),第144页。

最难的艺术标准。1921年11月4日,他在为《雪莱的诗》写的序中说,"风不是从天外来的。诗不是从心外来的。不是心坎中流露出的诗通不是真正的诗"。① 真正的诗都是心底流露出来的,话说得多好啊,1954年12月19日,郭沫若对"小诗人"陈明远说,"我想,正因为你现在写诗只是自然流露,不是专为发表,你才能写出好诗来。写诗最要紧是一个'诚'字,来不得半点的虚情假意、矫揉造作"。② 他并对陈明远说了一句不是"客套"话,"你才是我的老师"。③ 类似的话还有:

> 古今中外有过许多所谓的"诗人",他们写作是专为写给别人看的,他们费尽心计、搔首弄姿,但可惜写出来的东西很少有人爱看;他们的致命伤是一个字:假!天然的诗、那些如同晨鸟的歌声一样可爱的诗,尽管最初不是为了发表,但却会成为传世的珍品,它们的秘密主要也在于一个字:真!④

他说他喜欢"饮诗",然而很多诗放到口边,"吟味不到两下便要停杯",什么原因呢?"大体的毛病是并无真挚的迫切的写诗的要求,偏要勉强做诗,而写诗的手腕又太欠缺。结果是,思想平庸,取材呆板,表现生硬。丝毫也不能感动人。"⑤他也是渴望呈现自己的纯真,在1933年8月25日,他在《沫若书信集》序言中就说,他失望的是这些搜集起来

---

① 上海图书馆文献资料室、四川大学郭沫若研究室合编:《郭沫若集外序跋集》,第215-216页。
② 黄淳浩编:《郭沫若书信集》(下),第69页。
③ 同上。
④ 同上书,第66页。
⑤ 上海图书馆文献资料室、四川大学郭沫若研究室合编:《郭沫若集外序跋集》,第63页。

释》一书选译了部分诗,该诗集萃录了英、美诗人短诗六十首,郭沫若选译了其中的五十余首,这是郭沫若在新中国成立后唯一的译作,也是他一生中最后一本译作。与其说他是在翻译,毋宁说他是在寻求艺术之真。他在欣赏的时候,随手写下的一些评语,他对"湖畔诗人"华兹华斯的《黄水仙花》评道,"这诗也不高明,只要一、二段就够了。后两段(特别是最后一段)是画蛇添足。板起一个面孔说教总是讨厌的"。他对《虹》评道,"肤浅的说教,未免可笑"①。姑不论他的评价是否得当,但可以看出,他讨厌那种"肤浅的说教"。

当时正值风云激荡的"文革"之时,郭沫若却摩挲于那些资产阶级或小资产阶级的小诗中,这一姿态本身就是对真和美的一种渴望和追求,他已经为皮面的笑容所包围,他憎恨别人,也憎恨自己,然而,他的内心又渴望真实,因为他同时又是一个真诚的人,巴金曾说,"我同郭老接触多年,印象最深的是他非常真诚,他谈话,写文章,没有半点虚假"②。巴金的话不可当真,但亦不可当假。这在他对陈明远"小朋友"那些清新灵动的诗的热切渴求中,可以得到佐证。

1954年1月20日,郭沫若说他将陈明远从日记里抄寄来的诗"非常兴奋地一口气读完了",因为他"平生还不曾见到过这样纯净的天真烂漫的情怀",并勉励陈不要步神童仲永的后尘,要永葆其真,因为仲永长大不成器的主要原因正在于"他失去了纯真而堕入了虚假"。③ 大约一年后,1955年3月1日,他又对陈说,"你寒假中寄来的信和诗歌,我

---

① 上海图书馆文献资料室、四川大学郭沫若研究室合编:《郭沫若集外序跋集》,第368页。
② 巴金:《战士·诗人·雄辩家》,房向东编:《评说郭沫若》,第257页。
③ 黄淳浩编:《郭沫若书信集》(下),第66页。

很高兴地一连看了好几遍。你的许多诗,写得非常天真可爱,我很喜欢。……你寄来的二十几首新诗,我一直带在身边。就到外地的途中,也经常取出来欣赏"①。这和他后来"文革"中读英诗的动机有些类似。艺术之真对他来说是"一种休息,一种享受",②他很大程度上是引真诗的活水来滋润他内心的干涸。大诗人郭沫若竟向名不见经传的少年求诗,可见他内心是多么荒芜,因为他从陈明远的身上和诗中能够得到真的寄托和安慰。1956 年 2 月 10 日,他说,"春天就要到了。盼望你的'花信风'一番接一番的不断吹送我。我特别喜欢看你的新诗。请你把已写成的全都寄给我看。你肯答应我吗?"③5 月 30 日,他又说,"你的信特别是你活泼可爱的新诗,给我枯燥乏味的生活送来了一股又一股清爽的春风,我衷心地感谢你"。④

在和陈明远的交往中,他不仅能得到真实,而且可以吐露真实,这样才像个人样,于是,他对陈在精神上产生了依赖心理。他说:"我确实非常爱你。我是为国家爱惜人才。这完全是应该的。今后逢到星期日欢迎你常来。我已到晚年,生活寂寞。每次你的谈话,你的来信,都给我这个老人带来喜悦。我天天惦记着你"。⑤ 郭处的来信平日甚多,一般都是秘书代为办理,但陈的信却都是"亲自看的";⑥他"厌于应酬",

---

① 黄淳浩编:《郭沫若书信集》(下),第 71 页。
② 同上书,第 68 页。
③ 同上书,第 78 页。
④ 同上书,第 79 页。
⑤ 同上书,第 156-157 页。
⑥ 1961 年 6 月 1 日,郭沫若在信中说,"我每天要接到很多信件,我自己很少看。因为同志们怕我费神,差不多全都代我处理了。您的信件,我却是亲自看的"。(黄淳浩编:《郭沫若书信集》(下),第 121 页。)

但他对陈说,"我的房门永远是对你敞开着的";①他甚至说,"我实在喜欢你,爱你"。②"我是经常想念着你的。"③他们关系之密切甚至使得于立群起了"疑心","说我们通信太多,跟写情书一样",有次发了"脾气",并以办公室名义背着郭沫若到科学院调查陈的情况。④ 其实,郭对陈的精神依赖很大程度上在于他对真实的一种渴求。

他的为文、为诗、为人主张其实正在于"真",而一个以党派利益为宗旨的文艺主张往往与之是冲突的,郭沫若内心正是为这一矛盾所撕裂着。

综上可知,我们今天称郭沫若为文学家,但对郭沫若自己来说,他

---

① 1965 年 12 月 22 日,郭沫若在信中说,"我说过早已厌于应酬、只求清静的话,指的是不乐意与那帮无聊之辈交往。至于你,什么时候来我都欢迎。我的房门永远是对你敞开着的"。(黄淳浩编:《郭沫若书信集》(下),第 162 页。)

② 1962 年 5 月 9 日,郭沫若在信中说,"以前寄来的诗我都看过。我实在喜欢你,爱你。我接触到的人不少,但象你这样肯用心而又有明确认识的人,实在不多。因此,如果可能的话,我倒很愿意和你住在一道,作为一个老朋友,经常关心着你的健康,让你能够好好地成长"。(黄淳浩编:《郭沫若书信集》(下),第 127 页。)

③ 1965 年 1 月 16 日,郭沫若在信中说,"我知道你因为科研任务繁重,又要去上课进修,所以不能常到我这里来。但我是经常想念着你的"。(黄淳浩编:《郭沫若书信集》(下),第 154 页。)

④ 1965 年 7 月 30 日,郭沫若在信中说,"两个多月了,一直没有你的音信。使我心中非常牵挂。是不是因为上次立群在家里发脾气的事,影响了你的情绪?我真是不安。立群长期患病,你是知道的。其实立群对于你并没有什么恶意。你小时候,她也是很喜欢你的。近年来她的疑心病加重了,曾说我关心你甚于关心自己亲生的子女;说我们通信太多,跟写情书一样。我几次三番耐心地向她解释:主要因为跟你不常见面,所以才经常写信。自己的子女几乎天天见面,当然就不用写什么信了。古人说:'幼吾幼以及人之幼',本是中国传统的美德,今天看来也是正当的"。(黄淳浩编:《郭沫若书信集》(下),第 156 页。)

并无意于文学事业,也无意于做文学家的,他视文学为政治斗争的工具,所以看重文学的战斗性,看重文学的宣传性,基于此,他在对文艺界的三种异端艺术倾向进行了一一清算,它们分别是文学上的艺术派、现代派和庙堂派。新中国成立后,担负政治要职的郭沫若在文学的道路上越走越窄,他的功利化和工具化和艺术主张也越来越趋向极端,这体现在文学创作中要高度体现政治第一、政治正确的政治性要求,进而导致了一种歌颂光明,拒绝灰色,反对悲剧的"欢乐颂"式的文学观。然而,郭沫若文学家的精神气质,又使得他内心渴求"本真",厌恶"虚伪",于是在私人世界里,郭沫若显得焦躁、懊恼和痛苦不堪。郭沫若的公众形象与私下形象的巨大反差正是政治家与文学家两种不同身份冲突的表现,而新中国成立后的他正身陷在这政治与文学的旋涡中无法自救。

小 结

"文章"是知识分子参与社会、干预政治的另一利器。作为知识分子,他们都自视甚高,都自信自己的文章能够扭乾转坤、改天换地。

对鲁迅和郭沫若来说,"文章"分为两类:分别是"文学创作"与"批评文字",当"文章"作为参与社会的一种工具时,他们遇到的是"文学"与"批评"的冲突。

先看这两者的区别,文学似乎偏离于现实,批评似乎接近于现实,对文章的功利性与工具性的重视与否是它们之间的区别。当然,世上不存在着与世无涉的纯文学,也当然,我们今天仍把批评文字视为文学。其实,"文学"与"批评"的矛盾和冲突正是文学家与知识分子的冲突,作为知识分子,鲁迅与郭沫若当然看重批评文字。

很大程度上说,鲁迅、郭沫若与其说是一个文学家,不如说是一个批评家,他们的某些作品与其说是文学作品,不如说是批评文字。然而,鲁迅和郭沫若将他们的批评文字又当成文学。于是,他们对批评的主张就成为对文学的主张了。

今天我们常常会首先说鲁迅是一个文学家,但他却屡次否定自己的文学家身份,他自称自己"并非艺术家","不想充'文学家'"。他将文学与批评混为一团,甚至认为文学就应当是批评的样子。

这样,他所主张的文学应当如实地书写现实、暴露现实、批判现实,由此,他便对游戏性的写作倾向、艺术性的写作倾向和现代性的写作倾向一一批判。首先,他反对那种游戏性的写作。他认为游戏式的写作是对严肃的现实的一种回避和消解,使得一切正经顿时化为不正经,一切有意义顿时化为无意义,严重地灼伤了文艺的反思和干预功能。其次,他反对那种艺术性的写作。创造社的才子们和"第三种人"是主张"为艺术而艺术"的,他们强调艺术固然不错,而且是有必要的,但他们之失在于有走极端的倾向,艺术离开现实无异于无源之水,无本之木,无源之水焉能长流?无本之木焉能繁茂?另外,在一个刀光剑影,风沙扑面的社会之中,如果终日龟缩在艺术的避风港里,他们艺术的旗帜终究是飘扬不起的。最后,他反对那种艺术性的写作。"五四一代"知识分子基本上不理解、不接受绘画、小说、诗等艺术上的现代主义流派,这是因为他们将艺术当作参与社会、改造社会的一种工具所致,而这一功利性的艺术观决定了他认同的艺术样式只能是写实的,因为只有这样才能使人"懂",只有使人"懂"才能发挥其作用。

鲁迅对文学参与现实、改变现实抱以很大的热情和希望,然而,经过屡次的挫败,他不无悲哀地发现文学其实是百无一用的,纸上谈兵而已,真正有效的仍是实际的社会行动,这就使得他越来越愤激,并一步步地向着危险的实际行动方向走去。

和鲁迅一样,郭沫若也屡次否定自己的文学家身份,他声称"我高兴做个'标语人','口号人',而不必一定要做'诗人'"。"我要取消掉我这个'文艺家'或'作家'的头衔。"他以文学家的身份为愧,以战士的身份为荣。对他来说,文学的本质是战斗的,是革命斗争的重要一翼,文学又是宣传的,是为了革命斗争的胜利而服务的。于是,他对自己在创造社前期时提出的"为艺术的艺术"的艺术主张进行了自我批判。在和自己清算完结后,他又在文艺领域里开展"三反"运动,他一反那些主张与现实无关论的艺术派、二反那些内容颓废,形式晦涩的现代派、三反那些为统治者服务,为贵族赏玩的庙堂派。

不幸的是,新中国成立后,郭沫若在他那条贴满了标语的文艺道路上越走越窄,越走越险,政治第一、政治正确成为文学创作和文学批评的主要指导思想。然而到了他的晚年,他的为文、为人主张"真实"、"真诚",而这与以党派利益为要的文艺要求往往是冲突的,郭沫若内心正为这一矛盾撕裂。

同样是对文学抱有功利主义和工具主义观点,鲁迅与郭沫若又是不同的,鲁迅强调文学的反抗性,郭沫若强调文学的宣传性,因此,前者注重负面暴露,后者注重正面鼓舞,前者是一支悲怆曲,后者是一曲欢乐颂。

对胡适来说,"文章"也分为两类:分别是"思想文章"(谈思想)与"政论文章"(谈政治),当"文章"作为参与社会的工具时,胡适遇到的是"思想文章"与"政论文章"之矛盾和冲突。

先看这两者的区别,"思想文章"似乎偏离于现实,"政论文章"似乎接近于现实,如果说中国是一个病人,知识分子是一个医师的话,这两类文章正是疗治中国的两服药剂。现代中国知识分子的当务之急是"治病救人"!这两服药当然都有疗效,不过他们又有所区别,思想文章有如中医，需慢慢调养，但见效太缓，政论文章有如西医，能立竿见影，但不治根本。看来，他们的区别在于发挥效用方式的间接与直接，速度的迂缓与迅速，效果的根本与枝叶之上。

是从思想上参与社会，还是从政治上参与社会，胡适有着一个颇为反复的尝试，对胡适来说，他起初主张莫谈政治，并倾向于从思想文化层面上对中国进行迂缓、渐进的改造，然而，实际的政治又不容知识分子回避，他旋即抛却不谈政治的誓言，号召知识分子莫要袖手旁观，积极地谈论政治，和鲁迅一样，文字努力不如实际行动来得干脆利索，顺着谈政治的道路再往下走便是干政治，胡适已不满足于知识分子纸上谈兵，他号召知识分子真枪实剑地干政治，然而，不幸的是，当他们满腔热情地实际参与政治时，又遭到了不可避免的失败，这使得他不得不再次反思知识分子发挥自身效用的有效方式，最后，他形成一种折中的方案，那就是找到一个"专从文艺思想方面着力，但亦不放弃政治"的"新的方向"，胡适的知识分子观正是经历了这么一个正反合的过程。

从文章层面来看，胡适面对的是"谈思想"，还是"谈政治"的矛盾。

尾声　淑世意识的当代回响

他们是如此地相同。

尽管他们各自身份繁多,文学家、批评家、学者、社会活动家,但有一点是相同的,他们都是知识分子。正因为是知识分子,他们都在知识探求与公共关怀这两个层面上都有所担当,前者表现为学术研究与艺术创造,后者表现为舆论批判与自我践行。一方面他们孜孜矻矻于他们的知识探求,另一方面他们又都念念不忘他们的公共关怀。

他们又是如此地不同。

尽管他们所处的历史时代、教育经历、文化背景、责任自许、使命担当有着诸多相近之处,但具体到知识分子参与社会的方式、政治倾向、批评的态度和方式等问题,他们又都大相径庭,甚至针锋相对,也正是在这个意义上,没有其他人能比鲁迅、胡适、郭沫若更有资格成为"五四一代"知识分子、"五四一代"知识分子观的代表。

知识分子的影响力仅为1‰

1978年,随着郭沫若的最后去世,中国知识分子在中国历史上那种呼风唤雨、叱咤风云的壮观场景已成为遥远的绝响,因为,那是一个"时势造英雄"的时代。

80年代初,法国的一项调查就显示,"知识分子的光环似乎已经黯淡了不少",1989年10月,法国市场及舆论研究会的一项问卷调查如下显示：

"您认为当今法国最有权力的两种人是……？"

政治家	64%
银行家、金融家	59%
高级公务员	25%
大企业领导	20%
媒体人物（记者、广告商等）	17%
知识分子和艺术家	1%①

知识分子的影响力仅为1%！知识分子似乎淡出了公众的视野。

皮埃尔·诺拉在《知识分子能做什么？》一文中称"权威知识分子的时代已经过去"，"没有人再会像当年人们请教萨特那样，为诸如是应当参加海外军团，还是应当让女友做人流这样的问题而去请教米歇尔·福柯了。不管他的威望有多高，他都不再是教皇。知识分子已经彻底地非宗教化了，他们的语言已经改变了风格。科学的包围使他们被淹没在庞大的团队和贷款的海洋之中"。② 随着社会科学的细分和发达，这使得往昔无所不知、无所不管的知识分子风光不再，逐步让位于那些注重理性的分析和客观的调查的社会科学工作者，而知识分子的职责重心也发生了微妙的变化，他们更多地面向抽象的理念，而非具体的实践。加之，民主社会的到来，对知识分子的"特权"地位也是一种挑战，人们告诉知识分子不要过于自以为是，"一个民主宽裕的社会不需要它

---

① 〔法〕让-弗朗索瓦·西里奈利著，刘云虹译：《知识分子与法兰西激情》，第419页。

② 〔法〕米歇尔·维诺克著，孙桂荣、逸风译：《法国知识分子的世纪：萨特时代》，江苏教育出版社2006年版，第262页。

的知识精英去扮演英雄救国救民。知识精英和社会阶层各行各业一样,踏实地做好自己的专业,就是奉献,自然的正常的奉献,不是热血奔腾、歇斯底里的牺牲"。①

尤其是1992年市场经济的发动,中国经历了一次深刻的社会转型,使得知识分子的公共言说越来越觉得没有以往来得那么理直气壮,有时甚至有些心虚气短,这是两方面的原因造成的:一是商业主义,一是后现代主义。

一、市场经济社会下,金钱成为价值衡量的指标使得人文知识分子的地位一落千丈。

市场社会的利益考量对很难体现出什么商业价值的知识分子来说可谓迎头一击,在金钱的衡量标尺下,知识分子成为新时代的"臭老九"了。"市场经济和科层制度分别是以金钱和权力作为沟通媒介的,除了金钱和权力这两种价值之外,按照其本性是拒绝其他价值的。""在这种逻辑导向下,知识分子工作的超越性价值社会拒绝承认,使得知识分子自身也失去了价值的依傍,被迫以市场流行的价值来衡量自己。"②市场经济地位的确立意味着任何价值的评估都得以市场的现实利益来衡量,与其他学科相比,人文学科的功利性和时效性显得相形见绌,处境更加边缘和困难。

> 随着公立学校的普及,读写能力也普及了;人文知识分子丧失了其排他性与市场特权的地位。而且,他们如今体味着一种地位上的不协调:即他们自视拥有的"高雅"文化层次,与他们获得的较低的尊重、名誉、收入和社会权利之间的不协调。人文知识分子的

---

① 龙应台:《啊,上海男人》,学林出版社1998年版,第262页。
② 许纪霖、陈思和等:《道统、学统与政统》,《读书》1994年第5期。

社会地位,尤其是在一个技术专家统治的工业社会里,变得比技术知识分子更加处于边缘地位,更加受到冷落。①

当理工经济诸学科因其直接的经济功效炙手可热时,而文史哲诸学科却显得不合时宜,以往的门庭若市变成现在的门可罗雀,这与以往他们那种指点江山、激扬文字的风光时日相比,真可谓判若云泥。

知识分子遭遇到商业主义的迎头一击,使得他们在物质价值上显得一文不值,不幸的是,后现代主义旋风不期而至,使得他们本引以为自豪的在文化领域上的唯一优势也荡焉无存。

二、反本质主义、反逻各斯中心主义、一分为三的后现代社会的来临使得人们不再对权威领首、对导师点头,知识分子已经由过去的"立法者"转变为现在的"阐释者"。

后现代就是质疑和反思现代,它以"解构"的手法来揭开被理性大幕遮蔽的一角,它打破逻各斯中心主义的虚枉,以一分为三的态度,多层次的思维,强调少数主义、差异性、边缘话语自身存在的合法性,甚至不惜以彻底否定主义和虚无主义的姿态消解传统价值,消解一切。

正如齐格蒙·鲍曼所分析的那样,在后现代社会中,知识分子已经由过去的"立法者"身份转变为现在的"阐释者"身份。"典型的现代型世界观认为,世界在本质上是一有序的总体,表现为一种可能性的非均衡性分布的模式,这就导致了对事件的解释,解释如果正确,便会成为预见(若能提供必需的资源)和控制事件的手段。"②在这样的世界中,知识分子被赋予一种仲裁权。而"典型的后现代型世界观认为,世界在

---

① 〔美〕艾尔文·古德纳著,顾晓辉、蔡嵘译:《知识分子的未来和新阶级的兴起》,第4页。

② 〔英〕齐格蒙·鲍曼著,洪涛译:《立法者与阐释者:论现代性、后现代性与知识分子》,第4页。

本质上是由无限种类的秩序模式构成,每种模式均产生于一套相对自主的实践"。① 知识分子的阐释者的身份和功能在于使得后现代社会各个离散的共同体通过知识分子的阐释活动得以沟通,而不是做出先知的预言或睿者的裁决。

作为"立法者"的知识分子代表了一种可以高高在上并发号施令的权威,而作为"阐释者"的知识分子更强调知识分子时时得以一种平等而谦谨的态度参与到一种众声喧哗之中,在这一片嘈杂之中,你已经没有一种扩音器来压倒其他的声音,你只是这众声喧哗中的一个声音而已。

市场社会中商业主义和后现代主义瓦解了知识分子的地位和权威,从而使得知识分子言说的效力大打折扣。

知识分子的背影似乎要消失在历史的深巷里。

批判精神再度高涨

虽然在新的时期,知识分子的角色变化和使命担当发生了新的变化。但无论如何,知识分子的批判精神仍在我们身上有所继承。市场经济的发动对中国的知识分子来说可谓是"数千年来未有之变局",知识分子向来清晰的批评面目顿时变得模糊起来。但同时,我们要看到的是,市场经济以来,转型社会的种种矛盾和困境使得知识分子强烈不安,中国知识分子以往那种"以天下为己任",志在卫道,救世济民的强烈世事关怀的愿望和行动也在萌动,他们在被边缘化的同时,又存在一种重建知识分子权威的努力,这体现在批判精神的再度崛起。

---

① 〔英〕齐格蒙·鲍曼著,洪涛译:《立法者与阐释者:论现代性、后现代性与知识分子》,第5页。

知识分子的批判精神体现在物质批判及社会批判两个方面。

知识分子的批判意识一方面表现为物质批判。从普通民众的眼光来看,转型期最大的实惠和最明显的变化莫过于物质的极大丰富,人们最基本的生存要求基本得到满足,即不再为吃饭穿衣(即温饱问题)而发愁,有的甚至还率先进入"小康"。但从知识分子的眼光来看,转型期社会又是一个物欲泛滥、精神委顿、元气大失、玩物丧志的时代,"君子忧道不忧贫"①,"安贫乐道,恬于进趣"②,向来有对物质的贬抑和警惕,对精神的推崇和赞美文化传统的中国知识分子对商品拜物教、物质主义持强烈的批判态度。

他们潜意识地认为对物质的无限追求和对精神的无限放逐有损于国民的整体精神状态,而一个精神世界黯淡的国民至多只能算是生物意义上的生存。鲁迅在早年的论文中曾主张"掊物质而张灵明",他将物质之于精神的危害看得很严重:"诸凡事物,无不质化,灵明日以亏蚀,旨趣流于平庸,人惟客观之物质世界是趋,而主观之内面精神,乃舍置不之一省。重其外,放其内,取其质,遗其神,林林众生,物欲来蔽,社会憔悴,进步以停,于是一切诈伪罪恶,蔑弗乘之而萌,使性灵之光,愈益就于黯淡。"③"人文精神"的讨论及"精神背景"的讨论正是针对这一问题,"在商品经济大潮的冲击下,穷怕了的中国人纷纷扑向金钱,不少文化人则方寸大乱,一日三惊,再也没有敬业的心气、自尊的人格。更内在的危机还在于,如果真的有了钱就天圆地方。自足自在,那当然可以不要精神生活,人文精神的危机不过是那批文化人的生存危机而已。但是,一个有五千年历史的民族真的可以不要诸如信仰、信念、世界意

---

① 《论语·卫灵公》。
② 《后汉书·杨彪传》。
③ 鲁迅:《坟·文化偏至论》,《鲁迅全集》(第 8 卷),第 54 页。

义、人生价值这些精神追求就能生存下来,乃至富强起来吗?"①他们强调与物质相对应的一面精神,经济相对应的一面文化之于这个社会的重要性。

时间已到了21世纪,张炜还固执地坚持着他一向对市场经济以来文化发展态势的不满,并认为正是商品经济之下的消费主义带来了近二十年来"精神的沙漠化","消费主义统领下的精神界必然呈现出'沙化'现象,即精神的沙漠化。所以在这个所谓的经济发展时期,物质主义没有,也不可能得到充分的揭露,人类最好的精神结晶,很容易就被纷纷抛弃"。②话说回来,强调所谓"虚"的东西的重要性,也许还包括人文学者对其在市场经济社会中地位失落的一种惶恐。

知识分子的批判意识另一方面表现为社会批判。"国家命运对知识分子态度的影响有时是以经济形势为中介的。面对失业、经济增长缓慢以及老一辈或外国老板的抵制,整个知识分子表现出比其他各个社会阶层都激烈的反应,因为他们的志向更为远大,拥有的行动手段更为广泛。"③我们正处于人均国内生产总值1000美元到3000美元之间,"这是整个现代化进程中一个非常关键的阶段,也是经济社会结构将发生深刻变化的重要阶段。许多国家的发展进程表明,在这一阶段,有可能出现两种发展结果:一种是搞得好,经济社会继续向前发展,顺利实现工业化、现代化;另一种是搞得不好,往往出现贫富悬殊、失业人口增多、城乡和地区差距拉大、社会矛盾加剧、生态环境恶化等问题,导

---

① 王晓明、张宏等:《旷野上的废墟——文学和人文精神的危机》,王晓明编:《人文精神寻思录》,文汇出版社1996年版,第15-16页。

② 张炜:《精神的背景——消费时代的写作和出版》,广西师范大学出版社2004年版,第131页。

③ 〔法〕雷蒙·阿隆著,吕一民、顾杭译:《知识分子的鸦片》,第227页。

致经济社会发展长期徘徊不前,甚至出现社会动荡和倒退"①。正是在这么一个关键的历史时期,社会分化中的种种矛盾和冲突,刺激着敏感的知识分子的批判意识。

转型期知识分子除了传统的报刊、网络这些空间发表着批判性言论之外,他们企图从"文化研究"中开拓出一片更深、更广、更理性的批判天地。因为越来越自恋的文学,以及越来越自闭的文学批评,窒息了文学的情感因素和价值判断,这使得知识分子不得不通过文化研究来重新接通他们与社会的联系。

正如雷蒙·威廉斯所说的,"文化"是指"表达特定意义与价值的特定的生活方式,它不仅存在于艺术与学识中,还存在于制度与日常行为中。就此而言,对于文化的分析便是对特定生活方式即特定文化中隐含于内彰显于外的意义与价值的分析"。他把人们通常不承认的"根本不是'文化'"的一些因素也称为文化,比如,"生产组织、家庭结构、表现或制约社会关系的制度的结构、社会成员借以交流的独特形式"。② 这样,知识分子便通过涉及面更为广阔的文化研究来实现其观察社会和批判社会的功能。

由此可见,转型期知识分子批判意识重新高涨,他们在物质层面和社会层面两个领域积极从事知识分子的批判,而这两者又是市场经济中国两个最显著的特征。

---

① 温家宝:《提高认识,统一思想,牢固树立和认真落实科学发展观——在省部级主要领导干部"树立和落实科学发展观"专题研究班结业式上的讲话》(2004年2月21日)。

② 雷蒙·威廉斯:《文化分析》,罗钢、刘象愚主编:《文化研究读本》,第126页。

参 考 书 目

知识分子类

1. 〔美〕迈克尔·伯恩斯著,郑约宜译:《法国与德雷福斯事件》,江苏教育出版社 2006 年版
2. 〔法〕米歇尔·维诺克著,吕一民、沈衡、顾杭译:《自由之声:19 世纪法国公共知识界大观》,中国人民大学出版社 2006 年版
3. 〔法〕米歇尔·维诺克著,孙桂荣、逸风译:《法国知识分子的世纪:巴雷斯时代》,江苏教育出版社 2006 年版
4. 〔法〕米歇尔·维诺克著,孙桂荣、逸风译:《法国知识分子的世纪:纪德时代》,江苏教育出版社 2006 年版
5. 〔日〕佐藤慎一著,刘岳兵译:《近代中国的知识分子与文明》,江苏人民出版社 2006 年版
6. 〔美〕马克·里拉著,邓晓菁、王笑红译:《当知识分子遇到政治》,新星出版社 2005 年版
7. 〔德〕马克斯·韦伯著,洪天富译:《儒教与道教》,江苏人民出版社 2005 年版
8. 〔英〕弗兰克·富里迪著,戴从容译:《知识分子都到哪里去了》,江苏人民出版社 2005 年版
9. 〔法〕雷蒙·阿隆著,吕一民、顾杭译:《知识分子的鸦片》,译林出版社 2005 年版
10. 徐贲:《知识分子:我的思想和我们的行动》,华东师范大学出版社 2005 年版
11. 〔美〕保罗·博维著,萧莎译:《权力中的知识分子:批判性人文主义的谱系》,江苏人民出版社 2005 年版
12. 〔法〕朱利安·班达著,佘碧平译:《知识分子的背叛》,上海人民出版社 2005 年版
13. 〔美〕安·兰德著,章艳译:《通往明天的唯一的道路:安·兰德专栏集粹》,广西师范大学出版社 2004 年版
14. 〔德〕马克斯·韦伯著,钱永祥等译:《学术与政治》,广西师范大学出版社 2004

年版

15. 〔美〕刘易斯·科塞著,郭方等译:《理念人:一项社会学的考察·前言》,中央编译出版社 2004 年版
16. 〔英〕保罗·约翰逊著,杨正润等译:《知识分子》,江苏人民出版社 2003 年版
17. 〔美〕杰罗姆·B. 格里德尔著,单正平译:《知识分子与现代中国》,南开大学出版社 2003 年版
18. 〔美〕理查德·A. 波斯纳著,徐昕译:《公共知识分子:衰落之研究》,中国政法大学出版社 2002 年版
19. 〔美〕爱德华·W. 萨义德著,单德兴译:《知识分子论》,生活·读书·新知三联书店 2002 年版
20. 〔美〕杰弗里·C. 戈德法布著,杨信彰、周恒译:《"民主"社会中的知识分子》,辽宁教育出版社 2002 年版
21. 〔美〕拉塞尔·雅各比著,洪洁译:《最后的知识分子》,江苏人民出版社 2002 年版
22. 〔美〕卡尔·博格斯著,李俊、蔡海榕译:《知识分子与现代性的危机》,江苏人民出版社 2002 年版
23. 〔美〕艾尔文·古德纳著,顾晓辉、蔡嵘译:《知识分子的未来和新阶级的兴起》,江苏人民出版社 2002 年版
24. 〔波兰〕弗洛里安·兹纳涅茨基著,郏斌祥译,郑也夫译校:《知识人的社会角色》,译林出版社 2002 年版
25. 〔法〕让-弗朗索瓦·西里奈利著,陈伟译:《20 世纪的两位知识分子:萨特与阿隆》,江苏人民出版社 2001 年版
26. 〔法〕让-弗朗索瓦·西里奈利著,刘云虹译:《知识分子与法兰西激情》,江苏人民出版社 2001 年版
27. 〔英〕齐格蒙·鲍曼著,洪涛译:《立法者与阐释者:论现代性、后现代性与知识分子》,上海人民出版社 2000 年版
28. 〔美〕杜维明著,钱文忠、盛勤译:《道、学、政:论儒家知识分子》,上海人民出版社 2000 年版
29. 〔美〕史景迁著,尹庆军等译:《天安门:知识分子与中国革命》,中央编译出版社 1998 年版
30. 〔丹麦〕索伦·克尔凯戈尔著,晏可德、姚蓓琴译:《克尔凯戈尔日记选》,上海社会科学院出版社 1992 年版

31. 〔法〕贝特朗·德·儒弗内尔著,裘荣庆译:《左拉传》,天津人民出版社 1988 年版
32. 杨国强:《晚清的士人与世相》,生活·读书·新知三联书店 2007 年版
33. 汪荣祖:《康有为论》,中华书局 2006 年版
34. 谢泳:《清华三才子》,新华出版社 2005 年版
35. 许纪霖编:《20 世纪中国知识分子史论》,新星出版社 2005 年版
36. 余英时:《中国知识人之史的考察》,广西师范大学出版社 2004 年版
37. 徐复观、陈克艰编:《中国知识分子精神》,华东师范大学出版社 2004 年版
38. 许纪霖、刘擎主编:《丽娃河畔论思想》,华东师范大学出版社 2004 年版
39. 郑也夫:《知识分子研究》,中国青年出版社 2004 年版
40. 余英时:《士与中国文化》,上海人民出版社 2003 年版
41. 许纪霖:《中国知识分子十论》,复旦大学出版社 2003 年版
42. 阎步克:《士大夫政治演生史稿》,北京大学出版社 1996 年版
43. 叶启政:《谁才是"知识分子"》,载中国论坛编委会编:《知识分子与台湾发展》,联经出版事业公司 1989 年版
44. 陶百川:《政治永远需要批评》,《知识分子的十字架》,传记文学出版社 1978 年版
45. 包遵彭:《中国青年运动史》,正中书局 1954 年版

文史类

46. 鲁迅:《鲁迅全集》(1—18 卷),人民文学出版社 2005 年版
47. 葛涛:《鲁迅文化史》,东方出版社 2007 年版
48. 曹聚仁:《鲁迅评传》,复旦大学出版社 2006 年版
49. 孙伏园、孙伏熙:《孙氏兄弟谈鲁迅》,新星出版社 2006 年版
50. 倪墨炎:《鲁迅的社会活动》,上海人民出版社 2006 年版
51. 王宏志:《鲁迅与"左联"》,新星出版社 2006 年版
52. 绍兴文理学院等编:《鲁迅:跨文化对话:纪念鲁迅逝世七十周年国际学术讨论会论文集》,大象出版社 2006 年版
53. 许寿裳:《章炳麟传》,团结出版社 2004 年版
54. 钱理群:《与鲁迅相遇:北大演讲录》,生活·读书·新知三联书店 2003 年版
55. 林贤治:《鲁迅的最后 10 年》,中国社会科学出版社 2003 年版
56. 谢泳编:《胡适还是鲁迅》,中国工人出版社 2003 年版

57. 周作人著,止庵校订:《秉烛谈》,河北教育出版社 2002 年版
58. 周海婴:《鲁迅与我七十年》,南海出版公司 2001 年版
59. 郜元宝:《鲁迅六讲》,上海三联书店 2000 年版
60. 李天明:《难以直说的苦衷》,人民文学出版社 2000 年版
61. 鲁迅博物馆等编:《鲁迅回忆录》(专著上中下),北京出版社 2000 年版
62. 鲁迅博物馆等编:《鲁迅回忆录》(散篇上中下),北京出版社 1999 年版
63. 周作人著,止庵编:《关于鲁迅》,新疆人民出版社 1998 年版
64. 鲁迅博物馆编:《鲁迅文献图传》,大象出版社 1998 年版
65. 李富根、刘洪主编:《恩怨录·鲁迅和他的论敌文选》(上下),今日中国出版社 1996 年版
66. 鲁迅博物馆鲁迅研究室编:《鲁迅诞辰百年纪念集》,湖南人民出版社 1981 年版
67. 马蹄疾:《鲁迅讲演考》,黑龙江人民出版社 1981 年版
68. 绍兴师范专科学校、绍兴鲁迅纪念馆编:《郭沫若同志论鲁迅》(无出版社)1979 年版
69. 鲁迅纪念会编:《鲁迅纪念集》,上海书店复印版
70. 郑学稼:《鲁迅正传》,大林出版社(无出版年月)
71. 欧阳哲生主编:《胡适文集》(1—12 卷),北京大学出版社 1998 年版
72. 曹伯言整理:《胡适日记全编》(1—8 卷),安徽教育出版社 2001 年版
73. 耿云志、欧阳哲生编:《胡适书信集》(上中下),北京大学出版社 1996 年版
74. 中国社会科学院近代史研究所中华民国史组编:《胡适来往书信选》(上中下),中华书局 1979 年版
75. 胡颂平:《胡适之先生晚年谈话录》,新星出版社 2006 年版
76. 陈漱渝主编:《一对小兔子——胡适夫妇两地书》,湖南教育出版社 2006 年版
77. 沈卫威编:《胡适论人生》,安徽教育出版社 2006 年版
78. 〔美〕周明之著,雷颐译:《胡适与中国现代知识分子的选择》,广西师范大学出版社 2005 年版
79. 〔美〕格里德著,鲁奇译:《胡适与中国的文艺复兴》,江苏人民出版社 2005 年版
80. 章清:《"胡适派学人群"与现代中国自由主义》,上海古籍出版社 2004 年版
81. 智效民:《胡适和他的朋友们》,云南人民出版社 2004 年版
82. 周质平:《胡适与中国现代思潮》,南京大学出版社 2002 年版
83. 周质平编译:《不思量自难忘——胡适给韦莲司的信》,安徽教育出版社 2001

年版
84. 欧阳哲生编:《再读胡适》,大众文艺出版社 2001 年版
85. 李敖:《胡适评传》,中国友谊出版公司 2001 年版
86. 唐德刚:《胡适杂忆》,华东师范大学出版社 1999 年版
87. 胡适:《胡适留学日记》(上下),安徽教育出版社 1999 年版
88. 沈卫威:《无地自由:胡适传》,上海文艺出版社 1994 年版
89. 胡明:《胡适传论》,人民文学出版社 1996 年版
90. 耿云志:《胡适年谱》,四川人民出版社 1989 年版
91. 易竹贤:《胡适传》,湖北人民出版社 1987 年版
92.《胡适思想批判》(论文汇编)(1—6 辑),生活·读书·新知三联书店 1955 年版
93. 郭沫若:《郭沫若全集》(文学编)(1—20 卷),人民文学出版社(出版年份不一)
94. 郭沫若:《郭沫若全集》(历史编)(1—5 卷),人民文学出版社(出版年份不一)
95. 冯锡刚:《"文革"前的郭沫若:1949—1965》,中央文献出版社 2005 年版
96. 贾振勇:《郭沫若的最后 29 年》,中国文史出版社 2005 年版
97. 郭庶英:《我的父亲郭沫若》,辽宁人民出版社 2004 年版
98. 房向东编:《评说郭沫若》,大众文艺出版社 2001 年版
99. 谢保成:《郭沫若学术思想评传》,北京图书馆出版社 1999 年版
100. 黄淳浩编:《郭沫若书信集》(上下),中国社会科学出版社 1992 年版
101. 叶桂生、谢保成:《郭沫若的史学生涯》,社会科学文献出版社 1992 年版
102. 龚济民、方仁念:《郭沫若传》,北京十月文艺出版社 1988 年版
103. 黄侯兴:《郭沫若文艺思想论稿》,天津人民出版社 1985 年版
104. 郭沫若:《郭沫若选集》(第 1,2 卷),四川人民出版社 1982 年版
105. 上海图书馆文献资料室、四川大学郭沫若研究室合编:《郭沫若集外序跋集》,四川人民出版社 1982 年版
106. 新华日报资料室编:《悼念郭老》,生活·读书·新知三联书店 1979 年版
107. 郭沫若:《东风第一枝》,四川人民出版社 1978 年版
108. 郭沫若:《奴隶制时代》,人民出版社 1973 年版
109. 张新颖主编:《大学语文实验教程》,复旦大学出版社 2007 年版
110. 石兴泽:《学林风景——傅斯年与他同时代的人》,河南人民出版社 2005 年版
111. 周振甫:《文心雕龙今译》,中华书局 2006 年版
112. 张仲举:《毛泽东诗词集译注》,陕西人民出版社 1999 年版

113. 朱鸿召编选:《王实味文存》,上海三联书店 1998 年版
114. 王晓明主编:《20 世纪中国文学史论》(多卷本),东方出版中心 1997 年版
115. 周作人:《苦茶随笔·苦竹杂记·风雨谈》,岳麓书社 1987 年版
116. 贾植芳等编:《文学研究会资料》(上),河南人民出版社 1985 年版
117. 魏绍昌编:《鸳鸯蝴蝶派研究资料》,上海文艺出版社 1984 年版
118. 许志英编:《周作人早期散文选》,上海文艺出版社 1984 年版
119. 瞿秋白著,鲁迅编:《海上述林》(上),四川人民出版社 1983 年版
120. 顾廷龙、戴逸主编:《李鸿章全集》(6),安徽教育出版社 2008 年版
121. 〔美〕任达著,李仲贤译:《新政革命与日本:中国,1898—1912》,江苏人民出版社 2006 年版
122. 唐德刚:《晚清六十年》,远流出版事业股份有限公司 2006 年版
123. 姜鸣:《天公不语对枯棋:晚清的政局和人物》,生活·读书·新知三联书店 2006 年版
124. 罗平汉:《当代历史问题札记二集》,广西师范大学出版社 2006 年版
125. 钱穆:《国史新论》,广西师范大学出版社 2005 年版
126. 王芸生:《六十年来中国与日本》(1—8 卷),生活·读书·新知三联书店 2005 年版
127. 蒋廷黻:《中国近代史》,上海古籍出版社 2005 年版
128. 唐德刚:《袁氏当国》,广西师范大学出版社 2004 年版
129. 蔡元培:《我在北京大学的经历》,湖北人民出版社 2004 年版
130. 袁伟时:《帝国落日:晚清大变局》,江西人民出版社 2003 年版
131. 戈公振:《中国报学史》,上海古籍出版社 2003 年版
132. 孙中山:《我的回忆》,湖北人民出版社 2003 年版
133. 孙燕京:《晚清社会风尚研究》,中国人民大学出版社 2002 年版
134. 王建中:《洪宪惨史》,上海书店出版社 1998 年版
135. 〔美〕费正清、费维恺编,杨品泉等译:《剑桥中华民国史:1912—1949 年》(下卷),中国社会科学出版社 1998 年版
136. 民初时期文献编辑小组编:《中华民国建国文献:民初时期文献》(第一辑史料一),国史馆 1997 年版
137. 〔美〕费正清、刘广京编,中国社会科学院历史研究所编译室译:《剑桥中国晚清史(1800—1911 年)》(下卷),中国社会科学出版社 1996 年版
138. 李宗仁口述,唐德刚撰写:《李宗仁回忆录》(上下卷),华东师范大学出版社

1995年版

139. 钱穆:《国史大纲》(上下),商务印书馆1994年版
140. 李良玉:《动荡时代的知识分子》,浙江人民出版社1990年版
141. 吴廷嘉:《近代中国的知识分子》,人民出版社1987年版
142. 朱寿朋编,张静庐等校点:《光绪朝东华录》(第四册),中华书局1958年版

思想文化类

143. 〔美〕舒衡哲(Vera Schwarcz)著,刘京建译:《中国启蒙运动——知识分子与"五四"遗产》,新星出版社2007年版
144. 〔意〕葛兰西著,田时纲译:《狱中书简》,人民出版社2007年版
145. G. Stuart Adam, Roy Peter Clark. *Journalism: the Democratic Craft*. New York: Oxford University Press, 2006
146. 〔美〕戴维·斯沃茨著,陶东风译:《文化与权力:布尔迪厄的社会学》,上海译文出版社2006年版
147. 〔英〕乔治·奥威尔著,董乐山译:《一九八四》,上海译文出版社2006年版
148. 〔德〕弗里德里希·尼采著,杨恒达译:《人性的,太人性的:一本献给自由精灵的书》,中国人民大学出版社2005年版
149. 〔英〕弗里德里希·奥古斯特·哈耶克著,王明毅、冯兴元等译:《通往奴役之路》,中国社会科学出版社1997年版
150. 张中晓:《无梦楼随笔》,远东出版社1996年版
151. Alan M. Wald. *The Responsibility of Intellectuals: Selected Essays on Marxist Traditions in Cultural Commitment*. Humanities Press. 1992
152. Clark, Toby. *Art and Progaganda in the Twentieth Century*. New York: Harry N. Abrams, 1997
153. Philip Gilbert Hamerton. *The Intellectual Life*. The Macmillan Co. 1923
154. Paul S. Reinsch. *Intellectual and Political Currents in the Far East*, Houghton Mifflin Co. 1911
155. 余英时:《未尽的才情——从〈顾颉刚日记〉看顾颉刚的内心世界》,联经出版事业股份有限公司2007年版
156. 余英时:《现代学人与学术》,广西师范大学出版社2006年版
157. 张君劢:《新儒家思想史》,中国人民大学出版社2006年版
158. 梁启超:《清代学术概论》,中国书籍出版社2006年版

159. 谢国桢:《明末清初的学风》,上海书店出版社 2006 年版
160. 蒋梦麟:《西潮与新潮》,东方出版社 2006 年版
161. 胡兰成:《山河岁月》,广西人民出版社 2006 年版
162. 朱学勤:《书斋里的革命》,云南人民出版社 2006 年版
163. 甘阳主编:《八十年代文化意识》,上海人民出版社 2006 年版
164. 傅国涌:《笔底波澜:百年中国言论史的一种读法》,广西师范大学出版社 2006 年版
165. 傅国涌:《主角与配角——近代中国大转型的台前幕后》,长江文艺出版社 2005 年版
166. 陈平原:《触摸历史与进入五四》,北京大学出版社 2005 年版
167. 陈明远:《文化人的经济生活》,文汇出版社 2005 年版
168. 汪荣祖:《史家陈寅恪传》,北京大学出版社 2005 年版
169. 傅国涌:《追寻失去的传统》,湖南文艺出版社 2005 年版
170. 唐君毅:《中国人文精神之发展》,广西师范大学出版社 2005 年版
171. 郭湛波:《近五十年中国思想史》,上海古籍出版社 2005 年版
172. 〔美〕周策纵著,周子平等译:《五四运动:现代中国的思想革命》,江苏人民出版社 2005 年版
173. 钱穆:《晚学盲言》(上下),广西师范大学出版社 2004 年版
174. 罗家伦:《写给青年:我的新人生观演讲》,中国人民大学出版社 2004 年版
175. 陈平原:《当代中国人文观察》,人民文学出版社 2004 年版
176. 李泽厚:《中国近代思想史论》,天津社会科学院出版社 2004 年版
177. 李泽厚:《中国现代思想史论》,天津社会科学院出版社 2004 年版
178. 殷海光:《中国文化的展望》,上海三联书店 2003 年版
179. 梁启超:《中国近三百年学术史》,东方出版社 1996 年版
180. 王晓明:《半张脸的神话》,广西师范大学出版社 2003 年版
181. 姜义华、张荣华选注:《大同梦幻:康有为文选》,百花文艺出版社 2002 年版
182. 侯宜杰选注:《新民时代:梁启超文选》,百花文艺出版社 2002 年版
183. 牛仰山选注:《天演之声:严复文选》,百花文艺出版社 2002 年版
184. 杨伯峻译注:《论语译注》,中华书局 2000 年版
185. 萧公权:《中国政治思想史》(1—3卷),辽宁教育出版社 2001 年版
186. 任继愈:《中国哲学史》,人民出版社 2000 年版
187. 潘光旦:《潘光旦文集》(第 5、6 卷),北京大学出版社 2000 年版

188. 罗钢、刘象愚主编:《文化研究读本》,中国社会科学出版社 2000 年版
189. 包亚明主编,谈瀛洲译:《后现代性与公正游戏——利奥塔访谈、书信录》,上海人民出版社 1997 年版
190. 朱光潜:《给青年的十二封信》,安徽教育出版社 1999 年版
191. 冯桂芬著,戴杨本评注:《校邠庐抗议》,中州古籍出版社 1998 年版
192. 陈思和:《陈思和自选集》,广西师范大学出版社 1997 年版
193. 王晓明编:《人文精神寻思录》,文汇出版社 1996 年版
194. 王岳川编:《牟宗三学术文化随笔》,中国青年出版社 1996 年版
195. 封德平主编:《我们的八十年》,时报文化出版社企业有限公司 1991 年版
196. 林毓生:《政治秩序与多元社会》,联经出版社事业公司 1989 年版
197. 顾炎武著,黄汝成集释:《日知录集释(外七种)》,上海古籍出版社 1985 年版
198. 吴楚材、吴调侯选:《古文观止》(上),中华书局 1981 年版
199. 中共中央马恩列斯著作编译局编译:《斯大林文集(1934—1952)》,人民出版社 1985 年版
200. 中共中央马恩列斯著作编译局译:《马克思恩格斯全集》(第 20 卷),人民出版社 1971 年版
201. 毛泽东:《毛泽东文集》(1—8 卷),人民出版社 1999 年版
202. 毛泽东:《毛泽东选集》(1—5 卷),人民出版社(出版时间不一)
203. 孙中山著,孟庆鹏编:《孙中山文集》(上下),团结出版社 1997 年版
204. 中共中央文献研究室编:《周恩来年谱(1949—1976)》(下卷),中央文献出版社 1998 年版
205. 周恩来:《周恩来选集》(上下卷),人民出版社 1984 年版

后　记

一

1943年8月21日,郭沫若在他的日记中这样记着:"晨起极早,天尚未明,乃于菜油灯下续草《述吴起》。时复出步中庭,月正当天,颇为明朗。"这时,他正在距重庆四十余公里的赖家桥写他的《十批判书》。

乡村、油灯下、明月、寂静中,我觉得这实在是天底下最优美的学术写作场景,在这样的环境下,郭沫若写得那么从容,那么宁静。

1934年年末,胡适在盘点这一年他的学术成绩时,这样说到写作《说儒》时的情形:"有时从晚上九点直写到次日的早上三四点,有时候深夜得一新意,快活到一面写,一面独笑。"这正合了他曾说过的那句话,"只有夜深人静伏案治学之时,始感觉人生最愉快的境界"。那种学术带给他生命的满足和快意跃然纸上。

对他们来说,学术写作不是枯燥的,而是诗意的;不是痛苦的,而是愉悦的。而我们呢?

拉塞尔·雅各比谈到知识分子的学院化时说:"一篇博士学位论文从计划到完成——这通常会遭到局外人的嘲笑——占据了生活的大部分。学位论文是获得一个重要学术地位、过上知识分子生活的资格证书;即使不进行调研写作,为了获得这张证书,也得多少年紧张地耗尽心力。对于很多的年轻知识分子来说,学位论文的完成是一件文化大事,也是他们人生的较量。"

正因为如此,我们的文章写得总是那么匆忙,那么切迫;写得总是那么功利,那么现实,与郭沫若、胡适等人相比,这实在是两种截然不同的做学问境界。对于那种诗意的、优雅的学术姿态,我等俗辈只能心向往之。

二

米兰·昆德拉曾借小说中人物"弗兰茨教授"的口说:"在富裕的社会里,人们用不着去干体力活,从事的都是脑力活动。大学越来越多,学生也越来越多。为了获取文凭,他们得找到论文题目。题目是无限的,因为一切都可以论述。档案馆里堆的那一捆捆发黑的论文,比墓地还要凄惨,即便到了万灵节,也不会有人去看一眼。文化就在大批的制造、言语的泛滥、数量的失控中逐渐消亡。"这真是一语揭破今天学术生产的膨胀和泛滥的现实,同时,也毫不留情地宣判了这些学术产品的悲惨命运。

本书其实正是"获得这张证书"的产物,其结果自然也逃脱不了弗兰茨所判定的命运。虽然如此,但我并不沮丧。因为,这一方面固然是为了"获得这张证书",另一方面也并不完全是,至少在写作的过程中,我为之付出了热情,至少,它对我个人的生命来说不能说没有意义。

在我看来,在学术研究中,研究的过程固然是客观的,但话题的择取很大程度上却是主观的。

对"五四一代"知识分子的淑世意识的考察正是一种主观的选择,父母抚育了我们的生命,却不一定能成就我们的精神。我敬重"五四先贤"的道德文章,他们无形中成为我的精神上最可依赖的师友,因此,与其说是在"做学术",不如说我是想用学术的方式贴近他们,触摸他们,感受他们的呐喊与彷徨,抗争与颓败;感受他们的伟大和渺小,优长与缺陷。也正因为此,写作非但不枯燥、不痛苦,而且觉得温暖、幸福。

三

我的侄女五岁时曾问:一、人是不是都要变老的?二、人是不是都会死的?我没法知道幼小的她为什么如此发问,大概孩童对生命的逝去感受特别真切吧。

我至今仍能分明地记得幼时那种同样的生命体验,那还是在老家那温馨的老屋——现在已是杂草丛生,墙倾橼歪了——住的时候,一个漆黑的夜里,大家都睡了过去,没有睡着的我分明地感受着那一秒秒的时间跌入那无边的黑暗中,无声无息,不可阻挡,我一面是惋惜,一面是恐惧,那时我应当不大。

有时想,我们每个人不妨画一条八十等分的"生命刻度"(如果一个人能活八十岁的话),每过一年,就涂掉一格,剩下的空格便是你生命的留余,这样,我们便能清晰地听见你的生命不断前行,或者说不断消失的脚步声。

转瞬已过而立之年,我的侄女现在的担心,也就是我幼时的担心都成事实,是的,每个人都会变老的,每个人都要死的。"逝去,逝去,一切一切,和光阴一同早逝去,在逝去,要逝去了。"怎么处置你在这世间几十年的生命,成为每个人一生下来就必须面对的现实,也是每个人人生的内容。

在鲁迅看来,人生终点终究是"坟",无论你是在"筑台",还是在"掘坑",但在这老死的过程中,他没有束手待死,而是像"过客"那样选择了"走",在这个世上,谁又不是"过客"一个?但谁又能像他那样义无反顾地选择着"走"的姿态呢?

四

本书的绝大部分内容在最近两三年里,曾在《社会科学战线》、《学术界》、《学术研究》、《学术探索》、《理论导刊》、《天府新论》、《安徽史学》、《上海鲁迅研究》、《鲁迅世界》、《郭沫若学刊》、《桂海论丛》、《云梦学刊》、《长江论坛》、《北京联合大学学报》、《浙江师范大学学报》、《河北师范大学学报》、《海南师范大学学报》、《广西大学学报》、《烟台大学学报》、《吉首大学学报》、《中文自学指导》等 20 多家大学学报或学术期刊上得以发表,感谢这些刊物的抬举和支持。

以本书部分内容为基础的《郭沫若的知识分子观研究》课题设计通过"2008 年度四川省教育厅人文社会科学(郭沫若研究)项目"的立项,并获得相关研究资助。

在本书部分内容基础上,提炼出的三千余字短文《"俗人"鲁迅》曾获得 2008 年中国作家协会、中国鲁迅研究会等五家机构共同主办的"我读鲁迅"全国征文大赛二等奖。

五

在本书写作的前前后后,自然离不开我的导师、复旦大学唐金海先生的引导和点拨,鼓励和鞭策。唐老师亲和而宽容,对学生的学术期望向来甚高,这自然增加了我的不安。

本书写就后,有幸得到中国社科院张梦阳先生,北京大学张玉书先生,华东师范大学许纪霖先生,上海鲁迅纪念馆王锡荣先生等学界先进的勉励和批评，其情可感。

在学术著作出版往往要靠"钞票开道"（或自掏腰包，或申请资助）的时代中，拙作有幸得到中国学术出版重镇商务印书馆的垂青，并慷慨印行，小子唯有满怀的欣喜和荣幸。

五四运动爆发已九十余年，我愿以这本曾经付诸热情的小书来表达对"五四先贤"的一份敬意。

2009 年 5 月于雅片书屋